뉴턴에서
조지 오웰까지

PERSPECTIVES IN WESTERN CIVILIZATION

서양 근현대사 깊이읽기

뉴턴에서 조지 오웰까지

윌리엄 L. 랭어 엮음 | 박상익 옮김

푸른역사

■ 옮긴이의 글

깊이 있는 서양사 읽기의 매력

이 책은 윌리엄 L. 랭어가 편집한 《*Perspectives in Western Civilization*》(2 vols.)을 옮긴 것으로 모두 17개의 주제가 파노라마처럼 펼쳐지고 있는데, 각 장의 집필자는 하나같이 해당 분야의 최고 수준 연구자들이다. C. V. 웨지우드, J. H. 플럼, 피터 게이, 헤럴드 니컬슨, 앨런 네빈스, J. W. 버로우 등 서양사 공부를 조금이라도 해본 사람이라면 누구나 한번쯤은 이름을 들어봤음직한 당대 최고 수준의 역사가들이 이 책의 필진으로 포진하고 있다.

1

이 책의 미덕은 세 가지로 요약할 수 있다. 첫째, 이 책에는 그동안 우리 나라에 거의 또는 전혀 알려시지 않았던 서양 역사의 주요 대목들이 상당수 소개되어 있다. 예를 들면 앨런 네빈스의 〈워런 헤이스팅스의 탄핵 재판〉은 서양 헌정사상 최초의 탄핵 재판을 다루고 있다. 역사적 조건은 다르지만 2004년 한국 사회를 뜨겁게 달구었던 대통령 탄핵 사태와 비교해본다면 자못 흥미를 자아내는 주제가 아닐 수 없다. 인도 총독 헤이스팅스를 겨냥하여 휘몰아치던 탄핵 '열풍'이 일순간 탄핵 '역풍'으로 반전되어가는 과정은 마치 한 편의 드라마를 보는 듯하다.

J. H. 플럼의 〈18세기 유럽의 그랜드 투어〉는 오늘날 널리 성행하고 있는 관광 여행의 효시가 된 유럽 귀족들의 호화판 여행 풍속도를 펼쳐 보인다. 여행에 대한 이야기라고 해서 깊이가 없는 흥미 위주의 읽을 거리라고 지레짐작해서는 안 된다. 로마 제국의 지배라는 '고대의 영광'을 누리지 못한 영국인·독일인·러시아인·스칸디나비아인 등은 문화적 열등감(!) 때문에 '위대한 과거'를 지닌 프랑스와 이탈리아로 몰려갔고, 그 결과 서유럽·북유럽·동유럽에서는 남유럽 문화에 대한 열광적인 붐이 조성되었다. 따라서 그랜드 투어는 단순한 여행문화에 그치지 않고, '계몽주의'를 전 유럽에 확산시키는 역할과 더불어 프랑스 혁명의 배경으로도 기능했다.

L. T. C. 롤트의 〈서양 근대사 최고의 엔지니어 브루넬〉은 토목·기계·조선·철도공학 부문에서 역사상 전무후무한 업적을 달성한 천재적 엔지니어의 파란만장한 삶의 역정을 그려낸다. '최고의 완성도를 이룩하는 엔지니어'가 되고자 했던 브루넬은 진정한 의미의 '장인 정신'이 무엇인지를 자신의 전 생애를 통해 보여준다. 상업적으로는 실패했으나 공학적으로는 놀라운 승리를 거둔 브루넬의 생애는 성공을 갈망하는 이 시대 젊은이들이 타산지석으로 삼아야 할 모델임이 분명하다. 왜냐하면 한 인물에 대한 진정한 평가는 관 뚜껑에 못이 박힌 후에야 이루어지기 때문이다.

이 책의 두 번째 미덕은 국내 학계에 알려진 주제들에 대해서 기존의 관점과 다른 참신한 해석을 내놓고 있다는 점이다. 예컨대 월터 카프의 〈미래와 과거를 내다본 야누스 뉴턴〉은 뉴턴의 생애와 과학적 업적이 갖는 역사적 의의를 예리한 안목으로 통찰하고 있다. 역자는 이 장을 번역하기 위해 최근 국내에 출간된 뉴턴 관련 단행본을 몇 권 구해 읽었는데, 한 장(章)에 불과한 이 글이 단행본 여러 권을 합친 것보다 훨씬 더 풍부한 내용을 담고 있다는 느낌을 받았다. 특히 뉴턴의 유일신 종교가 만유인력을 발견하는 직접적인 계기가 되었다는 대목에서는 필자의 탁견에 무릎을 치지 않을 수 없었다.

해럴드 니컬슨의 〈로만주의의 반란〉은 누구나 다 알고 있다고 생각하지만 쉽게 정의할 수 없는 로만주의의 핵심 국면을 대단히 요령 있게 설명하고 있다. 콜리지와 워즈워스를 최고의 로만주의 시인으로 지목한 니컬슨은 로만주의가 우리에게 남긴 유산을 '개인주의'라고 규정짓는다. 삶과 예술에서의 인간 개성의 해방이야말로 로만주의자들이 물려준 가장 소중한 유산이라는 것이다. 우리 사회에서 '개성'의 가치가 소멸되지 않는 한 로만주의는 21세기에도 여전히 유효하다는 판단을 하게 된다.

C. V. 웨지우드의 〈네덜란드 공화국의 황금 시대〉는 17세기 하멜이 제주도에 표류하던 바로 그 무렵 네덜란드의 번영을 탁월한 필치로 서술하고 있다. 좁은 면적에 좋은 조건이라고는 찾아볼 수 없는 유럽 귀퉁이의 이 나라가 어떻게 막대한 부를 거머쥐고, 그토록 다양한 분야에서 찬란한 문명을 창조할 수 있었는지를 일목요연하게 들여다볼 수 있다. 21세기 대한민국이 추구할 목표가 강소국(强小國)이라는 것에 동의한다면 반드시 읽어둘 가치가 있는 글이라 하겠다.

눈치 빠른 독자라면 벌써 짐작했겠지만, 이 책의 세 번째 미덕은 역사읽기의 감흥(感興)을 맛볼 수 있게 해준다는 점이다. 이미 독자들은 중·고등학교 세계사 교과서를 비롯하여 다양한 종류의 서양사 개설서를 읽은 적이 있을 것이다. 그러나 이러한 개설서들은—정도의 차이는 있지만—방대한 역사 지식을 제한된 분량 안에 담아야 하기 때문에 역사적 사실들을 극도로 압축하여 단순화시킨다. 그 결과 역사는 끝없이 추상화되어, 마침내 수많은 고유명사들이 지루하게 등장하는 무미건조한 문자의 나열로 전락하고 만다. 인간의 과거를 다루는 역사에서 사람 냄새라곤 도무지 맡을 수 없는 역설적인 상황이 나타나는 것이다. 그 결과 수많은 독자들이 넌덜머리를 내며 역사로부터 영영 눈길을 돌려버리고 만다. 안타까운 일이지만 이것이 우리 주변에서 흔히 목격되는 현실의 한 단면이다.

이 책은 수박 겉핥기에 머무르고 있는 이전의 개설서들과는 분명한 차별성을 보여준다. 근대 초기에서 현대에 이르는 서양 역사의 중요한 국면들을 최고의 학자들이 심도 있게 파고들기 때문에, 독자들은 뿌연 회색의 이론이 아닌, 사람 냄새 물씬 풍기는 역사읽기의 참 맛을 만끽할 수 있다. 종래의 역사읽기 방식에 도저히 만족할 수 없는 독자들은 개설서를 잠시 접어두고 이 책을 먼저 읽어보기 바란다.

2

역자는 독자들이 이 책을 쉽게 읽고 깊이 이해할 수 있도록 하고자 많은 노력을 기울였다. 그러나 역자 한 사람만의 능력으로는 포괄할 수 없는 다양한 주제들을 우리 말로 완벽하게 옮겨낸다는 것은 그리 쉬운 일이 아니었다. 특히 역자의 전공에서 벗어난 과학·기술 분야의 주제들을 번역하기란 꽤나 어려운 일이었다.

그리하여 역자는 난해한 대목에 부딪힐 때마다, 번역에 앞서 해당 분야의 이용 가능한 자료를 모조리 입수하여 섭렵하는 등 제대로 된 번역물을 독자들에게 선보이기 위해 최선을 다했다. 대중성이 떨어진다고 판단한 부분은 과감히 삭제했고 또 필요한 부분에는 원문에 없는 내용을 임의로 추가하기도 했다. 이런 의미에서 이 책은 부분적으로 '편역'이라고 말할 수 있겠다. 아울러 독자들의 이해를 돕기 위해 '본문 깊이읽기'를 가능한 한 자세하게 덧붙이고 원서에 없는 그림 자료들을 추가하여 그것 자체만으로도 훌륭한 읽을 거리가 되도록 했다.

역사 지식 대중화에 대한 남다른 열정으로 한 길을 걸어가는 푸른역사 박혜숙 대표님과 이 책의 편집에 각별한 정성을 기울여 준 이근영 과장님께 감사를 드린다.

2004년 8월

옮긴이 박상익

■ 머리말

당대 일급 역사학자들이 쓴 살아 있는 서양사

　역사 연구 및 저술이 은퇴한 정치가들이나 유한 계급에 속한 학자들의 여기(餘技)에서 벗어나게 된 것은 대략 150년 전부터였다. 그때부터 역사 연구는 전공자들에 의해 전담되었고, 그들에게 부여된 엄격하고 조직화된 훈련은 역사 서술의 질을 크게 향상시켰다. 그러나 그것은 동시에 역사물의 분량을 엄청나게 늘려놓아서, 오직 전문가들만이 지극히 한정된 분야의 지식을 습득하는 상황에 이르게 되었다. 이제 머콜리(Macaulay)나 티에르(Thiers), 또는 미슐레(Michelet) 같은 총체적 역사물이 교양 있는 독자들을 사로잡던 시대는 영원히 가버리고 말았다. 오늘날에는 그 어떤 학자도 자신의 일차적 연구 성과에 입각하여, 단독으로 한 국가나 한 시대의 전체 역사를 쓸 수는 없다. 기껏해야 광범위한 전문적 연구 문헌들을 수집하고, 여기에 자신의 종합적인 해석을 가할 수 있을 뿐이다.
　사실 지금 학생들이 사용하는 교과서는 고도로 단순화된 자료들의 취합에 불과하다. 역사적 사건에 관한 지식이 너무나 광대하기 때문에, 교과서에서는 이를 최대한 압축하지 않으면 안 되는 것이다. 따라서 역사 교과서에서 취급되는 역사 지식은 생명이 없어진,

또는 무색무취한 것이 되어버렸다. 그 결과 이제는 역사 지식을 보다 더 미시적으로 다뤄야만 과거 사건에 관한 지적 감흥을 전달할 수 있게 되었다.

이 책에 수록된 에세이들은 바로 이러한 갈증을 해소하기 위해 《호라이즌 Horizon》지에서 엄선한 것이다. 이 에세이들은 조직적인 체계를 갖추지는 못했지만, 유럽 역사의 모든 범위를 총망라하고 있다. 이 에세이들은 과거 사건들 가운데 중요한 것들을 표본 추출한 것으로, 엄선된 주제들에 관한 세부적인 지식을 제공한다. 이를 통해 학생들은 개설서에서 생략되기 일쑤인 역사적인 여러 문제와 설명들을 접할 수 있을 것이다.

이 에세이들을 쓴 필자들은 모두 해당 분야 최고의 전문가들이다. 해당 주제들에 대한 최신 동향을 누구보다도 잘 파악하고 있는 이들은, 자신들의 글을 통해 역사적 사실이라는 앙상한 뼈에 풍만한 살을 덧입히고자 노력했다. 과거에 관심을 갖고 있는 사람이라면 누구나 이 선집에 수록된 에세이들의 폭넓은 주제와 다양성에 매료될 것이다. 또한 배움의 과정에 있는 학생들은 이 책이 풍부한 지식을 담고 있을 뿐만 아니라, 대단히 자극적이고 또한 도전적이라는 사실을 알게 될 것이다.

윌리엄 L. 랭어.

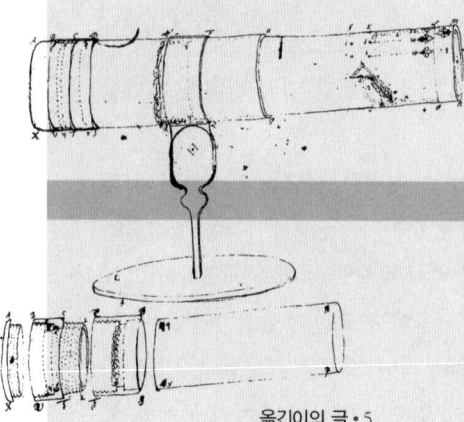

차례

옮긴이의 글 • 5

머리말 • 10

미래와 과거를 바라본 야누스 뉴턴 • 15

네덜란드 공화국의 황금 시대 • 53

표트르 대제와 서유럽 • 105

우리 시대에 계몽주의는 어떤 의미를 갖는가 • 153

18세기 유럽의 그랜드 투어 • 173

고독한 방랑자 루소 • 219

로만주의의 반란 • 261

워런 헤이스팅스의 탄핵 재판 • 293

유럽 근대사의 흐름을 바꾼 나일 강 해전 • 333

서양 근대사 최고의 엔지니어 브루넬 • 377

● 뉴턴에서 조지 오웰까지

찰스 다윈과 진화론 • 419

마르크스의 다양한 모습들 • 467

영국의 제국주의자들 • 505

사라예보의 총성으로 폭력의 시대가 열리다 • 591

아동의 역사 • 655

신화가 된 혁명가 레온 트로츠키 • 693

조지 오웰의 디스토피아 • 741

찾아보기 • 786

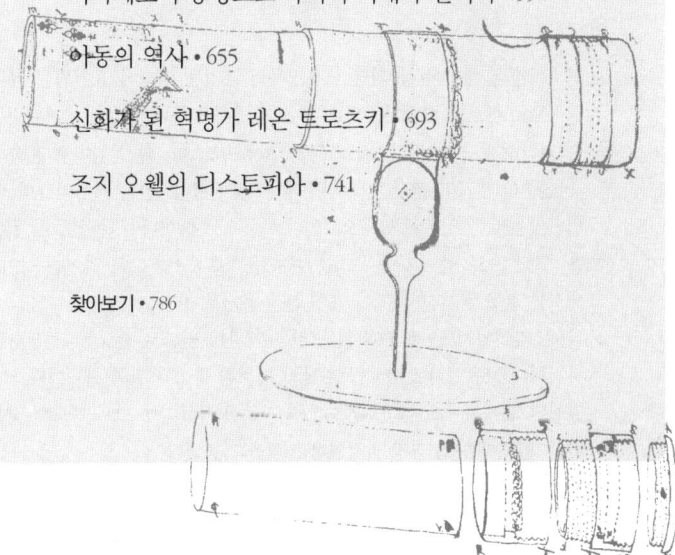

일러두기

1. 인·지명과 개념어 등 외국 고유명사의 표기는 외래어 표기법에 따르는 것을 원칙으로 했으나 학계나 텍스트의 표기 방식에 문제가 있다고 판단되는 경우에는 과감하게 고쳐 썼다. 예를 들면 'Romanticism'의 번역어로 흔히 사용되는 '낭만주의(浪漫主義)'는 '로만주의'로 표기했다. 일본 지식인들이 만든 표기법인 '낭만'은 일본어 발음으로는 '로만'으로 읽힌다. 일본인들이 원음에 가까운 '로만'으로 읽는 것을 우리는 한자 음대로 '낭만'으로 읽어온 것이다. 이 책에서는 잘못 굳어진 이 같은 표기 관행을 거부했다.
2. '본문 깊이읽기'는 원문에 없는 것을 역자가 별도로 작성했다. 생경한 역사적 사건이나 고유명사에 대한 독자들의 이해를 높이기 위한 시도이다. 또한 '본문 깊이읽기'에는 가능한 한 많은 그림 자료를 삽입하여 그 자체로서 읽을 거리가 될 수 있도록 편집 과정에 각별한 노력을 기울였다.

미래와 과거를 바라본 야누스 뉴턴

월터 카프(Walter Karp)

오늘날의 과학 사상은 이미 뉴턴 '철학'을 훌쩍 넘어섰으므로 우리는 이 지적 거인의 업적이 지닌 중요성을 이해할 수 있게 되었다. 그러나 비전문가 입장에서 근대 과학의 난해한 부문에 접근하는 것은 만만치 않은 일이다. 월터 카프―그는 다윈의 전기를 쓰기도 했다―는 이 어려운 일을 매우 유능하게 해내고 있다. 그는 '보통 사람들'에게 뉴턴이 케플러·갈릴레오·데카르트 등의 이론가들과 어떤 관계에 놓여 있는지를 알려주고, 빛과 색채에 관한 주요 개념을 이해시킨다. 특히 뉴턴이 오랜 세월 씨름했던 만유인력 문제를 명쾌하게 설명한다.

뉴턴의 저작과 서한집을 요령 있게 압축한 이 글은 기이하고 근엄하고 독선적이지만, 한편으로는 자기 확신에 가득 찼던 한 인물의 성격을 잘 드러내고 있다. 또한 근대 세계의 발전에 미친 그의 독특한 기여를 다시 한 번 강조하고 있다.

가장 위대한 과학자 뉴턴

"그는 사상의 낯선 바다를 홀로 항해했다." 19세기 영국의 계관시인 워즈워스는 뉴턴을 이렇게 표현했다. 이 시인에게 아이작 뉴턴(Isaac Newton, 1642~1727)은 '프리즘과 고요한 표정'을 간직한 인물로 비쳐졌다. 그러나 뉴턴의 차분한 얼굴에 자리 잡은 두 눈은, 실제로는 앞으로 튀어나온데다가 흐리터분하기까지 해서 그다지 이지적으로 보이지 않았다. 그는 내성적인 사람이 매양 그러하듯이 애매한 표현을 하곤 했다. 이것은 그가 고독을 즐기거나 세상을 경멸해서가 아니었다. 뉴턴은 온갖 사람과 사건들로 가득한 이 세계를 경탄의 눈으로 바라보았고, 언짢을 때면 '수학적인 하찮은 일'에 대해 혐오감을 드러내곤 했다. 그는 종종 신경질을 부렸고 거의 언제나 우울한 상태였다. 그의 친구의 말에 의하면 뉴턴은 '딱 한 번' 웃은 적이 있다고 한다. 누군가 "대체 유클리드 기하학이 살아가는 네 무슨 쓸모가 있는 겁니까?" 하고 묻자 웃음을 터뜨렸다는 것이다.

◀ 모든 사람들로부터 천재성을 인정받은 뉴턴은 1703년 왕립학회 회장직을 수락했다. 이 초상화는 회장 취임을 기념해 그려진 것이다.

이 에피소드는 뉴턴의 성격을 잘 드러내준다. 그는 언제나 매우 짧게 대답했다. 심지어 오해를 받을 염려가 있는 경우에도 그러했다. 이는 자신의 엄격한 이상을 충실히 따르는 한 가지 방법이었다. 그의 이상은 수학적 정확성으로, 그것은 수학자들이 가장 간결한 증명에서 발견하는 미학적 특성이기도 했다. 뉴턴은 이러한 형식적 엄격성을 자신의 사고방식과 행동 양식 안에 녹여냈다. 과학자로서 생애의 절정기에 그는 역학(力學) 전체를 세 개의 간결한 운동법칙으로 요약했다. 그리고 말년에 접어들어 그는 기독교의 모든 교리를 최소한의 본질적 명제들로 압축시켰다.

그는 언제나 말수가 적었다. 말을 많이 한다는 것은 필요 이상으로 증명 단계를 늘리는 것처럼 세련되지 못한 일이라고 생각하는 듯했다. 누군가가 어떻게 그 많은 발견을 해냈느냐고 뉴턴에게 질문하자, 그는 이렇게 간결하게 답했다.

"언제나 그 문제를 곰곰이 생각함으로써."

논박의 여지가 없는 답변이다. 그 자신의 표현을 빌면 "점차 빛이 떠오를 때까지" 며칠이고 한 문제에 놀랍도록 정신력을 집중했다. 이렇게 해서 떠오른 '빛'은 과학사를 통틀어 가장 기념비적인 업적이 됐다. 뉴턴이 인류 역사상 가장 위대한 과학자라는 것은 논란의 여지가 없는 사실이며, 실제로 '가장 위대한 과학자'라고 불릴 수 있는 '유일한' 인물이다. 만약 뉴턴이 태어나지 않았더라면 과학사는 전혀 다른 길을 걸었을 것이다.

아이작 뉴턴이 이룩한 광대한 업적의 역사적 의의를 설명하는 것은 그것을 이해하는 것에 비하면 오히려 쉬운 일이다. 우리는 사전적 정의를 통해 그의 업적이 얼마나 위대한지를 잘 알 수 있다. 뉴턴이 살아 있던 시기에 이른바 근대 과학은 많은 사람들에게 단순히

'뉴턴 철학'이라고만 알려져 있었다. 그것은 뉴턴이라는 한 개인의 이론으로 여겨졌고, 사실 상당 부분 그러했다. 물론 그는 과학을 '발견'해내지는 못했다. 누구도 그런 일은 해낼 수 없다. 과학은 활용되기를 기다리는 간단한 도구가 아니기 때문이니다. 그것은 수많은 사람들이 막대한 노력을 기울여 전혀 공통점이 없는 수많은 요소들을 집대성한 복잡한 고안물이다.

물리학은 난해하고 복합적인 하나의 실체이다. 예컨대 그것은 물리적 의미를 갖지 않는 수학의 추상 개념과 본질적으로 아무런 수학적 형태를 갖지 않는 비근한 물리적 현상을 결합한다. 물리학은 회의적이고 엄밀한 실험 방법을 적용하기도 하지만, 그 방법을 실체의 기계적 본성에 대한 지극히 포괄적인 가설과 결합하기도 한다. 물리학은 경험적 학문으로서, 진리가 사물 그 자체에 대한 탐구에서 드러난다고 간주한다. 또한 물리학은 수학적이고 기계적인 학문으로서 사물이 우리 눈에 보이는 것과는 전혀 다르다고 추정한다. 이렇듯 상반된 요소들을 결합하고 종합해낸 것, 그것이 바로 뉴턴이 한 일이었다. 근대 과학과 그 과학적 방법을 기계에 비유한다면, 뉴턴은 기계 부품을 조립하여 그것이 지닌 가공할 힘을 증명한 것이다. 뉴턴은 위대한 천재였다. 그리고 아인슈타인이 재치 있게 표현했듯이, 그는 매우 알맞은 시기에 태어났다.

분열된 과학

뉴턴이 태어난 1642년경, 과학혁명을 주도한 위대한 인물 중 네 명이 그들의 임무를 완수하고 세상을 떠났음에도 불구하고 과학은 철저히 분열되어 있었다. 지동설을 설파한 코페르니쿠스(Nicolaus Copernicus, 1473~1543)는 그 무렵 이미 죽은 지 1백 년이 되었다. 베이컨은 1626년에, 케플러는 1630년에, 그리고 갈릴레오는 뉴턴이 태어나던 해(1642)에 죽었다. 그들의 뒤를 이은 다섯 번째 위대한 인물인 데카르트(René Descartes, 1596~1650)는 이미 《방법서설 Discourse on Method》(1637)을 출간했고, 뉴턴이 태어난 지 2년 후인 1644년에는 철학의 기계적 원리에 대한 기념비적 논저를 출간했다.[1] 그럼에도 불구하고 '과학'은 아직 존재하지 않는 상태였다. 과학의 방법과 목적에 대해 학자들 사이에 아무런 합의도 이루어지지 않았던 것이다. 위대한 선구자들—이미 오래전에 죽은 코페르니쿠스는 제외하고—의 공통분모는 '과학'이 아닌 아리스토텔레스 철학에 대한 '혐오'와 그것을 무언가 더 나은 것으로 대신하고자 하는 압도적인 '갈망'뿐이었다. 그 당시의 어법대로 표현하자면, 그들은 '낡은 아리스토텔레스 철학'에 반란을 일으키기 위해 결속한 '새로운 철학자들'이었다.

언뜻 보기에 이 선구자들은 폭넓은 결속력을 과시하는 것처럼 보인다. 그러나 그들 사이의 내부적 불일치는 예리하고도 깊었다. 케플러의 동료이자 친구인 갈릴레오는 케플러의 기본 개념을 철저히 경멸했다. 케플러는 특유의 대담성으로, 태양에서 바퀴살같이 뻗어나오는 보이지 않는 '동력'이 행성들을 궤도에 잡아두며, 지구와 그 동반자인 달 사이의 '상호 인력'—비슷한 것끼리 서로 쏠리는—이 밀물과 썰물을 일으킨다고 생각했다. 불변의 천체마저도 그 움직임을 유지하기 위해 일정한 자연적 힘을 필요로 한다는 이와 같은 급진적 개념은 케플러의 천문학적 업적의 근간이었다. 그러나 갈릴레오는 "케플러 같은 명민한 인물이 달이 물을 지배한다는 식의 마술적 신비주의나 유치한 관념에 귀가 솔깃했다는 사실에 경악을 금치 못한다"고 털어놓았다.

이것은 공연한 험담이 아니었다. 갈릴레오의 이런 혐오감은 '새로운 철학'에 대한 그 나름의 독자적인 심오한 개념에서 비롯된 것이었다. 갈릴레오에게 철학이란 태양에서 방사(放射)되는 신비한 힘

따위의 온갖 마술적 설명을 배제하는 것이어야만 했다. 갈릴레오의 견해에 의하면 철학자의 임무는 사물의 감춰진 원인을 기발하게 꾸며대는 것이 아니었다. 철학자의 임무는 현상이 '어떻게' 발생했는지 증명하고, 그것을 간단명료하게 수학적으로 표현하는 것이었다. 그리하여 갈릴레오는 물체의 낙하를 연구함으로써, 낙하하는 물체가 등가속도운동법칙[2]에 따른다는 사실을 실증적으로 증명했다. 그러나 그는 '왜' 물체가 지구의 중심을 향해 낙하하는지에 대해서는 설명할 수 없었다.

시기적으로 후대에 활동한 데카르트는 이들 두 학자—케플러와 갈릴레오—와 견해를 달리했다. 갈릴레오가 그러했듯이, 보이지 않는 힘과 마술적 원인이 철학에서 배제되어야 한다는 것은 데카르트가 가졌던 근본 신념 중 하나였다. 세계는 '정신'과는 별개로 오직 물질적인 실체만으로 이루어지며, 이 물질은 전충성(塡充性)—크기와 모양과 부피—이라는 특성만을 갖는다. 예컨대, 어떤 물질도 색채를 갖지 않는다. 특정한 물리적 구조 때문에 띠는 특정 색채를 그것의 고유한 색이라고 간주하는 주관적 감각이 있을 뿐이다. 두 사물 사이의 유일하고 참된 차이는 물질을 구성하는 작은 입자들의 크기·모양·배열·운동의 차이다. 자연 상태의 물질과 그 운동은 모든 것을 설명할 수 있으며 실제로 설명해준다.

데카르트가 설파한 엄격한 기계론적 세계 속에는 어떤 종류의 힘·권력·정신·인력도 존재하지 않는다. 만일 한 물질이 움직이기 시작한다면 그 운동의 원인은 오직 한 가지, 즉 다른 움직이는 물체가 그 물체에 가한 충격뿐이다. 그러므로 데카르트에 의하면, 물체가 땅에 떨어지는 것은 우리가 사는 행성(지구) 주위를 소용돌이치는 지극히 미세한 입자들이 그것을 아래로 밀어내기 때문이다. 미세한 입자들의 거대한 소용돌이가 행성을 순환하게 만든다는 것이다. 분명 이 새로운 우주에는 케플러의 개념이 끼어들 여지가 없었다.

데카르트의 철학은 명료하고 포괄적이며 매우 설득력 있었다. 그러나 데카르트가 새로운 철학에서 중요하게 여기는 모든 것을 대표하는 인물로 간주된 것은 아니었다. 동시대의 자연과학도들은 베이컨[3]을 염두에 두어야만 했다. 베이컨의 새로운 '학문 진보' 프로그램은 데카르트 철학과는 정반대되는 것이었기 때문이다.

새롭게 등장한 이들 두 철학자의 차이점은 너무나 뚜렷하다. 데카르트는 제1원리에서 시작한 다음 연역적으로 세계의 현상을 설명해 나아간다. 이에 반해 베이컨은 현상 검증에서 시작하여 귀납적으로 점차 가장 일반적인 원리에 접근한다. 베이컨은 자연의 오묘한 힘에 주목할 것을 요청했으며, 자연의 감춰진 힘을 드러내는 으뜸가는 수단으로 '실험'을 강조했다. 반면 데카르트는 두 눈을 감고 내면에서 발견한 '투명하고 뚜렷한 개념'을 숙고할 것을 요구했다. 베이컨과 그 추종자들은 모든 것이 심원하고도 오묘하다고 생각한 반면, 데카르트와 그 추종자들은 모든 것이 본질적으로 명료하다고 생각했다.

이렇듯 갈릴레오의 수학적 접근 방식, 데카르트의 기계론적 철학, 베이컨의 경험주의, 그리고 케플러의 난해한 천문학 등이 이렇다 할 뚜렷한 상호 관련 없이 혼재하고 있는 상황이었다. 뉴턴이 링컨셔에서 자라던 무렵 이른바 '새로운 철학'의 주요 흐름은 이와 같았다.

폭발적으로 피어난 뉴턴의 재능

뉴턴 집안은 자영농으로서 한때 울즈소프(Woolsthorpe)라는 작은 시골 마을에 살았다. 어린 뉴턴은 부모의 보살핌을 받지 못했기 때문에 사실상 고아나 다름없었다. 뉴턴의 아버지는 그가 태어나기 몇 달 전에 죽었고, 어머니는 이웃 교구의 목사에게 개가하여 뉴턴은 여러 해 동안 할머니 곁에서 자랐다. 울즈소프 근방에서 뉴턴은 '항상 착실하고 조용하며 생각이 많은 소년' '이웃 또래들과 잘 어울리지 않는 소년'으로 기억되었다. 그는 해시계와 물시계 같은 독창적인 도구를 만들어서 어른들을 즐겁게 해주었다. 또 물감을 혼합하는 방법과 마술 수법을 정리하여 일일이 공책에 기록해두었다. 어린 나이에 이미 뉴턴은 자신과의 대화를 즐길 줄 알았고, 칼로 나무를 깎아 이런 저런 모양을 만드는 것이 주요 일과였다. 요즘 식으로 표현하자면 '기계 공작에 취미를 가진, 외롭지만 혼자서도 잘 지낼 줄 아는' 소년이었다.

다른 집 아이들보다 학업 면에서 우월하지 않았더라면, 그는 링컨셔에서 평범한 농부가 되어, 예정된 운명의 길을 걸어야 했을 것이다. 하지만 그는 삼촌의 주선으로 18세 되던 해에 케임브리지대학 트리니티 칼리지에 들어갈 수 있었고, 그곳은 그 후 35년 동안 뉴턴의 고향이 되었다. 학부 시절 뉴턴은 수학·천문학·광학에 특히 관심을 보였다. 그러나 주어진 것만을 수동적으로 배웠으며, 대학원에 진학하는 것 이상의 특별한 재능을 보여주지 못했다. 학사 학위를 받은 1665년 1월, 그는 끊임없이 밀려드는 트리니티 칼리지의 평범한 학생들에게 수학을 가르칠 또 한 명의 예비교사일 뿐이었다.

그러나 이 기간의 평범함을 뉴턴의 재능이 매우 서서히 자라났기 때문이라고 설명해서는 안 된다. 그의 천재성은 이 무렵까지 성숙되지 않고 있다가 얼마 후 그야말로 폭발적으로 활짝 피어났다. 학부 2년을 마쳤을 때, 그의 머릿속에는 17세기 과학 지식 대부분이 입력되어 있었다. 그 지식은 누구에게도 알려지지 않은 채 그 상태로 한동안 파묻혀 있었다. 1666년 말에 그는 미적분학을 발견했는데, 그것은 수학사상 가장 뛰어난 업적 중 하나였다. 또 빛과 색채의 본실에 대한 심오한 진리도 발견했는데, 이는 역사상 가장 탁월한 실험 연구 중 하나였다. 그는 울즈소프에서 떨어지는 사과를 관찰하다가 달이 마치 사과처럼 지구를 향해 지속적으로 '낙하'하는 물체라고 생각하게 되었다. 그리고 이러한 낙하 현상을 일으키는 힘을 설명할 수학적 방법을 고안해냈다. 물리학사상 최고의 발견인 만유인력의 법칙에 바야흐로 도달하고 있었던 것이다.

이런 주제들에 착상했다는 점에서 뉴턴의 재능은 실로 비범한 것이었다. 그러나 진정으로 놀라운 점은, 수많은 뛰어난 재능이 한 사람에게 동시에 나타났다는 사실이다. 그의 재능은 정말 대단한 것이어서, 한 사람이 그토록 여러 가지 재능을 갖는다는 것은 도저히 있을 수 없는 일로 보일 정도이다. 과학의 역사를 돌아보면, 일급 실험과학자 중에서 저명한 이론가가 배출된 경우는 없었다. 그리고 최고 수준의 이론과학자들—아인슈타인을 그 예로 들 수 있다—가운데 탁월한 (또는 그만저만한) 실험과학자가 배출된 경우도 거의 없었다. 그러나 뉴턴은 '탁월한 실험과학자'인 동시에 '최고급 이론과학자'였다. 더욱 놀라운 것은 위대한 과학자들 중에서 오직 뉴턴만이 순수 수학 영역에서 최고의 역량을 보여주었다는 사실이다. 뉴턴은 세 가지 다른 분야—극소수의 과학자들만이 그 중 한 분야에서 겨우 업적을 이룰 수 있다—에서 모두 최고 수준의 뛰어난 기량을 발휘했다. 뉴턴은 불과 24세의 나이로, 자신이 묵묵히 흥미를 느껴오던 폭넓은 주제들에 그 탁월한 재능을 발휘하고 있었다.

빛과 색채

뉴턴의 광학 연구—그가 가장 좋아한 연구 분야로 맨 처음 출간한 책도 이 방면에 관한 것이었다—는 기존의 색채 현상 이론과 데카르트의 새로운 기계론 철학에 결별을 고하는 것이었다. 당대의 주도적인 과학자들에 의하면 빛은 데카르트가 언급한 순환하는 신비 물질 또는 에테르의 파동으로 이루어져 있었다. 이 파동은 마치 연못에 돌을 던질 때 잔물결이 이는 것처럼 광원(光源)으로부터 균일하게 방사되었다. 태양의 빛은 순수하고 동질적이며, 당연히 색깔도 없었다. 그러므로 색채란 이 균일한 태양의 빛이 이런 저런 기계적 방법으로 교란되거나 변형될 때 산출되는 결과물이었다. 특정 방식으로 변형된 빛은 일정한 색채로 나타났다. 상이한 표면 구조를 지닌 물체에 부딪힌 무색의 빛은 상이한 방식으로 변형되어 상이한 색감을 산출했다. 프리즘을 통과한 빛이 벽에 닿으면 색채 스펙트럼이 나타난다. 그러므로 프리즘은 그것을 통과하는 빛을 굴절시키는 동시에 백색 빛을 교란시켜 스펙트럼을 만들어낸다는 주장이 제기되었다. 이런 관점이 팽배해 있을 무렵, 젊은 뉴턴은 프리즘을 몇 개 구입해서 종전에 행해지지 않던 수준까지 실험을 밀고 나아갔다.

뉴턴은 이 주장에 모순이 있다는 사실을 간파했다. 그러나 그것이 극히 비범한 발견의 토대를 확립할 때까지 이에 대한 설명을 보류했다. 그 모순은 여러 달 동안 프리즘으로 정밀한 실험을 시도한 끝에 발견되었다. 그는 트리니티 칼리지에 있는 자신의 방 덧문을 닫아걸고, 덧문에 지름 4분의 1인치의 둥근 구멍을 냈다. 이 구멍을 통해 가느다란 햇빛이 그의 어두운 방으로 들어왔다. 그는 구멍 가까이에 프리즘을 갖다대어 반대편 벽에 스펙트럼이 투사되도록 했다. 그가 수학자의 눈으로 목격하고 관찰한 것은, 다른 사람은 보고서도 그냥 지나치고 만 것이었다. 벽에 비친 색채 스펙트럼의 모양은 둥글지 않고 기다란 직사각형이었던 것이다. (덧문에 난 구멍은 원형이었다.) 그는 이 신기한 현상에 주목했다.

당시에는 빛이 주어진 각도에서 프리즘을 통과할 때 얼마만큼 굴절되는지를 결정짓는, 데카르트가 발견한 수학법칙—뉴턴도 익히 알고 있었다—이 있었다. 이 법칙에 의하면, 뉴턴의 프리즘을 통과한 빛은 반대편 벽에 지름 $2\frac{5}{8}$인치의 동그란 스펙트럼을 만들어야만 했다. 그런데 뉴턴이 실험에서 관찰한 직사각형 스펙트럼은 가로가 $2\frac{5}{8}$인치, 세로가 $13\frac{1}{4}$인치나 되었다. 세로 길이가 예상치보다 다섯 배나 더 길었던 것이다. 빛의 상단은 굴절법칙보다 더 많이 굴절되었고, 하단은 덜 굴절되었다. 바로 이 때문에 스펙트럼의 세로 길이가 길어진 것이다. 데카르트의 지극히 정교한 굴절법칙에 무언가 큰 결함이 있다는 증거였다.

뉴턴은 잠시 색채에 관한 문제를 제쳐두고, 굴절의 불규칙성에 모든 관심을 집중시켰다. 그는 프리즘을 한 개 더 가져다가 첫 번째 프리즘과 벽 사이에 놓고, 굴절된 광선의 여러 부위에 대보았다. 이것은 '결정적인 실험'이었다. 이 실험에서 뉴턴은 처음에 더 많이 굴절되었던 광선 부위가 두 번째 굴절에서도 정확히 같은 비율로 더 많이 굴절되는 것을 발견했다. 덜 굴절된 부위 역시 정확히 같은 비율로 덜 굴절되었다. 광선의 어느 부위를 프리즘으로 굴절시키든 매번 동일한 굴절률을 보였다. 다시 말해서 광선 전체가 획일적인 규칙성을 보인 것이 아니라, 광선의 부위에 따라 각기 상이한 규칙성을 드러냈던 것이다. 뉴턴은 이렇게 결론지었다.

"프리즘에 비친 영상이 길게 나타난 원인은 빛이 각기 다른 굴절률을 가진 광선들로 이루어져 있기 때문이다. 빛은 굴절 각도에 따라서 벽의 여러 부분으로 투사된다."

뉴턴은 '다른 굴절률'을 지닌 광선들이 각기 다른 색을 갖고 있다는 사실도 발견했다. 한 개 더 준비한 프리즘을 굴절된 광선의 푸른색 부분에 갖다대자, 그 부분은 동일한 각도로 굴절되었을 뿐만 아니라 푸른색이 그대로 남았다. 몇 번이나 반복해서 굴절시켜도 색은 바뀌지 않았고, 굴절 각도에도 변함이 없었다. 그러므로 그는 이렇게 결론 내린다.

"동일한 굴절 각도를 지닌 광선은 동일한 색을 지니며, 동일한 색은 동일한 굴절률을 갖는다."

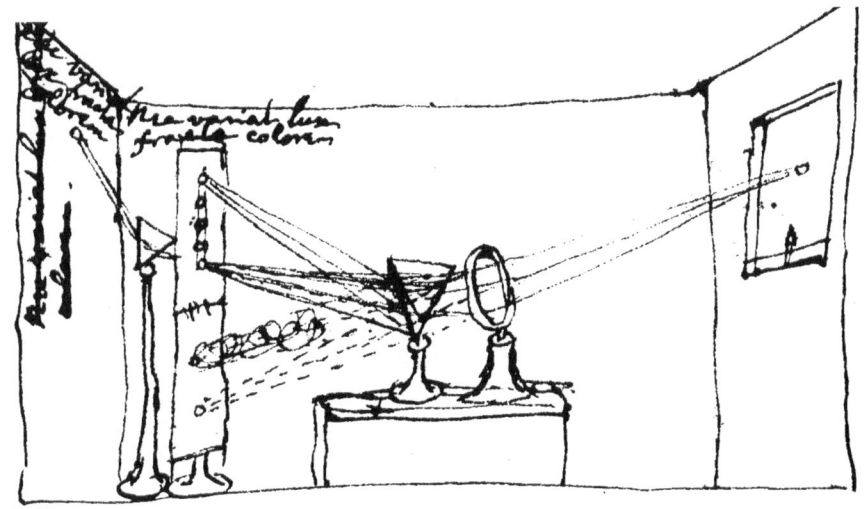

데카르트의 굴절법칙에 모순이 있다는 사실을 발견한 뉴턴은 이 모순을 해결하기 위해 두 개의 프리즘을 통과해 굴절하는 빛에 관한 '중대한 실험'을 실행한다. 이 삽화는 뉴턴이 직접 거칠게 스케치한 것이다.

뉴턴이 발견한 바와 같이 기존의 색채 이론에는 오류가 있었다. 색채가 순수한 무색 빛이 산란될 때 생성된다는 이론은 더 이상 유지될 수 없었다. 그 이론에 의하면 프리즘은 균질적인 빛에 변화를 초래하여 색채들을 만들어내고, 이 변화된 빛을 한 번 더 굴절시키면 또 다른 색채들을 만들어낸다. 이것은 사실과 다르다. 몇 번을 굴절시키든 파란색은 파란색 그대로, 붉은색은 붉은색 그대로 남는다. 이들 두 색을 포함한 일곱 가지 '기본 색상'은 아무리 여러 번 굴절시켜도 변화하지 않는다. 그러므로 프리즘은 순수한 백색 빛을 '변화'시키는 것이 아니라 백색 빛의 상이한 부분들을 그것의 독특하고 고정된 굴절 각도에 따라 '분리'할 뿐이다. 그러므로 뉴턴은 이렇게 결론짓는다.

"색채는 굴절이나 자연적 물체의 반사에 의한 '빛의 변화'가 아니다. 색채는 본원적이고 선천적인 속성으로서, 다양한 광선들 속에 본래부터 다양하게 존재한다. 어떤 광선은 본래 붉은색을 띠고, 어떤 색은 본래 노란색을 띠는 것이다."

태양에서 방사되는 빛은 사람들이 흔히 생각하듯이 순수하고 균질적인 것이 결코 아니었다. 뉴턴은 다음과 같이 설명한다. 각기 다른 굴절 각도와 다른 성향을 지닌 '혼란스러운 광선들의 집합체'는 우리로 하여금 색채에 대한 감각을 느끼도록 만든다. 우리의 지각에 반하는 것처럼 보이긴 하지만, 색채들은 통상적인 무색의 빛 안에 내재되어 있다는 것이다.

뉴턴은 13쪽밖에 되지 않는 지극히 짧은 글로 자신의 발견을 발표했다. 그리고 발표한 지 6년 후인 1672년, 그는 이 글을 과학계의 축도인 런던 왕립학회에 제출했다. 가식적인 겸양은 전혀 부리지 않고, 그는 학회 회원들에게 자신의 글이 '자연계의 운행에 대한 지금까지의 관찰 중 가장 주목할 만한 것은 아닐지 모르나 가장 색다른 것'이라고 소개했다. 그리고 뉴턴은 뒤로 물러나 갈채와 환호를 기다렸다. 그러나 실망스럽게도 뉴턴은 이 일로 인해 분통 터지는 논쟁에 휘말려들게 된다.

철학적 사변을 폐기하다

왕립학회의 로버트 훅[4]과 프랑스 과학아카데미의 크리스티안 호이겐스[5], 이 두 명의 대표적인 광학자들은 자신들만의 색채 이론—기존의 이론—을 고수하고 있었다. 더 큰 문제는 그들이 새로운 학설에 대해 지극히 인습적인 관점을 견지했다는 사실이었다. 그들에게 일정한 사실을 '설명한다'는 것은 기계론적 가설을 고안해내는 것이었다. 그러므로 그들이 볼 때 무명의 아이작 뉴턴은 단순히 또 하나의 '가설'을 고안해낸 인물일 뿐이었다. (하지만 뉴턴은 얼마나 '가설'이란 말을 싫어했던가!) 뉴턴은 백색 안에 일곱 가지 기본 색상이 선재해 있다고 '가정'함으로써 색채를 설명했고, 그들은 그 가설을 좀처럼 믿을 수가 없었다. 그들의 시각에서 볼 때, 뉴턴의 가설은 프리즘이 다양한 색채의 스펙트럼을 어떻게 산출하는가를 설명하기 위해 색채마다 각기 다른 굴절률을 갖는다고 추정한 것이었다. 그들은 뉴턴의 가설을 '독창적'인 것으로 인정하기는 했다. 물론 자신들의 가설보다는 훨씬 못하다고 여겼지만 말이다.

속이 상한 뉴턴은 비판자들이 자신의 발견을 거꾸로 생각하고 있다고 설명했다. 그는 색채에 관한 가설을 고안하여 서기에다가 사실을 두들겨 맞춘 것이 아니었다. 오히려 그 반대였다. 그는 이렇게 말했다.

"나는 실제 실험을 통해서 빛의 성질을 발견했다. 나는 그것이

참인지 알지 못했다. 나는 헛되고 무익한 공론을 배격하며, 그것은 가설로도 받아들이지 않는다."

그는 백색의 빛이 다른 굴절률을 가진 수많은 광선들의 묶음이라고 '가정'하지 않았다. 실험에 의해 그와 같은 결론에 도달했을 뿐이었다. 뉴턴이 훅에게 신랄한 냉소를 던지며 지적했듯이, 이러한 발견은 기존의 이론으로는 설명할 수 없었다. 그러나 그의 비판자들은 도무지 납득하려 들지 않았다.

뉴턴에게 그것은 쓰라린 경험이었다. 그는 자신이 기만과 고통을 당하고 있다고 느꼈다. 뉴턴은 세계에 새롭고 위대한 발견을 가져다 주었으나, 과학계의 거물들은 그의 발견이 그들의 낡은 통념과 맞지 않는다는 이유로 뉴턴을 신뢰하지 않았다. 자신의 압도적인 지적 우월성을 추호도 의심하지 않았던 뉴턴에게는 한 가지 방법만이 남아 있었다. 그것은 마치 어린 학생을 가르치듯 과학계의 거물들에게 철학의 참다운 방법을 가르치는 것이었다. 그는 그들에게 말했다.

"첫째, 사물의 성질을 직접 탐구하고 실험에 의해 그것을 확증하라. 그런 다음 천천히 그것을 설명하기 위한 가설로 나아가라. 왜냐하면 가설이란 사물의 성질을 설명하기 위한 것이지, 그것에 대해 결정권을 갖는 것은 아니기 때문이다."

실험에 의해 발견된 성질이 가설에 어긋난다고 해서 거짓이라고 말하는 것은 탐구의 순서가 뒤바뀐 것이라는 지적이다. 이것이 뉴턴이 과학계 선배들에게 던진 조언이었다. 그것이 내포하는 의미는 엄청난 것이었다. 그의 주장에 의하면, 자연철학은 이론의 속박을 벗어던져야만 한다. 실험에 의해 확증된 사물의 성질이 기존의 이성적 · 철학적 원리로 이해되거나 설명되지 않는다 하더라도, 그 성질은 엄연히 존재하는 것이며 그것을 철학적 원리―기계론을 포함하여―에 의해 선험적으로 배척해서는 안 된다. 그러나 뉴턴은 아직 젊고 이름 없는 일개 수학 교수일 뿐이었다. 그의 과학 개념이 사람들에게 널리 받아들여지기 위해서는 분노에 찬 편지 몇 통 이상의 것이 필요했다.

그것은 뉴턴이 다른 사람들과 공적인 충돌을 벌인 첫 사건이었다. 이 일이 있은 후 그는 오만하고 변덕스러운 아이처럼 마음속에 앙심을 품게 되었다. 그는 툭하면 노발대발 화를 내며 신경질을 부렸다. 케임브리지에서 그는 걸핏하면 볼멘소리로 자연철학이 '논쟁적'이고 '끝없는 공상'으로 가득 차 있다고 투덜거리곤 했다고 한다. 사람들이 그에게 과학에 관한 질문을 하면 그는 거만하게 "나는 철학적 사변을 폐기해버렸다"고 답했으며, 실제로 종종 그런 모습을 볼 수 있었다. 오랫동안 그는 삼위일체 교리(그는 내심 그것을 의심하고 있었다), 니케아 공의회의 법적 권위(그는 그것을 깎아내리려 했다), 《구약성서》의 〈다니엘서〉에 나오는 예언(그는 그 내용을 해독하고 싶어했다) 등을 탐구하는 데 더 많은 시간을 할애했다.

만유인력의 발견

뉴턴이 학계에 왕처럼 군림하기 전까지, 독재와 신경질은 그의 일생을 지배한 원리였다. 그는 1667년 트리니티 칼리지 펠로우로 선출되었고, 2년 후에는 루카스 석좌(碩座) 수학 교수로 임명되어 케임브리지에서 수도사 같은 생활을 했다. 그는 강연을 했지만 정중노 별로 없었고 강연 내용을 이해하는 사람도 거의 없었다. 친구도 별로 많지 않았다. 그는 주변 친구들을 젠틀맨답지 않은 시골뜨기라고 생각했다 하지만 다정한 성격이 아니었음에도 불구하고 홀로된 어머니에 대해서는 따뜻한 마음을 잃지 않았다. 그는 해마다 잊지 않고 울즈소프로 어머니를 찾아갔다.

오류를 그토록 싫어한, 심지어 틀린 것으로 비치는 것마저도 싫어한 뉴턴에게 만유인력 이론은 성가신 골칫거리를 안겨주었고, 그는 이 때문에 꽤 오랫동안 곤혹스러워했다. 한 점의 의문도 없이 진실이라는 것이 입증되지 않는 한, 그 이론은 이성주의적 사상가들에 의해 거짓이고 위험스럽고 심지어 우스꽝스러운 이론으로 배척당하기 십상이었다. 만유인력 이론에 관련된 가장 중요한 역사적 사실은 바로 이것이다. 뉴턴이 이 골칫거리를 해결한 방식은 과연 그다운 것이었다. 울즈소프에서 어느 가을날 처음 아이디어를 떠올린 때부터 18년이 지난 후 그에 관한 책을 써 내려갈 때까지, 만유인력 개념은 삼위일체 교리에 대한 회의와 더불어 뉴턴의 뇌리에 나란히 자리 잡고 있었다. 그러고 나서 마침내 그는 과학사에서 가장 위대한 책을 펴냈다. 그것은 바로 《자연철학의 수학적 원리 *Philosophiae Naturalis Principia Mathematica*》(1687)—흔히 줄여서 《프린키피아 *Principia*》라고 한다—였다.

만유인력 이론에서 가장 믿기 힘든 부분은 물질의 중심부가 전적으로 신비스러운 방식으로, 수백만 마일 밖에 있는 어떤 다른 물체를 전혀 접촉하지 않은 상태에서 '끌어당긴다'고 주장하는 점이었다. 이 불가해한 '원거리 작용'은 두 물체 사이의 거리에 상관없이 즉각적으로 작동하며, 게다가 불가사의하게도 그 힘은 소멸되지 않았다. 힘이 결코 약해지지 않기 때문이었다. 또한 그 힘은 모든 물질을 통과하기 때문에, 그 무엇도 방해하거나 감소시킬 수 없었다. 그것은 모든 곳에 있지만 어디에도 존재하지 않는 힘이었다. 이렇듯 역설적인 원리는 말로만 설명해서는 도저히 납득시킬 수 없는 것이었다.

만유인력 이론의 단초가 되는 '근본적인 발견'은 뉴턴과 호이겐스 두 과학자가 제각기 독립적으로 해냈다. 호이겐스는 이 발견—물론 그 자체만으로도 대단한 일이었지만—을 더 이상 진전시키지 못했다. 그러나 뉴턴은 이 발견을 바탕으로 그야말로 모든 것을 이룩했다. 이 '근본적인 발견'은 원심력법칙으로 알려졌다. 이 문제가 처음 제기된 것은 1644년 데카르트가 주장한 관성의 법칙에 의해서였다. 즉 한 물체는 다른 물체의 방해가 없으면 같은 속도로 영원히 직선 운동을 하려 한다는 것이다. 그러므로 한 물체가 원운동을 할 경우 그것은 원의 접선을 따라 직선 방향으로 움직이려고 부단히 '시도' 할 것이다. 줄에 매달려 회전하는 물체는 줄에 의해 당겨지지만, 호이겐스에 의하면 그 '시도'는 팽팽한 줄의 '장력'으로 느껴진다. 뉴턴과 호이겐스 두 사람은 모두 회전 중심부에서 벗어나려는 이 '시도'를 수학적으로 표현하는 수단을 찾아냈다.

두 사람보다 후대에 살고 있는 덕분에 우리는 그것이 천체—천체에서도 행성들은 궤도를 돈다—에도 적용된다는 것을 안다. 분명 행성들은 회전 중심부로부터 벗어나 밖으로 날아가려는 '시도'를 할 것이다. 그러므로 이 원심력과 대등한 어떤 힘이 반대 방향으로 작용하고 있음에 틀림없다. 행성들은 분명 밖으로 튕겨 나가지 않고 있기 때문이다. 호이겐스는 위대한 과학자였지만 반대 방향으로 가해지는 이 힘이 '인력'이라고 생각하지는 못했다. 그러면 어떻게 그런 현상이 가능한가? 행성들은 줄에 매달려 있는 것이 아니므로 보이지 않는 줄이나 비물질적인 견인력의 존재를 상정하는 것은 어린아이 같은 생각이다. 호이겐스는 데카르트가 그랬듯이 에테르의 소용돌이가 끊임없이 지구를 궤도로 '밀어 넣는다'고 생각했다. 마찬가지로 지구를 에워싼 소용돌이는 사과를 지구 중심을 향해 밀어낸다고 했다. 제아무리 많은 사과가 호이겐스의 발밑에 떨어질지라도, 그는 다른 방식으로는 전혀 생각하지 못했다. 이성주의적 철학자로서 그는 평생 '참되고 건전한 철학'의 포로였다. 그러나 뉴턴은 달랐다. 그는 일개 이성주의적 철학자에 불과한 인물이 아니었기 때문이다.

뉴턴의 종교적 확신이 과학적 발견에 미친 영향

천재의 직관 배후에는 경신(輕信)과 의심이 혼재되어 있었다. 그러나 기존의 '참되고 건전한 철학'보다 한층 강력한 확신이 뉴턴의 생각을 지배했고, 그럼으로써 뉴턴의 사고는 자유로울 수 있었다. 그 확신은 종교적 확신이었다. 그리스도의 신성에 대한 의심과는 별개로, 뉴턴은 링컨셔의 여느 열정적인 청교도만큼이나 열렬하게 《구약성서》의 절대적 신―신비스런 방법으로 자의적 권능을 행사하는 히브리 신―을 굳게 믿었다. 뉴턴은 신의 섭리가 세상을 창조했을 뿐만 아니라 매 순간 신이 자신의 의지로 세상을 지배하고 존속시킨다고 믿었으며, 그와 같은 믿음의 증거를 찾아내기를 간절히 원했다.

뉴턴에게 스스로 돌아가는 세상을 창조만 하고 방치해두는 최고존재(Supreme Being)는 데카르트 같은 위장한 이교도들의 신일 뿐이었다. 뉴턴은 마치 순박한 사제처럼 데카르트에게 맹렬한 혐오감을 드러냈다. 신이 자신의 피조물의 세계를 참으로 통치하고 존속시킨다는 사실을 입증하는 것은 뉴턴의 생애를 건 목표였다. 이런 목적 의식과 확신으로 뉴턴은 기존 관념의 속박에서 벗어나, 물체의 힘이 모든 자연 현상의 궁극적 원인이라는 기존의 통념을 의심할 수 있었다. 그는 궁극적 원리가 물질이 아니라 '비물질적인 힘'이라고 간절히 믿었다. 뉴턴의 이른바 '운동법칙'은 신의 정당한 의지에 의해 직접적으로 선포된 것이었다. 만일 그와 같은 비물질적 힘의 존재가 입증된다면, 창조주의 직접적인 활동 없이는 세계가 단 한순간도 존속할 수 없음이 분명해지고, 따라서 기계론 철학으로 위장한 이교도들의 주장에 맞서 신의 섭리가 옹호될 수 있었다.

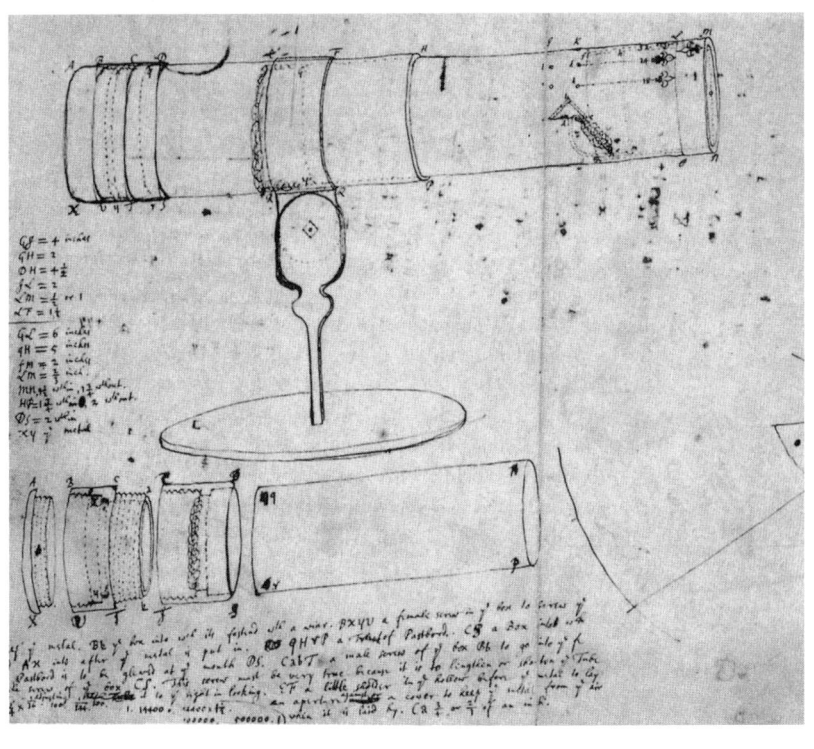

뉴턴이 직접 그린 망원경 설계도. 그가 발명한 망원경은 렌즈 대신 곡면거울을 사용했다.

그러므로 지구 중심을 향한 비물질적 견인력에 의해 물체가 지구 중심으로 떨어진다는 것은 뉴턴으로서는 상상하지 못할 일이 아니었다. 따라서 사과가 떨어질 때 발생하는 힘과 동일한 힘이 지구 저 멀리까지 뻗어 달마저도 지구로 '낙하'할 수 있다는, 고정관념에 얽매이지 않은 자유로운 사고를 펼칠 수 있었다. 두말할 나위 없이 '새로운 철학자들'은 그런 힘을 이해하지 못했다. 그러나 그것은 검증 가능한 것이었다. 분명 지구 중심을 향한 이 '낙하'는, 지구 중심으로부터 벗어나려는 달의 원심적 경향과 대등한 것이었다. 바로 그 때문에 달이 궤도를 유지하는 것이다. 바야흐로 원심력을 측정할 수 있게 된 뉴턴은 또한 구심력의 크기를 계산할 수 있었다. 특히 그는 달이 1초에 얼마만큼이나 지구를 향해 끌리는지를 계산할 수 있었다. 그는 또 지구의 중력이 낙하하는 사과를 1초에 얼마나 끌어당기는지를 알아냈는데, 그 답은 16.1피트였다.

달을 끄는 힘과 사과를 끄는 힘은 같은 힘인가? 1초 동안 낙하하는 두 물체를 비교함으로써 뉴턴은 흥미로운 결과에 도달했다. 그 힘은 물체가 지구에서 멀리 떨어져 있을수록 약해졌다. 더욱 흥미로운 것은 그 힘이 수학적 규칙에 따라 약해졌다는 것이다. 인력은 거리의 제곱에 반비례했다. 예컨대 거리가 세 배 늘어나면 인력은 9분의 1로 줄어들었다. 그 수학적 규칙은 근사치에 해당하기는 했지만 정확한 것은 아니었다. 뉴턴의 처음 계산법이 다소 조잡했기 때문이다. 이 문제는 뉴턴이 1666년—그의 지도 교수 이외에는 아무도 뉴턴의 이름을 몰랐던 시절—에 울즈소프에서 착상한 것이다. 그 후 13년 동안이나 뉴턴은 만유인력 이론을 머릿속에만 담아두고 있었다. 그동안 그는 광학과 미적분학 연구, 그리고 종교적 비의에 대한 근면한 탐구 같은 즉각적인 결과를 얻을 수 있는 분야에 매진했던 것이다.

《프린키피아》 출간

뉴턴 생애의 위대한 다음 단계는 1679년에 열렸다. 그 해에 뉴턴은 실망스럽게도 자기 말고도 인력이 거리의 제곱에 반비례한다고 생각하는 사람이 또 하나 있다는 것을 알았다. 그는 뉴턴이 가장 싫어했던 로버트 훅이었다. 자신이 고안해낸 미적분학이라는 막강한 수학적 도구를 이용하여 (아직은 자신만이 알고 있는 도구였다) 뉴턴은 인력의 법칙을 실제에 근접시키는 거보(巨步)를 내디뎠다. 그는 거리의 제곱에 반비례하는 그 힘이 움직이는 물체를 정확히 타원형 궤도로 움직이도록 '구부린다'는 사실을 수학적으로 증명했다. 이것은 뉴턴 이론에 대한 근본적인 확증이었다. 케플러의 법칙에 의하면 행성의 실제 궤도는 타원형이었기 때문이다. 이와 같은 증명은 어느 누구도—훅마저도—할 수 없는 것이었으므로, 뉴턴은 여기서 만족하고 이 문제에 대한 연구를 접었다. 그는 개인적인 승리를 거둔 것이다. 그 승리는 너무나도 개인적인 것이어서 뉴턴은 그 증명을 기록한 자료들을 다른 곳에 치워두었다가 그만 분실하고 말았다.

그러나 뉴턴을 밀어낸 힘과 끌어당긴 힘—연구 성과를 숨기거나 발표하도록 한 요인—은 균형이 아주 잘 잡혀 있었던 것으로 보인다. 훅에 대해 개인적 승리를 거두고 4년 후, 어느 수완 좋은 낯선 방문객이 만유인력에 대해 알고 있는 모든 것을 발표하라고 뉴턴을 부추겼다. 이 방문객은 에드먼드 핼리[6]라는 젊고 똑똑한 천문학자였다. 그는 마치 스승에게 도움을 구하는 것처럼 자연스럽게 뉴턴에게 접근했다. 핼리는 모든 것을 설명해달라고 간청했고, 뉴턴은 즉각 작업에 착수했다. 20개월 동안 놀랍도록 집중적인 노력을 기울인 끝에 뉴턴은 《프린키피아》를 완성했다. 이 원고는 핼리가 비용을 부담하여 1687년 여름 세상에 첫선을 보였다. 값은 7실링이었다.

《프린키피아》는 실로 눈부신 것이었다. 그것은 근엄한 기하학 서적처럼 온갖 기하학적 증거들—복잡한 도표들이 첨부된—에 의해 엄밀하게 증명된 명제와 정리들로 가득 차 있었다. 또한 한층 더 막강한 힘을 지닌 기하학처럼 보였다. 그 주제가 정적인 '선'이나 '면적'이 아닌, 변화하는 '힘'이었으며 운동에 가속도가 붙는 '물체들'이었기 때문이다. 이 기하학을 '영화'라고 한다면, 유클리드의 낡은 기하학은 '사진'과도 같은 것이었다. 또한《프린키피아》는 고대 그리스 수학처럼 웅장한 연역적 방식으로 개진되었다는 점에서 기하학 책과 흡사했다. 즉 뉴턴은 간단한 일련의 정의(定義)와 공리(公理)—세 가지 운동법칙—로부터 시작하여 점점 복잡하고도 광범한 명제들로 한 걸음씩 나아간다. 마침내 심적 부담을 덜어낸 뉴턴은 아예 마음을 비우기로 결심한 듯 보인다. 뉴턴의 거침없는 증명 과정은, 이 책 3권에서 "우주에 존재하는 두 물체 사이에는 거리의 제곱에 반비례하고 질량의 곱에 정비례하는 인력이 존재한다"는 놀라운 명제를 증명하는 장면에서 그 절정에 도달한다. 이것이 저 유명한 '만유인력'의 법칙이다. 뉴턴에 의하면 중력이란 광대한 우주의 행성들 사이에서만 작용하는 것이 아니라 모든 두 입자 사이에서 작용한다. 어떻게 두 개의 먼지 입자가 뉴턴의 법칙에 따라 서로를 끌어당길 수 있는가 하는 것은 가설적인 논의 메커니즘으로는 도저히 설명하기 힘들다.

《프린키피아》는 여기에서 끝나지 않는다. 일단 만유인력의 법칙이 확립되자 뉴턴은 수천 년 동안 과학자들을 좌절시켜온 신비를 풀기 위해 '자연 현상'의 작동 원리를 규명하는 작업에 들어갔다. 그는 자신의 '법칙'을 활용해 어째서 하루에 두 번씩 밀물이 있으며, 사리와 조금이 발생하는지를 수학적으로 설명했다. 심지어 대양에서 조수가 차 오르는 높이까지 계산했다. 마침내 그는 혜성의 신비로운 궤도를 설명하고, 둥근 공 모양의 지구가 극지에서는 얼마만큼 평평해지는지를 논증했다. 태양과 행성들의 크기를 측정하고, 지구의 자전축이 2만5천 년마다 한 번씩 회전하는 이유—케플러마저도 해결

불가능하다고 선언했던 문제—를 밝혀냈다. 또한 오랫동안 천문학자들이 의문을 품어온, 달의 일반적인 움직임과 그 움직임에 나타난 다양한 섭동(攝動)을 수학적으로 설명하고자 했다. 뉴턴은 만유인력의 법칙으로 수많은 자연 현상들을 설명했을 뿐만 아니라, 그것들을 누구보다도 정교한 용어로 설명했다. 그는 자연 현상에서 도출한 몇 개의 운동법칙에서 출발했지만, 고대 그리스 철학자들이 설파한 가장 대담한 이론만큼이나 포괄적으로, 그리고 열차 시간표만큼이나 정밀하게 우주를 단일한 법칙 체계로 짜 맞추었다. 독자들도 금방 알아차렸겠지만, 이것은 실로 어마어마한 업적이었다.

우리로서는 그것으로 충분하다

그러나 근본적인 문제가 남아 있었다. 모든 이성과 모든 철학, 그리고 모든 건전한 상식에 반하는, 원거리에서 작용하는 이 감지할 수 없는 인력의 정체는 대체 무엇이란 말인가? 이 의문이 《프린키피아》 곳곳에 나타나는 것으로 보아, 뉴턴 자신도 그 의문을 떨치지 못했음에 틀림없다. 그는 독자들에게 몇 번이나 자신을 오해하지 말아달라고 당부했다. 뉴턴은 물체가 말 그대로 먼 거리에서 다른 물체를 '끌어당긴다'고 생각하지 않았다. 그가 말하는 인력은 물리적인 견인력이 결코 아니었다. 그는 이렇게 설명한다.

> "나는 이러한 힘을 물리적 힘이 아닌 수학적 힘으로 간주한다. 그러므로 독자는 내가 그런 언급, 즉 견인력의 중심점에 대한 언급을 했다고 해서 나 자신이 그런 운동의 종류와 방식, 원인과 물리적 이유 등을 규명하는 일을 떠맡거나 물리학적 의미에서 (수학상의 점에 불과한) 특정 중심점이 그 힘의 근원이라 주장할 거라고 생각해선 안 된다."

그는 다시 이렇게 말한다.

"나는 그것의 물리적 원인이나 위치에는 관심이 없다. 다만 이러한 힘들에 대한 수학적 개념만을 제시하고자 할 뿐이다."

물리적 원인이 아니라면 대체 '힘'이란 무엇인가? 이러한 질문에 대한 뉴턴의 대답은 혁명적인 것이었다. 힘이란 알 수 없는 원인의 '효력'이라는 것이다. 그것은 미지의 원인이 '전파하는' 힘의 수학적 크기이다. 중력은 행성이 태양을 향해 움직이지 못하게 만든다. 이 운동을 야기하는 것은 그 무언가의 힘의 '크기'이다. 이 힘의 원인은 알려져 있지 않다. 그러나 힘 그 자체는 정확하게 측정할 수 있으며 철학이 요구하는 것은 바로 이것이다. 어느 한 원인의 힘은 세 가지 운동법칙에 의해 측정할 수 있다. 제1법칙에 나오듯이, 물체는 같은 속도로 직선운동을 하려는 경향이 있다. 그러므로 등속운동이 다른 방향으로 변화되었을 경우, 우리는 이 법칙에 의해 그 물체에 어떤 원인이 작용하고 있음을 알 수 있다. 그 원인의 힘은 그 원인이 초래한 변화의 '총계'로 측정된다. 뉴턴은 중력에 관해 설명하면서 자신은 그것을 경험적으로 발견할 수 없다고 설명한다. 그는 이렇게 말한다.

"나는 아무런 가설도 만들지 않는다. (…) 우리로서는 중력이 존재하며 그것이 우리가 설명한 법칙에 따라 움직인다는 것, 그리고 천체와 바다의 모든 움직임을 설명하는 데 충분하다는 것, 그것으로 충분하다."

"우리로서는 그것으로 충분하다." 이 당당한 선언으로 뉴턴은 자연철학에서 그가 이룩한 혁명의 의미를 요약하고 있다. 그가 예상했던 대로 호이겐스 같은 철학자들은 《프린키피아》가 불완전하다고 주장했다. 그들은 이 책이 비록 장엄한 것이기는 하지만 저자 뉴턴은 중력에 대한 기계론적 설명에 실패했다고 말했다. 그들은 이렇게 주장한다. 뉴턴의 법칙에 따라 행성들이 태양을 향해 움직이는 것이 사실일지 모른다. 하지만 자연철학은 행성들을 추진하는 힘이 구체적으로 무엇인지를 설명해야만 한다. 뉴턴은 측정된 힘의 원인에 대해 모른다고 말했지만, 철학자들은 이 원인을 미지의 상태로 남겨둘 수 없다는 것이다. 이와 같은 의문에 답변한다는 것은 사실상 불가능했다. 그리고 뉴턴의 대답—그것은 논증이라고 할 수는 없는 것이었다—은 간단했다. "우리로서는 그것으로 충분하다." 뉴턴은 그것으로 만족했다. 철학은 그가 설명한 개념을 초월하는 영역으로 들어갈 경우, 낡은 철학에 견주어 조금도 나을 것이 없는 허망한 공리공론으로 빠져들 뿐이었다.

> "철학이 해야 할 모든 일은 여기에, 즉 운동 현상에서 자연의 힘을 탐구하는 데, 그리고 이러한 자연의 힘에 입각하여 다른 현상을 입증하는 데 있는 것으로 보인다."

실제로 뉴턴은 예언자적 직관으로 자연계에 작용하는 중력과 유사한 다른 힘이 존재할지도 모른다고 말했다.

> "작은 물체 입자들은 원거리에 작용하는 어떤 힘이나 미덕 또는 에너지를 갖고 있어서 (…) 그로써 자연 현상의 상당 부분을 산출하는 것이 아닐까?"

만일 그러하다면 철학자들은 뉴턴이 수학적 방법으로 중력에 관해 탐구했듯이 힘이나 미덕 또는 에너지의 운동을 지배하는 법칙을 탐구하고 발견해야만 한다.

미래의 과학과 과거의 신앙을 바라본 야누스

뉴턴은 '철학이 해야 할 모든 일'이 여기에 있지 다른 데 있지 않다는 것을 증명할 길이 없었다. 그러나 얼마 지나지 않아 사람들은 뉴턴의 주장에 동의하게 되었다. 그는 논증의 힘에 의해서가 아니라 역사상 유례없는 역저인 《프린키피아》 자체의 압도적 위상을 무기로 승리를 거두었다. 뉴턴이 말했듯이 중력의 법칙은 그의 '수학적 방법'의 한 사례에 불과함에도 불구하고, 사람들은 이미 뉴턴이 개척한 것보다 과학이 더 멀리 나아갈 필요가 없다고 인정했다. 측정된 힘의 '원인'은 모른다. 그러나 힘에 관한 뉴턴의 새로운 수학은 기존의 다른 어떤 자연철학 이상으로 포괄적이고 정교하고 엄밀했다. 또한 그것은 한층 자유로웠다. 왜냐하면 뉴턴의 신념은 구속하는 족쇄가 아니라 풀어주는 해방이었고, 그 해방은 바로 근대 과학을 이전의 과학과 구분 짓는 특징이었기 때문이다.

뉴턴의 제자인 근대 과학자들은 힘의 원인이 무엇인지, 에너지가 무엇인지, 하전입자(荷電粒子)가 어떻게 서로를 끌어당기는지에 대해 묻지 않는다. 과학자들의 입장에서는 힘이나 에너지 같은 개념이 수학적으로 정확하고 실험에서 도출 가능하며 뉴턴의 정밀성 기준에 따라 설명이 가능하면 그것으로 충분하다. 형이상학자들이 말하는 '원인' 따위는 과학자들로서는 관심 밖이다. 그들은 뉴턴의 《프린키피아》를 통해 자유를 얻었고 자연이 궁극적으로 무엇인가 하는 문제를 해결하지 않고서도 자연을 이해할 수 있게 된 것이다.

그 논거는 부분적으로만 과학적이었고, 또 부분적으로만 밝혀졌을 뿐이었지만 바로 이것이 뉴턴이 원한 방법이었다. 진실은 이러했다. 뉴턴 자신은 그의 체계에 힘을 공급하는 신비스러운 미지의 원인에 대해 아무런 의문도 갖지 않았다. 뉴턴은 한 번도 공공연히 말하지 않았지만, 그것은 '영적이고 살아 있으며 지적이고 전능한' 신이었다. 그는 사람들이 자신을 본받아 전적으로 신에게 속한 문제를 침범하지 않기를 희망했다. 아이러니하게도 수학적 방법—그것을 통해 과학은 자유를 얻었다—은 우주의 지배자인 신의 지위를 보존하는 수단으로 활용되었다. 야누스와도 같이 뉴턴은 두 방향, 즉 '미래의 과학'과 '과거의 신앙'을 바라보고 있었던 것이다.

《프린키피아》가 출간되었을 때 뉴턴의 나이는 44세였다. 그는 그 후 40년을 더 살면서 명성을 누렸다. 그의 명성은 세월이 흐를수록 더 높아져 거의 신처럼 숭앙받는 지경에 이르렀다. 명예와 보수가 속속 더해졌다. 그러나 처음 몇 년 동안은 그것이 너무나 느리게 와서 뉴턴은 신경쇠약에 걸릴 정도였다. 이 기간에 그는 자신을 여자 문제에 '휘말려들게' 했다며 존 로크(John Locke)를 거세게 비난했다. 하지만 얼마 안 있어 그는 로크에게 마치 어린아이처럼 용서를 빌었다. 그 일이 있은 후 뉴턴은 다시 고고하고 냉정한 자세를 취했고, 그것은 죽는 날까지 지속되었다.

뉴턴의 정신은 그가 살았던 시대, 그를 특별한 영웅으로 바라보았던 그 시대에 속해 있지 않았다. 그의 시대에는 바야흐로 신앙의 부재와 회의주의가 팽배하고 있었다. 신의 섭리를 옹호한 그의 주장은 결국 부질없는 것이 되고 말았다. 열렬한 뉴턴 추종자들은 중력을 '물질 고유의 성질'로 파악했고, 뉴턴적인 형태의 새로운 유물론을 부활시켰다. 뉴턴은 나이를 먹으면서 자신의 신앙의 기반을 튼튼히 해둘 필요성을 간절히 느꼈다. 그는 〈참된 종교 개요 *A Short Scheme of the True Religion*〉라는 글에서 종교의 본질을 천명하고 회의주의의 공격을 막아냈다. 그는 그 글을 두 번 썼고, 다시 두 번을 더 썼다. 그러나 그것은 성공적인 것이 못되었다. 참된 종교는 그를 회피한 것이다.

뉴턴은 1727년 84세의 나이로 세상을 떠났다. 여섯 명의 귀족이 그의 관을 웨스트민스터 성당으로 옮겼다. 그의 기이한 성서적 예언과 그가 믿은 히브리 신으로 말미암아, 뉴턴은 그 무렵 흘러간 시대의 역사적 유물이 되어 있었다. 회의주의적이고 실험적인 세대가 등장하고 있었고, 이 세대는 그가 깊은 관심을 기울였던 정신에서 벗어나 있었기 때문이다. 역사가들이 이 여명기를 '뉴턴 시대'라고 부르는 것은 기묘한 아이러니가 아닐 수 없다.

■ 본문 깊이읽기

1 철학의 기계적 원리에 대한 기념비적인 논저
《철학의 원리 *Principia Philosophiae*》를 말한다. 데카르트에 따르면 인간은 정신과 육체의 통일이며, 정신과 육체는 송과선(松果腺)에서 상호 작용하는 서로 다른 두 실체이다. 송과선은 두뇌의 기관 중 쌍을 이루지 않은 유일한 기관이므로 정신과 육체의 합일점임에 틀림없다고 데카르트는 추론했다. 그의 주장에 따르면 감각 기관에 미치는 작용 하나하나가 신경관을 통해 미세한 물질을 송과선에 전달하여 독특한 진동을 일으키고, 이 진동이 감정과 격정을 유발하여 육체의 작용을 야기한다. 예를 들어 어떤 병사가 적을 보고 두려움을 느껴 도망치는 경우처럼, 외부 자극에서 시작하는 반사궁(反射弓)은 우선 내부 반응을 거친 뒤 육체의 작용이라는 최종 결과에 이른다. 정신은 육체의 반응을 직접 변화시킬 수는 없고, 송과선의 진동을 두려움과 도망을 유발하는 상태에서 용기와 싸움을 유발하는 상태로 변화시킬 수 있을 뿐이다. 나아가 데카르트는 인간이 특수한 감정적 반응을 일으키는 것은 경험이라는 조건에 좌우될 수 있다고 주장했다. 예를 들어 데카르트는 어린 시절 사팔뜨기 소꿉동무를 사랑해 한동안 사팔뜨기 여인만 보면 마음이 끌렸는데, 나중에 어릴 적 일을 기억해내고는 비로소 자신의 감정을 제거할 수 있었다고 한다. 데카르트의 이러한 통찰은 그가 자유 의지와 정신의

《방법서설》을 저술한 철학자 르네 데카르트.

데카르트의 저서 《방법서설》 삽화. 이 책에는 빛의 굴절에 대하여 자세히 씌어 있으며 눈의 구조와 기능, 유리나 렌즈의 제작, 망원경에 대해서도 씌어 있다.

육체 조절 능력을 옹호하는 밑거름이 되었다.

2 등가속도운동법칙

속도-시간 그래프는 일정한 시간 동안 일정한 양의 속도가 증가하는 직선을 그린다. 1차원에서 운동방정식은 다음과 같이 나타낼 수 있다. 시각 $t1$의 속도를 $v1$, 시각 $t2$의 속도를 $v2$라 하면 일정한 가속도 $a=(v2-v1)/(t2-t1)$을 가진다. 이때 $t2-t1=t$로 놓으면, $v2=v1+at$가 되고, 시간에 대해 적분하면 $x2=x1+v1t+\frac{1}{2}at2$가 된다. 2차원 또는 3차원의 운동에서는 속도와 가속도의 방향이 다를 수 있으므로 운동이 더욱 복잡하다. 등가속도운동의 대표적인 예로 자유낙하를 들 수 있는데 자유낙하운동은 지구의 중력에 의해서 물체가 지구 중심 방향으로 떨어지는 것으로 낙하 거리가 지구 반지름보다 훨씬 적고 공기의 저항 등을 무시할 때 중력가속도 $g=9.8m/s2$로 등가속도운동을 하게 된다.

3 베이컨(Francis Bacon, 1561~1626)

영국 경험주의 철학의 대표자 프랜시스 베이컨.

영국의 법률가 · 궁정신하 · 정치가 · 영어 문장의 대가. 헌법사 연구가에게는 몇몇 유명한 재판의 연설가이자 제임스 1세의 대법관(1618~1621)으로 잘 알려져 있다. 사상사적으로 모든 지식을 두루 통달하여 자연을 정당하게 지배할 수 있는 새로운 방식을 내세운 것으로 유명하다.

베이컨 과학철학의 핵심은 《신 오르가논 *Novum Organum*》(1620) 2권에서 설명한 귀납적 추론이다. 이전 사상의 결점은 일반명제를 성급하게 도출하거나 무비판적으로 자명한 것으로 가정한 데 있다고 보고 이를 극복하기 위해 '점진적 상승' 기법을 주장했다. 이 기법은 점차 일반성의 정도를 높여가면서 충분한 근거를 가진 명제들을 참을성 있게 모으는 방법이다. 베이컨은 귀납은 단순한 열거가 아니라 제거를 통해 이루어진다고 생각했다. 그래서 '부정적 예의 강력한 힘'을 강조했다. 즉 "모든 A는 B이다"는 "이 A는 B이다"에 의해서 약하게 확증될 뿐이지만 "이 A는 B가 아니다"에 의해서는 거짓임이 증명된다. 베이컨은 이 제거 심사에서 통과한 것을 진리로 볼 수 있다고 주장하고, 귀납의 수단으로 존재표·부재표·정도표를 제시했다. 존재표는 특정 속성이 나타난 경우들의 집합이고, 부재표는 그 속성이 나타나지 않는 경우들의 집합이며, 정도표는 두 속성의 정도를 비교한 표이다. 베이컨의 방법에는 몇 가지 결점이 있다. 우선 이 표들을 단 하나의 증거에만 적용하면 잠정적으로만 진리에 접근할 수 있다. 또 관찰 사실을 설명해주는 숨은 '형식'을 발견하는 것이 형이상학의 과제라고 했지만, 이 표는 지각 가능한 속성에 제한되어 있으므로 그 과제를 수행하는 데 부적합하다. 이 때문에 흔히 그는 과학에서 가설의 필수불가결한 역할을 인식하지 못했다고 비판받는다. 지금까지 별로 주목받지 않은 베이컨의 또 다른 약점은 정적인 것에만 몰두하고 자연과학에서 각광을 받은 운동에는 별로 관심을 기울이지 않았다는 점이다. 그러므로《노바 아틀란티스 *Nova Atlantis*》에서 설명한 과학 연구 제도에 대한 견해는 귀납 이론보다 더 중요한 공헌이라고 볼 수 있다.

베이컨의 《신 오르가논》 표지.

4 훅(Robert Hooke, 1635~1703)

영국의 물리학자. 훅의 법칙으로 알려진 탄성법칙을 발견했으며 여러 가지 분야에 대한 연구를 했다. 1655년 로버트 보일은 훅을 고용하여 공기 펌프를 제작하게 했다. 5년 후 훅은 금속이나 목재 같은 고체가 늘어나는 것은 작용된 힘에 비례한다는 탄성법칙을 발견함으로써 변형력(stress)과 변형(strain)에 대한 연구와 탄성 물질에 대한 이해의 기초를 세웠다. 그는 시계의 균형 바퀴 태엽을 설계하는 데 이 연구를 응용했다. 1662년 런던 왕립학회의 실험관리자로 임명되었고 다음해 회원으로 선출되었다. 그레고리 반사망원경을 처음으로 만든 학자 중 한 사람인 훅은 1664년 오리온 별자리의 별무리인 사격형 성단의 다섯 번째 별을 발견했고, 목성이 자전한다는 주장을 처음으로 발표했다. 그가 상세하게 그린 화성 그림은 19세기에 그 자전율을 결정하는 데 사용되었다. 1665년에는 그레셤 칼리지의 기하학 교수로 임명되었다. 그는 자신의 저서 《마이크로라피아 Micrographia》(1665)에 눈송이의 결정 구조에 대한 자신의 연구와 그림을 실었고 누에의 실 잣기와 비슷한 과정을 통해 인공 섬유를 생산해내는 가능성에 대해 논의했으며, 코르크의 미세한 벌집 모양의 구멍을 가리켜 처음으로 '세포(cell)'라 명명했다. 또한 미세 화석에 대한 연구를 통해 진화론을 최초로 지지한 사람 중 한 명이 되었다. 그는 진자의 운동을 이용하여 중력을 측정할 수 있음을 제안하고(1666) 지구와 달이 타원 궤도를 따라 태양 주위를 돈다는 것을 증명해 보이려고 했다. 1672년 회절 현상(광선이 모서리에서 휘는 것)을 발견

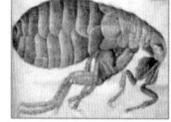

훅이 자신의 저서 《마이크로라피아》에 직접 그린 벼룩의 모습.

하고, 이를 설명하기 위해 빛의 파동 이론을 제안했다. 그는 1678년 행성운동을 기술하는 데 역제곱법칙을 사용했는데 이 법칙은 후에 뉴턴에 의해 수정된 형태로 이용되었다. 훅은 그 법칙이 충분히 인정받지 못하자 이에 불만을 품고 뉴턴과 신랄한 논쟁을 벌였다. 그는 최초로 모든 물질은 가열되면 팽창하고 공기는 상대적으로 멀리 떨어져 있는 입자들로 구성되어 있다고 언급했다.

5 호이겐스(Christian Huygens, 1629~1695)
네덜란드의 수학자·천문학자·물리학자. 빛의 파동 이론을 세웠고 토성 고리의 정확한 모양을 발견했으며 동역학(물체에 미치는 힘의 작용에 관한 연구)에 독창적인 공헌을 했다. 호이겐스는 1689년 런던을 방문하여 뉴턴을 만나고 왕립학회에서 자신의 중력 이론에 대해 강의했다. 그는 뉴턴과의 공식 논쟁에 직접 개입하지는 않았으나 서신, 특히 라이프니츠와의 서신을 살펴보면 그가 《프린키피아》의 수학적 탁월함을 칭송하기는 했지만 역학적 설명이 결여된 중력 이론을 근본적으로 받아들일 수 없었던 것은 분명하다. 1690년에 발표한 《중력의 원인에 대한 논설 Discours de la cause de la pesanteur》에서 그는 데카르트의 소용돌이에 기반해 중력에 대한 역학적 설명을 시도했다. 《빛에 관한 논술 Traite de la Lumiere》은 1678년에 대략 완성되었으나 1690년에야 출판되었다. 이 논문에서 그는 빛의 특성에 관해 논의하면서 궁극적인 역학적 설명이 필요함을 다시 보여주었다. 그러나 반사와 굴절에 대한 그의 훌

네덜란드의 수학자이자 천문학자·물리학자 크리스티안 호이겐스

류한(뉴턴의 설명보다 훨씬 뛰어나다) 설명은 역학적 설명과는 전적으로 무관한 것으로, 호이겐스의 2차 파면 원리에만 바탕을 두었다.

6 핼리(Edmund Halley, 1656~1742)

혜성의 궤도를 처음으로 계산하여 자신의 이름을 붙인 핼리.

영국의 천문학자·수학자. 후에 혜성의 궤도를 처음으로 계산하여 자신의 이름을 붙인 것과 뉴턴이《프린키피아》를 출판할 때 중요한 역할을 한 것으로 유명하다. 1684년 핼리는 처음으로 케임브리지의 뉴턴을 방문하여 중력 이론의 발전에 중요한 기여를 했다. 핼리는 런던 왕립학회의 3인방인 로버트 훅과 크리스토퍼 렌(건축가) 중에서 가장 나이가 어렸다. 이 두 사람은 뉴턴과 함께 행성운동에 대한 역학적 설명을 시도하고 있었다. 그들의 문제는 과연 어떠한 힘 때문에 행성이 태양 주위를 회전하면서도 공간으로 떨어져 나가거나 태양으로 떨어지지 않는가 하는 것이었다. 이들은 모두 나름대로 성공에 대한 열정과 감각, 그리고 과학적인 재능을 가지고 있었기 때문에 서로가 먼저 해답을 구하고자 했다. 이러한 열망은 과학을 발전시키는 동기가 되었으며 그들 사이에 활발한 토론과 경쟁을 유발했다. 훅과 핼리는 행성을 궤도상에 있도록 만드는 힘이 행성들 사이의 거리의 제곱에 반비례하면서 감소한다는 것을 계산해냈지만, 이러한 가정으로부터 관측된 행성운동에 맞는 이론적인 궤도를 유도해내지는 못했다. 그 후 핼리는 뉴턴을 방문했는데, 그때 뉴턴은 자신은 이미 그 문제를 풀었고 궤도는 타원일 테지만 계산으로 그것을 증명하는 데는 실패했다고 말했다. 핼리의 격려를 받은 뉴턴은 천체역학에 대한 연구를 확장하여 인간이 만들어낸 가장 위대한 걸작 중의 하나인 《프린키피아》를 저술했다. 이 책에 대해서 왕립학회는 "핼리 씨가 검토하고 인쇄를 책임진다"고 결정했으며, 핼리는 이 일에 착수했다. 그는 뉴턴과 상의하여 뉴턴과 훅 사이에 일어났던, 누가 먼저 발견했는가에 대한 논쟁을 재치 있게 무마시켰으며 《프린키피아》를 편집하면서 작가를 기리는 머리말에 라틴어로 찬미의 시를 쓰고, 증명을 고치고 검토하여 출판했다(1687).

| 참고문헌 |

- 뉴턴의 생애와 업적은 게일 E. 크리스티안슨 저, 정소영 역, 《만유인력과 뉴턴》(바다출판사, 2002)에 자세히 소개되어 있다.
- 뉴턴의 독재적인 성격은 데이비드 클라크·스티븐 클라크 저, 이면우 역, 《독재자 뉴턴》(몸과마음, 2002)에 자세히 소개되어 있다.

네덜란드 공화국의 황금 시대

C. V. 웨지우드(C. V. Wedgwood)

17세기 네덜란드 공화국의 역사를 읽다보면 그 위대함에 경탄하지 않을 수 없게 된다. 크기도 작을 뿐더러 좋은 조건이라곤 찾아볼 수 없는, 유럽 한 귀퉁이에 자리 잡은 이 나라가 어떻게 해서 그와 같은 막대한 부를 거머쥐고 거의 모든 분야에서 그토록 탁월한 경지에 이를 수 있었는가. 이는 아마도 영원한 미스터리로 남을 것이다. 종교 문제로 촉발되어 에스파냐 지배에 맞서 싸운 오랜 투쟁은 어마어마한 에너지를 폭발시켰고, 그 에너지는 상업과 문학, 그리고 예술—위대한 네덜란드 화가들에 의해 불멸성이 확보된—등에서 그 분출구를 발견했다. 이러한 활력은 다른 유럽 문화에서는 찾아보기 힘든 것이다. 그러나 위대한 네덜란드 공화국의 시대는 길지 않았다. 그것은 에스파냐의 쇠락, 프랑스의 종교 갈등, 영국의 내전, 그리고 중부 유럽의 30년전쟁 등과 같은 시기이며 유럽 역사의 가장 찬란한 시기 중 하나이다. 대표적인 17세기 연구자인 웨지우드는 이 글에서 네덜란드 공화국의 황금 시대를 탁월한 필지로 조명하고 있다.

문명의 금자탑

 북유럽 해안 저지대에 위치한 좁고 긴 띠 모양의 나라. 길이는 320km가 채 되지 않고 국토의 대부분이 물에 잠겨 있어 적국이나 경쟁국들이 개펄이라고 불렀던 나라. 바로 이 나라에서 가장 위대한 문명 중 하나가 17세기에 탄생했다. 네덜란드 공화국의 황금 시대는 인류가 이룩한 가장 광대하고, 가장 놀랍고, 가장 찬탄할 만한 업적 중 하나이다. 그것은 인간의 근면성과 불굴의 정신이 이루어낸 금자탑이다.

 바람 많은 모래 언덕과 습기 찬 목초지로 이루어진 이 작은 나라에서 출항한 선박들은 대양 끝까지 뻗어 나갔다. 개펄 위에는 크고 건실한, 그리고 번창하는 도시들이 들어섰다. 이 나라의 선창에는 전 세계로부터 상품들이 밀려들었고, 상인들은 그것을 다시 전 세계로 교역하고 배분했다. 이 나라의 거대한 은행들은 유럽의 군주들에게 자금을 공급했다. 지정학적 이점과 시민들의 열정적인 모험심에

◀ 할스의 조상화에 그려진 성명 미상의 이 장교는 네덜란드 공화국의 독립성을 유지시켜주는 건장한 시민군을 상징적으로 보여주고 있다.

힘입어 네덜란드 공화국은 건설된 지 불과 두 세대 만에 유럽사에서 그 유례를 찾을 수 없을 만큼 부유한 상업국가가 되었다.

이렇듯 상업과 공업, 근면과 상재(商才)에 기반을 둔 문명은 모든 면에서 지극히 물질주의적이기 십상이다. 그러했다면 네덜란드 공화국의 황금 시대는 지극히 좁은 의미의 황금 시대였을 것이다. 그러나 그렇지 않았다. 자립 정신·근면·모험심·용기·장인 정신으로 충만했던 이 '상인'들은 세계에 물질적인 것 이상의 선물을 가져다주었다. 그들 가운데서 수많은 과학자, 사상가, 시인이 탄생했다. 네덜란드가 배출한 위대한 화가들은 고요한 빛을 뿜어내는 심원한 작품을 창조했으며, 그것은 지금도 우리에게 빛을 던져주고 있다. 네덜란드인의 위대한 업적에서 정신적 위대성과 물질적 위대성은 떼려야 뗄 수 없는 깊은 관련을 맺고 있다.

그들의 영광의 시기가 언제부터 언제까지였는지는 정확하지 않다. 그러나 대체로 1625~1628년이 황금 시대의 정오로 간주되고 있다. 이 시기 네덜란드의 지도자는 오라녜 공(Prins van Oranje) 프레데리크 헨드리크[1]였다. 이 시기에 렘브란트[2]는 그림을 그리고 있었고, 할스[3]는 능력의 절정에 이르렀으며, 그로티우스(Hugo Grotius, 1583~1645)는 국제법의 토대를 마련하고 있었다. 본델[4]은 운문희곡을 쓰고 있었고, 타스만[5]은 태평양을 탐험하고 있었으며, 제독 하인(Piet Heyn, 1577~1629)과 트롬프[6]는 바다에서 에스파냐인들을 밀어내고 있었다. 그러나 이 황금의 '여름'에 앞서 이미 놀랍도록 화창한 '봄'이 있었고, 그 뒤를 이어 풍성한 '가을'이 올 것이었다. 그리고 그 세기가 다 지날 때까지도 수확은 끝나지 않았다.

에스파냐 제압

자유롭고 독립적인 네덜란드의 정치사는 그보다 1백 년 전에 시작되었다. 네덜란드는 일련의 왕조 간 결혼에 의해 위대한 합스부르크 제국의 일부가 되었고, 1555년에는 에스파냐 펠리페 2세(Felipe II, 1556~1598년 재위)의 상속 지분으로 할당되었다. 바로 그때 종교개혁이 유럽을 뒤흔들며 분열시켰고, 펠리페 2세는 에스파냐의 지휘 아래 로마 가톨릭 교회의 울타리 안으로 유럽을 재통합하는 일이 자신의 사명이라고 생각했다. 네덜란드는 그의 계획에서 중요한 역할을 맡았다. 라인 강 하구에 자리 잡고 있는데다가 영국 해안 맞은편에 위치한 전략적 요충지였기 때문이다. 또한 네덜란드는 번영하는 교역도시들을 거느리고 있었고, 특히 항구도시 안트베르펜(Antwerpen)을 포함한 남부 네덜란드는 막대한 부를 보유하고 있었다.

펠리페의 입장에서 볼 때 운이 나빴던 것은, 다양한 프로테스탄트 교파들이 이미 네덜란드에 들어와 있었다는 사실이다. 그가 프로테스탄트 교파들을 박멸하기 위해 행한 시도는 그의 경제 간섭 정책과 서로 맞물려 이 나라를 반란 직전의 상태로 몰고 갔다. 펠리페는 1567년 알바 공[7]을 보내 반항적인 네덜란드인에게 강고한 무단 통치를 시도했다. 그러나 네덜란드인에게는 귀족 출신의 탁월한 지도자가 있었으니 그의 이름은 오라녜 공 빌렘—후에 침묵공 빌렘[8]으로 불리게 된다—이었다. 불요불굴의 영웅적 의지로 온갖 난관을 물리치고 반란군을 조직한 침묵공 빌렘은 국토의 북반부에서 에스파냐 군대를 격퇴하는 데 성공했다. 그는 에스파냐의 지배에서 벗어나 네덜란드 전역을 통합하기를 원했다. 그러나 1584년 그가 암살되고 난 후, 가톨릭이 우세한 부유한 남부 지역은 에스파냐의 지배 아래 그대로 머물렀고, 북부 지역만이 새롭고 독립적인 네덜란드 공화국을 수립하게 되었다.

이 작은 신생국은 점차 인근 유럽 국가들의 주목을 받게 되었다. 이 나라는 침묵공 빌렘의 두 아들이 최고 직책—내정과 군사—을 교대로 맡아보기는 했지만, 선출된 대의원이 통치하는 연방공화국이었다. 침묵공 빌렘의 장남인 마우리츠 공[9]은 지적 능력을 갖춘 전사로서 에스파냐군과의 전쟁을 정돈(停頓) 상태로 이끌어, 1609년부터 에스파냐와 12년에 걸친 휴전에 들어갔다. 1625년에 그가 죽자 즉시 전쟁이 재개되었다. 그의 동생인 프레데리크 헨드리크[9]는 처음에는 국경 요새 브레다[10]를 잃는 불운으로 임기를 시작했지만, 그의 치세는 훗날 충만하고도 영예로운 것이 되었다.

브레다 함락은 네덜란드와의 전쟁에서 에스파냐가 최후로 거머쥔 의미 있는 승리였다. 네덜란드의 새 지도자 프레데리크 헨드리크는 형과 같은 군사적 천재는 아니었다. 그러나 강한 집념과 끈질긴 인내심의 소유자였다. 더욱이 부친인 침묵공 빌렘에게서 커다란 실패를 겪으면서도 평정을 잃지 않는 놀라운 품성을 물려받았다. 정치가로서 그는 재위 초기와 전성기에 공정하고 관대하고 현명한 모습을 보여주었다. 대외 정책에 있어서도 설득력 있고 명민한 외교 전략을 구사했다. 물론 네덜란드의 황금 시대가 그 혼자만의 힘에 의한 것이라고는 말할 수 없다. 그러나 그의 관대하고 든든한 치세가 배경으로 작용하지 않았다면 황금 시대는 도래하지 않았을 것이다. 그의 리더십 아래 네덜란드는 에스파냐와의 전쟁에서 다시 대등한 판세를 유지할 수 있었고, 끈질기게 밀어붙인 끝에 1648년 뮌스터 강화 조약을 통해 궁극적인 승리를 거두었다. 이 시기에 에스파냐는 눈에 띄게 세력이 쇠퇴했고, 신생 네덜란드 공화국은 더욱 강력해졌다.

네덜란드의 팽창

해방 전쟁 첫 단계부터 네덜란드에게는 해군이 가장 중요했다. 여기에는 두 가지 이유가 있다. 첫째, 그들은 에스파냐 함대가 네덜란드 남부전선에서 병력·무기·자금을 공급받는 것을 막아야만 했다. 둘째, 그들은 네덜란드를 오가는 교역항로를 확보해둘 필요가 있었다. 그들의 번영은 해외 무역, 특히 청어 가공—청어를 소금에 절이는 것을 말하며 통조림 식품이 없던 시대에 가장 보편적인 식단이었다—무역에 기반을 두고 있었고 어업은 막대한 규모를 자랑하는 이 무역의 근간이었다.

네덜란드인들은 이제 다른 나라와 격렬하게 경쟁하면서 점점 더 대담하게 모험적인 무역을 확대했다. 그 결과 17세기 초 영국의 식민지 개척자 월터 롤리(Walter Raleigh, 1554?~1618)는 북해에서 자국의 근거지를 상실할 위험이 있다고 경고하기도 했다. 그는 이렇게 주장했다.

"우리는 지난 70년 동안 러시아와 대규모 무역을 했다. 14년 전만 해도 우리는 수많은 무역선을 이 해역에 보낸 바 있다. 그러나 3년 전 우리는 네 척을 보냈을 뿐이고, 지난해에는 겨우 두세 척만을 보냈다. 반면에 네덜란드인들은 20년 전에는 그곳에 겨우 두 척을 보내더니, 요즘은 30~40척을 보내고 있으며, 그들의 선박들 중 하나는 우리 선박보다 두 배나 크다."

네덜란드인의 팽창은 북해에 한정되지 않았다. 그들의 배는 대담하게 지중해까지 진출하여 콘스탄티노플과도 거래를 했다. 그들은 에스파냐의 지배권에 과감히 도전하여 멀리 서인도제도까지 나아갔고, 동방의 보물에 다가가고자 북동항로[11]나 북서항로[12] 탐사를 위한 원정함대를 파견했다. 바렌츠[13]는 그러한 원정함대 중 하나를 지휘한 항해가였는데, 이 항해에서 돌아온 생존자들은 노바야젬라[14]에서 지냈던 북극의 혹독한 겨울에 관한 무시무시한 이야기를 전해주었다. 또 다른 네덜란드 원정함대의 지휘자인 영국인 허드슨[15]은 서북항로를 찾아 나섰다가 미지의 거대한 강—이 강은 그의 이름 따서 허드슨 강이라 명명되었다—을 거슬러 올라가 맨해튼 섬에 정박하게 되었는데, 이곳에는 곧 네덜란드인의 거주지 뉴암스테르담(New Amsterdam)이 생겨났다. 네덜란드인 항해가들은 전 세계 곳곳에 그들의 이름을 남겼다. 혼 곶[16]은 빌렘 스호우텐(Willem Schouten)이 1616년 이 지역을 회항한 후 자신의 출생지인 네덜란드의 작은 도시 호른(Hoorn)의 이름을 따서 명명한 것이다. 1642년 오스트레일리아가 섬이라는 사실을 입증한 아벨 타스만의 이름은 태즈메이니아[17]란 지명에 고스란히 남아 있다. 그러나 네덜란드 상인들의 정력과 야심은 주로 동인도에 집중되어 있었다.

1595년 호우트만 형제[18]는 동인도로 항해를 떠났다가 2년 6개월 만에 자바에서 귀환했다. 그들이 동방의 향료들을 잔뜩 싣고 귀항하자 암스테르담의 모든 교회는 일제히 환영의 종소리를 울렸다. 그것은 네덜란드 동인도제국의 출발이었다. 1602년 설립된 네덜란드 동인도회사는 영국인과 격렬한 경쟁을 벌였다. 바타비아(Batavia)에 수도를 둔 자바는 동인도에서 네덜란드 지배권의 구심점이 되었다. 그들은 말레이 제도에서 경쟁자인 영국인을 쫓아냈다. 그들은 실론(Ceylon)에서 포르투갈인을 몰아냈고, 포르모사[19]에 발판을 마련했다. 에너지와 대담성에서, 일치단결된 모험심에서 그들과 대적할 상대는 없었다. 선원과 상인들이 전 세계로 뻗어 나가면서, 유럽 변두리에 위치한 이 작은 나라는 점점 더 부강하고 자신만만해졌다.

전도유망하고 원기 왕성한 네덜란드인들은 자신들이 이룩한 업적을 자랑스러워했다. 곧 이 업적에 관한 책들이 씌어졌고, 그림도 그려졌다. 탐험가들의 여행은 시로 찬양되었고 산문으로 꼼꼼하게 기록되었다. 네덜란드 상인들이 축적한 부와 명예는 화가들이 지속적으로 즐겨 다루는 주제였다. 화가들은 상인들의 주문을 받고 초상화를 그렸는데, 그림의 배경으로는 동방의 풍경이나 저 멀리 부두에서 호화로운 배가 짐을 하역하고 있는 모습이 그려졌다. 네덜란드 동인도회사의 인도 무역선은 그 당시 전 세계의 바다를 항해하는 선박 중 가장 덩치가 컸다. 그것은 대양에 떠 있는 거대한 괴물이었으며, 해적과 폭풍에 대비해 철저한 무장을 갖추고 있었다.

영국은 청어잡이와 동인도 무역 분야에서 네덜란드의 경쟁 상대였다. 그러나 네덜란드의 으뜸가는 적은 역시 에스파냐였다. 해양 강대국이자 탐험의 선구자였던 에스파냐는 시간이 꽤 흐른 다음에야 네덜란드가 자신들을 멀찌감치 앞질러가고 있다는 사실을 깨닫게 되었다. 오랫동안 서인도제도에서 에스파냐인들을 괴롭혀왔던 대담하고 노련한 하인 제독은 1628년 쿠바 부근에서 에스파냐 함대를 나포하여 마탄사스(Matanzas) 만에 침몰시켰다. 그 함대에는 은괴를 비롯한 보물이 가득 차 있었다. 하인 제독이 이 함대에서 약탈하여 네덜란드로 가져간 노획물은 네덜란드 은화로 환산하면 무려 1,150만 굴덴에 달했다. 이 노획물이 네덜란드 번영에 얼마나 기여했는지는, 그 해 하인의 탐험에 자금을 지원한 네덜란드 서인도회사 주주들이 50퍼센트의 배당금을 받았다는 사실로 능히 짐작할 수 있다.

에스파냐가 이 사건으로 입은 해군력 및 재정상의 손실은 어마어마한 것이었다. 그러나 에스파냐의 피해는 그것으로 그치지 않았다. 이로부터 11년 후인 1639년, 네덜란드 제독 트롬프[20]는 네덜란드와 전쟁을 하기 위해 군대와 무기를 수송하던 에스파냐 무적함대 77척을 영국 해안 부근에서 전멸시켰다. 가뜩이나 휘청거리던 에스파냐의 국운은 이로써 결정적인 타격을 입었고, 그 후 다시는 회복되지 못했다.

네덜란드 상인들은 자국의 탐험가들과 제독들이 구축해놓은 위상을 더욱 확고히 했다. 1629년 암스테르담 시민들은 자랑스럽게 선언했다.

"실리적 경영과 노력으로 우리는 바다 건너 모든 나라들을 항해했다. 또 우리는 지구상의 거의 모든 나라와 교역했고, 우리 선박은 유럽 전체를 위해 봉사했다."

이 말은 전혀 과장이 아니었다. 기존의 절인 생선 무역과 인도 방면으로의 새로운 팽창을 시도하면서 네덜란드인은 전 유럽인의 중개자 및 운송인 역할을 했다. 바야흐로 암스테르담의 은행들은 네덜란드 국경 저 너머 광대한 지역에 산재한 사기업과 공기업에 자금을 공급했다. 암스테르담의 곡물창고에는 외국의 곡물들이 네덜란드 선박에 실려 차곡차곡 반입되었고, 그것은 다시 서유럽 전역으로 공급되었다. 심지어 에스파냐 정부마저 자국 항구에 네덜란드 곡물선이 입항하는 것을 보고도 못 본 체할 정도였다. 그 곡물이 없으면 자국민들이 굶주릴 것이기 때문이었다.

과거에는 에스파냐령 네덜란드의 안트베르펜이 서유럽의 금융 중심지이자 북유럽 최대의 항구였다. 그러나 이제 그 명성은 암스테르담의 것이 되었다. 1619년, 어느 영국인 여행가는 질시 어린 어조로 이런 기록을 남겼다.

"한때 작은 어촌에 불과하던 암스테르담은 교역과 선박의 급증으로 단기간에 유럽의 최대 시장 중 하나가 되었다."

상인 중간 계급의 성장

기운차게 뻗어 나가는 이 도시의 시민들은 놀라운 비전을 품고 행동했다. 그들은 도시의 성장을 무계획하게 방치하지 않고, 1612년에 유럽 최초로 진보적인 도시 계획을 입안했다. 암스테르담의 팽창은 실로 '공동체적 협력의 승리'라 할 만한 것이었다. 고도의 지적 능력을 갖춘 위원회가 수립한 도시 계획은 다음 세대의 시민들에 의해 한 치의 어긋남도 없이 완벽하게 실천에 옮겨졌기 때문이다. 도시 계획의 핵심은 아주 간단했다. 세 개의 운하가 도시 전체를 감싸는 구조였다. 운하들은 마치 세 개의 말굽을 엇갈리게 끼워 맞추듯 넉넉하게 계획되었고, 도시를 최대한으로 발전시킬 여지를 충분히 남겨두었다. 실제로 이 도시 계획은 그 후 2백 년 동안 암스테르담의 필요에 충실히 부응했다. 현대의 도시 계획에서도 그만한 성공을 거둔 경우는 찾아보기 힘들 정도이다.

암스테르담은 네덜란드의 모든 도시 중 으뜸이었다. 하지만 암스테르담 말고도 네덜란드의 수많은 도시들은 저마다 그 시대의 번영을 공유했고 나름대로 자부심을 지니고 있었다. 종교적 변화와 더불어 옛 도시들의 오래된 고딕 성당들에서는 '우상 숭배적' 형상들이 말끔히 제거되었지만 건물의 구조 자체는 조심스럽게 보존되었다. 17세기의 많은 화가들은 벽면이 검소한 회반죽으로 처리된 이 거룩한 건물들의 실내 모습을 화폭에 담았다. 그들의 그림에는 검은 가운을 입고 연단에 선 칼뱅주의 설교자들과 자리에 앉아 열심히 경청하는 청중들이 그려지곤 했다.

오래된 수도원 건물들 역시 대체로 보존되었다. 그들 중 일부는 부자들의 저택이 되었다. 예를 들면 델프트(Delft)의 수도원은 침묵공 빌렘의 저택이 되었다. 그 밖의 것들은 고아원이나 양로원 같은 복지 시설이나 공공건물로 사용되었다. 네덜란드 도시들은 질서 정연함을 자랑으로 여겼으며, 때로는 권위주의적인 자비심으로 거리에서 거지들을 소탕했다. 네덜란드 화가들이 그린 그림에 간혹 거리의 거지들이 등장하는 것으로 미루어 그러한 시도가 항상 성공하지는 않았다는 것을 알 수 있다. 그러나 동시대 여행자들의 증언에 의하면, 네덜란드의 도시에서는 거지를 찾아보기가 무척 힘들었다고 한다. 당시 유럽의 대도시마다 수많은 거지들이 넘쳐났던 것에 비추어 그것은 매우 이례적인 일이었다.

버려진 아이들이나 고아들은 시설에 수용해 정성껏 교육시켜 훌륭한 시민으로 길러냈다. 늙고 병든 병사들에게는 정기적으로 연금이 지급되었는데, 이런 제도는 당시 다른 나라에서는 거의 찾아볼 수 없는 것이었다. 늙은 빈민들은 구빈원에서 친절하게 보살핌을 받았다. 위대한 화가 할스도 형편이 어려워지자 하를렘(Haarlem)의 한 구빈원에서 만년을 보냈다. 하를렘에는 그의 만년의 작품을 소장한 미술관이 있는데, 그 소장품들 중에는 구빈원 원장들의 초상화가 상당수 포함되어 있다.

노력과 근면으로 막대한 부를 축적한 네덜란드 상인들은 벌어들인 돈을 제대로 쓸 줄 알았다. 대귀족인 세 명의 오라녜 공이 여러 해 동안 국가의 우두머리로 있었고, 소수의 배타적 귀족 계급이 있기는 했지만, 신생 공화국 네덜란드 사회의 전반적인 동향은 상인 중간 계급에 의해 결정되었다. 국가 생활의 모든 부문에 힘과 방향성을 제공한 것은 그들의 부와 활력, 열망과 지향이었다.

사상의 자유

이토록 실리적이고 근면한 상인·모험가·기업가·낙농업자·뱃사람들이 만들어낸 문명이 어떻게 저 위대한 문학과 사상, 그리고 미술에 영감을 불어넣을 수 있었을까? 20세기 네덜란드 역사가 헤일[21]의 표현을 빌자면, 대체 무엇이 이 상인 사회를 '그토록 풍요롭고, 그토록 자유롭고, 그토록 포용적인' 사회로 만들었다는 말인가? 역설적이지만 그 비밀은 네덜란드의 종교에 있다. 칼뱅주의자들은 에스파냐에 대한 반란의 선봉에 섰으며, 신생 공화국의 주도 세력이 되었다. 칼뱅주의는 사상의 자유를 크게 고무하거나 심미적 감성을 장려하는 종교는 아니었지만 양심의 자유를 위해 투쟁했고, 따라서 자유의 가치를 철저히 옹호했다. 네덜란드의 칼뱅주의자들은 다른 종교의 교리를 단호하게 거부했다. 그들은 다른 교리를 신봉하는 자들을 시민적·정치적 권력에서 배제시켰다. 하지만 그들이 칼뱅주의자가 아니라고 해서 스스로 선택한 종교를 믿고 예배 드릴 권리마저 부인할 수는 없었다. 더욱이 그들이 쟁취하고자 했던 종교적 자유와는 별개로, 네덜란드는 실용적인 이유 때문에라도 종교적 소수파의 근면과 기술을 무시할 수 없었다. 공화국 내에는 신앙을 바꾸지 않은 로마 가톨릭 신도들이 남아 있었고, 특히 암스테르담에는 상당한 규모의 유대인 공동체가 성장하고 있었다. 그 밖에도 다양한 분파의 수많은 프로테스탄트 망명자들이 유럽 각지에서 속속 몰려들고 있었다. 신생 공화국은 이 모든 사람들의 노력과 협조가 필요했다. 자연스럽게, 이 작은 나라 안에 존재했던 수많은 다양한 집단들은 사상의 교류를 촉진시켰다.

그러나 종교적 갈등이 끝난 것은 결코 아니었다. 로마 가톨릭 소수파에 대한 질시와 두려움이 상존하고 있었고, 프로테스탄트 집단 사이의 거친 폭력 충돌도 자주 벌어졌다. 에스파냐와의 휴전 기간에 있었던 격렬한 종교투쟁은 마우리츠 공이—일시적으로—사실상의 독재관이 되고 난 후에야 종식되었다. 그러나 이러한 알력과 불화는 사상의 자유가 성장하도록 자극했고 새로운 에너지를 분출시켰다. 이 시기 네덜란드 문화의 비범한 역동성은 새로운 것과 낡은 것, 실험 정신과 인습 사이의 긴장이 빚어낸 결과물이라고 할 수 있다.

네덜란드가 이룩한 탁월한 성공에서 볼 수 있듯이, 상업국가가 성공을 거두기 위해서는 그 구성원들에게 자립과 근면 정신뿐 아니라 독창성과 기업가 정신을 고취시켜야만 한다. 누구도 황금 시대의 네덜란드 상인들에 대해 그들이 기업 경영 면에서 완고하고 인습적이었다고 비난할 수 없을 것이다. 이 분야에서 그들은 뛰어난 용기와 상상력을 보여주었다. 물론 정치·종교·예술 면에서는 지극히 인습적이었다. 그러나 사업상의 목적 때문에 용기·독창성·기업 정신을 적극 장려하는 사회에서는, 그와는 전혀 다른 목적―과학 탐구·철학적 사변·예술·문학 등―에 가치 있는 재능을 쏟아 부으려는 사람들이 수없이 나타나게 마련이다.

이러한 시도 중 일부는 기존 가치와 충돌을 일으켰지만, 다른 일부는 받아들여졌다. 활력 넘치는 상인 사회는 이렇듯 예술가와 사상가들에게 용기와 좌절, 방해와 자극을 동시에 줄 수 있다. 그리고 그와 같은 소용돌이 속에서는 다양한 재능이 피어나게 마련이다. 이탈리아 도시들에서 시작된 르네상스 문화도 이런 배경에서 성립된 것이었고, 19세기 영국이나 20세기 미국과 같은 번영을 누린 사회에서도 그런 특징을 찾아볼 수 있다. 17세기 네덜란드 역시 같은 경우에 속하는 사회였다.

낡은 지식과 새로운 지식

대립과 도전은 학문의 세계에서 뚜렷하게 드러난다. 침묵공 빌렘이 맨 처음 실행한 조치는 1575년 레이덴에 네덜란드 최초의 대학을 설립하는 일이었다. 그런데 이 시기는 아직 국토의 일부분만 해방된 상태였고, 급박한 전쟁 상황이었다. 그 후 반세기가 지나는 동안 네덜란드 각 지방은 서로 경쟁적으로 학문을 장려했고, 그 결과 그로닝겐(Groningen), 위트레흐트(Utrecht), 하르데르웨이크(Harderwijk) 등지에 대학이 설립되었다. 이 대학들은 과거의 훌륭한 학문적 전통이 착실히 축적되는 배움의 중심지였고, 또한 전통적 가르침과 새로운 사상 사이에 격렬한 논쟁이 벌어지는 공간이었다.

위트레흐트대학에서는 갈릴레오의 이론이 단호히 거부되었고, 프랑스의 과학자이자 철학자인 데카르트의 이론 역시 배척당했다. 의학 교수들은 고대로부터 전해 내려온 학설만을 가르쳐야 했다. 그들은 영국인 윌리엄 하비(William Harvey, 1578~1657)가 주창한 혈액 순환설이 과연 성경에 부합되는지 의문을 던졌다. 1642년 위트레흐트대학 평의회는 젊은 교수들 사이에서 호응을 얻고 있는 새로운 과학적 가르침을 반대하는 결의안을 통과시켰다. 그들은 "이는 전 세계의 대학들이 신중하게 숙고하여 가르쳐온 고대의 철학에 위배된다"고 말했다. 그리고 이렇게 경고했다.

"미숙한 젊은 교수들은 자칫 다른 학문 분야에 종사하는 교수들의 견해와 충돌하는—특히 정통 종교와 갈등을 일으키는—거짓되고 터무니없는 수많은 결론을 도출해낼 수도 있다."

그러나 이러한 결의에도 불구하고 네덜란드는 근대 과학의 가장 위대한 선구자들을 배출했다. 레벤후크(Antonie van Leeuwenhoek, 1632~1723)는 노련한 기술과 세심한 관찰력으로 현미경의 성능을 크게 향상시켰고, 이를 이용해 자연의 비밀을 탐구했다. 그는 적혈구 세포에 대해 처음으로 정확하게 설명했으며, 최초로 박테리아를 관찰했다. 레벤후크와 동시대 사람으로서 전형적인 네덜란드인으로 분류되는 스왐메르담(Jan Swammerdam, 1637~1680)은 뛰어난 기술과 끈기 있는 관찰력으로 무척추동물의 해부 구조를 연구했고, 처음으로 곤충의 변태 과정을 완벽하게 관찰했다. 그는 유충이 나비로 변하는 과정과 올챙이가 개구리로 변하는 과정을 관찰하고 기록으로 남겼다. 그러나 이들 두 사람은 현대적인 의미에서 보면 아마추어 연구자일 뿐이다. 같은 생각을 가진 친구들과 의견을 나누고 제각기 다른 길을 걷는 실험자들과 정보를 교환하기는 했지만, 시종일관 대학 밖에서 이 모든 연구 작업을 수행했기 때문이다.

학계 일각에서 저항이 있기는 했지만, 네덜란드 교양인의 사회는 전체적으로 새로운 사상을 가진 사람들을 격려하는 분위기였다. 위트레흐트대학의 식자들이 무어라 말했건 간에, 이 시기의 가장 위대한 신진 철학자인 데카르트가 생애의 가장 행복한 시절을 지내며 근대 철학의 토대가 된 《방법서설》을 쓴 것도 바로 이와 같은 네덜란드의 우호적인 분위기에서였다.

네덜란드인에게는 그로티우스가 근대 정치 사상의 가장 위대한 선구자 중 하나라고 주장할 충분한 자격이 있다. 그로티우스의 역저 《전쟁과 평화의 법 De Jure Belli ac Pacis》(1625)은 국제법의 토대를 마련했기 때문이다. 그러나 그는 이 책을 프랑스 망명 중에 집필했으며, 여기에는 기묘한 패러독스가 숨어 있다. 네덜란드는 전 유럽의 종교적 망명자와 학자들에게 도피처를 제공한 나라였지만, 역설적으로 자국이 배출한 가장 위대한 사상가는 신변의 위험 때문에 외국으로 도피할 수밖에 없었다. 그러나 그로티우스가 조국을 떠난 것은 그의 사상 때문은 아니었다. 그는 마우리츠 공 치세 말기의 정치적 혼란에 휩쓸린 희생양 중 하나였던 것이다.[22]

황금 시대의 문학

17세기 네덜란드 문학 역시 동일한 대립적 경향을 드러내고 있었다. 이 기운차고 독립적인 국민들은 그들 고유의 언어와 사고방식을 견지했고 동시에 역사적으로 서유럽에 속해 있는 자국의 위상 또한 자각하고 있었다. 그들은 얼마 전 단호한 독립을 성취하기는 했지만, 에스파냐 령인 남부 네덜란드와 자신들 사이의 연결고리를 완전히 끊을 수는 없었던 것이다. 남부 네덜란드에는 국제적 문화인 후기 르네상스 문화가 꽃피어 있었는데, 최고의 화가로는 루벤스(Peter Paul Rubens, 1577~1640)가 꼽혔고, 시인과 작가들은 동시대 프랑스 · 에스파냐 · 이탈리아 등의 군주적 · 귀족적 국가들이 공유하던 자유롭고 풍요로운 전통에 속해 있었다. 반면 네덜란드 공화국은 지리적으로는 인접했지만 정치적으로는 너무나 상반된 성격을 지니고 있어서, 신흥 상인 공화국의 강렬한 개인주의적 취향과 국제주의의 영향이 기묘하고도 매혹적으로 혼합되어 있었다.

이 시대 시인들의 성격은 사뭇 대조적이었다. 호이겐스[23]는 폭넓은 교양과 학식을 갖춘 인물로 유럽 사교계에 정통한 외교관이었다. 그의 시에는 17세기 초 영국 · 프랑스 · 독일 · 에스파냐의 세련된 시에 깃든 우아함과 섬세함이 배어 있었다. 그는 던[24]을 찬양했으며 뛰어난 솜씨로 그의 시를 번역했다. 본델은 종종 밀턴에 비견되는데, 이는 그의 가장 뛰어난 작품 중 하나가 서사시 《루시퍼 *Lucifer*》이기 때문만은 아니다. 황홀할 정도로 유려한 문체로 바로크 문화의 섬세함과 원숙함을 네덜란드어—시를 쓰기에는 결코 쉬운 언어가 아니었다—로 포착했기 때문이다.

이와 대조적인 시인으로는 카츠[25]를 들 수 있다. 그는 교훈적인 시를 통해 가정의 즐거움과 의무, 동시대 네덜란드 문명의 도덕과 관습을 찬양했다. 그의 대중적 명성은 대단했으며 그것은 지금도 마찬가지이다. 그의 문학 작품들은 수백 년 동안 네덜란드 국민들에게 성경 다음으로 널리 읽혔다. 그는 네덜란드 최고의 국민시인이었으며 '아버지 카츠(Father Cats)'라고 친근하게 불렸다. 그러나 그의 문학적 위상은 문학 그 자체보다 그의 고매한 인품에 기인하는 것이었다. 그는 참된 지혜와 인간에 대한 깊은 이해심을 가지고 일상 생활에 대한 자신의 평소 생각을 피력했다. 그의 글에는 언제나 유머와 따스한 인정이 넘쳤다.

황금 시대 네덜란드 문학의 중심지는 극작가이자 시인인 호프트[26]의 저택 모이데르스로트(Muiderslot)—영어로는 모이덴 성(Castle of Muiden)—였다. 그는 뛰어난 재능을 지닌 친구들을 시골 저택으로 불러 모아 쾌적한 분위기 속에서 사상을 교류하고, 각자의 저술에 관해 의견을 나누고, 음악을 작곡했다. 그들은 이 멋진 신세계에서 거의 매일 태어나는 새로운 이론과 발견들을 섭렵했다. 호프트 자신은 에스파냐와의 최근 전쟁을 다룬 유명한 역사서를 집필했는데, 이 저술은 고전적인 양식으로 구성되었으며 타키투스 양식에 바탕을 둔 것이었다. 모이데르크링(Muiderkring)—영어로는 모이덴 서클(Muiden Circle)—이라 불리는 이 서클의 멤버로는 호이겐스, 본델, 저명한 학자 보시우스(Gerard Vossius), 의사이자 극작가인 코스터(Samuel Coster) 등이 있었다. 그리고 지극히 매혹적인 자매 시인인 안나 비서(Anna Visscher)와 마리아 비서(Maria Visscher)도 이 서클에 속해 있었다.

여성의 활발한 사회 참여

황금 시대 네덜란드 문화는 여성들을 배제하지 않았다. 아니, 배제할 수가 없었다. 여성에게 활력과 근면과 지혜가 발휘된 가사 운영을 기대하고, 경우에 따라서는 남편의 사업에 참여할 것을 장려하는 것은 근면한 상인 사회의 특징 중 하나이기 때문이다. 더욱이 항해가 생업인 가정이 많아서 남성들이 장기간 집을 비우는 경우가 많았으므로 자연스럽게 여성들에게 많은 책임이 위임되었고 당연히 평등 문제도 제기되지 않았다.

물론 카츠의 시(그리고 칼뱅주의의 전반적인 가정 윤리)에 의하면 여성은 남성에게 순종해야 했다. 그럼에도 불구하고 네덜란드 여성의 지위는 매우 높은 것이었다. 네덜란드 여성들은 묵묵히 단조로운 일만 하도록 양육되지 않았고, 상류 사회 여성들도 장식품으로 키워지지 않았다. 여성들은 지적이고 존귀한 존재로 성장했으며, 비록 남성에 버금가는 지위였지만 남성의 당당한 파트너로서 주어진 역할을 감당했다.

그러므로 몇몇 여성들이 학문과 예술계에 이름을 남길 수 있었던 것은 당연한 일이었다. 가장 널리 알려진 여성으로는 슈르만(Anna

Maria van Schuurman, 1607~1678)을 들 수 있다. 그녀는 전문 분야에서의 탁월함보다는 다재다능으로 유명했다. 그녀는 뛰어난 예술가·언어학자·신학자로서 당대의 일급 지식인들과 교류했다. 화가 중에는 레이스터(Judith Leyster, 1609~1660)가 가장 유명하며, 그녀의 가장 뛰어난 작품인 〈류트 연주자 *The Lute Player*〉는 오랫동안 할스의 작품으로 잘못 알려졌다.

위대한 시대를 표현한 화가들

황금 시대 네덜란드 공화국을 생각하면, 먼저 위대한 화가들이 떠오른다. 수많은 미술가들은 일련의 탁월한 작품들을 통해 이 위대한 시대의 외적 형태와 내적 정신을 표현했다. 코닝크(Philips de Koninck, 1619~1688), 로이스달(Jacob van Ruisdael, 1628/9~1682), 호이엔(Jan van Goyen, 1596~1656), 네르(Aart van der Neer, 1603/4~1677) 같은 풍경화가들은 이 시기 네덜란드의 풍광을 그렸다. 붉은 지붕의 농가 건물, 물레방아와 풍차, 흐르는 구름이 그림자를 드리운 광활한 들판, 구불구불한 운하, 풀을 뜯는 가축 떼를 배경으로 뾰족한 탑들이 솟아오른 작고 아담한 도시. 우리는 지금도 이 모든 것들의 세세한 모습을 감상할 수 있으며, 이 들판과 도시에 살았던 사람들의 일상 생활과 휴일의 여흥을 볼 수 있다. 로이스탈의 〈하를렘 풍경〉에는 사람들이 햇볕 드는 들판에서 리넨 옷감을 표백하는 장면이 나온다. 코이프(Aelbert Cuyp, 1620~1691)와 포테르(Paul Potter, 1625~1654)는 젖소들이 풀을 뜯는 풍경을 즐겨 그렸고, 호이엔은 배가 운하를 지나거나 바다로 나가는 모습을 즐겨 다루었다. 바우베르만(Philips Wouwerman, 1619~1668)은 전투 장면을 그리기도 했지만 어부들이 고기를 잡는 모습, 소금과 모래, 바람 부는 언덕도 즐겨 그렸다. 아버캄프(Hendrick Avercamp, 1585~1634), 벤

(Adriaen Venne, 1589~1662), 네르 등은 얼어붙은 운하 위에서 스케이트와 썰매를 타는 겨울 풍경을 많이 그렸다.

실내화를 선호한 화가들도 있었는데 이들 덕분에 우리는 이 시기 다른 어느 나라 사람보다 네덜란드 중간 계급의 일상 생활에 대해 더 많은 것을 알고 있다. 테르보르흐[27]는 안락한 실내에서 젊은이들이 음악 연주에 몰두하고 있는 순간을 포착했다. 호흐[28]는 한적한 오후에 도시 주택가의 작은 정원에서 나인핀스 볼링을 하거나 포도주잔을 들고 있는 사람들의 모습을 그렸다. 그는 또 바닥에 타일이 깔린 어두컴컴한 실내의 정경을 포착하기도 했다. 실내에는 햇살이 비치는 복도에 두 젊은이가 조용히 앉아 있고, 저만치에는 시중드는 하녀나 하인이 어렴풋이 보이거나 아이가 몰래 엿본다.

스텐[29] 역시 생기발랄한 분위기와 복잡한 실내 정경에 정통한 화가였다. 그는 여관 마당에서 춤을 추는 시골 사람들이나 시장바닥의 즐거운 놀이 모습, 또는 네모진 방에 가득 모여 흥겨운 표정으로 세례식이나 성 니콜라스 축제를 즐기는 가족의 모습을 그린다. 마음씨 좋은 할머니, 웃음을 자아내는 못생긴 소녀, 장난꾸러기처럼 얼굴을 찡그린 소년 등 몇몇 인물은 그의 그림에 반복해서 등장한다. 이들은 분명 스텐의 가족일 것이다. 그의 그림에는 이들을 사랑하는 마음과 유머가 넘친다. 아마도 그림 속의 방은 스텐의 집일 것이다. 그의 전직(前職)은 여관 주인이었다.

미술품 사업의 활성화

통속적 소재를 그린 화가들이 늘어난 것은 새로운 그림을 요구하는 수요자들이 늘어났기 때문이었다. 과거의 화가들, 그리고 다른 나라의 화가들은 교회나 군주 또는 부유한 후원자들을 위해 그림을 그렸다. 그들은 주로 제단이나 궁전의 벽을 장식하는 그림을 그렸

호흐는 다정하고 조용한 가정의 실내 정경을 즐겨 그렸다. 그는 이 그림에 〈짐실〉이란 제복을 붙였다.

다. 외교관과 군주들을 위한 초상화와 이따금씩 요청되는 순회 제단용 그림을 제외하면, 화가(畵架)에 놓고 그리는 소품 회화에 대한 수요는 거의 없었다.

그러나 신생 네덜란드 공화국의 중간 계급은 집 안의 벽을 쾌적하게 장식할 가정적인 그림, 세속적인 그림을 원했다. 대부분이 프로테스탄트 신도였기 때문이다. 그들은 시골 풍경과 가정 생활, 그리고 기분을 유쾌하게 해주는 사물들—고가의 동방산 카펫 위에 놓인 큼직한 과일 바구니나 크리스털 술잔 등—을 실물 그대로 묘사한 그림을 높이 평가했다. 작품에 대한 수요가 높아서 그림이 투자 대상이 되기도 했다. 특별히 뛰어난 작품은 높은 가격에 거래되었으며, 가난한 시민이나 농부들조차도 그림을 구매하는 것이 즐거운 일이자 훌륭한 돈벌이라고 생각했다. 영국의 작가 에블린(John Evelyn)은 1641년 로테르담의 그림 시장에 대해 이렇게 서술했다.

"우리는 해마다 경탄할 만한 작품들(특히 풍경화와 회화)로 가득한 그림 시장이 서는 로테르담에 얼마 전 도착했다. 몇 점은 구입해서 영국으로 보냈다. 미술품 사업이 성행하고 그림 값이 싼 이유는 자본을 투자해 사들일 만한 땅이 매우 부족하기 때문이다. 그러므로 평범한 농부가 그림 구입에 2천~3천 파운드를 쓰는 것은 아주 흔한 일이다. 그들의 집에는 그림이 가득하며, 그것들을 시장에 내다 팔아서 큰 이익을 얻는다."

초상화에 대한 수요 또한 점점 더 커졌다. 재산을 모아 자신감을 갖게 된 네덜란드 시민들이 자신과 아내와 자녀들의 그림을 벽에 걸어놓고 싶어했기 때문이다. 이러한 초상화는 실물을 그대로 묘사했을 뿐 아니라, 포즈를 취한 사람들의 사회적 지위와 성공 그리고 기품까지 알맞게 표현되었다. 의상은 대개 어두운 색상이었지만 옷감

스텐은 여관 마당에서 벌어지는 흥겨운 모습을 그렸다. 여관 주인이었던 스텐은 네덜란드인들의 질펀한 술잔치를 그린 많은 화가들 중 하나였다.

의 재질은 신중하게 표현되었다. 검정 벨벳의 짙고 풍부한 질감과 대비되도록 옷의 끝동은 검정색 실크로 처리되었다. 상이한 재질의 천으로 만들어진 옷을 정밀하게 화폭에 담으려면 화가에게는 상당한 기교와 솜씨가 필요했다. 빛을 발하는 보석, 금 목걸이, 고급 모슬린 주름 칼라나 레이스 칼라의 순백 대비, 이런 것들이 주요 장식물이었다. 이런 것들을 자기 작품의 특징으로 삼는 예술가도 종종 있었다. 네덜란드 초상화가들은 인물의 얼굴과 손을 힘차게 표현했으며, 밝은 색채의 작은 점들을 이용해 인상적인 무늬를 그려내는 뛰어난 기교를 구사했다.

화가들은 단체 인물화 같은 손쉬운 그림을 그려달라는 요청을 받기도 했다. 당시에는 그런 그림에 대한 수요가 높았다. 상인들, 지식인들, 특히 지방 민방위대 장교들—네덜란드는 아직 전쟁 중이었으므로—이 단체 초상화의 수요자였다. 그 결과 당시 군인들의 복장을 한, 화려한 색채에 금술로 장식된 넓은 허리띠를 두른 장교들의 단체 초상화가 많이 그려졌다. 이 경우에는 모든 인물들의 얼굴이 선명하게 잘 드러나야만 했다.

네덜란드 황금 시대의 거장 렘브란트

렘브란트는 대담하게도 위와 같은 규칙을 깨뜨렸다. 깊고 섬세한 안목으로 빛과 어둠을 배분하여 그린 〈프란스 반닝 코크 대장의 민방위대〉[30]—흔히 〈야경꾼〉으로 잘못 알려져 있다—는 그의 작품 중 가장 뛰어난 것인 동시에, 이 시대의 단체 초상화 가운데 최고로 기념비적인 것이다. 그러나 그림 중앙에서 포즈를 취하고 있는 인물의 그늘에 가려 얼굴이 잘 보이지 않는 일부 사람들은 이 작품을 썩 달가워하지 않았으리라는 것을 충분히 짐작할 수 있다.

한동안은 렘브란트도 시류를 따르는 성공한 화가였다. 그러나 그에게는 그 무렵 네덜란드인의 새롭고도 열렬한 요구에 영합하던 화가들과는 다른 점이 있었다. 그는 (셰익스피어가 그러했듯이) 역사적 시간과 공간을 뛰어넘는 뛰어난 천재성을 가지고 있었다. 그러나 이것만은 분명하다. 17세기 네덜란드가 아니었다면 렘브란트는 그의 천재성을 그토록 유감없이 발휘할 수 없었을 것이다. 세계적 무역항이었던 암스테르담은 그에게 무한히 흥미로운 볼거리를 제공해주었다. 그의 책은 '인생'이었다. 그는 인간을 읽었고, 자신이 읽어낸 것을 누구도 흉내 낼 수 없는 음울한 침묵의 예지로 표현했다. 그는 직관적 재능으로 암스테르담의 다양한 인간상—철학자·상인·군인·부유한 소녀·반백의 선원·주방 하녀·은거한 랍비의 얼굴 등—을 그려낼 수 있었다.

얼마 동안 그는 성공을 거두었다. 그러나 그토록 독특하고도 강력한 천재성은 대중적 인기를 계속 유지할 수 없는 법이다. 그는 대중의 수준을 초월해버렸고 그 결과 인기 역시 추락했다. 그러나 그는 완전히 무시되지는 않았다. 그의 주변에는 분별력 있는 소수의 예찬자들이 늘 있었고, 그의 그림을 평가하고 구매해주는 후원자들이 있었다. 일반 대중의 관심에서 벗어난 예술 활동을 격려해주는 문학적·예술적 소집단이 있었다는 것, 이것이 17세기 네덜란드 사회가 지닌 최대 강점이었다. 이 사회는 그토록 유능하고 그토록 다양했던 것이다.

렘브란트가 이 시기 네덜란드의 내적 정신을 드러냈다고 말하는 것은 엄밀한 의미에서 진실이 아니다. 그는 정신을 그린 화가였다. 하지만 그의 메시지는 지극히 개인적이면서 동시에 지극히 보편적인 것이어서, 그것을 단순히 '네덜란드 황금 시대'에만 연결짓는다면 렘브란트를 과소평가하는 결과를 빚을 수 있다. 제아무리 결실이 풍부하다 할지라도 보편적인 경지에 이른 한 사람의 거장, 시대와 장소를 초월하는 거장을 배출하지 못했다면, 그 시대는 진정으로 위대한 시대가 아니다. 네덜란드 공화국의 황금 시대에서 그 거장은 바로 렘브란트였다.

17세기 네덜란드의 내적 본질을 보여준 화가 베르메르

이 시대에 활동한 또 한 사람의 위대한 화가가 있다. 그의 작품들은 렘브란트와는 달리 철저히 시간과 공간의 '내부'에 자리 잡고 있으며, 다른 어느 시공도 아닌 17세기 네덜란드의 모든 외적 관행을 충실하게 따르고 있다. 이 화가의 이름은 바로 베르메르[31]이다. 그는 네덜란드 미술애호가들로부터 많은 사랑을 받은, 가정을 소재로 한 그림과 소박한 풍경화를 비할 데 없이 충실히 그렸다. 손님에게 포도주 한 잔을 건네는 소녀, 문 앞에 앉아 바느질을 하는 주부, 버지널[32]을 연주하며 파티를 벌이는 젊은이들, 연애편지를 읽고 있는 소녀, 이런 것들이 그가 다룬 주제이다. 신부(新婦)는 벽에 기대서 있고, 마룻바닥은 깨끗이 닦여 있다. 햇빛은 눈부시게 하얀 벽에 무거운 액자의 짙은 그림자를 드리우며 새틴 스커트의 광채를 포착하고, 진주 귀걸이의 부드러운 빛 속에 머문다. 그것은 테르보르흐, 스텐, 호흐 등이 머물렀던 세계이며 또한 시간이 정지한 세계이다. 여기에는 하나의 하찮은 삽화, 이름 없는 수많은 사람들이 영원토록 살아온 삶의 한 조각 편린이 단순한 그림이 아닌 하나의 '실재'로서 살아있다. 다른 장르에 속한 네덜란드 화가들의 작품을 볼 때면 한 점의 '그림'을 감상하고 있다고 느낀다. 그러나 베르메르의 그림에서는 살아 있는 한 '순간'을 경험하게 된다.

그러므로 우리는 그와 더불어 17세기 네덜란드의 내적 본질에 가장 가까이 다가서게 된다. 자유를 향한 열정과 모험심, 정력, 그리고 이 탁월한 시민들이 누렸던 부. 물론 이것만으로 17세기 네덜란드의 모든 것을 설명할 수는 없다. 그들은 정치적으로 자유를 성취했고

베르메르의 〈금을 저울로 재는 여인〉. 이 작품은 17세기 네덜란드 회화를 새로운 차원으로 끌어올렸다.

물질적으로 부를 쌓았다. 그들의 황금 시대는 그 바탕 위에 건설된 것이다. 그러나 이것은 네덜란드인의 '정신'도 아니고 그들의 '위대함의 비밀'도 아니다. 그렇다면 그 외에 무엇이 더 있어야 하는가? 그 비밀은 몇 점 남지 않은 베르메르의 좁은 화폭 속에 완벽하게 포착된, 농밀한 '삶'과 정신적 응축 속에 담겨 있지 않을까?

■ 본문 깊이읽기

1 헨드리크(Frederik Hendrik, 1584~1647)
네덜란드 연합주(네덜란드 공화국)의 3대 총독. 침묵공 빌렘 1세의 막내아들로 의붓 형제인 마우리츠에 이어 오라녜 공이 되었다. 에스파냐와 계속 전쟁을 치르면서, 국내 정치뿐만 아니라 국외에서도 군주에 필적할 만한 권력을 소유했던 오라녜 가문의 최초의 인물이다. 프레데리크 헨드리크가 태어난 지 6개월도 채 안 되어, 네덜란드의 주요 지도자로 에스파냐에 대항해 독립투쟁을 벌인 아버지 침묵공 빌렘이 살해되었다. 그는 프랑스의 위그노 지도자 가스파르 드 콜리니의 딸인 어머니와 프랑스로 가서 경험을 쌓을 예정이었다. 그러나 빌렘 총독 자리를 물려받은 마우리츠와 네덜란드 의회는 그가 네덜란드를 위해 봉사해야 한다고 주장했다. 그리하여 그는 레이덴대학에서 공부했으며 17세에 의회의 의원이 되었다. 그는 마우리츠의 군사 원정에 참여했고 여러 지역에 대외 사절로 파견되었다. 개혁파(칼뱅주의) 교회 내의 교리 갈등으로 촉발된 정치적·종교적 위기(1617~1619) 동안 그는 어머니처럼 신중히 중도 입장을 견지했다. 그는 "여성 편력이 심해 어느 한 여자한테 자신을 구속시키지 못한다"는 평판을 들었으나 정통 후계자가 없는 마우리츠의 강한 압력에 못

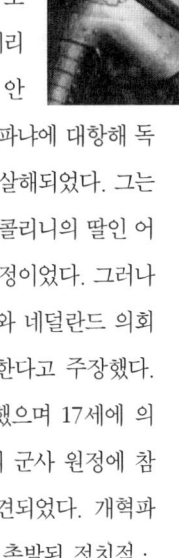

국내외적으로 군주에 필적할 만한 권력을 소유했던 오라녜 가문 최초의 인물이다.

이겨 마우리츠가 죽기 직전 40세가 되어서야 결혼했다. 보헤미아 여왕의 시녀였던 그의 아내는 돈을 탐한다는 평판을 얻었으나 상당한 정치적 영향력을 가졌으며 17세기 네덜란드에 바로크 왕궁의 전형을 도입하려 노력했다.

1625년 마우리츠가 죽은 후 프레데리크 헨드리크는 네덜란드 연합주를 구성하는 일곱 주 가운데 다섯 개의 공국을 관할하는 총독이 되었으며, 1640년에는 그로닝겐 주를 병합했다. 마지막으로 남은 프리슬란트 주의 총독직도 빌렘 2세(1626년 출생)에게 계승권이 이어졌다. 오라녜 공은 이론상으로는 여러 신분 의회(중앙 및 지방)가 지명한 '공복(公僕)'에 지나지 않았지만 점차 여러 주의 총독직 세습권을 확보함으로써 네덜란드 군주로서의 지위를 획득해갔다. 당시 절대주의를 지향하는 세계 추세를 감안하면 프레데리크 헨드리크의 야망은 당연한 것이었다. 그의 지위는 시대착오적으로 번성한 과두 체제의 공화국 연합을 관할하는 미약한 제후라는 비정상적인 것이었기 때문이었다. 전략가로서 프레데리크 헨드리크는 형 마우리츠의 수제자임을 입증했고 대 에스파냐 전쟁은 유럽의 청년 귀족들에게 일종의 군사 교실로 여겨졌다. 헨드리크는 "신은 격전으로부터 우리를 구해주신다"라고 선언했으며 매년 공격 목표점으로 잡은 주요 도시와 요새들을 정복해 나갔다. 그의 승패에 따라 근대 네덜란드와 벨기에 왕국의 국경선이 결정되었으며 가장 주목할 만한 것은 헤르토겐보시 시(市)의 점령이었다. 이 도시의 점령은 프레데리크 헨드리크에게 가장 자랑할 만한 것인 동시에 그의 입지가 지닌 허점을 드러내는 것이기도 했다. 당시 그는 네덜란드 공화국의 전지전능한 제후로서 인정을 받았으나 그의 권력은 미묘한 균형을 이루고 있었으며 다양한 요소에 바탕을 두고 있었다. 연방정부 예산의 58퍼센트 이상을 제공한 홀란트 귀족들을 견제하기 위해 그는 네덜란드 연합주를 구성하는 나머지 6개 주와 네덜란드 청교도들의 지지가 필요했다. 헨드리크는 종교가 없었지만 아버지와 같이 상황이 허락하는 한 종교의 자유를 허락했다. 이러한 점에서 그는 역설적으로 자신의 지지자들보다도 정적인 네덜란드 귀족들에게 더욱 친밀감을 표시했다. 그러나 정책 결정에 있어서는 그 같은 친밀감이 적용되지 않았다. 홀란트의 과두 귀족들은 많은 비용이 드는 전쟁을 완강하게 반대했으며, 더욱이 크게 승리했을 때는 암스테르담과 치열한 무역 경쟁을 벌인 상업도시 안트베르펜 항을 자유 네덜란드의 통치 기구에 통합시키도록 위협했다. 헨드리크는 매년 전쟁을 치를 때마다 전쟁 그 자체보다 전쟁이 정치적으로 수용되도록 설득하는 데 더 많은 정열을 쏟았다. 그의 형제인 마우리츠나 아들(빌렘 2세)보다 노련한 전략가였던 그는 네덜란드 의회와 정면 대립을 피했다. 1640년 무렵까지 프레데리크 헨드리크는 네덜란드의 외교 정책을 혼자서 책임지고 수행해 나갔다. 유럽 왕가와 결연을 맺으려는 그의 노력은 1641년 자신의 후계자 빌렘 2세와 영국의 왕 찰스 1세의 큰딸 메리와의 결혼으로 결실을 맺었다. 그는 영국내전(청교도혁명) 때 무조건적으로 찰스 1세를 지원했으며 반면에 홀란트 귀족들은 영국 의회를 지지했다.

더 중요한 것은 프레데리크 헨드리크의 대 프랑스 정책인데, 이것은 양국 간에 맺은 분할조약으로 절정을 이루었다. 이 조약은 네덜란드 남부 지역이 에스파냐에 무력으로 정복될 경우, 이 지역을 프랑스에 분할한다는 내용을 담고 있었다. 이 조약으로 그는 매년 프랑스로부터 상당한 금액의 원조를 받았기 때문에 전쟁에 지친 네덜란드 의회의 자금 지원 반대에도 불구하고 전쟁을 계속 치를 수 있었다. 그러나 프레데리크 헨드리크의 지휘 아래 형성된 프랑스-네덜란드 연합군은 첫 공격에서 참패했다. 그 후 브레다와 훌스트를 점령하기도 했지만 연합군은 전쟁의 대세를 다시 잡지 못했다. 대세는 에스파냐와의 평화 쪽으로 기울었고 헨드리크는 특히 아내에게 영향을 받아 평화주의를 택했다. 어릴 때부터 통풍으로 고생하던 헨드리크는 평화협정이 체결되는 것을 보지 못하고 1647년 3월에 사망하여 델프트에 있는 가문의 무덤에 묻혔다.

2 렘브란트(Rembrandt, 1606~1669)

유화 · 소묘 · 에칭 등 다양한 분야에 통달한 17세기의 화가로 미술사에서 거장으로 손꼽힌다. 그의 그림은 화려한 붓놀림, 풍부한 색채, 능숙한 명암 배분이 특징이다. 그의 수많은 초상화와 자화상은 인간의 성격에 대한 깊은 통찰력을 보여주며, 그의 소묘는 당시 암스테르담의 생활상을 생생하게 기록하고 있다. 렘브란트의 예술은 시대와 지역을 초월하여 보편적 호감과 인기를 얻고 있다. 그와 동시대 화가들은 풍경화나 정물화, 일상 생활을 묘사한 풍속화를 많이 그렸다. 렘브란트는

렘브란트의 〈자화상〉.

인기 있는 초상화가로 명성을 얻었지만, 결국에는 자기 제자를 비롯한 젊은 경쟁자들에게 밀려나 빛을 잃었다. 그가 정통한 또 하나의 주요 분야는 식각판화였다. 살아 있는 동안에도 그의 판화는 비싼 값에 팔렸고, 그의 뛰어난 판화 기법은 몇 세기 동안 판화가들에게 지속적인 영향을 미쳤다.

3 할스(Frans Hals, 1581/5~1666)

17세기 네덜란드의 뛰어난 초상화가. 거의 전 생애를 하를렘에서 보냈으며 그곳 중산층을 모델로 그린 초상화로 유명하다. 할스는 인상파 화법과 비슷한 유연한 붓놀림을 구사했으며 후기로 갈수록 더욱 자유분방하게 그림을 그렸다. 초기 작품의 쾌활한 성향은 〈흥겨운 사람들 The Merry Company〉(1616~1617)에 잘 나타나 있다. 중기에 그린 초상화는 점차 우울한 분위기를 띠며 때때로 불길한 느낌마저 감돈다. 말기의 그림들은 인물의 성격 묘사에 뛰어난 그의 재능을 가장 잘 보여준다.

할스가 그린 유화 〈흥겨운 사람들〉. 그의 쾌활한 성향이 잘 나타나 있다.

4 본델(Vondel, 1587~1679)

네덜란드의 시인·극작가. 네덜란드 문학에서 가장 위대한 작품들을 썼다. 메노파 교도였던 부모는 안트베르프에서 콜로뉴로 도피했다가 암스테르담에서 생을 마쳤다. 젊은 본델은 대부분 독학했으며 혼자 프랑스어와 라틴어를 공부하여 베르길리우스와 세네카의 작품들을 번역했다. 일찍부터 그리스도교 신학을 주제로 희곡을 즐겨 썼으며, 고전적 주제들을 그리스도교 신앙의 예시

네덜란드 문학에서 가장 위대한 작품을 썼다고 평가되는 본델.

로 다루면서 르네상스의 학습과 개인적인 신앙을 조화시켰다. 초기 작품 가운데 가장 중요한 것은 유대인들의 이집트 탈출을 극화한 《유월절 *Het Pascha*》(1612)인데, 이미 여기서 운문의 힘과 장려함이 명백하게 드러난다. 네덜란드 남부의 에스파냐 전제정치로부터 도망쳤던 칼뱅주의자들의 비유극이다. 1619년 홀란트의 주요 지지자 요한 반 올덴바르네벨트의 형 집행을 보고 분노한 본델은 덴마크 교회와 정부에 반대하는 힘찬 풍자문과 풍자시를 썼다. 본델의 걸작으로 간주되는 《루시퍼》는 밀턴의 작품 주제와 비슷한 것으로 신에 대한 천사들의 설명하기 어려운 반란을 다루고 있다. 그의 종교적 자유주의는 점차 칼뱅주의에서 간언자의 관점으로 바뀌어 결국 54세 때 로마 가톨릭 교회로 가게 되며, 여기서 그는 보편적 믿음에서 추구하던 마음의 평화를 찾게 된다. 60세가 넘으면서 본델은 문학적 원숙기에 들어섰다. 그는 서정시 · 송가 · 소네트 · 서사시 · 장편 종교시 · 에세이의 대가임을 보여주었지만, 가장 중요한 문학적 업적으로 남아 있는 것은 힘차고 서정적이며 장엄한 언어 구사력을 보여주는 비극들이다.

5 타스만(Abel Janszoon Tasman, 1603?~1659)
네덜란드의 항해가 · 탐험가. 태즈메이니아 · 뉴질랜드 · 통가 · 피지 제도 등을 발견했다. 네덜란드 동인도회사에서 근무하던 중 첫 번째 항해(1642~1643)를 떠나 인도양과 태평양 남부를 탐험했고 두 번째 항해(1644)에서는 오스트레일리아의 남태평양 근해를 돌았다.

6 트롬프(Cornelis Tromp, 1629~1691)

마르텐 트롬프의 차남이자 네덜란드의 해군제독으로 영국·프랑스·스웨덴에 대한 일련의 작전을 지휘했다. 1645년 부친의 함대에서 대위로 복무했고 1649년 대령이 되었다. 지중해에서 북아프리카의 해적들을 소탕했고(1650), 제1차 영국-네덜란드 전쟁에서 영국과 싸웠다. 레크호른 전투(1653)에서 대 영국전에 참전한 후 해군소장이 되었다. 그는 언제나 독자적인 작전에 강한 의욕을 보였으며, 격렬한 전투에서 기쁨을 찾았다. 1654년에는 알제리인들과 싸웠고, 1656년에는 스웨덴과 폴란드 사이에 벌어진 제1차 북방전쟁에 참가하기 위해 발트 해로 항진했다. 1663년 지중해의 네덜란드 함대의 사령관에 임명되었으나 몇 년 간의 공백기를 거치고 제2차 영국-네덜란드 전쟁 때인 1665년 중장으로 함대에 돌아왔다. 1666년 마스 해군본부의 대장대리로 승진되었으며, 네덜란드 함대의 총사령관이 되었다.

7 알바 공(Duke of Alva, 1507~1582)

포르투갈 정복(1580)으로 유명하며, 네덜란드 총독(1567~1573)으로 있을 때 '피의 법정'을 설치해 현지법을 무시하고 수천 명에게 유죄 판결을 내리는 등 폭정을 편 것으로 악명이 높다.

8 침묵공 빌렘(Willem de Zwijger, 1533~1584)

네덜란드의 초대 세습 총독으로서, 에스파냐의 지배와 가톨릭 영향력에 저항한 네덜란드 반란의 지도자로 활

프로테스탄트 국가에서는 알바라는 이름이 폭압과 종교 탄압의 대명사가 되었다.

침묵공 빌렘은 네덜란드 연방공화국이 성립되고 초대 대통령에 취임하였다.

약했다. 영웅적인 활약을 하게 되는 4년 간(1572~1576) 빌렘은 바다에 접해 있는 두 개 주의 반란 진압을 위해 파견된 스페인군에 맞서 필사적인 저항을 주도했다. 아돌프에 이어 두 명의 동생, 로데웨이크와 헨리크가 1574년 4월 네이메헨 근처에서 에스파냐군에 크게 패해 전사했다. 한편 정복한 주와 영국·독일·프랑스에서 빌렘의 대리인들은 활발한 활동을 벌였으며, 1575년 6월 12일 빌렘은 개혁교회 편으로 한때 수녀원장을 지낸 부르봉몽팡시에의 샤를로트와 재혼했다. 추종 세력들이 단합하여 분파적인 이해 관계를 추구하지 못하도록 하기 위해 빌렘은 모든 권위와 전술과 불굴의 결의를 겸비해야만 했다. 그는 가톨릭 광신자인 프랑콩투아 발타자르 제라르에게 살해당했다(1584). 그가 남긴 마지막 말은 자신이 오랫동안 지휘하고자 힘썼던 사람들을 위한 기도였다.

마우리츠는 복잡하고 모순된 성격의 소유자였다. 공포와 의심, 원한에 쉽게 휘둘렸지만 한편으로는 대단한 용기와 아량을 발휘할 줄도 알았다.

9 마우리츠 공(Prins van Oranje Maurits, 1567~1625)
네덜란드 공화국의 세습 2대 총독. 아버지인 침묵공 빌렘 1세의 뒤를 이어 즉위했으며 전략과 전술, 공병술을 발전시켜 네덜란드 육군을 당대 유럽에서 가장 근대적인 군대로 육성했다.

10 브레다(Breda)
브레다 협정(1566)은 에스파냐의 통치에 반대한 최초의 움직임이었으나 1581년 브레다는 에스파냐에 점령되고 말았다. 1590년 나사우의 마우리츠가 탈환했다가 1625년 다시 에스파냐에게 빼앗겼다(이는 벨라스케스가 그린 유명한 미술 작품의 소재가 되었다). 1637년 오라녜의 군주 프레데리크 헨드리크가 다시 탈환했으며, 결국 베스트팔렌 조약(1648)에 따라 네덜란드에 양도되었다. 영국의 왕 찰스 2세는 이곳에서 유배 생활을 하던 중 브레다 선언(1660)을 통해 자신을 영국 왕위에 복귀시킬 것을 주장했다.

11 네덜란드인의 북동항로

유라시아 대륙 북부 해안을 따라 나 있는 뱃길. 주로 시베리아 북부에 위치한다. 이곳을 돌아본 유명한 탐험가로는 빌렘 바렌츠와 헨리 허드슨을 꼽을 수 있다. 표트르 1세의 후원을 받아 시몬 데주뇨프도 1648년 베링 해협을 항해했을 것이라 여겨지며, 1728년에 비투스 베링이 이 해협을 지났다는 기록도 있다. 그러나 1778년 제임스 쿡 선장이 처음으로 이 해협의 양쪽을 항해하고 아시아와 북아메리카가 서로 떨어져 있는 두 개의 대륙이라는 것을 밝혔다. 그 뒤에도 많은 탐험가가 도전했으나 1878~1879년에 스웨덴의 탐험가 아돌프 에리크 노르덴시욀드 남작이 이 항로를 처음 지나갔다. 1960

북서항로의 정규 해상 무역 개통은 천연자원, 교통, 국제 무역 관계에서 경제적으로 세계적인 중요성을 갖는다.

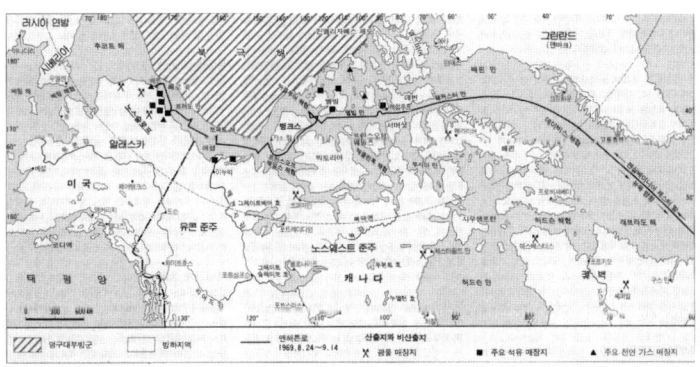

년대 후반부터 여름마다 공중 관측·전파탐지기·수중 음파탐지기의 힘을 빌려 러시아의 쇄빙선들이 얼음을 깨고 있으므로 이 항로로 배가 다닐 수 있다.

12 네덜란드인의 북서항로

북아메리카 대륙의 역사적인 해로. 이 항로는 대서양에서 캐나다 영토가 된 북극해 섬들을 거쳐 태평양으로 빠져나오는 길을 찾는 데 여러 세기 동안 애쓴 결과 얻게 되었다. 세계에서 가장 힘든 해양 도전의 하나였던 이 항로는 북극권에서 북쪽으로 800km 떨어져 있고, 북극에서 1,930km 정도 떨어져 있다. 캐나다의 북극해 섬들 사이로 이어지는 일련의 깊은 수로들로 이루어지며, 동서 길이는 1,450km로 배핀 섬 북쪽에서 알래스카 위의 보퍼트 해까지 뻗어 있다. 대서양에서 북서항로로 진입하려면, 높이가 최고 90m에 달하는 약 5만 개의 거대한 빙산이 그린란드와 배핀 섬 사이를 끊임없이 떠내려가는 바닷길을 헤치고 나가는 위험한 항해를 해야만 한다. 태평양으로 빠져나가는 쪽 역시 험난하다. 거의 1년 내내 알래스카 북쪽의 얕은 해안을 내리누르고 있는 빙모가 알래스카와 시베리아 사이의 베링 해협으로 거대한 얼음덩이를 내려 보내기 때문이다.

15세기 말부터 서양인들은 크리스토퍼 콜럼버스가 부딪혔던 장벽인 아메리카 대륙을 북쪽과 서쪽으로 도는 무역항로를 설정하려고 애썼다. 그것이 설정되면, 1497년에 영국의 왕 헨리 7세가 동양으로 가는 북서항로를 찾도록 존 캐벗을 파견한 이래로 사람들이 좀처럼 이루지 못한 목표가 실현되는 셈이었다. 그보다 5년 앞서 콜럼버스는 서쪽을 통해서 동방으로 가는 길을 찾아 출항했는데, 그것은 15세기 중엽 오스만투르크의 중동 지역 정복으로 인해 유럽에서 동방으로 가는 육로가 막혔기 때문이었다. 1498년에 바스코 다 가마가 아프리카 남쪽을 돌아 인도로 항해했고, 마젤란은 1521년에 남아메리카 남서쪽을 돌아 동인도제도로 항해했다. 네덜란드의 탐험가들은 러시아 북동쪽을 돌아가는 항로를 찾으려 했으나 실패했다. 그러나 북서항로는 자크 카르티에와 프랜시스 드레이크 경, 그리고 마틴 프로비셔 경과 제임스 쿡 선장을 포함해 세계적으로 이름난 많은 탐험가들의 마음을 사로잡았다. 그러나 모두 실패했고 많은 이들이 큰 변을 당했다. 험프리 길버트 경이 이 항로에 대해 쓴 책은 다른 많은 이들의 항해를 고무했으나, 1583년 길버트 자신도 항해 도중 익사했다. 1611년에 헨리 허드슨과 그의 어린 아들을 포함한 일곱 명은 반란을 일으킨 선원들에 의해 물에 던져졌다. (그 해 허드슨이 발견한 허드슨 만이 그가 찾던 항로가 아니라 얼음 덫임이 밝혀졌다.) 북극항로는 많은 탐험가들의 항해로 모은 정보들을 통해 몇백 년에 걸쳐 밝혀졌다. 이들 탐험가로는 존 데이비스 · 윌리엄 배핀 · 존 로스 경 · 윌리엄 패리 경 · 프레더릭 윌리엄 비치 · 조지 백 경을 들 수 있고, 헨리 켈시 · 새뮤얼 헌 · 알렉산더 매켄지 경의 내륙 탐험 등도 이 항로가 밝혀지는 데 한몫을 했다. 가장 처참한 비극은 1845년에 HMS에레버스 호(號)와 HMS테러 호에 타고 있던 존 프랭클린 경과 129명의 일행이 사라진 일이다. 실종자들을 찾기 위해 파견된 탐험가 가운데 하나인 로버트 매클루어는 서쪽에서 이 항로에 들어갔다가 얼음에 묶여 겨울을 두 번이나 지낸 뒤 썰매를 타고 내륙을 통해 다른 구조선으로 갔는데, 이 구조선은 1854년에 최초의 북서항로를 개척하기 위해 동쪽에서 온 배였다. 노르덴시욀드가 스웨덴-러시아 항해단을 이끌고 1878~1879년에 북동항로를 통과했는데, 지금은 소련의 북극 쇄빙선이 한정된 경우에만 이 길을 열어주고 있다. 북서항로의 바닷길은 1906년에 노르웨이의 탐험가 아문센에 의해 완전히 정복되었다. 아문센은 탐험을 막으려는 채권자들을 피해 몰래 항해했고, 47톤짜리 청어잡이 배를 개조한 외아 호를 타고 3년 동안의 힘겨운 항해를 마쳤다. 1944년 캐나다 기마경찰대의 헨리 A. 라센이 스쿠너(쌍돛대 이상의 범선)를 타고 처음으로 한 계절 안에 이 항로를 통과했다.

13 바렌츠(Willem Barents, 1550~1597)
유럽에서 아시아로 가는 북동항로를 조사한 인물로, 바렌츠 해는 그의 이름을 따서 명명된 것이다. 그는 넓은 지역을 항해하면서 항로를 정확하게 해도에 기입했으며, 중요한 기상학 자료들을 수집해 초기의 북극탐험가들 가운데 가장 중요한 인물로 알려져 있다. 1594, 1595년 두 차례 항해에서 바렌츠는 북부 유럽을 돌아서 러시아 북부의 노바야젬랴 군도 부근에 도착했다. 그리고 1596년의 세 번째 항해에서는 지금의 스발바르인 스피츠베르겐을 발견했다. 그러나 이 항해 도중 노바야젬랴 섬의 북부를 돌면서 배가 빙하에 막혀 겨울을 그곳에서 보내야만 했다. 그들 일행이 갑판 없는 작은 배로 그곳을 탈출한 뒤 1주일 만에 바렌츠는 죽었다. 그들 일행이 북극에서 겨울을 보낸 장소는 1871년에 확인되었으며, 그곳에서 가져온 많은 유품들은 헤이그에 보전되어 있다.

14 노바야젬랴(Novaya Zemlya)

러시아 연방 북서부에 있는 군도(群島). 북극해에 위치하며, 바렌츠 해와 카라 해 사이에 있다. 노바야젬랴(새로운 땅)는 남서에서 북동 방향으로 약 1,000km에 걸쳐 나란히 놓인 큰 섬들인 세베르니 섬(북섬)과 유주니 섬(남섬)을 비롯해 여러 개의 작은 섬으로 이루어져 있다. 두 개의 큰 섬은 폭이 2.4km 정도밖에 안 되는 마토치킨샤르라는 좁은 해협을 사이에 두고 있다. 가장 남쪽에 있는 쿠소바젬랴 섬과 내륙 및 바이가치 섬 사이에 카라 해협이 가로놓여 있다. 노바야젬랴는 우랄 산맥이 길게 뻗어 내린 지형으로 대부분 산악지대이지만, 유주니 섬의 남쪽 부분은 단순히 구릉이 진 정도이다. 가장 높은 산은 1,590m이며, 산지는 석회암·점판암이 섞여 있는 화성암과 퇴적암으로 이루어져 있다. 군도의 1/4, 특히 북쪽은 녹지 않는 얼음으로 덮여 있으며, 북섬의 대부분과 남섬 일부가 북극 사막지대에 속한다. 기후는 혹독하여 겨울에는 영하 16~22도, 여름에는 2.2~6.7도에 이르고, 안개가 자주 끼며 바람이 강하다. 얼음이 없는 지역의 식생은 대부분 습지가 많은 저지 툰드라에서 이루어지며 추위가 덜한 골짜기 지역에서는 낮은 관목들이 자란다. 레밍·북극여우·물개·바다코끼리가 살고 있으며 때때로 북극곰이 발견된다. 여름에는 온갖 종류의 새들이 날아온다. 노바야 젬랴는 중세 시대부터 알려져 있었으나 18~19세기에 이르러서야 본격적으로 탐험되기 시작했다.

15 허드슨(Henry Hudson, 1565~1611)

유럽과 아시아를 잇는 북극항로를 찾기 위해 영국(1607, 1608, 1610~1611)과 네덜란드(1609)의 탐험에 네 차례나 참가했다. 북아메리카의 허드슨 강·해협·만은 그의 이름을 따서 명명된 것이다.

16 혼 곶(Cape Horn)

칠레 남부 마가야네스 주 티에라델푸에고 제도 오르노스 섬의 가파른 바위 갑(岬).

17 태즈메이니아(Tasmania)

오스트레일리아 대륙 남동쪽에 있는 섬으로 이루어진 주. 토양은 북서부 지역을 제외하고는 대체로 비옥하지 않으며 습도가 높은 편이다.

태즈메이니아의 산악 지형.

18 호우트만 형제(Cornelis and Frederik de Houtman)
동인도제도를 항해한 네덜란드 최초의 무역탐험대를 이끈 형제. 동인도제도는 일찍이 포르투갈이 무역을 독점하고 있었다. 1592년 코르넬리스와 프레데리크는 아홉 명의 네덜란드 상인의 무역대표로 리스본에 파견되었다. 그들은 동인도제도 항해로가 그려진 비밀 지도를 훔치려 했다는 이유로 포르투갈 당국에 의해 투옥되었다. 석방된 뒤 암스테르담으로 돌아가 코르넬리스는 베레 사(社)의 상선 네 척을 지휘하게 되었다. 이 회사는 동인도제도와 무역을 하려던 아홉 명의 상인에 의해 세워진 회사였다. 1595년 4월 2일 두 형제는 일단의 배를 이끌고 출항한 뒤 네덜란드의 항해가 얀 호이헨 반 린스호헨드리크가 쓴 항해지침서의 도움을 받아 항해를 계속했다. 1596년 동인도제도에 도착한 후 코르넬리스는 자바·수마트라·발리(지금은 모두 인도네시아의 일부이다)의 지도자들과 무역을 시작했다. 1596년 이들 형제는 향신료를 싣고 암스테르담으로 돌아왔다. 1598~1599년의 제2차 탐험에서는 마다가스카르와 무역 관계를 맺었다. 1599년에 수마트라로 돌아온 뒤 코르넬리스는 아체흐 군주에 대항하는 전쟁에서 죽었다. 프레데리크는 술탄에 의해 투옥된 뒤 감옥에서 말레이어를 공부했다. 석방 후 1602년에 암스테르담으로 돌아와 1603년에 최초의 말레이어 사전을 집필했다. 그 후 1605~1611년에는 암보이나, 1621~1623년에는 몰루카 제도의 총독으로 일했다. 1619년에 그는 오스트레일리아 서해안의 사주(砂洲)인 호우트만스아브롤호스를 발견했다.

19 포르모사(Formosa)의 옛 이름.
타이완(Taiwan)의 옛 이름.

20 트롬프(Maarten Tromp, 1598~1653)
17세기 전반 네덜란드가 에스파냐 및 영국과 전쟁을 벌일 때 총독 휘하에서 해군의 최고 지휘관(1636)으로 활약했다. 다운스 해전에서 그가 에스파냐에 거둔 승리는 해상 강국인 에스파냐의 쇠퇴를 알리는 신호였다.

마르텐 트롬프는 아버지를 따라 아홉 살의 나이에 항해를 시작했다.

21 헤일(Pieter Geyl, 1887~1966)
네덜란드 레이덴대학에 입학한 후 역사학에 관심을 갖게 되었으며 대학 마지막 해(1911)에는 플랑드르 민족 운동에 관여했다. 1931년 박사 학위를 받은 뒤 네덜란드 일간지 《니웨 로테르담세 코란트 *Nieuwe Rotterdamse Courant*》의 런던 특파원으로 일했다. 1919년 런던대학의 네덜란드 역사 및 제도 분야의 교수가 되었고, 1935년에는 위트레흐트대학 역사학 교수가 되었다. 1940년 10월 나치스에게 체포되어 1941년까지 부헨발트에 있다가 다시 네덜란드로 옮겨져 억류되었다. 1944년 석방되었고, 1945년 네덜란드가 해방된 뒤 다시 교단에 섰다. 네덜란드에 관한 그의 저서들은 풍부한 정보를 제공할 뿐 아니라 예리한 분석과 비판을 담고 있어 학문적으로도 높이 평가받는다.

22 네덜란드 공화국을 양분시킨 논쟁에 연루된 그로티우스
1613년 그로티우스는 네덜란드 공화국을 양분시키는

정치적·종교적 논쟁에 깊이 연루되었다. 이것은 원래 레이덴대학의 교수인 야코부스 아르미니우스와 프란시스쿠스 호마루스 사이의 예정설에 관한 신학 논쟁이었는데, 마우리츠 왕자가 이끄는 네덜란드 국회의 정통 칼뱅주의 다수파와 홀란트 주의 논전으로 발전했다. 그로티우스는 항상 그리스도교인의 평화와 통합을 위해 애쓰는 부드럽고 온건한 사람으로, 올덴바르네벨트와 지방 교회들로부터 큰 영향을 받았다. 1618년 마우리츠 왕자는 그로티우스와 정치가 요한 반 올덴바르네벨트를 비롯한 반대파 지도자들을 체포하라고 명령했다. 결국 올덴바르네벨트는 대역죄로 처형되었고 그로티우스는 종신형을 받아 루베스테인 성에 유폐되었으나 아내와 아이들과 함께 지내는 것이 허용되었다. 1621년 3월 22일 그는 책상자에 숨어 루베스테인 성에서 탈출했다. 그는 안트베르펜을 거쳐 파리로 도망하여 루이 13세와 많은 정치가 및 학자들의 큰 환대를 받았다. 가족들과 함께 살 수 있도록 허락되었으나 문필에만 의지하여 불안한 생계를 꾸려가야만 했다. 루이는 그에게 연금을 주었지만 일정하지 않았으며 칼뱅주의자였으므로 교수직도 얻을 수 없었다. 그는 1625년 망명 생활을 하던 중《전쟁과 평화의 법》을 펴내 국제법의 기초를 다졌다.

그로티우스의 법률 대작인《전쟁과 평화의 법》은 근대 국제법의 기초를 다졌다.

23 호이겐스(Constantijn Huygens, 1596~1687)

네덜란드의 시인·외교관. 진정한 네덜란드 문예부흥의 마지막 거장으로 다재다능했으며, 외교·학문·음악·시·과학 등 여러 분야에서 눈부신 공헌을 했다.

네덜란드 공화국의 황금 시대 97

외교직에 있었던 까닭에 여러 차례 영국을 다녀왔는데, 그곳에서 던과 베이컨을 만나 큰 영향을 받았다. 던의 시 19편을 번역하는 한편 베이컨으로부터 《신학문》을 소개받고 이를 시의 주제로 네덜란드에 소개했다.

24 던(John Donne, 1572~1631)

1616년경에 그려진 던의 유화. 작자 미상.

영국의 시인. 대표적인 형이상학파 시인이며 런던 세인트 폴 성당의 참사원장(1612~1631)을 지내기도 했다. 사제 서품을 받기(1615) 전에 주로 쓴 세속적인 시뿐 아니라 종교적 운문과 논문들도 유명하며 그의 설교는 17세기 설교 중 가장 뛰어나다고 평가받는다. 김선향 편역, 《존 던의 거룩한 시편》(청동거울, 2001) 참조.

25 카츠(Jacob Cats, 1577~1660)

주로 우화와 교훈시를 썼으며, '아버지 카츠'라는 별명에서도 알 수 있듯이 네덜란드 국민의 사랑을 받는 작가이다. 오를레앙에서 법학 박사 학위를 받고 헤이그에서 변호사 개업을 했다. 옥스퍼드대학과 케임브리지대학을 다닌 후 젤란트에 정착하여 토지 개간으로 부를 축적했다. 치안판사가 된 다음 잇달아 미델부르흐와 도르트레흐트의 행정장관으로 재직했으며, 1636~1651년 네덜란드의 행정장관을 지냈다. 외교사절단의 일원으로 1627년에는 영국의 찰스 1세에게, 1651~1652년에는 성공을 거두지는 못했지만 크롬웰에게 갔다. 이런 배경 때문에 국제적인 시각을 갖게 되었고 많은 영국 청교도 작가에게 공감을 느꼈다. 17세기에는 목판화나 동판화에 도덕적인 내용의 시를 덧붙인 문학 형태가 유행했는데 카츠는 주로 그런 우화집에 시를 썼다. 그는 이 형식을 이용하여 초기 네덜란드 칼뱅주의자들의 주된 윤리적 관심사를 표현했고 특히 그들의 사랑과 결혼을 다루었다. 처음으로 우화문학과 사랑의 시를 결합하면서 능숙한 이야기꾼의 면모를 발휘하여 굉장한 인기를 얻었다. 그의 이야기의 원천은 주로 성서와 고전문학이었지만 때로는 보카치오나 세르반테스에게서도 소재를 구했다.

'아버지 카츠'라는 별명으로 불리는 네덜란드의 작가.

26 호프트(Pieter Cormeliszoon Hooft, 1581~1647)
네덜란드 문예부흥기의 가장 뛰어난 인물. 프랑스와 이탈리아에 3년 간 머무르며 새로운 학문과 예술에 매료되었고, 그의 산문 양식은 19세기에 이르기까지 문학계의 한 표본이 되었다. 《네덜란드 역사 *Nederlandse historien*》(20권, 1642~1654)에 실린 뛰어난 영웅 오라녜 공의 영웅담에는 네덜란드의 새로운 민주주의를 위해 싸운 평민들에 대한 작가의 애정이 반영되어 있다. 이 기념비적 저작의 모델은 타키투스였으며, 이 저술에 19년을 바쳐 1555~1585년의 기간을 연대순으로 기록했다. 1627년 재혼한 이후 그의 저택은 호이겐스와 렐을 포함한 명망 있고 교양 있는 친구들의 모임인 '모이데르크링'의 중심지가 되었다.

27 테르보르흐(Gerard Terborch, 1617~1681)
17세기 네덜란드의 부유한 중산 계급의 생활상을 우아하고 사실적으로 그려 독특한 양식의 실내 풍속화를 창조했다. 완벽한 실내 묘법은 베르메르를 예고하고 여성

테르보르흐의 그림 〈담장하는 여인〉.

의상의 질감 표현은 그대로 18세기 프랑스의 와토로 이어진다.

28 호흐(Pieter de Hooch, 1629~1684)

델프트파에 속하는 네덜란드의 풍속화가. 실내 장면 묘사와 빛을 이용한 음영법이 특징적이다. 호흐는 하를렘의 클라스 베르헴의 문하생이었다. 1653년부터 유스투스 데 그랑게에게 고용되어 델프트·헤이그·레이덴 등지에서 살았다. 1654~1657년까지 델프트 화가 길드의 회원으로 있었고, 그 후부터 암스테르담에서 기록이 확인된 1667년 무렵까지의 행적은 알려져 있지 않다. 그의 작품은 그 무렵 델프트에 살았던 베르메르와 유사한 화풍과 주제를 지니고 있다. 베르메르의 작품과 마찬가지로 그의 작품은 소품이면서도 완벽한 마무리와 뛰어난 구성력을 보여준다.

호흐의 그림 〈안뜰에서 담배 피우는 남자와 술 마시는 여자〉.

29 스텐(Jan Steen, 1626~1679)

스텐은 17세기를 대표하는 네덜란드 화가들 가운데 재치가 특히 돋보여 렘브란트와 할스에 버금가는 화가로 손꼽힌다. 그는 이따금 당대의 프랑스 희극작가 몰리에르와 비견되는데, 이 두 사람은 인생을 하나의 거대한 희극으로 다룬 점에서 닮았다. 〈안토니우스와 클레오파트라 Anthony and Cleopatra〉와 같이 성서적·고전적 주제를 다룬 회화 작품들 몇몇은 당대의 무대 연극에서 영감을 얻은 것으로 보인다. 그가 그린 수사학자들의 초상화들(브뤼셀 왕립미술관, 매사추세츠 우스터 미술관)은 아마추어 연극 배우들에 대한 그의 관심을 보여준다.

스텐의 작품 〈성 니콜라스 축제〉. 성 니콜라스의 날을 축하하는 가족의 모습을 그린 그림이다.

30 〈프란스 반닝 코크 대장의 민방위대 The Militia Company of Captain Frans Banning Cocq〉

1640~1642년에 제작된 이 그림은 민병대 머스킷 부대(쇠뇌 사수대, 궁수대와 함께)의 새로운 본부를 장식하기 위해 그린 여섯 점의 민방위대 단체 초상화 가운데 하나였다. 이 그림의 모델은 반닝 코크와 그의 부하 빌렘 반 로이헨드리크부르그(그림 전면에서 조명을 받으며 행진을 이끌고 있는 두 사람)가 이끄는 대원들로 대부분 암스테르담의 포목상 구역에 모여 사는 부자들이었다. 10년 전에 그린 단체 초상화 〈해부학 강의〉와 마찬가지로, 렘브란트의 민방위대 단체 초상화는 장면 전체를 하나의 역동적인 행위로 수렴하여 생기와 활력을 부여하고 있다는 점에서 다른 네덜란드 그림과는 다르

〈야경꾼〉이라는 제목으로 잘못 알려진 렘브란트의 그림 〈프란스 반닝 코크 대장의 민방위대〉.

다. 개선문 앞으로 나오고 있는 민방위대는 특별한 임무를 띠고 출발하는 것처럼 보여 16세기 말에 일어난 네덜란드 혁명의 영광된 날들을 상기시킨다. 민방위대의 활동은 과거에 성문을 지켰던 무장수비대와 이제 스스로 자기 도시의 독립과 특권을 지키는 암스테르담 시민을 비교하게 된다. 그래서 렘브란트는 그의 그림들 가운데 가장 큰 이 그림(원래 크기는 약 4.5m×5m였고, 왼쪽 가장자리가 꽤 많이 잘려 나갔지만 그래도 그의 그림 가운데 가장 크다)에서 역사와 초상화, 활동과 묘사를 결합시켰다.

31 베르메르(Jan Vermeer, 1632~1675)

17세기 네덜란드 미술의 대가 중 한 사람으로 실내 풍속화를 많이 그렸다. 그는 그림의 구도를 정확하게 파악할 줄 알았고 순수하고 개성적인 색채 감각을 갖고 있었다. 그러나 그의 작품에서 가장 두드러진 요소는 다양한 형태와 표면에 작용하는 햇빛의 부드러운 움직임을 매우 객관적으로 기록했다는 점이다. 대표작으로는 자화상인 〈회화의 우의 *Allegory of Painting*〉(1665?)가 있다. 베르메르는 전형적인 네덜란드 풍속화를 그렸지만 그만의 독특한 특징을 보여준다. 당시의 다른 네덜란드 화가들은 이탈리아와 프랑스, 플랑드르 미술에서 영향을 받았는데 베르메르는 이 모든 영향력에 저항했다. 예를 들어 할스는 이따금 에스파냐의 벨라스케스와 교류한 듯하고 렘브란트는 이탈리아의 바로크 화가인 구에르치노와 교류한 듯하나, 베르메르는 고립을 택했다. 그러나 현실에 대한 '설계도를 그리고' 그것을 철저히 분석하는 방식을 보면 전형적인 네덜란드인이다. 이는 늪지대와 바다를 정복한 네덜란드 수력공학자들이나 토성 둘레의 테를 발견한 천문학자 호이겐스의 엄밀한 방식을 연상시킨다.

32 버지널(virginal)
16~17세기에 쓰인 하프시코드 유의 건반 악기를 말한다.

베르메르가 1670년경에 그린 〈버지널 앞에 앉은 여인〉. 건반 위에 손을 올리고 화가를 바라보고 있는 여인의 모습을 담고 있다.

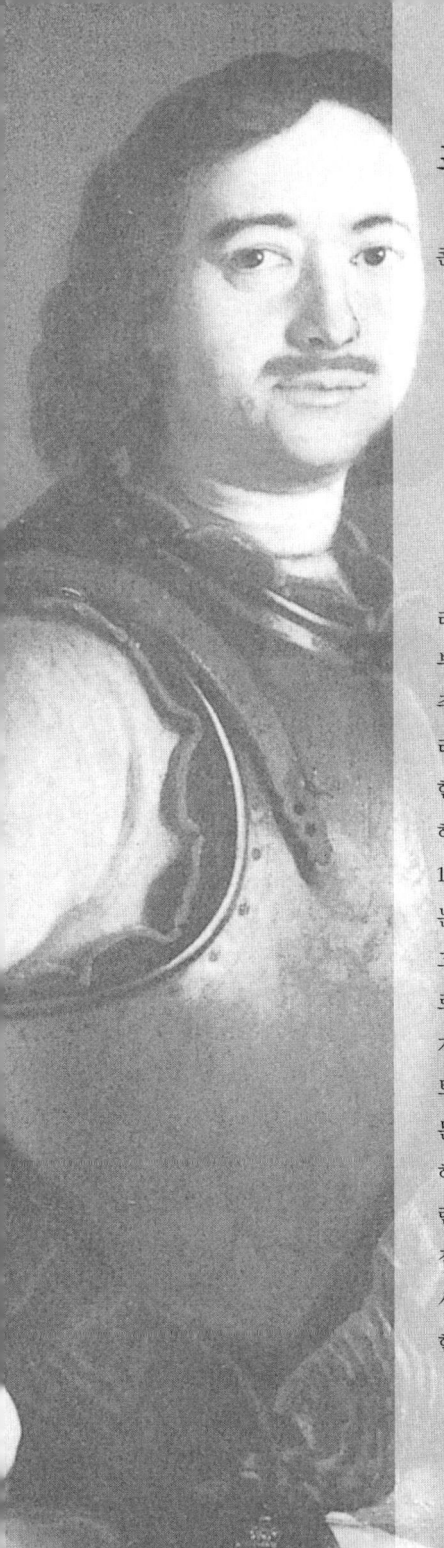

표트르 대제와 서유럽

콘스탄틴 데 그룬발트(Constantin de Grunwald)

러시아의 사회적·경제적 진보는 봉건 군주제에 대한 신흥 부르주아 계급의 압박을 통해서가 아니라 전적으로 전제군주들의 무자비한 강압에 의해 달성되었다. 표트르 대제는 그러한 지배자들 중 으뜸가는 인물이다. 이 글의 필자는 저명한 러시아사 연구자로서 표트르 대제의 서유럽 여행을 생생하게 묘사하고 있다.

19세기 '유럽의 헌병' 이자 독재의 화신이었던 니콜라이 1세는 표트르를 본받아 서유럽에 뒤지지 않는 러시아를 만들려고 했다. 그리고 19세기 말에는 또 다른 전제군주 알렉산드르 3세—그는 표트르나 니콜라이보다 지적으로 열등했다—가 러시아를 산업화의 길로 이끌었다.

토지를 소유한 귀족 계급은 개혁에 반대하고 러시아 제도와 문화의 독자성을 주장했으나 1917년 혁명 이후 사실상 소멸하고 말았다. 그 후 등장한 소련은 과학과 기술 면에서 커다란 업적을 성취했음에도 불구하고 서유럽의 문화와 그 지향점을 의심의 눈으로 바라보는 경향이 있었다. 20세기 냉전 시대에 소련이 야기했던 국제적 긴장 관계의 근저에는 이러한 불신이 깊숙이 잠재해 있었던 것이다.

러시아를 경멸하는 서유럽인

 서유럽 국가들에게 러시아는 언제나 골칫거리였다. 수백 년 동안 그들은 러시아를 아시아 국가로 간주했고, 기억 저편으로 사라지기를 바랐다. 그러나 러시아는 그리 쉽사리 잊혀지지 않았다. 서유럽인들에게는 거대하고 기괴하고 어두운, 그리고 미지의 공포로 가득한 러시아의 이미지가 늘 따라다녔다. 냉전이 시작되기 무려 4백 년 전인 16세기에, 레발[1]의 상인들은 뤼벡(Lübeck)을 비롯한 한자 동맹 도시에 모스크바에 기술자를 파견하지 말라고 충고했다. 그들은 러시아인들이 서유럽의 기술과 전법을 익히게 될 경우 리보니아[2]와 독일 전역에 미치게 될 '재앙'을 두려워했던 것이다.

 1571년 에스파냐 펠리페 2세의 부관 알바 공은 프랑크푸르트 국회에 보낸 메시지에서, 러시아에 총포류 등의 군사 장비 수출을 금지해야 한다고 역설했다. 20세기 냉전 시대에 행해진 것과 조금도 다를 바 없는 일이었다. 16세기의 폴란드 왕 지기스문트(Sigismund)

◁ 화려한 갑옷과 장식띠를 착용한 표트르가 선사 자트의 노습으로 포스를 취하고 있다. 네덜란드 화가가 그린 초상화이다.

는 더욱 단호했다. 영국의 엘리자베스 1세에게 쓴 편지에서 그는 '그리스도교 세계 공통의 절박한 이유 때문에' 모든 선박의 러시아 항해를 금지해야 한다고 제안했다. 17세기 스웨덴의 왕 구스타푸스 아돌푸스(Gustavus Adolphus)는 러시아인들을 '위험한 이웃'이라고 불렀다.

이렇듯 서유럽 기독교 문명권은 공공연히 러시아인들을 세계사의 무대에서 추방하는 것이 마땅하다고 주장했다. 프랑스 앙리 4세의 장관이었던 쉴리[3]는 그의 '그리스도교 세계의 국가' 구상에 15명의 군주를 포함시켰는데, '스키타이 군주'―그는 '차르'를 이렇게 불렀다 ―는 거부했다. 쉴리는 스키타이 군주의 '유럽 연방' 가입을 허용한다면 이로움보다 해악이 더 많을 것이라고 주장했다. 이 시기의 가장 중요한 외교조약인 베스트팔렌 조약은 실제적 근거도 없이 러시아를 '스웨덴의 동맹국 또는 속국(!)' 가운데 하나로, 전혀 고려할 가치가 없는 국가로 간주했으며 러시아 대공의 서열을 전체 유럽 군주들 중―트란실바니아 군주를 제외하고― 맨 마지막에 두었다. 윌리엄 펜[4]만이 이례적으로 세계 평화를 확보하기 위한 중재회의 기획안에서 90석 중 10석을 러시아에게 편견 없이 배당했을 뿐이다.

서유럽 지도자들이 러시아에 대해 경멸과 의혹을 표명한 가장 큰 원인은 러시아인들의 오만과 불관용, 그리고 편협성 때문이다. 철의 장막은 20세기의 발명품이 아니었다. 그것은 표트르 대제 즉위 이전부터 수백 년 동안 러시아를 바깥 세상으로부터 고립시키고 있었다. 차르에서 귀족과 하층 농민에 이르기까지 러시아인은 바깥 세상의 동향을 전혀 알지 못한 채, 자기 나라에 대해 터무니없는 우월감을 갖고 있었다. 모스크바 정부는 황제의 특별 재가 없이는 외국인의 입국을 허락하지 않았고, 자국 신민들의 외국 여행을 철저히 금지했다. 17세기 중반에도 정교 신앙을 갖지 않은 외국인들은 모스크바 교외의 '독일인 구역(German Quarter)'이라 불리는 곳에 따로 거주해야만 했다. 그곳은 이주자들을 위해 마련된 일종의 게토였지만, 매우 안락했고 번영을 누렸다.

아시아인의 지배

이 모든 상황은 엄청난 역사적 오해에서 비롯된 것이었다. 갖가지 반대 주장들이 있기는 하지만, 러시아는 적어도 그 초창기에는 유럽 세력의 하나로서 역사 무대에 등장했다. 순수한 아시아 문명과는 달리 러시아 문명은 전반적으로 그리스도교의 가르침에 기반을 두고 있었다. 키예프 대공국은 러시아 제국의 요람이었으며, 발트 해에서 흑해에 이르는 하천을 따라 남하한 노르만인과 슬라브인—모두 유럽인에 속한다—에 의해 건립되었다. 러시아의 살길은 그 통로뿐이었다. 이 통로 주변에는 거대한 공국들의 군집이 형성되었고, 이 공국들은 류리크 가문[5]의 지배 아래 통합되었다. 류리크는 강력한 가문으로서 딸들을 프랑스·헝가리·노르웨이의 왕들과 독일 황제에게 출가시키는가 하면, 비잔티움 황제 및 영국 왕과 가문동맹을 맺기도 했다. 스텝 지대의 유목 민족들에 맞서 그리스도교 문명권의 보루 역할을 했던 키예프 공국은, 10세기와 11세기에 서유럽 문명 중심권과 활발한 교역을 유지한 '유럽 대륙의 가장 활동적이고 문명화된 중심지'였다.

13세기 초 몽고의 침입은 이러한 장밋빛 전망에 종지부를 찍게 했다. 2백 년 동안 러시아인들은 아시아인의 지배를 받았다. 키예프와 드네프르 강의 세방이 붕괴된 후 러시아 인구의 대부분은 북쪽과 동쪽 지역으로 흩어졌다. 그 지역은 숲이 우거져 적의 침입이 용이하지 않았던 것이다. 류리크 왕조의 생존자인 대공들도 수도를 그곳으로 옮겼다. 바로 그곳 모스크바 일대—1147년에 최초로 사람이 거주한 것으로 알려져 있다—에서 대러시아 민족은 혹독한 기후에 맞서 투쟁하는 가운데 발전을 이룩했다.

아시아인이 지배하던 이 기간 동안 러시아 문명과 서유럽 문명 사이에는 간격이 벌어졌다. 다른 그리스도교 국가들과의 직접적이고 지속적인 교류가 중단되었기 때문이다. 마침내 길고도 고통스러운 시기가 끝난 17세기에 이르러 러시아는 바다로 향하는 통로와 게르만-라틴 세계로의 접근 경로를 완전히 상실하게 되었다. 17세기 러시아는 어떤 의미에서 '아시아로 추방'된 상태였던 셈이다.

이 시기의 러시아는 오늘날의 표현대로 하면 '저개발국가'였다. 신앙심은 깊되 무지몽매한, 1천만 명에 달하는 농민들은 지상에서의 신의 대변자요 참다운 신앙의 수호자이자 비잔티움 황제의 후계자를 자처하는 전제군주의 지배를 받고 있었다. 로마노프 왕가의 초기 지배자들(1613년에 권력을 장악했다)은 크렘린에 틀어박힌 채 신성한 경내에서 거의 수도사와 같은 생활을 했다. 그들은 매일 새벽 4시에 일어나 아내와 얼굴을 마주칠 사이도 없이 먼저 예배에 참석했다. 매일 아침 미사에 참석했고 저녁이면 만과(晩課)에 참석했다. 사순절 기간에는 대여섯 시간씩이나 계속되는 예배 의식에 참석했고, 이때 그들은 1천 번 이상의 궤배(跪拜)—무릎 꿇고 하는 절—를 올렸다. 그러나 그들은 모스크바 거리에는 모습을 잘 드러내지 않았다. 그들은 거리에 나설 때면 브로케이드(brocade)—아름다운 무늬를 넣어 짠 직물—를 걸쳤다. 그들이 지나가면 사람들은 길바닥에 몸을 던졌다. 국가 운영 면에서 그들은 광신적인 성직자들과 나태하고 탐욕적인 귀족들에게서 미미한 도움만을 얻었다. 그들은 때로 유럽 각국에서 특별한 임무를 띠고 온 대사들을 엄숙한 공개석상에서 맞이하기도 했다. 그러나 이런 예외적인 경우를 제외하면, 대부분의 신민들이 그러했듯이 그들에게 있어서도 서유럽은 철저히 닫힌 세계일 뿐이었다.

그럼에도 불구하고 국가 방위의 필요성과 그보다 더욱 긴요한 상업적 필요성 때문에, 그들은 두려움과 경멸의 대상인 서유럽과의 긴밀한 관계 회복을 불가피한 일로 여겼다. 그 무렵 러시아 엘리트 집단은 바다 확보에 강하게 집착하기 시작했다. 그전까지만 해도 그들은 오직 스텝 지대, 그리고 저개발 지역에 대한 식민에만 집착하고 있었던 것이다.

우리는 막연히 표트르 대제의 추진력이 없었더라도 러시아가 고립에서 벗어날 수 있지 않았겠는가 하고 생각할 수 있다. 그러나 고립을 벗어나려는 움직임에 필수불가결한 추진력을 제공한 것이 바로 이 개혁적인 차르였다. 그의 강인한 활력은 러시아인을 흔들어 나태의 늪에서 깨어나도록 했으며, 그 후 나타난 러시아 제국의 모든 발전 과정에 깊은 흔적을 남겨놓았다.

표트르 대제의 성장 과정

분명 그는 평범한 인물이 아니었다. 체구가 거대했으며(키가 2m에 달했다), 말굽에 박는 쇠 편자를 맨손으로 부러뜨릴 정도로 힘이 셌다. 지독한 끈기와 인내심을 지녔고 안락함을 경멸했으며 쾌락과 격정을 즐기는, 뼛속까지 러시아인이었던 표트르는 러시아 인민의 성격을 고스란히 투영하는 인물이었다. 만일 이런 이유로 그를 '야만인'이라고 규정한다면 그보다 더 큰 오류는 없을 것이다. 물론 그에게는 잔인한 일면이 있었다. 그리고 분명 그의 거친 유머 감각은 병영이나 떠들썩한 동네 술잔치에나 어울렸다. 그러나 우리가 결코 잊어서는 안 될 것은, 그가 동시대 인물 중에서 가장 방대한 지식과 깊은 신념을 지녔다는 사실이다.

표트르는 1672년 모스크바 출생으로 부친 알렉세이(Aleksey)와 그의 두 번째 부인 나타리아 키릴로브나 나리슈키나[6] 사이에서 태어났다. 표트르는 그의 이복형제들과는 달리 건강하고 활동적이며 호기심 많은 아이였다. 그는 왕가의 내분·가문 간의 대립·민중 폭동 등을 겪으며 파란만장한 소년 시절을 보냈다. 신앙심은 깊지만 게으른 차르 알렉세이는 첫 번째 결혼에서 장래성 없는 두 아들—병약한 표도르[7]와 부분 시각장애자이자 정신박약아인 이반[8]—을 얻었다. 1676년 알렉세이가 죽자 표도르가 제위를 이어받았다. 그러나 표도르가 제위에 머문 기간은 6년뿐이었고, 그가 죽자 무능한 이반과 열 살의 건강한 소년 표트르가 러시아의 공동 황제로 선포되었다. 이반은 건강이 좋지 않았고 표트르는 어렸기 때문에 맏누이 소피아(Sophia, 1657~1704)가 섭정을 했다. 소피아는 이지적이고 야심찬 여장부로 아시리아 여왕 삼무 라마트[9]와 영국의 엘리자베스 1세에 비견되는 여걸이었고, 실제로 그녀 스스로도 비잔티움의 여황제 풀케리아[10]를 본받고자 했지만 정작 국내 질서조차도 원만히 유지할 수 없었다.

뒷전에 물러나 있던 소년기의 표트르는 권력투쟁의 유혈극을 직접 목격했고, 이 때문에 크렘린의 분위기와 옛 러시아의 전통적 습속에 대해 두려움을 느끼게 되었다. 그는 모스크바 근처의 한 마을에서 어머니 손에 양육되었다. 그가 자란 곳은 적절한 교육을 받기에는 부족한 곳이었지만, 그러한 약점은 인근의 '독일인 구역'에 살던 가난한 외국인 기술공들과의 지속적인 접촉을 통해 보완되었다. 표트르가 두 문명 사이의 접경지대에서 성장한 것은 운명이었다. 그는 언제나 군대 놀이를 즐겨했다. 그가 어린 시절 갖고 놀던 장난감인 권총·기병총·활과 화살·북·대포 등은 지금도 남아 있다. 처음에는 지방 유지의 아들·마부 소년·거리의 부랑아 등 온갖 부류의 친구들을 불러 모아 훈련을 시켰고 그들과 더불어 무기 다루는 법을 익혔다. 그 후 이 친구들 이외에 다른 소년들도 표트르의 '군대'에 합류했으며 그들의 전쟁 놀이는 점차 규모가 커졌다. 그들은 배를 이용해 소규모 요새—표트르가 집 근처의 작은 섬에 축조한 요새

—에 대한 일제 공격을 시도하기도 했다. 이렇게 여러 해가 지나자 그는 수백 명의 잘 훈련된 병력으로 이루어진 두 개의 대부대를 거느리게 되었다. 이 최초의 병력을 모체로 표트르는 1689년 쿠데타를 일으켰다. 이 쿠데타를 통해 그는 이복누이 소피아의 거추장스러운 후견을 떨쳐버린 후, 그녀의 위험한 음모 획책을 종식시키고 실권을 장악했다.

표트르의 서유럽 탐방

그는 이제 누구의 제재도 받지 않게 되었다. 그가 첫 번째 취한 행동은 궁정을 탈출해 거리로 가는 것이었다. 수도사와 정신(廷臣)들, 거룩하고 엄숙한 분위기로 가득한 크렘린을 떠나 도시와 시골의 맑은 공기를 찾았고 '독일인 구역'을 부지런히 방문했다. 그 무렵 그곳에는 독일인이 거의 없었지만, 최초 거주자들의 국적이 독일이었기에 그 이름은 계속 남아 있었다. 17세기 중반 이후 모든 프로테스탄트 신도와 가톨릭 교도들은 그곳에 모여 살아야만 했다. 그들은 이곳을 청결하고 안락한 지역으로 만들어 모스크바 원주민들의 시샘의 대상이 되었다. 이곳에는 쾌적한 벽돌 주택, 꽃밭, 말끔히 단장한 가로수, 분수가 솟구치는 광장 등이 자리 잡았다. 그리고 거주하는 외국인들의 오락과 여흥은 자연히 서유럽적인 취향으로 흘렀고 러시아적 생활 양식과는 커다란 차이를 보였다. 일상적인 정부 업무를 마친 후 표트르는 언제나 그곳에 머물렀다. 그는 이 외국인 구역의 유지들과 친교를 맺었고, 그들의 축제와 잔치에 참가했다. 표트르는 그들과 사귀면서 네덜란드인에 대한 견문을 크게 넓혔다. 전 세계를 여행하면서 치열하게 살아온 이 네덜란드 '모험가들'과의 대화는 지속적인 자극제가 되어 그의 인식의 지평을 날마다 넓혀주었다.

두 명의 주목할 만한 인물이 군사 업무와 서유럽의 생활 방식을 가르치는 교사가 되었다. 스코틀랜드 귀족 가문 출신의 나이 많은 군사전문가 고든[11]과 주네브 출신의 젊은 용병 프랑수아 레포르(François Lefort, 1656~1699)가 그들이었다. 표트르는 그들의 자문을 받아들여 누이 소피아의 체제 전복에 결정적 역할을 했던 자신의 친위부대를 대대적으로 확대 개편하는 작업에 돌입했다. 두 사람의 영향 아래 그는 바다를 향한 통로를 얻고자 했던 러시아의 옛 꿈을 부활시켰다. 1695년 표트르는 투르크와의 전쟁에 뛰어들었고 돈 강[12] 하구의 도시 아조프[13]를 함락했다. 그러나 승리의 그 순간에도 표트르는 러시아 해군이 흑해를 지배할 여력이 없다는 것을 알고 있었다. 그는 '대사절단(Grand Embassy)'을 서유럽 각국에 파견하여, 전쟁 지속이나 유리한 강화 체결에 필요한 지원을 확보하는 한편 나아가 젊은 귀족들에게 유럽 과학을 습득토록 함으로써 전문가 집단을 형성하고자 했다.

표트르는 신분을 숨긴 채 이 사절단의 일원으로 동행함으로써 모든 사람들을 놀라게 했다. 비단 모스크바뿐만 아니라 전 세계가 이 '대사절단'의 활동에 지대한 흥미와 호기심을 나타냈다. 19세기 영국 역사가 머콜리(Thomas Babington Macaulay, 1800~1859)는 이렇게 말한다.

"그때까지만 해도 서유럽의 세련된 국가들은 마치 오늘날 우리가 부하라(우즈베키스탄 부하라 주의 주도)나 시암(오늘날의 타이)을 바라보듯이 표트르가 통치하는 러시아를 바라보았다. (…) 정치적 견지에서 판단할 때, 러시아의 끝없이 펼쳐진 낙엽송 숲과 소택지는 (…) 회계 사무소·창고·수많은 돛대 등으로 빼곡하게 들어찬 암스테르담의 2~3평방마일보다도 더 가치가 없었다. (…) 그러므로 우리의 선조들은, 스웨덴 국경에서 중국에 이르는 광대한 영토를 지배하는 한 젊은 야만인 전제군주가 (…) 자국 크기의 100분의 1보다도 작은 나라들이 누리는 엄청난 번영과 힘의 비밀을 직접 자기 눈으로 관찰하고자 개인 자격으로 여행을 결심했다는 것을 알고 놀라움을 금할 수 없었다."

18개월 동안 러시아의 지배자 차르는 실습생들 틈에 섞여 발트 해 국가들·독일의 각 나라들·홀란트·영국 등지를 여행했다. 그는 '표트르 미하일로프(Pyotr Mikhailov)'라는 가명으로 신분을 숨기려 했지만 그다지 성공적이지는 못했다. 이 사절단은 공식적으로는 프랑수아 레포르가 우두머리였고, 두 명의 러시아 고관이 보좌를 맡았다. 그러나 다른 사람들보다 머리 하나만큼이나 키가 큰데다, 인심 좋게 선물을 뿌리고, 들르는 궁정마다 융숭한 대접을 받는 젊은 군주에게 모든 사람들의 눈길이 쏠린 것은 당연한 일이었다.

쾨니히스베르크(Königsberg)에서 그는 즉각 브란덴부르크 선제후를 만났다. 그런 다음 코펜브뤼게(Koppenbrügge)에서는 하노버 가의 왕녀를 만났다. 홀란트에서는 오라녜 공 빌렘을 만나 처음으로 면담을 가졌는데, 표트르는 나중에 런던에서 그를 다시 만나게 되었다. 빈에서는 오스트리아 황제 레오폴트(Leopold)와 긴밀한 관계를 맺었다. 러시아로 돌아가던 도중 라와 루스카(Rawa Ruska)에서는 얼마 전 폴란드 왕으로 선출된 작센의 아우구스투스(Augustus)와 교제를 나누었다.

당대의 몇몇 작가들은 악의적인 것이든 잘못 오해한 것이든, 표트르가 이들의 궁정에서 행한 일들에 대해 섬뜩한 이야기를 전해준다. 1703년 파리에서 출간된 어느 책자에 의하면, 표트르는 브란덴부르크 궁에 털북숭이 동물 가죽을 걸치고 나타나 파티 주인의 딸을 겁탈하려 했다고 한다. 그러나 목격자들이 전하는 바에 따르면 그는 서유럽의 예법에 익숙하지 않고 거칠었지만, 방문 지역의 풍습을 기꺼이 따르려 하는 등 매사에 배우는 데 열심이었고, 재능 또한 비상했다고 한다.

선박 건조 기술을 배우다

언뜻 보기에 이런 모든 만남들은 대단한 성과를 거두지 못한 것으로 보일지 모른다. 순수한 외교적인 측면에서 대사절단의 노력은 완전한 실패로 끝났다. 유럽의 어떤 정부도 투르크에 대한 러시아의 십자군 원정 계획을 지원하려 하지 않았던 것이다. 그러나 표트르의 직접적인 관심사는 전혀 다른 방향에 있었다. 그것은 바로 기술 습득이었다. 그의 주된 여행 목적은 해군 건설, 강력한 포병 조직, 선장·선원·기관사 등 엄선된 전문가들의 러시아 초빙, 러시아 군대의 최신식 훈련 등의 기반을 마련하는 것이었다. 그는 동행한 청년 귀족들의 교육을 감독했으며, 그들이 국가에 봉사하고자 하는 야심을 품도록 고무했다. 전기작가들은 한결같이 표트르가 이 여행에서 정치적 기법 말고도 14가지나 되는 기술을 익혔다고 지적한다. 상황에 따라 그는 기술자·포병·발명가·목수·선원·병기공·고수(鼓手)·대장장이·소목(小木)장이·치과의사 등 다양한 역할을 수행했던 것이다.

4개월 이상 머물렀던 암스테르담에서 차르는 선박 건조에 대한 지식을 늘리는 데 전념했다. 그는 물론 박물관·도서관·해부실 등의 방문도 소홀히 하지 않았지만, 상당 시간을 동인도회사의 조선소에서 지냈다. 그가 그곳을 떠난 것은, 선박 건조 기술은 단순한 어림짐작으로 배울 수 있는 것이 아니라 고도의 교육을 필요로 한다는 것을 알고 난 다음이었다.

그가 마침내 선박 건조술 수련 과정을 완전히 마친 것은 뎃퍼드 조선소와 울리치 해군기지에서였다. 그는 후에 이렇게 말했다. "만일 이곳에 오지 않았더라면 나는 평범한 목수에 지나지 않았을 것이다." 그는 또 항해술을 완벽하게 익혀 노를 젓고 돛배를 조종했다. 스핏헤드(Spithead)에서 기동 연습에 참가했을 때는, 폭풍우가 몰아치자 영국 선원들에게, "귀관들은 물에 빠진 차르 이야기를 들어본 적이 있나?" 하고 말을 건네며 용기를 불어넣기도 했다. 그 후 이 시기를 회고하면서 그는 정신들에게 이렇게 말하곤 했다. "영국 해군제독의 삶은 러시아 차르의 생애보다 훨씬 더 행복하다네."

바다에 가지 않는 날이면 그는 런던탑에 소장된 각종 무기들을 돌아보고, 조폐국과 왕립 그리니치 천문대를 방문했다. 가면무도회·극장·곰싸움·닭싸움을 구경했고, 여배우에게 구애를 하기도 했다. 또 우연찮게 자신의 사절단이 숙소로 사용하던 우아한 저택을 부수기도 했다. 그는 고전 양식의 우아한 창문을 통해 영국 의회가 엄숙하게 개회하는 광경을 들여다볼 기회도 가졌다. (그는 이 상황을 재치 있게 묘사했다. "나는 오늘 세상에서 가장 특이한 광경을 보았지. 한 명의 군주는 왕좌에, 다른 한 명의 군주는 지붕에 있는 광경을.")

규율 없고 불온했던 스트렐치[14]가 반란을 일으키자 표트르의 대사절단은 순방을 중단하고 모스크바로 급히 귀국했다. 러시아에 귀환한 표트르는 과거 어떤 러시아인도 갖지 못했던 지적·기술적 수단을 보유하고 있었다. 그는 자신의 우월한 지위를 이용해 방대한 군수산업을 일으키고 개혁 작업을 이끌었다. 표트르는 목숨이 다할 때까지 25년 동안이나 이 사업을 밀고 나아갔다.

표트르의 서유럽화 정책

선견지명 있는 정치이론가들은 표트르가 제위에 오르기 오래전부터 러시아가 근대적 장비 없이 흑해 접근로를 계속 탐낼 경우, 영원히 스텝 지대에 묶여 꼼짝 못할 것이며 공격 방향을 폴란드로 돌린다면 국력을 헛되이 소진하고 말 것이라고 전망했다. 그들은 아조프로 가는 통로와 마찬가지로 바르샤바로 가는 통로 역시 러시아에 아무런 실익을 가져다주지 못할 것이라고 주장했다. 오직 발트 해 연안 정복만이 러시아에게 서유럽으로 나아가는 길을 열어줄 수 있다는 것이었다. 그리하여 1700년 8월 8일 표트르 대제는 마침내 역사적 결단을 내리고 스웨덴에 선전포고를 한다.[15]

그는 폴란드와 덴마크의 협력을 얻어냈지만, 스웨덴과 대립했던 이들 두 나라와의 동맹은 신뢰할 수도 없고 효과적이지도 못한 것으로 판명되었다. 표트르는 나르바[16]에서 스웨덴의 영웅적인 군주 카를 12세(Karl XII)에게 참패했다. 그러나 이 패배에 좌절하지 않고 새로운 군대를 모집하여 무장시켰다. 그는 우수한 포병을 창설하기 위해 막대한 노력을 기울였다. 프리깃함[17] 건조 작업에 직접 참여했고, 그 결과 표트르는 발트 해를 제패할 수 있었다. 그런 다음 잘 훈련된 그의 군대는 네바(Neva) 강 하구를 장악하고, 그토록 갈망하던 해안 지방을 점령했다. 1709년 6월 27일 폴타바 전투[18]에서 그는 대적(大敵) 카를 12세를 패주시켰다.

이 화려한 성공을 이루기 위해 표트르는 러시아의 전체 구조를 완전히 바꿔야 했다. 어떤 의미에서 그것은 철저한 '유럽화' 또는 '서유럽화'였다. 표트르는 전쟁에 나서기에 앞서 러시아인들—좀 더 정확히 말하면 측근 인사들—의 외모를 변화시키는 일에 착수했다. 서유럽을 여행하면서 그는 러시아인의 긴 가운과 길게 기른 수염이 외부 사람들에게 얼마나 우스꽝스럽게 보이는지를 깨달았다. 외유에서 돌아온 다음날 표트르는 큼직한 가위를 들고 인사 온 귀족들을 맞이했다. 그리고 그들 중 가장 신분 높은 자들부터 수염을 싹둑 잘라버렸다. 며칠 후 열린 연회에서는 차르의 어릿광대(그는 작가 투르게네프의 선조였다)가 식탁을 돌며 아직 새로운 스타일을 받아들이지 않고 있는 손님들을 모조리 가려내어 수염을 잘라버렸다. 사흘이 지나자 궁정에서 수염 기른 사람을 찾아볼 수 없게 되었다. 그 다음은 옷이었다. 몇 달 후 표트르는 가위를 들고 시종들의 기다란 소맷자락을 잘라냈다. 그는 "소맷자락은 수프에 빠지고 유리창을 깨뜨리는 등 온갖 사고를 일으킨다"고 소맷자락을 자르는 이유를 설명했다.

유럽을 향한 창문 상트페테르부르크

물론 좀 더 진지한 개혁 부문에서는 저항이 만만치 않았다. 표트르는 모든 장애물을 전통·반문명·고루함 등으로 몰아가며 극복하고자 했다. 그는 적정 숫자의 전문가가 포함된 정규 상비군을 확보하기 위해 징병제를 수립했다. 해군함대에 대해서도 마찬가지 조치를 취했다. 또한 차르의 권위로 저항하는 교회를 복종시켜, 대주교의 막강한 권능을 제한된 권한을 갖는 교회 기구인 성의회(Holy Synod)로 대치했다. 표트르는 세습 귀족을 없애고 '봉사 귀족'을 만들어 자격을 가진 모든 장교와 관리들에게 귀족이 될 수 있는 길을 열어주었다.

낡은 습속과 관행을 일거에 종식시키기 위해 그는 모스크바와 크렘린을 떠나 스웨덴에게 최근 빼앗은 네바 강 하구의 버려진 습지로 거처를 옮겼다. 그는 이곳에 상트페테르부르크[19]—그의 표현에 따르면 이 도시는 '유럽을 향한 창문'이다—라는 새로운 수도를 건설했다. 이 도시는 1914년 페트로그라드로 개칭되었다가 1924년 레닌이 죽자 그의 이름을 기념하여 레닌그라드로 명명되었다. 그리고 그 후 1991년 11월 7일 사회주의 개혁의 와중에 시민들의 요구에 따라 본래 이름인 상트페테르부르크를 되찾았다.

표트르는 직접 도시 건설을 위한 준비 작업에 나섰다. 그는 푹푹 빠지는 진흙탕을 걸어 다녔고 칙령을 반포했다. 차르가 친히 요새

성벽을 설계하는가 하면, 러시아 전역의 수많은 농민들을 장래가 불투명한 이곳으로 끌어 모아 작업을 하도록 명령했다. 작업 현장에서는 곡괭이와 삽 같은 기본적인 장비를 갖춘 사람마저 거의 찾아볼 수 없었다. 외바퀴 손수레는 아직 러시아에 알려져 있지 않았다. 가련한 농민들은 코트 자락이나 넝마로 자루를 만들어 흙을 실어 날랐다. 수천 명이 목숨을 잃었다. 그러나 수천 명이 일자리를 얻었다. 늪지대에는 궁전과 교회들이 솟아올랐고, 공사 시작 10년 만에 외국인 방문객들은 이 도시를 '세계의 경이'라고 불렀다.

서유럽과의 지속적인 교류—그것이 이 모든 노력의 목적이었다—는 쉽사리 얻을 수 없었다. 차르는 그 무렵 유럽 각국의 초미의 관심사였던 에스파냐 문제에는 관심을 기울이지 않은 채, 전혀 '쓸모없는' 전쟁으로 여기던 '무적' 스웨덴 국왕과의 지루한 전쟁에만 몰두했고, 유럽 각국은 그러한 차르를 여러 해 동안 불쾌하게 여기며 냉담하게 대했다. 베르사유·빈·헤이그 등지에서 러시아의 평판은 형편없는 것이었다. 떠오르는 별, 위대한 러시아에 전 유럽이 주목하게 된 것은 폴타바 전투의 승리 이후였다. 그 후로도 이 위대한 러시아는 한참 동안 잊혀졌다가 다시 '발견'되곤 했다.

중부 유럽의 변경지대인 독일 영토로 진입하며 전쟁을 수행하던 러시아인들은 엘베 강까지 활동 범위를 확대했다. 그들은 20세기 후반 동독 주둔 소련군이 그랬듯이, 피정복민들을 압박하면서 그곳에 주둔했다. 그들은 메클렌부르크[20]를 점령하고, 노르웨이에서 프리데릭슈타트(Friederickstadt) 요새를 차지했으며, 단치히(Danzig)를 점령하고 함부르크 인근의 알토나[21]까지 진군했다. 폴타바 전투 이후 프랑스 정부는 러시아와 화해 의사를 천명했고, 스웨덴과 러시아의 국교 정상화에 중재자로 나섰다. 표트르는 즉각 파리로 떠나 프랑스 섭정과 교분을 나누었다.

차르의 두 번째 서유럽 세계 방문은 첫 번째 순방만큼이나 많은

표트르 대제가 새로운 수도 상트페테르부르크 설계도를 검토하고 있는 모습을 그린 그 당시 판화이다. 차르는 이 프로젝트를 직접 감독했다.

결실을 수반했다. 그는 각료에게 지시를 내려 1717년에 프랑스·프로이센과 암스테르담 협정을 체결하도록 했다. 표트르는 교체 가능한 동맹 체제를 출발시켰고, 그것은 향후 그의 후계자들에 의해 대대적으로 계승되었다. 표트르는 파리 민중의 찬탄의 대상이 됨으로써, 소년 왕 루이 15세에게 호의를 표시함으로써, 그리고 맹트농 부인(Madame de Maintenon, 1635~1719)—루이 14세의 두 번째 부인—을 방문함으로써 전 세계적인 명성을 얻을 기반을 닦았다.

러시아 내에서는 자신의 친아들이자 후계자인 알렉세이[22]에 대한 혹독한 처우 때문에 명성이 많이 손상되었다. 아버지와 아들 사이임에도 불구하고, 두 사람은 성격이 극도로 대조적이었다. 바야흐로 표트르는 새로운 러시아를 건설하는 중이었다. 하지만 알렉세이는 방탕에 빠지지만 않았더라면 매우 훌륭한 사제가 되었음직한 인물로, 옛 러시아인들이 으레 그랬듯이 변화를 극도로 혐오했고 정적주의를 선호했다. 그는 스스로 반란을 주도할 위인은 되지 못했지만, 본인의 의도와 전혀 상관없이 모든 불평분자들의 세력을 결집하는 상징적 인물이 되었다. 둘 사이의 갈등은 1718년 절정에 이르렀다. 표트르는 알렉세이를 투옥한 다음 특별 법정에서 그를 재판했다. 그는 자신의 눈앞에서 아들을 고문했다. 이 모든 과정은 공식 보고서에 고스란히 기록되었는데, 그 결말은 다음과 같다. "(팔다리를 잡아 늘리는) 고문대 사용은 11시에 시작되었다. (…) 같은 날 오후 6시에 알렉세이는 숨을 거두었다." 표트르는 자식을 살해하는 일을 직접 주관했다. 그것은 그의 몇 안 되는—그러나 영원한—실패 중 하나였다.

세월이 흐르면서 표트르는 많은 승리를 거두었다. 1714년 한고우데(Hangö-Udde) 해전 이후 스웨덴 함대의 굴복과 핀란드 정복, 그리고 스웨덴 남부 스코네[23]에 대한 두 차례의 침입은, 마침내 1721년 8월 30일 뉘스타트 조약(Treaty of Nystadt)으로 귀결되었다. 이로써 러시아는 에스토니아(Estonia), 리보니아, 잉그리아(Ingria), 카렐리아(Karelia), 그리고 핀란드 일부 지역—비보르[24] 요새도 포함—에 대한 완전한 영유권을 갖게 되었다.

표트르의 승리는 완벽했다. 그는 그토록 탐내던 발트 해 연안을 정복했다. 폴란드에 일종의 보호국을 수립했고, 발트 해 서안에 일련의 공국들—쿠를란트(Courland)와 메클렌부르크에 뒤이어 홀슈타인(Holstein)도 합류—을 수립했다. 1721년 10월 22일 상트페테르부르크 성에서 그는 '전 러시아의 황제'로 선포되었고, 원로원은 그에게 '대제'의 칭호를 부여했다.

두 개의 러시아

러시아는 마치 미끄러져 나아가는 전함처럼 유럽으로 진입했다. 망치 소리와 총성이 울려 퍼졌다. 그때 이후 유럽 대륙에서 러시아 없이 진행된 일은 아무것도 없었다. 자수·가발·실크 스타킹·예장용 대검 등으로 한껏 호화롭게 치장한 러시아 사절들은 이제 더이상 예전의 모습—일반인의 웃음거리에 불과했던—이 아니었다. 그들은 유럽의 위풍당당한 귀족들과 대등한 자격으로 누가 더 기품이 있는지를 경쟁하며 각종 회의와 회합에 참석했다.

군대는 외교관들의 발자취를 따라오게 마련이다. 표트르가 죽은 지 10년 후 2만 명의 러시아 병사들이 독일 황제의 동맹자로서 라인 강의 한 지류를 처음으로 점령했다. 베르사유에서는 '전 독일이 야만족 대군에게 유린당할 것'이라는 걱정과 두려움이 표명되었다. 표트르의 딸인 엘리자베타 페트로브나[25] 치세에 러시아는 7년전쟁(1756~1763)에 참전, 1760년 베를린을 점령했고 동프로이센을 폴란드에 양도할 것을 제안했다. (그렇게 함으로써 러시아는 잊을 수 없는 선례를 만들었다.) 19세기를 지내면서 연전연승의 러시아 군대는 파리의 샹젤리제에, 나폴리와 콘스탄티노플의 관문에, 그리고 바르샤바와 부다페스트와 부쿠레슈티[26]의 거리에 주둔했다. 물론 일단 임무를 완수한 후에는 철군했다는 점은 인정해야 할 것이다.

서유럽과의 문화적 교류는 일시적으로 후퇴한 적도 있지만 전체적으로 보면 계속 확대되었다. 교역도 마찬가지였다. 표트르 재위시에 러시아의 수출액은 두 배로 늘어났다. 수백 척의 선박들이 해마다 상트페테르부르크의 새 항구에 들어왔고, 선주들은 소유한 선박들을 해외로 출항시키기 시작했다. 표트르의 후계자들 치세에 이르러 해군탐험대는 멀리 태평양에 파견되었고, 덴마크 출신 탐험대 사령관인 베링[27]은 시베리아와 아메리카 사이의 해협을 발견했다. 이 때문에 이 해협은 오늘날 베링 해협으로 불리고 있다. 러시아 상인과 영사들은 암스테르담 · 보르도[28] · 카디스[29] 등에 거주하며 대마 · 리넨 · 목재 · 밀 · 대포 · 탄약 등을 조직적으로 출하했다.

서유럽에서 받아들인 과학 지식은 놀라운 속도로 보급되었다. 처음에는 수백 명 단위로, 곧 이어 수천 명 단위로 러시아 각계 각층의 청년들이 서유럽 여러 나라로 파견되어 선박 건조 기술과 항해술, 의학과 행정법, 나아가 건축과 예술 등을 배우고 돌아왔다. 러시아 국내에서는 교육 제도가 전면적으로 개편되어 기술 교육이 강화되었는데, 그것은 낡은 중세적 교육 방식과의 단절을 의미하는 것이었다. 해군사관학교가 설립되고 뒤이어 과학아카데미가 설치되었는데, 여기에는 15명의 저명한 외국 과학자들이 와서 가르치게 되었다. 그들 중에는 세계적인 명성을 얻고 있던 두 명의 스위스 수학자 오일러[30]와 베르누이[31]도 포함되었다. 그 후로는 어느 누구도 러시아를 야만국이라고 업신여길 수 없게 되었다.

서유럽의 찬사를 받은 표트르 대제의 업적은 국내 일부 인사들로부터 신랄한 비판을 받기도 했다. 그러나 그는 정복욕 때문에 비난을 받은 적은 없었다. 지난 250년 동안 모든 러시아인들은 발트 해 연안을 러시아 영토로 간주해왔기 때문이다.

  러시아인들은 위대한 개혁자의 잔인한 처사를 전환기의 불가피한 조처로 간주하고 용서했다. 그러나 시대가 바뀌면서 러시아인들은 표트르가 '러시아의 뿌리'를 잘라냈다고 비난을 가했다. 역사가 카람진[32]은 이렇게 말했다. "우리는 세계 시민이 되었지만 어떤 의미에서 더 이상 러시아 시민이 아니다."

  성급한 유럽화가 러시아 사회 구조에 위태로운 단절을 초래한 것은 부인할 수 없는 사실이다. 표트르는 농노 신분에 얽매인 수백만 농민들의 이익을 무시했다. 징병과 세금으로 그들을 파멸시켰고, 결핍과 무지 속에 빠져들도록 방치했다. 그의 개혁으로 이익을 얻은 것은 상층 계급뿐이었다. 신식 교육을 받은 장교·관리·지주 등은 농민과는 전혀 다른 모습을 취하게 되었다. 그들은 노동 계급과 더 이상 공통점이 없는 집단이 되어버렸다. 외모뿐만 아니라 생활 방식과 종교 면에서도 완전히 달라졌다. 농민들은 긴 수염에 장화를 신고, 바지 위에 셔츠를 꺼내 입고 그 위에 벨트를 맸으며, 지방의 관습과 조상들의 믿음을 그대로 이어받았다. 반면 상류 계급은 베르사유 스타일로 옷을 입고, 주로 프랑스어로 말하고 글을 썼다. 그들은 처음에는 볼테르 숭배자가, 다음에는 프리메이슨 숭배자가 되더니 종국에는 셸링과 헤겔, 그리고 서유럽 사회주의의 신봉자가 되었다. 황실 자체도 부분적으로 민족적 정체성을 상실했다. 표트르 대제의 후계자들은 독일의 군소 왕가들과 동맹 관계를 유지하느라 때로 러시아의 참된 이익을 옹호하는 차르의 자문관들과 대결 양상(!)을 보이곤 했다. 더욱이 그들은 프로이센 정신에 충만한 무자비한 군인 정신으로 러시아 군대를 훈련시켰다.

  이미 표트르 대제의 치세 중에 두 부류의 러시아 국민 사이에 상호 이해익 결여와 심각한 간극이 생기기 시작했다. 1917년 러시아 혁명의 원인 중 하나는 분명 이 균열이었다. 소비에트 체제에 의해 수립된 '계급 없는' 사회의 회색 빛 보편주의만이 이 간극을 메울 수 있었던 것이다. 그 후 러시아의 정책은 새로운 진로를 모색했다. 시베리아 지역으로의 대대적인 이민과 풍부한 자원 개발, 동부 지역을 향한 부단한 관심 등으로 20세기 후반의 소비에트 연방은 일견 아시아 세력이 되고 있는 것처럼 보였다. 그러나 역사는 거슬러 올라가지 않는다. 표트르에 의해 서유럽화된 러시아의 운명은 이제 유럽 대륙과 떼려야 뗄 수 없는 관계에 놓여 있다.

■ 본문 깊이읽기

1 레발(Reval)
오늘날의 이름은 탈린(Tallinn)으로 현재 에스토니아의 수도이며 핀란드 만에 속한 탈린 만에 접해 있다. 기원전 1000년경부터 10~11세기까지 요새화된 정착지가 있었으며, 12세기에 도시가 세워졌다. 1219년 데인족이 이곳을 점령하여 툼페아 구릉에 새 요새를 세웠다. 1285년 한자 동맹에 가입한 후로는 교역이 발달했다. 1346년 튜튼 기사단에게 팔렸다가 1561년 기사단이 해체되면서 스웨덴으로 넘어갔다. 1710년 표트르 대제에게 점령되어 러시아의 영토가 되었다가 1918년 독립국 에스토니아의 수도가 되었다. 1940년 다시 소련에 합병되었고, 1941~1944년에는 독일군에게 점령되어 크게 파괴되었다.

2 리보니아(Livonia)
발트 해 동쪽 해안에 있는 육지를 말한다. 원래 리보니아는 12세기에 게르만족이 핀우골계의 리브족들이 거주하던 지역을 부르던 말로, 이들은 서(西)드비나 강과 가우야 강 어귀를 중심으로 촌락을 이루었다. 후에는 현재의 라트비아와 에스토니아 거의 전 지역을 리보니아라 일컫게 되었다.

3 쉴리(Sully, 1560~1641)

앙리 4세의 신임을 받은 장관으로서 종교전쟁(1562~1598) 이후의 국가 재건 사업에 크게 이바지했다. 로니 남작 베튄의 아들로 태어나 위그노 교도로 자랐고, 어릴 때 나바르 왕국의 군주인 엔리케(나중에 프랑스 왕 앙리 4세)의 궁정에 들어갔다. 1572년 엔리케를 따라 파리로 간 그는 성 바르톨로메오 축일에 일어난 위그노 학살 때 목숨을 잃을 뻔했다. 1596년에 재무장관이 되었으며, 1598년에는 프랑스 국고를 도맡아 관리했던 것으로 알려져 있다. 그는 지방관들의 임의적인 과세 같은 악습을 척결했고, 불필요한 공직도 없애버렸다. 쉴리의 위세는 마침내 유서 깊은 프랑스 군주정의 상징과도 같은 대법관 퐁퐁 드 벨리에브르를 앞지르기 시작했다. 쉴리는 철저한 '왕의 신하'로서, 개인적인 이익보다 국가의 권위를 우선으로 생각했다. 1606년에는 쉴리 공작 작위를 받고 귀족이 됨으로써 충성의 대가를 충분히 받았다. 그는 농업과 축산을 장려하고, 농산물의 자유로운 유통을 권장했으며, 군사력을 증강하고, 국경에 방어 시설을 갖추도록 지시했다. 그는 은퇴해 《회고록 Memoires》을 쓰면서 여생을 보냈다. 《왕실 재정 회고록 Eonomies royales》(1638)이라는 제목으로 알려진 이 책에는 '위대한 구상'이라는 말이 거듭 나오는데, 이는 앙리 4세가 오스트리아와 에스파냐를 제패한 뒤 유럽 연방 또는 '그리스도교 공화국'을 세우려는 구상이었다.

4 펜(William Penn, 1644~1718)
영국의 퀘이커교 지도자로 종교의 자유를 옹호했다. 퀘이커 교도·비국교도·유럽의 소수 종파 교도들을 위한 도피처가 될 아메리카 펜실베이니아 연방의 설립을 감독했으며 그곳을 두 차례 방문했다.

펜은 폭넓은 학문을 연구했으며 그가 세우는 학설은 언제나 구체적인 문제들에 대한 답변이었다.

5 류리크 가문(House of Ryurik)
키예프 루시 및 이후 모스크바 대공국의 군주 가문. 전설에 따르면 이들은 862년경 노브고로트인들의 요청으로 그 도시를 다스린 바랴크인 군주 류리크의 후손이라고 한다. 류리크 왕조의 군주들은 1598년까지 키예프 루시 및 이후의 모스크바 대공국을 지배했다. 류리크의 후계자 올레크는 882년경 키예프를 정복해 노브고로트에서 드네프르 강을 따라 흑해로 이어지는 무역로를 장악했다. 이고리(일설에 류리크의 아들이라고 함, 912~945년 재위)와 그 뒤를 이은 그의 아내 성 올가(945~969년 섭정) 및 아들 스뱌토슬라프(945~972년 재위)는 영토를 더욱 넓혔다. 스뱌토슬라프의 아들 블라디미르 1세(성 블라디미르, 980?~1015년 재위)는 류리크 왕조의 통치를 더욱 굳건하게 만들었다. 블라디미르는 최초의 키예프 루시 법전을 편찬했으며 그리스도교를 받아들였다. 또한 그는 주요 도시를 아들들에게 분배해 키예프 루시 영토 전체를 결속력 있는 연방 체제로 만들었다. 큰아들이 키예프 대공이 되었고 나머지 형제들은 키예프를 정점으로 도시들의 위계 구조에 따라 배치되었으며, 손위 형이 죽거나 등급이 올라가 공백이 생기면 바로 밑의 동생이 그 자리를 계승했다. 막내아들이 대공위를 잇게 될 경우에는 아버지가 대공이었던 가장 손위 조카가 대공위를 계승하기로 했다. 이 같은 상속 방식은 스뱌토폴크(1015~1019년 재위), 현명공(賢明公) 야로슬라프(1019~1054년 재위), 야로슬라프의 아들 이쟈슬라프(1054~1068, 1069~1073, 1077~1078년 재위), 스뱌토슬라프(1073~1076년 재위), 프세볼로트(1078~1093년 재위), 스뱌토폴크 2세(이쟈슬라프의 아들, 1093~1113년 재위) 등을 거치는 동안 일반적으로 준수되었다.

그러나 실제로 상속은 끊임없는 내전을 통해 이루어졌다. 제후들은 정해진 방식을 따르기보다는 힘으로 자리를 차지하려고 했다. 게다가 한 도시가 지정된 군주를 받아들이지 않으려 할 때는 상속 방식 자체가 엉망이 되었다. 또한 제후들이 키예프 대공이 되어 도시를 전전하며 다니는 것보다는 자신들이 통치하던 지역에 정착해서 살기를 더 좋아한 것도 이 제도를 약화시킨 한 요인이었다. 1097년 키예프 루시의 모든 제후들은 류베치(체르니고프 북서부)에 모여 세습받은 토지를 영지로 분할하기로 결정했다. 그러나 대공위 계승 문제는 여전히 항렬에 따른 방식으로 이루어졌으므로 블라디미르 모노마흐가 사촌 스뱌토폴크 2세의 뒤를 이어 키예프 대공이 되었다. 재위 기간(1113~1125년 재위) 동안 블라디미르는 키예프 루시의 영토를 통일하기 위해 애썼으며, 결국 그의 아들들이 그 뒤를 이었으나(므스티슬라프 1125~1132년 재위, 야로폴크 1132~1139년 재위, 뱌체슬라프 1139년 재위, 유리 돌고루키 1149~1157년 재위), 1140년대에는 약간의 분란이 일어나기도 했다.

이 왕조의 각기 다른 지파(支派)들은 할리츠·노브고로트·수즈달을 비롯한 키예프 바깥의 주요 거점들에서 독자적인 통치권을 확립했다. 이러한 지방의 제후들은 키예프의 지배권을 장악하기 위해 서로 경쟁을 벌였다. 결국 1169년 수즈달의 안드레이 보골류프스키는 키예프를 정복하고 약탈한 뒤, 수즈달 공국의 한 도시인 블라디미르로 돌아가 대공의 자리를 블라디미르로 이전했다. 보골류프스키의 뒤를 이어 그의 동생 프세볼로트 3세가 블라디미르 대공(1176~1212년 재위)이 되었고 그의 아들들인 유리(1212~1238년 재위)·야로슬라프(1238~1246년 재위)·스뱌토슬라프(1246~1247년 재위), 그리고 그의 손자인 안드레이(1247~1252년 재위)가 그 뒤를 이었다. 알렉산드르 네프스키(1252~1263년 재위)는 그의 형 안드레이의 뒤를 이었으며 알렉산드르의 동생들과 아들들이 또 그 뒤를 이었다. 그러나 영토 분할 경향이 가속화하는 가운데 어느 누구도 블라디미르로 이주하지 않고 자신들의 지방 영지에 그대로 남아 있으면서 지방 왕조를 꾸리는 데 주력했다. 이렇게 해서 알렉산드르의 동생 야로슬라프(블라디미르 대공 1264~1271년 재위)는 트베리 가문을 창시했고 알렉산드르의 아들 다닐은 모스크바 가문을 창시했다.

1240년 몽골인의 침공 이후 러시아 제후들은 대공위에 오르기 위해 의무적으로 몽골 왕의 허락을 받아야 했다. 블라디미르 대공국의 주도권을 장악하기 위한 경쟁이 트베리 공국과 모스크바 공국을 필두로 여러 제후들 사이에서 벌어졌다. 이 경쟁에서 점차 모스크바 공국의 군주들이 우위를 차지하면서 모스크바 대공국을 형성했고, 그들은 1598년 부계 혈통이 끊어질 때까지 통치했다.

6 나리슈키나(Natalya Kirillovna Naryshkina, 1651∼1694)

러시아 황제 알렉세이의 두 번째 아내이자 표트르 대제의 어머니. 알렉세이 황제가 죽은 후 아들 표트르를 제위에 앉히기 위해 노력한 정파의 중심 인물이었다. 지방 귀족인 키릴 나리슈킨의 딸로 태어나 1671년 알렉세이와 결혼했다. 표트르를 낳은 후 친척 및 협력자들과 더불어 정치적 영향력을 키워 나갔다.

7 표도르(Alekseevich Fyodor, 1661∼1682)

시아의 차르(1676∼1682년 재위). 서구 문화를 육성함으로써 후계자인 표트르 대제(1682∼1725년 재위)가 서구 모델을 기반으로 한 폭넓은 개혁을 시행하는 데 기반을 마련했다. 차르 알렉세이(1646∼1676년 재위)의 장남으로, 러시아와 슬라브 교회의 전통 과목을 배웠을 뿐만 아니라 키예프와 폴란드에서 수학한 유명한 신학자 시메온 폴로츠키에게 폴란드어와 라틴어를 배우기도 했다. 알렉세이가 죽은 뒤 왕위를 계승했으나(1676) 어리고 몸이 허약해 국정에 적극 참여할 수가 없었기 때문에 처음에는 삼촌인 이반 B. 밀로슬라프스키가 정부의 중요 직책을 맡았고, 곧 두 명의 궁정관료 I. M. 야지코프와 A. T. 리하체프가 그를 대신했다. 이들은 표도르와 교육적 배경이 같았으며 러시아 정교회 성직자들의 반대에도 불구하고 폴란드의 관습, 로마 가톨릭 교회의 교리, 라틴어 서적들을 러시아 귀족 사회에 장려했다. 1681년 바실리 V. 골리친이 표도르 행정부의 주요 인물이 된 후 그의 영향 아래 대대적인 군사 개혁이 추진되었으며, 귀족 가문의 서열에 따라 공직에 임명하는 메스트니체스트보(mestnichestvo) 제도가 폐지되었다(1682). 표도르가 자식을 남기지 못하고 죽자 동생인 이반 5세와 이복동생인 표트르 1세가 왕위를 계승했다. 그의 여동생인 소피아 알렉세예프나는 두 명의 어린 차르를 대신해 섭정을 했다(1682~1689).

8 이반(Ivan)

명목상의 군주였던 러시아의 차르(1682~1696년 재위). 차르 알렉세이와 그의 첫 번째 아내 마리아 일리니치나 밀로슬라프스카야의 작은아들로, 만성적으로 허약했던 그는 괴혈병으로 고생했으며 시력도 몹시 나빴고 말년에는 몸의 일부가 마비되는 등 정신적·육체적 결함으로 고통을 받았다. 1682년 형인 차르 표도르 3세가 죽자 이복형제 표트르가 차르로 임명되었다. 그러나 밀로슬라프스키 가의 권력을 유지하겠다는 결의를 다진 이반의 누이 소피아는 1682년 6월 2일 스트렐치(왕실근위대)를 선동해 반란을 일으켜 이반을 차르로 추대했다. 3일 후 보야르는 이반과 표트르를 공동 차르로 선포했다. 두 사람 중 이반이 연장자였다. 7월 5일 대관식을 거행했으며 소피아가 섭정이 되었다. 1689년 소피아는 나리슈킨 가 사람들에 의해 축출되었지만 표트르에 대해 유화적인 태도를 취했던 이반은 죽을 때까지 차르의 지위를 유지했다. 그러나 정부의 업무에는 참여하지 않았으며 많은 시간을 기도와 단식과 긴 여행을 하면서 보냈다.

9 삼무 라마트(Sammu ramat)

바빌론의 공중 정원. 전해 내려오는 말로는 삼무 라마트 여왕이 만들었다고 한다.

그리스어로는 세미라미스(Semiramis)라고 한다. 기원전 9세기 말에 활동한 전설적 영웅인 아시리아 여왕으로 아시리아 왕 아다드 니라리 3세(B. C. 810~783년 재위)의 어머니였다. 그녀의 묘석은 아슈르에서 발견되었고, 칼라흐(님루드)에 있는 한 비문에는 그녀의 남편 샴시 아다드 5세(B. C. 823~811년 재위)가 죽은 뒤 그곳을 통치한 것으로 기록되어 있다. 삼무 라마트는 헤로도토스의 기록에도 등장하며, 후대의 역사가 디오도로스 시켈로스는 이 여왕에 관한 모든 전설을 종합하여 기록했다. 이에 따르면 삼무 라마트는 여신의 몸에서 태어났고, 아시리아의 관리와 결혼한 후 미모와 용기로 니누스 왕을 사로잡아 그의 부인이 되었다. 얼마 뒤 니누스가 죽자, 권력을 잡고 수년 동안 나라를 다스렸으며 바빌론을 건설하고 원방(遠方) 정복에 나섰다.

10 풀케리아(Pulcheria)

비잔티움 황제 아르카디우스(Arcadius)의 딸. 남동생 테오도시우스(Theodosius) 2세의 섭정(414~416)이자 공동 황제(416~450)를 지냈다. 테오도시우스에게 에

우도키아(Eudocia)와의 결혼을 종용했으며 후에 에우도키아는 풀케리아의 정적이 되어 443년 예루살렘으로 추방되었다. 450년 테오도시우스가 죽자 마르키아누스와 결혼했으나 그는 형식상의 남편일 뿐이었다.

11 고든(Patrick Gordon, 1635~1699)
스코틀랜드 출신의 군인. 러시아 육군장군이 되었으며 표트르 1세와 절친한 친구였다. 종교와 정치 문제로 분열된 스코틀랜드를 떠나 폴란드의 단치히(지금의 그다인스크)로 갔고 브라녜보(브라운스베르크)에 있는 예수회대학에서 2년 동안(1651~1653) 공부했다. 1655년 폴란드-스웨덴 전쟁 때는 용병으로 그때그때 편을 바꿔가며 싸웠다. 1661년 러시아 육군소령으로 입대해 1663년 모스크바 폭동을 진압한 뒤 대령으로 진급했고, 1666년 차르 알렉세이의 외교관으로 영국에 갔으나 맡은 일을 만족스럽게 하지 못해 차르의 신임을 잃었다. 러시아군을 떠나려고 애썼지만 황제가 바뀔 때마다 진급했으며 1678년 투르크군에게 포위당한 우크라이나의 치기린을 영웅적으로 지킨 뒤에는 지위가 더욱 높아졌다. 소피아 알렉세예브나가 표트르 1세와 이반 5세의 섭정이 된(1682) 뒤, 외교사절로 다시 영국에 다녀왔고(1686~1687), 소피아와 그녀의 수석 고문 바실리 골리친 공에게 러시아가 반투르크 유럽 동맹에 가담하거나 투르크에 예속된 크림 반도의 타타르인들과 전쟁을 해서는 안 된다고 경고했다. 그의 의견은 무시되었으나 1687년에는 실패로 끝난 골리친의 제1차 크림 반도 원정에 참여했고 1689년 장군으로 진급한 다음

제2차 크림 반도 원정에도 병참장교로 참여해 골리친의 전략을 도왔다. 이 원정도 실패해 정치적 위기에 빠지자 서유럽식으로 훈련받은 군대를 이끌고 표트르 1세를 도와 소피아 정권을 무너뜨렸다(1689). 그 뒤 젊은 차르의 긴밀한 협조자가 되어 함께 어울리며 탄도학(彈道學)을 가르치기도 했으며 특별 훈련을 받은 표트르 군대의 모의 군사 훈련을 감독하기도 했다. 그 보상으로 해군소장(1694)이 되었고 표트르의 수석 군사고문으로 임명되었다. 1698년 표트르가 서유럽을 여행하고 있는 동안 스트렐치가 소피아를 권좌에 복귀시키기 위해 반란을 일으키자 이를 진압했다.

12 돈 강(Don)

러시아를 상징하는 역사적인 수로. 중앙 러시아 고원의 모스크바 남쪽, 노보모스코프스크 시 부근의 작은 샤트 저수지에서 발원하여 대체로 남쪽 방향으로 1,870km를 흘러 아조프 해에 있는 타간로크 만으로 유입된다.

13 아조프(Azov)

아조프 해에서 동쪽으로 7km 정도 떨어져 있으며 돈 강의 좌안에 있다. 기원전 6세기 이곳에 그리스의 식민지 타나이스가 세워졌는데, 타나이스는 이 지역에서 이름이 알려진 최초의 도시였다. 그 후 몇 세기에 걸쳐 여러 곳으로 넘어갔으며 이름도 몇 차례 개명되었다. 제노바의 식민지인 타나(1316~1322년 건설)가 들어서기도 했는데, 타나는 1471년 투르크에게 점령당하여 그들의 요새로 이용되었다. 그 후 1696년 표트르 대제에게 넘어갔다. 표트르 대제가 세운 도시는 1708년 투르크에게 빼앗겼으나 1739년에 탈환했다. 그 이후로 이 도시는 침니(沈泥)로 막혀 근처의 로스토프나도누가 그 기능을 대신하게 되었다.

14 스트렐치(streltsy)

러시아어로 '머스킷 총병'이라는 뜻으로 16세기 중엽에 창설되어 약 1백 년 동안 러시아 육군의 주축을 이룬 군단의 명칭이다. 주로 황제의 호위병 역할을 했고, 17세기 말에는 상당한 정치적 영향력을 행사했다. 스트렐치는 원래 평민들로 조직되었지만, 17세기 중엽에는 세습적인 폐쇄 조직이 되었다. 그들은 독립된 부락(슬로보디)에 살면서 모스크바와 그들이 주둔하고 있는 국경지대 마을에서 치안 유지와 안보 의무를 수행했고, 또한 상업과 수공업에도 종사했다. 1681년에는 약 5만5천 명의 스트렐치가 있었는데, 그 중 2천 5백 명은 모스크바에 주둔했다. 17세기 후반에 러시아 정부가 돈과 곡식 대신 땅으로 그들에게 봉급을 지불하기 시작하자, 스트렐치는 이에 불만을 품고 정부에 대한 신뢰를 버리게 되었다. 1682년 이복형제인 표트르 1세와 이반 5세를 지지하는 두 파벌이 왕위 계승을 둘러싸고 싸우기 시작했을 때 스트렐치는 이 싸움에 개입했다. 이반을 지지하여 나리슈킨 가문(실권을 장악한 표트르의 외척)에 대항하는 반란을 일으켰고, 이반과 표트르 모두

스트렐치를 처형하는 장면.

차르라 칭했으며 이반의 누이인 소피아를 섭정으로 내세웠다. 표트르 1세는 1689년 왕위에 오른 뒤 섭정인 소피아를 추방했다. 1698년 스트렐치는 표트르 1세를 쫓아내고 소피아를 다시 섭정에 앉히려다가 실패했고, 그로 인해 표트르는 스트렐치를 강제로 해산하는 한편 수백 명의 스트렐치를 처형하거나 추방했다. 표트르는 이 군단을 잠시 부활시켜 북방전쟁(1702)에 투입했고, 그 후 정규군에 점진적으로 흡수·통합되었다.

15 표트르 대제의 스웨덴 침공

30년전쟁에서 승리한 스웨덴이 발트 해 연안에 세력을 신장하자 표트르 1세는 폴란드 왕 아우구스트 2세와 공동 전선을 펴 스웨덴에 선전포고를 하지만, 그 해 러시아군은 나르바 전투에서 참패한다. 러시아는 군을 재정비하여 1709년 폴타바 전투에서 완전한 승리를 거두고 이때부터 상황이 급변한다. 스웨덴은 프랑스와 손을 잡고 투르크를 선동하여 러시아와 싸우게 하였으나 표트르 1세는 재빨리 투르크와 평화 협력을 체결한 뒤 병력을 발트 해로 집중시켜 스웨덴 함대를 격파하고 발트 해 제해권을 장악하였다. 이 '북방전쟁'은 21년 동안이나 계속되었다.

16 나르바(Narva)

에스토니아의 도시. 핀란드 만의 나르바 강 어귀에서 14km 거슬러 올라간 강 유역에 있다. 13세기에 세워진 후 곧 교역 중심지로 성장했다. 1558~1581년 러시아에 점령당한 뒤 스웨덴으로 넘어갔다. 1700년 이곳을 공격했다가 실패한 러시아의 표트르 대제가 4년 뒤 포위전을 펼친 끝에 승리하여 탈환했다.

17 프리깃함(frigate)

프리깃함이라고 불린 최초의 배들은 갑판이 없는 쾌속정으로 노 또는 돛으로 추진되었고 지중해에서 사용되었다. 프리깃이라는 단어는 16~17세기에 에스파냐와 포르투갈 사람들이 이용했던 소형 '고속정'을 뜻하기도 한다. 7년전쟁(1756~1763)은 프리깃함이 순양과 정찰에 사용되는 대표적인 선박의 하나로 확고히 채택되는 계기가 되었다. 프리깃함은 돛대가 세 개로 완전 의장(艤裝)된 고속정이었으며, 주포(主砲)는 단일 포열 갑판에 배치되고 부포(副砲)는 선미루와 선수루에 나누어 탑재되었다. 포는 24~50문이 탑재될 수 있었지만 30~40문의 포가 탑재되는 것이 보통이었다. 프리깃함이라는 말은 범선에서 기선으로의 전환기에도 줄곧 쓰였지만 점차 순양함으로 대체되었다.

1812년 전쟁 당시 미국 보스턴 만 부근의 바다에서 전투를 벌이고 있는 프리깃함 샤넌 호와 체서피크 호.

18 폴타바 전투(Battle of Poltava)

북방전쟁 당시 러시아의 표트르 대제가 스웨덴의 왕 카를 12세에게 결정적으로 승리한 전투(1709). 그 결과 스웨덴은 강국의 지위를 내놓았고 러시아가 동유럽의 패권을 장악하는 계기가 되었다. 우크라이나의 보르스클라 강 서쪽에 위치한 폴타바 북부와 서부에서 표트르 대제와 알렉산드르 다닐로비치 멘시코프 장군이 지휘하는 8만 명의 러시아군과 스웨덴 왕 카를 12세가 이끄는 1만7천여 명의 스웨덴군이 전투를 벌였다. 앞서 겨울 전투에서 스웨덴은 지원부대의 상실과 군대 보강에 실패해 러시아에 패전했다.

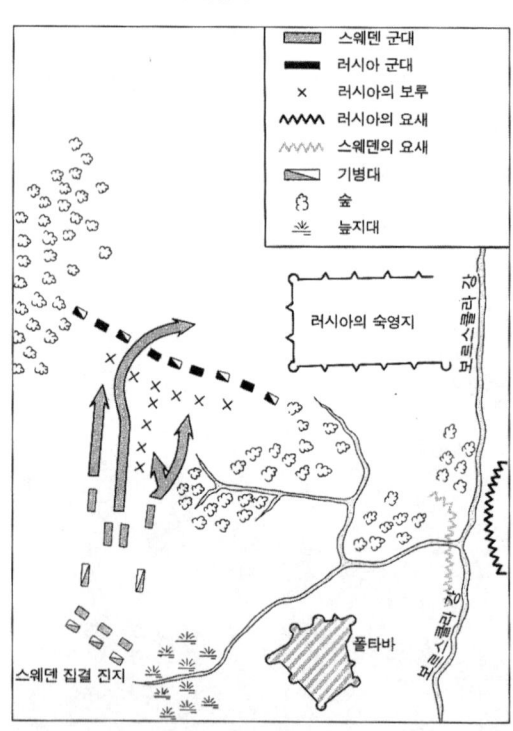

폴타바 전투 초기 진행도. 스웨덴의 선제 공격으로 시작되었다.

그러나 병사 · 포대 · 화약이 극도로 부족한 상태에서도 카를 12세는 전쟁을 계속 이끌었고, 1709년 5월 병력을 집결시켜 폴타바를 포위했다. 러시아는 스웨덴의 포위망을 격퇴하기 위해 병력을 재결집하고 포위망으로부터 수백 야드 안쪽에 참호를 구축해 스웨덴군의 공격을 유도했다. 카를은 러시아의 참호선을 그대로 통과, 곧바로 본부 방어진을 공격한다는 작전을 세웠다. 이 작전은 매우 기민한 기동력과 병사들의 대담한 담력을 필요로 했다. 그러나 카를 자신도 며칠 전 부상으로 인해 기동력이 부족했고 스웨덴군 지휘관들 또한 담력이 부족했으며, 그의 계획을 완전히 이해하지 못하고 있었다. 이처럼 스웨덴의 공격이 약화되자 러시아는 4만의 병력으로 반격에 나서 스웨덴군 대부분을 사살하거나 포로로 잡았다. 카를 12세와 생존한 병력 1천 2백 명은 남쪽 투르크 영토로 탈출했다.

19 상트페테르부르크(Sankt Peterburg)

이 도시는 1917년 2월혁명과 10월혁명의 현장으로, 그리고 2차 세계대전 중에는 독일군의 극심한 포위 공격

제정 러시아의 수도 상트페테르부르크의 모습.

을 끝까지 버텨낸 곳으로 유명하며, 건축 면에서 유럽에서 가장 아름답고 조화로운 도시의 하나로 명성이 높다.

20 메클렌부르크(Mecklenburg)

이 지방은 옛 슬라브인의 거주지였으나 12세기 작센 대공 하인리히 사자공이 세력을 펼친 이래 그리스도교의 포교와 독일인의 식민이 추진되어 독일의 정치·문화권에 편입되었다. 발트 해 연안 평야를 따라 뤼베크 만에서 동쪽으로 160km 정도 뻗어 있으며, 현재는 로스토크·슈베린·노이브란덴부르크 구 등으로 나누어져 있다.

21 알토나(Altona)

독일 북부 함부르크 주 함부르크 시의 북서 지역. 엘베 강 오른쪽 기슭에 있는 절벽에 위치한다. 이 지명은 allzu-nah('너무 가까운'이라는 뜻)에서 유래한 것으로 보이는데, 이는 함부르크 지방과 가까이 인접한데다 오랜 기간 유일한 건물이었던 이곳 여관을 함부르크 사람들이 지칭한 것이다. 작은 어촌이었던 이 지역은 1640년 덴마크인들의 손에 넘어갔을 때는 알트바저라고 불렸다. 교역 및 면세 지역으로 승인된 후, 곧 함부르크에 버금가는 지역이 되었다. 1664년 자치시로 인가를 받았고, 1866년 프로이센으로 넘어갔다가 1937년 함부르크와 합병되었다.

22 알렉세이(Aleksey Petrovich, 1690~1718)

제위 계승 예정자였던 그는 표트르 대제를 폐위시키려 한 혐의로 기소되어 사형 선고를 받았다. 어머니 예브

도키야가 1698년 강제로 수도원에 들어간 뒤, 어린 알렉세이는 숙모들 손에서 자랐으며 1702년부터는 가정교사 하인리히 폰 호이센 남작의 지도를 받았다. 1704년 나르바 포위전에 참가했고, 북방전쟁 때인 1707년 모스크바 요새화 작업을 지휘했으며, 1709년에는 작센의 드레스덴으로 유학을 떠났고, 브라운슈바이크볼펜뷔텔의 조피 샤를로테와 결혼하는(1711. 10) 등 아버지에게 의무적으로 복종했지만 표트르 대제가 벌인 전쟁과 개혁 사업에는 결코 열의를 보이지 않았고 점점 더 아버지에게 적의를 갖게 되었다. 표트르 대제의 두 번째 아내 예카테리나가 아들을 낳음으로써(1715) 알렉세이 외에도 남자 제위 계승자가 생기자 그는 제위 계승권 포기와 수도승이 되는 것 중에서 하나를 선택하도록 강요받았다. 그 후 건강이 나빠지고 심한 알코올 중독사가 된 알렉세이에게 표트르 대제가 덴마크 원정(1716. 8)에 함께 참여할 것을 명령하자 빈으로 도망쳤고 그곳에서 신성 로마 제국 황제 카를 6세의 보호를 받았다. 표트르는 자신에 대항하는 국내외의 반대자들이 이런 상황을 악용해 알렉세이를 통치자로 떠받들지도 모른다고 우려해 알렉세이를 귀국시키려고 사절단을 파견했다. 사절단은 완전한 사면을 약속하며 알렉세이를 설득해 모스크바로 돌아오게 했다(1718). 그러나 표트르는 알렉세이가 제위 계승권을 포기하고 그의 도주를 도왔던 사람들을 고발하는 것을 사면의 전제로 내세웠다. 알렉세이는 이러한 조건을 받아들였으나 표트르는 아주 잔인한 방법으로 알렉세이 지지자들을 수사했고, 알렉세이를 구심점으로 한 잠재적인 반란 움직임

알렉세이는 표트르 대제의 아들로 제위 계승 예정자였으나 아버지 표트르에 의해 고문당한 후 사망한다.

을 발견하고 알렉세이가 반역 음모에 가담하고 있다는 결론을 내렸다. 그 후 알렉세이는 상원에서 자백을 강요받았으며, 특별 법정에서 사형을 선고받았다. 그러나 고문의 충격과 후유증 때문에 처형되기 전에 죽었다.

23 스코네(Skåne)

말뫼후스 주와 크리산스타드 주로 구성되어 있으며, 예로부터 '스웨덴의 곡창지대'로 알려져 있다. 스칸디나비아 반도 남쪽 끝 지역으로 동쪽·남쪽은 발트 해, 서쪽은 외레순드 해협 등 삼면이 바다로 둘러싸여 있다. 또 북쪽으로는 할란드·스몰란드 지방, 북동쪽으로는 블레킹게 지방과 접한다. 해변과 여름 휴양지가 있는 평평한 해안 지역으로부터 내륙까지는 스웨덴에서 가장 비옥한 평야로 꼽힌다.

24 비보르(Viborg)

덴마크 유틀란트 반도 중북부에 있는 비보르 주의 주도이다.

25 페트로브나(Elizabeta Petrovna, 1741~1762년 재위)

엘리자베타 페트로브나. 18세기에 제작된 작자 미상의 초상화.

표트르 대제와 예카테리나 1세의 딸로, 아름답고 매력적이고 지적이며 발랄함과 뛰어난 재능을 지닌 그녀는 왕실근위대를 비롯한 여러 사람들 사이에서는 인기가 높았으나 표트르 2세(1727~1730년 재위)와 안나 여제(1730~1740년 재위)의 통치 기간 동안 정치적 역할은 미미했다. 안나 여제의 조카인 안나 레오폴도브나가 아들 이반 6세(1740~1741년 재위)의 섭정을 맡고 엘리자베타를 수녀원으로 추방하겠다고 위협하자, 그녀는 러시아에 대한 독일의 내정 간섭 배제와 러시아의 친오스트리아·반프랑스 외교 정책 폐지를 희망하는 궁정 관리 및 프랑스 대사와 뜻을 같이하기로 마음먹는다. 그녀는 1741년 12월 5~6일 밤 쿠데타를 일으켜 어린 황제와 그 어머니 안나, 그리고 그들의 주요 측근을 체포하고 상트페테르부르크 관리와 주요 성직자들을 소집한 후 자신을 러시아 황제로 선포하게 했다.

그녀는 이전 황제들이 채택했던 내각회의를 폐지하고 아버지 표트르 대제가 만들었던 원로원을 정식으로 재구성했다. 그 밖에도 이와 비슷한 조치들을 취했기 때문에 그녀의 재위 기간은 표트르 대제의 통치 원칙과 전통으로의 복귀가 두드러진다. 그러나 사실상 원로원을 주요 통치 기구로 부활시킨 것은 명목상의 조치였을 뿐 실제로는 총신들이 나라를 다스렸으며, 표트르 대제가 이루었던 주요 개혁의 일부를 철폐했다. 게다가 표트르 대제처럼 정치에 주력하기보다는 화려한 궁정 생활과 교회 활동, 멋진 서구 옷을 사들이는 데 열중했다. 교육과 예술 발전을 장려해 러시아 최초의 대학(모스크바 소재)과 예술아카데미(상트페테르부르크 소재)를 세웠으며 엄청난 비용을 들여서 겨울궁전(상트페테르부르크 소재)을 지었다.

대부분의 국사를 고문과 총신에게 맡겨 궁정 음모가 끊이지 않아 효율적인 통치가 이루어지지 않았으며, 재정 상태는 악화되었고 지주들은 농민의 희생을 대가로 폭넓은 특권을 누렸다. 그러나 동시에 그녀는 유럽의 강대국으로서 러시아의 위신을 드높이기도 했다. 그녀의 전폭적인 신임을 얻고 있던 알렉세이 베스투제프 류민의 지도로 러시아는 친오스트리아·반프로이센 외교정책을 강력히 고수했고, 스웨덴과 싸워(1741~1743) 핀란드 남부를 병합했으며, 영국과 관계를 개선하고, 7년전쟁(1756~1763)에서 프로이센에 대항해 성공적으로 전쟁을 수행했다. 그러나 러시아가 동맹국인 프랑스·오스트리아와 함께 프로이센을 붕괴시키기 전에 세상을 떠나 왕위는 조카인 표트르 3세에게 돌아갔다. 프로이센의 프리드리히 2세의 열렬한 숭배자였던 표트르 3세가 즉위하면서 러시아는 전쟁에서 손을 뗐다.

26 부쿠레슈티(Bucuresti)

고고학상의 발견으로 오래된 도시임이 확인되고 있으나 이곳에 관한 최초의 기록은 1459년에 루마니아 공국의 블라드 체페슈 왕이 요새를 만들었을 때로 되어 있다. 그 후 문테니아(왈라키아) 지방의 군사·정치·경제의 중심지로 발전하였으며, 17세기부터는 루마니아 공국의 수도가 되었다. 1848년의 혁명, 1859년의 국가 통일 등 정치적 사건의 무대가 되었으며, 1862년에는 통일 루마니아 왕국의 수도가 되어 정치·경제·문화의 중심지로서 급속히 발전하였다.

27 베링(Bering, 1681~1741)

러시아의 항해가. 베링 해협과 알래스카 탐험을 통해 러시아의 북아메리카 대륙 진출 거점을 마련했다. 동인도제도를 항해한 뒤 해군중위로서 표트르 대제의 함대에 참가했다. 1724년 표트르 대제는 아시아와 북아메리카 대륙이 육지로 연결되어 있는지의 여부를 확인하기 위한 탐험대의 대장으로 그를 임명했는데, 당시 러시아는 북아메리카 지역에 대한 식민지 획득과 시베리아를 거치지 않고 중국에 이르는 북동항로 개척에 관심을 갖고 있었다. (1648년 러시아인 세몬 데주뇨프가 베링 해협을 항해한 바 있으나 1736년까지는 그 사실이 알려지지 않았다.) 1728년 7월 13일 베링은 캄차카 반도에서 항해를 시작, 8월에 베링 해협을 거쳐 북극해에 진입했다. 탐사 기간 내내 계속된 악천후로 북아메리카 해안을 눈으로 확인하지는 못했지만 시베리아와 아메리카 대륙이 분리되어 있다고 결론지었다.

안나 여제의 통치 때 베링은 2차 탐험을 시도했다. 처음에 그는 소규모 탐험을 계획했으나 이것은 결국 러시아 북방 대탐험(1733~1743)이라는 대규모 탐사로 확대되었고 이를 통해 시베리아 북극 해안의 상당 부분을 지도에 올렸다. 1741년 6월 4일 베링은 상트표트르 호를 타고 캄차카에서 출항해 상트파벨 호를 지휘하는 알렉세이 치리코프와 합류했으나 이들 두 선박은 나중에 폭풍우로 인해 떨어지게 된다. 치리코프 선장은 항해를 계속해 알류샨 열도의 몇몇 섬들을 발견했고 베링은 8월 20일 알래스카 만으로 진입했다. 그는 선박을 안전하게 귀환시키는 데 집착한 나머지 알래스카 남서 해안, 알래스카 반도, 알류샨 열도 등을 탐사하는 데 그쳤다. 괴혈병으로 고생해 효율적인 탐사 지휘를 할 수 없었으며 배마저 11월 초 캄차카 반도 근처 베링 섬 앞 바다에서 난파했다. 베링은 이때 사망했으며 몇몇 생존자들은 시베리아에 도착했고, 그 후 알류샨 열도와 알래스카에서 모피 무역이 유망할 것이라는 정보를 제공했다.

28 보르도(Bordeaux)

보르도에 있는 생탕드레 대성당과 페베를랑 종탑.

로마 시대에는 부르디갈라라고 부르던 아키타니아 지방의 중심지로 11세기에는 아키텐 공작령(公爵領)이 되었다. 1154년부터 1453년까지 영국의 지배를 받았고, 포도주 수출을 중심으로 경제적 발전을 이루어 크게 번영하였다. 1753년 프랑스에 귀속된 후 한때 쇠퇴하였으나, 신대륙 발견 후 프랑스의 식민지 경영이 시작되면서 또다시 번영을 되찾아 18세기에는 무역항으로서 발달하였다. 특히 서인도제도와의 사탕 및 노예 무역으로 번영하였다. 현재는 아키텐 지방의 주도이다.

29 카디스(Cadiz)

에스파냐 남서부 안달루시아 지방 카디스 주의 주도이자 주요 해항. 기원전 11세기경 페니키아인이 건설, 로마가 지배했고 4세기에 서고트, 8세기에 아랍인이 지배했다. 1262년 카스티야의 알폰소 10세가 이 도시를 탈환하여 재건한 후에는 신대륙과의 교역으로 번창하였다. 해적들의 습격을 받아 영국과 프랑스에서 군대를 파견하기도 했다. 높은 성벽은 당시의 흔적으로, 에스파냐 해군사령부가 설치되어 있다. 항구에서는 포도주나 광산물을 실어내며 조선업도 활발하다.

30 오일러(Leonhard Euler, 1707~1783)

스위스의 수학자·물리학자로서 순수 수학의 창시자 중 한 사람. 기하학·미적분학·역학·정수론 형성에 결정적 기여를 했을 뿐 아니라 관측천문학적인 문제를 푸는 방법을 개발했으며 수학을 과학 기술 및 공공업무에 유용하게 적용할 수 있음을 보여주었다.

오일러는 스위스의 수학자로서 예카테리나 2세의 초빙으로 상트페테르부르크로 가서 죽을 때까지 그곳에서 연구했다.

31 베르누이(Daniel Bernoulli, 1700~1782)

스위스 베르누이 가의 2세 가운데 가장 뛰어난 수학자. 수학뿐 아니라 의학·생물학·생리학·역학·물리학·천문학·해양학 등도 연구했다. 그가 유도한 베르누이 정리는 바로 그의 이름을 딴 것이다. 하이델베르크·스트라스부르·바젤대학 등에서 철학·논리학·의학 등을 공부한 뒤, 1721년 의학 박사 학위를 받았다. 1723~1724년에는 미분방정식에 관한 《수학 연습 Exercitationes quaedam Mathematicae》과 흐르는 물의 물리적 현상을 다룬 논문을 저술해 상트페테르부르크에 있는 유력한 과학아카데미의 한 직책을 얻었다. 1732년까지 그곳에서 의학·역학·물리학을 강의했고, 진동 및 회전하는 물체의 성질을 연구했으며, 확률론에도 기여했다. 그 해에 바젤로 돌아와 해부학과·식물학과에서 직책을 맡았다. 그는 학자들로부터 널리 존경을 받았고, 유럽 전역에서 일반인들의 칭송을 받았다. 베르누이는 1738년 《유체동역학Hydrodynamica》으로 명성을 얻었는데, 이 책에서 그는 유체(流體)의 흐름에서 중요한 기본 성질, 즉 압력·밀도·속도 등을 고려해 이들의 기본 관계식을 세웠다. 또한 분자들이 표면과 충돌한다는 사실로 압력을 설명했으며, 분자들의 꾸준하고 무질서한 운동을 가정해 압력과 운동은 온도에 따라 증가한다고 주장함으로써 기체와 열의 운동학적 이론에 대한 기초를 세웠다. 1738년경, 처음 베르누이에게 수학을 가르쳤던 그의 아버지는 《수리학 Hydraulica》을 출판했는데, 자신이 우위를 차지하려는 이러한 시도는 아들에 대한 적개심의 일면을 보여준 것이었다.

32 카람진(Nikolay Mikhaylovich Karamzin, 1766~1826)

러시아 문학의 감상주의 유파를 대표하는 인물 카람진.

러시아의 역사가·시인·저널리스트. 러시아 문학의 감상주의 유파를 대표하는 인물이다. 어려서부터 계몽주의 철학과 서유럽 문학에 관심이 있었던 그는 서유럽을 두루 여행하고 그 감상을 《러시아 여행자의 편지, 1789~1790 Pisma russkogo puteshestvennika, 1789~1790》에서 묘사했는데, 이 글은 여행에서 돌아와 창간한 월간 평론지 《모스코프스키 주르날 Moskovsky zhurnal》(1791~1792)에 실린 가장 중요한 글이었다. 1803년 그는 황제 알렉산드르 1세와의 친교 덕분에 궁정사가로 임명되었으며 전12권인 《러시아 국가의 역사 Istoriya gosudarstva rossiyskogo》(1816~1829)의 집필에 여생을 바쳤다. 최초의 러시아사 개설서인 이 책은 독창적인 연구를 바탕으로 하고 있지만 학술적이라기보다는 문학적인 업적으로 계획된 것이었다. 역사 자체가 러시아 전제정치에 대한 하나의 변명으로 제시되어 있는 이 책은 러시아 역사서로는 최초로, 역사적 사건에 대한 외국 기록을 비롯해 수많은 문서를 활용한 저술이었다. 그러나 그는 미하일 로마노프의 즉위(1613)까지만 쓰고 죽었다. 카람진은 이 책을 쓰면서 거추장스러운 어법으로 가득 찬 러시아 문어를 지식층 언어의 리듬과 간결함에 근접시키려 했으며 완전한 문화적 어휘로 채우려 했다. 따라서 이 저서는 러시아 문어 발달에 기여한 바가 매우 큰 것으로 간주된다.

우리 시대에 계몽주의는 어떤 의미를 갖는가

피터 게이(Peter Gay)

기성 세대는 오늘날 서양 세계의 젊은이들이 18세기 계몽주의를—적대적이진 않더라도—그토록 부정적으로 여기는 것에 대해 의아해하고 있다. 또한 가장 뛰어난 계몽주의 연구자 중 하나인 피터 게이가 굳이 이 시대를 옹호해야 하는가에 대해서도 의문을 갖고 있다. 계몽주의 시대는 사회 제도와 문제에 이성이 적용되던 시대, 그리고 보다 더 행복하고 정의로운 사회 질서에 대한 희망이 있던 시대였기 때문이다. 한마디로 계몽주의 시대는 역사상 가장 밝게 빛난 시대 중 하나였다. 물론 계몽주의자들의 예리한 비판 정신에도 불구하고 이 시대 삶의 조건은 몹시 열악했다. 인구 대부분은 여전히 문맹이었고 농노와 다를 바 없는 상태에 놓여 있었다. 그러나 우리가 유념할 것은, 수많은 탁월한 지식인들이 사회 문제 해결에 헌신했다는 점, 그리고 이성을 적용함으로써 사회의 부패를 치유하고 더 나은 삶을 마련하고자 했다는 점이다. 이 시대를 사는 우리에게 이것보다 더 긴요한 일이 무엇이겠는가? 계몽주의 시대 이후 수많은 위대한 혁신이 이루어졌다. 그러나 개혁의 필요성은 지금도 여전히 절실하다. 개혁이 이성과 지식에 의해 달성될 수 없다면, 우리는 전적인 혼란 이외에 무엇을 기대할 수 있겠는가?

계몽주의에 대한 악의적 왜곡

계몽주의(the Enlightenment)가 우리 시대의 관심을 끌 만한 내용을 갖고 있다고 주장하는 것은 언뜻 보기에 터무니없는 일처럼 보인다. 무슨 변명같이 들리기도 한다. 마치 속세를 떠나 은둔한 학자가 참을성 없는 우리 시대에 눈높이를 맞춰보려고 안간힘을 쓰는 것 같다. 계몽주의는 비현실적이고 사라진 세계이며, 불과 2백여 년밖에 지나지 않았음에도 불구하고 마치 5백 년, 천 년이라도 된 것처럼 아득히 먼 과거의 일인 양 여겨진다. 우리는 계몽주의 시대가 이성·낙관주의·인도주의·세속주의, 그리고 미래에 대한 장밋빛 전망에 도취하고 탐닉하던 시대라고 알고 있다. (우리는 그런 유의 이야기를 자주 듣지 않았던가?) 그 대변인을 자처했던 계몽주의자들(philosophes)—그들은 볼테르 같은 무책임한 문인, 칸트 같은 비세속적인 철학자, 토머스 제퍼슨 같은 얄팍한 정치인·철학자 집단이었다—이 앞장서서 사람들에게 옳지 않은 기대감을 불어넣고, 나아가 이를 부

◀ 수많은 계몽주의자들 중 볼테르는 단연 발군이 인물이다. 그는 계몽주의를 그 시대 식자층의 일반적인 태도로 만들었다.

추긴 잘못을 저질렀다고 이해하고 있는 것이다.

이 설명이 정확한 것이라면 계몽주의 시대는 연구할 가치조차 없는 주제이다. 그리고 계몽주의자들의 개혁 프로그램은 거짓된 희망을 불러일으키고, 그 불가피한 귀결로서 참담한 절망을 초래한 하나의 환상에 지나지 않을 것이다. 결국 계몽주의는 기껏해야 부적절한 것이고, 나쁘게 말하자면 유해한 것이 되고 만다.

그러나 이런 식의 묘사는 악의적 왜곡에 지나지 않는다. 문장 하나하나를 고쳐 적고 새로운 의미를 부여해야만 한다. 이 작업을 수행하는 것은 매우 중요한 일이다. 철학자 산타야나[1]는 "과거로부터 배우지 않는 자는 그것을 되풀이하는 벌을 받게 된다"고 말한 적이 있다. 나는 여기에다가 "과거를 이해하지 못하는 자는 과거로부터 배울 수 없다"는 말을 덧붙이고자 한다.

희망의 시대, 과학의 시대

계몽주의는 두 가지 별개의, 그러나 상호 연관된 실체에 붙여진 이름이다. 그것은 하나의 시대 개념으로, 유럽과 신대륙의 유럽 식민지인들이 경험한 18세기라는 한 '시대'를 의미한다. 또한 그 시대를 물들이고 압도했던 하나의 운동, 즉 계몽주의자들의 '운동'을 가리키는 말이기도 하다. 두 계몽주의는 동일하지 않다. 칸트는 그다운 예리함으로 자신의 시대가 '계몽주의 시대'이긴 하지만 '계몽된 시대'는 아니라고 꼬집었다. 다시 말하면 개혁적이고 비판적인 계몽주의자들이 수행해야 할 일이 어마어마하게 산적해 있다는 것이다.

한 세기를 한마디로 압축해서 표현한다는 것은 언제나 위험한 일이다. 그러나 나는 그런 위험에도 불구하고 계몽주의 시대를 감히 '희망의 시대'라고 부르고 싶다. 과학자들과 철학자들이 뿜어낸 희망은 폭넓은 대중의 상상력을 사로잡았다. 점점 더 많은 사람들이 자신들의 환경과 개인적 운명을 임의로 조절할 수 있다는 자신감을 얻게 되었다. 이 희망은 수많은 원천들로부터 솟아 나왔으며, 수많은 요인들이 합쳐진 결과 불가항력적인 것이 되었다. 분명 그것은 불가항력적인 것이었다. 콩도르세[2] 같은 어쩔 수 없는 낙관론자뿐 아니라 존 애덤스[3] 같은 냉담한 리얼리스트이자 낙관론에 대한 신랄한 비판자들마저도, 자신들의 시기를 자신감의 굳건한 토대를 마련해준 시대라고 여겼다.

과학과 기술은 인류가 일찍이 누리지 못했던 새롭고도 유쾌한 전망, 즉 건강하고 안락하고 즐겁고 안정된 미래의 삶을 펼쳐 보여주었다. 놀라운 성공을 거둔 과학은, 물리학이나 천문학과 같은 특정 분야 이외의 영역에서도 지식을 획득할 수 있는 신뢰할 만한 방법을 제시해주었다. 계몽주의자들 가운데 선조들의 사고 능력을 전적으로 부인할 만큼 자만에 빠진 사람은 없었다. 그러나 그들은 이 시대의 발전된 과학적 사고야말로 기존의 어떤 지적 도구보다 훨씬 강력하고 정확한 새로운 도구라는 인상을 깊숙이 심어주었다. 이 과학적 사고는 유례없이 지식인들의 전폭적인 동의와 승인을 얻어냈다.

프랑스 중농주의자들의 말에 따르면—다소 기이하기는 하지만—역사상 가장 위대한 전제군주는 고대의 기하학자 에우클레이데스[4]이다. 왜냐하면 그의 명제는 지성과 선의를 가진 모든 사람의 동의를 얻어냈기 때문이다. 계몽주의자들에 의하면, 철학은 정밀한 과학을 모방해야 하며 그 바탕 위에서 수정·정련*·개선이 가능한 개념들을 산출해야 한다. 그래야만 철학이 기존의 어떤 철학 체계나 신학 교리보다 광범위하게 수용될 수 있기 때문이다.

계몽된 정신이 갖는 이와 같은 특성과 자질은 아무리 강조해도 지나치지 않다. 왜냐하면 이 점이 바로 18세기를 과거와 단절시키고 현재와 직결시키는 요인이기 때문이다. 볼테르는 역사란 과학적 상태를 향해 상승하는 것이라고 이해했다. 애덤 스미스(Adam Smith)

는 기존 경제학자들의 '정치 산술'을 부정확한 것으로 간주했다. 《연방주의론》[5]의 저자들은 자신들의 시대에 '정치과학'이 이룩한 진보를 자랑스러워했다. 계몽주의 시대에 각종 인간과학—심리학·정치경제학·정치학·문화사·사회학 등—이 출발점을 마련한 것은 주목할 만한 일이다. 이 새로운 과학을 주도한 학자들—그들 대부분은 계몽주의자였다—은 자신들이 두 가지 목적을 갖고 있다고 반복해서 주장했다. 첫 번째 목적은 인간과 그 행동에 관한 객관적이고도 총체적인 진리를 확립하는 것이었고, 두 번째 목적은 무엇보다도 인간의 운명을 개선하기 위해 이러한 진리를 확립하는 것이었다.

낙관주의 · 진보 · 이성

18세기에 팽배했던 가슴 벅찬 희망은 지적 발전에서만 비롯된 것은 아니었다. 지적 발전과 더불어 사람들은 진보의 증거를—특히 의학 분야에서—보게 되었다. 18세기의 의학은 현재 시각에서 볼 때 결코 대단한 것이 아니었다. 그러나 18세기 사람들은 자신들의 의학을 매우 유망한 것으로 평가했다. 우리는 단일 요소에 과도한 인과적 중요성을 부여하는 데 대해 회의적이다. 예컨대 페스트의 소멸과 기근의 감소가—유럽의 인구 증가도 마찬가지이지만—의학 발전의 결과라는 견해에 의문을 갖는다. 그러나 18세기에는 만족스러운 통계 자료를 거의 찾을 수 없었다. 그들은 막연히 인구 증가를 좋은 징조로, 즉 모든 면에서 희망이 증폭되는 증거로 간주했다. 맬서스[6]의 비관론은 계몽주의 시대가 끝날 무렵 등장한 것이며, 여러 면에서 그것은 한 시대의 종말을 특징짓는 것이었다.

이것이 전부는 아니다. 모든 계층, 심지어 상류 계층도 행동이 나아지는 것처럼 보였다. 폭력이 아닌 말에 호소하는 경우가 많아졌고, 노예제 반대와 같은 개혁적 명분이 진지한 호응을 얻었다. 호레이스 월폴[7]은 결코 낙관론자가 아니었음에도 이 시대를 찬란한 시대라고 생각했다. 그에 의하면 이성은 마침내 그것이 마땅히 받아야 할 주목을 받기 시작했다. 편견과 전제가 여전히 남아 있었지만 그것들은 적어도 '새로운 박해자나 순교자'를 만들어내지는 않고 있었다. 그는 다음과 같은 일들이 놀랍다고 생각했다. "어떤 총리대신도 교수대에서 죽임을 당하지 않고, 어떤 이단자도 화형당하지 않는다. 한 러시아 왕녀는 경쟁자의 목숨을 살려주었다. 투르크에서조차도 활시위는 느슨해졌다."

이러한 진보는 결코 보편적인 현상은 아니었다. 최근의 사회사 연구자들은 18세기의 빈민들은 과거와 마찬가지로 가난에 찌들어 있었으며, 인구 대다수의 평균 수명은 매우 짧았다고 지적한다. 또 전염병의 피해가 줄어들긴 했지만 하층 계급에서는 계속해서 무수한 질병 사망자가 나왔고, 외견상 기근은 줄어들었지만 여전히 수많은 사람들이 굶어죽고 있었다는 사실을 강력하게 상기시킨다. 새로운 산업 기술은 처음에는 천천히, 그 후에는 빠르게 영국을 거쳐 전 유럽으로 확산되었다. 그러나 착취는 사라지지 않았다. 그것은 단지 새로운 형태로—경우에 따라서는 더욱 잔인한 형태로—나타났을 뿐이다. 개혁적 계몽주의자들의 소중한 영역이었던 법률 부문은 더욱 억압적이 되었는데, 이는 유산 계급이 자신들의 이익을 보호하기 위해 사소한 절도 행위까지도 사형 선고가 가능한 범죄 목록에 올려놓았기 때문이다. 그러나 이런 점들을 용인한다면, 그리고 역사의 기록이란 통상 문자 해독이 가능할 정도로 유복한 사람들이 남긴다는 점을 감안한다면, 유럽인들의 전반적인 삶의 조건이 더 좋아졌고 희망은 걷잡을 수 없이 자라나고 있었다고 말할 수 있다.

계몽주의자들은 동시대인들의 이러한 희망을 기반으로 자신들의 프로그램을 발전시켰다. 계몽주의자들을 개혁가라고 부른다면 그 이유는 다음 두 가지 때문이다. 첫째 자신들의 프로그램이 실현될 기회를 맞이했다고 생각했다는 점과 둘째 계속해서 수행해야 할 많은 일이 산적해 있었다는 점이다. 계몽주의자들은 결코 몽상가들이 아니었다. 그들은 시대의 분위기를 감지했고, 여론을 휘어잡고 그 동향을 주도하려고 했다. 그러나 그 동향이란 것은 결국 그 시대가 이미 나아가고 있던 방향이었다. 다만 성급한 계몽주의자들이 희망했던 것만큼 그렇게 빨리 나아가지 않았을 뿐이었다. 한마디로 말해서 18세기 유럽 사회에서 낙관주의는 곧 현실주의였다. 달리 말하면 계몽주의 철학은 계몽주의 시대가 갈구하고 필요로 하던 철학이었으며, 그 시대 사람들이 충분히 누릴 자격이 있었던 그런 철학이었다.

그러므로 계몽주의자들의 낙관주의는 오랫동안 사람들이 믿어왔던 것 이상으로 합리적인 것이었고, 그런 만큼 그것은 우리가 흔히 생각하는 것보다 한층 온건한 것이었다. 유럽 각국의 계몽주의자들—독일의 빌란트[8], 스코틀랜드의 흄[9], 프랑스의 볼테르[10], 이탈리아의 베카리아[11] 같은 인물들—이 천명한 비관적 견해나 선언들을 수집하는 것보다 더 쉬운 일도 없을 것이다. 이들 계몽주의자들은 한결같이 낙관주의자였지만, 이들 중 어느 누구도 진보 이론을 신뢰하지 않았다. 이들 모두는 인간 이성이 전도유망하다고 생각했지만, 그 누구도 이성이 전적으로—또는 언제나—승리하리라고 언급하지 않았고 그렇게 믿지도 않았다.

사실 이성에 대한 계몽주의의 관점은 매우 복잡 미묘한 것이었다. 계몽주의자들은 감정을 폄하하기는커녕 감정의 힘을 인정했고, 감정의 작용을 존중했다. 그들은 지속적으로 그리스도교를 공격했다. (그리스도교는 그들의 주적이다.) 왜냐하면 그리스도교는 이성의 적일 뿐만 아니라 감정의 적으로 간주되었기 때문이다. "이성은 감정의 노예이며, 노예여야 한다"는 흄의 말을 모두가 알고 있지만 정작 그의 말을 진지하게 받아들이는 사람은 극소수에 불과하다.

계몽주의자들은 현대의 일부 극작가들이 높이 평가할 정도로 단호하게 육체적 요구와 감각적 쾌락을 예찬했다. (물론 이성의 범위 안에서였지만 그럼에도 그 찬양은 강력한 것이었다.) 그뿐 아니라. 이성에 대한 계몽주의의 찬탄을 현대 용어로 표현하자면, 그것은 과학적 방법에 대한 확신이었다. 계몽주의자들은 17세기 형이상학자들에 대해 끊임없는 불만을 토로했고, 그들의 야심만만한 이성주의적 체계를 바탕으로―그리고 여기에 뉴턴의 철학적 검손에 대한 부단한 옹호가 결합되어―모든 명제나 관습을 외관이 아닌 실제 결과에 의해 시험해볼 것을 주장하는 경험주의자이자 실용주의자가 되었다.

우리 시대에 계몽주의는 어떤 의미를 갖는가

이렇게 왜곡된 시각을 바로잡고 나면 계몽주의는 우리가 알고 있던 것보다 한층 정교하고 합리적인 것으로 드러난다. 즉 계몽주의를 화석처럼 유리상자 속에 집어넣고 경원하거나 무관심하게 쳐다보는 것이 아니라, 활용 가능한 하나의 힘으로 볼 수 있게 되는 것이다.

하지만 어떻게 그 일을 할 수 있는가? 우리는 계몽주의의 대표적 역사가들―흄, 볼테르, 로버트슨(William Robertson, 1721~1793), 기번[12]―이 최초의 근대적 역사가들이라는 사실을 부인할 수 없다. 그러나 도덕적 해석에 주력하고 그리스도교의 결점을 찾아내는 것에 집착했던 그들의 역사학은 현대 역사가들의 실제 모델로 기능하기에는 부족함이 많다.

우리는 계몽주의의 대표적 사회학자들―몽테스키외(Montesquieu)와 흄, 퍼거슨(Ferguson)과 애덤 스미스―이 최초의 근대적 사회학자들이라는 점을 부인할 수 없다. 그러나 그들의 저술은 매혹적이기는 하지만, 적절치 못한 자료와 유치한 이론들로 인해 현대 사회학의 아득히 먼 조상으로만 간주될 뿐이다.

우리는 계몽주의 미학자들—뒤보스(Dubos)와 흄, 디드로[13]와 칸트—이 최초의 근대적 미학자라는 사실을 인정한다. 그러나 심미적 자유를 향한 그들의 노력은 신고전주의와 너무나 긴밀하게 결부되어 있어서, 그들의 관심사는 더 이상 우리의 관심사가 아니다.

가장 골치 아픈 문제는 다음과 같은 것이다. 우리는 계몽주의 개혁자들이 최초의 근대적 개혁가라는 사실을 인정한다. 그들은 노예제를 증오했고, 빈곤을 개탄했으며, 잔인한 형법과 억압적인 검열을 규탄했고, 여성과 아동의 종속을 비난했다. 그들의 목표는 여전히 타당하며 실로 찬탄할 만한 것이다. 그러나 그들이 주장한 몇몇 항목들은 미온적인데다가 부적절한 경우마저 있어 우리에게 충격을 준다. 그 이유는 부분적으로는 그 제안들이 이미 성취되었기 때문이며, 또 부분적으로는 그 제안들이 오늘날 더 이상 문제가 되지 않거나 충분치 않기 때문이다.

만일 한 사람의 계몽주의자를 우리 시대에 다시 살려내어 그로 하여금 시간적 거리감을 갖고 18세기를 되돌아보게 한다면, 그는 아마도 자신의 활동을 유감스럽게 여기기보다는 오히려 성공적이라고 판단할 것이다. 결국 계몽주의자들은 지식을 과학적인 것으로 만들고자 했고, 그 지식은 앞서 언급했듯이 스스로를 고쳐 나아가려고 하는 진보적인 것이었다. 물론 그들은 종종 성공을 거두지 못했으며, 검증되지 않은 가정에 입각해 성급한 결론을 도출해야 하는 부담을 떠안고 있었다. 그리고 그들이 수행한 절차는 수정·재조직화·정교화를 필요로 했다. 그러나 이런 모든 점을 감안한다고 해도, 이런 문제점들 때문에 계몽주의의 타당성이 없어지는 것은 아니다. 사고방식 그 자체의 변화마저도 기꺼이 환영한 것이 그들의 사고의 본질이 아니었던가?

우리는 이러한 의문과 더불어 계몽주의 사상의 핵심, 그리고 계몽주의가 우리 시대에 갖는 의미와 효용—즉 계몽주의의 방법론—에 대한 문제에 이르게 된다. 계몽주의자들의 세속주의는 부분적으로 그리스도교와의 당파적인 싸움이었다. 계몽주의자들은 자신들의 호전성에 대한 대가를 지불했다. 그리스도교와의 불화로 인해 그들은 자신들이 집요하게 적으로 간주해온 대상에 대해 균형 잡힌 시각을 얻지 못했다. 그들은 그리스도교 사상, 그리스도교 예술, 그리스도교 인도주의—간단히 말해서 그리스도교 문명 전반—에 대해 공정한 평가를 할 수 없었던 것이다.

그러나 사제들의 사악함, 신학자들의 억측, 성경의 모순점에 대한 그들의 폭로에서 제기된 논점은 대단히 중요한 것이었다. 계몽주의자들은 인간의 삶과 믿음의 모든 부문에 비판적 사고를 확대하고자 했다. 그들은 통상 검증을 거치지 않았던 성스러운 영역—지배 권력의 정당성, 지배 가문의 행태, 국가 종교의 타당성 등—에 대해서까지 비판적 사고를 적용했다. 로마 황제들의 종교 정책에 대한 기번의 냉소적인 관찰이라든가, 동시대 신학자들의 기독교 변증론에 대한 볼테르의 냉소적인 분석은 인문학적으로는 결함이 있을지 모른다. 그러나 그것들은 동시대에 대한, 그리고 (우리가 경청하기만 한다면) 우리 시대에 대한 계몽주의의 가장 중요한 기여를 단적으로 예시해준다. 즉 '검증되지 않은 믿음'이라는 난공불락의 성채에 대한 직접적인 공격이었던 것이다.

사람들은 흔히 '비판'만으로는 충분치 않다고들 말한다. '방법론'만으로는 살 수 없다는 것이다. 그러나 계몽주의의 비판은 파괴 이상의 것이었고, 그 방법론은 단순한 방법론 이상의 것이었다. 그 하나하나는 인간에 대한 철학을 함축하고 있다. 후대에 등장한 위대한 비판자들—마르크스·니체·프로이트—은 모두 의심의 여지없이 계몽주의의 후예였다. 그들은 개인의 이기적 욕구를 위해 자신들의 비판 능력을 활용하지도 않았고, 비판 기법을 개발하지도 않았다. 그들은 오히려 현상을 꿰뚫어보고 실재를 추구했으며, 신학자들과 정치인들—그리고 역사가들—의 위선을 간파하여, 인간의 무의식적인 자기 기만을 폭로했다.

그러나 후대에 등장한 이들 비판자들은 자기들 나름의 독자적 방식으로 사고했다. 자신들의 새로운 영토를 발견한 것이다. 거듭 말하지만 오직 이것만이 타당하다. 현대의 어느 사상가가 레싱[14]이나 볼테르 또는 흄을 모방한다고 해도 그는 결코 그들과 같아질 수 없다. 그는 책의 노예가 될 뿐이지만, 그들(계몽주의자들)은 경험으로부터 배움을 얻은 인물들이었다. 그는 옛것을 연구하는 사람으로서 자신의 연구 대상들을 결코 놓치지 않겠지만 그들의 정신은 놓치고 말 것이다. 계몽주의 시대에 대한 진정한 찬양자라면, 그런 수준에 머물지 않고 있음을 보여주어야 할 것이다.

비판 · 검증 · 자율

하지만 어떤 방향으로 나아가야 할 것인가? 우리 시대의 시대 정신은 전반적인 기질과 분위기로 보아 계몽주의의 안티테제라고 할 수 있다. 계몽주의의 자신감도 온당한 것이었지만, 우리의 신념 상실 역시 타당한 것으로 보인다. 상반된 것으로 보이는 두 입장은 우리가 겪은 경험으로부터 자연스럽게 도출된 적절한 대응 방식으로 보인다. 나는 여기에서 우리 시대의 막연한 불안감에 대해 반복해서 언급할 필요성을 느끼지 못한다. 부조리의 위협이나 유혹은 모든 곳에 충만해 있다. 우리는 단지 부조리의 힘을 발견하기만 한 것은 아니다. 이성 그 자체가 광란으로 치닫고 있다. 우리 시대 최악의 창조물들—막강한 권력기관에 의한 대중의 소비 조작과 사생활 침해, 나치스의 대량 학살, 환경 파괴와 국제 정치의 냉혹성 등—은 모두 이윤 · 타락 · 살인에 충실히 봉사해온 발명 · 계산 · 실험의 산물이다. 한때 인간의 위대한 희망이었던 과학은 우리 시대에는 악몽이 되어버렸다.

나는 이 진부한 두려움의 목록에 유행에 뒤떨어진 희망 몇 조각을 덧붙임으로써, 우리의 공포와 희생과 우울한 전망을 밝게 하려는 의도는 가지고 있지 않다. 고통도 번민도 많지만 우리 삶의 겉 표면 아래에는 그와 더불어 어떤 건전한 요인이 잠재해 있다고 생각한다. 유럽의 허약함과 유럽 외교 정책의 실패는 혼란과 추악함, 고통의 한가운데서 바야흐로 범세계적 문명이 탄생하려 하고 있음을 암시해준다.

지금으로부터 4백 년 전에 프랑스의 정치인들은 상이한 종교 신앙을 지닌 사람들이 한 국가 안에서, 같은 주권자 아래에서 살 수 있다는 새롭고 전적으로 혁신적인 관점을 개진했다. 우리는 그와 마찬가지로 새롭고도 혁신적인 관점—전면 전쟁은 무의미하고 비실용적이며 불가능하다는—이 확산되는 것을 목격하고 있다. 황무지 같은 이 시대에 대한 조악한 위안에 불과할지 모르지만, 우리는 정녕 그런 시대에 살고 있다. 그리고 그것은 '무(無)'보다는 한결 나은 것이다. 마찬가지로 1960년대에 미국 등지에서 일어났던 젊은이들과 흑인들의 반란은 전대미문의 풍요로운 가능성을 함축하고 있다.

물론 가장 중요한 문제는 이러한 상황에서 우리가 결국 어떻게 될 것인가 하는 것이다. 희생자가 될 것인가 아니면 안내자가 될 것인가? 계몽주의는 바로 이 점에서 우리에게 계속해서 타당성을 가지며, 우리 문명에 대해서도 유익한 결과를 가져다줄 수 있다. 계몽주의는 비판 정신을 옹호하고, 성역 없는 검증을 주장했으며, 인간의 자율성—즉 책임 있는 자유—을 신장시키는 업적을 이루었다.

계몽주의 시대 말기에 활동한 칸트는, 자율이란 이성적 법칙에 복종하는 자유라고 말했다. 칸트의 경구는 다소 모호해 보인다. (복종에 무슨 자유가 있단 말인가?) 그러나 실제로 이 경구는 계몽주의의 비판적 방법의 의미를 탁월하게 요약해준다. 덧없는 충동에 복종하고, 변덕스런 생각을 따르고, 격정에 굴복하는 것은 자유가 아니라 무정부 상태일 뿐이며 그것은 다른 형태의 노예제일 뿐이라는 것이다. 자유인은 법을 따른다. 하지만 그의 자유는, 그 자신이 자유로운 가운데 법을 만들었다는 것을 인식함으로써, 그리고 그 법이 자신의 환경과 가능성 및 그 자신에 대한 지속적인 비판적 검토로부터 출현했다는 것을 인식함으로써 성립한다. 그러한 법은 자제심을 부여할 뿐만 아니라, 인간으로 하여금 능력이 미치는 범위 안에서 자신의 운명을 지배하도록 한다. 이러한 방법을 따를 때, 그리고 안이한 타협이나 절망의 유혹적 마력을 거부할 때 인간은 자기가 만든 세계를 지배할 수 있다.

■ 본문 깊이읽기

1 산타야나(George Santayana, 1863~1952)
에스파냐에서 태어나 1872년 미국으로 건너갔다. 철학자 · 시인 · 인문주의자로서 미학 · 사변철학 · 문학 비평 분야에 중요한 공헌을 했다. 주요 저서에《미의 의식 *The Sense of Beauty*》,《이성의 생활 *The Life of Reason*》등이 있다.

2 콩도르세(Condorcet, 1743~1794)
프랑스의 계몽주의 철학자이자 교육 개혁 옹호자. 인류가 무한히 완전해질 수 있는 능력을 가지고 있다는 진보 이념을 내세운 주요 혁명가 중 한 사람이다.

콩도르세는 프랑스 혁명의 발발을 열렬히 환영했으며 매우 활발한 정치 활동을 펼쳤다.

3 애덤스(John Adams, 1735~1826)
미국의 초대 부통령(1789~1797년 재임)이자 2대 대통령(1797~1801년 재임)으로 젊은 시절 정치가 · 정치 이론가로서 미국 독립운동에 참가해 헌법 구성에 영향을 미쳤다. 독립전쟁 기간 동안, 그리고 그 직후에 외교관으로 활동했다.

4 에우클레이데스(Eucleides)
영어로는 유클리드(Euclid)라고 부른다. 기원전 300년경 알렉산드리아에서 활동한 그리스 · 로마 시대의 으뜸가는 수학자이다. 기하학 논문인《기하학 원본

Stoicheia》이 잘 알려져 있다.

5 《연방주의론 Federalist papers》

1787~1788년에 뉴욕 주 유권자들이 헌법 비준을 지지하도록 설득하기 위해 알렉산더 해밀턴, 제임스 매디슨, 존 제이가 발행한 논설. 새로운 미국 헌법안과 공화정의 성격에 관한 85편의 연작 논설이다. 앞의 77편은 처음에 뉴욕 주의 신문들에 연재되었고 이어서 다른 대부분의 주에서도 전재되었다가 1788년 5월 28일 책으로 출판되었다. 나머지 여덟 편은 6월 14일부터 8월 16일 사이에 뉴욕 신문들에 게재되었다. 논설 전편은 '퍼블리어스(Publius)'라는 필명으로 발표되었으며 일부 논문의 필자에 관해서는 한때 학자들 간에 논쟁이 벌어지기도 했다. 그러나 거의 모든 역사가들이 기존의 역사적 증거에다 현대의 컴퓨터 분석을 첨가하여 추측한 다음과 같은 필자 추정에 동의하고 있다. 즉 해밀턴이 1, 6~9, 11~13, 15~17, 21~36, 59~61, 65~85편을, 매디슨이 10, 14, 18~20, 37~58, 62~63편을, 그리고 제이가 2~5, 64편을 썼다는 것이다.

맬서스는 말년에 런던 통계학회를 공동 설립했다.

6 맬서스(Thomas Malthus, 1766~1834)

영국의 경제학자·인구통계학자. 인구 증가는 언제나 식량 공급을 앞지르는 경향이 있으며, 엄격하게 산아제한을 하지 않으면 인류의 운명은 나아질 가능성이 없다는 이론으로 유명하다.

7 월폴(Horace Walpole, 1717~1797)

영국의 작가·미술품 감정가·수집가. 고딕 로맨스를 유행시킨 중세의 공포 이야기 《오트란토의 성 *The Castle of Otranto*》으로 유명하다. 오늘날에는 영어로 씌어진 가장 꼼꼼한 서간문작가로 기억되고 있다. 총리인 로버트 월폴 경의 막내아들로 태어나 이튼과 케임브리지대학의 킹스 칼리지에서 공부했다. 1739년 이튼 동기생이며 시인인 토머스 그레이와 함께 프랑스와 이탈리아를 널리 여행했는데, 두 사람은 여행 도중에 싸우고 헤어졌다. 그들은 그 후 화해해서 월폴은 평생 그레이의 시를 열렬히 좋아했다. 1741년 영국으로 돌아와 하원 의원이 되었으며, 1768년까지 의회 논쟁에 빠짐없이 가담했으나 두각을 나타내지는 못했다. 1791년 귀족 작위를 물려받았으나 평생 결혼을 하지 않았기 때문에 죽은 뒤 백작 작위는 소멸되었다.

월폴은 그의 대표작 《오트란토의 성》을 통해 당대 소설 속에 자유로운 허구 요소를 되살리는 데 성공했다.

8 빌란트(Christoph Martin Wieland, 1733~1813)

독일의 시인·문필가로 로코코 시대에 활동했다. 빌란트의 작품은 합리주의와 계몽주의에서부터 고전주의와 로만주의 전파(前派)에 이르기까지 그 당시 유행했던 주요 예술운동 양식을 모두 포괄하고 있다. 경건파 목사의 아들로 태어나 어린 시절부터 가족이 지켜온 경건주의를 더욱 공고히 하는 교육을 받았다. 취리히와 베른에서 지낸 1750년대는 그의 생애에서 '가장 맑고 깨끗했던 시절'로 여겨진다. 이 기간 동안 프리드리히 고틀리프 클롭슈토크의 시를 본떠 쓴 작품들은 독실하고 깊은 신앙심으로 가득 차 있다. 1760년에 국회 의원 겸

시 서기관이 되어 비베라흐로 돌아왔다. 이후 10여 년 간 자신의 본성에는 또 다른 감각적인 일면이 있음을 깨닫고 보다 세속적이고 합리주의적인 사고방식을 갖게 되었다. 이같이 변한 것은 그라프 슈타디온의 영향 때문이었는데, 그는 돈 많은 부자로 마인츠 대교구의 상서(尙書) 담당자로 일하면서 동료들과 함께 프랑스 문학 양식에 찬사를 보내던 사람이었다. 이 기간에 쓴 작품 중에는 에로틱한 시도 있지만 감성과 합리성 사이에 균형을 갖게 되었고 이때부터 작품은 성숙함을 더하게 되었다.

이 과정을 자세히 묘사하고 있는 소설 《아가톤의 이야기 Geschichte des Agathon》(2권, 1766~ 1767)는 심리적 발전을 보여주는 '교양소설Bildungsroman'의 시초로 여겨지고 있다. 1762년에서 1766년 사이에 22편에 이르는 셰익스피어의 희곡들을 최초로 독일어로 번역해 출판했는데, 이들은 질풍노도운동 계열의 극작가에게 큰 영향을 주었다. 1769~ 1772년에는 에르푸르트대학에서 철학을 강의했고 곧 이어 바이마르 공국 왕자들의 가정교사로 임명되었다. 훌륭한 교사로 성공하지는 못했지만 훌륭한 문필가로 찬사를 받았으며 궁정과 가깝게 지내며 여생을 보냈다. 1773년 《메르쿠어 Der Teutsche Merkur》라는 정기 간행물을 창간했는데 이것은 그 후 37년 간 지도적인 문학지가 되었다. 만년에는 자신을 고전주의자로 자처하며 대부분의 시간을 그리스와 로마 작가들의 작품을 번역하는 데 바쳤다. 비유적 서사시 《오베론 Oberon》(1780)은 후에 등장하게 될 로만주의의 여러 양상을 앞서 보여준다. 그러나 이러한 전조는 모순적이다. 왜냐하면 그가 로만주의 이론에 대단히 비판적이었을 뿐만 아니라 선두적 로만주의 작가들 또한 그의 작품을 크게 경멸했기 때문이다.

9 흄(David Hume, 1711~1776)

18세기 스코틀랜드의 경험론 철학자·역사가·경제학자·저술가. 철학을 인간 본성에 대한 귀납적 실험과학으로 보고, 뉴턴의 과학 방법과 존 로크의 인식론을 기초로 해서 인식이 생겨날 때 정신이 어떻게 작용하는지를 설명하려 했다. 그는 경험을 떠나서는 어떤 인식도 불가능하다고 주장했다. 그의 인식론이 후세에 지속적인 영향력을 끼쳤음에도 불구하고 정작 자신은 도덕가로 자처한 듯하다.

A. 램지가 그린 흄의 초상화.

10 볼테르(Voltaire, 1694~1778)

프랑스의 작가이자 사상가. 계몽주의 시대를 대표하는 인물이다. 오늘날까지 읽히는 그의 작품은 소수에 불과하지만, 그는 18세기 유럽의 전제정치와 종교적 맹신에 저항하고 진보의 이상을 고취한 인물로 아직도 세계적인 명성을 누리고 있다. 고전주의 말기에서 프랑스 혁명기 직전에 걸친 생애를 통하여, 그는 비판 능력과 재치, 풍자 같은 프랑스 정서 특유의 자질들을 구현한 작품과 활동으로 유럽 문명의 진로에 상당한 영향을 끼쳤다.

계몽주의 시대를 대표하는 인물 볼테르.

11 베카리아(Beccairia, 1738~1794)

이탈리아의 형법학자·경제학자. 형사법의 개혁에 관한 탁월한 저술인 《범죄와 형벌 Dei delitti e delle pene》을 남겼다.

12 기번(Edward Gibbon, 1737~1794)

영국의 합리주의 역사가로서 2세기부터 1453년 콘스탄티노플 멸망까지의 로마 역사를 다룬 《로마 제국 쇠망사 The History of the Decline and Fall of the Roman Empire》(6권, 1776~1788)의 저자로 잘 알려져 있다.

기번의 저서 《로마 제국 쇠망사》는 로마사 중에서 가장 조직적이고 계몽적이다.

13 디드로(Denis Diderot, 1713~1784)

프랑스의 문필가·철학자. 1745~1772년 계몽주의 시대의 주요 저작물인 《백과전서 L'Encyclopedie》의 편집장을 맡았다.

14 레싱(Gotthold Ephraim Lessing, 1729~1781)

독일의 극작가·비평가·철학 및 미학 관련 저술가. 독일의 극이 고전주의 극과 프랑스 극의 영향에서 벗어나는 데 이바지했으며 지금까지도 중요한 가치를 지닌 첫 독일 희곡을 썼다. 그의 비평은 독일 문단에 큰 자극을 주었고 보수적 독단론에 반대해서 종교적·지적 관용과 편견 없는 진실 추구를 주장했다.

18세기 유럽의 그랜드 투어

J. H. 플럼(J. H. Plumb)

흥미진진한 내용을 담은 이 글의 필자는 그랜드 투어가 18세기 유럽 각국의 귀족 계급으로 하여금 공통의 행동 규범과 연대 의식을 갖게 하는 데 중요한 역할을 했다는 것을 정확하게 지적하고 있다. 엄청난 비용이 소요된 이 교육 방식은 대단히 인상적이다. 여기서 우리가 유념해야 할 것은, 이 교육에 필요한 비용이 하층 계급에 대한 조직적인 착취를 통해 충당되었다는 사실이다. 유럽 대륙의 동쪽 끝에서 서쪽 끝까지—영국에서 러시아에 이르기까지—귀족 계급은 대체로 대토지 소유자들이었으며, 그들은 자신들의 토지를 농민에게 임대하여 해마다 막대한 수입을 거두었다. 그랜드 투어는 프랑스 혁명의 배경이 되었으며 무엇보다도 계몽주의의 핵심적인 국면을 이루는 사건이었다.
J. H. 플럼은 크라이스트 칼리지의 멜로우이며 18세기사 연구의 권위자로 알려져 있다.

종교적 대립과 여행 제한

17세기 말 이전까지 영국의 교육은 유럽 다른 나라들과 마찬가지로 좁은 지리적 범위 안에서만 행해졌다. 젠틀맨[1]의 자제들은 아주 어린 나이에 집을 떠나 교구 목사에게 맡겨졌다. 그곳에서 그들은 글씨 쓰기, 셈하기, 초급 라틴어 문법 등을 배웠다. 영국 수상이었던 로버트 월폴[2]은 네 살 때 집을 떠나야 했다. 휴일은 크리스마스 때 며칠, 그리고 수확기에 한 달뿐이었다. 아홉 살이나 열 살이 되면 목사관을 떠나 이웃 도시의 문법학교에서 교사와 함께 숙식을 하며 지도를 받았고, 그 지역의 상인 자제들과 어울렸으며 그들은 같은 옷을 입고 같은 언어로 말했다. 당시에는 사회적 신분의 차이가 자제들 간의 긴밀한 교제를 방해하는 요인이 되지 않았던 것이다.

사춘기가 되면 그들은 가는 길이 달라졌다. 상인의 아들은 도제의 길을 걸었고, 젠틀맨의 아들은 대학에 가거나 사회 유지에 필요한

◀ 그랜드 투어가 끝난 후 수집가 찰스 타운리(Charles Towneley)가 독일 태생 영국 화가인 요한 조퍼니(Johann Zoffani, 1733경~1810)를 시켜 하드리아누스 빌라(Hadrian's Villa)에서 가져온 보물에 둘러싸인 자신의 모습을 초상화로 그리게 하고 있다.

전문 지식—종교와 법률에 대한 지식—을 얻기 위해 법학원(the Inns of Court)에 진학했다. 옥스퍼드와 케임브리지대학에서 2~3년을 공부한 후(집이 멀리 떨어져 있을 경우에는 휴일에도 줄곧 학교에 머물러야만 했다), 집으로 돌아와서 부친을 도와 재산을 관리했다. 어쩌다 하게 되는 런던 여행이나 그보다 좀 더 자주 하게 되는 지방 도시 여행—요크(York), 브리스톨(Bristol), 노위치(Norwich), 엑세터(Exeter) 등—을 제외하면 그들의 일생에서 더 이상의 여행은 불가능했다. 그들은 평생 자기 고장에서 살다가 생을 마감했다. 이것이 서북 유럽 전역에 걸쳐 거의 예외 없이 이루어진 교육 패턴이었다.

궁정에 출입하는 일부 귀족들은 예외적인 경우에 해당되었다. 필립 시드니[3]는 해외에서 학업을 마치고 어학 실력을 완성한 다음 다른 나라의 정부 형태와 실상을 파악할 수 있도록 여권을 하사받았는데, 이것은 장차 국사에 참여하기 위한 훈련을 쌓는 데 그 목적이 있었다. 이렇듯 권력자의 주목을 받은 유망한 젊은이가 행정 업무에 필요한 능력을 배양하기 위해 외국 대학에 파견되는 경우는 가끔 있었다. 그러나 일반적으로 정부는 외국 여행을 위험하다고 간주했다. 프로테스탄트 국가들은 로마 가톨릭 사제들이 자국의 젊은이들을 타락시킬까 우려했고, 가톨릭 국가들은 이단 종파와의 접촉을 두려워했던 것이다.

종교 갈등 완화와 경제력 향상

1700년경에 이르러 이 모든 것이 변화되었다. 문법학교와 대학은 더 이상 젠틀맨의 자제들로 붐비지 않았다. 대학은 급속히 공동화(空洞化)되었다. 예컨대 케임브리지대학의 크라이스트 칼리지는 1733년에 단 세 명의 신입생만을 받았으며, 수많은 강의실이 텅 비어 있었다. 상인들은 민간 교육기관에서 제공한 새로운 형태의 교육, 즉 부기·어학·지리·항해술—상인에게 반드시 필요한 과목들—을 가르치는 학교를 선호했고, 젠틀맨들은 자식들에게 그랜드 투어를 권했다. 1720년에 이르면 사회적 지위가 있다고 자처하는 영국인이나 독일인 중에서 프랑스나 이탈리아에서 2~3년 정도 체류한 경험이 없는 이들은 시골뜨기 취급을 받았다. 스칸디나비아와 러시아의 귀족들도 재빨리 그러한 유행을 뒤따랐다. 그 결과 18세기 유럽의 귀족들은 다양한 국적에도 불구하고 예법과 심미안이란 점에서 놀라울 만큼 동질성을 갖게 되었다.

이러한 변화의 이유는 명백하고도 단순하다. 여전히 신의 이름으로 야만적 행동이 계속되기는 했지만 식자층의 교양이 성숙하면서 광포한 종교적 갈등은 많이 누그러졌다. 그리고 유럽 각국은 자국 정부가 선택한 종교를 신민에게 강제할 능력이 있다는 자신감을 갖게 되었고, 그 결과 17세기가 끝나기 전에 종교적 투쟁—그것은 또한 시민적 투쟁이기도 했다—은 사라지기에 이르렀다. 종교의 파괴적 힘은 더 이상 심각하지 않았다. 철학이 널리 보급되고, 이성적 신과 이성적 우주에 대한 숭배—그것은 당시 상류 계급의 유행이었다—가 확산됨으로써, 부모들은 자식들이 외국에 머무는 동안 그들의 영혼이 위험에 빠질지도 모른다는 우려를 덜게 되었다.

로마에 대한 문화적 열등감

더욱이 서북 유럽은 신세계—동쪽과 서쪽—에서 유입된 엄청난 상업적 이익으로 점점 부유해지고 있었다. 설탕·담배·노예·향료 등으로 인해 영국의 브리스톨에서 독일의 함부르크에 이르기까지, 유럽 귀족과 상인들의 주머니는 금화로 두둑해졌다. 그러나 그들은 경제적으로는 부유했으나 문화적으로는 조야한 수준에 머물렀다. 이탈리아인 심지어 프랑스인 정도만 되어도 고대 세계로부터 이어

받은 그들의 장려한 유산에 대한 자긍심이 있었다. 비록 쇠락하고 폐허가 되긴 했지만 아름다운 건물들은 여전히 남아 있었다. 이탈리아와 프랑스의 과학자·철학자·역사가·시인들은 모두 자신들의 위대한 과거를 찬양했다. 그러나 영국인·독일인·러시아인·스칸디나비아인들은 고대의 영광을 누리지 못했다. 허물어진 방어용 성벽, 여기저기 흩어져 있는 아치들은 그들이 과거 로마의 노예로 살았음을 보여줄 뿐이었다. 이런 것들을 제외하면 그들이 가진 것이라곤 그 당시에 야만적인 것으로 간주되던 유물들—거대한 고딕 성당들, 역사가 그리 길지 않은 봉건 시대에 축조된 거대한 성들—뿐이었다. 이들 국가의 신민들은 문화의 울타리 바깥에서 성장했으며, 유럽의 변방에 속해 있었다. 그들은 자신들의 문화가 촌스럽다는 것을 잘 알고 있었다. 특히 그들은 루이 14세가 거처하는 왕궁의 화려함을 접한 후에 자신들이 문화적으로 열등하다는 것을 당연한 사실로 받아들이게 되었다.

호화판 외국 유학 그랜드 투어

루이 14세는 베르사유에서 세련되고 귀족적인 장엄한 세계를 창조했다. 그의 궁전은 로마 제국 시대 이래의 어떤 건축물보다도 웅대했다. 루이 14세가 고용한 화가와 시인들은 루이 14세 시대의 프랑스에 이르러 비로소 유럽에 고대 로마의 아우구스투스 시대에 필적하는 장엄함이 되살아났음을 암시하면서, 그림과 드라마를 통해 끊임없이 로마 제국의 영광을 상기시켰다. 고전 세계는 이탈리아 르네상스로 부활한 모습을 통해서, 또 고전 세계 그 자체로서 유럽인을 황홀경에 빠뜨렸다.

젠틀맨이라 자처하면서 고전작가들에 대해 문외한인 채로 남는다는 것은 있을 수 없는 일이었다. 영국의 하원이든, 아메리카 식민지의 버지니아 의회든, 폴란드 의회든 어디에서나 라틴어 인용구가 회자되었다. 여러 세기 동안 지속되던 야만의 시대가 마침내 끝나고, 로마 상류 계급의 상징이던 위엄 있고 우아한 생활이 비로소 가능해졌다는 감정이 전 유럽을 휩감고 있었다.

루이 14세는 단순히 로마 황제의 위엄을 모방하는 것 이상의 일을 해냈다. 그는 매우 효율적인 전쟁과 외교 기법을 발전시켰는데, 그것은 유럽의 모든 국가가 한결같이 추구하던 목표였으나 어느 나라도 프랑스에 필적할 수 없었다. 유럽 각국의 신참 군인과 초임 외교관들은 프랑스에서 자신들의 업무를 익혔다. 귀족들이 자신들의 지위에 맞는 생활 방식을 배울 수 있는 곳도 오직 프랑스뿐이었다. 그들은 그곳에서 귀족답게 식사하는 법, 옷 입는 법, 춤추는 법, 대화하는 법, 사랑하는 법, 결투하는 법 등을 배웠다. 그러나 프랑스만으로는 충분치 않았다. 고상한 미적 감각은 고전문화의 원천인 이탈리아를 방문해야 제대로 배울 수 있었다. 젊은 귀족에게 사랑하는 법을 가르치는 데는 이탈리아가 프랑스보다 훨씬 낫다고 여기는 사람들도 있었다.

예법을 익히고 귀족이 택할 수 있는 유일한 직무인 전쟁과 외교를 배우기 위해, 그리고 자기가 속한 계급의 문화를 배우기 위해 영국과 독일의 젊은 귀족들은 반드시 그랜드 투어를 해야만 했다. 새로이 누리게 된 경제력 덕분에 유럽인들은 유럽 역사상 가장 값비싼 교육비를 부담할 수 있었다. 젊은 귀족들은 보통 3년, 때로는 4~5년씩 외국에 체류했다. 대개 그들은 수행원으로 두 명의 가정교사―학문을 가르치는 교사와 승마·펜싱·전술을 가르치는 교사―를 거느렸다.

학문을 가르치는 교사는 저명한 학자인 경우가 적지 않았다. 실제로 경제학자인 스미스―《국부론》의 저자―는 버클루 공작(Duke of Buccleuch)의 여행에 동행했으며, 역사학자인 윌리엄 콕스(William

Coxe)는 허버트 경(Lord Herbert)을 가르쳤다. 하인의 경우 보통 한 사람은 영국에서 데려왔고, 다른 한 사람은 현지에서 고용했다. 최고위층 귀족은 배로 자가용 마차를 실어왔다. 그러나 대개는 현지에서 마차를 임대했는데, 이 무렵 칼레의 데생(Dessin)이란 숙박업자는 마차 임대업으로 큰 재미를 보았으며 그 업종을 실질적으로 독점하다시피 했다.

그랜드 투어는 보통 프랑스의 지방 도시에서 매우 소박하게 시작되었다. 영국인이 거의 없기 때문에 소년 귀족은 프랑스어를 사용해야만 했다. 그들은 흔히 디종(Dijon), 스트라스부르(Strasbourg), 리옹(Lyon) 등을 찾았다. 이런 도시들은 독일이나 스위스로 짧은 여행을 떠나기에 편리한 장소였기 때문이다. 투렌(Touraine) 지방의 도시를 즐겨 찾는 사람들도 있었다. 이 지방에서는 순수한 프랑스어가 사용되었기 때문이다.

소년의 하루는 철저히 규제되었다. 콕스는 학부형인 펨브로크 백작(Earl of Pembroke)에게 '무슨 요일 몇 시에 무엇을 가르쳤는지 일일이 보고할 것'을 지시받았다. 첫 번째 가정교사 윌리엄 콕스, 두 번째 가정교사 캡틴 플로이드(Captain Floyd), 그리고 어린 허버트 경은 매달 1일·10일·20일에 자신들의 행적을 보고해야만 했다. 소년이 승마·펜싱·춤·테니스·당구 등을 배우는 시간은 수학·역사·지리를 배우는 시간과 마찬가지로 엄격히 통제되었다. 그는 1년에 두 번씩 치과의사에게 가야만 했으며, 매일 아침 식사 전 카밀레 차를 마셔야 했고, 매달 2일에는 머리를 다듬어야 했다. 그러나 이 엄격하고 무자비한 규칙은 소년의 나이가 어릴 경우에만, 소년이 여행하는 곳이 낯선 외국일 경우에만, 그리고 가정교사들이 고국에 있는 소년의 부친을 두려워할 경우에만 지켜졌다. 곳곳에 살롱이 넘쳐나는 세련된 도시 파리에서는 이러한 모든 규제가 힘을 잃었으며 가정교사들이 제아무리 고삐를 조이려 해도 실패로 돌아가기

일쑤였기 때문이다.

파리를 거쳐 이탈리아로

파리는 한편으로는 황홀하고 다른 한편으로는 실망스러운 도시였다. 고질적인 영국 예찬론자들은 파리를 가리켜 '천박하고 초라한 제2의 런던'일 뿐이라고 낮춰 말하기도 했지만 대부분의 사람들은 깨끗한 거리, 밝은 조명, 르 노트르[4]가 설계한 아름다운 왕실 정원에 매혹되었다. 정원은 우아한 산책과 점잖은 유희에 알맞도록 만들어졌다. 이곳에 온 영국·독일·러시아의 청년들은 프랑스의 의상을 보고 입을 딱 벌렸지만 이내 새로운 의상에 익숙해졌다. 파리에 도착하자마자 새로운 옷을 사 입는 것은 필수적인 절차였다. 만년에 들어 그랜드 투어에 올랐던 새뮤얼 존슨[5]마저도 파리에 도착한 당일에, 갈색 퍼스티언 천[6]으로 만든 옷을 벗어던지고 실크와 레이스로 만든 옷으로 바꿔 입었을 정도였다.

자연스러운 일이지만 명문가 사람들은 종종 귀족 서클에 초대받았으며 대개의 경우 궁정에도 출석했다. 여러 주(週)에 걸친 무도회와 파티가 이어졌고 그 사이사이에 관광과 사치품 쇼핑을 했다. 그들은 황금으로 만든 코담배통·홍옥수(紅玉髓)와 마노(瑪瑙)로 만든 도장·세브르 산 도자기·고급 벨벳·실크·다마스크 천·병풍·부채·방물상자·금박으로 장식한 대리석 시계·다이아몬드로 장식된 회중시계·조각가 클로디온[7]이 만든 아름다운 테라코타·부샤르동[8]의 청동 조각 등을 구입했으며, 이 모든 것들은 상자에 넣어져 안전 조치가 취해진 다음 여행객들의 귀국 일정에 맞춰 발송되었다.

젊은 귀족들은 품행이 문란해지고 재정이 바닥나기 전에 파리에서 이탈리아로 발걸음을 옮겼다. 1780년까지 프랑스에서 이탈리아로 가는 가장 일반적인 노정은 사보이(Savoy)를 거쳐 몽서니(Mont

Cenis)를 넘어 투린(Turin)으로 가는 것과 배편으로 론 강(Rhone)을 내려가 펠러커[9]로 앙티브(Antibes)에서 제노아(Genoa)로 가는 것 두 가지였다. 두 경우 모두 흥미진진한 여행길이었다. 몽서니를 거쳐 가려면 마차를 분해한 후 승객을 가마에 앉힌 채 급경사인 길로 이동해야만 했는데, 이런 식의 여행은 악천후로 통행자들의 생명마저 위협받는 겨울에는 쉽지 않은 일이었다. 호레이스 월폴은 이 길을 가다가 눈앞에서 아끼던 애완견을 늑대에게 빼앗겨야만 했다. 배편을 이용해야 하는 노정은 론 강 특히 퐁생테스프리(Pont-Saint-Esprit) 부근의 어마어마한 급류가 위험했으며, 그 지점을 통과하고 나서도 펠러커가 지중해를 배회하는 바바리[10] 해적선에 나포될 가능성이 상존했다. 납치된 돈 많은 기독교도들은 거액의 보상금을 내놓아야 했다.

그러나 1750년 이후로는 산을 통과하는 경로가 널리 이용되면서 바닷길 여행은 뜸해졌다. 자연의 경이—특히 빙하, 그 중에서도 몽블랑의 '얼음 바다(Mer de Glace)'—가 찬탄의 대상이 되기 시작했으며, 그 결과 모험적인 등반이 빠진 그랜드 투어는 완벽한 것이 될 수 없었다. 그리하여 많은 사람들은 이탈리아로 가는 길에 샤머니[11]에 들렀다. 그들은 기압계—빙하 위에서 물을 끓여 고도를 측정하는 차 주전자—와 도시락 바구니, 천막을 휴대하고 안내인을 앞세워 하인들과 더불어 용감하게 산을 올랐다. 황후 조제핀(Josephine Bonaparte)은 1810년에 68명이나 되는 안내인을 거느리고 산에 올랐다!

산의 경관을 화폭에 담을 화가를 고용하기도 했다. 파머스턴 경[12]은 저명한 수채화가 윌리엄 파스(William Pars, 1742~1782)를 데리고 갔다. 벡퍼드[13] 또한 수채화가 커즌스[14]를 데리고 갔다. 그들의 그림은 산의 경관을 로맨틱하게 그린 최초의 사례에 속한다. 눈과 얼음으로 뒤덮인 산 정상의 모습에 모든 사람들은 인간의 보잘것없음과 대자연의 위대함을 느끼지 않을 수 없었다. 얼음 바다에 오른 최초

한 영국인 청년이 가정교사들과 함께 프랑스 여관에 도착하고 있다. 그는 이곳의 음식과 잠자리가 만족스럽지 않을까봐 걱정이다.

의 여행자 중 한 사람인 볼티모어의 하워드 박사(Dr. Howard)는 산에 오른 지 20년이 지난 후 이렇게 회고했다. "나는 지금도 그 당시를 생각할 때마다 전율을 느낀다."

애디슨[15]이나 기번 같은 그랜드 투어 초기 세대는 산에 대해서는 무관심한 채, 헌정 비교 연구에만 전념했다. 스위스의 수많은 주와 도시들은 그러한 연구에 필요한 풍부한 사례를 제공했다. 그러나 시간이 흐르면서 그랜드 투어는 점차 즐거움은 늘리고 학업은 줄이는 방향으로 변화했다. 루소의 로만주의 또한 이러한 추세를 부채질했다. 로만주의는 교육에서 지성만큼이나 감정이 중요하다고 강조했기 때문이다.

경이의 땅 이탈리아

이탈리아는 어떤 여행에서든 가장 중요한 부분으로 꼽혔으며, 다른 어느 곳보다 오래 머물렀다. 존슨 박사는 "이탈리아에 다녀오지 않은 사람은 항상 열등감을 느낀다"고 말할 정도였다.

이탈리아는 경이의 땅이자 유럽의 골동품 가게였다. 투기꾼들은 로마의 대리석 조각과 청동 조각들을 열광적으로 파냈으며, 헤르큘라네움[16]과 폼페이[17]의 발굴은 그들의 상상력에 불을 질렀다. 영국인들 사이에서는 예술품을 가지고 귀국하는 것이 당연시되었다. 그들은 하루아침에 아마추어 예술애호가가 되어, 로마의 골동품 접시와 예술 양식에 관해 열띤 토론을 벌였다. 그들은 궁정·수도원·수녀원 등을 샅샅이 뒤졌으며, 스파이와 제보자를 고용하는가 하면 너무나 쉽게 사기꾼의 농간에 넘어가곤 했다. 18세기를 거치는 동안 영국·독일·스칸디나비아·러시아의 각 가정에는 수많은 예술품들 —그것들 중에는 상급·중급·하급 물건이 뒤섞여 있었다—이 속속 유입되었다. 그러나 이탈리아는 예술 이상의 것을 제공했다. 존슨 박

한 여행자가 프랑스 세관원의 검색을 바라보고 있다. 그는 곧 교훈을 배웠으니, 조심스럽게 뇌물을 바치면 시간과 수고를 덜 수 있다는 것이었다.

사는 이렇게 단정적으로 말했다.

"만일 젊은이가 난폭하거나 여자 꽁무니를 따라다니거나 나쁜 친구들과 어울려 다닌다면 외국 여행을 다녀오게 하라. 귀국할 무렵이면 그런 일을 다 접고 새사람이 되어 있을 것이다."

미혼이지만 결혼은 불가능한 영국 여배우와 놀아나는 것보다는 차라리 가톨릭 교도이면서 기혼인 이탈리아 백작 부인과 사귀는 편이 더 나았다. 더욱이 이탈리아 백작 부인은 젊은이가 우아한 연애 스타일을 익히도록 해줄 뿐만 아니라 결혼 후의 잠자리 테크닉을 향상시키는 데도 도움이 되었다. 세상일에 닳고 닳은 부모들은 젊은 아들이 이탈리아에서 사랑에 빠지기를 원했다. 펨브로크 백작은 이탈리아로 떠난 아들에게 자신이 그곳에서 사귀었던 옛 애인을 소개하는 편지를 감상적인 필치로 써 보내기도 했다.

밤낮으로 이어진 관광뿐만 아니라 끊임없는 사랑 놀음도 젊은 귀족들의 외국 유학 생활을 완성하는 데 한몫을 했다. 그것은 여유롭기 그지없는 '완성'이었다. 그들은 유적과 오페라를 보기 위해 투린·밀라노·로마·나폴리를 찾았고, 건축가 팔라디오(Andrea Palladio, 1508~1580) 때문에 베로나를 방문했으며, 베네치아는 카니발 때문에 들렀다. 롱기(Pietro Longhi, 1702~1785)의 그림—외설적이고 자유분방하며 우아하다—은 베네치아의 매력이 방탕함에 있다는 것을 상기시켜준다. 이곳의 가장무도회는 그야말로 방종과 일탈의 무대였다.

이탈리아에서 1~2년을 지낸 다음에는 고향으로 가는 긴 여행이 시작되었다. 영국을 떠날 때 인생이 뭔지 모르는 애송이였던 여행자는 세련되고 품위 있는 예술전문가가 되어 돌아왔다. 그들은 바토니(Pompeo Girolamo Batoni, 1708~1787)나 카리에라(Rosalba Carriera,

이탈리아 여행의 절정은 의자에 앉은 채로 베수비오 산을 올라 분화구를 관찰하는 것이었다.

1675~1757), 또는 멩스(Anton Raphael Mengs, 1728~1779)를 시켜 자신의 초상화를 그리게 했다. 진품도 있지만 가짜가 훨씬 많은 최고급 그림 한두 점, 수채화, 데생, 석판화 컬렉션, 나폴리 왕실인쇄소에서 출간한 폼페이 관련 최신 서적, 대리석 조각, 청동 조각, 제노아 벨벳, 그리고 거실을 장식할 카포디몬테 자기[18] 등을 커다란 나무 상자에 담아 안전을 위해 군함에 선적하여 고국으로 부쳤다.

그랜드 투어가 얼마나 성공적이었는가 하는 것은, 귀로에 파리에 들렀을 때 그가 살롱에서 얼마나 능란하게 처신하는가로 측정되었다. 고향에 돌아오면 그는 매혹적인 상류 사회에 편입되었다. 데팡 부인[19]에 관한 이야기로 화제를 돌림으로써, 그리고 피티 가문[20] 소장의 미술품이나 화가 부시리(Giovanni Battista Busiri, 1698~1757)가 청구한 금액을 언급함으로써 그는 재빨리 처음 만난 사람들의 수준을 평가했으며, 그들이 자신과 같은 귀족 세계에 속해 있는지 여부를 알아낼 수 있었다.

그랜드 투어의 변질

이 사치스러운 교육에는 적지 않은 경비가 소요되었다. 한 명의 젊은 귀족이 외국 여행을 하려면 그의 부친은 매년 3천~4천 파운드(약 20만 달러)를 부담해야만 했다. 그러나 거액임에도 불구하고 점점 더 많은 사람들이 이 여행길에 나섰다. 젊은 귀족들뿐만 아니라 부르주아 계급의 중년 세대들도 여행에 나섰다. 유럽 여행의 매력은 급기야 미국과 서인도제도 부호들의 호기심을 불러일으켰다. 18세기 말에 이르면, 영국 · 독일 · 스칸디나비아 등지에서 귀족들뿐만 아니라 부르주아들까지 따뜻한 남쪽을 향해 몰려들었다.

필립 시크니스(Philip Thicknesse)는 저렴한 비용의 그랜드 투어를 처음으로 시도하여 이를 대중화하는 데 성공했다. 1790년에 시인 워즈워스와 그의 친구 로버트 존즈(Robert Jones)는 아마도 대학생으로서는 처음으로 소지품을 등에 짊어지고 도보로 유럽 여행길에 올랐다. 범선과 마차 대신 증기선과 기차가 새로운 교통 수단으로 등장하자 여행객들의 수가 엄청나게 증가했고, 이 새로운 흐름은 마침내 그랜드 투어를 압도하게 되었다. 중간 계급의 가치가 강조되면서 귀족적인 교육 기준은 밀려나게 되었고, 가정교사와 그랜드 투어 대신 사립학교와 대학이 그 자리를 메웠다. 바야흐로 외국 여행의 목적은 교육과 예절 함양보다는 취미와 오락으로 변질되었다.

그러나 그랜드 투어는 그 절정기에 유럽인의 사회 생활에 막대한 영향을 주었다. 그것은 또한 여행 관행의 기본 틀을 만들어냈으니, 후대의 관광 여행은 그랜드 투어의 패턴을 받아들여 확대시킨 것이다. 여행자들이 앞다투어 기록했던 일기 중 일부는 활자화되었고, 또 다른 일부는 젊은이들을 훈계하고 충고하기 위해 가족 서가에 보존되었다.

18세기가 진전되면서 서술적인 문헌 대신 실용적인 안내서가 등장했다. 토머스 테일러(Thomas Taylor)가 쓴 《신사의 외국 여행 안내서 *The Gentleman's Pocket Companion for Traveling into Foreign Parts*》에는 지도 · 도로 안내 · 거리 표시 · 통화 및 무게 환산표 등 다양한 정보와 이탈리아어 · 프랑스어 · 독일어 · 에스파냐어의 간단한 실용 회화가 수록되었다. 그것은 곧 모든 여행자들의 핸드북이 되었으며, 뒤이어 그와 유사한 수많은 안내서들이 끊임없이 쏟아져 나왔다.

유럽 귀족 계급의 동질성

그랜드 투어 열기를 통해 돈벌이 기회를 노린 사람은 저널리스트 · 출판업자 · 아마추어 작가만이 아니었다. 펜싱 · 댄스 · 승마 등을 가르치는 직종 또한 어찌나 성업했는지 파리에서는 그야말로 포화 상태였다. 파리에서 재미를 보지 못한 교사들은 모스크바·부다페스트·에든버러·스톡홀름 등으로 가서 소부르주아 계급을 상대로 예법을 가르쳤다. 이들 소부르주아 계급은 고향을 떠날 시간과 재력은 없지만, 아들딸들이 귀족 계급의 외양을 흉내 낼 수 있길 바라고 있었다. 어학교사들은 흔히 이 방면에서 선구자적인 길을 걸었다. 모든 나라에서 일상 대화를 할 때 이탈리아어나 프랑스어를 몇 마디 섞어 쓰는 것이 품위의 상징이 되어버렸기 때문이다. 모럴리스트들은 프랑스와 이탈리아의 풍습 때문에 그들 고유의 예법이 타락하는 것을 비난했지만, 그럼에도 불구하고 남부 유럽 문화에 대한 열광이 서유럽·북유럽·동유럽의 야만성을 순화시키고 정중한 예법을 신장시켰다는 점은 의심의 여지가 없었다.

그러나 독일의 몇몇 궁정이나 러시아의 귀족 계급처럼 그것이 극단으로 치우치면 위험이 수반되었다. 러시아의 귀족들은 프랑스어를 말하고, 프랑스 의상을 걸쳤으며, 프랑스 가구에 걸터앉아 대개의 경우 프랑스인 하인을 거느렸다. 일이 이 지경에 이르자 그들은 러시아인의 문제와 그들 자신의 문제에서 멀어지게 되었고, 그 결과로 계급 간 간극이 엄청나게 벌어지고 말았다.

한편 독일에서는 민족주의적 성향의 부르주아 계급이 계몽주의의 영향을 받아 외래 문화에 대해 경쟁심을 갖게 되었고, 급기야 그것은 시기와 증오로 전환되어 튜턴적 관습—부르주아적 로맨스가 포함된 조야하고 우스꽝스럽고 모호한 관습—을 개발하기에 이르렀다. 그것은 고대 그리스와 로마에서 비롯되어 프랑스와 이탈리아에서 여전히 살아 움직이던, 그랜드 투어로 상징되는 국제적 귀족문화에 대한 반발이었다.

이러한 일탈적인 결과는 그랜드 투어가 이룩한 최대 업적에 대한 자연스러운 반응이었다. 그랜드 투어는 유럽 귀족 계급에게 동질성을 가져다주었다. 그와 같은 동질성은 그때 이후로 어떤 계급에 의해서도 그렇듯 국제적 규모로 달성된 적이 없었다. 전기작가 제임스 보즈웰[21]은 위트레흐트·베를린·다름슈타트·주네브·피렌체·베네치아·밀라노·나폴리·파리 등의 귀족 사회로 진입하는 데 아무런 어려움도 겪지 않았다. 그러나 그는 스코틀랜드 젠틀맨으로서 그다지 지체 높은 가문 출신은 아니었다. 호레이스 월폴은 20세의 나이에 프랑스와 이탈리아의 상류 사회에 아무런 어려움 없이 진입했다. 그와 같은 신분을 지닌 젊은이라면—그의 국적이 무엇이든 간에—취향·지식·교양·교육이 모두 동일했다. 어린 시절 그들 모두는 그랜드 투어를 통해 삶의 방식을 터득했던 것이다. 그것은 심미안의 전파만이 아니라 사상의 전파도 용이하게 만들었다. 볼테르·루소·디드로·기번·흄 등의 저작은 그들의 조국에서 읽힌 것만큼이나 신속하게 상트페테르부르크나 나폴리에서도 읽혔던 것이다. 그러나 그랜드 투어가 가장 심대한 영향을 미친 것은 아마 '여행'과 '취향'이라는 두 가지 영역이었을 것이다.

예술품 수집에 대한 열정

근대 유럽에서 성행한 여행문화의 기본적인 토대는 대체로 여행에 나선 젊은 귀족들의 필요를 충족시키기 위해 만들어졌다. 그러므로 18세기 유럽에는 숙박·식사·환전·관광 등에 관한 정보를 제공하는 서비스가 이미 등장해 있었다. 초기 여행자들은 대개 유럽의 행락지가 될 만한 장소들을 찾아내 집중 공략했다. 그들은 알프스 산행의 즐거움을 발견했으며, 스위스를 유럽 관광의 중심지로 만들었다. 그들은 기후와 저렴한 비용을 이유로 프랑스와 이탈리아의 해안에 면한 리비에라[22]를 추천했다. 18세기 말에는 북유럽의 노약자들이 니스[23]·망통[24]·산레모[25] 등지로 몰려들었다. 유럽의 독신 귀족 여성들도 선조들이 그랜드 투어를 통해 찾아낸 프랑스와 이탈리아의 휴양지들로 밀려왔다.

그러나 그랜드 투어가 가장 큰 영향력을 미친 분야는 예술과 심미안이라고 할 수 있다. 오늘날 북유럽의 박물관들이 소장하고 있는 예술품들은, 그랜드 투어를 즐기면서 탁월한 미적 감각으로 소장품을 선별해 사들인 젊은 귀족들—또는 영국 귀족답게 관광과 예술에 열정을 지닌 몇몇 영국인 가톨릭 교도 망명객들—의 재력과 수완에 힘입은 바 크다.

하지만 콜린 모리슨(Colin Morrison), 제임스 바이레스(James Byres), 존 파커(John Parker) 같은 실패한 건축가나 예술가들의 역할도 매우 컸다. 그들은 대개 에스파냐 광장에 있는 영국식 커피하우스에서 손님을 기다리며 어슬렁거렸지만 그래도 그들은 값진 일을 했다. 바이레스는 역사가 기번과 함께 로마 유적지를 여행했는데 기번은 무려 18주 동안 하루도 빠짐없이 강행된 이 여행에 지쳐 나가떨어지고 말았다. 끈기 있기로 유명한 보즈웰은 들뜬 나머지 자신이 모리슨과 로마의 포럼을 방문하면 라틴어로 대화를 하겠노라고 기염을 토했지만, 모리슨이 로마의 지독한 더위 속에서 조금도 지친 기색 없이 언덕을 오르내리거나 유적지를 다니면서 일일이 설명하는 것을 보고는 자신에게 그와 같은 열정을 유지할 뒷심이 없음을 인정하고 말았다.

치체로네[26]라고 불렸던 이들 관광안내원들은 이탈리아 화가 및 화상들과 긴밀한 관계를 유지하면서 고객과 예술가 양쪽으로부터 수수료를 챙겼다. 포틀랜드 꽃병[27]이 영국으로 유입된 것은 바이레스의 역할 때문이었으며, 푸생[28]의 〈7성사 Seven Sacraments〉가 거래된 것도 그 덕분이었다. 젊은 귀족들은 당연히 동향 사람에게서 물건을 구입할 때 더 안전함을 느꼈는데, 웨일스 출신의 교활한 상인 토머스 젱킨스(Thomas Jenkins)는 고객들의 이런 약점을 악용하여 엄청난 돈을 벌어들였다. 그는 로마의 대표적인 예술품 취급상으로 자신의 물건에 비싼 값을 매겼으며, 귀족들이 구입하고 싶어하는 조상(彫像)의 대금을 당장 지불하지 못할 경우 구입 자금을 그들에게 빌려줌으로써 이중으로 이익을 취했다.

젱킨스는 대단한 연기력을 가진 사람이었다. 그는 수십 배의 막대한 이익을 남기며 소장품을 판매하면서도, 작품과 헤어지는 것이 못내 아쉬운 듯 비통한 눈물을 흘렸다. 그의 두뇌 또한 연기력 못지않게 비범했다. 유물 복원 기술이 타의 추종을 불허했던 것이다. 그의 솜씨 좋은 손이 닿기만 하면, 산산조각난 고대의 토르소에는 재빨리 팔·다리·머리가 생겨났고, 최고 수준의 니코틴 처리를 거치면 그가 청구한 금액에 걸맞는 고색창연한 얼룩이 생겨났다. 그는 고객에게 결코 비굴하게 굴지 않았다. 오히려 그는 은근히 그들의 무지를 강조하면서 자신의 감식력을 과시했고, 이렇게 고객의 기를 죽인 다음 그 분위기를 틈타 주머니를 털었다. 물론 젱킨스보다 훨씬 수준 낮은 사기꾼도 있었다. 그들은 터무니없는 값을 불러 귀가 얇은 귀족들을 사취하는 데 혈안이 되어 있었다. 전반적으로 전문성과 정직성의 수준은 낮았으며, 옛 거장들을 베끼는 솜씨는 높은 경지에 이르렀다. 라파엘로[29]의 작품이 수없이 탄생했지만 그것들은 냉정하고 비판적인 북유럽의 불빛 아래서 보면 부끄러운 것들이었다.

여행자치고 빈손으로 온 사람은 없었다. 고대 그리스의 대리석 작품에서 당대 이탈리아 작가들이 그린 수채화에 이르기까지, 수천 점의 그림·조상·브론즈 등이 반입되어 영국인·네덜란드인·독일인·러시아인·스칸디나비아인 등은 유럽의 위대한 귀족적 유산들을 감상하고 즐길 수 있게 되었다. 예술품에 대한 이 젊은이들의 놀라운 안목은 20세기 후반 노위치에서 개최되었던 한 전시회에서도 잘 볼 수 있었다. 이 전시회에는 주로 노포크(Norfolk) 가문이 18세기 그랜드 투어 중에 수집한 작품들이 전시되었는데 여기에는 고대 거장들의 작품들도 포함되어 있었다.

뿐만 아니라 이 전시회는 노포크 가문에서 18세기 이탈리아 예술가들을 어떻게 후원했는지 일목요연하게 드러내주었다. 18세기 이탈리아의 재능 있는 예술가 중에서 이 전시회 명단에서 누락된 사람은 단 한 명도 없으며, 작품 또한 최고 수준이었다. 이 전시회에는 카날레토[30], 구아르디(Guardi), 피라네시(Piranesi), 추카렐리(Zuccarelli), 바토니(Batoni), 로살바(Rosalba), 파니니(Pannini), 부시리(Busiri), 리치스(Riccis) 등 격조 높은 예술가들의 작품들이 총망라되어 있었다.

이탈리아적인 모든 것—고대의 것이든 현대의 것이든—에 대한 이러한 열정으로 말미암아, 화가와 건축가들은 로마 순례를 떠나지 않을 수 없었다. 왜냐하면 그랜드 투어에서 돌아온 귀족들 앞에서 자신의 예술적 역량을 입증하지 못하면 영국에서 생계를 유지할 길이 막막했기 때문이다. 그러므로 그들은 떠났다. 일부는 레이놀즈[31]처럼 대대적인 예술 후원 분위기에 휩싸여 군함을 타고 갔고, 나머지는 토머스 패치(Thomas Patch)처럼 가난에 허덕이며 도보로 갔다.

그들은 이탈리아에 한꺼번에 몰려들었다. 일부는 그곳에서 죽었고, 일부는 그곳에 머물렀으며, 대부분은 기량이 향상되어 돌아왔다. 그리고 수많은 찬란한 미술 작품들은 고국에 머물러 있던 다른 화가들의 예술혼과 상상력을 자극했다. 기이하게도 영국 시장을 직접 공략한 이탈리아 예술가들의 수는 매우 적었는데, 그들 중 가장 탁월한 인물로는 카날레토를 꼽을 수 있다. 그가 그린 런던과 윈저, 그리고 아니크 성(Alnwick Castle)의 풍광은 18세기 영국 풍경화 중 가장 뛰어난 것에 속한다.

여행자들은 예술에 대한 열정은 있었지만, 예리한 비평적 안목을 견지하거나 정신적 독립성을 보여주지는 못했다. 그들은 베로네세[32]나 티치아노[33]의 그림을 구입하기 위해 거액을 지불했으며, 카라바조[34]의 그림을 찬양했고, 초기 볼로냐파 화가들—구이도 레니[35], 게르치노[36], 카라치 가문[37] 등—의 작품을 부지런히 사들였다. 그런데 오늘날 이들 예술가들은 여행자들이 시종일관 무시했던 틴토레토[38]나 보티첼리[39]보다 작품 수준이 훨씬 낮은 것으로 간주되고 있다. 그림뿐 아니라 건축에서도 그들은 당대의 유행에 함몰되어, 베네치아의 성 마르코 성당을 야만스럽다고 평가한 반면, 반비텔리[40]가 설계한 카세르타(Caserta) 왕궁이나 베르니니[41]가 조각한 성 베드로 대성당의 기둥에 대해서는 시종일관 찬양했다.

그러나 그들은 고전 교육을 받은 덕분에 폼페이와 헤르쿨라네움 발굴에 깊은 관심을 기울였다. 윌리엄 해밀턴 경[42]은 그의 아름다운 부인 에머(Emma)—후에 넬슨의 정부가 된 여인—와 함께 영국 모든 귀족들을 위한 파티를 열어, 고전예술의 아름다움을 가르쳤을 뿐만 아니라 종종 그들을 위해 아름다운 진품·명품을 구해주기도 했다. 폼페이 순례는 건축과 장식미술에서 고전적 모티프를 채택하도록 자극했으며, 그러한 경향은 18세기 후반을 특징짓는 것이었다. 약삭빠른 예술가 웨지우드[43]는 여행에서 돌아온 귀족들에 의해 새롭게 조성된 예술적 취향에 발맞춰, 고전적 부조로 장식된 폼페이 양식 도기를 대량으로 제작했다. 그는 자신의 작업장을 '에트루리아'[44]라고 부를 정도였다.

그랜드 투어의 열매

그랜드 투어가 조성하고 확장시킨 사고방식과 취향은 세련된 교양 이상의 것을 귀족 계급에게 주었다. 그들은 자신들의 시대야말로 아우구스투스 시대의 진정한 계승자라고 생각했다. 그 결과 그들은 용기와 스토아 철학의 미덕을 열정적으로 신봉했다. 그들은 고대 로마인처럼 조국을 위해 봉사하다가 죽음을 맞는 영웅적 삶만큼 자신들에게 어울리는 것은 없다고 생각했으며, 실제로 그들 중 많은 수가 나폴레옹 전쟁에 참전했다 전사했다.

더욱이 그들은 고전문학에 대한 관심과 미술품 감식 능력이야말로 젠틀맨의 필수 자질이라고 여겼다. 비록 많은 사람들이 기준에 못 미쳤지만, 그럼에도 이것이 그들이 믿는 기준이었다. 애덤 스미스도 인정했듯이, 모든 사람이 그랜드 투어의 교육적 가치에 부응하지는 못했다. 그가 보기에 '여행에서 돌아온 소년들은 거만하며 방종하고 방탕하여, 학업이나 사업에 진지하게 몰두할 수 없는 상태'에 놓여 있었다. 스미스는 만일 '그가 고국에 머물렀더라면 훨씬 짧은 기간 내에 그보다 더 나은 성취를 이룩했을 것'이라고 말했다.

물론 애덤 스미스의 말에는 일면의 진실이 담겨 있었다. 하지만 모든 사람에게 해당하는 것은 아니었다. 호레이스 월폴의 서한에 나타나 있듯이 영국의 가정, 박물관과 화랑, 방대한 분량의 여행문학, 18세기 말 영국 사회의 세련된 태도와 정중한 예법 등은 지배 계급의 이 터무니없는 고액 교육—그토록 비싼 교육 비용은 전무후무한 것이었다—이 충분한 보상을 가져다주었음을 보여준다.

부유층의 미적 감각·위트·우아함이 항상 탁월했던 것은 아니다. 그러나 18세기 유럽의 귀족들은 자신들이 이러한 미덕을 지니고 있다고 주장했다. 그랜드 투어 덕분에 이탈리아에서 획득한 심미안은 프랑스에서 얻은 교양과 결합했으며, 그 결과 종전에 야만 상태와 비슷한 수준에서 살았던 유럽 외곽 지역은 도회적 세련미를 얻었다. 서양 세계는 이로 인해 고대 유럽과 고대 유럽의 예술적 유산에 대한 애정을 갖게 되었으며 그것은 더 이상 귀족 계급에게만 한정된 것이 아니었다. 한때 귀족만의 특권이었던 것이 이제는 영어 사용권 인구 모두가 공유하는 경험이 되었던 것이다.

■ 본문 깊이읽기

1 젠틀맨(Gentleman)
젠트리(Gentry)라고도 불리며 영국 사회에서 귀족의 위계(位階)는 없지만 가문휘장(家門徽章) 사용을 허용받은 자유민을 말한다. 역사적 개념으로는 요우먼리(Yeomanry, 독립 자영 농민 계층) 이상 귀족 이하의 토지 소유자, 즉 부유한 차지농(借地農)·법률가·성직자·개업 의사 등 전문직 종사자, 부유한 상인 등을 핵심으로 한 중간 계급의 상부층을 말한다. 젠틀맨은 16세기 이후 중산 농민인 요우먼리의 희생과 귀족 계급의 몰락으로 발생, 영국사에서 지배적 지위를 확립했으며, 그 패권은 20세기 초까지 지속되었다.

2 월폴(Robert Walpole, 1676~1745)
영국의 초대 총리(1721~1742년 재임)로 알려져 있다. 솔직하고 호탕한 품성을 지닌 반면 누구도 필적할 수 없는 예리한 정치 감각의 소유자였다. 노퍽의 그레이트 더넘과 이튼(1690~1696) 및 케임브리지대학 킹스 칼리지(1696~1698)에서 공부했다.

월폴은 하원에서 힘 있는 연설가로, 확고하지만 열정적이지 않은 휘그 당원으로 명성을 떨쳤다.

3 시드니(Philip Sidney, 1554~1586)
엘리자베스 시대의 궁정신하·정치가·군인·시인. 학자와 시인들을 후원하기도 했으며 당대의 이상적인 신사로 여겨졌다. 《아스트로펠과 스텔라 *Astrophel and*

Stella》는 셰익스피어의 소네트 다음가는 엘리자베스 시대 최고의 소네트 연작으로 평가받으며,《시의 변호 The Defence of Poesie》에서는 르네상스 시대의 비평 개념을 영국에 소개했다. 헨리 시드니 경과 노섬벌랜드 공작의 딸인 메리 더들리 부인 사이에서 큰아들로 태어났으며, 에스파냐의 펠리페 2세가 대부였다. 엘리자베스 1세가 왕위에 오른 뒤 아버지는 웨일스의 지방 장관으로 임명되었으며(그 후 아일랜드 총독을 세 번 역임했다), 외삼촌 로버트 더들리는 레스터 백작의 작위를 받고 여왕에게 가장 신임받는 고문관이 되었다. 그러한 집안 배경에 걸맞게 시드니는 어려서부터 정치가와 군인이 되기 위한 교육을 받았으며 10세 때 슈루즈버리 스쿨에 들어갔다. 그곳에서 만난 동급생 풀크 그레빌은 뒷날 엘리자베스 여왕의 궁정관리가 되었는데 시드니와는 평생 친구로 남았으며 처음으로 그의 전기를 썼다. 1568년 2월부터 3년 간 옥스퍼드대 크라이스트처치 칼리지에서 공부했으며, 그 후 1572년 5월부터 1575년 6월까지 유럽을 여행하면서 라틴어 · 프랑스어 · 이탈리아어를 완벽하게 습득했다. 그뿐만 아니라 유럽의 정치를 직접 몸으로 배우고, 유럽의 많은 정치지도자들과 안면을 익혔다.

4 르 노트르(Le Nôtre, 1613~1700)
프랑스의 조경 설계가로 조경사상 보기 드문 천부적 재능을 발휘하였으며, 후세에 '왕의 정원사이면서 정원사의 왕'이라는 찬사를 받았다. 대표작으로 베르사유 궁전의 정원 등이 있다.

조경 설계가 르 노트르의 걸작은 베르사유 궁전의 정원이다.

5 존슨(Samuel Johnson, 1709~1784)
영국의 시인·비평가·수필가·사전 편찬자. 서점 주인의 아들로 태어나 학비 부족으로 옥스퍼드대학을 중퇴했으나 후에 문학적 업적에 의하여 박사 학위가 추증되어 '존슨 박사'라 불렸다. 저술뿐 아니라 강렬하고 재치 있는 대화로도 유명하며, 셰익스피어 이후 영국 문학에서 가장 유명하고 가장 많이 인용되는 인물이다.

6 퍼스티언 천(fustian)
한쪽 면에 보풀을 세운 코르덴, 면벨벳 등의 능직 면직물을 말한다.

7 클로디온(Clodion)
로코코풍의 조각가 미셸(Clude Michel, 1738~1814)의 아호이다.

8 부샤르동(Edme Bouchardon, 1698~1762)
프랑스 조각가. 로코코와 신고전주의 사이의 이행기에 속한다.

9 펠러커(felucca)
지중해 연안의 삼각 돛을 단 소형 범선. 해안 지방을 운항한다.

10 바바리(Barbary)
이집트를 제외한 북아프리카(모로코 · 알제리 · 튀니지 · 트리폴리 등을 포함)의 옛 이름. 바바리 해안은 한때 해적의 근거지였다.

11 샤머니(Chamonix)
1924년 동계 올림픽 개최지. 몽블랑을 등정하기 위한 동남쪽 출발점이다.

12 파머스턴(Henry John Palmerston, 1784~1865)
영국의 휘그당 정치가. 외무장관(1830~1834, 1835~1841, 1846~1851)과 총리(1855~1858, 1859~1865)를 거치는 오랜 정치 활동을 통해 영국 민족주의의 상징이 되었다

파머스턴은 자유주의적 개혁을 부정하는 보수주의자였다.

13 벡퍼드(William Beckford, 1760~1844)
영국의 괴짜 예술애호가로서 동양적인 소설 《바테크 *Vathek*》(1786)의 저자이며 고딕 양식의 영국 복고풍 건물 가운데 가장 큰 화제를 모은 폰트힐 저택을 건축

하기도 했다. 대부호의 상속자로 태어나 타고난 재능을 발전시킬 수 있는 환경 속에서 자랐다. 5세 때 당시 8세인 모차르트에게서 피아노를 배웠고, 유명한 선생들로부터 건축과 미술 교육도 받았다. 11세 때 아버지가 죽자 재산을 물려받았다. 가정교사와 함께 유럽을 여행하고 공부했으며, 부인의 죽음으로 짧은 결혼 생활이 끝난 후 여러 해 동안 외국에 머물렀다. 영국에 돌아온 뒤인 1796년부터 폰트힐에 고딕 양식의 '저택'을 짓는 데 온 힘을 기울였다. 제임스 와이엇이 건축을 맡았으나 벡퍼드가 직접 설계와 건축을 감독해 영국에서 가장 별난 저택을 지었다. 그는 그곳에 처박혀 골동품과 값비싼 가구, 미술품을 사 모으고 에드워드 기번의 장서를 몽땅 사들여 그것을 읽으면서 지냈다. 그러나 1807년 저택의 거대한 중앙 탑이 무너져 건물 대부분이 파괴되었으며 1822년에는 지나친 낭비 때문에 저택을 팔아야만 했다. 그를 유명하게 만든 《바테크》는 원래 1782년 프랑스어로 씌어졌다. 1786년에 나온 새뮤얼 헨리의 영역본은 뒤에 벡퍼드에 의해 개정되었다. 고딕 소설의 고전으로 꼽히는 이 작품은 기발한 착상과 기이한 세부 묘사가 돋보이는 걸작이다.

벡퍼드의 소설 《바테크》는 고딕 소설의 고전으로 꼽힌다.

14 커즌스 (J. R. Cozens, 1752~1797)

수채화가인 알렉산더 커즌스의 아들로 1767년 미술가 협회에 참여하여 소묘를 전시하기 시작했다. 1776~1779, 1782~1783년 두 차례에 걸쳐 오랫동안 유럽 대륙을 여행했는데, 이것은 그의 생애에 결정적인 영향을 주었다. 첫 번째 여행에서는 스위스를 거쳐 이탈리아로 여행했으며 로마에서 많은 시간을 보냈다. 두 번째에는 알렉산더 커즌스 밑에서 소묘를 공부한 저술가 윌리엄 벡퍼드와 함께 멀리 나폴리까지 여행했다. 커즌스는 1793년에 정신착란을 일으켜 남은 생애 동안 정신과 의사이자 아마추어 소묘화가인 토머스 먼로의 보호를 받으며 보냈다. 커즌스는 알프스 산맥과 로마 근교 캄파니아 지방을 많이 그렸다. 청색 · 녹색 · 회색을 어두운 색조로 배합하여 그린 그의 수채화들은 잊혀지지 않는 여운을 남기며 때로는 우울한 시적 분위기를 자아낸다.

15 애디슨(Joseph Addison, 1672~1719)

애디슨은 후에 존슨 박사의 평가로 산문 언어의 대가로 인정받게 되었다.

영국의 수필가 · 시인 · 극작가로서, 리처드 스틸과 함께 잡지 《태틀러 *The Tatler*》와 《스펙테이터 *The Spectator*》를 주관했으며 주요 기고가였다. 문체가 뛰어나 휘그당 집권 당시 여러 요직에 등용되었다. 유럽 여행(1699~1704)을 통해 해외 주재 영국 외교관들을 알게 되었고, 당대 유럽 문필가들을 만날 수 있었으며, 고대 로마 시인들의 활동 배경을 직접 관찰할 수 있었다. 파리에서 그가 보낸 편지에는 당대 최고의 프랑스 시인이자 문학비평가였던 부알로, 철학자 니콜라 말브랑슈 등과 같은 유명 인사를 방문했던 사실과 프랑스 희곡이나 오페라에서 그가 받은 인상 등이 기록되어 있다. 1701년 이탈리아를 한가하게 여행하면서 후에 그의 《이탈리아 기행 *Remarks on Several Parts of Italy*》(1705, 개정판 1718)에 나오는 호라티우스 · 베르길리우스 · 클라우디아누스 · 실리우스 · 이탈리쿠스 등이 살았던 시기의 고대 유적 · 산 · 강 · 동상 · 그림 · 메달

등을 구경했다. 핼리팩스 경에게 보낸 시 형식의 편지 《이탈리아에서 보낸 편지 *A Letter from Italy*》(1704)에는 그가 이러한 '시의 현장들'을 조감하며 느낀 기쁨이 기록되어 있다. 소머스 경에게 보낸 산문 형식의 《기행 *Remarks*》에서는 예술에 대한 관심 외에도 대다수 국민은 빈곤하고 교황에게 부가 집중되어 있다는 사실과 독재 권력에 대한 진정한 휘그 당원으로서의 증오가 표출되어 있다. 이탈리아에서 몽세니의 알프스 산맥을 타고 스위스로 갔으며, 1702년 3월 제네바에서 윌리엄 3세의 사망으로 인해 그의 유력한 후원자인 소머스와 핼리팩스가 실권한 소식을 들었다. 이러한 이유로 영국에 돌아가지 않고 여름 내내 스위스에 머물면서 빈·드레스덴을 거쳐 미래의 영국 왕 조지 1세의 어머니인 소피아를 만나기 위해 하노버를 방문하고 함부르크를 경유하여 네덜란드에 갔다. 그곳에서 1년 동안 한가롭게 지내면서 1704년 영국으로 돌아가기 전까지 프랑스의 철학자이자 비평가인 피에르 벨 같은 문학가들을 방문했고, 당시 벨의 《역사와 비평의 사전 *Dictionnaire historique et critique*》 영어판 발간을 준비 중이던 출판업자 제이콥 톤슨을 비롯해 암스테르담에 거주하고 있는 영국인들을 만났다.

16 헤르쿨라네움(Herculaneum)

이탈리아 캄파니아 지방에 있던 고대 도시. 인구는 약 5천 명 정도였고 나폴리에서 남동쪽으로 약 8km 정도 떨어져 있었다. 이 도시는 서기 79년 베수비오 산의 분화로 폼페이와 함께 매몰되었다가 일부분이 발굴되었다. 오늘날에는 레시나라는 도시가 이 지역의 일부를 차지하고 있다.

17 폼페이(Pompeii)

이탈리아 캄파니아 지방에 있는 고대 도시. 나폴리에서 남서쪽으로 23km 떨어진 베수비오 산 근처에 있으며, 사르누스(지금의 사르노) 강 어귀 북쪽으로 흘러든 선사 시대의 용암으로 형성된 돌출부 위에 건설되었다. 폼페이는 79년 베수비오 화산의 격렬한 폭발에 의해 헤르쿨라네움 및 스타비아이와 함께 매몰되었다. 이 고대 도시들의 유적들은 그리스·로마 시대의 생활상을 보여주는 독특한 자료가 되고 있다.

서기 79년 8월 베수비오 산의 폭발로 화산재 속에 묻힌 폼페이 유적지.

18 카포디몬테 자기(Capodimonte porcelain)

1743년에 나폴리의 카를로스 3세가 카포디몬테의 팔라초에 세운 공장에서 만들어낸 연질 자기. 1759년까지 이곳에서 매우 다양한 제품을 대량으로 만들어내다가 카를로스가 에스파냐의 왕이 되면서 공장이 철거되고 마드리드 근처의 부엔레티로로 옮겼다. 카포디몬테 자기는 카를로스의 아들인 페르디난도 4세가 1771년에 세워 1806년까지 가동한 나폴리의 왕립공장 제품과는 구별되어야 한다. 카포디몬테 공장이 운영되는 동안 주요한 모형 제작자는 주세페 그리치였고, 화가로는 J. S. 피셔와 루이지 레스틸레가 있었다. 금속 광택이 나는 연질 자기의 본체는 보통 순백색이지만 때때로 조금 엷은 색을 띠기도 한다. 초기의 제품들(로코코 양식의 코담뱃갑과 지팡이 자루, 수프용 접시, 차 세트 등)은 1년에 한 번 열리는 장에서 판매되었다. 전투 장면과 바다 경치 · 풍경 · 인물 · 큐피드 등을 빨간색 · 푸른색 · 보라색 · 검은색 등의 단색으로 칠했으며, 때때로 바탕색에 마이센 도자기에서 따온 청록색을 사용했다. 카포디몬테 공장의 걸작품은 원래 포르티치의 빌라 레알레에 있다가 1805년 카포디몬테의 팔라초로 옮긴 로코코 양식의 '자기용 방'이다. 1757~1759년에 만들어진, 자기로 장식된 이 방은 2차 세계대전 중 파괴된 샹들리에를 제외하고는 아직도 원래의 모습을 간직하고 있다. 그리치와 피셔가 주관하여 제작한 이 방은 문과 다섯 개의 거울을 제외하고는 모두 자기로 된 액자와 꽃병, 화려하게 금박을 입히고 여러 색의 에나멜로 밝게 칠한 중국풍(chinoiserie) 군상의 대형 부조로 이루어져 있다. 자기 컵과 받침접시 및 신화적인 장면을 부조로 나타내고 채색한 비슷한 장식품들은 여기에서 만들지 않고 노자공장에서 만들었다. 도장으로 찍거나 그린 부르봉 왕가의 백합 문장(紋章)은 이 공장의 표시(부엔레티로 공장도 그 뒤 이와 똑같은 표시를 사용했다)이지만 거의 사용되지 않았다.

19 데팡(Madame du Deffand, 1697~1780)

데팡이 볼테르에게 보낸 편지는 그 뛰어난 재치로 읽는 이를 사로잡는다.

프랑스의 여류 문필가이자 사교계의 지도적 명사. 귀족 가문에서 태어나 파리의 수녀원에서 교육받았다. 21세 때 친척인 데팡 후작 장 바티스트 드 라 랑드와 결혼했으나 1722년 헤어졌다. 그 무렵 섭정인 오를레앙 공 필리프 2세의 정부가 되어, 그의 측근들과 함께 몹시 방탕한 생활을 했다. 랑베르 후작 퐁트넬·볼테르·장 프랑수아 에노 등 저명 인사들의 사교장으로 소(Sceaux)에 위치한 맨 공작 부인의 저택에 자주 드나들었다. 특히 파리 고등법원장인 장 프랑수아 에노와는 1770년 그가 죽을 때까지 대체로 친밀한 관계를 유지했다. 데팡 부인은 자신의 살롱을 갖게 되자 과학자·작가·재사 등 문단과 사교계에 조금이라도 이름이 알려진 사람은 모두 초대했다.

1754년 그녀는 시력을 잃게 되어 손님 접대를 도와줄 보조자로 쥘리 드 레스피나스라는 처녀를 고용했다. 일부 손님들은 레스피나스의 재치와 매력에 끌려 데팡 부인보다 오히려 레스피나스와 어울리기를 더 좋아하게 되었고, 이를 못마땅하게 여긴 데팡 부인은 그녀를 해고했다(1764). 그러나 레스피나스가 그 살롱의 단골 손님들을 거의 다 데려가버렸기 때문에 데팡 부인의 살롱은 문을 닫게 되었다. 데팡 부인이 만년에 우정을 나눈 사람은 수아죌 공작 부인과 호레이스 월폴이었다. 데팡 부인이 수아죌 공작 부인에게 보낸 편지는 생기로 가득 차 있고 매력적인 문체로 되어 있으며, 무려 43년 동안 볼테르에게 보낸 편지는 그 뛰어난 재치로 읽는 이를 사로잡는다. 데팡 부인이 쓴 편지 중에서 가장 훌릉한 것은 월폴에게 보낸 편지로 데팡 부인은 자기보다 20세 연하인 월폴에게 정열을 불태웠다. 데팡 부인이 후기에 쓴 산문은 초기 작품에서는 거의 엿볼 수 없는 독특한 문체와 수사법을 보여주고 있으며, 궁정과 가정에서 일어난 사건들을 기록한 연대기는 흥미로울 뿐 아니라 매우 귀중한 자료이다.

20 피티 가문(Pitti)
15세기 피렌체의 유력한 가문으로 메디치 가와 경쟁 관계에 있었다.

21 보즈웰(James Boswell, 1740~1795)
스코틀랜드 출신의 영국 전기작가로 새뮤얼 존슨의 친구. 전기 《새뮤얼 존슨의 생애 *The Life of Samuel Johnson*》(2권, 1791)를 썼으며, 그의 일기가 20세기에 출판되어 위대한 일기작가로 꼽히게 되었다.

22 리비에라(Riviera)
지중해의 해안 지방. 프랑스 니스에서 이탈리아 라 스페치아(La Spezia)까지 이어진다. 경치가 좋은 피한지(避寒地)로 알려져 있다.

23 니스(Nice)
프랑스 남동부 프로방스알프코트다쥐르 지방 알프마리팀 주의 주도. 해항(海港)이며, 지중해의 관광 중심지이기도 하다. 이탈리아 국경으로부터 32km 떨어진 지점에 앙제 만을 끼고 있다. 아름다운 구릉들에 둘러싸

니스에 남아 있는 로마 제국 유적지.

인 니스는 기후가 쾌적하며, 코트다쥐르(프랑스 쪽 지중해 연안지대) 또는 프랑스령 리비에라의 대표적인 휴양도시이다.

24 망통(Menton)

프랑스 프로방스알프코트다쥐르 지방 알프마리팀 주에 있는 지중해 도시. 이탈리아 국경 근처에 있는 이곳은 도로를 따라 니스에서 북동쪽으로 28km 지점, 몬테카를로에서 북동쪽으로 9.6km 지점에 있다. 코트다쥐르에서 가장 따뜻한 겨울 휴양지로 이름이 나 있으며 인기 있는 여름 휴양지이기도 하다. 넓은 초승달 모양의 만에 있는 암석질 분지 아래 자리 잡고 있는데 돌출한 지맥에 의해 나누어지고 남서쪽으로 마르탱 곶과 접해 있다. 이곳 관광 지구에는 열대 식물원, 화려한 호텔, 넓은 산책로, 해안가를 따라 늘어선 시영 카지노 등이 있다.

25 산레모(San Remo)

이탈리아 북서부 리구리아 지방 임페리아 주에 있는 도

산레모 만의 전경.

시. 프랑스 니스의 동쪽으로, 리비에라데이피오리로 알려진 이탈리아령 리비에라에 있는 주요 휴양지이다. 1861년부터 사철 보양지였으며 1887~1888년에 독일의 프리드리히 3세가 방문하여 더욱 유명해졌다. 구릉지대에 있는 옛 시가지에는 13세기의 주택들, 12세기의 산시로 대성당, 마돈나 델라코스타 수도원(15~17세기)이 있는 가파르고 좁은 거리들이 있다. 해안을 끼고 있는 신시가지의 특징은 아름다운 별장과 호텔, 정원, 경치가 아름다운 산책로, 카지노 등이 있다는 것이다. 옛 제노바의 성채인 산타테클라에서는 길이가 1,200m인 방파제가 막아주고 있는 작은 항구가 내려다보인다. 이탈리아에서 가장 중요한 꽃시장이 있으며, 꽃들을 유럽 대륙으로 수출한다. 그 밖에 올리브와 레몬도 재배한다. 1951년부터 매년 겨울 칸초네 콩쿠르(산레모 음악제)가 열린다.

26 치체로네(cicerone)

로마의 관광안내원 키케로(Cicero)처럼 지식과 말주변이 훌륭하다고 생각된 데서 나온 말이다.

27 포틀랜드 꽃병(Portland Vase)

1세기 로마의 꽃병. 현존하는 로마의 카메오 글라스(cameo glass) 중 가장 아름다운 작품으로 꼽힌다. 원래 바르베리니 소장품—이 때문에 바르베리니 꽃병(Barberini Vase)이라고도 불린다—이었으나 18세기에 포틀랜드 공(Duke of Portland)에게 소유권이 넘어갔다.

28 푸생(Nicolas Poussin, 1594~1665)

프랑스 화가로 17세기 바로크 시기에 회화 분야에서 고전주의를 이끌었다. 2년 동안 프랑스에서 루이 13세의 궁정화가로 보낸 기간을 제외하고는 전 생애를 로마에서 보냈다. 특히 〈목자들의 경배 *The Adoration of the Shepherds*〉(1637경)에서의 화풍과 미학은 다비드와 들라크루아, 세잔 등을 비롯한 프랑스 화가들에게 영향을 미쳤다.

푸생의 작품 〈포키온의 장례식 풍경〉.

29 라파엘로(Sanzio Raffaello, 1483~1520)

이탈리아 르네상스 전성기의 위대한 화가·건축가. 그

라파엘의 대표작 〈아테네 학당〉.

의 작품은 유연한 형태와 평이한 구도뿐 아니라 인간의 고결함에 대한 신플라톤주의적 이상을 시각적으로 표현해냈다는 점에서 걸작으로 인정받고 있다. 1508년부터 로마에서 바티칸 궁을 개조하는 대규모 계획에 참여하게 되었는데, 이 계획에는 브라만테가 성 베드로 대성당을 재건하고(1514년 브라만테가 죽은 뒤 이 작업은 라파엘로에 의해 완성되었다), 미켈란젤로가 시스티나 예배당에 그림을 그리는 것도 포함되어 있었다. 라파엘로는 교황이 거처하는 스탄차 델라 세냐투라를 장식하는 일(1508~1511)을 맡았는데, 여기에 자신의 대표적 프레스코화인 〈성체에 관한 논쟁 Disputa〉과 〈아테네 학당 School of Athens〉을 그렸다.

30 카날레토(Canaletto, 1697~1768)
이탈리아의 화가. 세밀한 풍경화(vedute)에서 베네치아와 런던 및 영국 교외의 분위기를 훌륭하게 묘사하여 후대의 풍경화가들에게 큰 영향을 미쳤다.

31 레이놀즈(Joshua Reynolds, 1723~1792)

영국의 초상화가·미학자. 18세기 중엽부터 말까지 영국 예술계를 주도했다. 그는 예술 작품과 가르침을 통해 18세기 초에 싹튼 영국 고유의 일화적 그림을 유럽 대륙의 장엄한 양식으로 이끌어가려고 애썼다. 1768년에 왕립아카데미가 창설되었을 때 초대 원장에 선출되었고, 왕으로부터 기사 작위를 받았다.

베로네세의 〈모세의 발견〉. 티치아노의 영향을 받아 환상적이고 매혹적인 공간 구성을 가진 화려한 양식을 확립했다.

32 베로네세(Paolo Veronese, 1528~1588)

16세기 베네치아 화파의 주요 화가들 가운데 한 사람. 우의적 주제 또는 성경이나 역사에서 가져온 주제를 화려한 색채로 그린 거대한 캔버스화가 그의 전형적인 작품으로, 거기에는 고전 시대의 건축물을 배경으로 수많은 인물이 등장한다. 색채의 대가인 베로네세는 방의 실제 공간 너머까지 시야를 확장시키는 환영적인 구도에도 뛰어난 솜씨를 보였다. 대표작으로 〈레비 가의 향연〉, 〈가나의 혼례〉, 〈성 그레고리오의 향연〉 등이 있다.

33 티치아노(Tiziano Vecellio, 1488/90~1576)

이탈리아 르네상스의 대표적인 베네치아파 화가. 일찍이 뛰어난 대가로 인정받았으며 수세기에 걸쳐 그 명성이 이어져 내려왔다. 미술이론가 조반니 로마초는 1590년에 그를 '이탈리아의 여러 대가들뿐만 아니라 전 세계의 화가들 가운데 태양 같은 존재'라고 평했다. 오늘날에도 티치아노의 천재성은 전혀 의문의 여지없이 받아들여지고 있다. 그의 초상화는 인물의 특성을 꿰뚫고 있으며 종교화는 젊은 시절에 즐겨 그린 성모상으로부터 말기의 〈십자가에 못 박히신 예수 *Crucifixion*〉, 〈예수의 매장 *Entombment*〉에 이르기까지 폭넓은 정서를 보여준다. 한편 신화를 주제로 한 그림들에서는 그리스·로마 시대의 이교적인 쾌활함과 자유분방함을 느낄 수 있는데 특히 벌거벗은 비너스의 표현에 있어서 그 누구도 능가할 수 없는 육체의 아름다움과 관능성의 기준을 세웠고 루벤스나 푸생 같은 후세의 대가들도 즐겨 그를 모방했다.

베네치아 산마르코 대성당의 정문 아치. 여기에는 티치아노가 그린 벽화가 있다.

34 카라바조(Caravaggio, 1571?~1610)

이탈리아의 화가로서, 그가 주로 사용한 혁신적인 명암법은 바로크 회화의 주요 특징이 되었다. 그는 종교적인 주제를 이상적으로 표현하는 전통을 경멸하고 거리에서 소재를 취해 그것들을 사실적으로 그렸다. 성 마태오를 주제로 한 세 점의 그림(1597?~1602, 로마 산 루이지데이프란체시 교회)은 커다란 센세이션을 일으켰으며, 뒤이어 〈엠마우스에서의 만찬 *The Supper at Emmaus*〉(1596~1598), 〈동정녀의 죽음 *Death of the Virgin*〉(1605~1606)과 같은 걸작을 그렸다.

35 레니(Guido Reni, 1575~1642)

이탈리아의 초기 바로크 양식 화가. 고전적인 이상주의를 바탕으로 하여 신화와 종교에 관한 주제를 묘사한 것으로 유명하다.

게르치노가 소토 인 수 기법으로 그린 프레스코 〈오로라〉.

36 게르치노(Guercino, 1591~1666)

이탈리아의 화가로서 천장에 환상적인 프레스코를 그려 17세기 바로크 양식의 장식에 큰 영향을 주었다. 게르치노는 별명으로 사팔뜨기였기 때문에 얻은 것이다. ('게르치노'는 '사팔뜨기'를 뜻하는 이탈리아어이다.)

37 카라치 가문(Carracci family)

저명한 화가 삼형제를 배출한 이탈리아 볼로냐의 가문. 세 명의 화가는 형제인 아고스티노(1557~1602), 안니발레(1560~1609)와 그들의 사촌 로도비코(1555~1619)인데 이들이 1582년 볼로냐에 세운 미술학교는 마니에리스모의 영향에서 벗어나 고전 양식에 따른 전성기 르네상스의 전통을 되찾고 고전주의적 바로크 양식을 창조하는 데 큰 영향을 미쳤다.

38 틴토레토(Tintoretto, 1518경~1594)

베네치아파에 속하는 위대한 마니에리스모 양식의 화가이며 후기 르네상스의 가장 중요한 미술가이다.

39 보티첼리(Sandro Botticelli, 1445~1510)

피렌체 출생으로 르네상스의 대표적인 화가 가운데 한 사람. 처음에는 신부이며 화가인 F. F. 리피에게 그림을 배웠으며 청년기의 작품에는 베로키오, 우올로 등 당대 피렌체 제일의 유행 화가의 영향이 뚜렷이 나타나 있지만 1470년대 중기에는 독자적인 개성이 확립되었다. 대표작으로 〈프리마베라〉, 〈수태고지〉, 〈비너스의 탄생〉 등이 있다.

40 반비텔리(Luigi Vanvitelli, 1700~1773)

이탈리아의 건축가. 그가 카세르타에 지은 왕궁(1752~1774)은 이탈리아 바로크 양식 최후의 걸작이다.

41 베르니니(Gian Lorenzo Bernini, 1598~1680)

이탈리아 바로크 시대의 가장 위대한 조각가 · 건축가 · 화가 · 극작가. 바로크 조각 양식을 창조하고 크게 발전시켜 미술사에서 바로크 조각의 독보적인 존재로 거론된다. 대성당의 돔을 받치고 있는 네 개의 기둥은 거대한 조상들로 장식되어 있는데, 그 중 하나인 〈성 롱기누

베르니니가 건축 주임을 맡았던 산피에트로 대성당.

스 *St. Longinus*)는 베르니니가 설계한 것이다.

42 해밀턴(William Hamilton, 1730~1803)

영국의 외교관·고고학자로서 호레이쇼 넬슨 제독의 정부인 레이디 해밀턴 에머의 남편. 자메이카 총독인 아치볼드 해밀턴 경의 아들로, 1747~1758년까지 군에서 복무하다가 웨일스의 한 상속녀와 결혼한 후 군대를 떠났다. 1782년 아내가 죽자 스완지의 영지를 상속받았다. 1764년부터 1800년 소환될 때까지 나폴리 궁정의 영국 사절로 근무했으며, 1772년 기사 작위를 받았다. 해밀턴은 베수비오와 에트나에서 화산 활동에 관해 일련의 관찰을 하고 지시를 내렸으며, 1772~1783년 사이에 지진과 화산에 관해 몇 차례 논문을 발표했다. 그는 또한 유명한 수집가이기도 했으며, 많은 귀중한 수집물이 대영박물관에 소장되었다. 1791년 에머와 결혼했다.

43 웨지우드(Josiah Wedgwood, 1730~1795)

영국의 도자기 디자이너·제조업자. 도기 제조의 과학적 접근 방식이 뛰어났으며 재료에 대한 철저한 연구와 논리적인 노동력 활용, 사업 조직에 대한 감각으로 유명하다. 웨지우드의 업적은 거대하고도 다양하다. 그의 도자기는 특히 유럽의 신흥 부르주아 계급의 호감을 샀으며 자기와 파이앙스 공장들은 그와의 경쟁으로 심한 타격을 받았다. 도자기에 관한 모든 종류의 형태와 기능을 탐구했으며, 도기를 굽는 가마의

웨지우드가 제작한 것으로 추정되는 콜리플라워 도기 찻주전자.

온도를 측정하는 고온계를 발명하여 영국 학술원 회원으로 위촉되었다. 그와 친교를 나누었거나 함께 연구한 많은 훌륭한 과학자 가운데 하나인 이래즈머스 다윈은 웨지우드에게 증기기관에 투자할 것을 권해 1782년 에트루리아에 처음으로 공장을 지었다. 웨지우드의 딸 수재나는 찰스 다윈의 어머니이다.

44 에트루리아(Etruria)

고대 이탈리아에서 가장 유력했고 초기 로마의 정치·종교 등에 많은 영향을 준 에트루리아인의 거주 지역을 말한다. 에트루리아인은 이탈리아 에트루리아(아펜니노 산맥의 서쪽과 남쪽에 있는 테베레 강과 아르노 강 사이의 지방)에 살던 고대 민족으로, 이들의 도시문명은 기원전 6세기에 절정에 이르렀다. 이들의 뒤를 이어 이탈리아 반도에서 세력을 잡은 로마인들은 에트루리아 문화의 여러 장점을 자신들의 것으로 받아들였다.

고독한 방랑자 루소

J. 크리스토퍼 헤럴드(J. Christopher Herold)

아이러니하게도 근대 사회에 대한 최초의 비판자는 일개 방랑자였다. 그는 나무 아래 누워 묵상을 즐겼고 일상의 업무를 싫어했다. 루소는 자기가 속한 사회에 잘 어울리지 못했기 때문에 그 사회의 약점을 더 잘 간파할 수 있었고, 문명사회가 인간 본성의 근본적 충동을 얼마나 억압하는지를 깨달을 수 있었다.

그의 주요 저작들에서 제기된 주장들이 상당 부분 승인받지 못했더라면 그는 동시대인들에게 그토록 깊은 인상을 주지도, 후대에 그토록 강력한 영향을 미치지도 못했을 것이다. 프로이트가 지적했듯이, 사회와 문명이 개인의 충동을 억압하는 것은 사실이다. 인간은 근본적으로 사회적 동물이다. 하지만 집단으로 생존하기 위해서는 개인의 욕망과 충동을 희생해야만 한다. 루소는 가망 없는 신경증 환자로서 생을 마쳤시만 오늘날과 같이 복잡다단하고 많은 것을 요구하는 문화에서는 루소 같은 인간형을 쉽게 찾아볼 수 있다.

이 글의 필자 헤럴드는 '나폴레옹의 이집트 원정' 및 '18·19세기사' 전문 연구사로 닐리 알려서 있나.

루소에 대한 집요한 왜곡

1778년 루소(Jean-Jacques Rousseau, 1712~1778)는 66세의 나이로 고통스런 삶을 마감했다. 그는 생애의 대부분을 방랑자로 지냈다. 루소는 갑작스럽게 명성을 얻자마자 마치 범죄자인 양 유럽 대륙에서 쫓겨 다녔고, 신탁(神託)을 전하는 예언자라도 되는 양 의논 상대가 되었다. 그는 모든 친구를 적으로 만들었고, 만년에는 거의 미쳐 있었다. 온갖 종류의 별스러운 질병에 시달렸으며 상상할 수 있는 거의 모든 형태의 신경증을 앓았다. 그는 한 번도 집을 가진 적이 없었고 가정을 꾸려본 적도 없었다. (그는 자신의 직계 혈육인 다섯 명의 사생아를 고아원에 내맡겼다.) 또한 고향에서도 추방당했다. 하지만 루소는 일생 동안 수많은 저서들을 출간했으며, 이를 통해 지극히 급진적이고 전면적인 사회 비판을 쏟아냈다. 루소의 비판이 근대 사회에 미친 영향력은 헤아릴 수 없을 만큼 크며 그 영향력은 지금도 지속되고 있다.

동시대인들의 오해를 사게 되어 올바른 평가를 받지 못한 그는

◀ 성명 미상의 화가가 그린 루소의 초상화.

《고백Confessions》(1770)을 썼다. 이 저술은 모든 결점에도 불구하고 루소 자신이 다른 사람과 마찬가지로 근본적으로 선량하다는 것을 그의 비방자들에게 입증하기 위해 쓴 것이다. 그러나 그의 사후 출간된 《고백》은 그에 대한 오해를 더욱 증폭시켰을 뿐이다. 언제나 자기 자신의 최대 적이었고, 다른 사람들을 적으로 만드는 데 천부적 재능을 타고난 그는, 저작들이 널리 읽히면 읽힐수록 더 많은 적들에 의해 포위되었다. 루소의 비방자들은 《고백》 한 권만으로도 그를 공격할 병기로 가득 찬 무기고를 확보할 수 있었다.

루소는 적에 의한 희생자인 동시에 자기 폭로의 희생자였다. 뿐만 아니라 가장 열렬한 추종자들에 의한 희생자이기도 했다. 그의 비판자들이 그랬던 것처럼, 찬양자들 대부분은 우리 시대에 이르러서도 그의 사상을 집요하게 왜곡하고 있다. 그들은 루소의 저술 중에서 좋아하는 부분, 그들이 루소의 사상이라고 여기고 싶은 부분만을 가려 뽑아낸다. 마르크스주의자와 보수주의자들, 무신론자와 신비주의자들, 무정부주의자와 전체주의자들은 루소를 찬양하기도 하고 저주하기도 한다. 그는 공포정치·히틀러주의·진보 교육·로맨틱한 사랑·자유주의·공산주의·니체주의·여가장주의(女家長主義)·스퀘어 댄스 부흥 등 서로 전혀 관련이 없는 일련의 사실들에 결부되어 비난을 받고 있다. 모든 사람이 루소에 대한 글을 조금씩은 읽었고, 루소가 무엇을 설교하고 주장했는지를 알고 있다고 생각한다. 그러나 찬양자든 적대자든, 마땅한 조심성을 가지고 그를 읽는 수고를 들이는 사람은 거의 찾아볼 수 없다. 그 결과 루소는 자신이 전혀 주장한 적이 없는 사상을 주장한 인물로, 또는 동시대인 대부분이 공유하고 있던 사상을 천명한 인물로 널리 인식된 반면, 정작 그의 사상의 핵심은 곡해된 채로 남겨졌다. 루소가 생각했던 것이 무엇인지를 명확하게 말하기에 앞서 그에 관한 전형적인 거짓 주장 다섯 가지를 적시하고자 한다.

첫 번째 거짓: 루소는 '자연으로 돌아가라'고 설교했다?

루소가 홉스와 마찬가지로 인간이 사회를 만들기 전에 자연 상태에서 살았다고 추정한 것은 사실이다. 그러나 그는 《인간 불평등 기원론 Discourse on the Origin of Inequality》(1755)에서 이러한 가설적 자연 상태는 존재한 적이 없었으며 앞으로도 존재하지 않을 것이라고 주장했다. 루소는 그것을 단지 비판적 도구 또는 잣대로 사용했을 뿐이다. 그는 사람들에게 자연으로 '되돌아가라(return)'고 요구한 것이 아니라 단지 자연으로 '향하라(turn)'고 요청했을 뿐이다.

그는 사람들에게 그들이 걸어온 먼 길을 되돌아가라고 주장했다는 비난에 대해 단호히 반박했다. 그는 만년에 들어 이렇게 썼다. "인간 본성은 뒤로 되돌아가지 않는다." 또 그는 자신을 3인칭으로 언급하면서 이런 글을 쓰기도 했다.

> "그는 과학과 기술을 파괴하길 원했다는 혐의로, (…) 그리고 인류를 초기의 야만 상태로 환원시키려 했다는 혐의로 거센 비난을 받았다. 실제는 정반대였다. 그는 그것들을 파괴한다면 그것은 악덕들은 그대로 남겨둔 채 그 치유 수단만을 제거할 뿐이라고 강조하면서 항상 현존 제도를 유지할 것을 주장했다."

두 번째 거짓: 루소는 미개인을 '고상한 야만인'으로 찬양했다?

야만인이 문명화된 유럽인보다 도덕적으로 우월하다는 개념은 루소보다 2세기 전 사람인 몽테뉴[1]까지 거슬러 올라가서 찾을 수 있다. '고상한 야만인(noble savage)'이란 말은 일찍이 드라이든[2]도 썼다. 그러나 루소는 이 말을 쓴 적이 전혀 없다. 디드로와 아베 레날[3]은 아메리카 인디언과 남태평양 원주민들을 찬양한 적이 있다. 그러나 루소는 달랐다. 그는 미개한 사회보다는 스파르타와 공화정 로마, 그리고 자기 조국인 주네브에 더 많은 기대를 걸었다. 그의 모든 저작에서는 '이국적'인 분위기를 전혀 찾을 수 없다.

세 번째 거짓: 루소는 감정 숭배의 효시였다?

그는 감정 숭배를 결코 '시작'하지 않았다. 감정 숭배는 그가 역사 무대에 등장했을 때 이미 한창 진행되던 중이었다. 설령 그가 감정 숭배의 확산에 '기여'했다고 치자. 하지만 루소 혼자만 그 일을 한 것은 아니다. 소설가인 리처드슨[4]과 스턴[5] 그리고 철학자인 샤프츠버리[6]와 디드로 역시 그 확산에 기여했다. 18세기 말의 병적인 감상주의—발작적 흥분·쏟아지는 눈물·자살·로맨틱한 조경·인위적 전원생활 따위—를 루소 탓으로 돌릴 수는 없다. 물론 이런 취향에 빠져든 사람들은 루소를 자신들의 수호성인이라고 주장하긴 했지만 말이다. 그는 인간의 삶에서 인위적인 요소를 제거하고 싶어했고, 자신을 따른다고 하면서 기괴한 짓을 일삼는 사람들에 대해 우려와 경멸의 감정을 품고 있었다.

네 번째 거짓: 루소는 자기 시대의 이성주의에 반대했고, 이성보다는 감정이 삶의 지침으로서 우월하다고 보았다?

이 상투적 문구에는 두 가지 거짓이 포함되어 있다. 모든 계몽주의자들은 이성주의자이기는커녕 데카르트적 이성주의·형이상학·체계 등에 대한 반란자들이었다. 계몽주의 시대는 베이컨·로크·뉴턴을 지도자로 한 실험과학과 경험주의의 시대였다. 루소가 이성을 거부하지 않은 것과 마찬가지로, 볼테르·디드로·흄 역시 감정을 거부하지 않았다. 루소가 거부했던 것은 주지주의와 그에 수반된 오만이었다. 루소는 감정과 양심, 그리고 본능에 으뜸가는 지위를 부여했고, 이런 점에서 루소는 당대의 시대 정신과 완벽하게 일치했다.

다섯 번째 거짓: 루소는 프랑스 혁명의 정신적 선구자였다?

프랑스 혁명의 초기 지도자들은 루소보다는 토머스 제퍼슨과 미국 독립선언에 더 많은 기대를 걸고 있었다. 마라[7], 에베르[8], 당통[9] 같은 후기 지도자들은 루소에게 무관심하거나 적대적이었다. 물론 롤랑 부인[10]과 로베스피에르[11]는 광적인 루소 추종자였다. 하지만 이들 두 사람보다 더 루소와 이념적으로 상반되는 정치이론가는 상상하기 어렵다. 분명한 것은 수많은 혁명가들이 루소의 이름을 인용했고, 로베스피에르는 루소의 정치 사상을 멋대로 바꾸려는 광적인 시도를 했다는 것이다. 그는 루소의 《사회계약론 *The Social Contract*》(1762)의 본질적인 정신을 손상시킨 채 전체주의적인 국면을 강조했다. 《사회계약론》은 평등한 사회를 위한 청사진이다. 루소는 그러한 사회가 어떻게 실현되어야 하는지에 대해 언급한 적이 없지만, 그가 현존하는 제도의 폭력적 전복을 옹호하지 않았으리라는 점만은 명백하다.

근대 문명에 대한 불만

모든 사상, 모든 서적, 모든 행동은 한 쌍의 결과—의도한 결과와 의도하지 않은 결과—를 수반한다. 우리는 최소한 다섯 가지 경우에서 루소가 스스로 전혀 의도하지 않았던, 또는 다른 인물에 의한 것임이 분명한 영향력의 주체로 간주되고 있음을 보았다. 예수 그리스도 이후 루소 말고는 어느 누구도 자신의 이름으로 이런 어리석음이

자행된 경우는 없을 것이다. 그렇다고 그의 진정한 사상, 그의 본래의 사상이 그의 것으로 오해받은 사상보다 영향력이 미약했다고 말할 수는 없다.

현재 시점에서 시간적 거리를 두고 객관적으로 고찰해보면 우리는 루소에게서 곤경에 빠진 근대인의 처지를 대변하는 한 예언자의 모습, 고통받는 거인의 모습을 보게 된다. 심신이 허약하고 병든데다가 사회 부적응자이기도 했던 루소는 인간 조건의 모든 질곡을 알았고, 그 고통의 본질을 표현했다. 모든 인간의 고통은 신이 아닌 인간에 의해 초래되었고, 신은 인간에게 스스로를 구원할 수 있는 수단을 베풀었다는 것이다.

"만물은 창조주의 손에 맡겨놓으면 선하지만, 인간의 손에 들어가는 순간 타락하고 만다."

《에밀 Émile》(1762)의 유명한 첫 문장에는 루소 사상의 정수가 농축되어 있다. 루소가 도달한 결론들은 일견 서로 양립할 수 없는 것처럼 보이지만 동일한 시원(始原)으로 소급할 수 있다. 그러나 루소의 사상은 내적 일관성이 있기는 하지만, 하나의 일관된 체계를 형성하기보다는 오히려 동일한 감정적 확신을 다양한 분야로 확대 적용해 나아간다. 그의 사상이 강력한 힘을 얻게 되고, 열정적인 반응을 일으키는 것은 그의 글이 갖고 있는 지극히 개인적이고 주관적인 성격 때문이다.

자신을 독특하면서도 동시에 보편적인 인간이라고 생각했던 루소는, 자기의 모든 사상을 개인적 경험으로부터 이끌어냈다. 그가 무엇을 생각했는지를 이해하려면 우리는 그가 느낀 것을 함께 느낄 수 있어야 한다. 루소가 근대 문명에 대한 인간의 불만을 대변하는 예언자가 된 원인은, 그의 천재성뿐 아니라 그의 비참한 신경증에서도 찾을 수 있다. 만일 우리 역시 그가 느꼈던 막연한 불안감을 공유한다면 (그 느낌을 공유하지 않을 사람이 누가 있겠는가?) 비록 그에게 동의하지 않을지라도 그의 말에 귀를 기울여야 할 것이다.

바랑 남작 부인과의 만남

루소는 1712년 주네브에서 태어났다. 어머니는 그를 낳다가 세상을 떠났고, 아버지는 여행이 취미인 시계공으로 아들에게 조기 교육을 시켰다. 루소의 아버지는 자신이 아내를 잃은 슬픔 때문에 눈물을 흘리는 동안, 어린 아들은 밤늦게까지 소설을 읽도록 했다. 루소의 형은 소년 시절 가출하여 독일로 갔고 그 후 다시는 소식을 들을 수 없었다. 루소가 열 살이 되었을 때, 그의 아버지는 모종의 소동을 벌인 끝에 주네브를 떠나야만 했다. 모든 면에서 안정된 가정이 아니었다. 아버지가 가출한 후 루소는 그를 맡아 기르던 목사의 여동생에게 체벌을 당하면서 성적 쾌감을 맛보았다.[12] 그리고 그 경험을 되풀이하려는 왜곡된 욕망은 평생 동안 지속되었다. 물론 그 자신이 말했듯이, 수줍어하는 성격 때문에 자신이 품었던 가장 큰 욕망을 여성에게 요구할 수는 없었다.

루소는 시계 조각공의 도제로 일하다 16세 때 그곳을 떠났다.[13] 토리노(Torino)에서 (돈을 얻는 대가로) 가톨릭으로 개종한 그는 그곳의 어느 귀족 집에서 잠시 종복으로 일했다. 그는 훌쩍 사보이로 떠났고, 여러 해 동안 샹베리(Chambéry) 부근에서 바랑 남작 부인(Mme de Warens)이라는 낯선 귀부인의 집사이자 조수, 양자(養子)이자 정부(情夫)로 다양한 역할을 하며 지냈다.

모성적이면서도 냉정함이 뒤섞인 복잡한 성격의 바랑 남작 부인은 나름대로는 독실한 가톨릭 신자로서, 놀라울 정도로 친절했고 그만큼 무책임했다. 그녀는 루소의 종교 사상에 심대한 영향을 미쳤다. 루소가 임종 몇 주 전에 회상한 바에 따르면, 젊은 날 그녀와 함께 했던 목가적 전원 생활은 그가 진정으로 자신을 온전히 느꼈던 시기였고, 참으로 살아 있다고 말할 수 있는 유일한 시기였다.

그러나 루소는 바랑 남작 부인의 경제적 어려움 때문에 세상으로 다시 돌아와야만 했다. 그는 주네브에 거주하면서 시민권을 회복하기 위해 프로테스탄트로 개종했다. 로잔에서는 악보도 읽을 줄 모르면서 어린 소녀들에게 피아노를 가르쳤다. (그는 나중에는 대단히 유능한 음악가가 되었다.) 스위스를 여행할 때는 예루살렘에서 온 가짜 그리스정교 수도원장과 함께 기금을 거두기 위한 설교를 했고, 파리에서는 자신이 고안한 새로운 악보표기법으로 돈을 벌기도 했다. 매력적인 용모와 탁월한 재능으로 인해 루소는 가는 곳마다 많은 사람들의 관심과 흥미의 대상이 되었다. 그들 중에는 대단한 세력가들도 있었다. 그는 이런 사람들의 도움과 격려 속에서 유랑 생활을 거치면서 스스로를 교육할 수 있었다. 따라서 그의 저술 어디에서도 제도 교육이 결여된 흔적을 찾을 수 없다.

그의 악보표기법은 실패로 끝났지만 베네치아 주재 프랑스 대사의 개인비서 자리를 얻어내는 데는 성공했다. 그는 그 자리에 있으면서 현실 정치 이면의 추악한 모습을 들여다보는 통찰력을 얻는가 하면, 기상천외한 연애 사건에 여러 번 휘말렸고, 특히 음악에 게걸스럽게 탐닉했다. 루소가 섬기던 프랑스 대사는 미쳤다고까지는 할 수 없으나 성격이 괴팍한 인물이었다. 얼마 후 두 사람 사이에 공공연한 다툼이 벌어지고 나서 루소의 외교관 업무는 끝장나고 말았다.

학문과 예술의 진보는 품성의 순화에 기여했는가

파리로 돌아왔을 때 루소는 30대에 접어들고 있었다. 성취한 것이라곤 아직 아무것도 없었지만 행복했던 생애의 절반은 이미 사라지고 없었다. 루소는 그 후 한 서클에 속하게 되었는데, 이 집단은 머지않아 계몽주의자 및 백과전서파로서 세계적으로 널리 이름을 떨치게 되었다. 이 서클의 우두머리는 디드로와 달랑베르[14]였고, 비평가 그림[15]과 그림의 정부 에피네 부인[16]도 그 구성원이었다.

루소는 또한 테레즈 르봐쇠르(Thérèse Levasseur)라는 동반자를 만났다. 그녀는 루소가 머물던 거처의 하녀로 그의 파란만장하고도 비극적인 생애 후반 동안 줄곧 곁을 지켰다. 1746~1747년 겨울에 테레즈는 루소의 첫 아이를 낳았고, 그 후 네 아이를 더 낳았다. 루소의 증언에 의하면 그는 이 아이들을 모두 고아원에 맡겼으며 그 후로는 그들을 다시 보지 못했다.

"나는 아이들을 투기꾼이나 협잡꾼 대신 일하는 사람과 농민이 되도록 했고, 그렇게 함으로써 나 자신이 선량한 시민이자 아버지로서 행동했다는 믿음을 가졌다."

그는 나중에 이렇게 해명했지만 자신의 설명에 확신을 갖지는 못했다. 어떤 이는 테레즈의 아이들이 과연 루소의 자식인지 여부에 대해서도 의문을 품는다. 그러나 비정상적으로 강했던 루소의 성욕이 대체로 백일몽 수준에 머물러 있었다고는 해도 그가 성불구였다는 증거는 전혀 없다. 오히려 루소는 자신이 간절히 원하고 열렬히 사랑하는 여성에 대해서만 성적 불능이었으며, 당연히 테레즈는 그런 여성이 아니었다. 분명히 말할 수 있는 것은, 글쓰기와 악보 베끼기로 얻는 불안정한 수입과 빈약한 재정 때문에 가족을 제대로 부양할 수 없는 처지였다는 사실이다.

38세 되던 해인 1749년 여름, 그는 훗날 이로 인해 명성을 얻는 동시에 비참한 상황에 빠져들게 될 어떤 일에 우연히 끼어들게 되었다. 이때 그는 벵센(Vincennes) 감옥으로 친구 디드로를 면회하러 가는 중이었다. 디드로는 그곳에서 짧은 기간 동안 매우 안락하게 옥살이를 하고 있었다. 그때 루소는 문예잡지《메르쿠르 드 프랑스》에서 디종 아카데미가 '학문과 예술의 진보는 품성의 순화에 기여했는가'를 주제로 현상논문을 모집한다는 공고를 읽었다.

루소는 여러 해가 지난 후 한 편지에서 이에 대해 언급했다.

"그것을 읽는 순간 나는 갑작스런 영감 같은 것이 떠오르는 것을 느꼈습니다. 수천 개의 불빛이 내 영혼을 비추는 것만 같았습니다. 생생한 사상이 내게 떼지어 밀려들었습니다. 힘차고도 당혹스럽게 그것은 나를 설명할 수 없는 혼란 속으로 밀어 넣었습니다. 술에 취한 것 같은 현기증이 느껴졌습니다. 맥박이 고동쳤고 가슴이 부풀어 올랐습니다. 나는 더 이상 걸으면서 숨을 쉴 수가 없었으므로 길가에 있는 나무 아래 쓰러졌습니다. 나는 그곳에서 반 시간 동안이나 흥분에 휩싸인 채 그대로 있었습니다. 다시 일어났을 때 나는 나도 모르게 흘린 눈물로 윗도리 앞자락이 흠뻑 젖어 있는 것을 발견했습니다. 오, 선생님, 만일 그 나무 아래서 내가 보고 느낀 것을 4분의 1만이라도 쓸 수 있었다면, 사회 제도의 모든 모순을 얼마나 명료하게 드러낼 수 있었겠습니까! 우리 제도가 안고 있는 모든 폐해를 얼마나 힘 있게 낱낱이 폭로할 수 있었겠습니까! 인간이 자연 상태에서 선하며, 인간이 악하게 된 것은 오직 이러한 사회 제도에 의한 것임을 얼마나 평이하게 보여 줄 수 있었겠습니까! 그 나무 아래서 15분 동안 나를 계몽시키며 충만하게 계시되었던 위대한 진리들 중, 내가 기억해낼 수 있었던 일부만이 세 가지 주요 저작들 속에 지극히 미약한 상태로 흩어져 있을 뿐입니다."

후에 디드로는 자신이 루소에게 아카데미의 질문에 부정적인 답변을 하라고 조언해주었기 때문에 출세길에 오른 거라고 주장했다. 아마 그랬을지도 모른다. 루소는 훗날 자신의 《인간 불평등 기원론》과 《학문과 예술론 Discourse on the Sciences and the Arts》(1750)에 극단적인 견해—그런 견해는 실제로 그의 후기 저작에는 나타나지 않았다—를 집어넣도록 만든 것이 디드로라고 비난했다. 그 무렵 《백과전서》를 편집 중이던 디드로가 그런 조언을 했다는 것은 이상한 일이다. 아마 디드로는 그 무렵 친구인 루소가 좀 더 독창적인 관점을 개진한다면 상을 탈 가능성이 더 많으리라고 생각했을 것이다. 또한 그는 부정적인 답변이 루소의 시무룩한 성격에 더 잘 어울린다고 생각했음에 틀림없다.

과장되고 무절제하고 다소 혼란스럽기는 하지만, 루소의 《인간 불평등 기원론》과 《학문과 예술론》은 문명과 물질적 진보에 대한 대단히 열정적이고도 현란한 고발이어서 2백여 년이 지난 지금까지도 독자들을 사로잡는다. 어떤 의미에서 이 고발은 새로운 것은 아니다. 그것은 사치와 안락이 사회의 윤리적 건전성을 쇠약하게 만든다고 주장했던 투키디데스·키케로·타키투스·플루타르코스 등의 관점을 반영하고 있다. 그러나 루소의 저술이 등장할 무렵에는 높은 생활 수준과 산업의 진보, 사치품과 예술 등의 교화력이 인간의 도덕적 행실에 유익한 영향을 미친다는 관점이 더 널리 유행하고 있었다.

하지만 루소는 사태를 다르게 바라보았다. 루소의 눈에 문명의 절정에 달한 도시 파리는 50만 인구가 벌이는 거대한 악몽의 집합체로 비쳐졌다. 시민들은 정신과 육체를 팔기 위해, 그리고 할 수만 있다면 타인을 착취하기 위해 자신의 부와 신분과 권력과 재능을 이용해 서로에게 압력을 가하고 있었다. 50만 파리 시민들은 바쁘게 급히 다니면서, 착취자에게 갖다 바치기 위한 잉여 상품과 용역을 생산하거나 아니면 거드름을 피우면서 무위도식하고 있었다. 그들은 편리할 때는 서로에게 정중했지만 자신의 이익을 위해 언제라도 기꺼이 배신할 준비가 되어 있었다. 그들은 참된 행복의 근원으로부터 소외되어 있었고, 성공을 추구하면서 비참해졌으며, 능동적 시민으로서의 긍지를 박탈당했다. 그들의 사고와 행동과 노력은 자신들의 양심과 본성에 따른 것이 아니라 인위적인 사회의 기준에 따른 것이었다. 루소는 만년에 이렇게 썼다.

"누구도 실재에 대해 관심을 갖지 않는다. 모두가 자신의 전 존재를 망상에 내맡긴다. 자애(自愛)의 노예이자 꼭두각시가 된 인간들은 살기 위해 사는 것이 아니라 남으로 하여금 자신들이 살아있다고 믿게 만들기 위해 산다."

루소의 《학문과 예술론》은 일등상을 받았고 그것은 당연한 일이었다. 문필에 투신하여 하룻밤 사이에 명성을 얻기는 했지만 그는 진정한 자기 천직이라고 생각한 것을 포기하지 않았다. 꾸준히 음악에 관한 글을 쓰고 심지어는 작곡도 했다. 그의 오페라 〈마을의 점쟁이 *Le Devin du village*〉(1752)는 가볍지만 매력적인 작품으로 1752년 왕 앞에서 성공적으로 공연되었다. 그러나 그는 새롭게 얻은 명성 덕분에 자의 반 타의 반으로 철학 부문으로 끌려가게 되었다. 그는 예술과 학문을 공격했으며, 네 발로 걷는 원시 시대로 되돌아갈 것을 요구했다는 비난을 받았다. 물론 이런 비난은 공정하지 못한 것이었다. 그러나 그는 이 때문에 자신의 입장을 해명하지 않을 수 없게 되었다.

만일 예술과 학문이 인간을 행복하고 유덕하게 만들지 못한다면 그 잘못은 인간에게 있는 것이 아니다. 그 책임은 그것들의 목적을 왜곡시킨 사회 제도에서 찾아야만 한다. 《인간 불평등 기원론》과 《정치경제학 *On Political Economy*》(1755)에서 루소의 사상은 그

초점이 더욱 분명해졌다. 시간과 장소를 막론하고 사회 제도란 참된 법이 아니라 권력에 근거한다. 법과 관행은 가진 자들의 부와 권력을 더욱 공고히 하고, 갖지 못한 자들을 점점 더 종속적 위치로 몰아넣는다. 현행 사회 제도 아래서 사람들은 공동선을 위해 연합하는 이점을 얻지 못한 채 자연 상태의 자유를 포기했다. 정글의 법칙은 여전히 우세하지만 동물의 순수성은 상실되었다. "생각하는 인간은 타락한 인간이다."

인간은 선하게 태어났으나 사회는 인간을 타락시킨다

인간은 이 비참한 상태에서 어떻게 빠져나올 수 있는가—이것이 루소의 사상적 원숙기에 집필된 위대한 두 개의 저작《사회계약론》과《에밀》의 주제였다. 아마 루소는 이 문제에 대한 해결의 실마리를 볼테르와의 서신 교환 중 찾았을 것이다. 두 사람은 볼테르가 1755년의 리스본 지진을 소재로 쓴 시와 관련하여 서신을 교환한 적이 있었다. 가공할 재앙에 충격을 받은 볼테르는 자비로운 신이나 섭리가 과연 존재하는지에 의문을 품었다. 신은 자유롭고 정의롭고 관대하다고 알려졌다. 볼테르는 묻는다. 그런데 우리는 어째서 그토록 온화한 주님 아래서 이토록 큰 고통을 당해야 하는가? 루소는 답신에서 이렇게 지적했다. 만일 사람들이 고집스레 대도시를 건설하고 6층짜리 건물에 거주하지 않았더라면 리스본에 일어났던 것과 같은 규모의 재난은 발생하지 않았으리라는 것이다. 루소는 한 걸음 더 나아가, 신에 대한 불신을 받아들일 수 없으며 신이 잔인하거나 의롭지 못할 가능성에 대해서도 전혀 수긍할 수 없다고 말했다.

"아무리 정교한 형이상학도, 나로 하여금 단 한순간이라도 내 영혼의 불멸성이나 영적 섭리의 불멸성을 의심하게 할 수 없을 것입니다. 나는 그것을 느끼고, 믿고, 또 원합니다. 그리고 내 생명이 다하도록 그것을 옹호할 것입니다."

그는 또 이렇게 말한다.

"당신의 증명과 나의 느낌 사이의 이 기이한 대조 속에서 나는 당신께 청하노니, 부디 내 걱정을 덜어주시고 대체 어디에 속임수가 개입되었는지 말해주십시오. 그것은 감정입니까, 아니면 이성입니까?"

(이에 대한 볼테르의 답변은 《캉디드》였다. 그러나 루소는 그 책을 읽지 않았고, 실제로 그 책은 이 문제에 대해 이렇다 할 답변을 담고 있지도 않다.)

위에 인용된 글에는 루소의 종교와 도덕철학의 핵심이 담겨 있다. 그것은 《에밀》과 《신(新) 엘로이즈 *Julie, or the New Héloïse*》(1761)에 잘 나타나 있는데, 특히 《에밀》의 '사브와 지방 보좌 신부의 신앙고백' 부분에서 간결하고도 감동적으로 표현되었다. 루소의 주장에 의하면, 철학과 신학은 수천 년 동안 존속해왔지만 우리를 어디로도 인도하지 못한다. 우리는 우리가 느끼는 것 이외에는 아무것도 확신할 수 없다. 판단과 추론은 감각을 통해 인식한 것들을 상호 연관시킬 뿐이다. 우리의 감각에는 착오가 없지만, 감각적 인식들을 서로 연관시키는 과정에서 그릇된 추론을 할 수 있다. 이성과 감정은 결코 충돌해선 안 된다. 그러나 이성은 오류에 빠지기 쉬우므로 항상 감정에 의해 통제되어야 한다. 일견 난해해 보이지만, 루소가 언제나 '감정'을 '양심'의 의미로 사용했다는 것을 이해한다면 패러독스는 말끔히 사라진다.

루소가 볼 때 신의 목적은 헤아릴 수 없는 것이었다. 그것은 모든 인간에게 마찬가지이다. 그는 신의 목적을 설명하고자 하는 모든 시도를 공허한 형이상학이라고 비웃었다. 우주가 최고 존재의 의도적인 창조물이라는 가설은 그가 볼 때 논쟁의 여지가 없는 것이었다. 왜냐하면 그는 그것을 진실이라고 '느꼈기' 때문이다. 루소의 느낌이 진실하지 않은 것이라고 누가 말할 수 있겠는가?

그는 피조 세계가 어째서 불완전해 보이는지에 대해 설명하려 하지 않았다. 시인 알렉산더 포프[17]처럼, 그는 "오류에 빠진 이성에도 불구하고/한 가지 진실은 분명하니, 존재하는 것은 옳다"고 느꼈다. 그러나—이것이 루소 사상의 두 번째 큰 패러독스이다—모든 것이 잘못되었다는 것은 분명했다. "창조주의 손에 맡겨놓으면 선하지만 인간의 손에 들어가는 순간 타락하고 만다"는 말, 그리고 《사회계약론》 첫 문장인 "인간은 자유롭게 태어나지만 모든 곳에서 사슬에 묶여 있다"는 말은 동일한 사상을 간명하게 표현한 것이다.

무엇이 잘못되었는가? 루소는 볼테르의 작중 인물 팡글로스 박사(Dr. Pangloss)가 지녔던 "만물은 모든 가능한 세계들 중 가장 좋은 세계에서 가장 좋은 것이다"라는 확신을 공유하지 않았다. 또한 그의 감정은 후대의 로만주의자나 실존주의자들 사이에 널리 유행했던 절망감을 받아들이지도 않았다. 그는 인간의 비참한 상태를 아담과 이브가 타락한 탓으로 돌릴 수 있다고 생각하지도 않았다. 인간이 인간다운 행동을 한다는 이유로 벌을 주기 위해 인간을 창조할 정도로, 신을 비이성적이고 비인도적인 존재로 생각하는 것은 이성과 감정에 반하는 것이다. 루소가 볼 때 신은 인간에게 이성과 양심을 부여함으로써 인간이 스스로 자제하는 데 필요한 모든 것을 부여했다. 그렇다면 어째서 인간의 손에 의해 모든 것이 타락하는가? 이 질문에 대한 답변으로 루소는 '악마'와 '원죄'를 대신할 새로운 가설을 제시한다. 인간은 선하게 태어났으나 '사회'가 인간을 타락시킨다는 것이다.

사회와 개인

오늘날 세상의 범죄와 고통에 사회가 상당 부분 책임이 있다고 말한다면, 우리는 무의식 중에 루소주의자가 되어 있는 것이다. 오늘날 상투적인 문구가 되다시피 한 이 말은 실제로 루소에게서 비롯된 것이다. 그리고 그것은 사실상 루소 사상의 가장 취약한 부분이다. 루소의 사상은 두 가지 점에서 명백히 일관성이 없다. 첫째, 만일 인간이 선하다면 그는 어째서 다른 사람—그 역시 선하다—과의 제휴를 통해 악해지는가? 둘째, 만일 사회가 악하다면 루소는 어째서 사회계약을 인간의 유일한 구원이라고 처방했는가?

만일 루소가 사회는 필연적으로 인간을 타락시킨다고 말했다면 이 의문들은 잘 해결되었을 것이다. 그러나 그는 결코 그런 말을 한 적이 없었다. 반대로 그의 사회계약 이론은 전적으로 사회적 상태가 자연 상태에서 진일보한 것이라는 전제에 바탕을 두고 있다. 게다가 루소는 여기에서 한 걸음 더 나아가 정의롭고 자비로운 사회가 이론적으로 가능할 뿐 아니라 과거 역사 속—스파르타와 공화정 로마—에 존재한 적이 있고, 심지어 주네브처럼 그의 시대에도 존재하고 있다고 주장했다. (그는 주네브에 대해서는 곧 견해를 수정했다.)

그럼에도 불구하고 사회가 대체로 법과 협동보다는 권력과 착취에 의존함으로써 인간을 타락시키는 경향이 있다는 루소의 주장에는 진실이 담겨 있다. 법에 의해 통치되지 않는 사회에서는 개인의 도덕 의지가 위축될 수밖에 없고, 내적인 양심 대신 사회적 인습이 자리를 잡는다. 사람들이 그릇된 가치·이기심·허영을 추구하는 가운데 모든 선한 본능은 묵살되며, 생명과 본성은 간과되고 만다. 이러한 모든 악은 인간이 만든 것이고 사회로부터 비롯된 것이지만, 그것은 인간이나 사회 내부에 본래부터 있었던 것은 아니다.

루소는 인간이 양심과 이성을 가지고 태어날 뿐 아니라 자유 의지도 지니고 태어난다고 확신했다. 포괄적으로 말하자면, 인간은 자기 운명의 주인이라는 것이다. 사회적 구원은 집단적인 의지 행사를 통해 이룰 수 있다. 즉 사람들이 집단적 의지로써 모든 개인의 권리를 사회에 양도하는 것이다. 이러한 '사회계약' 아래 국가는 오직 법에 의해서만 통치되며, 시민은 자유로운 개인으로서의 역할과 공동선을 유일한 목적으로 삼는 사회 구성원으로서의 역할을 수행할 수 있다. 사실상 "개인은 자신을 전체에게 맡김으로써, 누구에게도 자신을 맡기지 않게 되는 것이다." 어떤 개인이나 이해 집단이 나머지 개인이나 집단에 대한 우월함을 갖지 않는 한 자유롭고 책임 있는 시민들이 존재하게 될 것이다. 그 결과 루소의 국가에서, 사회는 개인의 범죄와 고통에 대해 책임을 져서도 안 되고 반사회적 부적응자에 대해 관대해서도 안 된다.

이상이 루소의 《사회계약론》에 나타난 기본 사상이다. 이런 종류의 이론이 역사상 가장 악명 높은 사회 부적응자에 의해 제안된 것은 아이러니한 일이 아닐 수 없다. 그러나 그것은 그다지 놀라운 일은 아니다. 그리고 루소가 그런 사람이었다고 해서 근대 정치 사상에서 그의 주장의 타당성이 줄어드는 것도 아니다. 그러나 루소는 추상적 이론에 만족하지 않았다. 그는 완전한 사회란 신들의 사회이며, 모든 인간 사회의 제도들은 그 안에 쇠퇴의 싹을 지니고 있다고 인식했다. 그 구성원들이 필수적인 도덕적 의지를 갖지 않는 한, 선한 사회는 존재할 수도 없고 오랫동안 존속할 수도 없다는 것이다.

《사회계약론》과 같은 시기에 씌어진 《에밀》에서 루소는 인간의 타고난 선한 본능이 교육을 통해 어떻게 육성되고 계몽될 수 있으며, 선한 사회에 합당한 시민이 어떻게 만들어질 수 있는지를 보여주고자 했다. 타락한 현 사회에서 벗어나기 위해 학생인 에밀은 도시문명에서 멀리 떨어진 곳에서 가정교사에 의해 양육되는데, 이 가정교사는 에밀의 선생이라기보다는 안내자였다. 그는 이미 존재하고 있는 지식과 도덕률에 대해서는 전혀 배우지 않았다. 에밀의 모든 학습 내용은 직접 경험에 의해 습득되었고, 그의 모든 판단은 자신의 지성과 감성에 의해 행해졌다. 루소는 《에밀》에서 인간의 선천적인 선함을 입증하지는 못했지만, 근대 교육학의 토대를 놓는 데는 성공을 거두었다. 루소 이후의 모든 교육은, 진보적이든 전통적이든 상당 정도 그의 심리적 통찰과 도덕적 목표에 의존하고 있다.

《사회계약론》은 선한 사회, 즉 '집합체(a collective body)'를 다룬다. 이에 반해 《에밀》은 선한 시민, 즉 '개인'을 다룬다. 루소는 자신에 대한 몇몇 비판자들과는 달리 두 권의 저술 사이에서 아무런 모순점도 발견하지 못했다. 집합체인 국가 안에서 그 구성원의 개인적 잠재 능력은 온전히 다양하게 개발될 수 있었고, 또 개발되어야만 했다. 왜냐하면 공동선을 자발적으로 행하는 자유롭고 이성적인 인간이라면 모든 본질적인 것에 동의하지 않을 수 없기 때문이다. 두 책은 서로 모순된다기보다는 상호 보완적인 성격이 강하지만, 그럼에도 불구하고 루소의 극단적인 두 기질 사이의 긴장을 드러낸다.

시민적 미덕과 행동의 옹호자인 루소는 명상적이고 고독한 몽상가이기도 했다. 또한 마르크스주의적 집단주의의 선구자였으며 로만주의적 개인주의의 선구자이자 소로[18]의 시민적 불복종운동의 선구자였다. 루소는 두 가지 역할—완고한 애국주의자의 역할과 학교를 빼먹고 놀러 다니는 영원한 사춘기 소년의 역할—을 수행하면서 자신이 처한 사회 환경에 저항했다. 루소의 이런 점은 곧 동료 계몽주의자들에게 알려졌고, 그들은 루소를 자신들 편으로 끌어들이려 했으나 그가 자신들과는 다르다는 것을 발견했다. 그들 역시 루소처럼 사회를 비판하긴 했지만, 사회는 그들에게 숨을 쉬는 공기와도 같은 존재였다. 반면 루소는 점점 더 세상을 기피하고 사사건건 공격만을 일삼는 괴팍한 인물로 부각되었다. 양측의 노선 차이는 서서히 드러났다. 그러나 마침내 루소의 지나친 감수성과 병적으로 의심 많은 성격 때문에, 그리고 그의 급격한 사회적 소외 때문에 두 진영은 완전히 결별하게 되었다. 디드로는 루소와의 마지막 만남에 대해 이렇게 기록했다.

"그는 나를 불안하게 만들었다. 내 곁에는 저주받은 영혼이 있는 것 같았다. 나는 그를 다시 보고 싶지 않다. 그는 나로 하여금 악마와 지옥이 있다고 믿게 만들었다."

박해의 계절

에피네 부인(Mme d'Epinay)의 손님 자격으로 레르미타쥬(L'Ermitage, 은자의 집)와 몽모랑시(Montmorency)에 거주하던 시기와 에피네 부인과 결별하고 룩셈부르크 원수(Maréchal de Luxembourg)의 손님으로 있던 시기 동안 루소는 점점 더 고립되었다. 친구들은 루소가 인간을 불신하는 죄—그들이 보기에 그것은 가장 나쁜 범죄였다—를 범하고 있다고 생각했다. 그러나 루소는 자신을 그들 편으로 끌어들이려는 그들의 교활한 수법을 자신에 대한 핍박으로 간주했다.

바로 이 무렵 그는 젊고 아름다운 우드토 부인(Mme d'Houdetot)과 열정적인 사랑에 빠졌다. 그러나 그녀는 다른 남자를 사랑하고 있었으므로 중년에 이른 철학자의 정열에 응할 수 없었다. 설령 응했다 해도 그녀는 실망했을 것이다. 왜냐하면 루소가 고백했듯이 그의 정열은 늘 그들의 밀회에 대한 '기대' 때문에 타올랐기 때문이다.

이 우스꽝스런 사건으로 루소와 참견하기 좋아하는 그의 친구늘 사이는 더욱 험악하게 뒤틀려졌고, 루소는 이로 인해 마음이 몹시 어지러웠다. 그러나 그것은 긍정적인 결과를 가져오기도 했다. 백일몽에 탐닉하고 상상의 생물들이 사는 세계에 몰두하던 장 자크는, 이상 사회와 이상 시민만을 꿈꾼 것이 아니라 이상적 여인상을 꿈꾸었다. 그는 우드토 부인의 특징을 자신이 꿈꾼 이상적 여인상에 불어넣고, 그녀에게 쥘리(Julie)라는 이름을 붙인 다음, 그녀를 자신의 서간체 소설 《신 엘로이즈》의 여주인공으로 삼았다. 인간 본성에 대한 감각적 묘사와 격정에 대한 힘찬 환기, 그리고 거의 히스테리 수준의 감수성으로 이 작품은 좋든 싫든 문학사상 신기원을 이룩했다. 이 작품은 도덕적인 목적을 가지고 있었고, 논조는 다분히 설교조였다. 이런 의미에서 이 책의 주제는 《에밀》, 《사회계약론》과 동일했다. 즉 열정이란—그것은 그 자체로서 순수한 것이다—사회에 오염되지 않은 사람들을 압도할 수 있지만, 도덕적 의지는 그 열정을 초월할 수 있다는 것이다.

1760~1762년 사이에 루소는 서양 근대사에서 가장 영향력 있는 저술을 세 권이나 출간했다.[19] 만년의 저술들에는 새로운 내용이 없다. 단지 동료들에게 자신을 정당화하려는 의도로 집필한 것들뿐이다. 《에밀》의 출간은 그에게 파국을 가져왔다. 특히 (〈사브와 지방 보좌 신부의 신앙 고백〉에서) 계시종교와 교회의 권위에 대해 가차 없는 공격을 가했다는 이유로 그는 가톨릭인 파리 소르본대학과 칼뱅주의인 주네브 종교법원에서 동시에 정죄당했다. 두 군데서 각기 저자 루소에 대한 구속영장이 발부되었다. 《에밀》은 파리에서 의회의 명령으로 소각되었으며, 멀리 네덜란드와 스위스에서도 공식적으로 정죄되었다(1762. 6).

몇몇 고위층 후원자들의 묵인 아래 루소는 스위스로 도피했고, 마침내 모티에(Motier)—프로이센의 뇌샤텔(Neuchâtel) 공국 소재—에 거처를 정했다(1762. 7). 정죄된 책들이 해적판으로 무수히 다시 찍혀 나왔고, 루소는 높아진 명성 속에서 박해의 구실만 더 많이 얻게 되었다. 각국 당국자들은 그를 불경한 반역자, 사회파괴자라고 비난했다. 그의 예전 친구인 계몽주의자들은 겉으로는 그에 대한 박해를 개탄했지만 뒷전에서는 그를 배은망덕한 괴물·염세주의자·야만인이라고 비난했다. 괴팍한 버릇과 옷차림, 그리고 불경스럽다는 평판 때문에 루소는 거주 지역 주민들의 미움을 샀다.

폭도들이 자신의 거처에 돌을 던지자 루소는 모티에를 떠나 베른(Berne) 지역의 비엔 호수(Lake of Bienne) 가운데 있는 성 베드로 섬으로 피신했다(1765. 9). 두 달 후 베른 정부는 그에게 추방령을 내렸다(1765. 10). 사실 이 무렵에는 식물 채집과 뱃놀이만 할 뿐, 파괴적인 활동을 더 이상 하지 않았음에도 불구하고 말이다. 루소는 데이비드 흄의 초청을 받아들여 그와 함께 영국으로 갔다. 그러나 흄의 시골 저택이 있는 우튼(wootton)에서의 체류는 두 사람 사이의 널리 알려진 다툼(1766. 7)으로 말미암아 중단되고 말았다. 계몽주의자들의 눈에는 그의 음험함이 폭로된 것으로 비쳐졌다. 그들은 그를 호랑이라고 부르면서 공공연하게 전쟁을 선포했다.

이렇게 볼 때 루소를 박해강박증에 걸린 인물로 비난하는 것은 공정하지 않은 일로 보인다. 그에 대한 박해는 실재하는 것이었다. 물론 애당초 그의 고립이 친구들 쪽의 적개심 때문이라기보다는—그들은 단지 그의 신경증적인 성격을 이해하지 못했을 뿐이다—루소의 수줍음과 지나치게 예민한 감수성 때문이었던 것은 사실이다. 당국의 박해 역시 대체로 루소 자신에게서 기인하는 것이었다. 당국자들은 뒷짐을 진 채로 넌지시 루소가 박해를 피할 구멍을 열어두고 있었다. 루소는 (동시대 대부분의 저술가들과는 달리) 가장 파괴적인 저술에조차도 실명(實名)을 표기했기 때문이다. 그러나 그가 박해를 받았으며, 그의 친구들이 그에게 적대적 태도를 취하거나 심지어 원한을 품기까지 했다는 데는 의심의 여지가 없다. 흄과의 다툼이 있은 후 루소의 고독과 의심은 편집증적 증상을 띠게 되었다.

편집증

루소는 책을 출간하지 않는다는 조건 아래 프랑스 체류를 허락받았다. 그는 반려자인 테레즈와 함께 프랑스 이곳저곳을 떠돌아 다녔으며 마침내 파리에 정착하여 악보 필사로 근근이 생계를 유지했다. 오랫동안 아무도 만나지 않은 채 그는 자신의 박해에 관한 생각에 침잠했다. 그에게는 지난 25년 동안 일어났던 모든 일이 그를 파멸시키기 위한 우주적 계획으로 비쳐졌다. 아무런 의심도 하지 않고 있는 동안 그의 친구들은 오래전부터 은밀하게 덫을 놓고 있었고, 그때까지 그에게 충실했던 가까운 친구들마저 갑자기 음모의 수괴인 그림의 악마적 공범자임을 드러낸 것이다. 때로 그는 공개적인 방식으로 그들의 중상모략으로부터 자신을 지키려 했고,《고백》의 일부분을 낭독함으로써 그들의 간계를 질타하려 했다.《고백》의 후반부는 이러한 편집증적 성격을 드러내준다.

그가 쓴 대화록《루소는 장 자크를 심판한다 *Rousseau as Judge of Jean Jacques*》(1780)는 군데군데 이성적 섬광이 보이기는 하지만 그보다는 암담해지는 그의 정신 상태를 드러내주는 비극적 증언이다. 그렇다고 루소가 발광 상태에 접어들었다고 말하는 것은 지나친 일이다. 그의 마지막 저작《고독한 방랑자의 산책 *Reveries of a Solitary Wanderer*》(1782)은 독백체의 글로 스스로에 대해 거둔 영웅적 승리를 담담한 필치로 그려내고 있다.

그는 여전히 자신에 대한 우주적 음모를 믿고 있었다. 그러나 자신의 철학의 지도 원리를 회고하면서, 그리고 단순히 존재한다는 것만으로도 행복을 발견할 수 있는 자신의 역량을 회고하면서 그는 자신의 광증을 초월하여 오랜 기간 내적 평화를 누린다. 그는 이렇게 선언한다. "나는 사람들이 꾸민 음모를 비웃는다. 그리고 그들의 책동에도 불구하고 나는 나 자신의 존재를 향유한다." 루소는 이 글을 쓴 직후 파리 북부의 에르메농빌(Ermenonville)에서 사망했다. 그는

당시 그곳에 한 후원자의 손님으로 머물고 있었다.[20]

　루소의 《고백》은 그의 저작 중 가장 널리 읽히는 책으로, 그 내용이 독특하고 놀랍고 매혹적이고 충격적이어서 사람을 감동시키고 격앙시킨다. 그러나 한편으로는 루소의 다른 저작들에서 발견되는 모든 약점을 합친 것 이상으로 루소 사상의 평판을 훼손한다. 정신과 의사들은 저자가 드러내려고 하는 부분에 대해서도 흥미를 느끼지만, 그에 못지않게 감추고 있는 부분—저자가 모든 것을 낱낱이 털어놓으려고 비상한 노력을 기울이긴 했지만—에 대해서도 강한 흥미를 느낀다. 인간 정신을 탐구하는 의학도들이 《고백》을 임상적으로 바라보고, 여타의 그의 저작들을 한 심리장애자의 토로로 간주하는 것은 자연스럽고도 적절한 일이다.

　사회에 대한 루소의 공격이 분노와 사회적 부적응의 결과임을 부정할 수는 없다. 세계를 상상 속에서 재창조하려는 충동이 그의 '정상적' 역할 수행 불능에서 비롯되었다는 것, 그리고 성적 금제(禁制) 및 자기 색정적(自己色情的, autoerotic) 성향에서 비롯되었다는 것도 부인할 수 없다. 심리학자들은 루소의 성격을 '미성숙(immature)'이라고 부른다. 더욱이 그는 심리적 문제에 더하여 갖가지 심신증(psychosomatic) 문제들로 시달리고 있었다. 그 결과 마지못해 모성적인 바랑 남작 부인의 연인 노릇을 하면서도, 루소는 급작스럽게 비정상적이고 불안한 증세를 보이곤 했다. 그는 자신의 이런 증상이 나아지지 않고 일생 동안 지속되었다고 말했다.

　루소는 또 요도 기형으로 인한 폐뇨(閉尿) 증상에 시달리기도 했다. 그는 이 때문에 루이 15세의 궁정 초청을 거절했고, 그 결과 국왕의 연금을 수령할 기회를 놓쳤다. 국왕 폐하가 임석한 자리를 오줌으로 더럽힐까 두려웠던 것이다. 그러나 그는 국왕의 초청을 거절한 것이 마치 공화국 시민의 자랑스러운 행동이라도 되는 것처럼 허세를 부렸다.

물론 루소의 신체적·심리적 장애는 사회에 대한 그의 반동적 성향을 설명하는 데 도움이 된다. 그러나 그와 같은 임상적 설명만으로는 그의 영향력을 설명할 수 없으며, 우리 사회의 병폐에 대한 그의 진단을 무력화할 수도 없다. 태어나던 중 어머니를 잃었다든가, 어른이 되어서도 야뇨증에 시달렸다는 이유만으로《사회계약론》을 무시한다는 것은 있을 수 없는 일이다. 그런데 기이하게도 그러한 비판이 널리 팽배되어 있다. 이와 같은 비판은 부적절할 뿐만 아니라 루소의 성격을 왜곡하는 것이기도 하다.

예언자 루소

상류 사회·돈·지성의 세계와 접촉하기 시작한 후의 청년 장 자크는 반사회적 은둔자이기는커녕, 지극히 상냥하고 선량한 마음씨를 지닌 방랑자였다. 그의 방랑 취미는 일생 사라지지 않았다. 그는 도보 여행을 좋아했으며 그 여행은 늘 자신이 의도한 목적지에서 끝나지 않았다. 일하는 것을 싫어하지는 않았지만, 먹고 사는 데 필요한 것 이상으로 일하는 것은 싫어했다. 루소는 다른 무엇보다도 게으름 피우기를 좋아했다. 시계공의 아들이었던 그는 시계를 내다버린 날을 자기 지혜의 출발점으로 여겼다.

루소는 근본적으로 사교적인 인물이었다. 적어도 50세까지는 그랬다. 얌전빼는 사람도, 카사노바[21] 같은 난봉꾼도 아니었고 다른 사람들의 성도덕을 청교도적인 시선으로 바라보지도 않았다. 좀 더 안정되고 책임 있는 사람들에게 내재되는 추진력과 야심이 결여됐던 루소는, 존재 그 자체에서 가장 큰 기쁨을 얻었다. 몽상에 접어들 때, 개를 데리고 시골길을 산책할 때, 그리고 나무 그늘 아래 누워 있을 때 그는 큰 행복을 느꼈다. 1749년 뱅센 감옥으로 디드로를 면회 가던 길에 겪은 저 유명한 계몽의 체험이 있기 전까지만 해도[22],

그는 사도 바울[23]과는 달리 세상에 대한 적의가 없는 사람이었다. 상냥한 방랑자가 사회적·도덕적 예언자로 급격하게 변화한 데는 요도폐쇄 이상의 다른 직접적인 원인이 작용했을 것이다.

이에 대한 가장 명료한 설명은, 파리에서의 충돌 후 루소는 자신이 진단했던 사회악이 실재한다는 사실을 깨달았다는 것이다. 좀 더 기질이 강건한 사람이라면, 한편으로는 그 불가피성을 받아들이면서 다른 한편으로는 실질적인 행동으로 치유책을 구하면서 사회악에 적응할 수 있었겠지만, 루소는 본성상 그 전 체계에 도전하지 않을 수 없었다. 그것이 현명한지 아닌지에 대해서는 논란의 여지가 있겠으나 여하튼 그것은 불가피하고 필연적인 것이었다. 그리고 루소는 바로 그 때문에 근대인이 가진 딜레마의 뿌리를 통찰할 수 있었다. 과학과 물질적 진보는 인간을 행복하게 만들지 않았다. 오히려 사람들은 그릇된 가치를 추구하느라 자연으로부터 배우는 것을 잊었다. 그들은 자기 자신이 되기보다는, 자신의 모습을 타인의 눈에 바람직하게 비치도록 꾸미려고 했다. 타인의 의견에 지배되면서 그들은 한 사회의 구성원이 되지 않고서는 더 이상 개인이 될 수 없게 되었다. 안전과 쾌락과 안락을 위해 시민과 자율적 존재로서의 천부적 권리를 희생한 그들은, 모든 자유를 파괴하고 말았다. 자유와 이성을 지니고 태어났음에도 불구하고 노예와 꼭두각시로 살게 된 것이다.

이러한 불행의 원인은 신에게서 비롯된 것도, 인간 본성에 기인한 것도 아니었다. 신 또는 자연은, 인간에게 운명에 복종하라고 명령하기는커녕 운명을 개척할 수단을 베풀어주었다. 루소에게 자연은 잔인하지 않았다. 자연은 그저 자연스러울 뿐이었다. 그러나 인간은 사악하게 되었다. 왜냐하면 인간은 자신의 자연적 재능을 자유롭고 우애 있는 사회에서 타인들과 함께 살아가기 위해서가 아니라 타인들을 억압하기 위한 용도로 사용했기 때문이다.

루소의 처방에 동의하든 안 하든, 자연으로부터의 인간 소외는 근대 문명을 얻기 위해 치른 대가라는 그의 일관된 논점은 계속해서 우리를 고민하게 만들고 있다. 오직 인간만이 자신을 구원할 수 있으며, 인간의 의지만이 그 도구라는 그의 주장은 그의 시대에도 진실이었지만 우리가 사는 기술 시대에도 여전히 타당하다. 루소가 예언자인 이유가 바로 여기에 있다. 나날이 복잡해지고 있는 문화 속에서 인간 존재를 어떻게 단순화할 것인가 하는 것은 커다란 문제이다. 루소가 생각한 대로 인간은 선하게 태어나지는 못할지라도, 적어도 선을 향한 잠재력은 지니고 태어난다. 만일 의식적인 집단적 노력에 의해 그 잠재력을 깨닫지 못한다면, 인간은 멸망의 지점에까지 도달한 것이다.

■ 본문 깊이읽기

1 몽테뉴(Michel de Montaigne, 1533~1592)

16세기 후반 프랑스의 광신적인 종교-시민전쟁의 와중에 종교에 대한 관용을 지지했고, 인간 중심의 도덕을 제창했다. 그러한 견해를 피력하기 위해, 좀 더 정확히 하자면 그러한 견해가 자신에게 무엇을 의미하는가를 밝히기 위해 에세(essai)라는 문학 형식을 만들었다. 그의 《수상록 *Essais*》은 인간 정신에 대한 회의주의적 성찰과 라틴 고전에 대한 해박한 교양을 반영하고 있다.

몽테뉴는 프랑스에 모럴리스트의 전통을 구축했다.

2 드라이든(John Dryden, 1631~1700)

영국의 시인 · 극작가 · 문학비평가. 당대를 '드라이든 시대'라고 부를 만큼 당시의 문학계를 주도한 문인이다. 시골 유지의 아들로 태어나 시골에서 자랐다. 1644년경 웨스트민스터에 입학, 유명한 리처드 버즈비로부터 주로 고전적인 교육을 받았다. 이러한 교육 덕분에 그는 일생 동안 그리스 · 로마 문학에 친숙할 수 있었으며 뒤에 그리스 · 로마 문학을 영어다운 영어로 번역할 수 있었다. 1650년 케임브리지대학 트리니티 칼리지에 입학했고, 1654년 문학사 학위를 받았다. 1654년부터 1660년 찰스 2세의 왕정복고 때까지의 행적은 확실하지 않다. 1649년 올리버 크롬웰을 기념하는 문집에 글을 실어 시인으로 주목을 받았다. 그의 영웅시(heroic stanzas)는 원숙하고 깊이 있고 격조 높으며, 후기 시의

드라이든은 왕정복고기의 대표적 문인으로 다방면에 걸쳐 많은 저술을 남겼다.

특징이 될 고전적 · 과학적 인유(引喩)로 점철되어 있다. 그는 이런 종류의 공적인 행사시(行事詩)에 탁월한 재능을 발휘했다.

1660년 5월 찰스 2세가 왕위에 복귀하자 그는 왕을 환영하는 시인의 한 사람으로서 3백 행이 넘는 2행연구시 〈아스트리아 리덕스 *Astraea Redux*〉를 발표했다. 또 1661년의 대관식을 경축해 〈신성한 폐하께 *To His Sacred Majesty*〉를 썼다. 이 두 편은 왕권을 강화하고 권위를 드높이며, 젊은 군주에게 영원한 신성함이 깃든 위엄을 부여하기 위해 계획된 시였다. 그 뒤로 수많은 작품을 발표했는데 그의 필치는 거의 변함없이 확신에 차 있었다. 1663년 12월 1일에 버크셔의 백작 1세인 토머스 하워드의 막내딸 엘리자베스 하워드와 결혼해 아들 셋을 두었다. 특정 시기를 반영하는 가장 긴 시 〈경이로운 해 *Annus Mirabilis*〉(1667)는 영국 함대의 네덜란드 제패와 1666년 런던 대화재 때 살아남은 사람들을 축하하는 글이다. 이 시에서도 왕의 이미지를 미화하고 훌륭한 왕 아래 단합한 충성스러운 국민의 모습을 강조했다. 이로 미루어보아 1668년 계관시인 윌리엄 대버넌트 경이 죽자 그 자리에 임명되었고 2년 뒤에 궁정사료 편찬가로 임명된 것은 놀라운 일이 아니다.

3 레날(Abbé Raynal, 1713~1796)

프랑스의 작가 · 선동가. 프랑스 혁명에 대한 지식인들의 지지를 모으는 데 이바지했다. 그는 예수회 학교에서 교육을 받고 젊은 시절에 이 교단에 들어갔지만, 교회를 위해 일하러 파리로 간 뒤 종교 생활을 포기하고 글을 쓰기 시작했다. 그는 역사를 다룬 두 편의 작품으로 작가로서의 확고한 지위를 얻었다. 하나는 네덜란드에 대한 글(1747)이었고 또 하나는 영국 의회를 다룬 글(1748)이었는데, 둘 다 하찮은 글이었지만 일반 사람에게 인기가 있어서 널리 읽혔다. 1750~1754년 정부의 지원을 받는 문학잡지 《메르퀴르 드 프랑스 Mercure de France》를 편집해 문학적 명성과 사회적 지위를 얻었다. 그의 가장 중요한 작품은 인도와 아메리카 대륙에 있는 유럽 식민지의 역사를 다룬 여섯 권의 저서로 1770년에 출판되었다. 교권주의·왕정주의에 모두 반대하는 것으로, 역사를 좀 더 급진적으로 해석한 부분과 훌륭한 구절은 대부분 철학자이자 백과전서파인 디드로가 쓴 것으로 여겨지고 있다. 이 저서는 대단한 인기를 얻어 1772~1789년 사이에 30판을 찍었으며, 판을 거듭할수록 급진적인 경향이 더욱 뚜렷해졌다. 1774년에는 가톨릭 교회의 금서 목록에 올랐고, 1781년 당국은 그에게 추방령을 내리는 한편 책을 불태우라는 포고령을 내렸다. 1784년 레날은 귀국해도 좋다는 허락을 받았지만, 파리로는 돌아갈 수 없었다. 그에 대한 파리 출입금지령은 1790년에야 취소되었다. 1789년 삼부회의 의원으로 선출되었지만, 폭력에 반대했기 때문에 프랑스 혁명 초기에는 의원으로 일하는 것을 거부했다. 나중에 그는 급진주의를 거부하고, 영국의 제도를 본뜬 입헌 군주제를 요구하는 메시지를 준비해 1791년 5월 입법의회(삼부회의 후신)에서 낭독했다. 그 후 입법의회는 그의 재산을 몰수했고, 그는 가난하게 살다가 죽었다.

백과전서파의 모습. 2백 명이 넘는 필자들은 자유로운 의견 교환과 발표를 선호했다.

4 리처드슨(Samuel Richardson, 1689~1761)

영국의 소설가. 서간체 기법을 도입해 소설의 극적 가능성들을 개척했다. 주요 작품으로 《파멜라 *Virtue Rewarded Pamela*》(1740)와 《클라리사 *Clarissa: History of a Young Lady*》(1747~1748)가 있다. 리처드슨은 50세가 되어서야 《파멜라》를 발표했으므로, 그 이전의 생애에 대해서는 별로 알려진 바가 없다. 원래는 런던의 인쇄업자 존 와일드의 도제였으며, 견습일이 끝나면 때때로 인쇄업자 리크 가족과 어울렸는데 1721년 자신의 사업을 시작하면서 그의 인쇄소를 인수했다. 스승의 딸 마사 와일드와 결혼했으나 사별하고 2년 뒤 바스에서 번창하던 서점 주인의 누이 엘리자베스 리크와 재혼했다. 그의 가정 생활은 비극적이었다. 첫째 부인과의 사이에서 태어난 여섯 자녀 중 넷은 태어난 해에 죽었고 나머지 아이들도 2~3년을 넘기지 못했다. 두 번째 결혼에서 낳은 자녀 중 딸 넷은 아버지보다 오래 살았지만 다른 두 아이는 어려서 죽었다. 자식들의 죽음을 비롯한 사별 경험 때문에 그는 말년에 신경증에 시달렸다.

스턴은 오늘날 근대 심리소설의 선구자로 평가받았다.

5 스턴(Laurence Sterne, 1713~1768)

아일랜드 태생의 소설가·유머 작가. 줄거리보다는 화자의 자유 연상과 일탈을 중시하는 소설의 효시인 《트리스트럼 섄디 *Tristram Shandy*》(1759~1767)를 썼다. 《프랑스와 이탈리아를 지나가는 감상 여행 *A Sentimental Journey Through France and Italy*》(1768)도 유명하다.

6 샤프츠버리(Anthony Ashley Cooper, 3rd Earl of Shaftesbury, 1671~1713)

영국의 정치가·철학자. 유명한 샤프츠버리 백작 1세의 손자이며 영국 이신론(理神論)의 주요 대표자였다. 어렸을 때 존 로크에게 배웠으며, 윈체스터 칼리지에 다녔다. 1695년 하원 의원이 되었으며 1699년 샤프츠버리 백작 3세로 작위를 계승해 윌리엄 3세의 남은 재위 동안 상원에 정기적으로 참석했다. 상원과 하원에서 독자적인 정책을 추구했으며 1702년 7월 공직 생활에서 은퇴했다. 그의 철학은 인간에 내재하는 자연스러운 도덕감을 강조하는 케임브리지 플라톤주의자들의 영향을 받았다. 그는 타락에 대한 정통 그리스도교 교리와 자연 상태는 불가피한 투쟁 상태라는 전제에 맞서 이러한 견해를 주장했다. 인간이 미(美) 또는 진리에 관해 알고 있는 것은 절대 미나 절대 진리의 그림자일 뿐이라고 주장하는 샤프츠버리의 신플라톤주의는 종교와 예술에 관한 그의 태도를 좌우했다. 생전에는 작가로서의 명성이 비교적 낮았는데, 그 이유는 1711년 이전에 출판된 저서가 거의 없었기 때문이다. 1711년에 그의 주요 작품이 모두 실려 있는 《인간, 예절, 의견, 시대의 특성들 Characteristicks of Men, Manners, Opinions, Times》이 출판되었다. 이 책의 영향은 즉각 드러났으며 영국뿐만 아니라 대륙에서도 나타났다. 그의 저서가 번역됨으로써, 영국의 이신론은 거의 그대로 독일로 전파되었다. 포프·조지프 버틀러·프랜시스 허치슨·마크 애컨사이드·콜리지·칸트 등이 그의 영향을 받았다.

7 마라(Jean-Paul Marat, 1743~1793)
프랑스의 정치가·의사·언론인. 프랑스 혁명 때 급진적인 산악당 지도자였으며, 목욕 중 보수적인 지롱드당의 젊은 여성 샤를로트 코르데에게 암살당했다.

8 에베르(Jacques-René Hébert, 1757~1794)
프랑스 혁명기의 정치언론가. 파리의 하층민 상퀼로트의 주요 대변인이다. 그의 추종자들은 에베르파라고 불렸다. 부르주아 가정에서 태어나 1780년 파리에 정착한 후 10년 동안 가난하게 살았다. 1789년의 프랑스 혁명을 열광적으로 환영했으며, 1790년 르 페르 뒤셴(인기 희극인)이라는 필명을 쓰면서 저널리스트로 활동을 시작해 신랄하고 불경스러운 일련의 정치풍자문을 썼다. 1790년 11월 그는 《페르 뒤셴 *Le Père Duchesne*》이라는 신문을 발행했다. 처음에는 주로 귀족과 성직자 계층에 적개심을 보였으나, 1792년 봄에는 국왕 루이 16세에 대항하여 맹렬한 선전 활동을 시작했다. 코르들리에 클럽(인간과 시민의 권리 친우회)의 영향력 있는 회원이 되었으며, 혁명 코뮌의 대의원으로서 1792년 8월 10일 입헌 군주제를 무너뜨린 시민 봉기 계획을 도왔다. 그 해 가을 에베르파는 노트르담 대성당을 '이성(理性)의 사원'으로 바꾸었으며, 2천여 개의 다른 교회를 '이성교'로 개종시켰다. 또한 그 해 12월 에베르는 파리를 통치하는 코뮌의 부의장으로 선출되었으며, 그 무렵 자코뱅 클럽에 가입했다. 자코뱅당 의원들은 1792년 9월 소집된 국민공회에서 온건파인 지롱드당에 반대해 격렬한 투쟁을 벌였다. 1793년 5월 24일 지롱드당

노트르담 대성당. 1792년에 에베르파는 노트르담 대성당을 이성의 사원으로 바꾸었다.

의 12인 위원회가 에베르를 폭동 선동 혐의로 체포했으나, 상퀼로트가 국민공회에 압력을 넣어 4일 후에 석방되었다. 그는 6월 2일 지롱드당 주요 의원들을 국민공회에서 축출하도록 압력을 넣은 상퀼로트 군중들의 지도자가 되었다. 에베르파는 식량 부족으로 인한 대중의 동요를 이용해 파리 노동자들의 대규모 시위를 조직하여, 국민공회로 하여금 국가가 경제를 통제하는 한편 매점 상인(買占商人)들 및 전쟁으로 부당한 이득을 얻는 이들에 대해 공포정치를 펴게 했다. 상퀼로트 '혁명군'이 결성되었으며, 이때부터 노동자들이 돈을 받고 대중 집회에 참석하게 되었다. 아울러 로마 가톨릭 제도를 파괴하려는 비그리스도교 운동이 에베르에 의해 더욱 크게 고무되었다. 곧 이어 그는 가난한 사람들을 궁지에서 구해내지 못한다는 이유로 국민공회의 집행 기구인 공안위원회를 탄핵했다. 조르주 당통이 이끄는 자코뱅 우파가 에베르에 대한 공격을 개시했고, 공안위원회의 최고 대변인 로베스피에르도 두 분파를 상대로 싸움을 벌였다. 1794년 2~3월에 공안위원회는 반혁명 용의자들에게서 몰수한 재산을 가난한 시민들에게 나누어준다는 법률(시행되지 않음)을 통과시켜 에베르파의 지지를 사려고 했다. 에베르는 이러한 조치가 자신의 영향력을 약화시킨다는 것을 깨닫고 코르들리에 클럽을 통해 민중봉기(1794. 3. 4)를 촉구했다. 그러나 상퀼로트는 반응을 보이지 않았으며, 공안위원회는 3월 14일 에베르를 체포했다. 10일 후 에베르와 17명의 추종자들은 단두대에서 처형되었다. 그를 처형함으로써 정부는 상퀼로트의 지지를 잃었으며 결국 1794년 7월 자코뱅 독재 체제의 붕괴를 맞이하기에 이른다.

9 당통(Georges Danton, 1759~1794)

프랑스의 혁명가·웅변가. 군주제를 무너뜨리고 프랑스 제1공화국(1792. 9. 21)을 세우는 데 주도적인 역할을 했다. 공안위원회의 초대 위원장이 되었으나 점차 온건해졌고, 공포정치를 반대해 결국 단두대에서 죽음을 맞았다.

당통은 웅변과 온건함 때문에 처형되었다.

10 롤랑(Jeanne-Marie Roland, 1754~1793)

결혼 전 성은 필리퐁, 별칭은 마농 필리퐁으로 장 마리 롤랑(드 라 플라티에르)의 아내. 프랑스 혁명 때 남편의 정치 활동을 배후에서 조종하여 부르주아 혁명 분파인 온건 지롱드당의 정책에 큰 영향을 미쳤다. 그녀는 파리에서 제판공의 딸로 태어났다. 영리하고 교양 있는 그녀는 장 자크 루소를 비롯한 18세기 프랑스 철학자들의 민주주의 사상의 영향을 받았고 1780년에 롤랑과 결혼했다. 롤랑 부부는 1791년에 파리에 자리를 잡았으며, 롤랑 부인의 살롱은 곧 자크 브리소가 이끄는 부르주아 민주주의자들(나중에는 지롱드당이라고 불렸다)이 모이는 장소가 되었다. 롤랑 부인은 처음에는 급진 민주주의자이며 자코뱅 클럽의 지도자인 로베스피에르와 친하게 지냈으나 1791년 말에 그와 멀어졌다. 1792년 3월 남편이 루이 16세의 내무장관이 된 후로 남편의 활동을 조종했으며, 롤랑이 국왕에게 보낸 항의문 초안을 썼다. 이 문서 때문에 롤랑은 결국 6월 13일에 내무장관직에서 해임되었다. 롤랑 부인이 유난히 미워한 사람은 온건 민주주의자 조르주 당통이었다. 1792년 8월 10일에 군주제가 무너진 뒤 구성된 임시 집행위원회에서 남편이 당통의 그림자에 가려 빛을 보지 못했기 때문이다. 그녀는 남편을 부추겨 국민공회에서 로베스피에르와 당통을 공격하도록 함으로써, 이들을 지롱드당에서 소외시키고 자코뱅당과 지롱드당 사이의 틈을 벌려놓았다. 그러나 롤랑 부인은 1793년 5월 31일 폭동을 일으킨 자코뱅 당원들에게 체포되었으며, 결국 지롱드당 지도자들도 국민공회에서 쫓겨났다(1793. 6. 2). 그녀는 감옥에 갇혀 있던 5개월 동안 《공정한 후세대에게 보내는 호소 *Appel à l'impartiale postérité*》라는 회고록을 썼다. 또한 단두대로 올라가기 직전 "오, 자유여. 그대의 이름으로 얼마나 많은 죄악이 저질러지고 있는가!"라는 유명한 말을 남겼다. 클레망소 자크메르가 쓴 롤랑 부인의 전기가 있으며, 1930년에 《롤랑 부인의 생애 *Life of Madame Roland*》라는 제목으로 영역판이 출판되었다.

공포정치를 펼쳤던 로베스피에르

11 로베스피에르(Robespierre, 1758~1794)
급진적 자코뱅당 지도자로 프랑스 혁명의 주요 인물. 1793년 후반에 공포정치 시대 혁명정부의 주요 통치기관이었던 공안위원회를 장악했으나 1794년 테르미도르 반동 때 축출되어 처형당했다.

12 루소의 소년 시절
1722년 10월 사촌 아브라함 베르나르와 함께 주네브 근처 보세의 랑베르시에 목사의 집에 기숙생으로 들어갔다.

13 도제일을 그만둔 루소
1728년 3월 친구들과 교외에 놀러갔다가 돌아오던 중 도시 출입문이 폐쇄되어 있자 후원자의 집에 돌아가지 않기로 작정하고 다음날 주네브를 떠났다. 안느 시에 도착한 그는 콩피뇽 사제의 소개서를 들고 바랑 남작 부인의 집을 찾았다.

14 달랑베르(Jean Le Rond d'Alembert, 1717~1783)
프랑스의 수학자 · 철학자 · 저술가. 유명한 《백과전서》의 기고가 · 편집자로서 상당한 명성을 얻기 전에는 수학자 · 과학자로서 명성을 얻었다.

15 그림(Friedrich Melchior Grimm, 1723~1807)
독일계 비평가. 18세기 프랑스 문화를 유럽에 널리 알리는 데 중요한 몫을 했다. 라이프치히에서 공부를 마친 뒤 권력 있는 쉰베르크 가와 가깝게 지냈다. 1748년

쉰베르크가 둘째 아들의 보호자로 파리에 가서 작센 고타 대공과 프리에젠 백작, 오를레앙 백작 밑에서 여러 차례 일했다. 또한 이때 장 자크 루소를 알게 되어 파리의 진보적인 문학·철학 서클에 가입하게 되었다. 《백과사전》 편집자인 디드로와 친한 친구가 되어 그를 위해 서정시에 관한 논문을 썼으며, 파리 문학 서클의 작가이자 후원자인 에피네 부인의 애인이 되기도 했다. 여러 귀족과 사귀게 되자 《문화통신》을 시작, 프랑스 문화 정세를 알고자 하는 외국 군주나 귀족들을 위해 글을 쓰고 편집했다. 《문화통신》은 1753년 5월 15일부터 격주로 발행되어 대개 외교망을 통해서 가입자들에게 배포되었다. 1812년 발행된 《문학통신 *Correspondance littéraire*》에서 그는 건전한 비평 감각을 보여주었으며, 이 책은 그 시대 사회의 모든 면에 대한 정보가 실린 매우 귀중한 자료이다. 그가 조심스럽게 쌓아올린 사회적 위치와 성공은 프랑스 혁명으로 무산되었고, 파산하여 러시아의 예카테리나 2세가 주는 연금으로 생계를 유지하게 되었다. 그림은 고타로 가서 조용히 살다가 죽었다.

16 에피네(Madame d'Epinay, 1726~1783)
18세기 프랑스의 진보적인 문학 서클에서 두각을 나타냈던 여성. 그녀 자신도 많은 작품을 썼지만 그보다는 당대의 뛰어난 작가나 사상가들, 예를 들어 디드로·그림 남작·루소 등과의 우정으로 더 유명하다. 재정가였던 남편과의 결혼이 파경에 이른 후 그녀는 문학과 문인들의 복지에 관심을 쏟았다. 몽모랑시 근처 라슈브레트의 시골 저택에 쾌적한 살롱을 만들고 프랑스 혁명 직전의 정신적 지도자들이었던 철학자들을 환대했다. 그림 남작과 그녀와의 우정은 오랫동안 조용히 계속되었고, 둘 사이에 주고받았던 편지들은 잘 알려져 있다. 반면에 루소와의 교제는 짧고 격렬했다. 1756년에 루소는 그녀의 시골 별장 근처에 있는 조그마한 오두막에 머무르며 《신 엘로이즈》를 썼다. 그러나 두 사람은 다투었고 결국 불구대천의 적수가 되었다. 그녀는 몇 권의 소설과 교육에 관한 책을 썼는데, 오늘날에도 그 작품들이 흥미로운 것은 자전적인 사실들을 밝혀주기 때문이다.

17 포프(Alexander Pope, 1688~1744)

포프의 초기 시 중 가장 뛰어난 것은 모두 12세에 썼다고 전해진다.

영국의 신고전주의 시대의 시인이자 풍자가. 영국의 시인 중에서 가장 많이 인용되는 작가이다. 12세에 앓은 병으로 불구가 되었으며 독학으로 고전을 익혀 16세에 이미 시집 《목가집 *Pastorals*》(1709)을 발표했다. 대표작은 풍자시 《우인열전 *The Dunciad*》으로 여기서 그는 자신이 싫어하는 출판업자·시인·학자들을 철저하게 조롱한다. 보편적 진리는 그리스·로마의 고전을 통해 알 수 있으므로 근대 시인의 과제는 완벽한 표현을 이루어내는 것이라고 주장했으며 이것이 그의 시론의 핵심이었다.

18 소로(Henry David Thoreau, 1817~1862)

미국의 수필가·시인·실천적 철학자. 걸작 《월든: 숲속의 생활 *Walden: or, Life in the Woods*》(1854)에서 다룬 초절주의 원칙대로 살면서 평론《시민적 불복종 Civil Disobedience》(1849)에서 주장한 대로 시민의 자유를 열렬히 옹호한 것으로 유명하다.

19 루소의 주요 저작

1760년 12월에《신 엘로이즈》가 영국 런던에서, 1761년 12월《에밀》이 암스테르담에서, 1762년 4월《사회계약론》이 각각 출간되었다.

자신의 작품에 완벽하게 묘사된 소로의 삶은 도덕적 영웅주의의 표상이 되었다.

20 루소 사망

루소는 1778년 5월 에르메농빌의 르네 드 지라르댕 후작의 초대에 응하여 그의 의사 르 베그 드 프레슬과 함께 그곳에 갔다. 다음날 테레즈도 합류했다. 그는 이 해 7월 몸이 많이 불편했으며, 특히 심한 두통에 시달렸다. 2일 공원을 산책하고 테레즈와 함께 아침을 먹은 뒤 오전 11시경 사망했다. 3일에는 우동이 그의 데스마스크를 떴고, 4일 포플러나무 섬에 안장되었다가, 세월이 흐른 뒤 판테온으로 이장되었다.

21 카사노바(Giovanni Giacomo Casanova, 1725~1798)

이탈리아 출신 모험가들 가운데 일인자이며, 그 이름은 '난봉꾼'과 동의어로 사용된다. 카사노바의 자서전은 일부 탈선 행위를 과장하기는 했지만, 18세기 유럽 대도시의 상류 사회를 훌륭하게 묘사한 작품이다.

카사노바는 성직자이자 피기, 군인이지 첩자이자 외교관이었다.

22 루소의 계몽 체험

루소는 뱅센 감옥으로 디드로를 면회하러 가던 도중 《메르퀴스 드 프랑스》에서 디종 아카데미의 현상논문 모집 주제 '학문과 예술의 진보는 품성의 순화에 기여했는가'를 보고 《학문과 예술론》을 쓰기 시작했고, 일등상을 받았다.

23 바울(Paul, 10?~67?)

바울은 원래 유대교의 한 종파인 바리새파의 열렬한 일원이었다. 〈사도행전〉에 따르면, 그는 예루살렘에서 가말리엘 1세 밑에서 랍비로 훈련받았다고 한다. 바울은 예수의 십자가 처형이 있기 전 예루살렘에 있었지만 그곳에서 예수를 만난 적이 없다. 그러나 그는 예수와 그의 추종자들에 대해 많은 것을 알고 있었다. 그는 그 자신이 열렬히 옹호했던 바리새파적 유대교에 대해 그리스도교 운동이 위협을 가한다고 생각했고, 그리하여 새로 창설된 그리스도 교회의 박해자로서 역사의 무대에 최초로 등장한다.

로만주의의 반란

해럴드 니콜슨(Harold Nicolson)

서양 문화사에서 18세기 말과 19세기 초의 로만주의 운동은 오늘날에도 파악하기 어려운 역사적 현상으로 남아 있다. 그 운동은 위대한 '선구적 로만주의자' 장 자크 루소의 저작에서 영감을 얻었지만, 일부 국가에서는 그보다 이른 시기에 발달했다. 전통에 대한 반동으로 시작한 이 운동은 몇몇 국가들에서는 극단적 보수주의로 종결되었다.

영국의 탁월한 작가이자 비평가인 해럴드 니콜슨은 이 글에서 로만주의에 대해 강한 애정을 피력하면서, 로만주의의 근본이 무엇인가를 설파한다. 그는 로만주의가 많은 모순점을 내포하고 있음을 인정하면서도, 그것이 인간 정신의 해방에 기여한 공헌을 극구 찬양한다.

이 글은 일차적으로 유럽 문학과 예술의 로만주의를 다루지만 로만주의의 정치석 국면과 그것이 다양한 지적 분야에 미친 영향에 대해서도 소홀히 하지 않는다. 예를 들면 역사학 연구는 로만주의로부터 막대한 이득을 얻었다. 로만주의는 과거에 대한 애정을 지니고 있었고, 인간의 세대 및 문화의 신화와 연속성을 누순히 강조해왔던 것이다.

고전주의와 로만주의

19세기 프랑스 비평가 텐[1]은 "로만주의는 주제넘게도 선행(先行)한 모든 것을 부정했다"고 말한 바 있다. 그러나 후대의 비평가들은 이 독단적인 판단에 이의를 제기하면서, 고전주의와 로만주의의 구분은 그렇듯 명쾌한 것이 아니라고 주장했다. 그들은 순수한 로만주의적 요소를 포프의 작품에서도 볼 수 있으며, 반대로 19세기 초 로만주의 운동의 제창자로 환영받았던 바이런[2]은 초기 작품 《차일드 해럴드의 편력 *Childe Harold's Pilgrimage*》(1812~1818)에 싫증을 내고 나중에는 좀 더 고전적 양식을 옹호하는 쪽으로 기울었다고 지적했다.

그 결과 오늘날에는 두 사조의 상반된 특성을 표현하는 '고전주의'와 '로만주의'라는 용어의 사용을 반대하면서, 두 호칭을 함부로 사용하면 문학의 본질적인 연속성이 모호해진다는 주장이 널리 호응을 얻고 있다. 그러나 나는 두 사조를 포괄해 통합하는 것을 옹호하지

◀ 들라크루아의 〈민중을 이끄는 자유의 여신〉. 들라크루아는 하나의 미학적 운동에 국한시키기에는 너무나 폭이 넓은 화가이지만 1830년경에 로만주의 화가로 규정되었다.

않는다. 그것은 18세기 후반에 '균형' 또는 '단정함(correctness)'을 표방하는 낡은 이론에 싫증을 느낀 사람들이 좀 더 자유분방하고 개인주의적인 자기 표현 방식에 중요성을 부여한 결과라고 확신한다.

이와 유사한 취향의 혁신은 20세기에도 발생했다. 즉 시와 예술에서 '직접적인 의미 전달'이라는 낡은 관행이 '관념 연상을 통한 암시'라는 새로운 방법으로 대치된 것이다. 구세대는 새롭게 등장한 암시적 수법을 이해할 수 없었고, 젊은 세대는 부모들의 문학 양식을 지루하다고 느꼈다. 인류가 아름다움을 표현하기 위해 노력하는 한 문학의 연속성은 당연히 유지된다. 그러나 한 시대에 영원한 아름다움으로 비쳤던 것도, 다음 세대에게는 시시하고 낡은 것으로 여겨질 수 있다. 그와 같은 취향과 흥미의 변화는 갑작스럽게 나타난 것이라 해도 무의미한 것으로 간단히 취급해서는 안 된다. 그러한 변화는 미적 감각의 발전 내지 진보를 나타내는 것이고, 우리가 '로만주의의 반란'에서 물려받은 유산이 바로 이 진보이다.

나는 텐이 말했듯이, 독일·영국·프랑스의 로만주의자들이 고전주의적인 선조들과 '실제로' 전혀 다르게 생각하고 느꼈다는 점에 동의한다. 그들은 질서보다 자유를, 순응보다 모험을, 인식보다 경이(驚異)를, 단정함보다 상상력을, 인위보다 자연을 선호했다. 그들은 '자연으로의 회귀'가 자신들의 목적이라고 주장했다. 그들은 '자연'이란 말을 다양하게 해석했다. 어떤 이에게 '자연'은 문명사회의 분망함에 대비되는 단순한 생활 방식만을 의미했다. 다른 이들에게 '자연'은 '자유', 즉 악법과 인위적 제도들이 황금 시대의 미덕을 부패시키기 이전, '고상한 야만인이 숲 속을 뛰어다니던' 원시 시대로의 회귀를 의미했다. 또 다른 이들에게 '자연'은 종교적 자유, 즉 창조주에 의해 고안되고 통제되는 자연의 경이로움에 대한 숭배를 의미했다. (그 창조주는 신학적 교리를 초월하는 존재이며, 기성 교회의 종교 의식이 제공하는 그 무엇보다도 인류와의 유대 관계가 긴밀했다.) 한편 또 다른 어떤 이들에게 '자연'은 자연 풍경의 평온과 정적, 숲과 저 먼 계곡의 고독, 산과 폭포의 장엄함을 의미했다.

이성의 시대인 18세기는 감정을 혐오했으며, 이른바 '추악한 열정'을 드러내려는 교양인에게는 경멸을 퍼부었다. 하지만 새로운 감성의 시대는 이런 냉담한 풍조를 폐기 처분했다. 예술가가 자신을 드러내는 것이 부적절하다고 바라본 고전주의의 입장은 사라졌다. 그 대신 고통스런 심정을 적나라하게 대중에게 쏟아내는, 그리고 개인의 우울한 기분과 과오뿐 아니라 죄와 정열까지도 털어놓는 새로운 관행이 등장했다. 루소는 자신의 《고백》을 '자연적 인간'의 초상화라고 생각했다. 바이런은 《차일드 해럴드의 편력》에서 잃어버린 정열의 자극을 얻고자 머나먼 타국과 비문명 지역을 찾아 나선 권태로운 쾌락주의자를 묘사하기 위해 자신의 걸출한 문장력을 바쳤다. 쾌락에 지친 차일드 해럴드의 모습은 베르테르[3]의 염세주의(Weltschmerz), 샤토브리앙[4]의 작중 인물 르네의 고통스런 분노와 마찬가지로 이른바 '세기의 재앙(le mal du siècle)'의 징후가 되었다.

영국 문학의 로만주의적 성향

바이런이 비할 데 없이 큰 성공을 거둘 무렵 로만주의에 염증을 느끼게 되었음을 유념해둘 필요가 있다. 괴테는 바이마르의 공직자가 되면서 가난한 베르테르를 잊었다.[5] 그리고 샤토브리앙은 종국에는 기성 교회와 인습적이고도 공허한 외교관직의 옹호자가 되고 말았다.[6] 이렇게 볼 때 로만주의는 이단으로 시작하기는 했지만, 스스로를 하나의 교의나 신조로 확립할 만한 충분한 생명력을 갖지 못했다고 말할 수 있다. 그럼에도 로만주의는 1760년경부터 확실히 인간의 감정과 사고를 변화시켰다.

랭런드[7]에서 초서[8]에 이르기까지 영국 문학은 강렬한 '로만주의적' 요소를 함유하고 있었다. 영국인의 천성은 단정함보다는 자유로움을, 기성의 교리보다는 개인적 체험을, 연역보다는 귀납을, 이성보다는 상상력을, 논리보다는 비논리를, 직선보다는 곡선을 언제나 선호했다. 영국 문학의 첫 번째 위대한 시대인 스펜서[9]에서 밀턴[10]에 이르는 시기에, 영국의 극작가와 시인들은 다양한 인간적 모험과 현란하고 화려한 언어를 한껏 즐겼다. 부알로[11]에 의해 감정과 표현의 과잉은 모두가 그릇된 취향이라는 가르침을 받아온 프랑스인들의 눈에 영국 문인들은 세련되지 못한 사람들로 비쳐졌다. 오늘날로 치면 마치 오스트레일리아 원주민과도 같이 이국적인 모습으로 보였던 것이다. 볼테르는 영국에서 여러 해 동안 살면서 영국인들의 정치적 지혜와 준법 정신을 상당히 존경했지만, 지적 영역과 미학적 영역에서는 그들을 야만인으로 간주하고 있었다. 볼테르가 볼 때 셰익스피어는 이론의 여지없는 천재였지만, 문학적 견지에서는 늪지대에 살며 요들 가락을 노래하는 호텐토트족[12]에나 견줄 수 있는 인물이었다. 볼테르는 18세기에 문학적 유행의 절대 권력자로 인정받고 있었다.

부알로가 가르친 '단정함'의 교의는 18세기 초 도버 해협을 건너 영국에 전파되었고, 1733년 무렵 알렉산더 포프는 이성과 양식(良識)의 대제사장으로서의 지위를 확고히 했다. 다행히 영국인들은 천품이 이성적이지 않아서, 오래지 않아 아우구스투스 시대[13]의 영국 문학은 하나의 반동을 일으켰다. 영국 작가들은 그 후 개인적 표현과 자유로운 상상이라는 천부적 습관을 되찾게 되었다.

볼테르에서 루소로

이 글은 주로 오늘날 살아 움직이는 '로만주의적 반란'의 요소들을 취급하고 있다. 그리고 이 반란의 형이상학적 결과와 사회적 결과가 아닌, 그것이 도입하고 확산시킨 '감성' 숭배와 그것이 '자연'에 대한 인간의 태도에 미친 변화를 다루고자 한다. 그 변화의 돌발성과 완벽성을 이해하려면, 정원 설계 기법에 대한 급격한 태도 변화를 한 예로 들 수 있다. 이것은 반란의 단순한 부산물에 불과한 것이 아니었다. 그것은 형식에 대한 반동의 최초 증후였다. 즉 취향과 의식의 반전을 드러내는 가장 광범하고 신속하며, 가장 완전하고 정밀한 사례였다. 고전주의와 로만주의 사이에 거의 차이가 없다고 강변하는 사람이라도, 정원 설계에 있어서 고전적 개념으로부터 로만주의적 개념으로의 변화가 돌발적·창조적·보편적으로 일어났다는 사실은 인정해야 할 것이다. 그것은 불과 두 세대 사이에 사람들이 외부 세계에 대한 태도를 얼마나 철저하게 바꿀 수 있는지를 보여준다.

존슨 박사는 로만주의자가 아니었다. 그는 자연의 아름다움에 대한 심미안을 갖지 못했다. 그는 스레일 부인[14]에게 이렇게 말했다. "풀잎은 언제나 풀잎일 뿐입니다. 나의 탐구 대상은 남성과 여성입니다." 보즈웰이 로만주의자가 되려는 기미를 보일 때마다 존슨 박사는 그를 제지했다. 그러나 보즈웰은 타고난 로만주의자였기 때문에 그의 일기에는 온갖 감성적 증후들뿐만 아니라 베르테르와도 같은 우울함과 죄에 대한 집착 증상이 드러나 있다. 이러한 죄의식은 신앙의 쇠퇴 및 회의주의의 확대에서 비롯된 것이었다.

종교개혁 이후 나타난 교리 갈등과 종교전쟁은 불가피하게 신학적 교리와 교회의 규율에 대한 반발을 초래했다. 볼테르는 예수회[15]의 독재(매우 과장된 표현이다), 그리고 청교도[16]와 얀센주의자[17]의 금욕주의를 모두 '수치스러운 미신'으로 간주하라고 가르쳤다. 이성의 시대[18]에 대부분의 교양인들은 《구약성서》의 여호와를 터무니없는 히브리 전설로 간주하고, '수학자 신(Divine Mathematician)'을 자신들의 신으로 여기면서 이신론자(deist)로 자처했다. 그들은 뉴턴이나 로크의 제자였던 셈이다. 그러나 대부분의 사람들에게 초자연적인 존재에 대한 믿음이 없는 삶이란 무미건조하고 불안한 것이 되고 만다. 그 결과 그들은 볼테르의 냉소적 회의주의에서 루소가 제시한 감성의 기쁨과 위로 쪽으로 관심의 방향을 돌렸다.

루소(그의《신 엘로이즈》는 1761년에 출간되었다)에 의하면, 인간은 영리해지려는 생각을 포기하고 선량해지려고 할 경우에만 행복을 기대할 수 있다. 인간은 '고결한 영혼(une belleâme)'을 개발해야만 하는데, 그것은 '자연으로의 회귀'에 의해 그리고 이 사악한 세계의 모든 인위적 제약을 거부함으로써만 가능한 것이다. 인간은 자신의 감정에 자유를 부여하여, 자주 울고 깊은 공감을 느끼며 자연의 장엄함에 한없이 예민해져야 한다. 루소의 이런 가르침은 사람들을 눈물에 젖게 했다. 실로 루소는 광기 어린 천재였으며, 탁월한 수사적 재능을 타고난 인물이었다. 그의 감성 이론은 전 세계로 퍼져 나가 볼테르의 메마른 회의주의가 가져온 공백, 그리고 백과전서파와 파리 상류 사회의 삭막한 불가지론이 초래한 진공 상태를 채워주었다. 지식인들도 감정이 사고보다 더 중요하다는 유행 사상을 받아들였다. 그리고 그것은 프랑스 혁명이라는 감정적·육체적 과잉 상태를 야기함으로써 인류에게 균형·이성·성찰의 중요성을 상기시켜주었다.

개인의 가치와 중요성

로만주의의 업적을 찬양하는 사람들의 입장에서는 그것이 불합리의 소산이라는 사실이 사뭇 당혹스럽다. 정치적·사회적 측면에서 볼 때 감성적 인간은 분명 이성적이고 고상한 취향의 사람보다 더 훌륭한 개인이었다. 그러나 정치에서의 감성주의는 위험한 마약일 수 있다. 그리고 개인적 체험에 바탕을 둔 감성 숭배는 인간을 자기중심적으로 만들고, 급기야 꿈과 현실 사이의 간극으로 말미암아 인간을 비참하게 만든다. 괴테는 만년에 들어 《젊은 베르테르의 슬픔》이 수많은 젊은이들로 하여금 자신들의 불완전함을 의식하게 만든 것을 유감스럽게 여기고, 질서가 무질서보다 바람직하며 지식이 감정보다 건전한 안내자라고 판단하게 되었다. 그는 청년 시절 자신이 지도자 역할을 했던 질풍노도(Strum und Drang)운동이 행복보다는 불행을 초래했다고 확신했다. 쾌락주의자들은 대부분 이에 동의할 것이다. 로만주의 운동의 가장 소중한 유산은 그것이 사회 의식을 고취하고 동정심을 일깨웠다는 것, 그리고 자연의 아름다움과 이러한 아름다움에 대한 감성적 음미가 가져다줄 수 있는 위안에 눈을 뜨게 했다는 것이다.

본질적으로 로만주의는 인습에 대한 반란이자 개인주의의 천명이었다. 모든 종교 교리와 모든 국가 제도를 '인위적'이라고 규정한 로만주의는 혁명과 불가지론을 초래했으며, 많은 개인들에게 고통과 우울증을 가져다주었다. 로만주의는 정치적·사회적·지적·정서적 효소로서 작용하여 신앙심을 현저하게 약화시켰다는 점에서 실로 파괴적이었다. 그러나 그것은 분명 인간의 사고 과정을 확대시켰으며, 일찍이 그 유례를 찾을 수 없을 정도로 '개인'의 가치와 중요성을 강조했다. 오늘날 우리가 정의·자유·관용의 영원한 원리로 당연시하는 그것—개인의 가치와 중요성—은 로만주의의 반란에서 직접 도출된 것이다. 그러므로 로만주의의 유산을 전적으로 파괴적·부정적인 것으로 규정 짓는다면 그것은 염세적이고 오도된 관점에 머무는 것이다.

로만주의의 생명력

로만주의의 반란은 허약한 사람들에게 우울증과 여러 가지 심리적 질환을 초래했을지도 모른다. 개인주의의 강조는 개인의 고립과 불완전성을 병적으로 의식하게 만드는 경향이 있기 때문에, 키르케고르[19] 같은 인물은 자신의 실재성마저도 의심하기에 이르렀다. 이러한 패배주의적 분위기에서 개인은 집단 또는 군중과의 동일시를 원하거나 특정 신념과 규율의 보호를 갈망하게 된다. 한편 로만주의적 반란은 강인한 정신의 소유자에게는 계몽 · 해방 · 자기 확신을 가져다주었다. 그리고 개인의 능력과 감정을 최대한 발전시키고 표현하려는 결의를 갖게 해주었다.

자신의 감정을 다스릴 줄 아는 자주적 개인은 우울과 좌절 대신 행복에 다가설 수 있는 기회를 얻었다. 무엇보다도 개인은 원죄에 대한 강박관념으로부터 해방되었으며 단호한 의지만 있다면 자신의 운명을 개척할 수 있다고 확신하게 되었다. 이것은 더할 나위 없는 소득이었다. 또한 자연에 대한 거의 범신론적인 즐거움, 선조들이 알지 못했던 위로와 기쁨을 제공 받았다. 로만주의가 이룩한 성취 중에서 찬양해야 할 점은 '세기의 질병'이 아니라 그 '생명력'이다.

그러므로 내가 바이런에 경의를 표하는 까닭은 《차일드 해럴드의 편력》에 나오는 병적인 성격이나 《이단자 *The Giaour*》의 격렬한 수사 때문이 아니다. 《돈 주안》과 그의 편지들에서 드러나는 유머러스하고 힘찬 문체와 그리스로 떠날 때의 자기 희생적인 마지막 행동 때문이다. 내가 괴테를 좋아하는 것은 베르테르의 자기 파괴 때문이 아니라 그의 위풍당당한 노년이 보여준 멋진 균형감 때문이다. 키츠[20]의 편지는 그의 무기력한 시와는 달리 결의에 찬 지성적인 특징을 보여준다. 셸리[21]의 박애주의가 갖는 힘과 생명력이 그의 강렬한 '로만주의적' 찬가에서 항상 명료하게 드러나는 것은 아니다. 라마르틴[22]은 우리 눈에 지나치게 감성적인 시인으로 보인다. 만일 위고

로만주의 미술의 전개에 근본적인 영향을 미친 제리코의 〈야생마의 질주〉.

[23]에게서 프랑스어 운율을 통달했다는 것 이상으로 칭송할 만한 요인을 찾는다면, 그것은 80세가 넘도록 유지했던 놀라운 '생명력'일 것이다.

나는 로만주의적 반란이 세계 문학에 끼친 공헌의 중요성을 한순간이라도 부정하거나 깎아내리고 싶지 않다. 내가 주장하고자 하는 것은 다음과 같다. 즉 나를 매혹하는 것은 로만주의의 감성이라기보다는 생명력이며, 내가 로만주의에 대해 깊이 감사하는 것은—이 아우구스투스 시대 문인들은 제공하지도 소유하지도 못했던—자연의 기쁨을 창출함으로써 내 즐거움의 지평을 넓혀주었기 때문이다.

최고의 로만주의 시인 콜리지와 워즈워스

그렇다면 로만주의적 반란이 탄생시킨 가장 위대한 시인은 누구인가? 그것은 셸리도 키츠도 아니고, 내가 사랑하는 바이런도 아니며, 라마르틴이나 위고도 아니다. 로만주의의 가장 위대한 시인은 청년 콜리지[24]와 만년의 워즈워스[25]이다.

콜리지는 우리에게 상상의 자유를 가르쳐주었다. 워즈워스는 우리로 하여금 '우리가 자신이 생각하는 것 이상으로 더 위대하다는 것을 느끼도록' 가르쳐주었고, 인류는 자연의 아름다움에 대한 경배를 통해서만 '가장 보편적인 즐거움'을 얻을 수 있다고 설교했다. 그는 개인주의만으로는 충분하지 않으며, 자신을 초월하여 '스스로를 세울' 수 없다면 인간은 초라한 동물에 불과하다는 것을 인식하고 있었다.

워즈워스의 자연 숭배는 루소의 서글픈 도피 갈망을 능가하는 것이었다. 그것은 '적극적 원칙'이자 '고동치는 심장의 위엄'이었으며 '원초적 동정심'이었다. 강렬한 자연 숭배를 통해 그는 '눈물로도 다 표현할 수 없는 사고의 깊이'를 갖게 되었다. 루소는 사고를 할 수 없었고, 까닭 없이 너무 많은 눈물을 흘렸다. 워즈워스는 종종 자신의 낙관주의를 자책하곤 했다. 그러나 그의 낙관주의는 루소의 활력 없는 낙관주의가 아니었다. 그것은 '걱정이 아닌 영혼의 심연' '억누를 수 없는 인간의 정신' '건강함에 의해 발산되는 즉흥적 지혜' '유쾌함에 의해 발산되는 진실' 등에 바탕을 두고 있었다. 신비주의자였던 워즈워스는 유물론자·과학자들과는 공감할 수 없었다. 그는 그들을 '참견하기 좋아하는 지식인들'이라고 불렀다. '살해해 놓고 시신을 해부'하는, '객관적 관찰과 수용'을 선호하는 부류라는 것이다. 반면 자연을 향한 그의 열정은 지적 열정이라기보다는 영혼을 위로하는 구체적인 열정이었다.

> 더 깊숙이 배어든
> 장중한 감성,
> 그것의 거처는 저무는 햇살 속,
> 그리고 거대한 대양과 살아 있는 대기,
> 그리고 푸른 하늘과 인간의 정신일지니.

오늘날 우리 모두는 워즈워스의 교훈을 배우고 있다. 우리는 피로와 절망의 순간에 숲을 가로지른 자욱한 안개를 바라보거나 지빠귀의 노랫소리를 들으며 두려움을 위로하고 희망을 되찾는다. 자기 만족적인 애디슨도 그렇듯 차분히 가라앉혀주거나 격려해주는 감정을 결코 경험한 적이 없다. 로만주의적 반란이 확장시킨 경험의 범주는, 그것이 이룩한 창조적 성취의 범위이기도 하다. 오늘날 우리는 로만주의 유산의 바로 이런 점에 가장 높은 점수를 주고 있다.

로만주의 음악

로만주의의 반란은 인간의 감성과 행동의 모든 면에 급속하게 영향을 미친다는 점에서 자못 흥미롭다. 음악 부문을 보자. 우리는 로만주의가 베토벤의 천재성에 준 자극에서, 슈베르트가 발전시킨 음악에서, 그리고 바그너의 오페라에 나타난 로만주의적 탐닉에서 그 흔적을 찾을 수 있다. 미술 분야에서 우리는 고전 양식이 갑작스럽게 배척당하고, 다비드[26]와 앵그르[27]를 대신하여 제리코[28]와 들라크루아[29] 같은 젊은 혁명주의자들이 등장했다는 사실을 알고 있다. 들라크루아는 컨스터블[30]의 화풍으로부터 많은 영향을 받았다. 그는 또 영국의 예술가들처럼 서술적이고 역사적인 주제를 포기하고 자연의 단순한 실체를 주제로 삼았다. 과거의 모든 진부한 기준에 대한 거부, 그리고 그 후 인상주의와 후기인상주의에 의해 촉발된 거대한 움직임은, 제리코와 들라크루아가 도입한 감각과 방법의 변화에 힘입은 것이다. 그러므로 컨스터블과 프랑스 로만주의 화가들의 유산이 없었다면 오늘날의 예술은 전혀 다른 모습을 하고 있을 것이다.

로만주의적 반란은 정치와 철학에도 지대한 영향을 미쳤다. 모든 기존 제도와 관행을 격렬하게 거부한 장 자크 루소는 감성의 예언자로서 자연권 개념을 설파했으며 동시대인들에게 사랑을 가르쳤다.

로만주의의 유산 개인주의

그렇다면 로만주의적 반란이 우리에게 남겨준 본질적 유산을 어떻게 정의해야 할 것인가? 나는 그것을 '개인주의'로 규정하고자 한다. 18세기 초의 유럽인은 조화와 균형, 정적인 질서, 고정된 인습, 그리고 여러 사회 계급들에 기대되는 적합한 행동 원리에 강박적으로 집착하고 있었다. 그것은 인위의 시대였다. 로만주의자들은 이러한 장벽을 때려 부쉈다. 그리고 모든 개인이 사회적 규정에 속박받지 않으면서 자신의 감정을 표현하고, 자신의 행복을 추구하고, 자신의 능력을 개발할 권리가 있다고 주장했다. 이러한 판에 박힌 사회적 규범이 얼마나 인간을 숨 막히게 만드는가를 인식한다는 것은 쉽지 않다. 왜냐하면 그런 강제가 오늘날에는 더 이상 작동하지 않기 때문이다.

로만주의자들이 물려준 가장 소중한 유산은 삶과 예술에서 인간의 개성을 해방시킨 것이다. 분명 그것은 그 나름의 난점과 한계를 가지고 있다. 괴테·바이런·샤토브리앙 등에게서 볼 수 있듯이 개인주의는 이상과 현실의 간극을 깨닫지 못함으로써 인간을 자기 도취와 절망으로 인도하기 쉽다. 또 베르테르와 차일드 해럴드, 르네에게서 볼 수 있듯이 개인주의는 사람들을 자기 혐오에 빠뜨리기 쉽다. 개인주의의 이런 질환이 극단적 형태로 나타나면 쇼펜하우어·니체·키르케고르처럼 철저한 냉소주의와 자기 불신을 초래한다. 그러나 개인주의가 건강한 형태로 나타날 경우 그것은 워즈워스나 에머슨[31]의 장중한 낙관주의를, 그리고 휘트먼[32]을 비롯해 끊임없이 활기차게 변화하는 근대 세계의 열정적 선구자들이 보여준 개인주의적 노력의 희열을 우리에게 선사한다.

사회 의식과 목적 의식만 있다면, 나는 개인주의의 가치에 대해, 심지어 개성 숭배와 탐구의 가치에 대해서도 열렬한 지지를 보낸다. 내게 있어서 로만주의의 반란은 생명력이자 즐거움이다.

■ 본문 깊이읽기

텐은 프랑스의 사상가이자 비평가이다.

1 텐(Hippolyte Taine, 1828~1893)
19세기 프랑스 실증주의에서 가장 존중받는 해설자의 한 사람으로서 인간성 연구에 과학적 방법을 적용하려고 시도했다. 프랑스의 대표적 사상가로서, 문학 및 예술비평가로서, 그리고 역사가로서 광범위한 분야에 걸쳐 명성을 얻었다.

바이런의 비통한 서정, 날카로운 풍자, 근대적인 고뇌는 전 유럽을 풍미했다.

2 바이런(George Gordon Byron, 1788~1824)
영국의 로만주의 시인·풍자가. 특이한 개성과 아름다운 시로 유럽인들의 상상력을 사로잡았다. 대표작으로 《차일드 해럴드의 편력》과 《돈 주안》이 있다. 그리스의 독립을 위해 투쟁하다가 열병과 출혈로 죽었다.

3 베르테르(Werther)
괴테(Johann Wolfgang von Goethe, 1749~1732)가 쓴 《젊은 베르테르의 슬픔》의 주인공.

괴테의 《젊은 베르테르의 슬픔》에 등장하는 삽화.

4 샤토브리앙(Chateaubriand, 1768~1848)
프랑스의 작가·외교관. 프랑스 로만주의 초기 작가이다. 당대의 젊은이들에게 깊은 영향을 미쳤으며, 미국과 인디언 원주민을 이국적으로 묘사했다. 그러나 그의 가장 지속적인 관심사는 자기 자신이었고, 그런 이유로 그의 회고록은 불후의 작품이 되었다. 《르네 *René*》

(1802))는 작가 자신의 소년 시절을 각색한 것이다.

5 공직자가 된 괴테

괴테는 바이마르 영주 카를 아우구스트 공의 초청으로 그곳에 가서, 1832년 3월 22일 생을 마칠 때까지 살았다. 이때부터는 삶을 완전히 이해하는 것이 그의 주요 관심사가 되었으며, 이를 위해 《빌헬름 마이스터의 수업 시대 Wilhelm Meisters Lehrjahre》(1824)에는 오랜 숙련 기간이 묘사되어 있다. 또한 아우구스트 공의 요청으로 많은 공직을 수행하면서 신임을 얻었고, 마침내 소공국의 없어서는 안 될 각료로서 광산 검열, 관개 시설 감독, 심지어 군대 제복 지급안을 계획하는 일까지 도맡아했다.

괴테는 바이마르의 공직자가 되면서 가난한 베르테르를 잊었다.

6 샤토브리앙의 귀의

샤토브리앙은 1798년 어머니가 세상을 떠난 뒤 종교와 합리주의 사이에서의 갈등을 끝내고 전통적인 그리스도교에 귀의했다. 그리스도교를 찬양한 논문 《그리스도교의 정수 Le Génie du christianisme》(1802)는 런던에서 쓰기 시작한 작품으로, 가톨릭을 국교로 부활시킨 나폴레옹과 왕당파 모두의 마음을 사로잡았다. 1821년 6개월 간 베를린 대사를 지낸 뒤 1822년 런던 대사가 되었다. 1822년 베로나 회의에 프랑스 대표로 참석했으며, 1824년까지 과격 왕당파의 총리였던 빌렐 백작 재임 당시 외무장관을 지냈다. 그 후 1년 간(1828~1829) 로마 대사를 지낸 것을 제외하고는 조용히 여생을 보냈다.

7 랭런드(William Langland, 1330?~1400?)

〈농부 피어스 *Piers Plowman*〉를 쓴 시인으로 추정된다. 이 시는 중기 영어의 대표적인 두운시 중 하나이며 다양한 종교적 주제를 담고 있는 알레고리 작품이다. 〈농부 피어스〉가 이룬 중요한 업적 중의 하나는 수도원의 언어와 개념들을 문외한들도 이해할 수 있는 상징과 이미지로 옮겼다는 점이다. 일반적으로 이 시에 사용된 언어는 소박한 구어체이지만, 작가의 어떤 이미지들은 강하고 직접적이다. 랭런드의 생애에 대해서는 알려진 것이 거의 없는데, 우스터셔에 있는 몰번힐스 지역 어딘가에서 태어난 듯하다. 시 속의 '꿈꾸는 사람'을 그 자신으로 본다면 그레이트몰번에 있는 베네딕투스 학교에서 교육을 받았을 것으로 추정된다. 시의 내용으로 보아 그는 시롭셔뿐 아니라 런던과 웨스트민스터에 대해서도 알고 있었으며 런던에 있는 조그마한 수도회의 성직자였을 것이다. 랭런드는 분명 중세 신학을 깊이 이해하고 있었으며 그리스도교 교리의 모든 내용을 충실히 따랐다. 클레르보의 성 베르나르두스의 금욕주의에 관심을 가졌으나 당대 성직자와 종교인들의 결점에 대한 언급은 그의 정통주의와 일치한다.

초서 사후에 그린 초상화.

8 초서(Geoffrey Chaucer, 1342/3~1400)

영국의 대표적 시인. 셰익스피어 이전의 탁월한 작가이다. 14세기 후반에 궁정대신·외교관·공무원으로서 공사(公事)를 경영하는 데 지대한 공헌을 했다. 연이은 에드워드 3세, 리처드 2세, 헨리 4세의 치하에서 신임을 받았다. 그러나 그의 이름은 취미였던 시작(詩作)

때문에 기억된다. 초서 작품의 주된 특징은 소재·장르·어조·문체뿐 아니라 분별 있는 존재 양식을 찾는 인간의 다양성과 복잡성에서도 드러난다. 또한 그의 작품들은 중요한 철학적 질문들을 진지하고 꾸준하게 성찰한 것과 그것과 관련되어 있는 폭넓은 유머를 반영한다. 그의 저술을 보면 초서는 지상에서든 천상에서든 사랑의 시인으로 간주되며 그의 사랑의 표현은 정염에 의한 애정 편력에서부터 신과의 영적인 결합에 이르기까지 범위가 다양하다. 작품의 이런 특징으로 인해 독자는 인간과 인간의 관계나 인간과 신의 관계를 명상하면서 동시에 인류의 고귀함뿐 아니라 나약함과 어리석음에 대해서도 흥미로운 관점을 얻게 된다.

9 스펜서(Edmund Spenser, 1552~1599)
영국의 시인. 우화시 《요정 여왕 *The Faerie Queene*》은 가상의 이야기를 통해 개신교와 청교도 정신을 옹호하고 영국과 엘리자베스 여왕을 찬양한 작품이다. 이 시의 형식은 후에 스펜서식연(Spenserian stanza)으로 알려지게 되었다.

10 밀턴(John Milton, 1608~1674)
장엄한 문체와 사탄의 묘사로 유명한 대서사시 《실락원 *Paradise Lost*》(1667)의 저자로서 셰익스피어에 버금가는 대시인이다. 산문 역시 청교도혁명에 대한 귀중한 해석으로 근대 정치와 종교 사상사에서 중요한 위치를 차지하고 있다. 밀턴의 대표적 산문 《아레오파기티카》에 대해서는 박상익의 《언론자유의 경전 아레오파기티

밀턴은 18세기에 상당한 영향력을 발휘했으나 빅토리아 시대를 거치면서 영향력이 쇠퇴했다.

카》(소나무, 1999)를 참고할 것.

11 부알로(Nicolas Boileau, 1636~1711)
프랑스의 시인·문학평론가. 프랑스와 영국 문학에서 고전주의의 기준을 세우는 데 이바지한 당대의 유력한 문인으로 알려져 있다. 1674년에 그는 운문으로 된 교훈적 논문인 《시학 *L'Art poétique*》을 발표하여, 고전주의 전통에 따라 시를 짓는 규칙을 제시했다. 그 당시 이 저서는 고전주의의 원리를 명확히 규정한 안내서로서 매우 중요하게 간주되었고, 영국 신고전주의의 전성기인 앤 여왕 시대에 새뮤얼 존슨, 존 드라이든, 알렉산더 포프와 같은 시인들에게 큰 영향을 주었다. 그러나 오늘날 이 저서가 높이 평가되는 이유는 고전주의의 안내서이기 때문이 아니라 그 당시의 문학 논쟁에 대한 이해를 제공해주기 때문이다.

12 호텐토트족(Hottentots)
원래 이름은 코이코이족(Khoikhoin)으로 호텐토트는 경멸하는 의미로 부르는 호칭이다. 이들은 아프리카 남부에 사는 종족으로 유럽의 탐험가들이 처음 발견했을 때는 내륙 지방에서 살았으나, 오늘날에는 남아프리카공화국이나 나미비아(남서 아프리카)의 공식 보호 구역 또는 유럽인 거주 지역에 산다. '남자 중의 남자'라는 뜻의 코이코이는 이들 스스로가 사용하는 이름이고, 호텐토트는 네덜란드의 이주민(후에 아프리카너로 불리게 됨)이 코이코이족이 쓰는 말 중 독특한 혀 차는 소리를 흉내 내어 붙인 이름이다.

13 아우구스투스 시대(Augustan Age)

라틴 문학사의 걸작품들이 쏟아져 나온 시기 중의 하나. 대략 기원전 43년에서 서기 18년까지의 기간으로, 이전의 키케로 시대와 함께 라틴 문학의 황금 시대를 이룬다. 특기할 만큼 평화와 번영을 누렸던 이 시대는 시 분야에서 고도의 문학적 표현을 얻었다. 아우구스투스 시대라는 말은 한 국가의 문학에서 '고전적인' 시기를 지칭하는 확대된 의미로 쓰이기도 한다. 특히 18세기의 영국, 때로는 코르네유·라신·몰리에르가 활동했던 17세기의 프랑스를 지칭할 때도 있다. 영국 문학사에서 아우구스투스 시대는 평자에 따라 알렉산더 포프·조지프 애디슨·리처드 스틸·존 게이·매슈 프라이어 등이 활동했던 앤 여왕 통치 시대(1702~1714)만을 말하기도 하고, 또는 더 확대하여 위로 존 드라이든과 아래로 새뮤얼 존슨까지 포함하기도 한다.

수단 메로에에서 발견된 아우구스투스 청동상.

14 스레일(Mrs. Thrale, 1740~1821)

영국의 작가이자 새뮤얼 존슨의 친구. 1763년 헨리 스레일이라는 부유한 양조업자와 결혼했다. 1765년 1월 새뮤얼 존슨이 스레일의 만찬에 초대된 것이 인연이 되어, 다음해 여름을 스레일 가족과 함께 시골에서 지냈고, 한 해의 반을 스레일의 집에서 보내게 되어 점차 스레일 가족의 일원이 되었다. 스레일의 집에는 존슨을 만나고 또 훌륭한 저녁 식사를 하며 스레일 부인의 재미있는 이야기를 듣기 위해 방문하는 유명 인사들이 많았다. 1781년 스레일은 많은 재산을 아내에게 남겨주고 죽었다. 놀랍게도 그녀는 자기 딸의 음악 선생이던

헤스터 피오치라고도 한다. 결혼 전 성은 솔즈버리이며 별칭은 스레일 부인이다.

이탈리아의 가수이자 작곡가 가브리엘 피오치와 사랑에 빠졌고 1784년 그와 결혼했다. 새뮤얼 존슨은 이들의 결혼을 공공연히 비난했고, 그 후로 스레일 부인과의 우정에는 금이 갔다. 이는 죽기 전 수개월 간 존슨의 생활을 우울하게 했다.

15 예수회(Jesuits)

성 이그나티우스 로욜라가 세운 로마 가톨릭 수도회. 교육·선교·박애 활동으로 유명하며, 한때는 반종교개혁을 수행하는 주도적인 단체로, 후에는 교회를 현대화시키는 주도적인 세력으로 간주되었다. 예수회는 언제나 논쟁을 불러일으키는 단체였다. 그것은 어떤 이들에게는 예수회가 공포와 정죄의 대상으로 보이고, 또 어떤 이들에게는 가톨릭 교회에서 가장 존경할 만한 대상으로 보였기 때문이다.

16 청교도

청교도주의(Puritanism)는 16세기 말과 17세기에 일어난 종교개혁운동이다. 청교도들은 엘리자베스 1세 통치 초기에 이루어진 종교협정 이후 존속되어온 로마 가톨릭 교회의 구습으로부터 영국 국교회를 '정화'하고자 노력했다. 모든 생활에서 도덕적·종교적 진지성을 보인 것으로 유명한 청교도들은 교회의 개혁을 통해 자신들의 생활 방식을 전 국민의 삶에 확산시키려고 했다. 국가를 변혁하려는 그들의 노력은 내전으로 이어졌고, 청교도적 생활 방식의 실용 모형으로 미국 식민지를 건설하게 되었다.

17 얀센주의자(Jansenists)

얀센주의는 플랑드르의 종교지도자 얀센(Cornelius Otto Jansen, 1585~1638)이 이끈 로마 가톨릭 교회의 개혁운동이다. 그는 프로테스탄트에 반대하는 성서 해설서와 소책자들을 썼다. 대표적 저서로 1640년 그의 친구들이 출간한 《아우구스티누스 *Augustinus*》가 있다. 이 책은 1642년 교황 우르바누스 8세에게 이단 선고를 받았지만 얀센주의 운동에서 결정적으로 중요한 비중을 차지했다. 파스칼(Blaise Pascal, 1623~1662) 역시 얀센주의자였다.

18 이성의 시대

계몽주의 시대인 18세기를 말한다.

19 키르케고르(Sören Kierkegaard, 1813~1855)

합리론을 비판한 덴마크의 종교철학자. 실존주의 철학의 창시자로 여겨진다. 그의 목표는 당대 유럽을 휩쓴 지배적 철학인 헤겔 철학에 보복을 가하는 것이었다. 키르케고르는 실존하는 것 전체를 체계화하려는 헤겔의 시도를 공격하면서, 실존은 불완전하고 끊임없이 발전하기 때문에 체계로 구성할 수 없다고 선언했다. 나아가 그는 논리에 운동성을 도입하려는 헤겔의 시도에서 논리적인 오류가 발생하는 것에 수복하고, 범주들을 뒤섞는 데서 혼란이 일어났다고 폭로했다. 헤겔은 자신이 객관적 인식론을 만들었다고 생각했지만, 키르케고르는 주관성이 진리라는 주장을 내놓았다. 키르케고르의 정의를 인용하면 "헌신성이라는 가장 정열적인 정신은 객관적으로 불확실하며, 이 불확실성이 실존적인 인간에게는 진리, 그것도 최고의 진리이다."

20 키츠(John Keats, 1795~1821)

요절한 영국의 로만주의 서정시인 키츠.

영국의 로만주의 서정시인. 짧은 생애 동안 생생한 상상력과 뛰어난 감각적 매력, 고전적 전설과 철학적 표현이 담긴 시를 썼다. 가장 잘 알려진 시는 〈엔디미온 Endymion〉, 〈잔인한 미녀 La Belle Dame sans Merci〉, 〈우울에 대한 송가 Ode on Melancholy〉, 〈나이팅게일에게 Ode to a Nightingale〉, 〈그리스 항아리에게 부치는 송가 Ode on a Grecian Urn〉, 〈성 아그네스의 전야제 The Eve of St. Agnes〉, 〈히페리온 Hyperion〉 등이다. 로마에서 폐결핵으로 요양 중 25세의 젊은 나이로 죽었다.

21 셸리(Percy Bysshe Shelley, 1792~1822)

셸리가 죽은 뒤 그의 부인은 남편의 원고를 정리·보존·출판하는 일에 여생을 바쳤다.

영국의 로만주의 시인.《사슬에서 풀린 프로메테우스 Prometheus Unbound》,《첸치 일가 The Cenci》,《아도네이스 Adonais》와 서정시 〈종달새에게 To a Skylark〉, 〈구름 The Cloud〉을 비롯한 대부분의 시를 1818년 이탈리아에 정착한 뒤에 썼다. 스페지아 만을 항해하던 중 익사했다.

22 라마르틴(Alphonse de Lamartine, 1790~1869)

프랑스의 시인·정치가.《명상시집 Meditations potiques》(1820)에 실린 서정시를 통하여 프랑스 로만주의 문학운동의 핵심 인물 중 하나로 자리를 굳혔다.

23 위고(Victor Hugo, 1802~1885)

프랑스의 시인 · 극작가 · 소설가. 프랑스 로만주의 작가들 가운데 가장 중요한 인물이며, 만년에는 저명한 정치가이자 정치적 저술가로 활동하여 보나파르트주의와 권위주의를 비난했다. 가장 유명한 장편소설은 《노트르담의 꼽추 Notre Dame de Paris》(1831)와 《레 미제라블 Les Mis rables》(1862)이다.

24 콜리지(Samuel Taylor Coleridge, 1772~1834)

영국의 서정시인 · 비평가 · 철학자. 윌리엄 워즈워스와 함께 쓴 《서정민요집 Lyrical Ballads》은 영국 로만주의 운동의 시발이 되었고, 그의 《문학평전 Biographia Literaria》(1817)은 영국 로만주의 시대에 나온 일반 문학 비평 중 가장 중요한 작품이다.

콜리지는 인간 존재와 전 우주의 본질적인 창조적 원칙을 해명하고자 했다.

25 워즈워스(William Wordsworth, 1770~1850)

변호사의 아들로 태어나 소년 시절을 호수 지방에서 보냈다. 8세 때 어머니를, 13세 때 아버지를 잃고 백부의 보호로 1787년 케임브리지대학에 입학하였고, 재학 중에는 프랑스와 알프스 지방을 도보로 여행했다. 1791년 학교를 마치자 다시 프랑스로 건너가 때마침 절정기에 이른 프랑스 혁명의 이상에서 깊은 감명을 받았다. 1793년에 《저녁의 산책》과 《소묘풍경》을 출판하였는데, 시형(詩形)은 상투적인 영웅대운(英雄對韻)이지만, 곳곳에 생생한 자연 묘사가 돋보였다. 1797년 여름에는 S. T. 콜리지와 친교를 맺으면서 그에게서 영향을 받았다. 1798년 이 두 시인은 공동으로 《서정가요집》을

톰슨, 쿠퍼 등에서 싹튼 자연에 대한 감수성은 워즈워스에 이르러 가장 심오해졌다.

출판하였다. 이 책에서 콜리지는 초자연의 세계를, 워즈워스는 일상의 비근한 사건을 각각 다룸으로써 새로운 시경(詩境)을 개척하였고 영문학사상 로만주의 부활의 한 시기를 결정짓는 시집이 되었다. 여기에는 그의 초기 대표시 《틴턴 수도원》이 포함되어 있다. 워즈워스는 《서정가요집》 발표 이후 10년 간 가장 활발히 작품 활동을 했다. 이 시기에 그는 늙은 양치기와 그의 아들의 운명을 그린 《마이켈》(1800)을 썼고, 대표작 《서곡》을 완성하였으며, 이 밖에 《두 권의 시집》(1807)을 내놓았다. 이 시집에는 〈나는 홀로 구름처럼 헤매었다〉, 〈홀로 추수하는 아가씨〉, 〈무지개를 볼 때 나의 가슴은 뛴다〉 등의 주옥 같은 명시가 수록되었다. 1814년 장편시 《소요 The Excursion》를 완성하였으나, 이 무렵부터 그의 작품은 도덕적·보수적인 색채가 농후해져 갔다. 시인으로서의 명성은 1820년경부터 점차 높아져 1843년에는 R. 사우디의 뒤를 이어 계관시인이 되었다. 워즈워스의 작품을 흔히 옥석혼효(玉石混淆)라고들 하는데, J. 톰슨, W. 쿠퍼 등에서 싹트기 시작한 자연에 대한 감수성이 워즈워스에 이르러 가장 심오해졌으며, 자연에 대한 미적 관심이 동양에 비하여 희박하였던 유럽에서 그와 같은 범신론적 자연관이 나타났다는 사실은 유럽 문화의 역사상 커다란 의미를 지닌다고 할 수 있다.

다비드가 마라를 추모하며 그린 〈마라의 죽음〉.

26 다비드(Jacques-Louis David, 1748~1825) 당대의 가장 저명한 프랑스 화가. 18세기 말 로코코 양식에 대한 반발로 일어난 신고전주의 양식

의 대표적 인물이다. 〈호라티우스 형제의 맹세〉(1784)와 같은 고전적 주제를 다룬 대작으로 널리 명성을 얻었다.

27 앵그르(Jean-Auguste-Dominique Ingres, 1780~1867)
프랑스의 화가. 자크 루이 다비드가 죽은 뒤 프랑스의 신고전주의 회화를 이끈 지도자이다. 차분하고 투명하며 정교하게 균형 잡힌 그의 작품들은 당대 로만주의 작품과 대조를 이루었다.

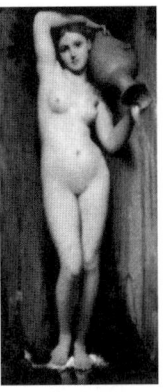

앵그르의 만년의 그림 중 일반에게 가장 친숙한 작품 〈샘〉.

28 제리코(Theodore Géricault, 1791~1824)
프랑스의 화가. 로만주의 미술의 전개에 근본적인 영향을 미쳤다. 제리코는 멋쟁이 신사이자 열광적인 승마사로서 극적 성격이 강한 그의 회화는 화려하고 정력적이며 다소 병적인 그의 개성을 반영하고 있다. 학생 시절에 프랑스의 화가 카를 베르네에게서 영국 스포츠 미술의 전통을 배웠으며 동물의 움직임을 포착하는 데 뛰어난 재능을 보였다. 그는 또한 아카데미 화가 피에르 게

프랑스 로만주의의 대표적 화가 제리코의 〈메두사 호의 뗏목〉.

랭 문하에서 고전적 조형법과 구성법을 익혔다. 게랭의 또 다른 제자였던 헨드릭은 제리코에게 큰 영향을 받고 거기에서 자기 예술의 중요한 출발점을 찾았다.

29 들라크루아(Eugéne Delacroix, 1798~1863)

프랑스의 가장 위대한 로만주의 화가. 그의 색채 사용법은 인상파와 후기인상파 화가들에게 큰 영향을 주었다. 그는 주로 과거나 현대의 사건이나 문학에서 영감을 얻었고, 1832년에 모로코를 방문한 뒤로는 좀 더 이국적인 주제도 다루게 되었다. 들라크루아는 화가 제리코와 그의 친구들인 영국 화가 보닝턴, 폴란드 태생의 작곡가이자 피아니스트 쇼팽, 프랑스 작가 조르주 상드의 로만주의에 영향을 받았다. 그러나 위고와 베를리오즈 등 많은 예술가들이 참여한 로만파 운동의 투쟁에는 가담하지 않았다. 들라크루아는 현대 표현주의의 선구자로, 르누아르·모네·세잔·고갱·반 고흐·르동·쇠라·마티스·피카소는 모두 자신들이 들라크루아의 영향을 받았다고 인정했다. 그의 색채 사용과 형태 표현은 티치아노와 루벤스 못지않았다. 하나의 미학적 운동에 국한시키기에는 너무 폭이 넓은 화가이지만 1830년경에 로만주의 화가로 규정되었다. 그는 여기에 불만을 품고 "나는 순수한 고전주의자다"라고 답했다. 그는 미술을 통하여 자기 존재의 시적 감흥을 전달하고 싶어 했다. 그래서 그는 그림을 그릴 때마다 형태와 빛, 그리고 무엇보다 교향곡과 같은 채색을 창조했고, 표현이 풍부한 조화로운 통일체로 완성시켰다.

19세기 영국의 풍경화가 컨스터블의 대표작 〈건초 수레〉.

30 컨스터블(John Constable, 1776~1837)
영국의 화가. 터너(J. M. W. Turner, 1775~1851)와 함께 19세기 영국의 대표적인 풍경화가이다. 영국의 지방 풍경을 꾸준히 스케치해서 그린 사실적이고 정감 어린 그림들—〈건초 수레 The Hay-Wain〉(1821)—로 유명하다. 1828년경 이후에는 보다 자유분방하고 다채로운 양식의 그림들—〈헤이들리 성 Hadleigh Castle〉(1829)—을 그렸다. 1829년 왕립아카데미 회원으로 선출되었다.

31 에머슨(Ralph Waldo Emerson, 1803~1882)
미국의 강연가·시인·수필가. 뉴잉글랜드의 초절주의를 주도한 대표적 인물이다. 에머슨은 유니테리언 교회의 목사이자 예술애호가였던 윌리엄 에머슨의 아들로 태어나, 청교도 시대부터 가문의 모든 직계 선조들이 종사해왔던 성직을 이어받았다. 그의 어머니 루스 해스킨스의 가족은 독실한 영국 성공회파였다. 영국 성공회파 작가나 사상가들 중 에머슨에게 영향을 준 사람들로는 랠프 커드워스, 로버트 레이턴, 제러미 테일러, 새뮤얼 테일러 콜리지 등이 있다. 그는 유럽의 심미적 · 철학적 조류를 미국에 전하여 문화의 중개자로서 공헌했으며, 미국의 르네상스(1835~1865)로 알려진 찬란한 문예부흥기 동안 자국민을 인도했다. 초절주의의 주된 대변자로서, 또한 유럽 로만주의의 지류를 미국에 심은 사람으로서 에머슨은 무엇보다도 모든 사람 안에 깃들어 있는 잠재력에 대한 믿음을 강조하는 종교적 · 철학적 · 윤리적 운동 방향을 제시했다.

32 휘트먼(Walt Whitman, 1819~1892)

미국의 저널리스트 · 수필가 · 시인. 시집 《풀잎 *Leaves of Grass*》(1855)은 형식과 내용 면에서 매우 혁신적이었으며, 이 작품으로 그는 미국 문학에서 혁명적인 인물이 되었다. 19세기 후반에 그의 시들은 특히 영국의 독자들(대부분 영국 사회를 비판했고, 평범한 사람들을 옹호한 휘트먼의 입장이 이상적이고 예언적이라는 것을 깨달은 사람들)에게 강한 매력을 풍겼다. 휘트먼의 목적은 전통적인 서사시를 초월하고 평범한 미적 형태를 피하면서도 미국 사회를 반영함으로써 자신과 그의 독자들로 하여금 미국적인 경험의 본질을 깨닫도록 만드는 것이었다. 에즈라 파운드는 휘트먼의 출발점을 높이 평가하고 그의 목적에 공감했다. 다른 시인들, 즉 하트 크레인, 윌리엄 칼로스 윌리엄스, 윌리스 스티븐스, 앨런 긴즈버그도 그의 길을 따랐다. 그들은 대중문화의 압력 속에서 개인의 성실을 지키는 문제에 몰두한 휘트

휘트먼은 가정 사정으로 초등학교를 중퇴하고 인쇄소 직공으로 있으면서 독학으로 교양을 쌓았다.

먼에게 공감했다. 그는 언어의 원기를 북돋았고, 강렬하면서도 감상적이었으며, 넓은 시야와 창의성을 가지고 있었다.

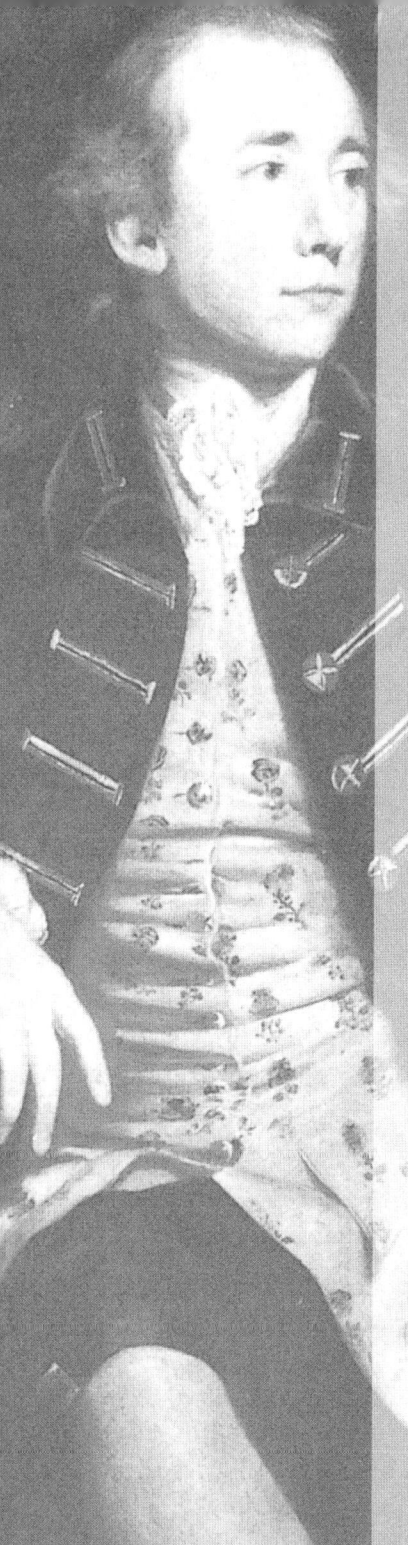

워런 헤이스팅스의 탄핵 재판

앨런 네빈스(Allen Nevins)

워런 헤이스팅스에 대한 재판은 역사상 가장 오래 지속된, 가장 드라마틱한 재판이었다. 그것은 다음과 같은 이유로 오늘날에도 여전히 흥미로운 사건으로 남아 있다. 첫째 이 재판은 영국 사회가 제국주의에 가한 최초의 공격이었다. 둘째 헤이스팅스는 비인도적 범죄 혐의로 기소되었고, 그 결과 20세기 패전국의 정치·군사지도자들의 전범 재판의 선례가 되었다.

헤이스팅스의 불운은, 그가 예리하고도 설득력 있는 세 명의 정적으로부터 공격을 받았다는 것이다. 헤이스팅스의 비극은, 그가 정적들이 표현한 것처럼 악질적인 인물이기는커녕 오히려 인도에서 정의롭고 책임 있는 행정을 발전시키는 데 실질적으로 크게 기여했다는 사실에 있다. 그가 결국 방면된 것은 당연한 일이었다. 그러나 유감스럽게도 그의 방면은 여러 해에 걸친 매도와 혹평, 그리고 좌천 후에야 비로소 이루어졌다.

앨런 네빈스*는 미국 남북전쟁에 관한 깊이 있는 연구로 널리 알려져 있으며, 역사 부문에서 퓰리처 상을 두 번이나 수상했다.

서양 근대사에서 가장 유명한 재판

서양 근대사상 가장 유명한 정치 재판은 1788년 2월 13일 런던 웨스트민스터 홀에서 오전 9시부터 10시 사이에 열렸다. 전 인도 총독 워런 헤이스팅스(Warren Hastings, 1754~1826)에 대한 고발 증거 자료가 상원에 제출되었다. 이렇게 해서 얼마 전까지만 해도 국왕과 왕조의 운명을 쥐고 있던 헤이스팅스는, 능변과 공개적 비방으로 7년 동안이나 호된 시련을 겪게 되었다.

웨스트민스터 홀의 내부 모습은 저명한 피고인에게 제기된 20개 항목의 중대 범죄 및 비행 혐의만큼이나 위압적이었다. 홀의 중앙에는 대형 탁자가 놓여 있었는데, 상석에는 대법관이 앉았고 주변에는 재판관들 · 대법관 보좌관들 · 서기들 · 법무관들이 둘러앉았다. 홀 한쪽에는 하원 의원들의 녹색 의석이 배치되어 있었다. 담비모피 가운을 입은 귀족들은 상좌에 앉았다. 그들은 영국 교회의 고위 성직자들과 나란히 영국 법이 소집 가능한 최고 법정의 배심을 맡았다.

◀ 동인도회사에서 승승장구하던 시절 워런 헤이스팅스가 초상화를 그리기 위해 조슈아 레이놀즈 앞에 포즈를 취했다.

이 법정은 한때 프랜시스 베이컨이 대법관으로서 재판을 주관했던 곳이며, 영국내전[1] 직전에는 스트래퍼드 백작[2]을 사형집행인에게 넘긴 곳이기도 했다. 이 고등법원은 헤이스팅스 재판 전까지 63년 동안 소집된 적이 없었다. 방청석에 운집한 군중 속에는 당대의 저명 인사들도 몇몇 보였는데, 그들 중에는 여배우 시든스[3], 역사가 기번, 그리고 화가 레이놀즈도 있었다.

재판은 낮 12시 정각에 시작되었다. 기소자 측인 양원협의회 위원들이 입장했다. 여왕에게 입장권을 받은 여류 작가 버니[4]는 이렇게 기록했다.

"문이 활짝 열리고 위원장 버크[5] 씨가 엄숙하게 입장할 때 나는 전율하면서 무심결에 뒤로 물러났다. 그는 손에 두루마리를 들고 혼자 걸어 들어왔다. 그는 심려와 고뇌로 양미간을 찌푸리고 있었다."

그리고 버니는 탄성을 질렀다.

"명예를 훼손당한 결백한 인물을 기소한 잔인한 고발자를 바라보는 나의 마음은 얼마나 아팠던가!"

버크 뒤에는 일군의 저명 인사들이 따라왔다. 그들 중에는 가공할 휘그 지도자 폭스[6], 극작가이자 연설가인 셰리든[7]이 포함되어 있었다. 하원 의원들이 착석하자 재판정은 법정 내 정숙을 명했다. 큰 목소리가 울려 퍼졌다.

"워런 헤이스팅스 씨 나오십시오! 기소 내용에 답변하십시오. 출정하지 않으면 그대의 보석금은 몰수될 것입니다!"

연약한 체구의 헤이스팅스는 이 호출을 듣고 의회 피고석으로 다가갔다. 그는 대법관에게 허리를 굽히고 세 번씩이나 절을 했다. 버니는 이렇게 썼다.

"그토록 높은 권좌에서 그토록 굴욕적인 자리로 굴러 떨어진다는 것은, 동양 세계의 상당 부분을 거의 절대 권력으로 지배하다가 조국의 법정에서 적들의 발 아래 내던져진다는 것은, 그 같은 인물에게 얼마나 두려운 순간이었던가!

이 인상적인 사건이 전 세계 영어권 주민들과 영국 법 찬양자들 사이에 일대 센세이션을 일으킨 것은 너무나 당연한 일이었다. 또 그 후의 모든 탄핵과 고발 재판이—독립전쟁 후 미국 17대 대통령 앤드루 존슨[8]에게 가해진 탄핵을 포함하여—이 재판의 전례를 따르게 된 것도 당연한 일이었다.

동인도회사의 인도 지배

워런 헤이스팅스에 대한 고발은 다채롭고 감상적인 온갖 사건들로 가득한 아시아 역사를 배경으로 제기되었다는 점에서 더욱 기억할 만하다. 바야흐로 인도에서는 옛 질서가 죽고 새로운 질서가 탄생하고 있었다. 1년 후 프랑스 혁명주의자들이 구제도(ancien régime)를 타도한 것과 마찬가지로, 일단의 개혁가들은 인도의 기존 체제를 붕괴시킬 작정이었다. 이 투쟁이 끝날 때까지 옛 '영제국(British Empire)'은 격심한 고통을 겪게 될 것이며, 궁극적으로 '영연방(British Commonwealth)'이 그 자리를 대신하리라는 전망이 선명하게 떠오르고 있었다.

재판은 헤이스팅스에 대한 가차 없는 집중 공격으로 진행되었다.

그러나 논란은 단순히 개인적인 것에 그치지 않았다. 동인도회사는 로버트 클라이브[9]의 탁월한 군사적 재능과 헤이스팅스의 뛰어난 행정 수완에 힘입어 인도에 대한 지배권을 확립했다. 그것은 아시아의 어떤 권력자도 달성하지 못한 일이었다. 그러나 동인도회사의 지배는 권위주의적이었고, 전반적으로 부패한 상태였다.

18세기 전반 동인도회사의 직원들은 무역업자였다. 그들이 더운 기후와 풍토병, 그리고 인도의 눅눅하고 단조로운 생활을 감수할 결심을 한 이유는 오직 하나, 부자가 되려는 욕망 때문이었다. 회사본부가 있는 캘커타는 불쾌한 곳이었다. 배수 처리가 되지 않는 소택지대에 건설된 이 도시는 곳곳이 시궁창이었고, 도시를 둘러싼 정글에서는 말라리아가 창궐했다. 새커리[10]의 작품 《허영의 시장》에 등장하는 조스 세들리와 같은 부류에 속한 영국인들은 돈을 벌기 위해 진출했다가 파리 떼와 모기 떼, 찌는 듯한 더위, 그리고 호랑이와 코브라보다도 한층 치명적인 질병들과 싸워야만 했다. 특히 벵골[11] 지방 여행은 지극히 위험한 일이었다. 도로가 형편없어서 대개의 경우 강을 따라 이동했고, 지방에는 강도 떼와 종교암살단—살인에 몰두하는 종교적 광신자 단체—이 몰려 다녔다. 그러므로 부자가 되려는 소망을 가진 자만이 그와 같은 불편과 위험을 감수할 수 있었다. 키플링[12]은 나중에 〈인도 도시들의 노래〉라는 시에서 캘커타의 특성을 이렇게 읊었다. "죽음이 내 손에 있다, 그러나 그것은 황금!"

그 당시 벵골에서 부를 추구하던 사람들은 인도의 명목상 지배자인 델리의 무굴[13] 황제의 허가를 받은 무역 상인들뿐이었다. 그러나 클라이브와 헤이스팅스가 도착했을 무렵 무굴 제국은 급격히 무너지고 있었고, 프랑스와 영국 두 나라가 지배권 장악을 노리고 있었다. 비상한 재능과 자질을 구비한 두 인물이 이런 동향을 간파하기란 어려운 일이 아니었다. 클라이브는 역동적이고 실천적인 행동파였다. 이에 비해 헤이스팅스는 정력적이고 사려 깊었으며, 취향은 학구적이었고 견해는 철학적이었다. 두 사람 중 클라이브 쪽의 기질이 거칠었고 우울한 감정에 쉽게 좌우됐다. (그가 결국 스스로 목숨을 끊은 것은 바로 이 때문이었다.) 1756년 벵골을 지배하던 나와브(인도 태수)가 영국과 분쟁을 일으켜 캘커타에 주둔한 영국군을 패퇴시키고 포로들을 악명 높은 '군교도소'[14]에 감금했는데 그들 중 몇 명이 목숨을 건져 탈출한 사건이 발생했을 때, 클라이브는 노련한 수완을 발휘했다. 그가 지휘한 영국군과 토착민 동맹군은 플라시 전투[15]에서 스무 배가 넘는 병력의 무굴 군대를 물리쳤고, 벵골은 마치 다 익은 과일처럼 그의 수중에 떨어졌다. 벵골의 면적은 프랑스와 거의 같았고, 프랑스에 필적할 정도로 부유한 나라였다.

거의 하룻밤 사이에 동인도회사 직원들은 막강한 정치 권력을 휘두르는 권력자가 되었다. 그들은 머뭇거리지 않고 이익을 챙겼다. 플라시 전투 이후 수뢰 · 금품 강요 등 온갖 종류의 범죄 행각 소문이 영국으로 밀려들어오기 시작했고, 많은 영국인들은 동인도회사 직원들이 영국의 명예를 훼손시키고 있다고 확신하게 되었다. '인도 거주 영국인(Anglo-Indian)'이란 말은 '지나친 욕심쟁이'라는 뜻을 지닌 별명이 되고 말았다. 소수의 인도 거주 영국인이 막대한 부를 거머쥐고 있었다는 사실은 그런 소문이 거짓이 아님을 믿게 만드는 충분한 증거였다. 당대의 쾌활한 관찰자 호레이스 월폴은 이렇게 말했다.

"우리는 황금을 향한 탐욕에 있어서는 에스파냐 사람이고, 그것을 획득하는 노련한 수법에 있어서는 네덜란드 사람이다."

에드먼드 버크와 워런 헤이스팅스
사실 인도 정부는 전체적으로 잘못 조직돼 있었다. 일단의 상인들이 제국의 권력을 장악한다는 것, 교역에 종사하는 일개 회사가 막강한 정치 권력을 갖는다는 것은 잘못된 일이었다. 아메리카 식민지 13개 주의 반란으로 영국인들은 이런 문제에 더욱 민감해졌다. 헤이스팅스 재판이 벌어지기 3년 반 전에 인도 관련 법령이 하나 통과되었는데, 그 법령은 동인도회사를 부분적으로 왕권의 통제 아래 둘 것과 헤이스팅스가 총독직을 사임할 것이 주요 내용이었다. 그러나 동인도회사 직원들은 여전히 인도 현지의 실세였고, 범선이 교통 수단으로 이용되던 시기에 그들은 런던으로부터 수천 마일이나 멀리 떨어져 있었다.

많은 개혁가들이 볼 때 이 법령은 인도 정부의 행태를 변화시키는 데 아무런 담보가 되지 못했고, 한 나라의 국민이 자국의 이익을 위해 다른 나라 국민을 지배하는 것이 잘못이라는 원칙을 확립하지도 못하는 것이었다. 한 나라의 국민이 다른 나라 국민을 지배하는 것이 잘못이라는 주장은 당시로서는 몹시 생경한 것이었는데, 그 옹호자가 바로 에드먼드 버크였다. 그는 생애의 마지막 중대 국면에서 이 새로운 개념을 국민들에게 교육시키려 했고, 나아가 그것을 해외에 근무하는 동인도회사 직원들에게도 주지시키고자 했다. 그가 이러한 교육적 임무를 수행하기 위해 희생 제물로 택한 인물이 바로 헤이스팅스였다. 그것은 대단히 아이러니한 선택이었다. 왜냐하면 헤이스팅스는 어느 누구보다 영국의 인도 지배가 공정한 것이어야 한다고 굳게 믿었던 인물이기 때문이다.

부패한 제도 속의 헤이스팅스

헤이스팅스는 1750년 17세 되던 해에 인도로 향했고, 연봉 36파운드를 받고 동인도회사의 하급직인 서기일을 맡아보았다. 야심적이고 재치 있고 인내심 있던 그는, 고위직으로 한 단계씩 승진하여 직접 교역에 종사할 권리—동인도회사 직원의 가장 큰 특권이다—를 얻어내고, 때가 되면 자기 능력으로 큰 재산을 모으겠다는 포부를 품고 있었다. 플라시 전투의 승리를 계기로 동인도회사가 인도 정치라는 위태롭고 거친 파도에 휩쓸리기 시작했을 때 그의 나이는 겨우 23세였다.

시대 상황은 완전히 달라졌고 새로운 재능을 필요로 했다. 학구적이면서도 묵묵히 자신감에 차 있던 청년 헤이스팅스는 시대가 필요로 하는 자질을 갖추고 있었다. 편협한 상인 집단 속에 끼어든 한 사람의 '학자'였던 그는 무굴의 공용어인 페르시아어를 독학으로 익혔다. 자신들이 어느 날 갑자기 지배하게 된 '토착민'들을 냉담한 무관심으로 바라보았던 다른 영국인들과는 달리, 그는 지방 고유의 법과 관습을 예리하게 관찰하고 또 존중하는 태도를 견지했으며, 자연히 지위도 빠르게 올라갔다.

1772년 인도 총독으로 부임한 헤이스팅스는 유럽의 어떤 군주국보다도 많은 인구를 가진 국가에서 유럽의 어떤 군주보다도 큰 권력을 휘두르게 되었다. 그러나 그것은 왕국치고는 기이한 왕국이었다. 헤이스팅스는 단 하나의 중차대한 요구 사항에 손발이 묶여 있었다. 그는 '이익'을 창출해내야만 했던 것이다.

전쟁이 나든 침입에 맞서 방어를 하든, 또는 통치 과정에서 어떤 비용을 치르든 간에 런던의 동인도회사 경영자들은 그에게 오로지 '이익'만을 요구했다. 헤이스팅스는 그들에게 이익을 보장해주는 동시에, 인도의 심각한 제도적 결함을 제거하고자 했다. 헤이스팅스는 거의 혼자 힘으로, 인도에 공정하고 신뢰할 수 있는 지배의 기초를 닦았다. 그러나 그는 부패한 제도 안에 놓여진 위대한 인물이었고, 결국 자신의 인내력을 극한까지 시험하는 상황에 직면하게 되었다. 그의 정적 중 가장 언변이 뛰어난 인물인 버크가 그를 사악한 제도의 창시자로 몰아세웠던 것이다.

헤이스팅스의 혐의는 인간성에 대한 범죄

재판에서 헤이스팅스의 반대편에 섰던 기라성 같은 인물들에 대해 꼼꼼히 살펴볼 필요가 있다. 가장 저명한 인물은 버크였다. 그는 영국의 가장 위대한 정치철학자 중 한 사람으로서, 영국·아메리카 식민지·아일랜드·프랑스 등과 관련하여 자유의 대의를 끊임없이 옹호한 인물이었다. 그는 한 번도 영국 내각에 입각한 적이 없었지만 정치권에서 가장 담대하고도 영향력 있는 인물 중 하나였다. 그의 곁에는 폭스가 있었다. 폭스는 동인도회사의 모든 권리를 국왕에게 양도하는 대담한 방안―그러나 그것은 원칙적으로 건전한 방안이었다―을 의회에 제시했고, 이 방안의 실현이 불가능해지자 새로운 기회를 기다렸다. 그는 로맨틱한 인물로서 호방하고 대담한 성격이었지만 균형감은 떨어졌다. 사생활은 지극히 방탕했으며, 당대 최고의 노름꾼 중 한 명이라는 평판을 얻고 있었다. 그는 극작가 셰리든을 휘그당으로 끌어들였는데, 셰리든은 연극《연적》을 성공시켰고, 뒤이어《험담꾼들》로 더욱 큰 성공을 거두었다. 셰리든은 1780년 스태퍼드(Stafford)에서 하원 의원으로 선출되었다. 아메리카와의 전쟁을 반대했으며 이 때문에 대륙회의[16]가 그에게 큰 선물을 주려 했으나 이를 거절했다.

재판의 운용과 소송의 추진력은 주로 버크가 제공했다. 찬양자들로부터 '인도 의원(member for India)'으로 불리던 버크는 기개 있는 인물로서 인도 인민 착취에 대해 의분을 느끼고 있었고, 일개 회사가 영국 정부의 역할을 맡는 것은 부적절하다고 생각하고 있었다. 버크는 재판이 시작되기 오래전부터 동인도회사를 비난하고 동인도회사의 인도 지배에 대해 공공연한 비난을 퍼붓고 있었다. 그는 재판이 있기 5년 전에는, 제아무리 잔인한 정복자라 할지라도 피지배 지역에 으레 설치해주곤 하는 도로·교량·법정·기념물 등을 인도에서는 찾아볼 수 없다고 항의했다. "오늘 당장 우리가 인도에서 추방된다면, 우리가 지배한 불명예스러운 시대의 흔적이라고는 호랑이나 오랑우탄말고는 아무것도 남아 있지 않을 것이다." 그러나 버크의 이 같은 발랄한 상상력은 이따금 상식을 벗어나곤 했다.

재판 3일째 날, 기소자 측은 헤이스팅스에 대한 고발을 시작했다.

본인은 워런 헤이스팅스 씨를 중범죄 및 비리 혐의로 고발합니다.

본인은 의회에 소집된 대영제국 하원 의원들의 이름으로 그를 고발하노니, 그는 대영제국 의회를 배반했습니다.

본인은 대영제국 모든 하원 의원들의 이름으로 그를 고발하노니, 그는 대영제국의 명예를 실추시켰습니다.

본인은 인도 인민의 이름으로 그를 고발하노니, 그는 인도 인민들의 법과 권리와 자유를 파멸시켰고 그들의 재산을 파괴했고 그들의 나라를 피폐케 하고 약화시켰습니다.

본인은 인간 본성의 이름으로 그를 고발하노니, 그는 남녀노소, 신분과 지위, 삶의 조건을 불문하고 인간 본성을 잔인하게 유린하고 훼손했으며 억압했습니다.

헤이스팅스에 대한 고발 내용은 사기·반역·약탈·살인·'미증유의 잔인성과 파괴' 등 다양한 분야에 걸쳐 있었다. 버크의 과장된 표현과 우레 같은 탄핵이 웨스트민스터 홀에 울려 퍼지면서 두 가지 사실이 분명해졌다. 첫째 버크가 헤이스팅스를 재판에 부친 이유는, 개별 행위늘 때문이 아니라 후대 사람들이 인간성에 대한 범죄라고 일컫게 된 행위—즉 죄 없는 사람들의 파멸, 토지의 사막화 등—때문이었다. 둘째 재판이 신속하게 진행되지 않으리라는 점이 분명해졌다. 버크의 개회 연설—그것은 그의 생애에서 가장 유명한 연설이었다—은 나흘이나 지속되었고, 그 후에도 이어졌던 것이다.

객관적인 관찰자 입장에서도 헤이스팅스는 틀림없이 유죄인 것으로 보였다. 인도 정치권의 통상적인 상태인 혼란과 복잡성, 음모와 위험에 대해 무지한 사람의 눈에 헤이스팅스의 행동은 고발자들이 그에게 덧씌운 것처럼 음험한 것으로 비쳤을 것이다. 헤이스팅스는 일급 중범죄자로 고발되었고, 폭스는 감동적인 연설로 헤이스팅스의 죄상을 열거했다. 기소자 측은 헤이스팅스가 복수심 때문에 법적 근거 없이 베나레스[17]의 라자[18]에게 거액을 강탈하려 했다고 단언했다. 헤이스팅스는 라자를 감금하고 라자의 격분한 신민들이 일으킨 반란을 무력 진압하면서 그와 같은 무리한 요구를 했다는 것이었다. 또한 기소자 측은 불법 행위에 탐닉한 나머지 무고한 인민의 피를 흘리게 함으로써 동인도회사의 장부를 흑자로 바꾼 장본인에게 주목할 것을 법정에 요구했다.

중범죄에 대한 두 번째 고발은 더욱 센세이셔널했다. 웨스트민스터 홀은 흥분한 구경꾼들로 가득 찼다. 그 당시 명성을 누리고 있던 셰리든이 기소를 맡았기 때문이었다. 기소자 측은 헤이스팅스가 두 명의 인도 왕녀로 하여금 120만 파운드에 달하는 토지와 보물을 오우드[19]의 품행 나쁜 고관[20]—그는 그 왕녀들의 아들이자 손자였다—에게 양도하도록 강요했으며, 이렇게 해서 그 고관은 동인도회사에 진 빚을 갚을 수 있었다고 주장했다. 두 귀부인은 불한당에게 봉변을 당한 셈이었다. 셰리든은 극적 효과를 연출할 기회를 놓치지 않았다. '효도'가 그의 핵심 주제였다. 그는 사악한 부패 정치인 워런 헤이스팅스의 손에 놀아난 방탕한 아들의 불효막심한 행실을 적극 강조했다.

탄핵 역풍

무려 한 달이나 시일을 끌면서 여러 개의 기소장이 낭독되자, 이런 식으로 진행된다면 재판이 끝나는 데 족히 10년은 걸릴 것이라는 전망이 나왔다. 게다가 재판은 회기 연장도 되지 않았다. 매콜리[21]가 헤이스팅스에 관해 쓴 유명한 에세이에서 말했듯이, 귀족들은 사안이 아무리 중대하다 해도 배심원 직무 때문에 '메추리 사냥'을 방해받을 생각은 없었다. 아마 그들은 침묵하는 피고인에게 비난과 공격을 마구 퍼붓다가 그만 균형 감각을 잃었던 것으로 보인다. 그에 대한 성토가 점점 더 격렬해졌던 것이다.

다시 한 번 버크가 길을 터주었다. 그는 자비를 베풀 여지를 전혀 남기지 않았다. 헤이스팅스의 범죄는 결국 대영제국이 저지른 범죄라는 따위의 동정론마저도 근원적으로 차단하고자 했다. 버크는 "그의 범죄는 비열한 것으로서 군주의 거처에서는 자라나지 않는, 거름더미에서나 부화하는 종류의 것"이라고 말했다. 버크에 의하면 헤이스팅스는 인도 귀족을 빈털터리로 만들면서 동인도회사와 자신의 금고를 살찌웠다는 것이다. "그는 인도를 기근에 빠뜨리지 않고서는 식사도 할 수 없었다." 이런 식으로 날이면 날마다, 달이면 달마다 공격이 계속되었다.

한편 헤이스팅스는 꾸준히 자신의 변론을 준비하는 데 힘썼다. 그는 헌신적인 아내 마리안(Marian)에게 이렇게 썼다. "나의 하루는 끊임없는 읽기와 쓰기로 지나가고, 언제나 피로와 더불어 저물고 있다오." 무굴 왕도 그의 편이었다. 가장 중요한 점은, 동인도회사 관리들이 그를 지지했다는 것이다.

더 많은 사실들이 추가로 밝혀지면서, 버크와 그의 동료들이 헤이스팅스에 덧씌운 시커먼 색은 점점 옅어지기 시작했다. 베나레스의 라자에 대한 헤이스팅스의 '지나친' 요구는 무굴 법률에 합치하는 것이었고, 정치적으로도 정당한 행동이었다. 셰리든이 사자후를 내뿜은 연설에서 가련한 희생자로 언급되었던 두 왕녀는 헤이스팅스를 가까운 친구로 여기고 있음이 드러났다. 약탈·수뢰·매관매직 등의 번거로운 고발은 무산되고 말았다. 증인들이—심지어 기소자 측 증인들마저—헤이스팅스의 편을 들었던 것이다.

4년이 지난 후에야 헤이스팅스는 마침내 자신을 변론할 기회를 갖게 되었다. 그는 인도 현지의 사정, 규칙의 필요성, 자신이 이룩한 정치적 진보, '황폐'해졌다고 언급되는 벵골에 이루어진 실질적 번영, 아직 자신을 존경스런 친구로 바라보는 가난한 귀족들에 대해 허심탄회하게 말했다. 자신이 불법으로 재산을 형성했다는 주장에 대해 헤이스팅스는 만일 자기가 금품을 탐했다면 재임 기간의 절반 동안에 자신의 권력을 이용해서 현재보다 백 배는 많은 재산을 모았을 것이라고 법정을 향해 단언했다. "나는 당신들에게 모든 것을 바쳤다. 그러나 당신들은 내게 압류 · 불명예 · 탄핵으로 보상했다."

소송이 진행되면서 반대자들이 지나친 무절제로 자신들의 명분을 훼손시키고 있음이 드러났다. 역풍이 불기 시작했다. 재판이 중반에 이르자 많은 사람들은 기소자 측을 악당으로, 그리고 범죄자인 헤이스팅스를 '인도의 구원자'로 바라보게 되었다. 실제로 재판에서는 클라이브가 인도에서 이룩한 업적을 조직화하고 유지하는 데 헤이스팅스가 대단히 큰 기여를 했음을 입증하는 증거들이 속속 드러났다. 그는 탁월한 능력과 불굴의 용기를 보여주었으며, 신속하고도 기민한 행동으로 인도에서 영국의 주도권을 지켜냈다는 것이었다. 역사의 평결은, 그를 징벌하기보다는 상찬을 베풀어야 한다는 것이었다. 특히 역사가들은 헤이스팅스에 관한 매콜리의 편파적이고 과장된 평결을 올바르지 못한 것으로 간주한다. 미국의 공정한 언론인이자 역사가인 데이비스(A. Mervyn Davis)의 견해도 마찬가지이다. 그는 헤이스팅스 전기에서 이렇게 썼다.

"그가 정부 내에서 업무에 정통하지 않은 부서는 없었다. 그의 다재다능함, 비전의 폭과 다양한 관심은 통상적 업무의 내부에서

헤이스팅스를 지지하는 이 만평의 제목은 '정치적 노상강도'이다. 말에 탄 헤이스팅스를 세 명의 강도가 약탈하고 있다. 세 노상강도는 왼쪽부터 에드먼드 버크, 노스 경, 찰스 제임스 폭스이다.

—물론 그것도 탁월했다—보다 외부에서 더욱 두드러졌다. 그는 실로 이상적인 지배자였다. 그는 행정과 통치에만 만족하지 않고, 지식의 영역을 확대하고 문명의 무형적인 측면을 개선하기 위해 힘쓰는 가운데 드높은 정신적 경지에 도달한 것이다."

재판은 그 후로도 3년이나 더 끌었지만, 그 결과는 재판 종결 전에 미리 예측할 수 있었다. 거의 모든 사람들이 헤이스팅스의 무죄 판결을 추정했다. 마지막 장면은 1795년 4월 23일 수많은 군중 앞에서 펼쳐졌다. 헤이스팅스에게 입장 명령이 내려졌고, 이어 퇴장 명령이 내려졌다. 16개의 질문이 귀족들에게 차례차례 던져졌고, 귀족들은 하나씩 유무죄에 대한 자신의 평결을 내렸다. 전원 법복 차림으로 등장한 29명의 귀족들만 공식 답변을 제시했고 정규 출석자가 아닌 나머지 사람들은 침묵을 지키며 기권했다. 표결은 모든 혐의에 대해 대체로 무죄로 기울었다. 하지만 만장일치는 아니었다. 의문의 여지를 충분히 남겨둔 채 소송 전체의 결론은 내려지지 않았다.

재판으로 인해 헤이스팅스는 상당한 세월을 소모했고 소송 비용을 대느라 재산상의 손실을 입었다. 이 일로 인해 그는 인도에서의 봉사에 대한 응분의 보상으로 한때 기대했던 공직 진출이나 귀족 작위 획득의 기회를 완전히 상실하게 되었다. 그는 향리로 은퇴하여 재판 비용에 쓰고 남은 재산으로 가족 영지—워세스터(Worcester)의 데일즈포드 하우스(Daylesford House)—를 개간했고, 이곳에서 1818년 사망할 때까지 살았다.

이 재판은 인도에 어떤 새로운 입법 조치를 가져오지 못했다. 버크는 헤이스팅스의 혹독한 희생을 대가로 한 가지 주장을 관철시켰지만, 평결이 있은 지 2년 후 사망했다. 전 인도 총독이 맞이한 운명은 동인도회사 직원들에게 강력한 경고가 되었다. 그것은 제아무리 강력하게 독자적 기반을 확립한 조직일지라도 영국 정부는 악습과 부패를 더 이상 용납하지 않으리라는 것이었다. 그것이 버크가 거둔 유일한 성과였다.

재판은 결론을 맺지 못했지만, 그럼에도 많은 사람들은 이 사건을 오래도록 기억했다. 그들은 버크의 과장된 개회 연설을 회고했다. 그리고 버크와 폭스와 셰리든이 얼마나 신랄한 독설을 동원하여 헤이스팅스를 몰아세웠는지를 상기했다. 그들은 또 헤이스팅스가 자리에 앉아서, 수치스러운 행위를 했다고 자신을 고발하는 연설 내용에 대해 "그건 거짓말이야"라고 중얼거리며 불만스러워하던 모습을 기억했을 것이다. 역사의 평결은 그의 입장을 지지할 것이다.

■ 본문 깊이읽기

* 앨런 네빈스(Allen Nevins, 1890~1971)

미국의 역사가·작가·교육자. 남북전쟁사에 관한 8권의 책과 미국의 정치·산업 분야 인물들에 관한 전기로 특히 유명하다. 또한 최초로 미국 구술사(口述史)를 정리했다. 네빈스는 일리노이 주 서부의 한 농장에서 자랐다. 일리노이대학에서 공부하면서 대학원 과정을 마치는 동안, 국왕파 편에서 싸운 식민지 시대 미국 개척군인에 관한 최초의 저작 《로버트 로저스의 생애 The Life of Robert Rogers》(1914)를 썼다. 졸업 후 뉴욕 《이브닝 포스트 Evening Post》의 논설위원이 되었고 20년 동안 언론인으로 일했다. 이 기간에 역사가로서도 활동해 《영국 여행자들이 쓴 미국 사회사 American Social History as Recorded by British Travellers》(1923)라는 기록문서집을 편집했고, 미국사에 관한 저작 《혁명기 및 그 이후의 미국 1775~1789 The American States During and After the Revolution, 1775~1789》(1924), 《근대 미국의 출현, 1865~1878 The Emergence of Modern America, 1865~1878》(1927)을 썼으며 탐험가 존 찰스 프리몬트의 전기 《프리몬트, 서부의 위대한 탐험가 Fremont, The West's Greatest Adventurer》(1928)를 펴냈다. 1928년 컬럼비아대학 교수가 되어 30년 동안 재직하면서 많은 책을 썼는데 그 가운데 두 권의 역사전기 《그로버 클리블랜드, 용기에 관한 연구

Grover Cleveland, A Study in Courage》(1932)와 《해밀턴 피시, 그랜트 행정부의 비사(秘史) *Hamilton Fish, The Inner History of the Grant Administration*》(1936)는 퓰리처 상을 받았다. 1948년 컬럼비아대학에서 후대 역사가들의 관심을 끌 만한 주요 인사들의 견해를 대담 형식으로 테이프에 담는 일에 착수하면서 미국사를 구술로 정리하는 운동을 시작했다. 1958년 교수직에서 물러났으나 교수로서의 경력과 역사가로서의 학문 활동이 끝난 것은 아니었다. 《연방의 시련 *Ordeal of the Union*》(2권, 1947), 《링컨의 출현 *The Emergence of Lincoln*》(2권, 1950), 《연방을 위한 전쟁 *The War for Union*》(4권, 1959~71) 등 8권의 저서를 통해 미국 남북전쟁 연구의 권위자가 되었고 1961~1966년 남북전쟁 100주년 기념위원회를 이끌면서 15권의 총서를 펴내는 일에 참여했다. 그 뒤 캘리포니아 샌머리노의 헌팅턴 도서관의 선임 연구원이 되었고, 1964~1965년 옥스퍼드대학에서 객원 교수로 한 학기 동안 강의했으며 남북전쟁에 관한 그의 역작 가운데 마지막 5권을 썼다. 그 밖의 주목할 만한 저서로는 《J. D. 록펠러, 미국 기업의 영웅 시대 *John D. Rockefeller, The Heroic Age of American Enterprise*》(2권, 1940), 《권력 연구: 기업가이며 자선가인 J. D. 록펠러 *A Study in Power: John D. Rockefeller, Industrialist and Philanthropist*》(1953), 프랭크 힐과 공저한 헨리 포드와 포드 자동차에 관한 세 권의 저작, 역사가 헨리 스틸 코마저와 공저한 《미국, 자유인들의 이야기 *America, The Story of A Free People*》(1942) 등이 있다.

1 영국내전(Civil War)

청교도혁명이라고도 하며, 영국에서 의회 세력과 군주정 세력 간에 발생한 싸움이다(1642~1651). 찰스 1세는 주교전쟁을 치르는 데 필요한 자금을 조달하기 위해 1640년 11년 만에 의회를 소집해야 했다. 그러자 찰스 1세 진영과 하원 사이의 긴장은 점차 고조되었고, 찰스 1세가 1642년 1월 4일 다섯 명의 하원 의원들을 체포하려다 실패하자 의회파와 왕당파는 양측 모두 전쟁을 준비했다. 애초에 양 진영의 병력 규모는 거의 비슷한 수준이었다(각기 1만 3천 명 정도). 1645년 의회파가 신형군을 창설할 때까지는 왕당파가 기병에서 우위를 점했다. 그러나 의회파가 재력 면에서 왕당파를 압도하고 있었다는 사실은 싸움의 최종 결과를 예상할 수 있게 했다. 왕당파 지지 세력은 주로 웨일스와 영국 북서부에 분포되어 있었던 반면, 의회파는 좀 더 부유한 남동부 지역에서 강세를 보였으며 또한 런던과 대다수의 항구 및 해군을 장악하고 있었다. 의회는 세금을 징수할 수 있었던 반면 찰스 1세는 지지 세력들의 너그러운 인심에 재정 문제를 의존하고 있었다.

1642~1646년은 전쟁의 초기 국면이었다. 찰스 1세가 1642년 8월 노팅엄에서 기치를 내건 후, 여러 차례의 접전으로도 결정적인 승부가 나지 않았다. 1642년 10월 23일 찰스 1세는 에지힐에서는 아무런 저항을 받지 않았으나 턴엄그린에서 의회군과 마주치자 런던으로의 진군을 포기했다. 그 후 옥스퍼드로 철수했는데 이곳이 찰스 1세의 지휘본부가 되었다. 1643년 6월 30일 애브월턴무어 전투에서 승리한 왕당파는 요크셔 전역을 장

찰스 1세는 권위적인 통치와 의회와의 알력으로 영국내전을 야기했으며 결국 이로 인해 처형당했다.

악했으며 의회파는 10월 11일 윈스비 전투에서 승리해 링컨을 차지했다. 남서부 지역에서 왕당파는 랜스다운 전투와 브로드웨이다운 전투(7월)를 승리로 이끌었으며 찰스 1세의 조카인 루퍼트 공은 브리스틀을 손에 넣었다. 그 해 9월 제1차 뉴베리 전투에서 승부가 나지 않자 양 진영은 동맹 세력을 찾아 나섰는데 의회파는 엄숙동맹을 통해 스코틀랜드로의 군사적 지원을 확보했으며 찰스 1세는 아일랜드 측과 강화를 맺음으로써(아일랜드에서는 1641년 이래 반란이 계속되었다) 아일랜드에 파견되었던 병력을 브리튼 섬으로 배치해 의회파와의 전투에 주력할 수 있는 여유를 갖게 되었다. 마스턴무어 전투(7월 2일)에서 거둔 의회파의 승리에도 불구하고 1644년에는 전반적으로 왕당파의 군사 작전이 좀 더 성공적이었다. 9월 20일 제2차 뉴베리 전투에서는 승부가 판가름 나지 않았다. 그러다가 1645년 의회파 진영에서 신형군을 창설하고 6월 14일 네이즈비 전투에서 크게 승리함으로써 전세가 결정적으로 뒤집혔다. 마지막으로 남은 왕당파 병력은 7월 10일 랭포트에서 분쇄되었으며 스코틀랜드에서는 9월 13일 몬트로즈 후작이 필러포 전투에서 패퇴했다. 스코틀랜드군은 영국 북부 지역을 완전히 장악했으며 의회군은 남서부 일대를 평정했다. 1646년 왕당파 병력은 최종적으로 해체되면서 옥스퍼드에서 항복했다. 찰스 1세는 스코틀랜드 군대에 보호를 요청하며 피신했으나 스코틀랜드 측은 1647년 1월 영국을 떠나면서 찰스 1세를 의회파 진영에 포로로 넘겨주었다. 1647년 찰스 1세는 의회 측과 불화를 빚어오던 군대에 납치된 후 탈출했으나 불운하게도 와이트 섬에 도착했다. 그곳에서 12월 26일 찰스 1세는 스코틀랜드의 비밀 단체(Engagement) 측과 협상을 갖고 자신을 지원해주는 대가로 영국에서 장로파 제도를 확립하고 독립파의 활동을 억압하겠다고 약속했다. 이로 인해 왕당파의 몇 차례 반란과 1648년 7월 스코틀랜드의 침공 등 내란의 두 번째 국면이 시작되었다. 그러나 이러한 모든 기도는 분쇄되었으며 찰스 1세의 이중성에 대해 분개하는 여론이 비등함에 따라 결국 찰스 1세는 재판을 받고 1649년 1월 처형당했다. 다음으로 아일랜드에서 전투가 발생했다. 올리버 크롬웰은 새로 확립된 공화정 체제를 위해 아일랜드에서 가톨릭과 왕당파의 봉기를 진압(1649~1650)했다. 몬트로즈 후작이 주도한 스코틀랜드 반란은 1650년 4월 분쇄되었으며 찰스 2세는 장로교 서약파들과 타협을 보았다. 그 해 9월 3일 크롬웰은 던바 전투에서 이들에게 결정적인 승리를 거두었으나 이 승리를 끝까지 마무리 짓지 못했으며 따라서 당시 스코틀랜드 왕위에 오른 찰스 2세가 영국으로 깊숙이 진격해 들어오는 것을 막을 수 없었다. 왕당파는 1651년 9월 3일 우스터에서 완전히 패배했고 찰스 2세가 국외로 탈출함으로써 사실상 내란이 끝났다.

크롬웰의 공화정 시기에 몇 년 간 망명 생활을 한 후 영국 왕으로 복귀하였다. 그의 뛰어난 정치적 적응력과 판단력은 나라를 이끌어 나가는 역량이 되었다.

내란의 과정에서 인명이나 재산상의 피해는 비교적 경미했다. 정치적인 측면에서 내란은 공화정(Commonwealth)과 호국경 체제(Protectorate)를 만들어냈으며 종교적인 면에서는 영국 내에서 비국교도의 전통을 성장시켰다. 또한 내전은 국민들에게 상비군에 대한 뿌리 깊은 불신감을 남겼다.

2 스트래퍼드(Earl of Strafford, 1593~1641)
영국의 귀족. 국왕 찰스 1세의 주요 고문으로 국왕의 통치권을 강화하려다 의회에서 탄핵받아 처형당했다.

3 시든스(Sarah Kemble Siddons, 1755~1831)
영국의 배우. 비극적인 역할을 소화하는 데 뛰어났다. 유랑극단을 이끌던 로저와 사라 켐블의 자녀 12명 중에 장녀로 태어났다. (시든스의 집안은 부모로부터 유명한 배우인 손녀 패니 켐블에 이르기까지 3대에 걸쳐 이름 있는 배우 가문이다.) 어렸을 때부터 무대 출연에 익숙했지만, 그녀의 어머니가 특별한 관심을 기울여 극단이 공연하고 있는 소도시의 학교에 보낸 덕택에 훌륭한 교육을 받았다. 많은 비극에서 비중 있는 역을 맡았는데, 주요 배역으로는 맥베스 부인, 이자벨라, 〈보존된 베네치아〉의 벨비데라, 〈헨리 8세〉의 캐서린, 〈존 왕〉의 콘스턴스 등이 있다. 그 중 가장 뛰어난 연기를 보인 것은 맥베스 부인 역할이었다. 시든스는 맡은 인물에 완전히 몰입해서 마치 그 인물에 홀린 것처럼 보였다. 그녀의 초상화는 토머스 게인즈버러 · 토머스 로렌스 경 · 조슈아 레이놀즈 경이 그렸는데, 레이놀즈는 자신이 그린 그림에 '비극의 뮤즈 시든스 부인'이라는 제목을 붙였다. 윌리엄 해즐릿은 그녀에 대해 "마치 신전에서 나오는 듯한 열정이 그녀의 가슴으로부터 발산되었다. 그녀는 비극의 화신이었다"라고 썼다.

17세기의 유명한 여배우 사라 시든스 레이놀즈의 모습이다.

4 버니(Fanny Burney, 1752~1840)
영국의 소설가 · 서한문학가. 음악가 찰스 버니의 딸로 풍속소설의 발달에 획기적인 역할을 한 《에벨리나 Evelina》를 썼다. 집에서 닥치는 대로 책을 읽으면서 독학했으며, 아버지의 친구이며 성공하지 못한 작가로 은퇴한 새뮤얼 크리스프가 문학 수업에 많은 영향을 미쳤다. 버니가 쓴 최초의 일기식 편지들은 크리스프에게 쓴 것으로, 데이비드 개릭·존슨 박사·에드먼드 버크·리처드 셰리든 등이 참가하는 모임을 위해 유럽의 일류 연주자들이 버니의 런던 저택에서 비공식적으로 열곤 하던 저녁 음악회를 생생하게 서술하고 있다. 그녀는 버니의 영리한 자녀들 가운데 가장 뒤처진다고 여겨졌으나, 눈에 띄지 않게 명사들 사이를 돌아다니면서 자신이 관찰한 것들을 몰래 크리스프에게 털어놓았다. 이처럼 사교계를 관찰하고 기록하는 습관에서 나온 것이 소설 《에벨리나》이다. 이 소설에서 작가는 런던의 독특한 말과 방언의 특색을 살리면서 날카로운 사회평론가의 면모를 드러냈다.

5 버크(Edmund Burke, 1729~1797)

버크는 오래 지속된 헌법 관례들·당의 이념·의원의 역할에 관한 독창적인 해설자로 꼽힌다.

영국의 정치가·정치사상가. 1765~1795년경에 크게 활약했으며, 정치사상사에서 중요한 위치를 점하고 있다. 1790년에 자코뱅주의에 반대한 《프랑스 혁명에 대한 고찰 Reflections on the Revolution in France》을 발표해 보수주의의 옹호자로 부상했다. 버크가 오랜 세월에 걸쳐 고심해서 연구했고 가장 애쓸 만한 가치가 있는 일로 꼽았던 문제는 인도 문제였다. 특허상사인 영국 동인도회사의 상업 활동은 하나의 광대한 제국을 이루어놓고 있었다. 1760~1770년대에 버크는 영국 정부가 동인도회사의 업무에 대해 간섭하는 것은 특허권의 침해라고 반대했다. 그러나 1781년에 인도에서의 법의 집행을 조사하기 위해 구성되었지만 이내 일반 분야로까지 활동 범위가 확대된 특별위원회의 위원으로 일하는 동안 동인도회사의 행정 실태에 관해 많은 것을 배웠다. 버크는 인도 정부의 부패상은 인도 정부가 손을 떼야 할 광범위한 관직 임명권이 어떤 회사나 국왕의 수중에 들어가지 않아야만 치유될 수 있다는 결론을 내렸다. 그는 1783년의 동인도법안을 기초하여 (이 법안의 명목상의 작성자는 휘그당의 정치가 찰스 제임스 헨드릭이었다) 인도의 통치를 런던에 주재하는 독립적인 판무관들로 구성된 기관에 맡겨야 한다고 제의했다. 이 법안이 부결된 후 버크의 울분은 1772~1785년까지 벵골 총독을 지낸 워런 헤이스팅스에게 쏠리게 되었다. 1787년 버크의 사주에 의해 헤이스팅스는 탄핵 소추되었으며, 버크는 서양의 권위와 합법의 규준을 동양의 행정에 적용하는 것은 불가능하다는 헤이스팅스의 주장에 도전했다. 그는 만물의 질서에 뿌리를 두고 있어 모든 인종과 인간 상황이 순응하게 되어 있는 도덕률인 자연법 개념에 호소했다. 일반적으로 헤이스팅스에 대한 무고로 간주된 그 탄핵은 (헤이스팅스는 결국 무죄방면되었다) 버크가 1782년과 1783년 두 차례 단기간 맡았던 군경리감직을 포함하여 일체의 공직에 있는 동안 내내 빠지기 쉬웠던 오류들 가운데 가장 두드러진 실례라고 할 수 있다. 그의 정치적 입지는 때로 터무니없는 견강부회와 오판으로 훼손되었다. 인도에 관한 그의 연설들은 때때로 감정과 폭언의 횡포에 빠져 자제와 균형을 상실했다. 헤이스팅스를 불구대천의 원수로 생각하고 있는 인물 가운데 한 사람인 필립 프랜시스 경의 지론에 대한 버크의 신뢰는 그가 사람의 성격을 정확히 판단하지 못한다는 사실을 입증한다. 그의 의회 활동은 때로 무책임했고 파당적이기도 했다.

6 폭스(Charles James Fox, 1749~1806)

폭스는 교양과 웅변으로 큰 영향력을 발휘했으나 변절자라는 비난을 받기도 했다.

영국의 초대 외무장관(1782, 1806)·국무장관(1783). 자유의 옹호자로 유명하나 실제로 그의 정치 경력은 성공적이지 못했으며 단조롭게 끝났다. 국왕 조지 3세와 오랫동안 반목·대립하며 정치적 반대파로 남아 있었으며 그 결과 외무장관에 재직한 기간은 1년도 채 못 되었다. 그는 의회를 조정하여 노예 매매 제도의 신속한 폐지 결의를 이끌어냈으며 1792년 명예훼손법을 제정함으로써 두 개의 중요한 개혁을 완수했다. 에드먼드 버크와 친구였던 폭스는 자연스럽게 휘그당으로 기울었고 하원에서 휘그당의 지도자로 추대되었다. 아메리카 식민주의자들과 격렬한 논쟁을 벌이면서 더욱 야당적인 성향을 띠게 된 그는 총리 노스 경의 식민지 정책이 불공정하고 탄압적이라고 믿어 식민지 정책에 매우 거세게 반대했다. 하지만 결국은 미국과의 전쟁이 영국 내에서 인기가 있음을 인정했다. 그러나 요크타운에서 콘월리스 경이 이끄는 영국 군대가 항복하는(1781) 등 날로 전세가 악화되자 노스 내각은 붕괴되고 말았다(1782). 국왕은 휘그당에 내각 구성을 요청하여 로킹엄 경이 총리, 셸번 경(랜즈다운 후작)이 식민장관을 맡았고 폭스는 이때 영국 최초의 외무장관에 올랐다. 정치가로서 그는 확실히 실패했다. 종종 편견에 사로잡혔으며 심오한 정치적 사색이 결여돼 있었다. 무엇보다도 탄압의 기미가 보이는 모든 것을 혐오했다. 다양한 식민지 문제에 대한 태도는 제국의 신민들이 더 이상 착취되어서는 안 된다는 확고한 결의를 보여주었다. 결국 그는 프랑스 혁명을 인정함으로써 에드먼드 버크와의 관계를 악화시켰다. 폭스는 개인적으로 프랑스 공화당원이 미치는 영향을 두려워했지만 이런 감정을 공개적으로 표현하지는 않았고, 전제군주와 이해를 같이해 자유의 반대자로서 프랑스 공화당과 전쟁을 벌이는 것에 반대했다. 일생동안 그는 국왕의 권력 남용을 저지하기 위해 헌신했으며 국왕의 개인적인 성향과는 무관하게 하원에서 다수를 차지하는 정당 출신을 총리로 선임해야 한다는 의견을 제시했고 결국 그 의견을 실현시켰다. 그러나 폭스는 민주주의자가 아니었으며 편향되고 인내할 수 없다고 판단되는 여론은 무시해버렸다. 그는 휘그·토리 양당의 주요 관심사인 재산 보호와 관련하여 재산이 없는 유권자가 다수인 민주 사회에서 재산이 안전할 것이라는 생각을 옹호하지 않았다. 그의 견해로는, 재산은 귀족 사회의 진정한 토대이며 어떤 국가든 정부가 그 재산을 보호할 때 가장 번영하는 것이었다. 폭스는 매우 유럽적인 감각을 가지고 있었으며, 영국은 상호 결속을 통해 유럽의 한 구성원으로서 책임을 져야 한다고 굳게 믿고 있었다. 1832년 개혁법과 같은 조치를 추진하면서 영향력이 지속된 것은 그가 광범위하고 포괄적인 견해를 가지고 있었기 때문이었다.

1780년 셰리든은 하원 의원으로 당선되어 6시간에 걸친 대연설로 명성을 떨쳤다.

17 셰리든(Richard Brinsley Sheridean, 1751~1816) 아일랜드 태생 영국의 극작가 · 흥행주 · 웅변가 · 휘그당 정치인. 풍속희극사에서 17세기 말과 19세기의 오스카 와일드를 연결하는 역할을 했다. 셰리든은 결혼한 뒤 생계 수단으로 연극을 하기 시작했고 1775년 1월 그의 희극 〈연적 *The Rivals*〉이 상연됐다. 〈험담꾼들 *The School for Scandal*〉(1777)은 그의 대표작이다. 허세와 자만심을 신랄하게 조소한 이 작품은 흔히 영국 최고의 풍속희극으로 평가된다. 1780년 9월에 스태퍼드를 대표하는 하원 의원이 되었고, 외무부 차관(1782)을 거쳐 재무장관이 되었다(1783). 말년에는 해군재무부장(1806~1807)과 추밀고문관을 지냈다. 그는 의회에서 32년 동안 여당 토리당에 대립하는 소수당인 휘그당 당원으로 일했다. 비판적 통찰력과 능숙한 언어 구사력으로 열변을 토했는데, 그 뛰어난 웅변은 실패로 돌아가기도 했지만 인도 총독 헤이스팅스를 탄핵하는 연설에서는 가장 탁월하게 발휘되었다. 셰리든은 당대에 가장 설득력 있는 웅변가로 인정을 받았지만 믿을 수 없는 계략가로 여겨졌기 때문에 의회에서 큰 정치적 영향력을 행사하지는 못했다. 이런 견해를 뒷받침하는 근거는, 조지 3세가 일시적으로 정신이상이 된 후 뒤이은 섭정 위기(1788~1789) 동안 그가 사람들이 좋아하지 않는 방종한 황태자(뒤에 조지 4세가 된다)의 고문으로 일한 데서 찾아볼 수 있다. 셰리든은 황태자가 확실한 후계자이므로 온갖 왕권을 누리며 섭정하는 것이 당연하다고 황태자를 부추겼다. 당시 이 나라에서 이것은 폭스와 그의 동료들이 정권을 잡으려고 수상 피트를 축

출하려는 움직임으로 보였다. 셰리든이 신임을 얻지 못한 또 다른 이유는 프랑스 혁명에 대한 에드먼드 버크의 뿌리 깊은 적대감에 대해 휘그당 안에서 버크와 벌인 언쟁(1791~1793)에서 그가 취한 입장 때문이었다. 셰리든은 프랑스 혁명을 지지했다는 이유로 고통당하는 사람들을 공공연하게 변호할 만한 용기가 있는 몇 안 되는 의원 가운데 한 사람이었다. 하지만 사실은 개인적인 입장을 취한 것이었다. 그는 프랑스 국민은 자신들의 정부 형태를 택할 권리가 있다고 주장하는 폭스를 지지했지만, 프랑스가 전쟁 준비를 갖추고 영국의 안전을 위협하자 폭스와 결별했다. 또한 영국 해군의 생활상에 불만을 품고 반란을 일으킨 폭도들을 비난할 때는 토리당을 지지하기도 했다(1797). 셰리든은 휘그당원이면서도 나중에 시드마우스 자작 1세가 된 수상 헨리 애딩턴이 이끄는 토리당 정부를 지지하기도 해서 폭스에게 심한 혐오감을 안겨주었다(1801~1804). 1806년 11월 셰리든은 그가 원하던 휘그당의 당수가 되지는 못했지만 폭스의 뒤를 이어 웨스트민스터 대표 의원이 되었으나 1807년 5월에 의원직을 잃었다. 그때 황태자가 일체스터의 '제한 선거구' 대표 의원직을 그에게 주었는데 두 사람은 가톨릭 해방에 대한 입장이 달랐기 때문에 황태자의 총애에 의존해야 하는 상황이 셰리든을 괴롭혔다. 가톨릭 해방을 지지하기로 결심한 그는 1812년에 다시 스태퍼드 의원 선거에 출마했으나 낙선하고 말았다.

8 존슨(Andrew Johnson, 1808~1875)
미국의 17대 대통령(1865~1869). 남북전쟁(1861~

1865) 말기에 링컨 대통령이 암살된 후 대통령으로 취임했다. 그가 관대한 남부 재건 정책들을 펴자 공화당 급진파 의원들이 그에 대해 불만을 갖고 실각시켰다. 링컨의 암살로 예기치 않게 대통령이 된 그에게 가장 골치 아픈 문제는 남부연합의 재건이었다. 패배한 남부에 대해 엄중한 조치들을 취하기를 원했던 공화당 의원들은 남부의 주들이 개혁 조치나 해방된 노예들에 대한 민권 규정들을 제정하지 않은 채 연방에 가입할 수 있도록 한 존슨의 계획에 실망했다. 의원들은 권력이 전통적인 백인 귀족의 손에 다시 돌아가고 구속이 심한 '흑인법'이 등장한 데 대하여 분노했다. 1866년 의회 선거에서 존슨은 자신의 정책들을 설명하고 변호하여 의회 내의 반대자들을 제거하려는 노력을 기울였으나 '급진주의자들'이 대통령의 거부권을 묵살하기에 충분한 다수 의석을 차지함으로써 그의 노력은 무위로 끝나고 말았다. 1867년 3월 새로 구성된 의회는 존슨의 거부권 행사에도 불구하고 흑인 투표권과 남부 주들에 대한 군사 행정 조치를 규정하는 제1차 재건법을 통과시켰다. 존슨은 법을 협의로 해석하는 방법을 통해 이 계획의 실행을 오랫동안 지체시켜 실제적으로 계획이 실패하도록 만들었다.

일부 연방관리들을 상원의 동의 없이 해직시키지 못하게 하는 '공직임기법'을 제안 당일 의회에서 통과시키자 그 후 이를 둘러싼 정치적 갈등으로 존슨은 그의 정적들의 손에 놀아난 꼴이 되고 말았다. 존슨은 무모하게 육군장관 에드윈 M. 스탠턴(그의 내각에서 급진주의자들과 제휴한 사람이다)을 해임하여 이 법안의 합헌성을 법정에서 가려보고자 했다. 이에 대응하여 하원은 미국 역사상 최초로 대통령에 대한 탄핵 조항에 대해 투표를 실시했다. 상원의 심의에서 탄핵의 근거가 약하다는 게 드러났고, 1868년 5월 16일과 26일의 최종 투표 결과 탄핵에 필요한 2/3의 찬성표 득표에서 한 표가 부족했는데 이는 일곱 명의 공화당 의원들이 존슨의 지지자들과 동조했기 때문이었다. 이러한 면책에도 불구하고 그의 정치지도자로서의 생명은 끝났다. 그러나 존슨은 테네시 주로 돌아가 1875년 사망하기 직전에 상원 의원으로 재선되었다.

9 클라이브(Robert Clive, 1725~1774)

영국의 군인·식민지 행정가로서 벵골의 초대 영국 행정관을 지냈다. 인도에 영국의 세력을 처음으로 구축한 사람들 가운데 한 사람으로 꼽힌다. 벵골 총독으로서의 첫 번째 임기 중(1755~1760) 헨드릭 전투를 승리로 이끌어 벵골의 명실상부한 일인자가 되었으며, 두 번째 임기 중(1764~1767)에는 벵골 식민지를 재정립했다. 클라이브가 정치가로서 명성을 얻은 주요 원인은 두 번째 총독 임기에 이룩한 업적에 있다. 그것은 대외 정책에서 거둔 성과와 벵골 지역에서의 정착 사업, 그리고 동인도회사의 개혁이었다. 대외 정책을 실행하는 데 있어 그는 정치가로서의 자질을 유감없이 발휘했다. 그것은 바로 어느 정도에서 자제해야 하는가를 아는 것이었다. 샤 알람 2세를 델리에 복귀시키고 인도 북부를 자기 이름으로 통치할 수도 있었지만 클라이브는 현명한 판단을 내려 벵골과 비하르에 대한 동인도회사의 간섭

플라시 전투에서 영국에 협력한 벵골 통치자 미르 자파르가 전투를 끝내고 클라이브와 회견하는 장면.

에 제한을 두었다. 또 오우드를 시라지 웃 다울라에게 반환하여 벵골과 소요가 끊이지 않는 북서부 지역의 완충지대로 삼았다. 매년 공물을 바침으로써 무굴 제국 황제의 불만을 무마했으며 벵골 정부의 세수(稅收) 관할 부처(데와네)를 동인도회사에 넘겨주었는데, 이 같은 양도는 클라이브의 두 번째 업적, 즉 벵골 정착 사업의 기조가 되었다. 이로써 동인도회사는 벵골과 비하르에 대한 합법적 징세권을 획득했고 황제에게는 매년 공물만 보내면 되었다. 데와네는 동인도회사가 임명하는 나와브의 대리인으로 구성되었다. 벵골의 나와브는 황제의 대리인 자격으로 여전히 치안행정권을 행사하고 있었으나 동인도회사의 대리인을 지명해 자신의 일을 대신하도록 했다. 이를 이른바 클라이브의 이중 체제라고 하는데, 이 체제는 동인도회사를 인도에서 가장 부유한 2개 주의 실질적인 지배자로 만들었다. 클라이브의 세 번째 업적은 동인도회사를 개혁한 것이다. 인도에 도착한 지 이틀 만에 그는 캘커타 평의회를 새로이 교체했는데 이 평의회는 그의 전임자인 헨리 밴시터트를 얕잡아보곤 했다. 클라이브는 모든 평의원들의 사표를 수리하고 마드라스에서 새로운 인물을 영입해 면모를 일신함으로써 기강을 확립했다. 회사의 모든 직원은 총독의 승인 없이 1천 루피가 넘는 값어치의 선물을 받지 않는다는 서약서에 서명해야 했다. 지나치게 성행하여 전쟁까지 야기했던 사무역(私貿易)도 금지되었다. 그러나 사무역 금지 조치는 회사 직원들의 급료가 충분치 못한데다 그 밖에 달리 생계 수단이 없었기 때문에 별 실효를 거두지 못했다. 클라이브는 소금의 전매를 관장하는 무역회사를 세우고 직원들에게 직급에 따라 주식을 배당함으로써 문제를 해결해보려고 했다. 이러한 조치는 단지 부분적인 성공을 거두는 데 그쳤지만 거의 10년 동안 벵골에서 무모하게 자행되었던 횡령과 부정이 사라지는 계기를 마련했다. 클라이브는 다른 부문에서와 마찬가지로 엄격하게 군대 문제를 다루었다. 지나치게 팽창한 군인들의 급여를 삭감했으며 불만을 품은 장교들이 반란을 일으키자 불굴의 용기를 갖고 단독으로 이에 맞섰다. 1767년 1월 그는 캘커타를 떠났다. 그의 두 번째 총독 임기는 대단한 업적을 이룩한 때이기도 했지만 한편으로 많은 적을 만들어냈다. 채텀 경이 지원하는 적극적인 그룹은 인도에서 부(富)가 유입됨으로써 영국의 공공생활에 나쁜 영향이 미치지 않을까 우려하고 있었다. 1772년 파산 위기에 처한 동인도회사가 영국 정부에 구조를 요청하자 클라이브가 구축해놓은 벵골의 정부 체제가 기대했던 것만큼 탄탄하지 않은 것으로 비쳐졌다. 의회의 두 위원회는 동인도회사 직원들의 부정을 발견했으며 이에 따라 클라이브는 부정을 총괄적으로 꾸민 인물로 공격받게 되었다. 1773년 그는 의회에서 힘 있고 확신에 찬 목소리로 자신을 변호했다. 양 떼 도둑 취급을 받는 것에 대해 불만을 제기하면서 '나의 자제심이 놀라울 따름'이라고 말했다. 그 해에 의회는 클라이브의 활약이 영국에 큰 이익을 가져다주었다고 천명했다. 이러한 승리는 그의 생애에 마지막 영광이었다. 그는 이미 건강이 악화된 상태였으며 심한 우울증에 빠져 있었다. 그러다가 1774년 11월 런던의 자택에서 스스로 목숨을 끊었다. 그는 탁월한 재능을 지녔으며 당시의 많은 사람들에 비해 절도 있는 사람이었다. 그가 이룩한 업적은 인도에 대한 영국 식민지 지배의 진정한 시작을 알리는 것이었다.

10 새커리(William Makepeace Thackeray, 1811~1863)

영국의 소설가. 나폴레옹 시대의 영국을 그린 소설《허영의 시장 *Vanity Fair*》(1847~1848)과 18세기 초를 배경으로 한《헨리 에스먼드 이야기 *The History of Henry Esmond, Esq.*》(1852)가 그의 대표작이다.

11 벵골(Bengal)

인도 대륙 북동부에 있는 지역. 대체로 벵골어를 쓰는 민족언어 집단 거주 지역과 일치한다. 오늘날에는 인도의 서벵골 주와 방글라데시 인민공화국으로 나뉘어져 있다. 북인도 지방을 통치했던 초기의 여러 왕조들 대

인도 북부를 동서로 가로질러 벵골 만으로 흘러드는 갠지스 강.

부분이 이 지역을 포함했다. 8~12세기에는 이웃 비하르에 근거를 둔 불교왕국 팔라 왕조의 지배를 받았다. 1200년경 이후에는 반독립 상태에 있던 이슬람 왕국들의 통치를 받았으며 1576년부터는 무굴 제국의 영역에 포함되었다. 18세기 들어 무굴 제국이 쇠퇴하면서 벵골·비하르·오리사 지역에 새로운 왕조가 나타났다. 벵골의 나와브로 알려진 이 통치자들은 곧 벵골 서부의 캘커타에 근거를 둔(1690) 영국과 대립하기 시작했다. 1757~1764년에 영국이 나와브들의 통치 영역을 넘겨받으면서 이 지역은 이후 인도에서 세력을 확대하려는 영국의 본거지로 이용되었다. 1773년부터는 영국 정부가 영국령 인도의 최고 행정관으로 임명한 벵골 총독(1834년부터는 '인도 총독'이라는 호칭으로 불렸다)의 지배를 받았다. 1838~1874년 사이 아삼이 벵골에 포함되었다. 1854년 인도 정부가 벵골 정부로부터 분리되었으나 캘커타는 1912년까지 인도의 수도로 남아 있었다. 1947년 영국의 통치가 끝남에 따라 서벵골·비하르·오리사는 인도 공화국의 일부가 되었고 동벵골은 파키스탄으로 넘어갔다가 1971년 방글라데시로 독립했다.

12 키플링(Rudyard Kipling, 1865~1936)
영국의 소설가·단편작가·시인. 그는 자신이 많은 시간을 보낸 남아프리카 공화국에서 최대의 다이아몬드 광산 소유주이자 정치가인 세실 로즈로부터 집을 선사받았다. 이러한 교류를 통해 키플링은 제국주의를 신봉하게 되었고, 이 태도는 해가 갈수록 더욱 강해졌다. 키플링은 모든 영국인, 더 넓게는 모든 백인이 미개한 세계의 야만적인 원주민들에게 유럽 문명을 전파해야 한다는 사명감을 갖고 있었다. 키플링의 사상은 당대의 자유주의적인 사고와 맞지 않는 부분이 많았기 때문에 나이가 들수록 점점 고립되었다.

13 무굴(Mogul)

무굴 왕조(Mughal dynasty)는 16세기 초부터 18세기 중반까지 인도의 넓은 지역을 통치했던 이슬람 왕조이다. 칭기즈 칸의 둘째 아들 차카타이와 투르크 정복자 티무르(태머레인)의 후손 바부르(1526~1530년 재위)가 무굴 왕조를 세웠다. 거의 2세기에 걸쳐 인도를 효율적으로 통치했고, 일곱 황제들이 모두 남다른 재능을 가진 능력 있는 통치자였으며, 그 행정 조직이 매우 훌륭했던 점 등으로 유명하다. 더욱 중요한 점은 힌두교도와 이슬람 교도를 융화하여 통일 인도를 만들고자 했던 점이었다. 바부르의 손자 악바르(1556~1605년 재위)는 아프가니스탄에서 벵골 만에 이르기까지, 또 남북으로는 구자라트에서 데칸까지 영토를 확장해 무굴

악바르가 만든 도시 파테푸르시크리의 사원 구역. 악바르의 구자라트 승리를 기념하며 세운 문이다.

제국의 기초를 다졌다. 무굴 제국은 악바르의 아들 자한기르(1605~1627년 재위)와 손자 샤 자한(1627~1658년 재위)까지 지속되었다. 샤 자한의 아들 아우랑제브(1658~1707년 재위)는 비자푸르와 골콘다의 이슬람 데칸 왕국을 합병했다. 무하마드 샤(1719~1748년 재위)의 재위 중에 무굴 제국은 분열되기 시작했다. 18세기 후반에는 델리 근처의 매우 좁은 지역만을 통치하게 되었는데 이 지역은 이후 마라타족(1785)과 영국(1803)의 지배를 차례로 받았다. 무굴 제국의 마지막 황제 바 하두르 샤 2세(1837~1957년 재위)는 1857년에 폭동과 반란에 연루되어 양곤으로 추방되었다.

14 군교도소(Black Hole)
1756년 6월 인도 캘커타의 토굴에 갇힌 영국 병사 146명 중 123명이 하룻밤 사이에 죽었다. 이 때문에 영어에서 'like the Black Hole of Calcutta'란 말은 '방이 무덥고 숨 막히는'이란 뜻을 갖고 있다.

15 플라시 전투(Battle of Plassey, 1757)
플라시는 바기라티 강 바로 동쪽에 있다. 1757년 로버트 클라이브가 이끄는 영국군이 벵골의 나와브 시라지 웃다울라의 군대를 물리치고 결정적인 승리를 거둔 곳이다. 벵골에 영국 교역소를 재건하기 위해 증원부대와 함께 마드라스에서 급파된 클라이브는 나와브의 장군들이 나와브를 배반한 덕에 그의 임무를 달성할 수 있었다. 플라시 전투는 영국이 본격적으로 벵골을 공략하는 계기가 되었다.

16 대륙회의(Continental Congress)

미국 독립전쟁 때의 기구로서 나중에 '미국(United States of America)'으로 발전한 여러 식민지의 대표 기구(1774~1789). 특히 이 용어는 대체로 제 1·2차 대륙회의라 일컫는 1774년 회의와 1775~1776년 회의를 가리킨다.

17 베나레스(Benares)

인도 북부 우타르프라데시 주 남동부에 있는 도시. 힌두교도들이 성스럽게 여기는 7개 도시 가운데 하나로 갠지스 강의 왼쪽 둔덕에 자리 잡고 있다.

18 라자(rajah)

인도의 왕, 왕후, 수장(首長)을 말한다.

19 오우드(Oudh)

인도 북부 우타르프라데시 주 파이자바드 행정구에 있는 도시로 가가라(옛 이름은 고그라) 강변에 있다. 1764년 영국 동인도회사에 종속되었다가 1856년 영국에 합병되었는데, 이 합병과 그로 인한 세습 토지 소유주들의 권리 상실은 1857년에 일어난 세포이 항쟁의 여러 명분 가운데 하나가 되었다.

20 고관

여기서 고관이란 바지르(wazir)를 말하는데, 그것은 고대 이란의 팔라비어인 우치르(재판관)에서 유래한 말이다. 원래는 아바스 왕조의 총리나 칼리프의 대리인을 일컫는 칭호였지만, 나중에는 아랍·페르시아·터키·몽골을 비롯한 동양 민족들이 세운 이슬람 국가의 고관(高官)을 가리키게 되었다.

21 매콜리(Thomas Babington Macaulay, 1800~1859)
영국 휘그당의 정치가·수필가·시인·역사가. 그가 쓴 유명한 《영국사 *History of England*》(5권, 1849~1861)는 1688~1702년의 영국을 다루고 있으며 이른바 '휘그식 역사 해석'의 창시자로서 그의 위치를 굳힌 책이다. 1857년 귀족이 되었다.

짧막한 문장에 명료하고 단호하며 건조한 매콜리의 문체는 반세기 동안 고급 신문·잡지와 해설적 논문의 영어 문체를 특징지었다.

유럽 근대사의 흐름을 바꾼 나일 강 해전

어널 브래드포드(Ernle Bradford)

어널 브래드포드에 따르면, 넬슨이 나일 강 하구 아부키르 만에서 프랑스 함대에 대해 거둔 승리는 어떤 의미에서 그 후 트라팔가르 전투의 승리(1805)보다 더욱 중요한 것이었다. 나일 강 해전*은 나폴레옹이 경험한 최초의 패배이자 프랑스의 지배권에 대한 저항의 자극제 역할을 했으며, 프랑스가 이집트에서 펼친 모험에 마침내 종지부를 찍었다. 이 전투는 나폴레옹의 동방 정복의 꿈을 좌절시킴으로써 유럽사의 전개 과정을 근본적으로 바꿔놓은 것이다.

레판토 해전은 갤리선과 갈레아스선에 의해 치러진 전투로서, 병사들이 적함에 올라가 육상 전투에서처럼 육박전을 벌였다. 이에 비해 나일 강 해전은 거대한 함대 간 전투로서 전함 좌우현의 대포가 불을 뿜은 함포전이었다.

이 글은 어널 브래드포드의 《지중해: 바다의 초상 Mediterranean: Portrait of a Sea》에서 발췌한 것으로서, 넬슨이 거둔 최초의 대승에서 어떤 전술이 구사되었는지, 그리고 내포 포좌에서의 활약상이 어떠했는지를 생생한 필치로 보여주고 있다.

레비아단과 베헤못의 대결

1792년에서 1815년까지 이어진 프랑스 혁명 전쟁과 나폴레옹 전쟁의 무대는 유럽 내륙, 대서양, 그리고 지중해였다. 나폴레옹에게 재앙이 닥친 것은 지중해에서였다. 나폴레옹의 이집트 원정대는 나일 전투에서 함대 전부를 잃었다. 대륙에서는 프랑스 국민의 혁명 열정이 들불처럼 확산되면서 유럽의 거의 모든 나라들을 상대했던 데 비해, 바다에서의 충돌은 주로 영국과 프랑스 두 나라 사이에서만 있었다. 물론 궁극적으로 나폴레옹의 야심은 워털루 들판에서 끝나고 말았다. 그러나 바다에서 전개된 투쟁은 단지 이 전쟁의 결과뿐만 아니라 다음 세기의 역사 흐름까지도 결정지었다는 점에서 중대한 의미를 갖는다.

고대 세계에서 카르타고와 로마 사이에 치러졌던 전쟁—포에니 전쟁—이 그러했듯이, 이 전부는 레비아단[1]과 베헤못[2] 사이의 대결이었다. 다시 말해서 해상 제국과 육상 제국 사이의 대결, 상업국가

◀ 터너가 그린 3층 갑판선(three-decker)의 위용. 웅장한 전함에 식량을 공급하고 있는 광경이다.

와 농업국가 사이의 투쟁이었다. 그러나 나일 전투는 과거 카르타고와 로마 사이의 전쟁과는 상반된 양상으로 종결되었다. 영국은 카르타고와는 달리 자국의 생존이 해상 지배에 달려 있다는 사실을 결코 잊지 않았기 때문이다. 군사령관이자 입법자이자 정치가였던 나폴레옹은 고대 로마인이 그랬듯이 바다를 끔찍하게 싫어했다. 반면 넬슨 경[3]은 바다에선 능수능란했으나 육지에 오르기만 하면 비틀거렸다.

지브롤터 해협에서 레반트(동부 지중해 연안)에 이르기까지 지중해를 누비는 전열함[4]을 보라. 그 배는 비스케이 만[5]의 성난 파도를 헤치고 솟구쳐 오르며 위풍당당하게 우리에게 다가온다. 지중해의 전쟁터로 향하는 그 배는 바닷새만큼이나 아름다우며 자신감에 차 있다. 영국 해군이건 프랑스 해군이건 선박의 구조에는 별 차이가 없었다. 하지만 선박 설계나 인력 배치는 대개 프랑스 쪽이 우월했으며 조선기사(造船技士) 역시 프랑스가 단연 앞섰다. 프랑스군은 자국 어부들에게 각별한 관심을 기울여, 해군 예비부대에 준하는 교육 훈련을 받도록 했다. 반면 영국 해군은 강제 징집병이었다. 머핸 제독[6]이 말한 '저 멀리 파도에 휩쓸린 함선들, 육지의 대군은 보이지 않고 항상 육군과 세계 지배권 사이에 서 있는 함선들'에 배치할 선원을 영국군은 강제 징집으로 충당했던 것이다.

전열함 빅토리 호의 위용

프랑스 혁명 및 나폴레옹 전쟁 시대의 지중해에는 역사상 가장 유명한 전함인 영국 해군의 빅토리 호가 유유히 항해하고 있었다. 이 군함은 증기선이 등장하기 이전 바다를 지배했던 대표적인 전열함으로, 이 함선과 함상 생활에 대해 알아두면 18세기 말과 19세기 초의 몇몇 역사적 사건들의 배경을 이해하는 데 큰 도움이 된다. 켄트

주 채텀[7]의 해군공창에서 1765년에 진수된 빅토리 호는 다섯 번째로 '빅토리'라는 이름을 가진 영국 전함이었다. 첫 번째 빅토리 호는 1588년 무적함대를 격파한 호킨스 경[8]의 기함(旗艦)이었다. 엘리자베스 시대의 갈레온선은 배수량이 560톤이었지만, 대형 전열함의 표본이라 할 이 신형 빅토리 호는 2,162톤으로 등록되었다. (그러나 실제 배수량은 약 3천 5백 톤에 달할 것으로 추산된다.)

작가 새커리는 "빅토리 호의 골조(骨組)는 영국인이 숭배하는 성스러운 유골"이라고 말했다. 실제로 이 배는 영국산 오크와 느릅나무로 만들어졌고, 선체의 두께는 2피트 이상이었다. 선미재(船尾材)로는 한 그루의 거대한 오크나무가 사용되었고, 선박 건조에 사용된 목재 대부분은 수령(樹齡)이 백 년 이상 된 것이었다. 길이 150피트(약 50m)가 넘는 용골(龍骨)에는 티크나무가 사용되었는데, 그것은 지구상에서 가장 견고하고 방충 효과가 가장 큰 나무였다. 이 용골은 느릅나무로 만든 가용골(假龍骨)의 보호를 받았다. 선박의 조임 장치로는 오크나무 못과 길이가 6피트(약 180cm)에 지름이 2인치(약 5cm)에 달하는 구리 볼트가 사용되었다. 선박 건조에 사용된 재료나 선체의 무게 면에서 빅토리 호의 규모는 과거 지중해 지역의 선박 건조자들이 상상도 할 수 없는 어마어마한 것이었다.

빅토리 호의 승무원 정원은 850명이 넘었고, 4개월 간 해상 체류가 가능한 물과 식량을 실을 수 있었다. 또한 이 배에는—대규모 전투가 없을 경우—3년 간 사용할 수 있는 화약과 포탄이 적재되어 있었다. 이 거대한 범선의 가장 두드러진 특징은 엄청난 무게의 금속 장갑(裝甲)을 두르고 있었다는 점이다. 이 시기에 이르면 선박 좌우현의 견고성이 해전의 승패뿐만 아니라 나아가 제국의 흥망까지도 결정짓는다는 사실이 충분히 인지되고 있었기 때문이다. 빅토리 호 같은 배는 포열이 3층으로 되어 있었기 때문에 흔히 3층 갑판선으로 알려져 있었다. (당시의 전함들은 7등급으로 분류되고 있었다.) 이런 종류의 군함은 사실상 물 위를 떠다니는 포좌(砲座)와 다를 바 없었다. 아래층에는 가장 무거운 32파운드 포, 중간층에는 24파운드 포, 그리고 위층에는 12파운드 포가 각각 배치되었다.

'일제 포격(broadside)'—이에 대해서는 역사책이나 소설에서 많이 언급되고 있다—이란 용어는 선박의 한쪽 측면에 있는 모든 대포가 일제히 발포한다는 의미가 아니다. 선박들이 견고했다고는 하나 그런 충격을 견딜 수는 없었다. 앞에서 뒤쪽으로 차례차례 한 발씩 발포되는 이른바 '연속 발포(ripple firing)'가 일제 포격의 실제 상황이었다. 뒤쪽 대포들이 발포될 무렵 앞쪽 대포들은 일제히 재장전되어 다시 '일제 포격'을 준비했다. 맨 위층의 대포들은 적함의 마스트와 장비를 공격했고, 아래 두 층은 적함의 측면을 박살냈다. 때로 몇 시간씩이나 지속되곤 했던 이런 식의 교전은 해전사상 가장 잔인하고도 무시무시한 것이었다.

선원들의 고달픈 생활

고대부터 이 무렵까지 지중해의 갤리선에 탑승한 선원들이 어떤 근무 조건에서 복무했는지에 대해서 많은 이야기들이 떠돌고 있다. 영어에서 '갤리선 노예 같은(like a galley slave)'이란 표현은 '견딜 수 없는 고생살이'를 의미한다. 이 거대한 전열함에 탄 선원들은 명목상 자유인이었다. 그러나 그들은 갤리선 노예 못지않게 고생스럽게 지냈다. 당시 선원들 사이에 나돌던 "나무배[木船]는 철인(鐵人)을 필요로 한다"는 말은 이런 의미에서 조금도 과장이 아니었다.

빅토리 호가 속한 함대에 편성되어 해외로 파병된 수많은 영국 선원들은 강제 징집된 병사들이었다. 부랑자처리법은 '모든 평판 나쁜 사람들(사창가를 드나드는 사람은 물론이고, 여인숙 투숙객, 또는 어촌을 얌전히 걷는 사람까지)'을 징용할 수 있도록 규정해놓고 있었다. 그

노를 주 동력으로 삼는 갤리선은 기동력이 뛰어났으나 새로 발명된 신무기인 대포를 탑재하기에는 벅찼다. 그래서 갤리선을 대신하여 돛을 많이 장착한 갈레온선이 새 군함으로 각광을 받았다. 그림은 왼쪽의 갤리선을 오른쪽의 갈레온선이 공격하는 모습이다.

러므로 어부, 상선 승무원, 수로 관리인, 뱃사공 등은 운 나쁘게 강제 징모대(徵募隊)에게 걸리면 얼마든지 함대 선원으로 징발될 수 있었다. 이렇듯 군함 승무원 대부분이 강제 징집되었던 까닭에 해상에서의 규율은 지극히 엄격해야만 했다. 나폴레옹 전쟁 시기에 영국 해군에 징집된 영국 시민들은 제대로 옷도 입지 못한 채 마구잡이로 혹사당했으며 대부분이 마지못해 끌려온 선원들이었다.

우리는 이 시기에 출간된 《해상 경제 Nautical Economy》—이 책에는 '지난 전쟁 기간의 사건들에 대한 갑판 회상: 해군장교들이 잭 내스티 페이스(Jack Nasty-Face)라고 불렀던 한 선원이 영국의 용감한 선원들에게 헌정함'이란 긴 부제가 붙어 있다—라는 책을 통해 선원 생활의 일단을 들여다볼 수 있다. 이 책의 저자인 선원 '잭'은 지극히 비참한 처지에 놓여 있던 사람이지만, 그렇다고 해서 그 설명의 진실성을 부인할 근거는 없다. 다른 수많은 사람들이 그 내용의 진실성을 입증해주고 있기 때문이다. 그는 이렇게 썼다.

"나는 아홉 척의 전열함으로 편성된 함대에 소속되어 있었다. 함대에서 인간성이 좋은 선장은 둘밖에 없었다. 두 선장은 다른 일곱 명의 선장들과는 달리, 갑판장과 그 조수에게 불필요하게 자주 의지하지 않고서도 배 안의 질서를 잡을 수 있었다. 그 결과는 어떠했는가? 두 배는 돛을 감고 바람을 거스르며 거침없이 항해했다. 두 배의 선원들은 두려운 것이 없었다. 정당한 이유 없이 처벌받지 않으리라는 것을 잘 알고 있었기 때문이다."

잭은 이어 '폭풍우 몰아치는 전함' 안에서 널리 행해지는 처벌 방식에 대해 말한다.

"옷을 벗겨놓은 다음 아홉 가닥으로 된 채찍으로 등을 후려친다. 갑판장의 조수 한 명이 여섯 대쯤 때리고 난 뒤 다른 조수가 교대하여 채찍질을 한다. 이런 식으로 해서 죄수는 약 25대를 맞는다. (…) 그는 이 배에서 저 배로 끌려 다니면서, 정해진 형량이 다 채워질 때까지 각각의 배에서 비슷한 수만큼 매질을 당한다. 그의 등은 썩은 간(肝) 모양이 되고, 채찍을 후려칠 때마다 엉겨 붙은 피가 튄다. 갑판장의 조수들은 제대로 매질을 하는지 철저히 감시당한다. 조수들은 매질이 한차례 가해질 때마다 매번 채찍을 훑어 내린다. 그러면 손가락 사이로는 피가 줄줄 흐른다. 배에 탄 선원들은 위법을 저질렀을 경우 이런 식으로 갖가지 처벌을 받는다. 특히 탈영을 시도한 징집 선원들이 이런 처벌을 받았다."

폭풍우가 몰아치는 가운데 범포(帆布)와 불 뿜는 대포 속에서 빅토리 호를 움직인 인간 병기들의 세계는 이런 것이었다. 고래작살 아래로 대양의 녹색 물결을 지그시 누르며 비스케이 만의 험한 파도를 헤치고 트라팔가르 곶을 향해 힘차게 미끄러져 나아간 이 전함은, 그러나 겉보기에는 마냥 아름답기만 했다.

공정한 지휘관 넬슨

넬슨은 부하 선원들의 근무 여건을 개선해주고자 했던 사령관 중 한 사람이었다. 당시로서는 흔치 않은 지휘관이었다. 그는 잭이 언급했던, 갑판장과 그 조수에게 불필요하게 자주 의지하지 않고도 배 안의 질서를 잡을 수 있었던 두 명의 선장 중 한 사람이었을 것이다. 넬슨은 천부적 항해자였고 동시에 감수성이 예민한 사람이었다. 수 세기 전에 활약했던 드레이크[9]와 마찬가지로, 그는 뱃사람이 다른 모든 사람과 마찬가지로 공정하고도 합당한 대우를 받을 자격이 있다는 것을 잘 알고 있었다. 그의 휘하 선장들—넬슨은 그들을 자신의

'형제단(Band of Brothers)'이라고 불렀다—은 항상 그를 본받으려고 노력했고, 넬슨은 영국 선원들의 처우를 개선하는 데 커다란 기여를 했다.

선원들의 식사는 매우 간소했다. 아침 식사는 통상 거친 귀리에 물을 넣고 끓인 오트밀이었다. '스카치 커피(Scotch Coffee)'도 나왔는데, 이것은 태운 빵을 물에 넣고 끓인 다음 설탕으로 단맛을 낸 것이었다. '하루 중 가장 즐거운 시간'인 점심 때에는 모든 선원들이 음료 1파인트[10]—즉 럼주 1질(gill)과 물 3질—를 받았고, 설탕을 넣은 레몬수를 추가로 받았다. 점심 식사로는 콩가루 푸딩과 소금에 절인 쇠고기나 돼지고기를 먹었다. 저녁 식사 때는 포도주 반 파인트나 그로그[11] 1파인트가 배급되었고, 여기에 비스킷 · 치즈 · 버터가 곁들여졌다. 바다에서의 생활은 몹시 고생스러웠을 것이고 강도 높은 훈련을 받았을 것이다. 그러나 그들의 식사는 대체로 당시의 시골 노동자들에 비해서는 양호한 편이었다. 게다가 선원들에게는 언제나 상금을 타서 돈을 벌 기회가 있었다.

함상에서의 전투

전함 전체는 오로지 대포 발사를 위해 존재했다. 선원들은 대포를 조준하고, 화약 냄새를 맡고, 조작하고, 발사하는 데 목숨을 걸었다. 빅토리 호의 진면목은 전투에 돌입하는 순간 드러났다. 전투가 개시되면 제독이 집무하는 비교적 품위 있는 구역도 예외 없이 비상 체제에 들어갔다. 가구와 선구(船具)를 끌어내려 흘수선 아래 중부 선창(main hold)으로 보냈던 것이다. 대부분의 선원들이 잠을 자는 하갑판(lower deck)에서는 침대로 쓰는 해먹을 일제히 위로 들어 올려 현장(舷墻)에 나란히 동여맸다. 날아드는 포탄 파편과 적의 사수(射手)가 쏘는 총알로부터 아군을 보호하기 위해서였다. (선원들의 상당

수는 적의 포탄을 맞은 갑판과 현측(舷側)에서 튄 나무 파편을 맞고 죽거나 다쳤다.)

총을 든 선원들은 웃통을 벗어젖히고 수건으로 이마와 귀를 동여맸다. 눈에 땀이 들어가지 않도록 하고, 또 천둥 같은 총소리로부터 귀를 보호하기 위해서였다. 선원들은 배에서 맨발로 다녔다. 갑판은 화재 위험에 대비하여 바닷물로 씻겨져 있었고, 선원들의 미끄럼 방지를 위해 모래가 뿌려져 있었다. 전투 후 중상자와 사망자는 아무런 장례 의식 없이 배 밖으로 내던져졌다. 선의(船醫)의 처치로 회생이 가능한 부상자는 최하 갑판(orlop deck) 후부의 사관실로 보내졌다. 이 구역은 붉은색으로 칠해져 있었다. 부상자들이 자신들이 얼마나 피를 흘렸는지 알아보지 못하게 하기 위한 조치였다. 마취제가 없어서, 수술은 환자를 기절시키거나 또는 브랜디나 럼주를 마구 먹여 취하게 한 다음 시행했다. 간호보조원은 억센 힘으로 부상자를 찍어 누르곤 했다. 선박의 이음새를 메우는 역청(瀝靑)은 신체의 절단 부위를 밀봉하는 데 활용되었고, 화약·소금·브랜디·럼주 등은 원시적인 방부제로 이용되었다.

장교들도 운 나쁘게 부상을 당하면 결코 부하들보다 더 나은 처우를 기대할 수 없었다. 넬슨은 일생 동안 전투를 치르는 과정에서 한쪽 팔과 한쪽 눈을 잃었는데, 그 역시 말단 선원이 받는 것 이상의 치료를 받을 수 없었다. 그것은 혹독한 삶이었으며, 뱃사람들은 성격이 거칠어질 수밖에 없었다. 그러나 그들이 무감각하지만은 않았다는 사실은 누구보다도 넬슨에 의해 입증된다. 바다 생활에는 항상 응분의 보상이 있었다. 많은 선원들은 거친 외관과는 달리 시적인 감성을 지니고 있었다. 한 지휘관은 아내에게 쓴 편지에서 이렇게 말했다. "나는 분명 땅의 열매를 잃었소. 하지만 나는 바다의 열매를 모으는 중이오."

젊은 지휘관 넬슨

영국군은 바다에서는 강했으나 육지에서는 약했다. 프랑스 혁명전쟁은 여러 해를 끌었고, 1793년에는 지중해가 전쟁의 중심 무대로 부각되었다. 영국의 젊은 해군지휘관 호레이쇼 넬슨(Horatio Nelson)은 5년 동안 '바닷가'에 머물다가 새로운 해상 임무를 부여받았다. 그는 아내에게 이렇게 편지를 썼다.

"해군본부는 내게 미소를 보냈소. 그런데 나는 정말이지 본부 측이 낯을 찡그린 것만큼이나 놀랐다오. 어제 채텀 경(Lord Chatham)은 여태껏 내게 전함을 주지 않은 것에 대해 이런 저런 변명을 했소. 그리고 말하기를, 내가 64포 전열함을 타겠다고 결심만 하면 배가 준비되는 대로 배치해주겠다고 했소. 그리고 그가 손을 쓸 수만 있다면 나는 74포 전열함으로도 이동할 수 있을 것이오. 모든 것이 전쟁 상황이라오. 브레스트[12]로 향한 우리 함선들 중 하나는 포격을 당했소."

넬슨이 함장으로 임명된 64포 전열함의 이름은 '아가멤논'이었다. 그것은 지중해에 썩 잘 어울리는 이름이었다. 아가멤논 호는 사령관 후드 제독(Admiral Hood)의 지휘 아래 즉각 지중해로 파견되었다. 프랑스 왕당파의 지원을 받은 영국 함대는 툴롱[13]의 대규모 항구 겸 해군기지를 함락하는 등 즉각적인 성공을 거두었다. 그러나 이 기지는 이내 프랑스 혁명군에게 다시 함락되고 말았는데, 혁명군 장교들 중에는 나폴레옹 보나파르트(Napoleon Bonaparte, 1769~1821)라는 젊은 포병사령관이 있었다. 이듬해인 1794년 코르시카(Corsica)의 칼비(Calvi)를 포위 공격하던 중에 넬슨은 오른쪽 눈을 잃었다. 자신이 소속된 포대 부근에 프랑스 수비대로부터 날아온 포탄이 떨어져, 포탄에 튀긴 모래와 파편 덩어리가 그의 얼굴을 후려친 것이다.

이 무렵은 나중에 그가 말했듯이 '지중해의 늙은 사내'가 되는 법을 배우던 기간이었다. 이 시기에 그가 맡았던 임무는 프랑스 해안, 코르시카와 사르디니아, 또는 시칠리아 서쪽의 길게 뻗은 바다에 근무하던 수십 명의 다른 함장들과 비슷한 것이었다. 그는 영국 수송 선단 보호와 밀수선 색출 임무를 수행했고, 때로 적과의 우발적인 충돌을 겪기도 했다. 그러나 선원들의 생활이란 대체로 바다에서의 길고도 지루한 나날을 버티고 견디는 것이었다. 배 바닥은 뜨뜻한 바닷물로 더럽혀졌고, 햇볕에 노출된 밧줄과 돛은 나른한 계절 속에 낡아 해지거나 이 해역에 흔히 불던 격렬한 폭풍에 날아가버렸다. 치열한 교전 끝에 64포함 아가멤논 호로 84포함 카이라(Ca Ira) 호를 나포하는 혁혁한 공을 세운 후, 넬슨은 아내에게 이렇게 편지를 썼다.

"나는 제독이 되어 영국 함대를 지휘하고 싶소. 나는 머지않아 큰 공을 세우거나 파멸될 것이오. 나의 기질은 뜨뜻미지근하거나 느릿느릿한 조치에는 맞지 않소."

알렉산드로스를 꿈꾼 나폴레옹

'뜨뜻미지근하거나 느릿느릿한 조치'에 맞지 않는 기질을 가진 인물이 또 하나 있었다. 그는 위대한 코르시카인으로서 프랑스 혁명을 전 유럽과 동방에 확산시킬 인물이었다. 26세의 나이에 보나파르트는 이미 장군이었다. 그는 약 4만 명의 굶주린 병력을 이끌고 이탈리아로 진입했다. 그의 병사들은 혁명의 열정이 그들 내면에 불붙여 놓은 사기와 활력을 제외하고 모든 것이 부족했다. 2천 년 전 한니발이 했던 말을 빌려 그는 병사들에게 이렇게 말했다.

"여러분은 굶주리고 헐벗었다. (…) 나는 여러분을 세계에서 가장 비옥한 들판으로 인도하려 한다. 여러분 앞에는 거대한 도시들과 풍요로운 땅이 펼쳐져 있다. 그곳에서 우리는 명예와 영광과 부를 발견하게 될 것이다."

그의 약속은 곧 실현되었다. 이탈리아인들은 나폴레옹을 오스트리아의 지배자로부터 자신들을 해방시켜준 인물로 찬양했다. 전 유럽의 인민들은 군주제와 봉건제의 낡은 가죽부대를 터뜨려버린 프랑스 혁명의 새로운 사상을 환영했다. 차르 체제하의 러시아가 적대적인 입장에 선 것은 당연한 일이었다. 한편 영국은 나폴레옹에 의해 통합된 유럽이 자국 안전에 가져다줄 위협과 해외 영토에 대한 위협을 우려했다. 이미 아메리카의 식민지 13주를 상실한 영국이 가장 큰 관심을 가진 것은 인도였다. 그리고 나폴레옹 또한 그 방면을 주시하고 있었다. 이탈리아를 넘어서면 이집트로 가는 해상 통로를 얻을 수 있고, 이집트를 장악하면 그 너머에는 동방의 온갖 풍요로움이 탐스럽게 놓여 있었던 것이다.

나폴레옹은 역사상 모든 위대한 인물들이 품었던 꿈을 자신의 사명으로 삼고 있었다. 그는 무엇보다도 고대 로마 제국을 재건할 비전을 품고 있었다. 지중해 전역·이탈리아·에스파냐·이집트, 그리고 레반트 국가들은 프랑스의 지배 아래 하나의 정치적 단위로 통합되어야만 했다. 나폴레옹은 이 새로운 제국의 황제를 자처했을 뿐 아니라, 한 걸음 더 나아가 알렉산드로스가 되고자 했다. 위대한 마케도니아인이 그러했듯이 그는 통일된 지중해 세계 너머의 동쪽 지역을 겨냥했고, 영국인들은 나폴레옹의 이런 야망 때문에 바짝 긴장하지 않을 수 없었다. 나폴레옹이 자신의 행동 범위를 유럽 대륙에 국한시켰더라면, 영국인들은 썩 내키지는 않았겠지만 아마도 나폴레옹 제국을 '기정 사실(fait accompli)'로 받아들였을 것이다. 그러나

나폴레옹의 이집트 상륙.

그들은 인도에 대한 위협을 결코 용납할 수 없었다.

이탈리아가 프랑스를 따라 공화국으로 전환되자 나폴레옹은 프랑스 남부의 섬들로 눈길을 돌렸다. 그는 그 섬들을 동방으로 진출하는 디딤돌로 간주했다. 시칠리아는 비옥하고 풍요로웠지만 영국 해군이 보유한 빛바랜 돛과 오크나무 선체, 32파운드 포 등으로 인해 점령할 수 없었다. 그러므로 나폴레옹은 과거 많은 전략가들이 그랬던 것처럼 시칠리아 남쪽의 몰타(Malta) 섬을 주시했다. 이 섬은 지중해 지배를 담보하는 완벽한 거점 항구였다. 그러나 그가 그 방면으로 진출한 것은 여러 해가 지난 뒤의 일이었다. 이 시기에 프랑스군은 육지에서 연전연승을 거두었고, 같은 시기에 영국군은 바다에서 프랑스군을 봉쇄하기 위해 안간힘을 쓰고 있었다. 그러나 1796년 후반에 이르면 지중해에서 영국군이 우월한 지위를 유지하는 것이—적어도 일시적으로는—불가능해졌다. 유럽 대륙의 지배자인 프랑스군이 바다에 함대를 세 대나 띄우고 있다는 것은—하나는 지중해에, 다른 하나는 지브롤터와 포르투갈(당시 영국의 유일한 동맹국)에, 그리고 세 번째 함대는 해협 서쪽 입구에—영국에 대한 중대한 위협이 아닐 수 없었다.

넬슨의 부상

영국군은 안전이 확보된 그들의 유일한 요새이자 해상 관문 통제 요충지인 지브롤터로 철수했다. 이런 일이 있은 얼마 후 넬슨(그는 이미 제독이 되어 있었다)은 카나리아 군도의 테네리페[14]를 공격하다 작전에 실패했으며, 이 전투에서 포도탄[15]에 맞아 오른쪽 팔꿈치가 손상되는 부상을 당했고, 기함(旗艦)으로 돌아와 팔을 절단해야만 했다. 그는 군인으로서의 삶이 끝장났으며 이제 은퇴할 일만 남았다고 생각했다.

넬슨이 바스 기사단의 성장(星章)을 착용하고 있다. 나일 강 전투 수개월 전 애벗(Lemuel Abbott)이 그린 초상화이다.

그는 자신이 증오해 마지않는 프랑스군을 상대로 더 이상 영국군 함대를 지휘할 수 없을 것이라고 믿어 의심치 않았다. 기이한 것은, 넬슨이 에스파냐에 대해서는 나쁜 감정을 갖지 않았던 것으로 보인다는 사실이다. 그는 종종 그들에 대해 찬탄하기도 했다. 그러나 프랑스인과 그들이 추구하는 모든 것에 대해서는 혐오감을 표출했다. 보수적 기질을 가진 넬슨은 프랑스인이 지향하는 모든 것이 법과 질서와 품위를 파괴하는 것이라고 생각했던 것이다.

그는 이 무렵 총사령관 세인트 빈센트 백작(Earl St. Vincent)에게 이렇게 썼다.

"저는 동료들에게 짐이 되고 조국에도 쓸모가 없게 되었습니다. 당신의 명령을 이행하지 못하게 되어 저는 죽은 자와 다름없게 되었습니다. 이제 물러나서 더 이상 나타나지 않겠습니다."

빈센트 백작은 이렇게 답했다.

"인간은 성공을 마음대로 통제할 수 없다네. 귀관과 동료들은 일찍이 들어보지 못한 최고의 영웅적 분투와 인내력을 보여주었고, 분명 승자의 자질을 갖추고 있다네."

나폴레옹의 몰타 함락

한편 나폴레옹은 프랑스 함대가 계획처럼 대규모로 영국을 침공할 수 없음을 알게 되었다. 오만한 섬나라를 대대적 침공으로 혼내주는 것은 여전히 프랑스 공화국의 꿈이었으나, 나폴레옹은 현명하게도 그 일을 미루어야 한다는 것을 알고 있었다. 프랑스군의 단기 목표는 인도를 공략하기 위해 동방에 타격을 가하는 것이어야 했다.

이 목적을 달성하기 위해 가능한 한 신속히 지중해에 대규모 함대와 육군이 편성되어야만 했다. 그는 파리의 집정부(Directoire)에 자신의 계획을 이렇게 설명했다.

"이집트에서 입지를 확보하고 프랑스 식민지를 건설하는 데는 여러 달이 소요될 것입니다. 그러나 영국이 인도의 안전에 불안감을 느끼는 즉시, 본인은 파리로 귀환하여 적에게 치명타를 가하겠습니다. 그 사이에는 두려울 것이 아무것도 없습니다. 유럽은 잠잠합니다. 오스트리아는 공격할 수 없습니다. 영국은 침공에 대비하느라 겨를이 없습니다. 투르크는 맘루크[16]의 추방을 환영할 것입니다."

1798년에 시행된 이 대원정의 목표는 어마어마한 것이었다. 나폴레옹은 정부의 지원으로 이집트를 점령하고, 동부 지중해에서 영국의 지배권을 빼앗았으며, 지중해로 진출하는 과정에서 몰타 섬을 장악했다. 마침내 그는 수에즈 지협을 장악했고, 이로써 프랑스는 홍해와 그 너머의 인도에까지 진출할 수 있게 되었다. 나폴레옹의 야심은 여기에서 그치지 않았다. 그는 동부 지중해 전체를 정복한 후 다시 투르크를 휩쓸어 오스만 제국을 분쇄함으로써 유럽을 완벽하게 포위한다는 원대한 포부를 갖고 있었다. 프랑스의 주도로 부활한 위대한 '로마 제국'은 고대 로마 제국에 속했던 지중해 전역에 더하여, 한때 알렉산드로스가 지배했던 영역 전체—여기에 영국이 점유한 광대한 인도 영토까지—를 포함하게 될 것이었다. 나폴레옹에 대한 평가가 어떤 방식으로 이루어지든 그가 어마어마한 야심가였다는 점만은 부인할 길이 없다. 그러므로 세계 역사에 등장한 다른 어떤 정복자들의 꿈도 나폴레옹과 비교하면 빛이 바랠 수밖에 없다.

함대와 선원들은 서서히 마르세유(Marseilles)·툴롱·제노바

(Genova)·시비타베치아(Civitavecchia), 그리고 나폴레옹의 고향인 코르시카에 집결했다. 3만 명의 보병이 대모험을 위해 출항했다. 여기에 전문적인 공병중대와 지뢰공병들, 그리고 1백 기가 넘는 야포와 공성포(攻城砲)가 합류했다. 함대는 최종적으로 전열함 13척, 몇 척의 포함, 프리깃함 7척, 그리고 수송선 약 3백 척으로 구성되었다. 막강한 무적의 함대이긴 했지만, 수송선이 보호 임무를 띤 전투함 수에 비해 터무니없이 많았다. 만일 이 함대가 넬슨이나 영국의 다른 제독과 마주치게 될 경우 전멸을 면치 못하리라는 것은 분명했다.

이 함대가 과거 지중해를 건넌 다른 함대들과 다른 점이 있다면, 침공 임무를 수행할 병사들뿐 아니라 일군의 학자들—프랑스 최고의 석학들—을 대동했다는 사실이었다. 수백 권의 서적과 각종 과학 장비를 갖춘 150명이 넘는 민간인 학자들은 나일 계곡의 숨겨진 비밀을 탐색하는 동시에 프랑스 문화를 동부 지중해에 전파할 계획이었다. 알렉산드로스조차도 지중해 양안(兩岸)의 이질적인 두 문화를 이렇게 의도적으로 상호 교류할 계획을 세운 적이 없었다.

5월 19일 마침내 원정대는 툴롱을 출항했다. 경계를 늦추지 않던 영국군을 피할 수 있었던 것은 어디까지나 운이 좋았기 때문이었다. 넬슨이 나중에 말했듯이 '악마의 자식들은 악마의 운을 가지고' 있었다. 6월 9일 몰타가 시야에 들어오자 나폴레옹은 즉각 육지에 메시지를 보내, 함대의 그랜드 하버(Grand Harbor) 입항 허용을 요청했다. 십자군의 후예인 예루살렘의 성 요한네스 구호기사단[17]은 오래전부터 쇠락해 있었고, 많은 기사들이 사실상 프랑스와 동맹 관계에 있었다. 몰타의 방어 시설은 포위 공격을 여러 달 동안 버틸 수 있는 상황이었지만 불과 사흘 만에 함락되고 말았다. 지난 250년 동안 유럽 남부를 지키던 몰타의 기사들은 갑작스럽게 고향에서 쫓겨나는 신세가 되고 말았다.

넬슨의 추적

나폴레옹은 원정 성과에 만족했다. 한편 넬슨은 나폴리에 도착했고, 그곳에서 프랑스군이 몰타에 상륙했다는 소문을 들었다. 그가 이끈 전열함대는 프랑스군을 맹렬히 추적하여 시칠리아 동부 해안에 당도했지만, 지나던 상선 선장으로부터 나폴레옹이 몰타를 함락한 후 이미 어딘가로 떠났다는 말만을 전해 들었다. 넬슨은 나폴레옹 함대가 이집트로 향했으리라고 정확하게 예측하고, 알렉산드리아로 향했다. 때마침 불어준 북서풍은 그의 함대가 남동쪽으로 항해하는 것을 도와주었다. 넬슨은 시칠리아를 떠난 지 6일 후인 6월 28일 알렉산드리아 항구에 도착했다. 그러나 그곳에서 그는 실망스럽게도 어디에도 프랑스 전함이 보이지 않는다는 보고를 받았다. 머핸 제독은 이렇게 말했다.

"지극히 정력적이고 직관력을 갖춘 지휘관이 범한 이 커다란 실책의 첫 번째 원인은 소형 척후선을 보유하고 있지 않았기 때문이다. 실책의 두 번째 원인은 보나파르트가 계략을 써서 목적지까지 지름길로 곧장 가지 않고 우회해서 갔기 때문이다."

사실 프랑스 함대는 먼저 동쪽의 크레타 섬으로 갔다가 남동쪽으로 꺾는 갈지자형 항로를 택했다. 나폴레옹이 우회 항로를 선택한데다가 하중이 무거운 수송선단으로 인해 호위함의 속도가 늦어졌기 때문에, 넬슨은 뜻하지 않게 적을 지나쳐버리고 말았던 것이다. 그는 알렉산드리아에 도착해서도 프랑스 전함을 발견하지 못하자 나폴레옹의 목적지에 대해 내린 당초의 올바른 판단을 포기했다. 알렉산드리아에 도착한 다음날인 6월 29일, 그는 지그재그 항로를 잡아 먼저 북동쪽 소아시아 해안으로 갔다가 크레타 남부로 간 다음, 다시 시칠리아로 향했다. 바로 그날 파로스 등대[18]의 관측자들은 넬슨의 함대가 수평선으로 사라지자마자 거대한 프랑스 함대의 돛대들이 서북쪽에 나타나는 것을 보았다. 몇 시간 후 나폴레옹과 그의 병사들은 닻을 내렸다.

알렉산드리아에 도착한 지 3주 만에 나폴레옹은 저 유명한 피라미드 전투[19]에서 맘루크 정부를 꺾었다. 그는 부하들에게 이렇게 상기시켰다. "병사들이여, 4천 년의 세월이 이 피라미드에서 여러분을 내려다보고 있다." 나폴레옹의 이 말은 널리 알려진 것이다. 또한 그의 승리 역시 잘 알려져 있다. 그러나 모두 부질없는 일이었다. 역사에서 종종 입증되었듯이, 지중해 일대의 전쟁에서는 해상 지배권이 가장 중요했다.

시칠리아로 가 있던 넬슨은 결국 최초의 판단이 옳았으며, 나폴레옹이 이집트에 있음을 이내 알게 되었다. 그는 며칠 간 유명한 옛 항구 시라쿠사(Siracusa)에 함대를 정박시켰다. 닻을 내리기 직전 그는 나폴리 주재 영국 사절 윌리엄 해밀턴 경에게 편지를 썼다.

"도와주신 덕분에 식량과 물을 공급받을 수 있었습니다. 아레투사[20]에서 급수를 했으니 우리의 승리가 분명합니다. 바람이 불면 즉각 출항하겠습니다. 돌아올 때는 월계수를 머리에 쓰거나 삼나무 가지(애도의 상징)를 덮고 올 것입니다."

8월 1일 영국 함대는 다시 알렉산드리아로 향했다. 항구에는 프랑스 수송선이 가득했다. 그런데 이상하게도 대형 전함은 보이지 않았다. 프랑스 제독 브뤼에스(Breuys)는 항구에 바로 진입하지 않고, 해안에서 15마일을 더 내려가 아부키르 만[21]에 조심스럽게 닻을 내렸던 것이다. 모래로 둘러싸인 거대한 아부키르 만은, 서쪽의 아부키르 곶에서 동쪽의 나일 강 로제타 하구(Rosetta Mouth)까지 18마일(약 30km)가량 뻗어 있었다. 프랑스 전열함대는 만의 서쪽 끝, 그러니까 아부키르 곶 앞바다에 있는 아부키르 섬 뒤편에 바람 부는 방향으로 살짝 구부러진 대형으로 닻을 내렸다. 네 척의 프리깃함은 전열함대와 해안선 사이에 전열함대와 나란하지만 불규칙한 간격으로 줄지어 서서 닻을 내렸다.

브뤼에스 제독은 물론 자신이 매우 솜씨 있게 함대를 배치했다고 생각했다. 그러나 그는 다소 부주의했다. 전함과 전함 사이의 거리는 평균 160야드(약 150m)로, 너무 멀리 떨어져 있었다. 게다가 전함들은 이물(뱃머리) 쪽에만 닻을 내리고 있었고, 그로 인해 바람에 흔들거리고 있었다. 넬슨이 현장에 도착했을 때 바람은 북북서에서 불고 있었고, 프랑스 전함들은—각 전함의 제1사장(斜檣)[22]이 넓은 해역 저편에 있는 앞 전함의 고물(선미)을 향한 채—대담한 적의 함대에 중대한 전술적 이점을 제공할 수 있는 방식으로 줄지어 서 있었다. 브뤼에스 제독의 다소 무심한 듯한 함대 배치는 지나친 자신감에 기인한 것이었는데, 그와 같은 과도한 자신감은 나폴레옹에게서도 찾아볼 수 있다. 나폴레옹은 이틀 전에 이렇게 썼다.

"그간 영국군의 모든 행동으로 미루어, 그들은 수적으로 열세에 놓여 있다. 그들은 몰타를 봉쇄하고 군수품을 가로챈 것에 만족하고 있다."

전투 개시

1798년 8월 1일 오후 2시경, 영국군은 프랑스 함대가 아부키르 만에 정박하고 있음을 확인했다. 넬슨은 바로 이 순간을 기다리고 있었다. 그는 즉각 명령을 내려 전함들 사이의 거리를 좁혔다. 한편 브뤼에스로서는 영국군이 그날 공격한다는 것은 도저히 믿을 수 없는 일이었다. 프랑스군의 경우는 먼저 조심스럽게 정찰을 하고 작전 계

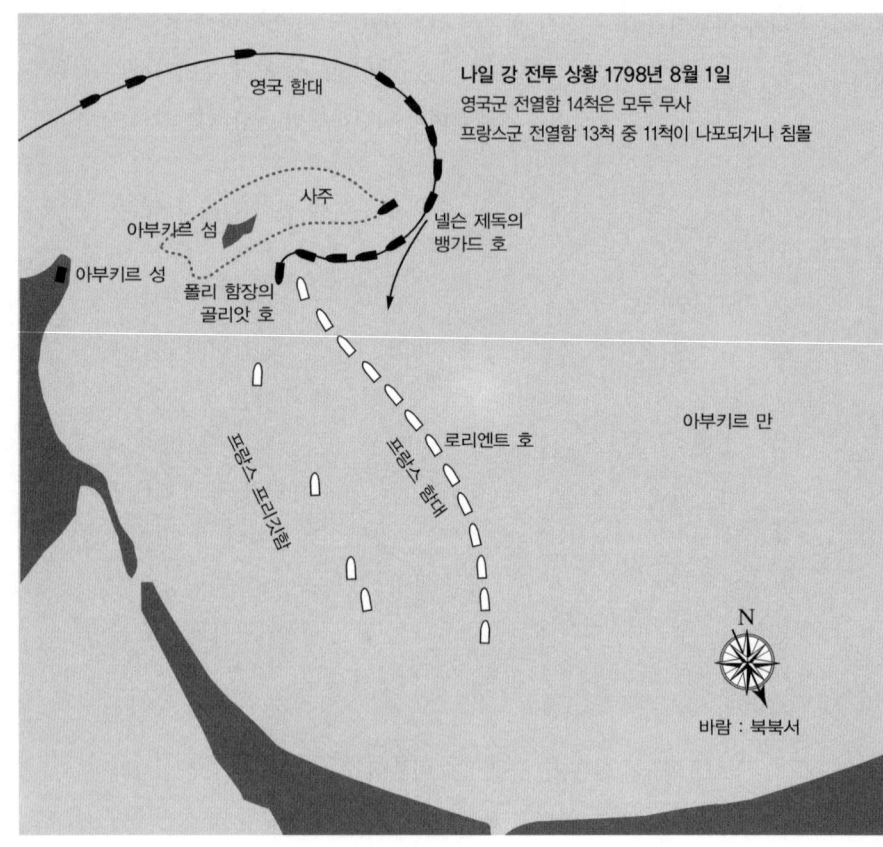

1758년 8월 1일 나일 강 전투 상황을 그림으로 표현한 것이다. 영국군 전열함은 14척이 모두 무사했지만 프랑스군 전열함은 13척 중 11척이 나포되거나 침몰했다.

영국군의 뛰어난 전술로 나일 강 전투가 개시되었다. 니컬러스 포칵(Nicholas Pocock)은 왼쪽 편에서 그림을 그렸다. 정박하고 있는 프랑스 전열함들의 선두 쪽으로 골리앗 호가 영국 전열함들을 이끌고 둥글게 돌아 들어오고 있다.

획을 결정한 다음 날이 밝기를 기다리는 것이 관행이었기 때문이다.

그러나 넬슨의 방식은 달랐다. 그는 '형제단'과 함께 공격하는 와중에도 충분한 시간 여유를 갖고 프랑스군의 성향을 탐색하여 작전 계획을 수립할 수 있다고 생각했기 때문이다. 동부 지중해를 일주하다시피 하며 장시간의 추격전을 치르는 동안 넬슨은 초조한 나머지 거의 잠도 못 자고 제대로 된 식사도 하지 못했다. 바야흐로 그는 공격 목표물이 자신을 기다리고 있음을 보았다. 휘하 전함들이 전투를 개시하기까지는 여러 시간이 남아 있었다. 그는 선원들에게 제대로 된 저녁 식사를 제공하라고 명령했다.

저녁 6시 직후 전투가 개시되었다. 영국군의 선도함인 골리앗 호(Goliath)의 함장 폴리(Foley)는 만을 둥글게 돌면서 프랑스군의 전열에 다가왔다. 폴리의 노련한 눈은 프랑스 전함들이 배의 이물과 고물을 단단히 잡아매지 않은 탓에 바람만 불면 흔들린다는 점을 예리하게 간파했다. 그는 아부키르 섬과 프랑스 함대 선도함 사이를 파고들어간 다음, 적의 선도함 뱃머리를 돌아 전열의 측면(육지 쪽)으로 선회했다. 이런 작전은 브뤼에스가 작전 계획을 제대로 수립했다면 실행이 불가능한 것이었다.

그 뒤를 따라온 네 척의 전함도 프랑스 함대의 육지 쪽 측면으로 들어왔다. 그 중 한 척은 대담하게도 적의 선도함과 바로 뒤에 있던 적함 사이를 뚫고 들어오기도 했다. 프랑스군 함장들은 영국 함대의 예기치 않은 움직임에 크게 당황한 나머지, 귀중한 몇 분의 시간을 허비한 후에야 비로소 좌현 대포들을 정돈하고 영국군에게 사격을 가할 수 있었다. 뱅가드 호(Vanguard)에 탑승한 넬슨은 어둠이 깔릴 무렵 바다 쪽으로부터 공격을 시작했고, 곧 이어 그 뒤를 따르던 두 척의 전함도 공격에 들어갔다. 프랑스군의 선봉 전함들은 양쪽이 모두 포위된 것을 알게 되었다.

젤러스 호(Zealous) 함장 후드(Hood)가 들려준 프랑스 전함 르게

레 호(Le Guerrier)와의 전투 장면은, 영국 전함들이 밀고 들어가 적과 교전하는 와중에 해상에서 어떤 일이 일어났는지를 짐작할 수 있게 해준다.

6시 직후 권총 사정 거리에서 적함을 정조준하여 발포하기 시작했다. 적함의 앞 돛대는 약 7분 만에 부러져 배 밖으로 떨어졌다. 해가 막 수평선에 잠길 무렵이었다. 이 광경을 본 함대 선원 전원은 세 차례 환호성을 올렸다. 그 순간 내 전함 바로 뒤에 있던 적함이 포를 발사했고, 골리앗 호와 젤러스 호만이 이에 맞서 싸웠다. 10분 만에 적함의 큰 돛대와 뒤 돛대가 바다로 떨어졌다. 이 무렵 골리앗 호 및 오데이셔스 호(Audacious)와 교전 중이던 두 번째 적함의 큰 돛대가 넘어갔다. 르게레 호에 스무 차례 공격을 퍼붓자 선체가 엉망으로 파괴되었다. 고물 쪽에서 골리앗 호와 오데이셔스 호를 향해 이따금 포를 발사했지만, 세 시간 동안이나 적함의 지휘관을 찾을 수 없었다.
 사람들을 불태우고 살해하는 일에 질린 나는 젤러스 호를 적함에 갖다댔다. 그러자 적함의 부관이 지휘관의 허락을 얻어 (…) 등불을 올렸다 내렸다 하면서 항복 의사를 밝혔다.

전투는 밤새도록 계속되었다. 넬슨은 야간 작전에 미리 대비하여 전함들의 등불을 수평으로 밝히도록 명령을 내렸다. 이로써 영국군은 쉽사리 서로를 식별할 수 있었다. 그러나 프랑스군 제독은 야간 전투를 전혀 예상하지 못했고, 그에 대한 준비도 없었다. 그는 영국군이 때로 프랑스 전함들 양 옆을 지나면서 집중 포격을 쏟아 부으며 서서히 일사불란하게 이동하는 동안, 교전 현장에서 정확히 어떤 일이 벌어지고 있는지조차 파악하지 못하고 있었다.
 브뤼에스는 머리와 한쪽 팔에 부상을 입은 채로 기함인 로리엔트 호(L'Orient)에서 포격을 지시하다가 날아온 포탄에 맞아 왼쪽 허벅지가 찢어지는 부상을 당했다. 화염이 뱃전에 번지기 시작했고, 선원들은 목숨을 건지기 위해 바닷물에 뛰어들었다. 10시가 지나자 불은 프랑스 기함의 탄약고에까지 번졌고, 로리엔트 호는 폭발하여 산산조각 나고 말았다. 로리엔트 호가 폭발하는 소리는 알렉산드리아까지 들렸다. 폭발음이 어찌나 컸든지 모든 전함들이 마치 약속이라도 한 듯 일제히 포격을 멈췄다. 잠시 동안 전투가 중단되었다. 전투가 다시 시작되었을 때는 정리하는 일만 남아 있었다. 프랑스 함대는 더 이상 존재하지 않았던 것이다.

나폴레옹의 야망을 좌절시킨 넬슨

8월 2일 날이 밝았다. 기함 로리엔트 호와 프리깃함 한 척이 침몰되었고, 전열함 중 적어도 아홉 척이 기동 불능 상태이거나 나포되었다. 다른 한 척은 좌초되어 함장의 명령으로 불태워졌다. 전체 프랑스 전열함들 중에서 두 척만이 프리깃함 두 척과 함께 도주했다. 프랑스군에게 이 전투는 곧 파멸을 의미했다.

여러 해 뒤 나폴레옹이 벨레로폰 호(Bellerophon)를 탄 죄수 신세가 되었을 때 그는 선장에게 이렇게 말했다. "나의 모든 계획은 영국 함대에 의해 좌절되었소." 얼마 후 최종 목적지인 세인트헬레나 섬으로 배를 타고 가던 중, 그는 부관에게 넬슨의 전기를 소리 내어 읽으라고 지시했다. 자신의 야망을 좌절시킨 인물이 다름 아닌 넬슨이라는 것을 분명히 인식하고 있었던 것이다.

나일 강 해전은 어떤 의미에서 트라팔가르 전투보다 더욱 중요했다. 그것은 나폴레옹의 첫 패배였으며, 전 유럽인들에게 무적의 정복자 역시 다른 인간과 마찬가지로 패배할 수 있음을 보여주었다.

넬슨은 빈센트 백작에게 이렇게 썼다.

"각하, 전능하신 하나님은 지난 전투에서 적 함대에 대승을 거두게 하심으로써 폐하의 군대를 축복하셨습니다. 저는 8월 1일 저녁 무렵 나일 강 하구에서 그들을 물리쳤습니다. (…) 각하께서 명예롭게도 제게 지휘권을 맡겨주신 함대를 누구도 거역할 수 없었습니다. 함대의 엄한 규율에 대해서는 각하께서도 잘 알고 계실 것입니다. 함장들의 판단력과 용기, 그리고 장교와 모든 병사들의 용기는 단연 무적입니다."

승리의 소식은 들불처럼 전 유럽에 퍼졌다. 오늘날보다 감정적이었던 시대에 그 사실은 사람들의 이성을 거의 마비시킬 정도로 큰 영향을 미쳤다. 정치적으로 나일 강 해전의 승리는 제2차 대 프랑스 동맹[23]을 탄생시켰고, 나폴레옹이 이탈리아에서 얻었던 영토는 단 한 번의 전투로 거의 상실했다. 한편 투르크는 동맹 세력과 한편이 되어 전쟁에 돌입했다. 그러나 이 전투의 가장 큰 의의는—대 프랑스 전쟁이 그 후로도 여러 해를 끌기는 했지만—바야흐로 영국군이 지중해 지배권을 온전히 장악했다는 것이었다. 종종 도전을 받았고 때로는 위험에 빠진 적도 있지만, 20세기 후반에 자발적으로 물러날 때까지 그들은 결코 지중해 지배권을 잃지 않았다.

■ 본문 깊이읽기

넬슨은 창의성이 결여된 이전 세기의 전략과 전술 원리를 깼다.

*나일 강 해전(Battle of the Nile, 1798)
영국 해군제독 호레이쇼 넬슨이 이집트의 알렉산드리아 근처 아부키르 만에서 프랑스 함대를 상대로 싸워 크게 승리를 거둔 전투(1798. 8. 1). 1798년 프랑스 혁명군 장군 나폴레옹 보나파르트는 영국의 무역 항로를 방해하고 인도 지배를 위협할 목적으로 이집트 침략 계획을 세웠다. 나폴레옹이 이끄는 대규모 프랑스 함대가 지중해에 있는 프랑스의 한 항구에서 출항한다는 정보를 얻은 영국 정부는 영국 함대 총사령관인 세인트 빈센트 백작에게 명령을 내려 호레이쇼 넬슨 해군소장으로 하여금 툴롱 해역으로 정찰을 나가 프랑스 해군의 움직임을 감시하도록 했다. 넬슨이 탄 배는 폭풍에 돛대가 부러졌고, 그의 프리깃함들은 뿔뿔이 흩어진 채 지브롤터에 있는 영국군 기지로 돌아왔다. 그러나 세인트 빈센트 백작이 보낸 배들이 6월 7일 넬슨과 합류함으로써 넬슨 함대의 전력은 14척으로 보강되었다.
프랑스 함대는 영국의 전함을 교묘히 피하여 먼저 몰타로 항진했고 6월 초에 영국에게서 이 섬을 빼앗았다. 몰타에서 일주일을 보낸 나폴레옹은 함대를 이끌고 주요 목표인 이집트로 향했다. 그러는 사이 넬슨은 툴롱이 텅 빈 것을 발견하고 프랑스군의 목적지를 정확하게 알아차렸다. 그는 정찰용 프리깃함이 부족하여 프랑스 함대를 놓쳤으나, 프랑스 함대보다 먼저 이집트에 도착했다. 알렉산드리아 항이 비어 있는 것을 확인하고 서둘러 시칠리아 섬으로 돌아가 물자를 공급받은 넬슨은 프랑스 함대를 찾아낼 결심으로 다시 이집트로 갔다. 8월 1일 넬슨은 아부키르 만에 정박하고 있던, 프랑수아 폴 브뤼에스 데겔리에르 제독이 지휘하는 13척의 전함과 4척의 호위함으로 이루어진 프랑스 본대를 찾아냈다.

해가 지기까지 몇 시간밖에 남지 않았고 브뤼에스의 배들은 아부키르 섬의 해안 포대가 측면을 방어하고 있는 모래 만에 안전하게 정박해 강력한 방어 태세를 갖추고 있었으나, 넬슨은 기습 공격을 명령했다. 영국 전함 몇 척은 프랑스 전함의 앞쪽을 돌아 안으로 파고들어 그들의 뒤쪽을 공격했다. 치열한 싸움이 계속되는 가운데, 넬슨은 머리에 부상을 입었다. 전투는 오후 10시경 고비에 이르렀다. 그때 정박해 있던 함대 가운데 가장 크고, 120개의 포를 갖춘 브뤼에스의 기함이 제독을 비롯한 대부분의 병사들과 함께 파괴되었다. 밤새도록 전투를 계속해 마침내 두 척의 전함을 제외하고 프랑스 해군의 모든 전함이 파괴되거나 나포되었다. 영국군은 약 9백 명의 사상자를 냈고 프랑스군은 그 열 배에 이르는

전장에서 작전을 구상하고 있는 나폴레옹.

사상자를 냈다. 나일 강 해전은 여러 가지로 중요한 영향을 미쳤다. 이 전투로 나폴레옹의 군대는 이집트에서 고립당해 결국 붕괴되었다. 또한 영국은 적절한 때에 프랑스에게서 몰타를 되찾게 되어 위신을 세웠고 지중해 통제권을 확보했다.

1 레비아단(Leviathan)
《구약성서》에 나오는 거대한 바다 괴물. 본문에서는 해상 국가인 영국을 의미한다.

2 베헤못(Behemoth)
《구약성서》에 나오는 힘이 센 초식동물. 본문에서는 육군이 강한 프랑스를 가리킨다.

3 넬슨(Horatio Nelson, Viscount Nelson, 1758~1805)
미국 독립전쟁과 나폴레옹 전쟁에서 싸운 영국 해군사령관. 나일 강 해전과 트라팔가르 전투 등 주요 전역에서 승리를 거두었으나 트라팔가르 전투 때 영국 군함 빅토리 호에서 적의 포화를 맞고 목숨을 잃었다. 해밀

트라팔가르 해전 삽화.

턴 부인인 에마와의 오랜 연애 사건으로 유명하다.

4 전열함(ship of the line)

17세기 중엽부터 19세기 중엽까지 서양에서 막강 해군의 중추를 이루었던 범장식(帆檣式, 돛대) 군함 종류를 말한다. 증기기관으로 추진되는 전함이 등장하면서 자취를 감추었다. 전열함은 서너 개의 돛이 달린 범선인 갈레온선(galleon)에서 발전했다. 갈레온선은 고물(배의 뒤쪽)에 높은 상부 구조를 쌓았고 두 개의 갑판에 중포를 연이어 배치했으며, 이 배들로 구성된 함대는 전투에 돌입할 때 전열이라고 불리는 전투 대형을 취했다. 그것은 대전하는 양군의 배가 서로 종렬을 이루어 마주 보고 뱃전에서 발포(배의 한쪽 현에 배열된 모든 포를 동시에 발사)할 수 있는 대형이었다. 이런 대형을 이용한 전투를 전열전(戰列戰)이라고 부르며, 이런 전

영국을 세계적인 해양 제국으로 만들어준 16세기 영국의 갈레온선이다.

투에서는 가장 크고 강력한 포를 장비한 무거운 배들이 이기게 마련이었다. 따라서 함대를 대형 '전열용 선박', 즉 전열함으로 구성하는 것이 당연한 추세였다. 전열함 전술의 전형이 된 종렬 대형은 17세기 말엽 영국에서 개발되었으며, 그 후 대다수 국가의 해군이 채택함으로써 표준 대형이 되었다. 이런 전술에서는 함대 내의 각 선박이 앞선 배의 항적을 뒤따랐다. 배들은 서로 약 100m 이상의 일정한 간격을 두고 늘어섰으며, 함대의 전체 배치 거리는 최고 19km에 달했다. 이 대형은 뱃전의 발포력을 최대로 끌어올렸으며, 각 배가 싸울 상대를 찾아내어 충각으로 들이받고 적선에 올라타는 식의 일대일 전투를 벌이는 갤리전(戰)의 전술과는 전혀 다른 전법을 사용했다. 이 전법이 나오면서 갤리전 전술은 사라졌다. 전투 중에 전열을 유지함으로써 함대는 시야를 가리는 연기 구름에도 불구하고 제독의 지휘하에 움직이는 하나의 부대로 기능할 수 있었다.

5 비스케이 만(Bay of Biscay)

서유럽 해안에 만입된 북대서양의 넓은 만. 대체로 삼각형을 이루고 있는 이곳은 동쪽으로는 프랑스 서해안, 남쪽으로는 에스파냐 북해안에 둘러싸여 있다.

6 머핸(Admiral Alfred Thayer Mahan, 1840~1914)

미국 해군에서 40년 동안 복무한 해군장교 · 역사학자 · 제해권 장악을 역설한 초기 주창자. 뉴욕 주 웨스트포인트에서 육군사관학교 교수의 아들로 태어난 그는 메릴랜드 주 아나폴리스에 있는 해군사관학교를 졸업하고 남북전쟁에 참전했다. 1884년에 새로 설립된 해군대학 총장인 스티븐 루스에게서 해군의 역사와 전술을 강의해달라는 부탁을 받았다. 그는 1886~1889년에 이 대학에서 강의를 했는데, 그의 강의는 고대와 17~18세기의 제해권에 대한 자신의 연구에 바탕을 두고 있었다. 주요 저서로는 《제해권이 역사에 미친 영향, 1660~1783 The Influence of Sea Power upon History, 1660~1783》(1890)과 그 속편인 《제해권이 프랑스 혁명과 프랑스 제국에 미친 영향, 1793~1812 The Influence of Sea Power upon the French Revolution and Empire, 1793~1812》(1892)이 있다. 이 책에서 그는 역사를 더듬어보면 군사적·상업적으로 제해권을 장악한 나라가 패권을 차지했다고 주장하면서 제해권이 무엇보다도 중요하다고 강조했다.

머핸은 미 해군의 끊임없는 강화를 주장했으며, 근대 국제 정치에도 큰 영향을 미쳤다.

7 채텀(Chatham)

영국 켄트 주에 있는 항구도시. 채텀(1086년에는 Ceteham으로 기록되었다)은 헨리 8세가 건설하여 찰스 1세가 개량한 영국 해군공창을 중심으로 발전했다. 해군기지로 쓰이던 공창은 1980년대 초에 폐쇄되었으며, 현재는 문화재로 보호받고 있다. 일부 지역은 매립지에 자리 잡았는데, 이곳에서 메드웨이 강은 조수가 밀려드는 강어귀로 넓어진다. 나폴레옹 전쟁 동안 '채텀 방어선'으로 알려진 많은 요새들이 도시 동쪽의 언덕 위에 구축되었다.

에스파냐 함대는 초승달 모양의 진형을 짜고 영국 함대를 에워싸려 했으나 영국 함대는 이 진형을 격파했다.

8 호킨스(John Hawkins, 1532~1595)

16세기 영국의 뛰어난 항해가 · 해군사령관 · 해군행정가. 그는 해군의 고위직에 있으면서 옛 갤리선을 다시 건조했으며, 더 빠르고 중무장이 가능한 군함을 고안하는 데 힘을 기울였다. 1588년 에스파냐의 무적함대와 맞붙은 것은 새롭고 속도가 빠른 이런 함선들이었다. 에스파냐 함대와 결전을 벌일 때 그는 해군 서열 3위였으며, 이때 기사 작위를 받았다.

9 드레이크(Francis Drake, 1540~1596)

영국의 해군제독으로서 1577~1580년 세계일주 항해를 했다. 에스파냐 무적함대를 무찌르는 데 중요한 역할을 했으며 엘리자베스 1세 시대에 가장 명성을 날린 항해가였다.

10 1파인트(pint)

1파인트(기호는 pt.)는 4질(gill)이다. 0.473리터에 해당한다.

11 그로그(grog)

물 탄 술을 일컫는다. 예전에는 물 탄 럼주(rum)를 가리켰다.

12 브레스트(Brest)

프랑스 서부 브르타뉴 지방 피니스테르 주에 있는 항구도시.

13 툴롱(Toulon)

프랑스 남동부 프로방스알프코트다쥐르 지방 바르 주에 있는 항구도시. 1793년 8월 28일부터 12월 19일 사이에 젊은 포병장교인 나폴레옹은 툴롱과 부근 요새를 점령하고 있던 영국-에스파냐 연합함대를 무찔러 최초의 군사적 명성을 얻었다. 이것이 바로 툴롱 포위 전투이다.

14 테네리페(Tenerife)

에스파냐령 카나리아 제도에서 가장 큰 섬으로, 아프리카 북서 해안 맞은편의 대서양상에 있다.

15 포도탄

옛날 대포에 쓰인 것으로, 한 발이 9개의 작은 탄알로 이루어진 탄환을 말한다.

16 맘루크(Mameluke)

맘루크라는 말은 노예를 뜻하는 아랍어에서 유래한 것으로 중세 때 여러 이슬람 국가들의 통제권을 장악했던 노예 군단의 병사를 일컫는다. 아이유브 술탄국 때 맘루크 장군들은 자신들의 세력을 이용하여 1250~1517년 사이에 이집트와 시리아를 통치하는 왕조를 세웠다. 9세기 초에는 군사의 대부분을 맘루크로 충당하는 것이 이슬람 문화의 독특한 특징이었다. 이것은 아바스 왕조 칼리프 알 무타심이 바그다드에서 처음 시행한 이후 곧 이슬람 세계 전체로 확산되었다. 이러한 현상은 예외 없이 동일한 정치적 결과를 낳았다. 노예들은 그들에게 주어진 군사력을 이용하여 기존의 합법적인 정부를 무너뜨리고 권력을 장악했는데, 이것은 대개 단기간에 끝났지만 몇몇 경우는 놀라울 정도로 오랫동안 계속되었다. 따라서 알 무타심이 죽자 곧바로 칼리프 제도 자체가 투르크 출신의 맘루크 장군들에 의해 좌우되었다. 그들은 거의 아무런 제재도 받지 않고 칼리프를 쫓아내거나 살해했다. 칼리프 제도는 합법적 권위의 상징으로 계속 존속했지만 실권은 맘루크 장군들이 쥐고 있었다. 13세기가 되자 맘루크는 이집트와 인도에 자신들의 왕조를 세웠다. 이들 왕조의 술탄은 모두가 노예 출신이거나 노예의 자손들이었다.

1516~1517년 전쟁에서 오스만 제국이 승리한 후 이집트와 시리아는 대제국 내 일개 속주의 지위로 되돌아갔다. 맘루크 술탄 체제는 붕괴되었지만 맘루크는 이집트에서 하나의 계층으로 고스란히 남아 계속해서 상당한 영향력을 행사했다. 맘루크 왕조 때처럼 맘루크 정예군은 노예 시장을 통해 계속 충원되었다. 일정한 훈련 기간을 거친 노예는 여전히 군대의 핵심에 배치되었고 곧 오스만 정부의 관리로 임명되었다. 따라서 맘루크는 차

츰 오스만의 지배 계급 속에 침투해 들어갔고 결국에는 그들을 지배할 수 있었다. 하나의 중요한 혁신이 맘루크의 성격을 변화시켰다. 일찍이 맘루크 술탄 시대에는 맘루크 집단이 여러 가문으로 분열되는 것을 막기 위해 맘루크의 자손들은 노예부대가 아닌 곳에서 복무해야 했고 정부가 맘루크에게 할당한 관직에는 취임할 수 없었다. 오스만이 통치하게 되자 맘루크의 자손들은 더 이상 이러한 제약을 받아들이려 하지 않았다. 이에 따라 맘루크의 충성심과 연대성의 원칙이 혈연 관계에 의해 잠식되었다. 결과적으로 오스만의 맘루크는 개인의 수명 이상은 지속되지 않는 군사 집단으로 결속하기보다는 자신의 자손에까지 지속되는 '가문'을 이루었다. 이와 같이 가문을 중시하는 경향은 각 가문이 상대 가문을 지배하려고 한 데서 생겨났다. 이렇게 하여 맘루크 제도 속에는 대대로 이어져 계속되는 불안정한 요소가 생기게 되었다.

오스만 통치자가 맘루크의 불화를 이용하는 정도에 따라 맘루크가 이집트 정치에 영향을 미치는 정도가 결정되었다. 그러나 17세기 말엽 오스만 세력이 제국의 전

맘루크를 멸망시킨 이집트의 무하마드 알리 파샤.

영역에서 쇠퇴하자 맘루크는 다시 한 번 군대·세입·행정에서 실질적인 권력을 행사할 수 있었다. 결국 이스탄불의 오스만 당국은 일정한 금액의 연공(年貢)을 바칠 것을 약속하는 맘루크 일파의 자치권을 인정하지 않을 수 없었다. 나폴레옹이 맘루크 정부, 맘루크 군대와 마주친 것은 그가 1798년 이집트를 침략했을 때이다. 맘루크의 권력은 1811년 이집트의 새로운 통치자 무하마드 알리 파샤의 맘루크 세력 대학살로 결국 무너졌다.

17 성 요한네스 구호기사단(Order of St. John of Jerusalem)

몰타 기사단(Knight of Malta)이라고도 부르는 이 구호기사단은 병든 예루살렘 순례자들을 위한 병원에서 시작됐는데, 이 병원은 세례자 요한의 교회와 가까운 곳에 있었으며 한 종교 단체가 여기서 봉사했다. 1099년 십자군이 예루살렘을 정복한 뒤 병원장이자 수사인 제라르가 예루살렘에서 그의 사역을 집중했다. 그는 성지에 이르는 도상의 프로방스와 이탈리아 여러 도시에 숙박소를 지었다. 상처를 치료받은 십자군 기사들은 이 병원에 재산의 일부를 기부했고, 성지에 남은 십자군 기사는 구호기사단의 단원이 되어 이 기사단을 부강하게 발전시켰는데, 이들이 병든 사람과 가난한 사람을 돌보고 이슬람 교도와 전쟁을 수행했다. 1291년 아크레가 함락된 이후 십자군의 지배가 끝나게 되자, 구호기사단은 키프로스로 후퇴하여 순례자들과 병든 사람을 계속 돌보고 성지를 다시 정복하기를 희망하면서 성지 근처에 머물기로 결정했다. 1309년 로도스를 정복하여, 그곳에 병원을 세우고 동지중해의 막강한 해군력을 가진 독립국가가 되었다. 1522년 오스만투르크족이 로도스를 정복했지만, 1530년 황제 카를 5세가 구호기사단에게 몰타 섬의 소유권을 위임했다. 몰타에서 기사단의 세력은 절정에 달하여 오스만투르크군의 맹렬한 공격을 잘 막았으며, 이곳에서 해군력을 증강하고 진보된 방법으로 기사단을 운영했다. 투르크족의 침략 위협이 약화된 17~18세기에는 쇠퇴기를 겪다가 1798년 나폴레옹에게 몰타 섬을 점령당했다. 1834년 이 기사단의 본부가 로마에 세워졌으며, 오늘날에도 여러 분야에서 인도주의적인 사업을 계속 수행하고 있다.

18 파로스 등대

가장 유명한 고대의 등대로 기술적인 위업인 동시에 이후 세워진 모든 등대의 원형이며 세계 7대 불가사의 중 하나이다. 기원전 280년경 크니도스의 소스트라토스가 이집트 왕 프톨레마이오스 2세를 위해 알렉산드리아 항 안에 있는 파로스 섬에 세웠고 높이가 135m 이상이었다고 전해진다. 이 등대는 3단식으로 맨 아래층은 사각형, 중간층은 팔각형, 꼭대기 층은 원통형이며 모두 약간 안쪽으로 쏠리게 지어졌다. 폭이 넓은 나선형 경사로가 옥탑으로 이어져 있었으며 옥탑에서 밤에 불을 밝혔다. 이 등대 위에는 거대한 조상(彫像)이 높이 솟아 있었는데, 알렉산드로스 대왕이나 프톨레마이오스 1세 소테르를 태양신 헬리오스의 형상으로 나타낸 것으로 여겨진다. 이 등대는 일찍부터 잘 알려져 있었지만 6

그리스 파로스 섬에 세워진 세계 최초의 등대.

세기까지는 불가사의 목록에 오르지 않았다. (최초의 목록은 그 대신 바빌론의 성벽을 꼽고 있다.) 중세 아랍인들은 꼭대기 등대를 작은 모스크로 바꾸었다. 이 등대는 12세기 이후에 무너졌으며 1477년경 맘루크 술탄 카이트 베이는 그 잔해를 이용해 요새를 지었다.

19 피라미드 전투(Battle of the Pyramids)
1798년 7월 나폴레옹의 이집트 원정 당시 치러진 전투. 알렉산드리아에 상륙한 나폴레옹군은 카이로 근교 피라미드 군(群) 근방에서 무라이 베이가 이끄는 맘루크 (투르크·이집트 기병)를 격파하고 7월 23일 카이로에 입성했다.

20 아레투사(Arethusa)
시라쿠사 근처 오르티기아 섬에 있는 샘물의 이름이자 그리스 신화에 나오는 요정의 이름이다. 강의 신 알페우스는 아르테미스의 시녀 아레투사를 사랑했지만 그녀는 오르티기아로 도망가 샘물로 변했다. 그러자 알페우스는 바다 밑으로 가 그 샘물의 물과 자신을 결합시

아레투사의 상이 새겨진 드라크마 은화.

켰다. 오비디우스의 《변신 이야기 *Metamorphoses*》에 따르면, 아레투사가 알페우스 강에서 목욕을 하다가 인간의 모습을 한 강의 신에게 발견되어 쫓기게 되자 아르테미스가 그녀를 샘물로 만들어 지하를 흐르다가 오르티기아에서 솟아나게 했다고 한다. 초기 전설에서는 사랑의 표적이 아레투사가 아니라 아르테미스였으며, 그녀는 알아보지 못하도록 얼굴을 진흙으로 칠하고 도망쳤다고 한다. 이 이야기는 아르테미스 알페이아이아가 엘리스와 오르티기아 양쪽에서 숭배되었으며 알페우스 강의 상류가 지하로 흐른다는 사실에서 유래한 듯하다.

21 아부키르 만(Abukir Bay)
지중해가 반원형으로 만입한 이집트의 작은 만. 하(下) 이집트 지방 알부하이라 주에 속하는 나일 강 삼각주의 로제타 지류 하구와 아부키르 곶 사이에 있다. 1798년 넬슨 경이 지휘한 영국 함대가 나폴레옹의 함대를 격파한 '나일 강 해전'이 벌어졌던 곳이다.

22 전함의 제1사장
이물에서 앞으로 튀어나온 돛대 모양의 둥근 나무를 말한다.

23 제2차 대 프랑스 동맹
프랑스 혁명과 나폴레옹에 맞서 체결된 7회에 걸친 유럽 여러 나라의 동맹들 중 두 번째 동맹. 나폴레옹의 이집트 원정이 실패할 무렵 프랑스와 교전 중이던 영국·

러시아 · 투르크 · 오스트리아 · 양(兩) 시칠리아 왕국 사이에 결성되었다(1799. 3).

| 참고문헌 |

레판토 해전에 대해서는 윌리엄 L. 랭어 엮음, 박상익 옮김, 《호메로스에서 돈키호테까지》(푸른역사, 2001), 413~435쪽을 참조할 것.

서양 근대사 최고의 엔지니어 브루넬

L. T. C. 롤트(L. T. C. Rolt)

모든 기술 분야가 고도로 전문화된 시대에 살고 있는 우리는, 19세기 초 단 한 사람의 엔지니어가 터널·교량·철도·조선 등 다양한 분야의 기술을 완벽하게 소화해냈다는 사실을 믿기 어렵다. 그러나 브루넬은 이 모든 분야의 기술에 정통한 인물이었다. 그는 거대한 터널과 대형 현수교 건설을 설계하고 시공했으며, 당시로서는 가장 빠른—오랜 시일이 흐른 후에야 그보다 빠른 속도를 낼 수 있었던—철도 노선을 완성했다. 그리고 가장 크고 빠른 대양 항해 쾌속선—처음에는 목조 선체와 외륜 쾌속선, 나중에는 철제 선체와 스크루 프로펠러 쾌속선—을 건조했다.

기술발달사의 권위자인 롤트에 의하면 브루넬은 '근대사에서 가장 다재다능하고 역동적인 인물'이었다.

천재 공학자 브루넬

브리스틀대학 도서관에는 놀라운 스케치북들이 있다. 뛰어난 제도(製圖) 솜씨를 보이는 이 스케치북들은 한 예술가의 작품인데, 진짜 놀라운 것은 그림들의 주제가 엄청나게 다양하다는 사실이다. 여기에는 증기기선·기관차·부품 기계장치·철도역 등의 설계도와 입면도, 돌과 쇠로 만든 터널과 교량 등이 그려져 있다. 분명한 것은 이 그림을 그린 사람이 예술가일 뿐 아니라 기계기술자라는 점이다.

그는 10여 종류의 상이한 건축 양식에 통달한 대가로서, 자신이 선호하는 양식을 새로운 목적에 응용했다. 때때로 성급히 갈겨쓴 메모도 있는데 그것들 또한 제도 솜씨 못지않게 뛰어나다. 한 선박 스케치 옆에다 이 예술가는 배의 크기를 '600피트×65피트×30피트(183m×20m×9m)'라고 썼다. 그 어마어마한 규모 때문에 우리는 연필로 씌어진 '1852년 3월 25일'이라는 날짜를 도저히 믿을 수가 없다.

◀ 이점바드 킹덤 브루넬이 1858년 최후의 당당한 작품 그레이트이스턴 호의 거대한 닻 체인 앞에 서 있다.

우리는 이 스케치북의 주인이 대단한 천재임을 쉽게 알 수 있다. 이 예술가는 바로 브루넬(Isambard Kingdom Brunel, 1806~1859)이었다. 그는 역사상 가장 위대한 엔지니어일 뿐만 아니라 근대 역사에서 가장 다재다능하고 역동적인 인물이었다. 그가 그린 스케치의 상당수는 끊임없이 섬광처럼 떠오르는 생각들을 끄적거린 낙서에 불과했다. 하지만 그 낙서들은 수천 명의 피와 땀, 그리고 수백만 파운드의 비용이 투입되어 장차 세상을 깜짝 놀라게 할 가시적 결과물로 등장할 것들이었다. 예컨대 그의 아이디어가 실현된 결과, 세계 최초로 분당 1마일을 가는 철도 체계가 등장했다. 그리고 그가 설계한 세 척의 증기선은 건조될 때마다 그 규모에서 매번 세계 기록을 경신했는데, 이들 세 척 중 하나는 세계 최초의 대서양 횡단 정기 왕복선이었다.[1]

브루넬은 자신이 선택한 모든 직업에서 지극히 탁월한 능력을 발휘한 희귀한 인물이었다. 그가 전공으로 공학을 선택한 이유는 19세기 초 영국에서, 그의 비범한 창조력을 분출할 수 있는 가장 만족스러운 조건을 제공하는 부문이 바로 공학 분야였기 때문이다. 그의 가장 절친한 친구가 처남이자 예술가인 호슬리[2]였다—동료 공학자가 아니었다—는 사실은 눈여겨볼 점이다. 호슬리는 공학에 대해서는 문외한이었으며, 자신이 브루넬을 좋아하는 이유는 그의 탁월한 용기와 예술적 재능—회화 · 음악 · 연극에 대한 사랑—때문이라고 말한 바 있다.

브루넬은 어린 시절 에스파냐에 성(城)을 건축하겠다는 야심 찬 계획을 꿈으로 간직하고 있었다고 고백한 적이 있다. 그러나 아무리 훌륭한 계획일지라도, 이상을 품는 것과 구체적으로 실행에 옮기는 것은 전혀 다른 문제이다. 흔히 상상력이 풍부한 천재는 세부적인 면에 집중하는 능력과 이상을 실현하는 데 필요한 고된 노력을 투입할 의지력이 없는 경우가 많다. 브루넬이 성공할 수 있었던 비결은

이 두 가지를 다 해낼 수 있었다는 데 있다.

그의 스케치북을 보면, 세부적인 면에 대한 소심할 정도의 조심성이 그의 머리에 떠오른 뜨거운 영감과 아이디어를 차분히 가라앉히고 있음을 볼 수 있다. 그는 좋은 아이디어가 떠오르면 재빨리 종이에 정밀하게 스케치했다. 또 스케치북 겉표지 안쪽에 늘 두 조각의 사포(砂布)—하나는 거칠고, 하나는 고운—를 붙여놓고, 언제나 연필을 뾰족하게 다듬으면서 머리에 떠오른 생각을 그림으로 그렸다.

계획을 세웠으면 끝까지 밀어붙여라

어떤 임무를 맡든 간에 브루넬은 철저한 인격적 신뢰를 요구했다. 예를 들면 그레이트웨스턴 철도회사(Great Western Railway)의 중역이 브루넬의 보조 엔지니어 중 한 사람을 질책하자 그는 이에 거세게 반발했다.

"나는 나의 팀을 질서 있게 유지하기 위해 최선을 다하고 있습니다. 그러나 선생이 내 곁에 앉아 채찍으로 그들을 갈기는 것을 즐긴다면 나는 제대로 질서 유지를 할 수 없습니다."

그의 부하 관리 능력은 실수를 범한 조수에게 보낸 다음의 서신에서 읽을 수 있다.

"자네한테는 점잖은 말이 효과가 없는 것 같군. 거친 말과 강경한 수단을 써야만 하겠어. 자네는 지긋지긋하게 나태하고 부주의하고 태만한 친구야. 계속해서 나의 지시를 어기고 빈들거리며 게으름을 피워대고 있으니 자네의 문제점이 무엇인지 지적하도록 하겠네. 내가 전에도 여러 번 말했듯이, 형편없이 흐트러진 자네

태도 가운데 특히 다른 사람 등에 대고 그림을 그리는 일은 남에게 폐가 되니 즉시 중지하도록 하게. 자네는 내 말을 멋대로 흘려들음으로써 자네의 인생 전부를 합친 것보다도 아까운 내 시간을 헛되이 낭비하고 있어."

패배주의적인 동료에게 보낸 다음 글에서는 브루넬이 작업에 임하는 태도와 철학을 읽을 수 있다.

"자네는 실패했네. 내가 보기에 그 실패는 이 세상의 모든 실패 원인의 9할을 차지하는 바로 그것에서 비롯된 것이라네. 즉 충분히 노력하지 않았다는 거야. 내가 언제나 견지하는 성공을 위한 원칙 하나를 소개해주지. 그것은 (그것이 잘못됐다는 것을 알 때까지) 한 가지 계획에만 끈질기게 집착하는 거야. 그리고 그 계획을 실행할 때는 한 가지 방법만을 끝까지 고집해야 한다네. 다른 방법을 찾아 나서기 전까지는 그 한 가지를 밀고 나아가라는 것이지. 비유를 하자면, 적을 공격할 때 상대가 어떻게 방어를 하건 한 곳만을 집중적으로 공략하라는 거지. 첫 공격이 충분치 않으면 열 번이라도 공격을 거듭하게. 하지만 더 쉬운 적을 찾으리라는 기대를 품고 다른 적에 대한 공격을 시도해서는 안 되네."

브루넬은 실패와 성공으로 점철된 길지 않은 생애 동안 이러한 행동 원리를 일관되게 유지하여 당대의 공학계 전반을 압도했다. 그는 어떤 계획이 원칙적으로 옳다고 판단되면 상업적 고려를 하지 않고 밀어붙였다. 한편 높은 완성도를 일관되게 추구했기 때문에 자신이 거느린 부하와 조직에 대단히 많은 것을 요구했다. 간단히 말해서 그의 눈은 너무 높은 곳을 바라보았고, 바로 이점 때문에 생애의 절정기에 비극적으로 목숨을 잃었다.

목숨을 건 템스 터널 공사

브루넬의 아버지는 프랑스의 자작농 집안 출신으로 이름은 마르크(Marc Isambard Brunel)였다. 왕당파였던 그는 처음에는 뉴욕으로, 나중에는 영국으로 망명길에 올랐으며, 영국에서 소피아(Sophia Kingdom)란 여자를 만나 결혼했다. 1806년 4월 9일 마르크는 포트시(Portsea)에서 외아들을 얻었다. 그 무렵 그는 포츠머스 조선소에서 자신이 설계한 독창적인 기계를 설치하고 있었고, 이미 엔지니어로서 상당한 명성을 얻은 상태였다. 그러므로 그는 외아들에게 훌륭한 교육을 시킬 수 있었고 프랑스로 유학을 보내 공부하도록 배려할 수 있었다.

브루넬은 부친을 돕기 위해 영국에 돌아왔고, 얼마 안 되어 자신의 재능을 발휘할 기회를 얻었다. 불과 스무 살의 나이에 부친이 맡은 거대한 토목 사업인, 로더히스(Rotherhithe)에서 와핑(Wapping)에 이르는 템스 터널[3] 공사 현장의 상주 엔지니어가 된 것이다. 공사는 온갖 어려움과 위험 속에서 진행되었다. 그것은 몇몇 광산 갱도들을 예외로 하면 세계 최초의 수중 터널이었으며, 굴착 인부들을 보호하기 위해 부친 마르크 브루넬이 설계한 터널링 실드[4]가 사용된 최초의 터널이기도 했다. 굴착 인부들은 거대한 철제 주조 프레임 안에 있는 일련의 칸막이 속에서 작업했다. 그 구조물은 굴착이 진행되면서 나사 잭에 의해 앞으로 전진한다. 이 구조물 뒤편의 발판 위에서는 벽돌공들이 작업을 했고, 실드가 앞으로 나아가면 그 뒤를 따라 벽돌 라이닝이 축조되었다.

시굴(試掘)을 마친 지질학자들은 브루넬에게 일정한 수평 갱도에서 터널을 뚫다보면 단단한 런던의 점토층을 만나게 될 것이라고 단언했다. 그러나 이러한 예측은 전적으로 잘못된 것으로 판명되었다. 강 아래에서 굴착을 진행하면서 브루넬은 실드 상단과 강바닥 사이에 단단한 점토층 대신 사력층(砂礫層)과 진흙층이 몇 피트에 걸쳐 있을 뿐이라는 사실을 알게 되었다. 이런 상태에서는 실드의 안전성을 보장할 수 없었다. 브루넬 부자가 이런 위험을 충분히 인지시켰음에도 불구하고 공사는 아무 일 없다는 듯이 강행되었다. 터널 회사 측은 그들의 충고를 무시하고, 한 차례 관람하는 데 1실링씩을 받고 터널에 관광객들을 들여보냈다. 부자의 걱정은 점점 늘어갔다. 마르크 브루넬은 1827년 5월 13일 일기에 이렇게 썼다. "우리 쪽에서 아무리 신중하게 처리한다 해도 재앙은 일어나게 되어 있다. 아치 안쪽에 관광객이 꽉 들어차지 않기만을 바랄 뿐이다." 그로부터 5일 후 강물이 터널을 뚫고 들어왔다.

브루넬(아들)은 로더히스 쪽 수갱(豎坑)의 출구 바깥쪽에 있다가, 아래쪽에서 물이 쏟아지는 굉음을 듣는 순간 최악의 사태가 발생했음을 알아챘다. 곧 이어 하반신이 물에 젖은 굴착 인부들이 수갱 계단을 기어 올라왔다. 브루넬은 그들을 향해 서두르라고 외쳤다. 마지막 인부가 위로 올라오자마자 거대한 파도가 계단을 덮쳤다. 바로 이때 틸렛(Tillet)이라는 늙은 인부가 수갱 바닥에 펌프를 살피러 가서 아직 올라오지 않았다는 사실이 알려졌다. 브루넬은 로프의 한쪽 끝을 허리에 묶고 침수된 컴컴한 터널로 내려갔다. 그는 기적적으로 물에서 허우적거리는 노인을 발견하고 그의 허리에 가까스로 로프를 묶었다. 두 사람이 밖으로 빠져나온 후 인원을 확인했다. 전원 무사했다. 다음날 브루넬은 직접 종(鐘) 모양의 잠수기(潛水器)를 타고 강바닥까지 내려가 피해 상황을 점검했다. 그는 결코 시간을 낭비하지 않았다.

강바닥에 난 구멍을 점토 마대 자루들로 틀어막고 물과 침적토(沈積土)를 제거한 후, 브루넬은 이 성공적인 난관 극복을 특유의 방식으로 자축했다. 그는 부친과 50명의 친구들을 터널 안에 마련한 연회장으로 초대했고, 왕실근위연대[5] 악대를 불러 음악을 연주하도록 했다. 그러나 이 승리는 오래가지 않았다. 두 달 후 터널이 다시 붕

영국 철도 노동자들의 모습. 그들은 별다른 기구의 도움 없이 손으로 모든 일을 했다.

괴된 것이다.

이번에는 마침 브루넬이 터널 안에 있을 때 일이 터졌는데, 그는 기적적으로 살아났다. 브루넬은 실드의 제1프레임에서 볼(Ball)과 콜린스(Collins)라는 두 명의 굴착 인부와 함께 작업하고 있었는데, 강물이 맹렬하게 쏟아져 들어오자 세 사람은 프레임에서 떠밀려 터널 속으로 빨려들어갔고 벽돌공의 발판은 휩쓸려 사라졌다. 물살이 쓸고 지나간 후 브루넬은 한쪽 다리가 육중한 목재 틈에 끼어 있음을 깨달았다. 그는 안간힘을 쓰며 가까스로 빠져나왔다. 그러나 즉각 안전한 곳으로 대피하지는 않았다. 이 비범한 청년은 그 자리에 멈춰 선 채 물이 쏟아져 들어오는 엄청난 광경을 경탄의 눈으로 관찰했다. 그는 나중에 일기에 이렇게 썼다.

"그곳에 서 있는 동안 나는 어마어마한 느낌을 받았다. 좁은 통로로 밀려오는 물살의 거친 소리는 대단했다. 열린 구멍으로 물이 빠져나가는 속도 또한 엄청났다. 정말 놀라웠다. 그것은 무엇에도 견줄 수 없는 것이었다. 대포도 여기다 대면 아무것도 아니었다. 이 모든 놀라운 상황과 사태는 위험을 감수할 만한 가치가 충분히 있었다."

그리고 나서 브루넬은 몸을 돌려 수갱 계단으로 향했다. 그러나 계단에 이르기도 전에 그는 거대한 물살에 휩쓸렸다. 이로 인해 계단이 파괴되고, 볼과 콜린스 외에 네 명의 채굴 인부들이 죽었다. 그러나 브루넬은 반쯤 혼수 상태에서 기적적으로 수갱 입구로 끌어올려졌.

이 두 번째 재난 이후 터널 공사는 자금 부족으로 중단되었다. 공사는 8년 후인 1835년에 접어들어서야 다시 시작되었고, 마르크 브루넬은 1841년이 되어서야 공사가 완료되는 것을 볼 수 있었다. 완공과 동시에 그는 여왕에게서 기사 작위를 받아 노고를 보상받았다.

두 번째 터널 공사에서 아들 브루넬은 아무런 역할도 맡지 않았다. 그레이트웨스턴 철도회사의 수석 공학자에게는 다른 할 일이 있었던 것이다.

브루넬은 터널에서 사고를 당했을 때 발만 다친 것이 아니라 심각한 내상을 입었으므로 여러 주 동안 병상에 누워 있었다. 브루넬이 기운을 차리자 그의 부모는 요양차 아들을 영국 서부의 브리스틀(Bristol) 근방 클리프턴(Clifton)으로 보냈다. 그들의 이 우연한 계획은 아들의 장래를 결정짓는 결과를 가져왔다.

클리프턴 교량 건설

브리스틀 시민은 클리프턴 에이번 강[6]의 깊고 좁은 골짜기에 교량을 설치하기로 결정했고, 담당 위원회는 설계 공모를 공표했다. 이것은 브루넬의 상상력을 자극하는 극적인 프로젝트였다. 그는 병에서 회복하는 즉시 작업에 착수하여 골짜기 양쪽 끝을 잇는, 전체 길이가 870~916피트(265~279m)에 이르는 현수교(懸垂橋) 설계도를 세 개나 그려냈다.

클리프턴 교량위원회는 설계 공모 심사 위원에 당대의 가장 탁월한 토목공학자인 텔퍼드[7]를 임명했다. 텔퍼드는 공학자로서 수많은 뛰어난 업적을 이루었는데, 그 중에서도 특히 북부 웨일스의 메나이(Menai) 해협을 가로지르는, 그 당시 세계 최대의 현수교를 건설한 인물로 유명했다. 그러나 이 무렵의 텔퍼드는 늙고 소심해져 있었다. 과거 렁건[8]의 머시 강(Mersey)을 가로지르는 경간(徑間)—교각 사이의 거리—1천 피트(305m)의 교량을 자기 손으로 설계한 적이 있다는 사실은 까맣게 잊고, 자신이 가설한 경간 5백 피트(183m)의 메나이 다리보다 경간이 긴 교량은 안전상 문제가 있다는 의견을 제출했다. 텔퍼드는 이런 이유로 모든 공모작들에 퇴짜를 놓았다. 그리고 그는 직접 계곡 바닥에 두 개의 거대한 교각을 세워 경간을 축소한 설계도를 마련했다. 처음 그 설계는 갈채를 받았다. 그러나 브루넬이 이 소극적인 설계에 지독한 경멸을 퍼붓자 찬사의 열기는 사그라들었다. 마침내 두 번째 공모가 시행되었다. 이 공모에서 텔퍼드는 탈락되고 브루넬의 설계가 당선되었다. 그리고 그는 교량위원회의 책임 공학자로 지명되었다.

메이든헤드 철교

불운하게도 자금 부족 때문에 브루넬의 멋진 교량—그는 이 다리를 '나의 사랑하는 첫아들'이라고 불렀다—은 그의 사후까지도 완성되지 못했다. 그러나 이 사업을 비롯하여 브리스틀 조선소에서 맡은 여러 임무들 덕분에 그는 브리스틀에서 높은 명성을 얻었다. 그 결과 1833년 일단의 브리스틀 기업가들이 브리스틀에서 런던까지의 철도 부설 계획과 조사를 맡을 공학자를 물색할 때 브루넬은 그 후보들 중 하나로 물망에 올랐다. 그는 이것이 대단한 기회라는 것을 알았다. 철도 건설은 야심 찬 공학자에게 무한한 기회를 제공했기 때문이다. 그러나 초창기의 철도 건설 분야는 발명가 스티븐슨 부자—조지 스티븐슨[9]과 로버트 스티븐슨[10]—와 그들이 훈련시킨 공학자들이 사실상 독점하고 있었다.

브루넬은 좋은 기회가 눈앞에 어른거린다고 해서 시류에 적당히 타협하는 성격이 아니었다. 철도위원회는 가장 저렴한 노선을 확보해주는 공학자에게 일을 맡기겠다고 공표했다. 브루넬은 이에 대해 자신은 브리스틀에서 런던에 이르는 단 한 개 노선만을 조사할 것이며, 그 노선은 가장 저렴한 노선이 아니라 가장 좋은 노선이 될 것이라고 답변했다. 그는 결국 기회를 잡았는데 나중에 자신이 단 한 표 차이로 이 일을 맡게 되었다는 것을 알게 되었다.

석판화로 그린 브루넬의 그레이트웨스턴 철도 모습이다. 브리스틀 에이번 강에 놓여진 철교이다.

많은 사람들이 보기에 118마일(190km)이나 되는 철도 노선을 만든다는 것은 지나친 욕심이었다. 그러나 브루넬에게 그것은 작은 출발에 불과했다. 그의 생각은 이미 저만치 앞서 나아가고 있었다. 풀 한 포기 베어내기도 전에 이미 그는 자신의 철도가 서머셋(Somerset)과 데본(Devon)을 지나 콘월(Cornwall)과 남부 웨일스 해안선까지 뻗어나가 영국 서부 지역 교통망을 독점하리라는 것을 훤히 내다보았다. 그러므로 철도회사의 이름은 '런던-브리스틀' 철도회사가 아니라 그레이트웨스턴 철도회사가 되어야 마땅했다.

"나는 영국에서 최고의 완성도를 성취하는 공학자이다."

브루넬은 일을 맡은 후 일기에 이렇게 썼다. 해내고야 말겠다고 결심했기 때문이었다. 당시까지 그 누구도 생각지 못했던 속도를 염두에 두었던 그는 최대한 직선이 되도록 노선을 설계했다. 역사상 가장 크고 가장 평평하게 건설될 아치형 교량으로 메이든헤드[11]에서 템스 강을 건너고, 바스(Bath) 인근 복스힐(Box Hill) 지하로 2마일 가까운 터널을 통과하는 노선이었다. 동시대 사람들은 이 터널 공사 계획을 '기괴하고 비범한, 지극히 위험하고 실현 불가능한' 계획이라고 말했다. 그러나 이 공사는 불과 4년 반 만에 완공되었다. 벽돌 3천만 장이 사용되었고, 공사 기간 중에는 매주 1톤의 양초와 1톤의 화약이 소요되었다. 아무리 가벼운 열차가 달려도 메이든헤드의 교량은 무너질 것이라고 모두들 예상했지만, 그것은 오늘날에도 간선 철도로 활용되고 있다.

궤간 논쟁: 스티븐슨과의 충돌

그러나 이러한 작업 내용이 촉발시킨 논쟁은, 브루넬이 자신의 철

그레이트웨스턴 철도의 바스 인근 복스 터널 입구이다.

도 궤간(軌間)을 7피트(약 2m)로 하겠다고 밝혔을 때 밀어닥친 분노의 폭풍에 견주면 산들바람에 불과한 것이었다. 일찍이 스티븐슨 부자는 철도의 표준 궤간을 4피트 8.5인치로 정한 바 있는데, 로버트 스티븐슨이 밝혔듯이 그것은 북부 탄갱 철도—예전의 마찻길에 맞춘 것이다—의 궤간에 맞춰 정해진 것이었다. 브루넬은 이 선례를 주저 없이 폐기했다. 폭이 좁은데다가 주먹구구식으로 정해진 '석탄차 궤간'은 자신이 설계한 노선의 속도를 받쳐줄 수가 없었다. 그는 더 큰 안정성을 원했고, 기관차 설계자에게 안심하고 고속 엔진을 제작할 수 있는 충분한 조건과 환경을 제공하고자 했다. 영국의 모든 철도공학자들의 격렬한 반발에도 불구하고 끝내 자신이 천거한 책임자들에게 일을 맡겨 광궤(廣軌) 철도를 설치할 수 있었던 것은, 상당 정도 브루넬의 호소력과 인간적 매력에 힘입은 것이었다.

브루넬은 자신이 제시한 광궤 철도의 압도적 우월성이 입증될 것이며, 다른 철도회사들도 광궤로 바꾸지 않을 수 없을 것이라고 주장했다. 만약 그가 이 분야에 조금만 더 일찍 진출했더라면 그의 주장은 제대로 평가를 받을 수 있었을 것이다. 그러나 그 당시 협궤 철도는 이미 너무나 확고하게 정착되어 있었으므로 광궤 철도는 비용 면에서 실책으로 판명되었다. (물론 광궤 철도는 1892년에 이르기까지 브루넬의 주요 노선에 사용되었다.) 하지만 광궤 철도는 공학 분야의 걸작으로서 브루넬이 주장했던 모든 것을 달성했다.

기관차 제작자인 대니얼 구치(Daniel Gooch)의 열성적인 지원으로 스윈던(Swindon) 제작소는 13주 만에 그레이트웨스턴이라는 기관차를 제작했는데, 이 기관차는 지름 8피트의 단일 동륜(動輪)과 초대형 보일러를 장착하고 있었다. 이 시기(1846)에는 표준 궤간 평균 시속이 35마일(56km)이면 빠른 속도라고 여겨지고 있었다. 그러나 공작소에서 출고된 지 한 달 만에 그레이트웨스턴은 패딩턴[12]에서 엑시터[13]까지 194마일(310km)을 208분에 주파했다(시속 약

90km). 그리고 1백 톤 하중을 뒤에 붙이고 런던에서 스윈던까지 77.5마일(124km)을 78분 만에 달렸다(시속 95km). 그것은 일련번호가 붙지 않은 일련의 광궤 급행 기관차들—그들 중 대표적인 것으로는 아이언 듀크(Iron Duke), 그레이트브리튼(Great Britain), 번개(Lightning), 황제(Emperor), 파샤(Pasha), 술탄(Sultan), 섬의 제왕(Lord of Isles) 등이 있다—중 첫 번째 기관차였다. 이 기관차들은 세계 최초의 특급열차들을 뒤에 연결한 채 질주했고, 이 특급열차들에는 콘월인(The Cornishman), 날쌘 네덜란드인(The Flying Dutchman), 줄루인(The Zulu) 같은 불멸의 이름이 붙여졌다.

조지 스티븐슨은 브루넬의 광궤 철도를 협잡이라고 매도했고, 결국 승리는 그에게 돌아갔다. 그러나 그의 승리는 아무것도 성취하지 못한 반면, 광궤 철도는 스티븐슨의 철도 독점을 무너뜨림으로써 철도 발달에 지대한 기여를 했다.

실패한 공기 추진장치

데본과 콘월을 통과해 서쪽으로 가는 광궤 철도를 연장시킨 브루넬의 조치는 성공과 실패로 점철된 그의 파란만장한 업무 수행 방식을 그대로 따른 것이었다. 그는 엑시터 서쪽의 사우스데본 철도에 공기 추진장치(atmospheric system of traction)를 도입했다. 철로 중앙에 레일과 나란히 파이프 라인을 깔고, 기관차를 대신해 파이프 내부에서 움직이는 피스톤을 장착한 특수 견인차가 열차를 끌었다. 철도 옆에 3마일 간격으로 설치된 일련의 펌프 정거장들이 파이프 안의 공기를 뽑아냈고, 열차는 피스톤 운동에 의해 발생하는 공기압에 의해 전진했다. 이 장치는 한동안 제대로 작동했지만, 그 후 연달아 문제가 발생했고 급기야 막대한 비용을 날린 한바탕 실험으로 끝나고 말았다.

이 장치가 성공할 수 없다는 판단을 하자마자 브루넬은 대담하게 즉각적인 포기를 결심했다. 철도회사 관계자 대부분이 이 실험을 계속할 것을 희망했지만 그는 연연하지 않았다. 체면을 위해 성과 없는 이 일에 계속 매달렸다면 그의 경력은 치욕으로 끝나고 말았을 것이다. 그러나 그의 능력에 대한 철도 관계자들의 믿음은 확고부동했고, 그는 계속 사업을 추진하여 콘월을 거쳐 종착역인 펜잰스(Penzance)까지 철도를 놓을 수 있었다. 런던에서 출발한 이 긴 철도 노선의 마지막 연결부는 브루넬이 설계한 저 유명한 로열앨버트 다리(Royal Albert Bridge)였다. 브루넬의 철도공학에서 마지막 걸작이라 할 수 있는 이 거대한 교량은 지금도 그의 기념물로 남아 있다. 1859년 5월 마침내 런던에서 펜잰스에 이르는 긴 노선이 마침내 완공되었고, 여왕의 부군(夫君)인 앨버트 공[14]이 다리 준공식을 개최했다. 이때 브루넬의 삶은 불과 넉 달밖에 남아 있지 않았다. 목숨이 경각에 이른 이 공학자는 트럭에 실린 침상에 누워 자신의 걸작을 처음이자 마지막으로 바라보고 있었다.

최초의 대서양 정기 횡단 증기선 그레이트웨스턴 호

모두 2천 마일(3,200km)에 달하는 철도가 브루넬의 감독 아래 건설되었다. 사실 이것만도 한 사람이 짧은 생애 동안 성취하기 어려운 일이다. 그러나 그것은 브루넬의 업적 중 절반에 불과하다. 그는 광궤 철도 분야 이상으로 조선공학 분야에서도 획기적인 업적을 이룩했다.

이야기는 그레이트웨스턴 철도회사의 초창기 이사회에서 시작된다. 회의에 참석한 몇몇 사람들은 런던에서 브리스틀까지의 거리가 너무 멀다고 우려를 표명했다. 브루넬은 담배 연기를 내뿜으며 이렇게 말했다.

"더 길게 만들지 못할 것도 없죠. 브리스틀에서 뉴욕까지 가는 증기선을 만들고 그레이트웨스턴이라고 이름 지으면 어떨까요?"

프록코트 차림으로 이사회에 참석한 근엄한 신사들은 브루넬의 돌발적인 말을 공학자 특유의 재담으로 받아들였다. 그러나 세계 최대 규모의 증기선인 그레이트웨스턴 호를 건조할 회사가 브리스틀에 만들어지자 그들은 그 말이 농담이 아니라는 것을 곧 깨닫게 되었다. 다시 한 번 재앙의 예언자들이 까마귀 떼처럼 몰려들었다. 그들은 음울한 어조로 동력을 계속 가동하면서 대서양을 횡단할 만큼 석탄을 적재할 수 있는 증기기선은 제작될 수 없다는 것을 계산으로 입증할 수 있다고 말했다. 그러나 브루넬은 그들의 계산이 잘못됐다는 것을 알고 있었다. 선박의 운반 능력은 그 용적의 세제곱에 비례하지만, 물살을 헤치며 앞으로 나아가는 데 필요한 힘은 용적의 제곱에 비례하기 때문이었다. 그러므로 선박이 커질수록 연료 공급 없이 항해할 수 있는 거리는 더 길어진다. 브루넬은 이런 간단한 계산을 바탕으로 자신의 첫 번째 선박을 건조했다.

배수량 2천 3백 톤의 목제 외륜선인 그레이트웨스턴 호[15]가 위용을 갖추자, 기존의 선박업계에서는 브루넬의 실험이 성공할 경우 자신들에게 닥칠 미래를 불안하게 전망하기 시작했다. 이에 런던의 영미기선회사(British & American Steam Navigation Company)는 자구책을 강구하기 위해 템스 강 라임하우스[16]에서 브리티시퀸 호(British Queen) 건조에 착수했다. 그러나 이 배는 돛을 단 그레이트웨스턴 호가 엔진을 장착하기 위해 런던에 도착했을 무렵에도 아직 완성되지 않았다. 브루넬보다 선수를 치기 위해 경쟁사 측은 아일랜드 해를 항해하는 소형 증기선 시리우스 호[17]에 면허를 주어 대서양 항해를 준비시켰다.

시리우스 호는 1838년 3월 28일 템스 강을 출발했다. 한편 브루넬이 지휘한 그레이트웨스턴 호는 손님을 태우기 위해 3월 31일 브리스틀로 향했다. 시리우스 호가 코크[18]에서 석탄을 공급받을 예정이라는 소식을 접한 브루넬은 그레이트웨스턴 호의 출발이 늦어지는 것을 우려했다. 엎친 데 덮친 격으로 그의 호화 증기선이 템스 강 어귀를 출발하기 직전 배의 보일러실에서 갑자기 연기와 화염이 솟구쳐 올랐다. 보일러 굴뚝 밑부분의 단열재에 화재가 발생하여 갑판으로 불길이 번진 것이다. 다행히 심각한 손상을 입기 전에 사고가 수습되었다. 그러나 이 사고로 브루넬은 목숨을 잃을 뻔했다. 불을 끄려고 동분서주하는 동안 딛고 있던 사다리가 불에 타 무너졌고, 그는 18피트(5.4m) 아래의 보일러 탱크로 떨어졌다. 조금만 더 운이 나빴더라면 그 안의 끓는 물속에 빠졌을 것이다. 극심한 고통에 신음하면서 보트로 해변에 도착한 그는 캔베이 섬(Canvey Island)에서 한 농부의 보살핌을 받았다. 그러나 그의 고집스런 집념으로 그레이트웨스턴 호는 12시간을 지체한 후에 바다로 출항했다.

 이 경주의 결과는 결정된 것처럼 보였다. 시리우스 호는 이미 4월 4일 코크를 떠났고, 그레이트웨스턴 호는 그보다 4일이나 지난 후 그보다 더 멀리 떨어진 브리스틀 항에서 출발했기 때문이다. 비교적 소형 선박인 시리우스 호는 바다에서 19일을 보내고 4월 23일 아침 뉴욕 항에 도착했다. 아슬아슬한 입항이었다. 석탄이 바닥나서 화물로 싣고 가던 송진을 땔감으로 써야 했기 때문이었다. 그로부터 몇 시간 후 뉴욕 시민들은 시리우스 호가 얼마나 치열한 접전 끝에 도착했는지 알게 되었다. 바로 그 역사적인 날 아침 그레이트웨스턴 호는 브리스틀 항을 떠난 지 15일하고 5시간 만에 샌디 후크(Sandy Hook)에 닻을 내렸다. 베넷[19]은 조간신문 《뉴욕 헤럴드》에서 그레이트웨스턴 호가 뉴욕에 도착하던 광경을 실감나게 묘사했다.

 "하늘은 맑았다. 어마어마한 군중이 몰려들었다. 배터리 공원[20]

은 밀려든 인파로 발 디딜 틈이 없었다. 넓고 푸른 바다에 네 개의 돛이 달린 거대한 물체가 연기 기둥을 뿜으며 나타났다. 배는 검정색이었고 마치 불량배 같았다. 칙칙한 색이었지만 늘씬하고 멋졌으며 무모하면서도 사납고 섬뜩했다. 시리우스 호 가까이 오자 그레이트웨스턴 호는 속도를 늦추고 재빨리 둥글게 반원을 그렸다. 그 순간 공원에 운집한 군중은 증기선의 위용에 기쁨의 환호성을 질렀다. 방향을 틀어 스태튼 아일랜드[21]로 향한 후, 배는 이스트 강[22]을 향해 급가속했다. 군중은 다시 한 번 '만세' 하고 환호성을 올리며 손수건과 모자를 흔들었다."

그러나 이 자리에 참석해 열광적으로 환호했던 뉴욕 시민들은 이 사건의 가장 중요한 역사적 의의—즉 그레이트웨스턴 호 창고에 아직 2백 톤이나 되는 석탄이 남아 있었다는 사실—를 알아챌 수는 없었다. 여하튼 브루넬은 이로써 대서양 횡단 증기선의 실용성을 당당하게 입증한 셈이었다.

세계 최초의 스크루 추진 철제 증기선 그레이트브리튼 호

그레이트웨스턴 호는 완전한 성공을 거두었고 당당하게 '대서양 청색기장'[23]의 영예를 얻어, 8년 동안 67회 이상 대서양을 횡단했다. 이 배의 대서양 횡단 최단 기록은 서쪽으로는 13일, 동쪽으로는 12일이었다. 그레이트웨스턴의 뒤를 이어 브루넬의 두 번째 배인 그레이트브리튼 호[24]가 1845년 대서양 항해에 투입되었다. 그레이트웨스턴 호와 마찬가지로 이 배는 진수할 당시 세계 최대의 선박이었다. 규모만 큰 것이 아니었다. 그레이트브리튼 호는 세계 최초의 철제 증기선이자 세계 최초의 스크루 추진 선박으로서, 전 세계 어느 대양이든 항해할 수 있었다. 공학의 특정 분야에서 브루넬처럼 두 번이나 설계상의 혁명적 쇄신을 이룩한 인물은 좀처럼 찾아보기 힘들다.

그러나 브루넬과 그의 '작품'에는 나쁜 운명이 따라다녔다. 마치 그의 가설이 타당한지 시험이라도 하려는 듯이 말이다. 그레이트브리튼 호도 예외는 아니었다. 1846년 9월 22일 이 배는 180명의 승객을 태우고 리버풀을 떠나 뉴욕으로 향했다. 그 당시까지 대서양 횡단 항해를 떠난 증기선들 중 가장 많은 인원이 탑승한 셈이었다. 몇 시간 후 배는 북아일랜드 해안 던드럼 만(Dundrum Bay)에 좌초하고 말았다. 잘못된 해도(海圖)와 철제 선체로 인한 나침반 편향(偏向) 때문이었다. 그레이트브리튼 호는 해안의 바위에 심하게 긁혔지만 충격을 잘 견뎌냈다. 다른 선박이었다면 여지없이 침몰되고 말았을 것이다. 승객도 전원 무사히 육지에 올랐다. 이듬해 봄 브루넬의 감독 아래 배는 말끔히 수리되었다. 그레이트브리튼 호는 1886년까지 계속 취항했으며, 우리는 오늘날에도 이 배의 선체를 포클랜드 제도(Falkland Islands) 스패로 만(Sparrow Cove)에서 볼 수 있다.

운행 기간 동안 그레이트브리튼 호는 대부분 오스트레일리아로 취항했다. 그러나 애당초 대서양 항해에 맞춰 설계된 배인지라 이렇듯 장거리 항해를 하기 위해서는 특별히 남부 웨일스에서 범선을 보내 희망봉에서 보일러용 석탄을 공급받아야만 했다. 그러나 연료 재공급에는 막대한 비용이 들었고, 이 때문에 브루넬은 그의 세 번째 배이자 마지막 배인 그레이트이스턴 호[25]를 설계했다.

그레이트이스턴 호

브루넬이 만든 이 거대한 배는 배수량이 3만2천 톤—그 당시 바다를 항해하던 최대 규모 선박보다 네 배나 큰 규모였다—에 달해 연료 재공급 없이도 세계를 일주할 수 있었다. 그것은 외판(外板)을 이중으

건조 중인 그레이트이스턴 호.

로 처리한 튼튼하기 그지없는 거대한 철제 선박이었다. 브루넬은 앞서 설계한 두 배에서 얻은 모든 경험을 이 배에 쏟아 부었다. 그레이트이스턴 호는 그의 마지막 걸작품으로, 선박 건조 역사에 새로운 지평을 열었다. 이 배는 1858년 건조되었고 그 후 1899년까지 세계에서 가장 큰 선박이었다. 이 선박을 설계한 브루넬은 시대를 너무 앞서간 인물이었다. 배에는 두 개의 엔진이 장착되어, 하나는 스크루를 돌리고 다른 하나는 외륜을 돌렸다. 그 당시의 증기기관은 증기의 압력이 낮아서 그처럼 거대한 선박을 추진하기에는 역부족이었던 것이다. 이 배에 장착된 두 엔진은 성능이 1만 마력에 달했으며 당시로서는 세계 최고를 자랑했다. 하지만 그레이트이스턴 호의 속력은 실망스러운 것이었다.

조선소는 선미가 앞을 향한 상태로 배를 진수하도록 되어 있어 그레이트이스턴 호는 강둑과 나란히 놓여 있었다. 이것은 1만2천 톤이 넘는 거대한 선체를 특수 제작된 진수대로 밀어 내려, 한사리 때 바닷물에 띄워야 한다는 것을 의미했다. 브루넬은 가혹한 조건 속에서 한 해 중 가장 나쁜 시기에 부족한 장비로 이 엄청난 일을 해내야 했다. 자동 양수기가 터졌고 육중한 쇠사슬은 무명실처럼 끊어졌다. 그러나 3개월 간의 악전고투 끝에 마침내 배가 물 위에 떴다. 1858년 1월 31일이었다. 그러나 이 성공은 엄청난 대가를 치르고 얻어진 것이었다. 브루넬은 건강을 망쳤고, 회사는 선박 제작 후반부에 들어간 비용을 책임질 수 없었다.

1859년 새로운 회사가 설립되어 그레이트이스턴 호를 완성했다. 브루넬은 중한 병에 걸려 갑자기 노쇠해졌지만, 이 거대한 괴물을 바다로 내보내는 작업을 진두지휘했다. 이 모든 노력의 대미를 장식할 처녀항해에 그를 태우기 위해 선실이 별도로 마련되었다. 그러나 그는 끝내 이 꿈을 이루지 못했다. 배가 출항하기 이틀 전 갑판에서 쓰러지고 말았던 것이다. 그는 뇌졸중을 일으켜 신체 한쪽이 마비되

3만2천 톤급 증기선이 아일랜드 해안에 떠 있다(1866). 대서양 해저 케이블을 가설하는 광경이다.

었다. 그 결과 9월 7일 그레이트이스턴 호는 브루넬을 육지에 남겨 둔 채 출항했다. 배가 던즈네스[26]를 지나 영국 해협으로 항로를 잡았을 때 재난이 발생했다. 외륜 엔진과 보일러를 담당한 조선기술자 러셀(John Scott Russell) 팀의 부주의—그것은 변명의 여지가 없는 것이었다—로 보일러와 가열장치가 폭발하고 만 것이다. 이 때문에 대형 굴뚝 중 하나가 공중으로 날아가버렸고, 객실이 파손되었으며, 여섯 명의 화부가 화상으로 사망했다. 배는 예정대로 웨이머스[27]로 계속 항해할 수 있었다. 그러나 집에서 소식을 기다리고 있던 브루넬에게 이 재난이 미친 영향은 파국적이었다. 그의 불요불굴의 정신은 최후이자 최대의 재난으로 인해 무참히 꺾였고, 며칠 뒤인 1859년 9월 15일 사망했다.

여객선으로서 그레이트이스턴 호는 결코 성공적이지 못했다. 세계 무역의 변화와 수에즈 운하의 개통 때문에 브루넬의 거대한 배는 설계 당시의 목적지였던 오스트레일리아로 취항할 수 없었다. (그레이트이스턴 호는 선체가 너무 커서 수에즈 운하를 통과할 수 없었다.) 그 대신 뉴욕 노선에 취항했는데, 이 배는 당시 북대서양 노선에 투입되기에는 너무 컸다. 구치는 이 배를 해저 케이블 부설에 활용함으로써 배와 설계자의 체면을 지킬 수 있었다. 배는 이 방면에서 대단히 큰 성공을 거두었다. 구치의 감독 아래 그레이트이스턴 호는 발렌시아(Valencia)에서 뉴펀들랜드에 이르는 최초의 해저 케이블을 놓았고, 그 후로도 전 세계에 해저 케이블 망을 깔았다.

뛰어난 독창성과 추진력

상업적으로는 실패했으나 공학적으로는 승리를 거둔 한 비범한 인물의 생애는 이렇게 마감되었다. 브루넬과 그가 건조한 세 척의 거대한 배는 이제 역사 속에만 남아 있을 뿐이다. 그러나 그가 가설한 철도는 아직도 사용되고 있으며, 후대 사람들의 경탄을 자아내고 있다. 더욱이 두 영어 사용권 세계—영국과 미국—를 한데 묶는 교통통신망을 구축하는 임무를 브루넬 이상으로 잘해낸 인물은 없었다.

그가 이룩한 물질적 성취를 떠나, 과도하게 전문화된 시대에 살고 있는 우리 입장에서 가장 높이 평가해야 할 대목은, 브루넬이 단호한 확신과 놀라울 만큼 다재다능한 지적 상상력으로 거의 모든 과학 기술 분야를 자유롭게 넘나들었다는 점이다. 그는 기술과 과학 사이에 건너지 못할 간극이란 없다는 것을 보여주었다. 그리고 만일 그 간극이 벌어지지 않았더라면, 그리고 우리가 이토록 고도로 전문화되지 않았더라면 이 세상이 조금 더 나은 곳이 되었을 것이라는 반성을 하게 해준다.

브루넬에 대한 최고의 추도문은 구치의 일기에서 찾아볼 수 있다. 그는 친구로서 브루넬에게 일생 변함없는 성실성을 보였으며 그의 죽음을 애통해했다. 구치는 일기에 이렇게 썼다.

"9월 15일, 나의 가장 오랜 친구를 잃었다. 그의 죽음으로 영국은 가장 위대한 공학자를 잃었다. 그는 가장 뛰어난 사고의 독창성과 업무 추진력을 겸비한 인물이었다. 그는 대담무쌍한 계획을 세웠지만, 그것은 올바른 것이었다. 상업적인 관점에서 보면 그는 타산이 안 맞는 엉뚱한 아이디어를 밀고 간 인물이었다. 물론 그에게는 그런 면이 있었다. 그러나 무릇 위대한 사업이란, 책상에 앉아 아이디어와 행동의 결과를 요리조리 주판알로 계산만 하는 사람에 의해서는 이루어지지 않는 법이다."

■ 본문 깊이읽기

1 브루넬이 건조한 세 척의 배

브루넬은 최초로 대서양을 횡단한 기선을 설계했다.

브루넬은 그레이트웨스턴 호(1837), 그레이트브리튼 호(1843), 그레이트이스턴 호(1858) 이렇게 세 척의 배를 건조하여 선박 공학에 크게 기여했으며, 세 척 모두 진수할 당시 세계에서 가장 큰 배였다. 목제 외륜선인 그레이트웨스턴 호는 정기적으로 대서양을 횡단한 최초의 기선이었고, 강철 선체 기선인 그레이트브리튼 호는 스크루 프로펠러로 움직이는 최초의 대형 선박이었다. 그레이트이스턴 호는 외륜과 스크루로 추진되었으며, 이중 강철 선체로 된 최초의 선박이었다. 40년 동안 가장 큰 선박이었던 그레이트이스턴 호는 여객선으로는 성공하지 못했지만, 대서양 해저 케이블을 성공적으로 설치하여 명성을 얻었다.

2 호슬리(John Horsely, 1817~1903)

영국의 서사화가. 최초로 크리스마스 카드를 고안한 미술가로 유명하다. 1843년 그의 친구인 헨리 콜 경을 위해 만든 판화로 찍어낸 1천 장의 카드가 런던에서 판매되었다. 이 카드의 아랫부분에는 'A Merry Christmas and a Happy New Year to You'라는 인사말이 씌어 있다. 그의 누이인 메리는 1836년에 브루넬과 결혼했다.

3 템스 터널

와핑-로더히스 터널(Wapping-Rotherhithe Tunnel) 이라고도 한다. 1825~1842년에 마르크 브루넬이 건설한 최초의 수중 터널이다. 런던 템스 강 밑을 통해 로더히스에서 와핑까지 연결된다. 브루넬은 횡갱(橫坑)을 파나가기 위해 근대 토목공법의 기본 도구인 터널링 실드를 고안했다. 완공된 터널은 길이 459m, 단면적 7 11m로 지반이 무른 터널로서는 수년 동안 가장 큰 규모였으며, 오늘날 런던 지하철의 일부로 이용되고 있다.

4 터널링 실드(tunneling shield)

강 아래나 지하수층이 있는 연약지반에 터널을 건설할 때 사용하는 기계이다. 강 아래 터널 건설은 진흙과 물이 스며들어 선진 도갱(先進導坑: 터널 공사를 위해 맨 처음 파는 갱)이 무너지는 문제를 해결하지 못해 수세기 동안 실행되지 못했다. 1818년 영국의 해군장교 마르크 브루넬은 배좀벌레조개가 자신의 껍질을 이용해 나무에 파고들어 톱밥을 뒤로 밀어내는 것을 관찰했다. 그리고 그것에 착안하여 거대한 나사 잭을 이용해 연약지반을 밀고 나가면서 전면의 빈지문을 통해 땅을 파는 철제 실드를 제작했다. 1825~1842년에 평면이 직사각형인 브루넬의 실드는 런던 템스 강 밑에 건설된 세계 최초의 수중 터널 건설에 성공적으로 이용되었다. 1865년 영국의 P. 발로는 원형 단면에 지름이 2.5m인 매우 간단한 실드를 고안해 특허를 냈다. 이것을 이용해 J. H. 그레이트헤드는 예상보다 적은 자본으로 1년 내에 템스 강 아래에 작은 터널을 건설할 수 있었다. 한편 미국 뉴욕 주의 A. E. 비치라는 사람은 원형 단면을 가진 실드를 제작해 브로드웨이 아래 실험적인 지하 철도를 건설하는 데 이용했다. 1880년경 그레이트헤드는 런던 지하 터널 공사에서 압축공기를 사용해 라이닝이 설치되는 동안 출수(出水)를 막았다. 이런 과정을 거쳐 실드와 압축공기를 복합적으로 사용해 큰 강 밑에 터널을 건설하는 일이 가능하게 되었다.

현대의 터널링 실드는 본질적인 면에서는 그레이트헤드의 것과 동일하다. 즉 유압 잭은 강철 실린더를 앞으로 밀고, 앞의 격벽(隔壁)은 실드 앞에서 작업할 때는 열리고 연약지반을 밀고 나아갈 때는 닫힌다. 격벽 앞에 있는 실린더는 윗부분이 돌출된 굴착날에 의해 연장되어 있어 실드 앞에서 작업하고 있는 인부를 위한 보호 덮개 역할을 한다. 격벽 뒤에는 실드의 보조장치인 이렉터 암(erector arm)이 있어 연속적으로 강제 원통들을 결합시켜 터널 라이닝(lining)을 만든다. 강철은 나중에 벽돌로 덮인다. 실드를 앞으로 전진시키는 유압 잭은 완성된 라이닝의 끝을 지지한다.

5 왕실근위연대(Coldstream Guard)
1659~1660년에 스코틀랜드의 콜드스트림에서 편성되어 찰스 2세의 왕정복고를 위해 활약했다.

6 에이번 강(Avon)
셰익스피어의 출생지 스트래퍼드 옆을 흐르는 강이다.

7 텔퍼드(Thomas Telford, 1757~1834)

스코틀랜드의 토목공학자. 그의 최고 업적은 웨일스의 메나이 다리 공사(1819~1826)이다. 그는 처음에 벽돌공으로 일했고 후에 독학하여 건축가가 되었다. 1786년에는 슈롭셔 공공사업의 측량기사로서 세 개의 경간을 세웠는데, 몬트퍼드 · 빌드워스 · 뷰들리(주철로 만든 다리로는 두 번째이다)에 놓은 것이다. 1793년에 텔퍼드는 엘즈미어 운하회사의 중개인이자 기사가 되었다. 이 운하에 웨일스의 세이리오그 강 유역과 디 강 유역을 통과하는 두 개의 대송수관을 만들 때 그는 석조물로 고정시킨 주철판의 홈통을 처음으로 이용했고, 이것으로 온 나라에 이름을 떨쳤다. 1803년 정부에 고용되어 스코틀랜드 개발을 도운 그는 칼레도니아 운하 건설을 비롯하여 애버딘, 던디, 그리고 그 밖의 항만 건설과 여러 다리를 포함하여 1,450km가 넘는 도로 건설의 책임을 맡았다. 이어서 체스터와 슈루즈버리에서 홀리헤드에 이르는 도로를 개량하는 과정에서 웨일스에 있는 콘위 강과 메나이 해협에 유명한 두 개의 현수교를 놓았다. 텔퍼드는 이어 철도의 경쟁 위협에 맞서 운하를 개량하고 건설했는데 이 일에는 울버햄프턴에서 낸트위치에 이르는 운하 건설과 트렌트 머지 운하 옆 스태퍼드셔 헤어캐슬 터널 공사가 포함되었다. 그 밖에 스웨덴의 예타 운하, 런던의 세인트캐서린 부두, 스코틀랜드 저지 지방의 도로, 툭스베리와 글로스터에 있는 세번 강 다리 등을 건설했고 토목공학자협회(1818년 창립)의 초대 회장을 지냈다.

8 렁컨(Runcorn)

영국 잉글랜드 체셔 주의 홀턴 행정구에 있는 신도시. 리버풀 항에서 24km 상류에 머시 강을 끼고 있다. 주요 산업은 화공약품 생산이다. 1964년 리버풀과 맨체스터 같은 부근의 대도시 지역 인구 과잉화에 따라 영국의 도시계획가들에 의해 신도시로 지정되었다. 철도 · 국도(1961) · 다리를 통해 위드너스와 연결된다.

9 스티븐슨(George Stephenson, 1781~1848)

영국의 공학자 · 증기기관차 발명가. 뉴캐슬어폰타인의 탄광에서 석탄을 끌어올리는 뉴커먼 대기압 증기기관을 조작하는 기계공의 아들로 태어나 정규 교육을 받지 못하고 어릴 때부터 일하기 시작해 19세 때는 뉴커먼 기관을 운전했다. 그 후 나폴레옹 전쟁 소식으로 호기심이 생긴 그는 야간학교에 등록하고 읽고 쓰는 법을 배웠다. 곧 결혼을 했으며 돈을 더 벌기 위해, 후에 윌리엄 페어베언 경이 된 기계공 동료에게 그의 기관차를 시간제로 운전하게 하면서 자신은 구두를 수선하고 시계를 고쳤으며, 광부의 아내들을 대상으로 옷을 수선해

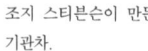
조지 스티븐슨이 만든 기관차.

주었다. 그러나 증기기관에 대해 보여준 천재성 덕에 그는 곧 킬링워스 탄광의 수석 기계공 자리에 앉게 되었다. 그의 첫 번째 아내는 어린 아들 로버트를 남겨둔 채 사망했으며, 그는 아들에게 수학을 가르치기 위해 뉴캐슬에 있는 학교에 보냈다. 그는 아들이 집에 돌아오는 밤마다 함께 숙제를 하고 수학을 배웠다. 1813년 그는 광산에서 석탄을 밖으로 수송하기 위해 존 블렌킨숍이 제작한 '바퀴 달린 증기 보일러'를 조사할 목적으로 이웃 탄광을 방문했다. 이 무거운 기계가 매끄러운 목재 레일에서 견인될 수 없다고 믿은 블렌킨숍은 톱니가 달린 제3의 레일 위로 달리는 래칫 바퀴를 증기 보일러에 부착시켰는데 자주 고장을 일으켰다. 스티븐슨은 자신이 이것을 개량할 수 있겠다고 생각하고 킬링워스의 실질적인 소유주인 레이븐스 워스와 상의한 다음, 30톤의 석탄을 1시간에 6km 운반할 수 있고 여덟 개의 무개화차(無蓋火車)를 견인하는 기관차 '블루처'를 제작했다. 이것이 그다지 만족스럽지 않자 그는 기관차의 출력을 향상시키는 방법을 모색하게 되었다. 그래서 배기증기의 방향을 굴뚝 위로 다시 바뀌게 하여 공기를 끌어당김으로써 통풍량을 증대시키는 '증기분사'를 도입했다. 이 새로운 설계 방식으로 기관차는 진정한 의미에서 실용적이 되었다.

그 뒤 몇 년 동안 킬링워스와 다른 탄광용으로 여러 대의 기관차를 제작했고, 광산용 안전등을 개발해 상당한 명성을 얻었다. 1821년 그는 풍부한 석탄이 매장된 광맥을 개발하기 위해 스톡턴에서 달링턴까지 역마용 철로가 건설될 것이라는 소식을 들었다. 달링턴에서 그는 이 계획의 책임자인 에드워드 피스를 만났으며, 그에게 강한 인상을 받은 피스는 스티븐슨이 이 선로에 사용될 증기기관차를 제작할 수 있도록 추천했다. 1825년 9월 27일 스티븐슨의 '액티브(나중에 '로커 모션'으로 이름이 바뀐다)'에 의해 견인되는 여객용 열차가 450명의 승객을 태우고 시속 24km의 속도로 달링턴에서 스톡턴까지 운행함으로써 철도 수송의 시대가 개막되었다. 리버풀과 맨체스터의 재벌들은 두 도시를 연결하는 64km의 철도 건설을 맡기기 위해 그를 초대했다. 이 구간을 측량·건설하는 동안 그는 철도로 인해 말을 이용한 수송 수단이 밀려나고 귀리 시장이 폐쇄되는 것을 염려하는 농부들과 지주들의 격렬한 항의에 부딪혀야 했다.

리버풀-맨체스터 선로가 거의 완성될 무렵인 1829년 '로켓 호'라고 명명된 그의 기관차가 완성되었는데 이 새로운 기관차는 시속 58km의 속도를 낼 수 있었다. 여덟 대의 기관차가 1830년 9월 15일 개통된 리버풀-맨체스터 구간에서 운행되었는데, 이 기관차들은 모두 그의 뉴캐슬 공장에서 제작되었다. 이때부터 철도 건설은 영국·유럽·북아메리카 전역으로 빠르게 파급되었고, 그는 혁신적인 수송 매체를 위한 다리 설계·기관차 제작·철도 건설 등에서 발생하는 문제를 계속 해결해 나갔다. 또한 그는 미국 중부에 다수의 선로를 건설했고, 국내의 많은 철도 건설 계획의 고문으로 활동했다.

10 스티븐슨(Robert Stephenson, 1803∼1859)
영국 빅토리아 시대의 유명한 토목기사·건축가. 경간

(徑間)이 긴 철도교를 많이 부설했는데 그 중 유명한 것은 노스웨일스 메나이 해협의 브리타니아 다리이다. 기관차를 발명한 조지 스티븐슨의 외아들로, 뉴캐슬에 있는 부루스 아카데미와 에든버러대학에서 공부했다. 1821년 아버지를 도와 스톡턴과 달링턴 철도, 나중에는 리버풀과 맨체스터 철도의 측량 작업을 했다. 콜롬비아에서 광산기사로 일한 뒤 영국으로 돌아와 기관차 개량을 많이 했다. 1833년 런던과 버밍엄 철도의 기사장(技師長)으로 임명되어 블리스워스와 킬스비 터널 공사에서 굴착 작업 등 여러 가지 중요한 기술을 필요로 하는 공사를 감독했다. 뉴캐슬과 베릭을 잇는 철도를 부설할 때는 타인 강에 여섯 개 아치가 있는 철교를 세우면서 나스미스가 새로 발명한 증기망치를 사용하여 토대 기둥을 박았다. 앵글시 섬과 웨일스 본토 사이의 메나이 해협 철교 부설을 맡아 처음으로 튜브형 기둥으로 설계 시공하여 성공했다. 그 뒤 튜브형 기둥으로 건설하는 방법은 영국뿐 아니라 다른 여러 나라에서도 사용되었다.

스티븐슨은 1847년 하원 의원이 되었고 같은 해에 토목공학연구소의 창립위원도 겸했다.

11 메이든헤드(Maidenhead)

영국 버크셔 주 윈저메이든헤드 행정구에 있는 지역으로, 템스 강을 끼고 있다. 돌다리(1772~1777)를 통해 런던-바스 도로가 강을 지나며, 브루넬 철교(1837~1838)는 세계에서 가장 넓은 두 벽돌 경간을 갖고 있다.

12 패딩턴(Paddington)
런던 서부의 주택 구역이자 발착역 이름이다.

13 엑시터(Exeter)
영국 데본 주의 주도이다.

14 앨버트(Albert, prince consort of Great Britain and Ireland, 1819~1861)
영국 빅토리아 여왕의 남편이자 에드워드 7세의 아버지. 그 자신은 인기가 없었지만 빅토리아 여왕과는 금실이 좋기로 유명했고 이는 여왕의 즉위 당시 불안정했던 군주제를 유지하는 데 큰 도움이 되었다. 그를 외국인으로 생각했던 영국 국민의 오해가 장티푸스로 죽을 때에야 풀려 마침내 탁월한 자질을 인정받았다. 빅토리아 여왕은 40여 년을 홀로 살면서 중요한 시기마다 앨버트가 살아 있었다면 어떻게 대처했을까를 생각하며

빅토리아 여왕과 그의 부군 앨버트 공.

문제를 풀어 나갔다고 한다.

15 그레이트웨스턴 호(Great Western)
최초의 대서양 정기 횡단 증기선. 1838년 4월 8일 영국 브리스틀에서 출발해 15일 만에 뉴욕 시에 도착하는 처녀항해를 성공적으로 마쳤다. 당시 다른 배로 항해할 경우 30여 일이 소요되던 것을 반으로 줄인 셈이었다. 영국인 기술자 이샘바드 킹덤 브루넬이 설계한 이 배는 배수량 1,320톤, 길이 65m로 148명의 승객을 수용할 수 있었다. 돛대는 모두 네 개였고 장비는 간단했으며 엔진 두 대로 움직이는 외륜이 달려 있었다. 평균 속력은 돛을 올리지 않은 상태에서 시속 16.7km였다. 마지막 항해 시절에는 크림 반도까지 군대 수송 업무도 수행했으나 1856년 런던 복스홀에서 해체되었다.

최초의 대서양 횡단 정기 항로용으로 건조된 영국의 여객선 그레이트웨스턴 호.

16 라임하우스(Limehouse)
템스 강 북안에 있는 한 동네. 아직도 남아 있는 수많은 선원용 호텔과 교회, 선술집들이 이 지역의 특성을 나타내지만, 가까이에 있던 부두는 이미 폐쇄되었다. 영국인을 겸멸하는 뜻으로 부를 때 '라이미(뱃놈)'라고 하는데 이 말은 흔히 뱃사람들이 많은 라임하우스에서 유래한 것으로 생각하기 쉽지만, 라임하우스와는 상관이 없는 '라임주서(라임 주스를 마시는 사람)'라는 말에서 유래했을 가능성이 높다.

17 시리우스 호(Sirius)
증기기관만으로 대서양을 최초로 횡단한 배. 선측 외륜기선(船側外輪汽船)인 703톤급 시리우스 호는 원래 아이리시 해에서 운항하기 위해 만들었으나, 1838년 영미기선회사가 전세 내어 40명의 승객을 태우고 런던에서 출발하여 코크를 경유한 다음 뉴욕까지 항해했다. 목적지에 도착하기 전에 연료가 떨어졌으나, 증기기관만으로 항해하기로 결심한 선장은 돛 다는 것을 거절하고 그 대신 돛대 등을 연료로 썼다. 폭동이 일어날 때쯤 뉴저지 샌디후크가 보였으며, 훨씬 더 큰 그레이트웨스턴 호보다 몇 시간 앞질러 뉴욕에 도착했다. 횡단 기록을 수립한 것 외에도 하나의 중요한 기술 혁신을 선보였는데, 그것은 보일러에 사용된 물을 재회수하는 복수기(復水器)를 사용한 것이다.

18 코크(Cork)
아일랜드 코크 군의 군청 소재지이자 해항.

19 베넷(James Gordon Bennett, 1795~1872)
스코틀랜드 태생의 미국 편집인. 1819년 봄에 미국으로 이주하여 최종적으로 뉴욕 시에 정착했다. 그곳에서 그는 학교를 설립하고 정치경제학을 강의했으며 부수적으로 언론 활동을 했다. 1835년 5월 6일 그는 자본금

5백 달러를 가지고 그의 집 지하실에서 《뉴욕 헤럴드 The New York Herald》 창간호를 발행했다. '페니 페이퍼(1페니짜리 신문)'였던 이 신문은 창간 당시 4면으로 발행되었다. 그의 근면함과 현명함 덕에 신문은 상업적으로 커다란 성공을 거두었다. 그는 특히 뉴스 수집에 주의를 기울였는데, 그가 취한 보도 방식은 근대 언론의 기초적 방법론이 되었다. 1835년 6월 13일 미국 신문사상 최초로 미국 금융계의 재정 기사를 실었으며 1835년 12월 뉴욕 시의 대화재를 생생하고 상세하게 보도했다. 1838년에는 최초로 유럽에 특파원망을 설치했으며, 1846년에는 최초로 전신을 이용하여 장문의 정치 연설 기사를 완전하게 송고받았다. 그는 남북전쟁 중에 63명의 종군기자단을 파견했고, 앞장서서 삽화를 사용했으며 신문사에 사회부를 신설했다. 또한 헬렌 주엣 사건(1836) 때는 미국 언론사상 최초로 사랑에 얽힌 살인 사건에 대한 기사를 신문에 실었다.

배터리 공원에서 보이는 자유의 여신상.

20 배터리 공원(Battery Park)
뉴욕 시 맨해튼에 있는 공원이다.

21 스태튼 아일랜드(Staten Island)
뉴욕 만 안의 섬이다.

22 이스트 강(East River)
뉴욕 시 맨해튼 섬과 롱아일랜드 사이의 해협을 가리킨다.

²³ 대서양 청색기장(Atlantic Blue Riband)
대서양을 최고 속도로 횡단한 배에 수여하는 상으로, 블루리본 상이라고도 한다.

²⁴ 그레이트브리튼 호(Great Britain)
최초의 대서양 정기선. 철로 제작하고 스크루 추진기를 장착한 이 배는 1843년 진수할 당시 세계에서 가장 큰 배로 길이는 98m, 배수량은 3,270톤에 달했다. 원래 이 샘바드 브루넬이 외륜선으로 설계해 브리스틀에서 건조했으며 스크루 장치와 그 장치를 보완하는 여섯 개(후에 다섯 개가 됨)의 돛대를 갖추었다. 1884년 혼 곶을 일주하다가 크게 파손되어 포클랜드 제도의 포트스탠리에서 폐선(廢船)으로 팔렸는데, 1937년 이곳에서 배에 구멍을 내어 바다에 침몰시켰다. 훗날 이 배는 다시 인양, 복원된 뒤 영국 브리스틀에 전시되었다.

²⁵ 그레이트이스턴 호(Great Eastern)
오늘날 대양 정기선의 원형으로 추정되는 증기선. 브루넬과 러셀이 이스턴 해운회사의 요청으로 영국과 인도 사이의 화물·여객 수송을 위해 설계했다. 1858년 진수할 당시 이 배는 배수량 18,914톤, 길이 211m를 자랑하는 세계 최대의 선박이었다. 속력을 14.5노트(시속 27km)까지 올리고 추진장치들을 번갈아 사용할 수 있도록 설계해 외륜 엔진 두 개와 스크루 엔진 두 개, 돛대 여섯 개를 달았다. 이 배는 진수식을 앞두고 그레이트 선박회사로 옮겨져 뉴욕 무역항로를 운항했다. 거대한 화물 적재 시설을 충분히 활용하지 못해 몇 년 간 적

풀턴이 제작한 최초의 증기선.

자 운항을 계속하다가 마침내 1864년 그레이트이스턴 증기선회사에 매각되었다. 그 뒤 1874년까지 해저 케이블 부설선으로 사용되었는데, 바로 이 무렵 최초의 대서양 횡단 전신 케이블 가설에 성공했다. 1867년에는 해저 케이블 가설 작업을 중단하고, 파리 박람회에 참석하는 미국인들을 유치하기 위해 리버풀과 뉴욕 사이를 운항했다. 당시 그 승객들 가운데 한 사람이었던 쥘 베른은 소설 《떠 있는 도시 *Une Ville flottante*》(1874)에 그레이트이스턴 호에 대해 썼다. 이 배는 1889년에 해체되었다.

26 던즈네스(Dungeness)

영국 켄트 주의 남해안에 있는 갑(岬). 황량한 자갈투성이 삼각지대로 남서쪽이 영국 해협으로 돌출해 있고 북쪽의 좁은 부분은 도버 해협에 이른다. 롬니 습지가 북부 지역에 있으며 틸링엄 강이 라이 밑을 지나 남쪽으로 흐른다.

27 웨이머스(Weymouth)
미국 매사추세츠 주 동부 노퍽 군의 작은 도시. 힝엄 만·웨이머스포어 강·웨이머스백 강과 접해 있으며, 보스턴 남동쪽에 있다.

찰스 다윈과 진화론

J. W. 버로우(J. W. Burrow)

진화론의 최고 권위자 중 한 사람인 메이어(Ernest Mayer)는 다윈의 《종의 기원》에 대해 "인간의 본성에 관한, 그리고 우주에서의 인간의 지위에 관한 사고에서 신기원을 창도했다"고 말했다.

과학상 발견들이 대부분 물질계를 다룬 것과 달리, 다윈은 인간을 비롯한 모든 생물에 관심을 가졌다. 그러나 종이 자연 선택의 과정을 거쳐 진화한다는 그의 기본 사상은 19세기 초 두 명의 영국인 학자가 개진한 두 개의 상이한 이론적 맥락 속에서 이해가 가능하다. 그 하나는 인구는 기하급수적으로 증가하고 식량은 산술급수적으로 증가하므로 오직 적합한 자만이 생존 경쟁에서 살아남을 수 있다는 맬서스의 이론이다. 다른 하나는 지질학자 라이엘의 연구 성과로서, 다윈은 라이엘의 연구가 지구의 먼 과거를 철저히 규명함으로써 "우리의 정신을 완전히 뒤바꾸어놓았다"고 평가한 바 있다. 라이엘의 연구가 없었다면 다윈이 설파한, 선택에 의한 점진적 변화의 이론은 생각할 수 없었을 것이다.

이 글의 필자 버로우는 브리스틀대학 교수로서 저서인 《진화와 사회: 빅토리아 시대 사회 이론 연구》에서 다윈과 그의 시대에 관해 상세하게 고찰한 바 있다.

논란의 인물, 찰스 다윈

찰스 다윈(Charles Darwin, 1809~1882)의 시신은 웨스트민스터 대수도원[1]의 뉴턴 옆에 안치되어 있다. 경건한 크리스천이자 성서학자였던 뉴턴이 그곳에 묻혀 있는 것은 전혀 어색하지 않으며 누구도 이의를 제기할 수 없을 것이다. 그러나 빅토리아 시대의 한 성직자에 의해 '영국에서 가장 위험한 인물'로 불리기도 했던 다윈이 성 베드로에게 봉헌된 수도원 교회에 묻혀 있다는 사실은 보는 이로 하여금 이율배반적인 복잡한 심정에 빠져들게 한다. 그 심정은 그러한 영예가 적절하다는 만족감일 수도 있고, 1882년 다윈이 죽은 후 안장을 허용한 수석 사제 브래들리(Bradley)의 관대함에 대한 감사의 마음일 수도 있다. 또는 한 건축물 안에 '국가적 만신전(萬神殿)'과 '그리스도교 예배'라는 두 가지 기능을 통합하는 변칙적 운영 방식을 용인하는 짓궂은 감정일 수도 있다. 그렇지 않으면 과학과 신학 사이의 휴전에 대한 만족감의 표시일지도 모르겠다. 만인이 그대를 찬양할

◀ 비글 호를 타고 유명한 남반구 탐사 여행을 마친 지 3년 후, 30세의 다윈이 초상화를 그리기 위해 조지 리치먼드(George Richmond) 앞에 포즈를 취했다(1839).

때 그대에게 화가 있을지니, 그대는 아마 사자(死者)일 것이다.

그러나 비록 다윈이 그리스도 교도 묘소에서 조용히 쉬고 있을지라도, 그리고 과학사에서 그가 차지하는 위치가 뉴턴이나 갈릴레오의 명성처럼 확고한 것일지라도, 오늘날 그의 영향력—인간관과 세계관의 모든 구조에 미친 어마어마한 변화—은 커다란 논란을 불러일으키면서 이전보다 더욱 강한 생명력을 지닌 채 살아 움직이고 있다. 19세기에 일어났던 과학과 종교 사이의 심각한 대립과 갈등은 오늘날에는 사실상 가라앉아서 화해하거나 무관심하게 되거나 또는 다른 영역으로 나뉘어졌다. 그러나 다윈과 그의 저술에 관련된 논저는 지금도 계속해서 쏟아져 나오고 있으며 그들 중 일부는 여전히 비판적이고 적대적이다.

성직자들은 아마 다윈이 그랬듯이 '이성적 그리스도교(Rational Christianity)'라는 그리스도교 변증론을 가르치는 신학교에서 교육을 받았을 것이다. 그런데 이성적 그리스도교의 상당 부분은, 다윈 곁에 묻혀 있으며 그에 필적하는 명성을 누리는 뉴턴의 저술에서 비롯된 것이다. 이성적 그리스도교 및 그와 유사하지만 좀 더 급진적 성향을 띤 이신론(deism)은 근대 초기 종교와 과학 사이에 일어난 문제들에 대한 타협의 소산이며, 의도적으로 고안된 해결책이었다.

근대 초기의 이 충돌은 다윈의 《종의 기원》에서 논란의 중심이 되었던 갈등보다 은밀하면서도 더욱 교묘한 것이었다. 그것은 파스칼 같은 17세기 그리스도교 변증론자들의 마음을 심히 어지럽혔다. 왜냐하면 그는 경험과학의 등장을 신앙에 대한 잠재적 위협이라고 간주했기 때문이다. 이러한 위기는 적어도 영국에서는 극복되었는데, 그것은 그리스도교에서 기적과 감성적인 요소들을 희생한 대가로 얻어진 것이었다. 그 결과 18세기에는 서로 현저히 다른 관점을 가지고 논쟁을 주고받으면서도 피차 거북함을 느끼지 않는 지식인 집단이 형성되었다. 물론 고립에서 벗어나기를 거부하는 몇몇 도전적

웨스트민스터 대수도원의 서쪽 정면. 11세기 중반에 참회왕 에드워드가 세운 이 성당은 그 뒤 몇 차례나 개축되었나.

인 무신론자들은 언제나 있었다.
 찰스 다윈이 태어난 1809년의 영국은 모든 점에서 그가 세상을 떠난 19세기 말 이상으로 거칠고 위험한 사회였다. 그 사회는 조직적이고 난폭한 폭력, 냉담한 무관심의 파괴력, 우발적 자연 재해 등에 의해 상처 입기 쉬운 사회였다. 그러나 지적인 면에서 그 세계는 다음 시대보다 훨씬 안락하고 마음 든든한 것이었는데, 19세기 초와 19세기 말에 일어난 그와 같은 변화에 가장 큰 요인을 제공한 인물은 바로 찰스 다윈이었다.

자연신학: 이성적 그리스도교의 버팀목

 19세기 초의 이 명백한 안락함은 역사 의식의 결여에서 기인한 것으로 그러한 결여는 역설적이게도 사람들로 하여금 과거에 대해 편안함을 느끼도록 만들었다. 교육받은 사람들은 모세·아브라함·솔로몬 등에 대해 친밀하게 말할 수 있었고, 아무런 이질감 없이 그들의 말과 행동에서 교훈을 이끌어낼 수 있었다. 과거에 대해 친밀감을 느낄 수 있었던 한 가지 이유는 사람들이 과거의 시간적 길이를 대단히 짧게 생각했기 때문이었다. 19세기 초 대부분의 사람들은 세계가 대략 6천 년 전에 창조되었다고 생각했다. 물론 더블린대학 부총장 어셔[2]가 꼭 집어서 말한 것처럼 인류가 '기원전 4004년 10월 23일 아침 9시'에 창조되었다고 생각한 사람은 거의 없었을 것이다.
 세계는 상상 속에서만 이해 가능할 뿐이었고, 자비로운 질서가 잡혀 있었다. 물론 코페르니쿠스와 갈릴레오 이후 지구는 더 이상 우주의 중심으로 여겨지지 않았다. 천체의 음악은 잠잠해졌다. 그러나 신은 중력이라는 가느다란 실을 통해, 완벽한 질서 속에서 조화롭게 움직이는 천체의 운행을 매순간 주재하고 있었다. 지구가 우주의 중심은 아닐지라도, 인간은 지구상에 존재하는 모든 생명체의 중심이자 목적이었다. 이 생명체들은 창조주의 손에 의해 물고기·짐승·조류 같은 다양한 모습으로 세상에 나타나, 미켈란젤로의 저 유명한 프레스코화에서처럼 창조주가 뻗은 손가락에 의해 생명을 얻은 인간의 지배를 받게 된 것이다.

거친 기후 속에서 자연에 대한 인간의 지배력이 확고하지 못하던 시절, 이 이론은 종종 보완될 필요성이 있었다. 맹수의 존재를 설명하기 위해서는 아담과 이브의 타락이 필요했다. 그리고 사람들은 에덴 동산에 과연 곤충이 있었는지 의문을 제기했다. 그러나 18세기 말에 이르러 적어도 직접 흙을 만져가며 노동하지 않는 사람들의 입장에서 볼 때 자연은 이상화하기에 충분할 정도로 길들여져 있었다. 교육받은 사람들은 자연을 감상적으로 바라볼 수 있을 만큼 충분한 여가 시간을 누렸고 세련된 생활을 했다. 18세기는 '자비롭고 유익한 자연'에 대한 숭배가 절정이던 시대였다. 이에 반해 인간의 타락은 신학적 토론의 장으로 밀려나 있었다.

게다가 사람들은 제아무리 징그럽고 불쾌한 생물일지라도 동식물의 '균형'에 기여한다는, 자연계의 복잡한 상호 작용을 좀 더 깊이 이해하게 되었다. 뉴턴이 제시한 천계의 신성한 목적과 조화에 관련된 만족할 만한 증거를 세부적으로 찾아내려면 다소 난해한 수학적 계산이 필요했다. 그러나 개개의 잎·수술·곤충 등에서 신성한 조화의 증거를 추적하는 것은, 어느 나라의 성직자든 건강한 다리와 수집상자를 갖추기만 하면 충분히 가능한 일이었다. 자연의 운행을 추적하는 것은 창조주의 마음을 탐구하고 그의 자애로움을 새로운 확신으로 받아들이는 일이었다.

당당하게 진열된 '채집물'은 탁자 위에 펼쳐진 성경에 버금가는 것이었다. 신은 방 안에 앉아서 하는 신비 체험—그것은 '열광'으로서 병적이고 비신사적인 것이었다—을 통해서가 아니라, 연못 바닥과 산울타리에서 추구되었다. 말하자면 '자연신학(Natural Theology)'은 이성적 그리스도교의 버팀목이었다. 이렇듯 자연사(박물학)는 19세기 전반기에 대대적으로 유행했고, 그에 관련된 책들은 대중소설의 인기를 능가했다. 《종의 기원》은 1859년 발행 직후 3판을 발행했고, 준비된 독자들을 만날 수 있었다. 동시대의 신학적 동향과 자연사에 대한 취향으로 말미암아, 독자들은 종과 동식물의 본질에 관한 논의를 평가할 준비가 되어 있었던 것이다.

종은 항구 불변이 아니다

다윈은 과학자가 되기 전부터 자연애호가이자 수집가였으며 동시에 스포츠맨이기도 했다. 여우 사냥·사격·말과 개의 사육이 영국 상류 계급의 주요 오락이던 시절, 그 역시 영국 지방 젠틀맨의 취향을 익히며 자랐다. 그의 부친은 아들에게 이렇게 쌀쌀맞게 말하곤 했다.

"너는 총 사냥, 개 경주, 쥐 잡기 말고는 관심이 없구나. 그러다간 너 자신과 가문의 명예를 해칠 것이다."

사실 다윈은 학창 시절 공부에 관심이 없는 젊은이들과 어울려 다녔다. 그가 슈루즈베리 스쿨(Shrewsbury School)의 고전 커리큘럼은 물론 가업(家業)인 의학에도 소질을 보이지 않자,[3] 그의 부친은 하는 수 없이 가문에서 가장 아둔한 아들을 교회에 보내던 그 당시 영국 사회의 관습을 따르기로 했다. 이렇게 해서 다윈은 1827년 케임브리지대학에 입학했다. 모두들 다윈이 식물 채집에 종사하는 또 한 사람의 빅토리아 시대 성직자가 될 것이라고 예상했다. 그러나 그는 섭리라고밖에 말할 수 없는 우연에 의해 여기에서 벗어날 수 있었다.

1831년 영국 해군은 남반구 탐사길에 오르게 될 H. M. S. 비글 호(Beagle)에 로버트 피츠로이[4] 함장과 함께 탑승할 박물학자를 구하고 있었다. 항해 목적은 파타고니아·푸에고 섬·칠레·페루 등 남아메리카 해안과 태평양 섬들을 조사하여 일련의 크로노미터(chronometer, 바다에서 특히 경도(經度)를 측정할 때 이용되는 것으로 매우 정확한 시간 측정장치) 측점(測點)을 수립하는 것이었다. 이때 그의 친구이자 스승이며 케임브리지대학의 식물학 교수인 헨슬로(J. S. Henslow)가 다윈을 추천했다. 다윈 자신도 배에 타기를 원했다. 하지만 그의 아버지는 "만약 누군가 상식 있는 사람이 너를 보내라고 권유한다면 승낙할 것"이라며 반대했다. 이 '상식 있는 사람'의 역할을 한 인물은 다윈의 외삼촌인 조시아 웨지우드였다. 그가 부친을 설득해주었고, 다윈은 그 덕분에 1831년 12월 27일 비글 호를 타고 데이번포트를 떠나 5년 간 항해할 수 있었다.

  다윈 자신이 말했듯이, 비글 호의 항해는 그에게 매우 유익한 것이었다. 그는 비좁은 범선의 열악한 환경에서 고생스럽게 지냈다. 배는 남아메리카 최남단의 케이프 혼(Cape Horn)을 돌아 위험과 난관이 도사린 오지로 수백 마일을 뚫고 들어가는 모험을 감행하면서, 남아메리카·태평양 섬 지역·대서양 남부 등지의 식물군과 동물군 그리고 지질층을 수집하고 관찰하고 해석했다. 또한 오스트레일리아와 남아프리카를 방문하기도 했다. 4만 마일에 이르는 비글 호의 항해를 통해 다윈은 무엇보다도 브라질 밀림의 열대식물에서 안데스 정상에 이르기까지 자연계에 대한 거시적 안목을 갖추게 되었다.

  다윈은 항해에 나서면서, 자신의 지식과 재능 이외에 자신이 관찰한 것을 해석하는 데 없어서는 안 될 도구 하나를 가지고 갔다. 다윈의 스승인 헨슬로는 라이엘[5]이 최근 출간한 《지질학 원리 *Principles of Geology*》 1권을 추천하면서, 읽기는 하되 결코 믿지는 말라고 당부했다. 그러나 다윈은 첫 번째 당부는 따랐으나 두 번째 당부는 따르지 않았다. 라이엘은 대규모의 지진·홍수·화산 폭발 등에 의해 불과 수천 년 전에 지구의 지각(地殼)이 형성되었다는 학계의 통설을 거부하는 대표적인 지질학자 중 한 사람이었다. 그는 지구 지층의 변화는 사람들이 일상에서 흔히 경험하는 익숙한 지질학적 사건들에 의해서만 설명이 가능하며, 따라서 지구의 생성 연대는 수백만 년에 이르게 된다고 주장했다.

사상사에 있어서, 불과 수십 년 사이에 그저 상상으로만 그려보던 일반화된 지질학적 시간 개념이 (마치 천문학적 거리를 측정하듯이) 오직 과학적·수학적으로만 이해할 수 있는 지질학적 연대로 변화한 것보다 더 극적인 에피소드는 찾아보기 힘들다. 다윈주의의 수용도 이보다 더 극적이지는 않았다. 그러나 그에 상응하는 생물학적 논란은 해결되지 않은 채로 남았다. 생물학도 지질학처럼 섭리의 돌연한 간섭―자연법으로 설명할 수 없는―을 배제하고 설명할 수 있는가? 그리고 종의 형성을 통상적인 자연법에 의해 설명할 수 있는가? 노아의 홍수는 더 이상 필수불가결한 과학적 가설이 아니었다. 그렇다면 과연 첫 사람 아담도 배제할 수 있는가?

다윈이 종의 기원의 실마리를 찾아내는 과정에는, 뉴턴의 사과라든가 갈릴레오가 피사의 사탑에서 실행한 낙하실험 같은 '과학적 전설'이 없다. 그의 연구는 너무나도 점진적이고 난해한 과정이었다. 다윈은 비글 호를 타고 항해를 떠날 무렵 대부분의 사람들과 마찬가지로 종의 불변성을 믿고 있었다. 항해하는 동안, 그리고 항해일지를 기록하는 동안 그는 두 차례의 변화를 경험했다. 그는 먼저 라이엘의 지질학 이론을 신봉하게 되었고, 다음으로 종의 불변성을 의심하기 시작했다. 그러나 후자―종의 불변성에 대한 의심―는 여러 해 동안 극소수 사람들에게만 은밀히 털어놓는 비밀로 간직했다. 다윈은 반대 이론에 맞서 싸우며 증거를 수집했고, 언젠가 비밀이 드러날 것에 대비해 지지자들을 포섭하고 있었다. 이를테면 그는

1844년 후커(Joseph Hooker)에게 쓴 편지에서 이렇게 말했다. "나는 내가 처음 생각했던 것과 정반대인 견해에 대해 확신을 갖고 있네. 그것은 마치 '살인'을 고백하는 것과도 같은데, 종은 항구 불변하지 않다는 것일세."

다윈 이전의 진화론들

생물학에서 진화론은 이미 낡은 것이었으며, 심지어 불신받는 이론이었다. 다윈은 《종의 기원》 서문에서 30명이 넘는 진화론의 선구자들을 열거했지만, 그럼에도 중요한 인물들이 누락되었다는 이유로 비난을 받았다. 그리스 사상가들은 생명이 원시의 진흙 속에서 서서히 발전했다는 견해를 견지했다. 18세기의 디드로와 뷔퐁[6], 그리고 다윈의 조부인 이래즈머스 다윈[7]은 진화나 변화에 의한 종의 기원 이론을 어느 정도 온전한 형태로 개진한 바 있었다.

다윈 이전의 진화론들(pre-Darwinian theories of evolution)에 대해 제기된 반론은, 지질학적 시간이 진화가 일어나기에 충분치 않다는 점, 그리고 진화의 진행 과정에 대해 터무니없고 당혹스러운 설명을 했다는 점에 근거를 두고 있었다. 가장 널리 알려진 다윈 이전의 진화론 저작들 — 이래즈머스 다윈의 《동물생리학 또는 생물의 법칙 *Zoonomia or the Laws of Organic Life*》(1794~1796)과 라마르크[8]의 《동물철학 *Philosophie zoologique*》(1809) — 은 유기체가 새로운 필요성에 의해 새로운 기관(器官)을 등장시키고 그것이 자손에게 전달된다고 전제하거나 또는 완성을 향한 내적 충동이 새로운 기관의 발달을 초래한다고 가정했다. 그러나 이것은 하나의 신비로운 현상을 다른 신비 현상으로 설명하는 것에 불과했다. 물론 자손들의 다양성(비록 이 다양성은 당시에도 이해되지 않고 있었지만)을 가정한 다윈의 설명 방식도 동일하게 평가할 수 있을 것이다. 그러나 설령 그것을 신비라고 하더라도, 그것은 적어도 일상 속에서 흔히 일어나는 신비에 속하는 것이었다. 반면 성숙한 유기체가 새로운 기관을 발전시킨다는 이론은 일상 경험과는 동떨어진 것이었다.

라이엘·헉슬리·다윈 같은 과학자들이 초기 진화론에 대해 회의적이었던 이유는 비과학적 성격 때문이었다. 그래도 초기 진화론을 주장한 선배 과학자들은 뚜렷한 논점을 제시하긴 했다. 일부 재배 식물과 가축에서 인위적 선택에 의한 종의 개량이 이루어지고 있었고, 다윈은 이 점에 주목했다. 발생학적 변화—즉 올챙이에서 개구리로, 유충에서 나비로의 발달—는 엄연히 존재하는 사실이었다. 이래즈머스 다윈이 주목한 바 있듯이, 한때 쓸모 있었다가 이제는 소용이 없어진 퇴화기관이 있다는 것은, 현생의 종이 (그 퇴화기관을 유용하게 사용한) 고대의 종과 근본적으로 다를 수 있음을 암시해주는 것이었다.

그리고 종의 멸종을 보여주는 명백한 증거는 화석에 기록되어 있었다. 땅 속에 묻혀 있는 거대 동물의 뼈는 창조주가 생각을 고쳐먹을 수도 있음을 보여준다. 자연계의 투쟁과 쇠퇴는 《종의 기원》 등장 이전에도 19세기 사람들에게 친숙한 것이었다. 테니슨[9]의 "이빨과 발톱이 피로 물든 자연"은 다윈 이전에도 널리 회자되던 인용구였다. 그러나 박물학자들이 간과한 것은, 이것이 종의 멸종뿐만 아니라 종의 형성을 설명하는 데도 사용될 수 있다는 사실이었다.

다윈은 항해하는 동안 개별 종의 특별 창조설에 반하는 것으로 보이는 수많은 사실들을 접하고 충격을 받았다. 그가 그토록 집중적으로 연구하고 주도면밀하게 수집한 유기체들은 단서·기이한 유사성·병렬·불연속성 등의 모습으로 뒤죽박죽 흩어져 있었다. 감식력을 갖춘 눈으로 보면 그것들은 모두가 좀 더 중요한, 좀 더 거대한 패턴의 일부였다. 어째서 멸종한 화석의 종들은 현존하는 동물들과 그토록 긴밀한 구조적 연관성을 갖는가? 무엇보다도, 왜 갈라파고

다윈 이전에 그려진 만화는 진화에 대한 회의를 노골적으로 보여준다. 악어들이 세미나를 열어 '낮은 단계 동물들'의 해골을 연구하고 있다.

스 군도의 새와 거북들은 섬에 따라 조금씩 변이(變異)를 보이고 있는가? 덕분에 섬 주민들은 거북을 볼 때마다 어느 섬에서 온 거북인지를 알아맞힐 수 있었던 것이다. 이 모든 것들은 특별 창조설과 맞지 않는 것으로 여겨졌다. 그러나 일단 종의 불변을 의심하고나자 그 현상들이 이해되기 시작했다.

'살인'을 고백하다

1837년, 그러니까 영국에 돌아온 지 열 달이 지난 후 다윈은 '종의 변형'에 관한 노트를 펼쳤다. 그것은 자연계에 대한 인간의 개념을 송두리째 바꿔놓을 새로운 사상의 용광로였다. 다윈은 변화의 원인이 살아 있는 유기체 자체 내의 자발성이 아니라 번식과 유전적 변이에 있다고 확신했다. 1838년 말에 이르자 해답이 그의 손에 쥐어졌다. 자연이 자손의 유리한 변이를 선택한다는 것이었다. 이와 같은 변이와 환경 변화 때문에 자연은 불안정하고 변화무쌍하며 결코 정지해 있지 않다. "다소 유리한 형태가 우세해지고 나아가 종을 형성한다." 그 후 다윈은 《종의 기원》에서 그 내용을 자세히 설명한다.

"곤충과 곤충 사이의 싸움은 모두 번식을 위한 것이며, 서로를 먹이로 삼는다. 나무의 경우 씨앗과 묘목 사이에, 다른 식물들의 경우 최초로 지표를 덮는 것이 수목의 성장을 저지한다!"

다윈의 설명은 그가 부분적으로 맬서스의 《인구론》에서 영감을 얻었음을 보여준다. (다윈의 일기장에 기록된 날짜를 보면 의문이 들긴 하지만.) 맬서스의 글은 전쟁·기근·질병이 없을 경우, 인구 증가는 언제나 식량 공급을 능가하는 경향이 있음을 보여주는 데 목적이 있다. 생존 경쟁 문제에 집중하게 되면, 맬서스 원리는 분명 진화론 쪽으로 확대될 수 있었다. 스펜서[10]는 《종의 기원》이 출간되기 7년 전 맬서스의 인구 이론을 언급한 짤막한 글에서 이미 그와 같은 해석을 가한 바 있었다. 그러나 그는 그것을 인간에게만 적용했지, 종 문제 자체에 대해서는 적용하지 않았다.

방대한 저작을 준비하고 있던 1858년 6월 18일, 다윈은 뜻밖에도 당시 말레이 열도(列島)에 가 있던 박물학자 월리스[11]로부터 진화와 자연 선택에 관해 명쾌하게 정리한 〈변종(變種)이 원종(原種)으로부터 무한히 멀어져가는 경향에 관하여 On the Tendency of Varieties to Depart Indefinitely from the Original Type〉라는 간략한 논문을 받게 되었다. 극적인 우연의 일치였다. 다윈은 이 논문이 20년 간 자신이 수행해온 연구를 앞지를 위험이 있다고 생각하여 큰 충격을 받았다. 다윈은 고민에 빠져 이렇게 말했다.

"그(월리스) 또는 다른 어떤 사람이 내가 비열한 정신으로 행동했다고 생각한다면 (그런 치욕을 당하느니) 차라리 내 책 전부를 불태워버리겠다."

그러나 다행히 다윈의 연구가 시간적으로 앞섰음이 인정되었고, 라이엘과 후커가 주선해준 덕분에 1858년 7월 1일 런던의 린네 학회에서 다윈과 월리스 두 사람이 공동으로 논문을 발표함으로써 위기를 피할 수 있었다. (이 사건은 과학사에서 가장 신사적인 에피소드 중 하나로 꼽힌다. 다윈이 '종의 변화'에 관한 첫 번째 노트를 작성하기 시작한 지 20년 이상의 세월이 지난 뒤의 일이었다.)

이 학회에서는 《종이 변종을 형성하는 경향에 관하여: 자연 선택 방법에 의한 변종과 종의 영속화에 관하여 On the Tendency of Species to Form Varieties: on the Perpetuation of Varieties and

Species by Natural Means of Selection》라는 제목으로 다윈이 1844년에 쓴 '에세이' 일부와 1857년 다윈이 그레이에게 보낸 편지, 그리고 월리스의 논문이 함께 소개되었다.

그 후 다윈은 그때까지의 모든 연구 업적을 간추려서 쓰기 시작했다. 그는 이것을 '적요(摘要)'라고 불렀는데 이 적요가 바로《자연 선택에 의한 종의 기원, 즉 생존 경쟁에 있어서 유리한 종족의 존속에 관하여 On the Origin of Species by Means of Natural Selection, or the Preservation of Favoured Races in the Struggle for Life》— 줄여서《종의 기원 Origin of Species》이라고 한다—이다. 이 책은 1859년 11월 24일에 초판 1,250부가 출간되어 당일 매진되었고, 1872년까지 6판을 발행했다. 이로써 다윈이 15년 전 후커에게 고백했던 '살인'이 만인에게 드러난 셈이다.

헉슬리와 윌버포스의 옥스퍼드 대논쟁

《종의 기원》은 19세기 중반 폭넓은 관심을 끌었다. 그것은 대단히 독창적인 연구였으며, 자연 선택의 관점과 지질학의 거의 무한대한 시간적 조망 속에서 바라본 자연계의 거대한 파노라마였다. (오늘날 우리도 그와 같은 관점과 조망을 가지고 있다.) 다윈은 단지 또 한 사람의 진화론자에 머물지도 않았고, 월리스처럼 진화의 열쇠가 어디에 있는지를 밝혀내지도 않았다. 그는 산호초 형성에 대한 현대적 이론을 창안해내고, 지질학적 토대 위에서 화석 기록의 공백을 설명한 지질학자였다. 그는 대단히 성실하고 근면한 연구자로서 삿갓조개 연구에서 세계 최고의 권위자였으며, 생애 후반의 대부분을 난초 수정과 지렁이 행동 연구에 바쳤다. 다윈의 자연과학자로서의 연구 준비는 완벽했다. 대학 시절 한때 딱정벌레 수집가였던 그는 지질학자 · 식물학자 · 동물학자였고, 나중에는 자연인류학자가 되었다. 그는 메가테리움(Megatherium) — 멸종된 나무늘보 — 화석을 직접 발굴한 고생물학자였으며 열대 밀림 속에서, 그리고 자신의 거처인 켄트의 다운 하우스(Down House)에서 유기체의 상호 관계를 관찰한 생태학자였다.

《종의 기원》출간으로 초래된 열광적 분위기는 단지 그것이 〈창세기〉첫 장에 나오는 문자 그대로의 '말씀'에 위배된다는 사실에 기인한 것은 아니었다. 이미 많은 그리스도인들은 창조에 소요된 7일을 비유적인 의미로 해석하고 있었다. 그리고 종교적 회의주의, '위험' 서적들의 유포, 성직자들의 사임 등 빅토리아 시대 특유의 종교적 불안감은 1830년대에 새롭게 대두한 독일 성서 비평의 충격파 이래로 영국 지식인 사회의 일상사가 되어 있었다.

《종의 기원》이 악명을 떨치게 된 이유는 두 가지로 생각할 수 있다. 첫째 그것은 프로테스탄티즘의 이성주의적 기독교 변증론 — 자연신학 — 을 일거에 파괴해버렸다. 자연신학은 자연계의 모든 아름다운 피조물들이 전능한 시계 제조공인 신의 자비로운 설계에 의해 창조되었다고 설명했다. 반면 다윈의 이론은 그것을 자연 선택의 작용에 의한 것이라고 설명했다.

둘째로《종의 기원》은 이 책이 언급하지 않은 내용 — 물론 책을 이지적으로 읽은 사람이라면 그 함의(含意)를 놓칠 수 없는 그런 내용 — 때문에 악평을 얻게 되었다. 즉 인간은 원숭이와 오랑우탄의 사촌이라는 것이다. (유의할 것은 흔히 오해되고 있는 것처럼 '후손'이 아니라 '사촌'이라는 점이다.) 다윈은 노트에 이렇게 적었다.

"모든 동물들은 하나의 조상에 공통의 기원을 갖고 있을 것이다. 우리 모두는 서로 연결되어 있을지도 모른다."

다윈은 자신의 연구에 내포된 이런 국면을 나중에 쓴 저작인《인간의 유래》(1870)[12]와 《인간과 동물의 감정 표현》(1872)[13]에서야 비로소 완성시켰다. 그러나 대중은 금방 알아차렸다.《종의 기원》에서 원숭이는 다른 종에 비해 자주 언급되지 않았지만, 그럼에도 다윈주의는 '원숭이 이론'이었다. 이것은 1860년 헉슬리[14]와 윌버포스 주교[15] 사이에 벌어진 옥스퍼드 대논쟁의 핵심이 되었다. 이 논쟁에서 헉슬리는 주교의 조소에 대해 유명한 논박을 펼쳤다. 즉 헉슬리는 자신의 지위와 영향력을 이용해 중대한 과학 토론을 웃음거리로 만드는 '대단한 재능과 영향력을 가진' 한 인간이기보다는 차라리 원숭이를 할아버지로 둔 사람이 되기를 바란다고 말했던 것이다.

이 에피소드는, 별명이 '미꾸라지 샘'[16]이었던 윌버포스와 그의 토론 상대인 헉슬리의 성격을 잘 드러내는 것이었다. 또한 그것은 다윈주의와 관련하여 무엇이 평신도들 사이의 핵심 이슈가 되었는지, 그리고 다윈 지지자들이 승리를 거둔 이유가 무엇이었는지를 잘 보여준 상징적인 사건이었다. 다윈 지지자들이 승리를 거둔 이유는 물론 그들의 주장에 더 큰 설득력이 있었기 때문이지만, 또한 그들이 이른바 명망가들보다 도덕성이 더 높았기 때문이기도 하다. 영국 사회에서 그때까지 불신앙은 '부도덕' 내지는 '하층 계급의 급진주의'와 동일시되어왔다. 그것은 좀처럼 사라지지 않는 집요한 논법이었다. 예컨대 다윈은 '파리 하늘이 코뮌[17]의 방화로 화염에 붉게 물들던 시점'에《인간의 유래》를 출간했다는 이유 때문에 비난을 받았다.

그러므로 빅토리아 시대의 지도적인 불가지론자들―다윈, 헉슬리, 레슬리 스티븐(Lesley Stephen, 그는 《종의 기원》을 읽고 나서 성직을 사임했다) 등―이 흠잡을 데 없는 가문 출신의 젠틀맨이었다는 사실은 매우 중요하다. 그들은 더 높은 도덕성을 견지함으로써 형세를 반전시켰다. '증거 없이 믿는 것'은 '부도덕'한 일이었다. 그리고 헉슬리가 종교적인 어투로 언급했듯이 '사실 앞에 어린아이처럼 앉아 있기'를 거부하는 것 역시 '부도덕'한 일이었다.

진화론을 비판한 풍자화.

물론 모든 과학자들이 다윈의 이론을 즉시 받아들인 것은 아니었다. 영국에서는 대영박물관 자연사 분과 책임자로 있던 오언[18]이 반대파 지도자로 나섰다. 미국의 경우는 다윈 이론의 지지자로는 그레이[19]가, 반대자로는 아가시[20]가 대표적이었다. 다윈 자신은 난초와 지렁이 관찰에 시간을 보내면서, 그리고 방관자들이 던지는 떠들썩한 칭송과 환호에 만족하면서 자신을 둘러싼 논쟁에서는 거의 아무런 역할도 하지 않았다. 그는 형이상학에는 흥미가 없었고, 천성적으로 호전적인 사람이 아니었다. 더욱이 그는 이제 병약한 몸이었다.

돌이킬 수 없는 상실감

다윈이 앓던 질병에 대해서는 이런 저런 추측이 있다. 1830년대를 주름잡던 산악인이자 탐험가였던 그가 생애 후반기 대부분을 다운 하우스의 소파 위에서 지낸 것은 비글 호 항해 도중 얻은 열대병의 영향이었을까? 아니면 흔히들 추측했던 것처럼, 천지창조에서 하나님의 역할을 배제함으로써 존속 살해(parricide)를 범했다는 자괴감에서 기인한 심인성 질환이었을까?[21]

다윈이 만년에 접어들어 미적 감각의 쇠퇴를 고백한 것에 대해서도 많은 추측들이 있었다. 그는 '부스러지기 쉬운 사람' 또는 '둔감한 사람'이라고 불렸다. 그가 결혼 여부에 대해 한 사람의 남성으로서 개를 키울 것인지를 결정하는 것 이상으로—그는 1839년 사촌인 에마 웨지우드와 결혼했다—숙고를 거듭했다는 말이 있는데, 전혀 터무니없는 말은 아니었다. 그러나 그가 한 다음의 말에서 우리는 그의 매력적인 면모를 어렵지 않게 찾아낼 수 있다. "음악의 매혹과 여성의 수다는 사람의 건강에 좋은 것이다. 그러나 억지로 여성을 방문해서 친교를 맺어야만 한다는 것은 엄청난 시간 낭비이다." 다윈에게는 늘 어린아이 같은 단순함이 있었다. 일부 연구자들은 그것

때문에 그를 좋아했지만, 다른 사람들은 이 때문에 짜증스러워했다.

일부 사람들에게 다윈의 이론은 부정적이고 황폐한 것이었다. 온 세상은 이제 더 이상 주님의 영광을 선포하지 않았다. 역설적인 말이지만, 인간과 다른 피조물과의 긴밀한 연관성을 드러냄으로써 다윈은 오히려 인간과 자연 사이의 정서적 유대를 차단했다. 세계는 인간과 동종(同種)의 감정과 목적—인간은 그 목적을 완전히 이해할 수는 없지만—을 지닌 '유일한 존재(a Being)'에 의해 창조된 이성적 피조물이 아니었다. 다윈에 의하면 자연은 우연의 산물이며, 인간은 일용할 양식을 얻기 위해 짐승과 다투는 고독한 지적 돌연변이일 뿐이었다. 일부 사람들은 돌이킬 수 없는 상실감을 느꼈다. 탯줄이 끊어져 나간 것이다.

'차갑고 냉담한 우주'와 직면한 상황에서 인간이 취할 수 있는 단 하나의 적절한 태도는 기껏해야 '우리의 고독한 친구를 위해 침묵의 인내로써' 위엄 있게 체념하는 것이었다. 그리스인과 스토아 철학자들의 믿음, 18세기 계몽주의자들의 신념, 그리고 이성주의적 그리스도교의 믿음에서와는 달리 다윈주의에서 자연은 인간 행동의 수수께끼를 풀어낼 아무런 실마리도 주지 않았으며, 인간의 딜레마에 대해 아무런 답변도 주지 않았다. 무(無)[22] 개념을 주장하는 근대 윤리학—선이란 사물에 내재한 속성이 아니라 인간의 결단의 문제라고 주장하는 실존주의 등의 윤리적 신조들—은 물질 세계의 무목적성을 근본 전제로 갖고 있다. 19세기 말 유미주의자들이 예술의 최고 주제로서 '자연'을 거부한 것도 마찬가지 이유에서였다. 인간은 더 이상 신성으로 충만한 자연을 발견하리라고 기대하지 않는다. 그는 자신의 비전으로부터 그것을 창조해내야만 하는 것이다.

힘의 철학이 탄생하다

그러나 자연 속에서 인간의 행동 규범을 찾아온 2천 년 묵은 전통을 버리기 힘든 사람들도 있었다. 그들은 '적자 생존'에서 그들이 찾던 규범을 발견했다. 그들은 대체로 강인하고 성공적이며 세상에 적대적인 사람들이었다. 그들은 자연 선택을 '진보'의 핵심 개념으로 채택했다. (다윈은 진보를 말한 적이 없고 다만 '적응'만을 말했음에도 불구하고 말이다.) 19세기 말에서 20세기 초에는 이 공식을 편리하게 적용할 수 있는 다양한 분야가 있었다. 유럽 여러 나라들은 서로를 감시하면서 자국의 젊은이들을 훈련시키며 결전의 그날을 기다렸다. 아메리카에는 약탈할 수 있는 거대한 산업적 · 경제적 제국이 여전히 남아 있었다. 아시아 · 아프리카와 태평양에는 세계 시장 체제로 끌어들여야 할, 그리고 백인에게 종속될 필요성을 가르쳐줘야 할 낙후된 주민들이 있었다.

잔인성이 싫어서 총 사냥을 그만두었던 다윈이 19세기 후반 살벌한 힘의 철학을 탄생시킨 인물 중 하나가 되었다는 것은 기이한 역설이다. 생존투쟁 개념은 분명 다윈에 의해 만들어진 것이 아니다. 그러나 그것을 사회적 관계에 적용시키고자 하는 경향을 강화한 것은 다윈의 이론이 제공한 '과학적' 틀이었다. 심지어 마르크스와 엥겔스마저도 다윈주의를 계급투쟁에 원용했다. 물론 다윈은 《자본론》 영어판이 자신에게 헌정되는 영예를 정중하게 거절하기는 했지만 말이다. '적자 생존'은 인간의 모든 영역에 적용 가능한 것이었다. 문제는 경쟁의 단위를 개인 · 계급 · 인종 · 국가 중 어디에 두는가에 있었다. 그것은 영국의 스펜서와 배젓[23], 오스트리아의 굼플로비츠[24], 러시아의 무정부주의자 크로포트킨[25], 미국의 섬너[26] 등의 저작 같은 사회학 학술 분야에도 침투해 들어왔다. 섬너는 '백만장자는 자연 선택의 산물'이라고 주장했는데, 그것은 카네기[27]가 좋아할 만한 말이었다. 적자 생존 이론은 루스벨트[28]와 19세기 말 영국 제국주의자들의 마음에 드는 것이었다. 독일의 한 군사전략가가 언급한, 전쟁이 '생물학적 필연'이라는 믿음은 1차 세계대전 이전 독일의 군사 및 정치 사상 형성에 기여했다. 그것은 수많은 종류의 마구잡이식 대중화를 거쳐, 인종주의·민족주의·반유대주의가 뒤섞인 사이비 과학의 핵심 요소가 되었고, 히틀러는 뮌헨과 빈의 공공도서관에서 그런 믿음을 게걸스럽게 받아들였다. 급진적인 이론은 다윈 이전에 이미 유럽 사상계에 스며 있었다. 그것은 해부학과 언어학 발달의 파생물이었다. 다윈 자신은 진화론을 사회적 맥락에 적용하는 것을 용인하지 않았다. 실제로 헉슬리는 그런 행태를 노골적으로 반박했다. 그럼에도 진화론은 그 시대 사람들의 두려움과 증오에 과학적 권위라는 그럴듯한 외피를 입히는 역할을 했다.

변화된 지적 풍토

두 차례에 걸친 세계대전의 유혈 참극과 인간성에 대한 조직적인 폭력은 종의 개선은커녕 종 자체를 절멸시킬 가능성마저 있었다. 이런 상황 속에서 다윈 이론의 적용에 대한 관심은 저하되었다. 오늘날 일반의 관심은 샤르댕[29]처럼 진화에 대한 신학적 해석에 모아지거나 또는 인간의 지적 발달―그것은 지식의 축적과 교류 능력, 그리고 미래에 대한 통제력을 수반한다―이라는 요인이 진화론적 과정에 어떤 의미를 가져다주는가에 집중되고 있다.

이렇게 볼 때 진화는 (우연적 변이의 산물이자 고통스럽고 맹목적인 투쟁적 창조의 산물인) 인간이 적어도 부분적이나마 자기 운명의 조정자로 나아가는 하나의 거대한 모험이 되고 만다. 이런 관점에서 보자면 미래를 통제하는 능력―즉 유전 메커니즘에 대한 이해―에 중대한 기여를 했다는 것이 다윈 이래 생물학이 이룩한 중요한 발전이 될 것이다. 유전학은 생명을 인간의 손에 맡긴다. 그것은 과거와 미래를 연결하는 화학적 띠이다. 다윈은 노트에 이렇게 썼다. "변이 이론에 입각해볼 때 생물의 본능과 조직은 사변과 이론으로 충만한 영역이 된다. 나의 이론은 본능, 유전, 그리고 정신적 유전에 대한 연구로 이어질 것이다."

《종의 기원》이 씌어졌을 때 유전학이란 학문은 존재하지 않았다. 진화는 자손에게 나타난 유전적 변이에 자연 선택이 작용한 결과였다. 그러나 다윈이 인정했듯이 "변이의 법칙에 대한 우리의 무지는 심대하다." 그 빈틈은 모라비아의 수도사 멘델[30]의 실험에 의해 메워졌다. 그러나 멘델의 업적은 20세기 초에 이르러서야 재조명되었을 뿐이다. 다윈의 자연 선택 이론은 초기에는 새로운 과학에 적용되지 않는 것으로 여겨졌고, 다윈의 명성 역시 얼마간 하락했다. 그러나 그 후 유전학 이론은 변이를 유전자의 변종에 작용하는 환경 선택의 결과로 설명하기 시작했고, 오늘에 이르러 선택은—생명의 본질에 대한 통찰, 그리고 선악 간에 인간의 물질적·지적 구조의 무한한 형성 가능성에 대한 전망과 더불어—유전학 연구에서 핵심적 개념이 되었다.

다윈주의는 19세기의 '유명한 재판 사건(cause célèbre)'으로서, 헤겔주의가 그랬듯이 과학적 성과에 학문이나 편견을 임의로 적용시키기 위해 널리 활용되었던 하나의 공식이었다. 그것은 돌턴[31]이나 패러데이[32]의 업적처럼 인간의 자연계에 대한 인식을 높이는 데 영속적인 기여를 했다. 그러나 이런 식의 비교는 다윈의 진정한 비중과 위상을 약화시키는 것이다. 코페르니쿠스와 뉴턴이 그러했듯이, 다윈 이전과 다윈 이후는 지적 풍토가 전혀 달랐던 것이다.

■ 본문 깊이읽기

1 웨스트민스터 대수도원(Westminster Abbey)
베네딕투스회의 수도원. 1560년 엘리자베스 1세가 웨스트민스터(지금의 그레이터 런던을 이루는 자치도시 중 하나)에 성 베드로 공주(共住) 성직자단 성당을 재건했다. 전설에 의하면, 에식스 최초의 그리스도 교도 왕이었던 시버트가 템스 섬 위에 교회를 하나 세웠는데, 당시 그 교회의 이름은 소니(Thorney)였고, 나중에는 서쪽 예배당 혹은 서쪽 수도원으로 불렸으며, 사도 베드로에게 이 교회를 봉헌했다고 한다. 확실한 것은 785년경 이 섬 위에 수도사들의 작은 공동체가 있었는데, 960년경 성 던스턴이 이 수도원을 확장하고 개조했

웨스트민스터 대수도원 내부. 고딕 복고 양식의 우아한 신랑은 천장까지 높이가 34m로 영국에 있는 성당 가운데 가장 높다.

다는 것이다. 참회왕 에드워드(1042~1066년 재위)가 그 자리에 새 교회를 세웠고, 1065년에 봉헌되었다. 그 교회는 상당한 크기로, 십자형으로 설계되었고 중앙 탑과 두 개의 서쪽 탑이 있었다. 1245년 헨리 3세는 네이브(nave, 본당 화중석)만 남겨둔 채 에드워드가 세운 교회 전부를 헐고 뾰족한 고딕 양식으로 된 대성당을 지었다. 구도와 설계는 당시의 프랑스 성당 건축의 영향을 강하게 받았는데, 이것은 이 대성당의 처음 건축가가 랭스의 앙리였다는 사실에서 알 수 있다. 그 외에 웨스트민스터 대수도원 건축에 참여한 유명한 건축가로는 글로스터의 헨리와 베벌리의 로버트가 있다. 노르만 양식의 네이브를 재건하는 작업은 건축가 헨리 이블리의 지도 아래 1376년경 시작되어 튜더 왕조 시대까지 간헐적으로 계속되었다. 그러나 헨리 3세 초기, 영국식 고딕 양식이 두드러지게 나타나며 교회 전체가 한 번에 지어진 것이라는 인상을 준다. 수직의 고딕 양식인 헨리 7세 예배당(1503년경 건축 시작)이 이전의 마리아 부속 예배당 대신 들어섰는데, 이 예배당은 빼어난 부채꼴 볼트 구조로 유명하다. 돌을 쪼아서 만든 성직자석 위에는 바스 훈위기사들의 기들이 걸려 있다. 서쪽 탑들은 이 건물에서 제일 마지막에 만들어졌다. 이 탑들은 흔히 크리스토퍼 렌 경이 설계했다고 하나, 사실은 니콜라스 혹스무어와 존 제임스가 건축했으며 1745년에 완공되었다. 교회 본당의 성가대석은 1848년에 지어진 것으로 추정되며, 주(主)제단과 장식벽은 1867년 조지 길버트 스콧 경이 개조한 것이다. 스콧과 피어슨은 북쪽 트랜셉트 전면을 복구했다(1880~

웨스트민스터 대수도원의 성가대석 칸막이를 장식한 조각상. 풍부한 장식이 고딕 복고 양식의 특징이다.

1890). 정복왕 윌리엄 이후 에드워드 5세와 에드워드 8세를 제외한 영국의 통치자들은 모두 대성당에서 대관식을 거행했다. 예외가 된 두 왕은 왕관을 받지 않은 왕들이다. 많은 왕과 여왕이 참회왕 에드워드의 예배당 근처나 헨리 7세 예배당에 묻혔다. 웨스트민스터 대수도원에 묻힌 마지막 왕은 조지 2세(1760년)였으며, 그때 이후의 영국 통치자들은 윈저에 묻혔다. 웨스트민스터 대수도원에는 또한 영국의 유명한 신하들의 무덤과 기념비가 모여 있다. 남쪽 트랜셉트의 한쪽은 '시인들의 모퉁이'로 널리 알려져 있으며, 북쪽 트랜셉트에는 영국 정치가들의 기념비가 많이 있다. '무명 용사들'의 묘는 서쪽 문 근처의 네이브 중심부에 있으며 이 용사들의 유해는 1920년 플랑드르에서 가져온 것이다.

2 어셔(James Ussher, 1581~1656)
이 글의 필자는 원문에서 어셔를 케임브리지대학 부총

장이라고 언급하고 있으나 잘못된 것이다. 어셔는 앵글로-아일랜드계의 고위 성직자로서 교회정치에서 활약했으며, 교부들의 저작에 대한 연구와 특히 《구약성서》 연대기에 대한 연구로 유명하다. 1601년 사제가 된 그는 더블린대학 트리니티 칼리지에서 문학 석사 학위를 취득했고, 그 대학의 교수를 거쳐(1607~1621) 두 차례나 부총장(1614, 1617)이 되었다. 어셔는 소아시아의 그리스도교와 감독 제도에 관해 광범위한 글을 썼고 로마 교회에 반대하는 글도 썼다. 셈어 전문가였던 그는 《구약성서》 히브리어 본문의 신빙성을 옹호했으며, 사람을 고용하여 중동에서 성서 사본과 그 밖의 사본들을 수집하게 했다. 그는 2세기 교부 안티오크의 이그나티우스의 편지들 가운데 진본과 위본을 정확히 가려내었으며, 이 문제를 다룬 책들을 1644년과 1647년에 간행했다. 학자들은 이러한 그의 연구 업적을 아직까지도 매우 높이 평가한다. 오늘날에도 일반 독자들은 우주의 창조가 기원전 4004년에 이루어졌다고 추정한 그의 연대기적 연구가 실려 있는 성서(1650년대 간행)를 읽을 수 있다.

3 다윈의 가족

찰스 다윈의 아버지 로버트 워링 다윈은 의사였고, 어머니 수재너(Susanna)는 유명한 도예가인 조시아 웨지우드의 딸이었다. 할아버지 이래즈머스 다윈은 박식한 의사·시인·철학자·박물학자·발명가였으며, 우생학의 창시자 프랜시스 골튼의 할아버지이기도 했다. 그는 케임브리지대학(1750~1754)과 에든버러대학(1754

~1756)에서 공부한 뒤 노팅엄에서는 전망이 없다고 판단하고 리치필드에서 개업하여 의사로서 성공을 거두었다. 개업한 지 얼마 안 되어 조지 3세가 그에게 런던에 와서 자신의 주치의를 맡아달라고 제안할 정도로 재능 있는 의사로 평판이 났다. 그러나 다윈은 그 제안을 사양하고 리치필드에서 지내면서 조지프 프리스틀리, 장 자크 루소, 새뮤얼 존슨 등 많은 저명 인사들과 교분을 맺었다.

4 피츠로이(Robert Fitzroy, 1805~1865)
영국의 해군장교 · 수위측량사 · 기상학자. 박물학자인 찰스 다윈이 타고 탐험을 떠났던 비글 호의 항해를 지휘했다. 이 항해로 다윈은 진화론의 바탕이 된 많은 자료를 얻었다. 피츠로이는 1819년 영국 해군에 입대해 지중해와 남아메리카 수역에서 복무한 뒤 1828년 240톤급 쌍돛대 횡범선인 비글 호의 지휘를 맡았다. 그는 파타고니아와 티에라델푸에고 근해의 남아메리카 해안을 답사하고 1830년에 영국으로 돌아왔다. 1831년 12월 27일 피츠로이는 다윈과 함께 비글 호를 타고 포츠머스를 출항했다. 이 탐험대는 케이프베르데 제도, 남아메리카 해안, 마젤란 해협, 갈라파고스 제도, 타이티, 뉴질랜드, 오스트레일리아, 몰디브, 모리셔스 등지를 방문하고 1836년 10월 2일 영국으로 돌아왔다. 피츠로이는 정신병을 앓다가 자살했다.

5 라이엘(Charles Lyell, 1797~1875)
스코틀랜드의 지질학자. 모든 지표의 모양은 오랜 기간

라이엘은 "현재는 과거를 푸는 열쇠다"라는 유명한 말을 남겼다.

에 걸친 물리적·화학적·생물학적 과정을 통해 이루어졌다는 개념을 널리 받아들이게 하는 데 공헌했다. 이 개념은 '동일과정설(제임스 허턴이 처음으로 제기했다)'로 알려져 있다. 라이엘은 지구 발달에 대한 해석뿐만 아니라 생물 진화의 기초를 확립한 업적을 남겼다. 그는 1848년 기사 작위를 받았고 1864년 준남작이 되었다.

6 뷔퐁(Georges Louis Leclerc de Buffon, 1707~1788)

뷔퐁은 진화론사의 선구자로 평가받는다.

몽바르 출생. 교육도 처음에는 몽바르에서 받다가, 영국에 1년 간 유학하여 수학·물리학·박물학을 공부하였다. 특히 뉴턴의 영향을 받아 그의 저서를 프랑스에 소개하는 동시에 인과론적 자연 인식(自然認識)의 발전에 힘썼다. 뷔퐁이 생명은 무수한 미립자로 이루어졌다는 '유기분자설'을 수립한 것은, 그러한 노력의 반영이었다. 1739년 파리의 왕립식물원 원장이 되어, 동식물에 관한 많은 자료를 모았으며, 그것을 기초로 1749년부터 《박물지 Histoire naturelle grale et particulire》(총44권, 한 권은 사후 간행)를 L. J. M. 도방통의 협력을 얻어 출판하였다. 지구의 기원에 관하여 성서와 상이한 견해를 가지고, 나아가 생물의 진화와 통하는 사상을 품었으나 신학자들의 항의를 받아 애매한 내용으로 자기 학설을 발표하였다. 그러나 진화론사에서는 그를 선구자의 한 사람으로 평가하고 있다.

7 다윈(Erasmus Darwin, 1731~1802)

노팅엄셔 엘스톤 홀 출생으로 찰스 다윈과 프랜시스 골턴의 조부. 뷔퐁의 사상을 계승하여 생물의 진화를 연구했고, 동물의 발생에 대해서는 진화설에 기초를 두어 전성설(前成說)을 부정했다. 그는 이러한 견해를 1794~1796년에《주노미아 Zoonomia or The Laws of Organic Life》 2권에 서서 찰스 다윈의 진화론을 성립시키는 데에 큰 영향을 끼쳤다. 저서에《식물원 The Botanic Garden》(1794~1795),《농업 및 원예를 위한 식물학》(1799),《자연의 전당 또는 공동체의 기원 The Temple of Nature or the Orgin of Society》(1803) 등이 있다.

8 라마르크(J. B. Lamarck, 1744~1829)

북프랑스의 바장탱의 귀족 가문에서 출생하여 소년 시절을 신학교에서 보냈다. 17~25세에 군대에 있다가 파리에 가서 은행원이 되었으나, 식물원 견학에서 자극을 받아 식물학에 뜻을 두게 되었다. 그는 의학과 식물학을 공부하고《프랑스 식물지》(1778)를 출판하여 유명해졌다. 프랑스 혁명과 함께 개편된 파리 식물원의 무척추동물학 교수로 임명되어(1793) 동물학 연구에 전념하게 되었고, 화석과 지질학 등에도 관심을 갖기 시작하여, 서서히 진화 사상을 가지게 되었다. 그의 저서《무척추동물의 체계》(1801)에서 최초의 진화 사상이 보이기 시작하여, 진화론이 명확하게 나타난 것은《동물철학》(1809) 및《무척추동물지》(제1권, 1815)에서였다. 그는 생명이 맨 처음 무기물에서 가장

진화론자 라마르크.

단순한 형태의 유기물로 변화되어 형성된다는 자연발생설을 역설하면서 이것이 필연적으로 여러 기관을 발달시키고 진화시켜왔다고 주장했다. 또 진화에서 환경의 영향을 중시하고 습성의 영향에 의한 용불용설을 제창하였다.

9 테니슨(Alfred Tennyson, 1809~1892)
영국의 시인. 목사의 아들로 태어나 엄격한 아버지의 교육을 받았다. 1828년 케임브리지대학 트리니티 칼리지에 입학하여, 〈팀북투 Timbuctoo〉(1829)로 총장상 메달을 받았다. 이어 《서정시집 Poems, Chiefly Lyrical》(1830)을 발표, L. 헌트에게 인정을 받았고 1831년 아버지가 죽자 대학을 중퇴하였다. 1832년의 《시집》에는 고전을 소재로 한 〈연(蓮)을 먹는 사람들 The Lotos-Eaters〉과 〈미녀들의 꿈 The Dreams of Fair Women〉, 중세에서 소재를 얻은 〈샬럿의 아가씨 The Lady of Shalott〉, 그의 예술관을 보여 주는 〈예술의 궁전 The Palace of Art〉 등의 가작(佳作)이 들어 있다. 이

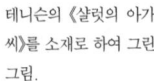
테니슨의 《샬럿의 아가씨》를 소재로 하여 그린 그림.

해 친구 아서 핼럼과 함께 유럽을 여행하였고, 이듬해 핼럼이 죽자 애도의 시를 쓰기 시작하였다. 1842년의 2권본 《시집》에는 〈아서 왕의 죽음 Morte d' Arthur〉, 〈율리시스 Ulysses〉, 〈록슬리 홀 Locksley Hall〉, 〈두 목소리 Two Voices〉, 〈고다이바 Godiva〉 등의 명작 외에 몇 편의 전원시가 더 실렸다. 이것은 T. 칼라일, 에머슨, E. 포 등에게도 애독되었으며, 다시 1847년의 〈왕녀 The Princess〉로 명성을 떨쳤다. 1850년에는 걸작 《인 메모리엄 In Memoriam》이 출판되었으며, 워즈워스의 후임으로 계관시인이 되었다. 이 해에 그는 약혼녀 에밀리 셀우드와 결혼하였다. 《인 메모리엄》은 17년간을 생각하고 그리던, 죽은 친구 핼럼에게 바치는 애가로 어두운 슬픔에서 신(神)에 의한 환희의 빛에 이르는, 시인의 '넋의 길'을 더듬은 대표작일 뿐 아니라 빅토리아 시대의 대표시이기도 하다. 여왕으로부터 영작(榮爵)을 받고, 빅토리아 시대의 국보적 존재가 되었다.

10 스펜서(Herbert Spencer, 1820~1903)
영국의 철학자. 교사의 아들로 태어났으나 학교 교육 제도에 의문을 품고 독학으로 공부하였다. 더비에서 3개월 간 교사직에 있은 후, 철도기사와 신문기자를 거쳐 1848년 경제지 《이코노미스트 Economist》의 편집차장이 되었다. 1853년 백부의 유산을 상속받게 되어 퇴직하고 저술 생활에 들어갔다. 평생을 독신으로 지냈고, 대학 강단에 서지 않고 민간 학자로 시종하였으며, 대학과 학회에서 주는 명예 칭호도 모두 거절했다고 한다.

스펜서는 철학적으로 불가지론의 입장에 서면서도 철학과 과학과 종교를 융합하려고 했다.

《종합철학체계 The Synthetic Philosophy》(전10권)는 1860년 그 개요를 공표한 이래 1896년까지 36년 간에 걸쳐 제1권《제1원리 First Principles》(1862), 제2·3권《생물학 원리 Principles of Biology》(1864~1867), 제4·5권《심리학 원리 Principles of Psychology》(1870~1872), 제6·7·8권《사회학 원리 Principles of Sociology》(1876~1896), 제9·10권《윤리학 원리 Principles of Ethics》(1879~1893) 등 순차적으로 간행된 대저로서, 성운(星雲)의 생성에서부터 인간 사회의 도덕 원리 전개에 이르기까지 모든 것을 진화의 원리에 따라 조직적으로 서술하였다. 이것은 당시 자연과학 만능 풍조를 배경으로 하고, 특히 다윈의《종의 기원》의 생물진화론을 중심으로 하는 다윈주의 운동과 결합하여 1870년대 이후 놀라운 보급을 이루었다. 또한 이 저술에서 그는 광범한 지식 체계로서의 철학을 구상하였으며, 철학적으로는 불가지론의 입장에 서면서도 철학과 과학과 종교를 융합하려고 하였다. 스펜서에 의한 종교와 과학의 이와 같은 조정은 과학자가 종교의 구속으로부터 벗어나게 되었다는 데 그 시대적 의의가 있었다고 하겠다.

11 월리스(Alfred Russel Wallace, 1823~1913)
영국의 박물학자·진화론자. 토지 측량과 건축에 종사하고, 산야를 답사하면서 식물을 채집하였다. 1848년 레스터 출신인 곤충학자 H. W. 베이트와 함께 남아메리카의 아마존 지방으로 답사 여행을 한 뒤, 4년 만에 영국으로 돌아와서 기행문을 썼다. 1854년에는 말레이

제도로 떠나 동물표본을 만들기 위하여 8년 간 머물렀다. 뉴기니 섬 근처인 타네이트 섬에서 열병으로 누워 있을 때, 전에 읽은 맬서스의 《인구론》에 영향을 받아 〈변종이 원종으로부터 무한히 멀어져가는 경향에 관하여〉라는 논문을 써서 1858년 2월에 찰스 다윈에게 보내어 발표를 의뢰하였다. 다윈은 논문의 주지(主旨)가 자신이 이미 완성한 것과 같아서 고민하였으나, 친구들에 의하여 다윈의 논문과 동시에 그 해 7월에 발표되었다. 월리스는 다윈의 연구가 심원함을 인정하고, 진화론에 관한 책인 《다위니즘 Darwinism》(1889)을 출판하였다. 그는 생물의 분포에 흥미를 가지고, 생물 분포상의 경계선인 '월리스선(線)'을 그었다. 그는 인류의 진화는 제외하였으나 사회 문제·정신 문제도 논하였고, 신학의 입장은 취하지 않았으나 신앙에 관해서는 전도자였다. 《말레이 제도》(1869) 이외에 수많은 저작이 있다.

12 《인간의 유래 The Descent of Man》
원래 제목은 《인간의 유래 및 성(性)에 관한 선택 The Descent of Man, and Selection in Relation to Sex》이다.

13 《인간과 동물의 감정 표현 The Expression of the Emotions in Man and Animals》
이 책은 심리학에 크게 이바지했으며, 행동학의 효시이기도 하다.

14 헉슬리(Thomas Henry Huxley, 1825~1895)
영국의 생물학자로서 철학과 종교에 관한 고찰과 진화론에 대한 지지로 불가지론을 옹호하였으며 '다윈의 불독'이라는 별명을 갖고 있다. 1859년《종의 기원》이 19세기 학계에 마치 폭탄처럼 투하되기 직전에 다윈은 헉슬리가 아직 어렸음에도 불구하고 출판에 앞서 헉슬리의 의견을 구했다. (다윈은 세 과학자들의 지지를 받았는데 나머지 두 명은 조지프 달턴 후커 경과 찰스 라이얼 경이었다.) 이를 계기로 다윈과 헉슬리 사이에는 긴밀한 유대 관계가 형성되었고, 다윈이 가능한 한 논쟁을 멀리하고 있는 동안 헉슬리가 다윈의 주요 대중적 지지자로 활약하면서, 그 후 10년 동안 그의 주장을 옹호하는 역할을 했다.

다윈주의에 관한 논의 중 가장 놀라운 사건은 1860년 옥스퍼드대학에서 있었던 영국 고등과학협회의 모임에서 일어났다. 윌버포스 주교는 이 모임이 위험스러운 새 진화론을 타파할 적절한 기회라고 굳게 믿었다. 회의장에는 사람들이 가득 차 있었다. 주교가 누구도 감히 흉내 낼 수 없는 열정을 가지고 공정하지 못한 태도로 연설하는 동안 헉슬리는 조용히 앉아 있었다. 윌버포스는 헉슬리에게 원숭이 조상이 누구냐는, 모욕적인 질문을 하는 치명적인 실수를 저질렀고, 헉슬리는 자기 옆에 앉은 참석자에게 "주가 내 손을 통해 그를 낳으셨도다"라고 말했다. 곧 그 대답을 듣자는 요청이 있었으며 헉슬리는 "저에게 주어진 질문이 제 할아버지가 미천한 원숭이이기를 바라느냐, 아니면 천부의 재능을 부여받았고 상당한 영향력을 지녔지만 중대한 과학 토론을 웃음거리로 만드는 데 자신의 영향력을 사용하려는 사람이기를 원하느냐라는 것이라면 나는 주저 없이 원숭이가 내 할아버지이기를 바란다고 말하고 싶습니다"라고 말함으로써, 다윈의 이론이 다소 공정하게 토론될 수 있게 했을 뿐만 아니라 신학으로부터 과학의 독립을 선언한 결과를 낳았다.

15 윌버포스(Samuel Wilberforce, 1805~1873)
영국의 고위 성직자·교육자. 빅토리아 시대의 이상적인 주교의 전형이었으며 정통 교리의 옹호자로서 17세기 고(高)교회의 이상을 영국 국교회에 재도입하려고 한 옥스퍼드 운동의 명맥을 유지했던 주요 인물이다. 정치가로서 노예제를 반대했던 박애주의자 윌리엄 윌버포스의 아들인 그는 1829년 영국 성공회 사제가 되어 와이트 섬의 브라이스톤(1830~1840)과 햄프셔의 알버스토크(1840~1845)에서 교구 사제로 봉사했다. 1845년 옥스퍼드 운동의 지도자 존 헨리 뉴먼이 로마 가톨릭으로 개종하여 옥스퍼드 운동이 위기에 처했을 때 윌버포스는 옥스퍼드의 주교로 임명되었다. 비록 옥스퍼드 운동의 목적을 부분적으로 지지하는 데 그쳤지만, 윌버포스는 그 운동이 와해되는 것을 막기 위해 영향력을 발휘했다. 자유주의 주교들, 비국교도들, 성서 학사들을 자주 비판했던 윌버포스는 1860년 찰스 다윈이 생물학자 토머스 헉슬리와 교환했던 진화론을 공격했으나 사람들은 일반적으로 그가 이 논쟁에서 패배한 것으로 여겼다.

16 미꾸라지 샘(Soapy Sam)
교리 문제에 관한 토론에 능숙했다는 뜻에서 붙여진 별명이다.

17 파리 코뮌
프랑스 정부에 대항하여 파리에서 일어난 봉기로서, 프랑스-프로이센 전쟁(보불전쟁)에서 프랑스의 패배로 나폴레옹 3세의 제2제정(1852~1870)이 몰락하는 과정에서 일어났다.

18 오언(Richard Owen, 1804~1892)
영국의 해부학자·고생물학자. 서인도회사의 상인 리처드 오언과 프랑스 위그노 교도 가문의 카트린의 아들로 태어났다. 랭커스터 그래머 스쿨에서 교육을 받은 후 1820년 랭커스터 외과 단체의 도제가 되었고 의학 수련을 계속하기 위해 1824년 에든버러로 갔다. 1825년 위대한 외과 의사였던 J. 애버네시 아래서 공부하기 위해 런던의 세인트바톨로뮤 병원으로 옮기고 다음해 영국 왕립외과협회에 들어갔다. 이곳에서 그는 유명한 해부학자 J. 헌터가 세운 헌터 콜렉션(Hunterian Collection)의 큐레이터로 일하며 의사 업무를 시작했다. 1830년 프랑스의 저명한 고생물학자 G. 퀴비에를 만난 그는 이듬해 파리로 그를 방문하여 파리의 국립자연사박물관에서 표본들을 연구했다. 1834년 왕립학회 회원으로 선출되었으며 다음해 C. 클리프트(1873년 사망)와 결혼하여 아들 윌리엄(1837~1886)을 얻었다. 1836년 오언은 왕립외과협회의 헌터좌(座) 교수가 되었고, 1837년 그곳의 해부학과 생리학 교수가 되었으며 또한 왕립연구소의 비교해부학과 생리학 풀러좌 교수로 임명되었다. 의사직에서 떠나 연구에 전념하던 중 1856년 대영박물관의 박물학 분과 책임자로 임명되었다. 이때부터 1884년 은퇴할 때까지 런던 남켄징턴에 있는 영국 자연사박물관의 발전에 기여했다. 그는 은퇴할 때 바스 기사 작위를 받았다. 런던의 왕립외과협회 박물관에 보관되어 있는 그의 최초 저작물 중 비교해부학에 대한 생리학 총서에는 기재와 삽화가 수록된 카탈로그(1833)가 들어 있는데, 이것은 비교해부학 지식을 넓히는 데 큰 도움을 주었다. 1863년에 그는 자신이 대영박물관에 수집해놓은 최초의 화석 조류인 시조새(Archaeopteryx)를 기술하여 출판했다. 그러나 이 화석이 1954년 재검사되었을 때, 오언은 그것의 배 쪽과 등 쪽을 반대로 이해했으며 또한 가장 중요한 두 가지 특징을 간과했음이 밝혀졌다. 그것은 새가 날지 못하고 기어 다녔다(활공만 가능)는 것을 말해주는 평흉골(平胸骨)과 파충류와 비슷한 두개(頭蓋) 형태를 지녔다는 사실이다. 오언이 누린 명성은 비판적·객관적으로 고려할 필요가 있다. 척추동물의 두개골이 단지 척추의 변형일 뿐이라는 그의 견해는 1858년 영국의 생물학자 토머스 헉슬리에 의해 잘못된 것임이 판명되었다.

오언은 화석동물에 관한 연구로 유명하다.

19 그레이(Asa Gray, 1810~1888)
미국의 식물학자로 다윈 이론을 지지한 열렬한 기독교 진화론자이다. 하버드대 자연사 교수를 지냈다(1842~1873).

20 아가시(Louis Agassiz, 1807~1873)

스위스 태생으로 미국의 박물학자·지질학자·교육자. 빙하의 활동과 멸종된 어류에 관한 획기적인 연구로 자연과학 연구에 큰 공헌을 했다. 독창적인 교수 방법으로 지속적인 명성을 얻었으며, 이 교수법은 미국 자연과학 교육의 성격을 크게 변화시켰다. 아가시는 생존 당시에 가장 능력 있고 현명하며, 가장 많은 정보를 가진 생물학자라고 평가받았다. 그러나 그는 1859년에 발간된 다윈의 《종의 기원》에 대해 냉담하고 비동정적인 반응을 보였다. 그가 평생 동안 얻은 자연에 대한 시각이 새로운 진화 이론을 대하는 태도를 그렇게 만든 것이다. 아가시는 다윈이 진화론 정립에 중요한 근거로 사용했던 환경 변화·다양성·유전형질의 변화 등에 관한 실제적인 증거들을 충분히 알고 있었다. 그러나 그는 유기체의 세계는 초월자가 직접 개입한 결과라는 생각을 고수했다. 다윈이 믿었던 기후와 지질 변화, 빙하와 같은 자연 현상의 변화는 새로운 종의 발달을 가져오는 것이 아니라, 기존의 종들이 멸종되는 결과를 가져온다고 생각했다. 층서적 증거에서는 퇴적암의 하층에서 볼 수 있는 고대의 동물과 식물은 매우 단순한 형태를 갖지만, 점차 상층으로 감에 따라 보다 발전된 형태의 동식물이 나타난다는 사실에는 그도 동의했다. 그러나 이러한 차이가 다윈의 설명처럼 개체들과 외부 환경의 변화 사이의 상관 관계에 의해 나타난 결과라는 주장에는 찬성하지 않았다. 유기체들은 독립적이고 특별한 변이로 구성되기 때문에 서로 다른 유기체들 간에 유전적인 유사성은 없다고 주장했다. 식물과 동물의 종은 '신(神)의 사고'에 의해 만들어진 것이며, 상동 관계나 해부학적 유사성은 '신이 만들어낸 상상의 조합'으로 간주했다. 아가시의 자연에 관한 시각은 감각적으로 느껴지는 세계보다는 보이지 않는 것이 더욱 진실에 가깝다는 플라톤의 사상에서 많은 영향을 받았다. 따라서 환경의 특정한 변화가 유기체의 직접적인 변화를 가져온다고 보는 다윈의 자연관을 수용할 수 없었다.

21 다윈의 건강

다윈은 원래 건장한 청년이었으나 비글 호 항해에서 돌아온 뒤로는 건강 상태가 좋지 않아 심한 권태감과 장(腸) 이상을 느꼈고 구토증과 불면증 때문에 자주 고생했다. 그 원인에 관해서는 여러 가지 설이 있는데, 어떤 사람은 1835년에 다윈이 침노린재과 트리아토마속(Triatoma)에 속하는 곤충에 물렸기 때문이라 했다. 트리파노소마속(Trypanosoma)에 속하는 샤가스 병원체를 매개하는 이 곤충의 발견은 1909년이지만 다윈의 증세가 샤가스병의 증세와 일치했기 때문이었다.

22 무(void)

종교나 신비주의 철학에서 개별적인 대상이나 형상이 없는 순수 의식 상태. 무차별한 세계(사물 상호 간의 차이나 다양성이 없는 세계) 또는 비어 있는 마음을 비추어내거나 드러낸 실재(實在)의 본질을 가리킨다. 주관적이거나 객관적인 의미(때때로 이 둘은 동일시된다)로 사용되는 이 개념은 모든 시대 모든 세계의 신비주의 사상에서 가장 중요하게 다루어진다. 마음을 비우는 것 또는 무차별적인 통일성을 얻는 것은 《우파니샤드 Upanisads》—고대 인도의 명상적 철학서—에서 중세 및 근대 서구 신비주의 문학을 일관하는 주제이다. 도교에서 '허(虛)', 대승불교에서 '공(空)', 유대교 신비주의에서 '엔 소프(En Sof)'는 '공' 또는 '성스러운 무'의 적절한 보기이다. 불교에서는 종교적 궁극인 열반과 공의 이론을 발전시켜 다른 종교보다 무를 훨씬 더 명확히 표현한다. 이것은 또한 이 개념에 대한 현대 서구의 사상에 영향을 끼쳤다. 19~20세기 많은 서구 철학이 무 개념과 관계를 갖으며, 실존철학과 '신이 죽었다'고 주장하는 움직임과도 관계가 있다. 무의 의미는 그것이 사용된 맥락이나 종교문화의 전통에 따라 다양하다.

23 배젓(Walter Bagehot, 1826~1877)

배젓의 모습. 워싱턴 주재 영국 대사를 지낸 브라이스경은 "배젓을 아는 행운을 가졌던 사람들은 아마 아직까지도 그를 당대의 가장 진정한 지성인으로 기억할 것이다"라고 썼다.

영국의 경제학자 · 정치분석가. 빅토리아 시대 중반 《이코노미스트 The Economist》의 편집을 맡아 활동하면서, 당시 가장 유력한 언론인 중 한 사람으로 인정받았다. 배젓은 빅토리아 시대 영국에서 가장 다재다능한 천재로 묘사된다. 그가 집필한 일련의 논문들은 20세기 전반까지 계속 재발행되어 널리 읽혀졌고, 영국의 정치에 관한 고전으로 인정받았을 뿐 아니라 진화의 개념을 사회에 적용한 최초의 사회학 연구서로 꼽히기도 한다.

24 굼플로비츠(Ludwik Gumplowicz, 1838~1909)

폴란드 출신의 사회학자 · 법철학자. 1875년부터 그라츠대학에서 공법학 교수로 재직했다. 그는 사회가 계속 진보한다는 생각에 반대했으며, 국가는 협력이나 신이

내려주는 계시에 의해서가 아니라 피할 수 없는 갈등에
의해 생겨난다는 이론을 편 것으로 유명하다. 굼플로비
츠는 인간에게 집단을 통한 일체감을 얻으려는 경향이
있다고 보고 이러한 과정을 군락주의(群落主義)라고 칭
했다. 그의 군락주의 이론을 살펴보면 먼저, 아직 정치
가 존재하지 않던 시대에 종족들 사이에 싸움이 일어난
다. 한 종족이 이기게 되면 승자와 패자가 하나가 되어
나라를 이룬다. 그 다음에는 나라 사이에 전쟁이 일어
나고, 더 큰 규모로 정복과 동화 과정이 되풀이하여 일
어난다. 마지막으로 나라마다 강제로 분업 체계를 만들
어내고, 그 결과 여러 사회 계급이 생겨나 다시 갈등이
일어나게 된다. 법이란 어떤 추상적인 정의 개념을 통
해서가 아니라 계급투쟁에서 승리한 집단이 결정하는
것이다. 또한 문화는 번영의 산물이고, 여가 또한 정복
을 통해 생긴다는 의미에서 고등문명은 전쟁 덕분에
존재한다고 할 수 있다. 역사를 이러한 순환 과정으로
바라본 굼플로비치는 사회 계획과 복지 수단을 통해
사회의 필연적 붕괴를 피할 수 있다는 주장을 인정하
지 않았다.

25 크로포트킨(Peter Kropotkin, 1842~1921)
러시아의 혁명가·지리학자·무정부주의 운동의 일급
이론가. 지리학·동물학·사회학·역사학 등 다양한
분야에서 명성을 얻었지만 세속적인 출세의 길을 버리
고 혁명가의 생애를 택했다. 그가 종종 밝혔듯이 그의
목표는 과학적 기반 위에 무정부주의를 정립하는 것이
었다. 걸작으로 널리 인정받는 《상호 부조 *Mutual*

크로포트킨의 모습. 오스카 와일드는 자신이 알고 있는 진정으로 행복한 두 사람 가운데 한 사람이 바로 크로포트킨이라고 말했다.

Aid》(1902)에서 그는 적자 생존이라는 다윈의 개념에 반해 종의 진화에서 가장 중요한 요소는 경쟁이 아니라 협동이라고 주장했다. 풍부한 실례를 들어 사교성이 동물 세계의 모든 수준에서 지배적인 특징임을 증명하면서 인간 세계에서도 상호 부조가 예외적이기보다는 일상적인 현상이라고 주장했다. 그는 원시 부족, 농촌 마을, 중세의 코뮌에서부터 강압적인 관료제 국가의 대두에도 불구하고 상호 지원을 계속 실천하고 있는 현대의 각종 협동체(노동조합·학회·적십자사 등)에 이르기까지 자발적 협동결사체의 진화 과정을 추적했다. 그는 현대사의 추세는 사람들이 지배자·성직자·군인들의 간섭을 받지 않고 그들의 창조적인 기능을 개발할 수 있는 지방분권적·비정치적·협동적 사회로의 복귀를 지향하는 것이라고 믿었다.

26 섬너(William Graham Sumner, 1840~1910)
미국의 사회학자·경제학자. 사회진화론에 관해 많은 저술을 남겼다. 1872~1909년 예일대학 교수를 지냈고, 영국 철학자인 스펜서와 마찬가지로 수많은 논문을 통해 자유방임주의, 개인의 자유, 사람들의 타고난 불평등에 대한 뚜렷한 신념을 널리 발표했다. 소유와 사회적 지위를 위한 경쟁은 다행스럽게도 부적응자를 없애며, 인종의 순수성과 문화의 활력을 보존하는 결과를 가져온다고 보았다. 또 근면·절약·절제라는 중간 계급의 프로테스탄트 윤리는 건강한 가정 생활과 건전한 공중 도덕에 도움이 된다고 여겼다. 복지국가를 향한 흐름을 내다보았으나 가난을 타고난 열등함의 당연한 결과로 보았기 때문에 온정주의적인 모든 개혁안에 반대했다. 중간 계급(그에 따르면 '잊혀진 사람들')에 지나친 경제 부담을 준다는 게 그 이유였다.

27 카네기(Andrew Carnegie, 1835~1919)
스코틀랜드 태생의 미국 실업가. 19세기 후반에 미국의 철강산업을 거대하게 성장시킨 장본인이며 당대 최고의 자선사업가였다.

카네기는 여러 영어권 국가에 도서관을 설립하기 위해 기부금을 내놓았다.

28 루스벨트(Theodore Roosevelt, 1858~1919)
미국의 제26대 대통령(1901~1909)으로서 작가·탐험가·군인. 국제 문제에 있어 루스벨트는 약한 나라는 망하고 강한 나라는 살아남는다고 믿었다. 그는 이전의 비교적 평화롭던 시대가 힘이 지배하는 시대로 변해가는 것을 느꼈다. 그리하여 해마다 해군의 예산 증액을 요구했으며, 의회로부터 군함 건조 허가를 받아내기 위해 국제 분쟁의 심각성을 과장하기도 했다. 임기가 끝날 무렵 루스벨트는 미국의 해군을 세계 정상 수준으로 키워놓았다.

29 샤르댕(Pierre Teilhard de Chardin, 1881~1955)
프랑스 오르신 출신의 인문학자로 예수회 회원. 1920년 파리의 가톨릭 학원에서 지질학·생물학을 강의하였다. 극동(주로 중국)과 남아프리카에서 생물학을 연구하고 많은 발굴에 참가했는데, 북경원인 발견이 가장 유명하다 1950년 과학아카데미 회원이 되었고, 1951년부터는 뉴욕의 웨나그렌 연구소에서 인류학 연구에 종사하였다. 많은 저서를 통하여 생물학·인류학에 입각한 철학 사상을 그려내어 세계의 비전에 일치되는 인간의 정신을 드러냈다. 그는 진화론을 인정했으며 진화가 노리는 인간의 도달점으로 창조와 끊임없는 진보의 추진자로서의 그리스도를 생각하였다. 이것이 그가 주장한 '진화자로서의 그리스도의 이론'이다.

30 멘델(Gregor Mendel, 1822~1884)

유전학의 창시자 멘델.

오스트리아의 식물학자·식물실험자. 처음으로 유전학의 수학적 토대를 확립했으며, 이러한 작업들은 멘델 법칙이라고 불리게 되었다. 올뮈츠(현 체코의 올로모우츠)의 철학연구소에서 2년 간 공부한 후, 1843년 모라비아의 브륀(현 체코의 브르노)에 있는 아우구스티누스회 수도원에 들어갔으며 세례명은 그레고어이다. 1847년에는 수도사로 임명되었으며 수도원에서 수행하는 동안에 과학에 대한 많은 지식을 습득했다. 그는 동료 수도사들과 자기가 살던 도시 사람들의 사랑과 존경을 받았으나, 당시의 위대한 생물학자들에게는 전혀 알려지지 않았다. 1900년 유럽의 식물학자 칼 에리히 코렌스, 에리히 체르마크 폰 세이세네크, 휴고 드 브리스 등이 각각 멘델과 비슷한 결과를 얻어내고 34년 전에 발표된 실험 결과와 개괄적인 원리를 문헌에서 찾아냄으로써 멘델은 죽은 뒤 명성을 얻게 되었다. 지금은 멘델의 실험이 유전학 역사의 한 부분이 되었고 많은 나라의 생물학자들이 멘델의 학설을 확인하고 그 응용 범위를 넓히고 있으며, 진화학·발생학·생리학·생화학·의학·농학·사회과학 등을 이해하는 데도 큰 영향을 미치고 있다.

31 돌턴(John Dalton, 1766~1844)
영국의 화학자·물리학자. 근대 원자론(原子論)을 제시했으며 근대 물리과학의 창시자 가운데 한 사람으로 알려져 있다.

32 패러데이(Michael Faraday, 1791~1867)
영국의 화학자·물리학자. 많은 실험으로 전자기학의 이해에 크게 공헌했다.

돌턴은 배수 비례의 법칙을 발견하여 화학 발달에 크게 기여했다.

마르크스의 다양한 모습들

버로우(J. W. Burrow)

카를 마르크스(1818~1883)는 다윈의 《종의 기원》에 깊은 인상을 받은 나머지 자신의 주요 저작인 《자본론 Capital》(1867)을 이 탁월한 자연과학자에게 헌정했다. 결코 급진주의자가 아니었던 다윈은 이 영예를 거절했다. 그러나 마르크스는 사회과학에서의 다윈으로 자처했다. 두 사람은 동시대에 살았고(다윈이 9살 많았다), 신기하게도 자신들의 이론 토대를 거의 같은 무렵인 1840년대 중반에 수립했다.

마르크스의 대작 《자본론》은 1867년이 되어서야 출간되었지만, 그의 주요 사상은 이미 1848년 저 유명한 《공산당선언 Communist Manifesto》에서 간략한 형태로 개진되었고, 그것은 급진적 노동 계급의 사회혁명에서 핸드북 역할을 했다. 《공산당선언》은 근대에 가장 큰 영향을 끼친 책 중 하나로 평가받아 마땅하다. 그러나 버로우가 이 글에서 지적한 대로, 마르크스는 그 밖에도 여러 가지 다양한 모습을 지닌 인물이었다.

마르크스, 시대의 아들

아마 수염 없는 카를 마르크스가 바이런이나 셸리 같은 로만주의 시인의 모습으로 나타난다면, 그보다 충격적인 장면도 없을 것이다. 우리는 마르크스라면 으레 수염을 곤두세우고 불의에 분노하는 성난 예언자의 모습을 연상한다. 또 우리는 수많은 공산주의 선전 포스터에 나오는 것처럼, 대리석을 깎아놓은 듯이 고결한 표정을 한 마르크스 얼굴 곁에 엥겔스[1]와 레닌[2]의 얼굴이 나란히 놓여 있는 모습에 익숙하다. 유럽 공산주의의 성자들 얼굴에 난 수염은 제각기 나름의 역할을 하는 것으로 보인다. 마르크스의 수염은 사자같이 위협적이다. 엥겔스의 수염은 활기차고 세속적이다. 레닌의 수염은 쇄빙선처럼 불쑥 튀어나와 멀어지는 수평선 저 너머로 복락의 땅을 향해 나아간다.

그러나 '청년 시절'의 마르크스가 몽상적이고 로만주의적인 감성에 젖은 얼굴이었다고 해도—그의 사진에서 볼 수 있는 뻣뻣한 수염을

◀ 런던에서 이 사진을 찍기 위해 포즈를 취했을 때 마르크스의 나이는 57세였다(1875). 1848년에 런던으로 망명한 그는 이곳에서 이미 반생을 살고 있었다.

생각하면 전혀 그럴듯해 보이지 않지만—전적으로 부적절한 것은 아니다. 마르크스는 로만주의적인 환경에서 태어난 이상주의적인 청년이었다. 그의 젊은 시절의 열정에는 베를리오즈[3]와 위고 세대 젊은이들이 갖는 특징이 뚜렷이 각인되어 있다. 워털루 전투 이후 유럽을 사로잡은 숨 막히는 반동적 분위기에 포위된 이 세대 젊은이들에게, 바이런·나폴레옹·프로메테우스[4]·파우스트[5] 등은 억압된 열망의 상징이었다. 이 세대의 많은 젊은이들에게 '혁명'은 성스러운 단어였으며, '자유의 정신'은 들라크루아의 저 유명한 그림에 나오는 것처럼 아름다운 가슴을 드러낸 채 바리케이드 앞에서 노동자들을 진두지휘하는 여인의 이미지로 떠올랐다. 마르크스의 소년 시절과 청년 시절은 1848년 혁명 이전의 시기였다. (1848년 당시 마르크스는 30세였다.) 이 시기에는 마지막으로 한차례만 더 영웅적인 노력을 하면 모든 압제자들이 한 방에 날아가고 낡은 사회 질서의 잿더미 속에서 정의와 자유의 새로운 세계가 창조될 것만 같았다. 젊은이들은 파리를 거룩한 혁명의 도시로 숭배했다. 러시아 사회주의자 헤르젠(Aleksandr Ivanovich Herzen, 1812~1870)은 이렇게 말했다.

"나는 존경의 염으로 그 도시(파리)에 들어갔다. 마치 예루살렘이나 로마에 들어갈 때 흔히 그러하듯이."

빈 회의에서 지배권을 재확인받은 압제자에 의해 통치를 받게 된 이탈리아와 폴란드 등 피압박 국가의 불운한 처지는, 마치 1930년대 에스파냐와 1950년대 헝가리가 그랬던 것처럼 유럽인에게 광범한 자유 의식을 불러일으켰다. 프롤레타리아 계급뿐만 아니라 예술가와 지식인들도 이 시기에는 혁명의 갈증을 느꼈다. 1848~1849년, 유럽 모든 국가의 수도에서 혁명이 번지자 그들은 노동자들과 더불어 바리케이드를 향해 나아갔다.

1818년생인 마르크스는 바로 이 세대에 속해 있다. 그가 혁명가가 된 것은 전혀 놀랄 일이 아니었다. 오히려 그가 혁명가가 되지 않았다면 놀라운 일이었을 것이다. 마르크스가 동시대 대부분의 사람들과 달랐던 점은 혁명성을 고스란히 간직한 채 젊은 날의 열정을 과학적 엄밀성으로 변화시켰다는 사실이다. 그 결과 동시대 대부분의 젊은이들—그들은 막연하고 모호하고 이상주의적이었다—이 세월의 흐름과 더불어 색이 바래고 환멸에 빠져들었던 반면, 마르크스는 혁명적 열정을 일생 동안 견지할 수 있었다.

그러나 마르크스의 '과학적' 사회주의에도 몽환적이고 묵시적인 광륜(光輪)이 없지는 않았으니, 그것은 때로 《자본론》의 잿빛 페이지를 무섭게 타오르도록 만드는가 하면, 1848년 혁명 직전의 격정적인 시절을 상기시켜주기도 한다. 개인적 취향 면에서도 마르크스는 단연 시대의 아들이었다. 그는 19세기 초 프랑스와 독일의 젊은 지식인들을 계시와도 같은 힘으로 압도했던 셰익스피어에 대한 열렬한 애착을 공유하고 있었다. 또한 셸리·괴테·베토벤은 그에게 강렬한 상징성으로 다가왔고, 마찬가지로 제우스에게 도전한 티탄족의 프로메테우스도 그에게는 반역의 표상으로 각인되었다.

마르크스의 소설읽기 취향은 산업화된 영국을 다룬 사실주의 문학이나 프랑스 부르주아지를 해부한 플로베르[6] 쪽이라기보다는, 월터 스콧[7]과 알렉상드르 뒤마[8]에 쏠려 있었다. 경제학자이자 몽상가이며, 독일인 학자이자 국제적인 혁명가였던 카를 마르크스는 말재주나 부리는 혁명가와 잘난 체하는 음모가들을 경멸했다. 그러나 정작 마르크스 자신은 강력한 호소력을 지닌 웅변가이자 임박한 파멸과 쇄신을 선포한 예언자였으며, 동시에 로맨주의적 리얼리스트이기도 했다. 요컨대 그는 수많은 다양한 얼굴을 지닌 인물이었다.

철학자이자 로만적 휴머니스트로서의 마르크스

이러한 패러독스는 그의 출생과 더불어 시작한다. 그는 유복한 중산 계급 부모 아래서 태어났다. 그의 출생지는 그가 불길한 미래의 운명을 단호히 선언했던 인구 많은 산업 중심지가 아니라, 낡은 옛 도시 트리어[9]였다. 마르크스는 궁핍한 생활을 하긴 했지만 그것은 그가 혁명가가 된 다음의 일이지 그 이전의 일은 아니다. 그에게는 혁명 동지이자 브레멘 출신 제조업자의 아들인 엥겔스가 가지고 있던 산업 현장에 대한 일차적인 경험이 전혀 없었다. 트리어는 고대의 사적지로서, 성(城)들이 여기저기 흩어져 있고 포도밭이 들어차 있는 모젤(Moselle) 계곡의 경사지에 위치했다. 이 도시는 룩셈부르크 국경선과 아르덴 숲[10]에서 불과 수마일 거리에 있었다. 이곳은 단 한 가지 점에서만 카를 마르크스에게 어울리는 출생지였다. 마르크스가 태어날 무렵 프로이센 국왕 영지의 변방에 속해 있던 트리어는, 한때 '라틴 세계'와 '튜튼 세계'를 잇는 관문이었다. 트리어 구도심 입구에는 지금도 로마 제국의 권력이 미쳤던 경계선을 알려주는 거대한 성문 포르타 니그라(Porta Nigra)가 있다. 이 성문은 파리와 런던을 혁명의 본향이자 정신적 고향으로 간주했던 한 독일인 ― 그는 언제나 서유럽에 관심을 기울였고 동유럽에서는 존경의 대상이었다 ― 을 생각나게 한다.

마르크스가 품었던 꿈의 규모는 제국적이었고, 그 범주는 보편적이었다. 그리고 그 꿈은 세계사적인 전망에 바탕을 두고 있었다. 그와 같은 세계주의는 그 세대의 특징이기도 했다. 프랑스 혁명은 세계사적인 사건이었다. 그 거대한 횃불은 꺼졌다. 그러나 그 연기는 사람들의 마음, 특히 그 사건을 기억하기에는 너무 나이가 어린 세대들의 마음에서 모락모락 피어오르고 있었다. 바스티유 함락은 그 자체로서는 별 의미가 없는 것이었지만 하나의 보편적 상징이 되었고, 프랑스는 물론 영국과 독일에서도 열렬한 환영을 받았다. 19세기는 망명 지식인, 세계주의적 혁명가, 그리고 (자유는 만인의 대의이며 프롤레타리아 계급에게는 조국이 없기 때문에) 외국 땅에서 전투를 치른 이데올로기적 용병대장(condottiere)들의 고전 시대였다. 그들 중 대표적인 인물은 바이런이었다. 폴란드 시인이자 콜레주 드 프랑스(Collège de France) 교수였던 미스키에비치[11] 같은 인물도 있었는데, 그는 1848년 폴란드 군대를 모병해 이탈리아를 오스트리아의 압제로부터 독립시키기 위한 전투에 참가했다. 러시아의 무정부주의자인 바쿠닌[12]은 제1인터내셔널에서 마르크스의 대적(大敵)이 되었다. 가리발디[13]는 1870년 신생 프랑스 공화국을 위해 느슨한 규율에 훈련도 부족한 자원부대를 이끌고 프로이센에 맞섰다. 엥겔스와 동료 공산주의자들이 1883년 런던의 하이게이트에 묻힌 카를 마르크스의 무덤 앞에 섰을 때, 그들은 로만주의와 혁명이 거의 동의어로 사용된 시절 이래로 가장 비타협적 입장을 견지했던 최후의 혁명주의자를 기리고 있었다.

평온하고 아름다운 트리어의 공업화 이전 세계와 독일 대학도시의 안온한 영역에서 살던 마르크스를 맨 처음 혁명주의자로 변화시킨 동기는 프롤레타리아 계급의 비참함과 공장의 불결함이 아니었다. 그의 세대가 갖고 있던 열정, 그리고 선배들에 의해 구축된 이론—그는 학생 시절 그 이론을 지적 자양분으로 섭취했다—이 그를 혁명주의자로 만든 동기였다. 정치인으로서의 마르크스, 산업사회 분석가로서의 마르크스 이전에, 철학자이자 로만적 휴머니스트로서의 마르크스가 있었던 것이다. 마르크스가 본대학과 베를린대학에서 배운 철학은 인간의 행동이 자신의 의지로부터 비롯되며, 타인이나 맹목적 힘에 의해 조작되지 않을 때에만 인간은 진실로 그 자신이 된다고 가르쳤다. 인간은 자신의 인간적 본질이 명하는 대로 행동하기로, 이성적 선택을 했을 경우에만 자유롭다. 청년 마르크스는 이 철학을 비타협적으로 엄격하게 적용하여, 인간이 제아무리 추상적 · 법률적 차원에서 자유롭다 할지라도, 현실적으로 노동자 대다수는 전혀 자유롭지 못하다는 결론에 도달했다.

노동은 인간성의 최고의 표현이며 또 그래야만 한다. 노동이란 사물을 인간의 창조력에 종속시키면서 세계를 자유롭게 만들고 변화시키는 행위이다. 그러나 인간성의 본질이자 신성한 창조력인 노동은 일개 사물로 격하되어 상품으로 거래되었다. 인간이 생산적 노동력을 사용한다기보다는, 인간 존재가 물질적 생산을 위해 이용되었다. 프롤레타리아 계급인 노동자는 법률적으로야 어떠했든 실질적으로 자유롭지 못했다. 국가는 그들의 국가가 아니었고 공정하지도 않았다. 국가는 유산 계급의 지배를 옹호하기 때문이었다. 노동이 임금과의 교환을 강제당하는 상품이 아닌, 인간 자신의 의지와 창조력의 천명일 때에만 인간은 자유로울 수 있다. 그리고 이것은 프롤레타리아 계급이 현존 소유 관계를 타도하고, 추상적 자유가 아닌 실질적 자유를 창출해낼 때에만 실현될 수 있었다. 마르크스는 이렇게 썼다. "철학은 프롤레타리아 계급 안에서 구체적인 무기를 발견한다." 철학자 마르크스는 혁명적 정치가 마르크스가 되었다.

《공산당선언》, 인간 정신의 갈망에 명료한 형태를 부여하다

마르크스는 급진적인 저널리스트가 되었다. 그가 파리와 브뤼셀로 첫 망명길에 올라야 했던 것도 바로 이 때문이었다. 파리에서의 마르크스는 이미 헌신적인 사회주의자였다. 그는 이 도시에서 처음으로 도시 프롤레타리아 계급—그가 사회의 구원자로 간주한—의 실체를 독일에서보다 한층 더 넓은 지평에서 바라보았다. 그는 파리에서 일군의 다른 사회주의자들을 발견했다. 그는 그들로부터, 특히 자본주의 경제비평가들로부터 많은 것을 배웠다. 그러나 1848년의 《공산당선언》에서 그가 주장한 '마르크스주의'는, 주로 그들과의 지적인 투쟁 속에서 그들의 오류를 반박하고 자신의 입장을 천명하는 가운데 탄생한 것이었다. 자유를 갈망하는 이상주의적 철학자는 이제 역사가이자 사회과학자가 되었다.

《공산당선언》은 그 역사적 전망의 폭과 규모 면에서 여타의 정치 팸플릿들과 확연히 구별된다. 《공산당선언》의 메시지는 역사가 승리를 약속하는 동시에 조건을 요구한다는 것이다. 낭랑하게 울려 퍼지는 서두("지금까지의 모든 사회의 역사는 계급투쟁의 역사이다.")에서 행동을 촉구하는 마지막 외침("노동자가 혁명 속에서 잃을 것이라곤 쇠사슬뿐이요, 얻을 것은 세계 전체이다. 만국의 노동자여, 단결하라!")에 이르기까지, 그것은 자본주의가 인류의 영속적 상태가 아니라 역사 발전의 마지막 단계에 불과할 뿐임을 역설하고 있다. 부르주아 계급은 존경할 만한 존재도 아니고 법을 준수하지도 않는다. 그들은 역동적이고 탐욕스럽다. 그들은 봉건제의 낡은 특권 체제를 분쇄함으로써 권력을 획득했다.

어떤 정치운동도 《공산당선언》 같은 특전을 부여받은 적이 없었다. 그것은 고발이자 분석이었으며 또한 승리의 약속이었다. 마르크스와 공저자 엥겔스는 《공산당선언》에서 루소와 링컨—그들은 정치적 지향에 고전적 수사법을 부여한 드문 사례이다—을 결합시켰다. 마그나카르타와 독립선언이 그러했듯이, 《공산당선언》은 특히 마지막 결론 부분에서 신화적인 반향과 힘을 자아냈다. 루소의 《사회계약론》과 링컨의 게티즈버그 연설처럼 인간 정신의 갈망에 명료한 형태를 부여한 것이다.

19세기 최고의 역사가

단기적으로 그 예언은 거짓이었고, 다음 세기에도 그 예언의 실현 가능성은 별로 없었다. 마르크스와 엥겔스가 유럽을 배회하고 있다고 선언했던 유령은 1848년에 허깨비로 판명되었는데 이런 일은 그때가 마지막이 아니었다. 신생 공화국 정부로부터 선거권을 부여받은 프랑스 대중은 압도적으로 재산권과 질서를 지지하는 표를 던졌다. 파리 노동자들의 저항은 정부의 기병대에게 짓밟혀 도심의 하수구 속으로 기어 들어갔다. 자신이 감당할 수 없을 만큼 프랑스를 뜨겁게 달구어놓은 마르크스는 수중에 한푼 없는 신세로 두 번째 망명길에 올라 오염된 자본주의의 본산지 런던으로 향했다. 마르크스는 그곳에서 남은 생애를 살았다.

행동가로서의 마르크스 생애 최고의 시절은 벌써 저만치 지나가 버렸다. 바야흐로 근면한 연구자의 생애가 시작된 것이다. 이곳 런던에서 그는 가난에 시달리며 두더지처럼 묵묵히 일해야 했으며, 영국 노동 계급의 정치적 온건성에 분노하면서 자본주의의 필연적 몰락이라는 자신의 명제를 증명하는 작업을 성실하게 수행했다. 이곳에서 그는 인간 해방의 철학과 《공산당선언》의 현란한 수사적 표현에다 보강 자료—경제 분석의 기술적 장치, 전체 사회 구조를 고발하기 위해 부지런히 수집한 자료와 사실들, 그리고 유럽 대륙의 최근 혁명들이 실패한 원인에 대한 상세한 분석—를 덧붙였다.

혁명 실패에 대한 분석 작업은 《자본론》의 경제 관련 항목들과 더불어 마르크스를 위대한 역사가로 우뚝 서게 해주었다. 지적 역량과 통찰력이란 점에서 마르크스는 19세기 최고의 역사가에 속한다. 현대 역사학자들이 제아무리 열심히 노력한다 해도 마르크스의 신세를 지지 않는다는 것은 불가능하다. 마르크스의 가장 뛰어난 역사 서술은 프랑스 황제 나폴레옹 3세가 1848년 수립된 단명한 공화정을 쿠데타로 전복하고 권력을 장악한 과정에 대한 연구인데, 그것은 에세이를 늘려 쓴 것임에도 불구하고 역사 서술상 하나의 '혁명'이었다. 사회경제적 계급 개념을 정치적 고발의 일부가 아닌 역사학적 설명의 도구로 사용하면서, 마르크스는 나폴레옹 3세 체제의 특징과 성공에 관한 지금까지의 설명 중 가장 핵심을 찌르는 분석을 해냈다. 그는 또한 계급과 정치를 '초월'하여 국민 통합을 상징한다고 주장하는 파시즘적 독재자의 지위에 대한 고전적인 설명을 하기도 했다.

마르크스의 에세이는 역사의 아이러니와 복잡성을 드러내고, 프랑스 사회의 다양한 부문—특히 프랑스 부르주아 계급—의 기벽과 일탈을 정교하고 엄밀하게 폭로했다는 점에서 뛰어나다. 부르주아 계급의 '질서' 숭배를 패러디하면서 마르크스는 그런 행태가 나폴레옹 3세에 대한 항복에 지나지 않는다고 꼬집었다.

"오직 도둑질만이 재산권을 지킬 수 있다. 오직 거짓말만이 종교를 지킬 수 있다. 난봉질만이 가족을 지킬 수 있다. (루이 나폴레옹은 혈연적 정통성이 의심스러웠다.) 무질서만이 질서를 지킬 수 있다!"

마르크스의 신랄한 경멸과 조소는 그가 보여주는 세계 역사에 대한 조망에 의해 균형이 잡힌다. 마르크스의 역사 전망은 나폴레옹 체제를 코믹한 가면무도회로 간주한 그의 입장을 정당화한다. 위대한 나폴레옹의 조카가 삼촌의 장화를 신는 장관은 마르크스로서는 결코 놓칠 수 없는 절호의 기회였다. 첫 문장부터 충격적이다.

"헤겔은, 모든 세계사의 사건들과 인물들은 어디에선가 두 번씩 나타난다고 지적하고 있다. 그러나 그는 다음과 같이 덧붙이는 것을 잊었다. 한 번은 비극으로, 다른 한 번은 소극(笑劇)으로."

이런 어조는 때로는 세련된 아이러니로 때로는 보드빌(노래와 춤을 섞은 희가극)로, 그의 에세이 전편에 걸쳐 유지된다.

헌신적인 남편이자 쾌활하고 관대한 아버지

루이 나폴레옹에 대한 마르크스의 에세이는 심원하고도 독창적인 역사학적·사회학적 지성의 산물일 뿐 아니라, 일급 저널리즘의 활력과 영향력을 함유하고 있었다. 그와 같은 재능은 망명 생활에 반드시 필요한 정치적 무기이자 생존 수단이었다. 마르크스 생애의 아이러니 중 하나는, 그가 자본주의를 고발하기 위한 자료를 대영박물관 열람실의 학구적 분위기 속에서, 그것도 영국 정부의 보고서를 조사함으로써 얻어냈다는 사실이다. 또 한 가지 아이러니는 마르크스가 1850년대에 뉴욕 《트리뷴 Tribune》의 런던 통신원 일로 자신과 가족의 생계 문제를 해결했다는 것이다. 《트리뷴》의 편집주간 다나(Charles Anderson Dana)는 마르크스가 《신(新) 라인 신문 Neue Rheinische Zeitung》의 공격적인 편집자로서 악명을 얻어가던 무렵 독일에서 그를 만난 적이 있었다. 마르크스가 런던으로 도주한 후 다나는 기사 한 편에 5달러를 지불하는 조건으로 《트리뷴》에 정기적으로 기고해줄 것을 요청했다. 처음에는 엥겔스가 그를 대신해서 기사를 썼다. 그러나 영어 실력이 향상되고, 엥겔스에게서 《트리뷴》의 영어가 형편없는 수준이라는 말까지 듣게 되자, 마르크스는 용기를 내어 자신이 직접 기사를 쓰기 시작했다. 다행히 영국 제국주의와 영국 지배 계급에 대한 마르크스의 입장은 《트리뷴》의 입장과 상당 부분 일치했고, 양측의 관계는 원만하게 유지되었다.

《트리뷴》에서 받은 몇 푼 안 되는 돈과 엥겔스가 주는 보조금 덕분에 마르크스와 그 가족은 런던에 망명한 직후의 고생스런 시절을 그럭저럭 살아갈 수 있었다. 집세 때문에 첫 번째 거주지에서 쫓겨난 마르크스 가족은 빈민 구역인 소호(Soho)의 딘 가(Dean Street) 28번지에 작은 방 두 개를 얻었다. 그곳은 음식점과 환락가로 둘러싸여 있었다. 그들은 그곳에서 가난에 시달려야만 했다. 마르크스는 1852년 엥겔스에게 이렇게 편지를 썼다.

《신 라인 신문》을 발간하는 마르크스와 엥겔스.

"지난 일주일 동안 나는 외투를 전당포에 맡기는 바람에 외출도 못 했고, 푸줏간에서 외상을 주지 않는 바람에 고기 한 점 먹지 못하는 즐거운 신세가 되었다네."

대부분의 증인들은, 이런 상황에서도 마르크스 가족이 매우 목가적인 가정 생활을 했다고 들려준다. 카를 마르크스에게는 다양한 모습이 있었는데, 그가 가정적인 인물이었으며 헌신적인 남편이자 쾌활하고 관대한 아버지였다는 사실은 조금도 놀랍거나 특기할 만한 일이 아니다.

마르크스는 1843년 프로이센 정부관리의 아름다운 딸 예니 폰 베스트팔렌(Jenny von Westphalen)과 결혼했다. 그들이 런던에 도착했을 때는 이미 예니(Jenny), 라우라(Laura), 에드가(Edgar) 이렇게 세 자녀가 있었다. 그들이 도착한 직후 구이도(Guido)가 태어났고, 그의 별명은 영국 의사당 건물 폭파를 기도했던 인물의 이름을 따서 포크스[14]로 지어졌다. 마르크스의 별명은 '무어인(the Moor)'—머리가 검다고 해서—과 '늙은 닉(Old Nick)'이었다. 두 딸 프란치스카(Franziska)와 엘레노어(Eleanor)는 그 후에 태어났다.

가족의 마지막 구성원은 베스트팔렌 집안의 하녀인 '렌헨(Lenchen)'이었다. 그녀는 마르크스를 제압할 수 있었던 유일한 사람으로 알려져 있다. 여기에는 한 가지 이유가 있다. 그 무렵에 렌헨이 낳은 사생아 프레데릭의 아버지가 마르크스 아니면 엥겔스일 것이라는 루머가 떠돌고 있었는데, 나중에 나타난 증거에 의하면 결국 마르크스가 그 아이의 아버지임이 확실시되고 있다. 이것이 우발적인 실수의 결과인지 아니면 오랜 기간 이어진 간통의 결과였는지 우리는 알 수 없다.

마르크스의 가족 생활에 대한 세부적 이야기는 망명자이면서 마르크스의 제자였던 빌헬름 리프크네히트(Wilhelm Liebknecht)의 기록에서 볼 수 있다. 그가 묘사한 일련의 장면들은 이 시기 마르크스의 가정 생활을 다소 희극적이고 천진난만한 필치로 그리고 있다. 다정한 마르크스는 디킨스[15] 소설의 주인공 피크위크[16]처럼 아이들 머리를 쓰다듬으며 동전과 사과를 건네주었고, 가족과 함께 햄스테드 히스 공원[17]으로 소풍을 가곤 했다. 종종 배를 곯곤 했던 리프크네히트는 각별히 식사 문제를 다정다감하게 서술했다.

"일요일에 햄스테드 히스 공원으로 소풍을 가면 송아지 고기를 큼직하게 베어 내게 주었다. 가정부 렌헨이 트리어에서 가져온, 런던에서는 보기 드문 큼직한 바구니 속에는 지극히 거룩한 물건이 담긴 성합(聖盒)이 있었다. (…) 빵과 치즈는 공원에서도 살 수 있었다. 베를린의 커피하우스에서와 마찬가지로 컵과 뜨거운 물과 우유도 구할 수 있었다."

점심 식사 후 어른들은 풀밭에서 낮잠을 자거나 일요일자 신문을 읽고, 아이들에게 목말을 태워주곤 했다. 딸 엘레노어의 말에 따르면 마르크스는 아이들에게 말 노릇을 썩 잘해줬다고 한다. 걸어서 집에 돌아올 때면 그들은 독일 민요를 부르곤 했고, 그러면 마르크스는 셰익스피어나 단테의 몇 구절을 암송하곤 했다.
자녀들 중 셋이 죽었는데, 그 중 구이도와 프란치스카는 첫 돌이 되기 전에 죽었다. 마르크스는 특히 아홉 살에 세상을 떠난 에드가에 대해 애통해했다. 딸들에게 그는 관대하고 매혹적인 친구였다. 딸들이 말 놀이를 할 때도 함께했고, 호프만[18]처럼 동화적인 이야기를 들려주기도 했다. 딸 엘레노어는 이렇게 말한다.

"아버지는 매우 유쾌하고 즐거운 분으로, (…) 유머 감각이 넘쳤고 그 웃음은 전염성이 강하고 누구도 말릴 수 없었습니다. (…)

대단히 친절하고 동정심 많은 다정한 친구였어요. (…) 아버지의 친절과 인내심은 정말 대단했습니다."

대학 교수가 되었어야 할 인물

마르크스를 정치적으로 반대하는 사람은 이런 이야기를 듣고 놀랄 것이다. 그들은 마르크스를 전혀 다른 모습—오만한 성격에 무자비한 연설을 뿜어대는, 적개심으로 가득 찬 현실 정치인—으로 알고 있다. 물론 그의 적들 중에는 부르주아 계급—그들은 사실 그의 존재를 알지도 못했다—뿐 아니라 동료 사회주의자들도 있었다. 마르크스의 수많은 저작들은 사실 한때 그의 동지였던 사회주의자들의 오류에 대한 일련의 논박에서 비롯된 것이었다. 마르크스가 자신이 가담한 사회주의 정당과 운동에서 주도권을 장악하기 위해 투쟁할 때마다, 수많은 사회주의 이론가와 지도자들은 마르크스의 신랄한 냉소와 폭넓은 식견에 중압감을 느껴야 했다.

마르크스는 무시무시한 정치적 반대자였고, 합의라는 정치 개념을 알지 못했다. 그는 자신이 이론적으로 오류라고 판단하는 자들의 수중에 운동이 장악되느니, 차라리 운동을 포기하거나 좌초시키는 것이 낫다는 입장을 여러 차례 취했다. 러시아의 무정부주의자 바쿠닌과 그의 추종 세력의 영향력에서 벗어나게 하기 위해 제1인터내셔널을 의도적으로 파괴한 것은 이러한 자발적 숙청들 가운데 가장 두드러진 한 사례일 뿐이다.

마르크스의 급한 성격은 건강이 악화되면서 더욱 심해졌다.《자본론》을 쓸 때 그는 치질로 심하게 고생을 했다. 엥겔스에게 쓴 편지에서 그는 "일을 끝내기 위해서는 최소한 앉을 수는 있어야겠네"라고 애처롭게 말하고는, 꿋꿋하게 한마디 덧붙였다. "부르주아 계급이 나의 뽀루지를 기억해주기 바란다네."

혁명 이념에 철저히 헌신한 마르크스는 망명자로서의 생애를 보냈다. (물론 한 사람의 학자로서 독일 망명자들을 조직화하고, 영국 노동계급 지도자들과의 합작을 시도하기도 했지만.) 그는 음모적 정치와는 아무런 관계도 없었다. 역사의 산고, 그리고 실천적 계급투쟁을 통한 노동자의 정치 교육을 대신할 만한 것은 없었다. 마르크스가 정치적 음모를 거부한 것은 그에 대한 도덕적 거부감이나 천성적인 냉철한 기질 때문이 아니라 그의 굳센 지적 자제력, 그리고 비현실적인 몽상적 혁명주의와 공허한 수사에 대한 경멸 때문이었다. 그의 본성에는 공격성과 반란성이 깊숙이 배어 있었다. 그는 언젠가 딸 라우라가 작성한 질문표에 다음과 같이 답변한 적이 있다.

"아빠의 행복은?" "싸우는 것." "아빠가 가장 싫어하는 악덕은?" "굴종." "좋아하는 영웅은?" "스파르타쿠스와 케플러."

마르크스가 이끈 단체의 공식 명칭은 '독일노동자교육협회(German Worker's Educational Society)'였으며, 교육적 측면은 이 협회가 정치와 아무 상관없던 때에도 진지하게 간주되고 있었다. 그의 지적 관심은 결코 협소하지 않았다. 그는 유럽의 모든 주요 언어를 읽을 수 있었고, 50대에 이르러서 러시아어를 독학으로 공부하기 시작했다. 그는 그리스어를 읽을 줄 알았고, 아이스킬로스(Aeschylos, B. C. 525/524~456/455)를 정기적으로 반복해서 읽었다. 그는 자연과학에 관심을 가졌으며 당연히 기술 분야에도 흥미를 느꼈다. 다윈을 극찬했으며, 한번은 상가 쇼윈도에서 전기기차 엔진 모형을 보고 각별한 흥미를 느꼈다. 쉴 때는 수학 문제에 골몰하곤 했다. 특히 아내가 병석에 누웠을 때는 수학 계산을 통해서만 위로를 얻을 수 있었다.

젊은 추종자들을 대하는 그의 태도에서는 '정치이론가' 마르크스

뿐 아니라 놀랍게도 '교사'로서의 마르크스를 보게 된다. 교사로서의 마르크스는 상당히 위압적이었다. 리프크네히트는 이렇게 탄식했다. "내가 에스파냐어를 할 줄 모른다는 이유로 어찌나 심하게 나를 질책하시던지! (…) 나는 날마다 질문을 받았고 《돈키호테》를 한 구절씩 번역해야만 했다." 마르크스의 본성 가운데는 학생을 들볶는 교육자의 모습이 들어 있었다. 이런 회고담을 읽노라면 그가 대학 교수가 되었어야 할 인물이라고 생각하게 된다.

황금 송아지 숭배를 질타한 예언자

물론 궁극적으로는 '정치인이자 사회과학자'로서의 마르크스가 단연 최우위로 떠오른다. 마르크스는 런던에 오기 전에 이미 특유의 역사 이론을 발전시켰다. 즉 사회의 법적·정치적 제도는 경제적 하부 구조의 표현이라는 것이다. 그러나 마르크스가 경제학자이자 사회과학자로서 근본적인 탐구를 하고, 그의 가장 유명한 저서 《자본론》을 집필한 것은 영국의 대영박물관에서였다. 마르크스의 저서는 기이한 혼합체이다. 그것은 자본가가 노동자에 의해 생산된 모든 잉여가치를—노동자에게는 생존에 필요한 것만을 제공하고 자신은 아무런 기여도 하지 않으면서—착취하고 있음을 보여주기 위해 계획된 고도로 추상적인 경제 분석이다. 이 책의 상당 부분에서 마르크스는 자본 축적의 초기 단계, 유럽 농민의 경제적 박탈, 유럽 상공업문명의 발달 등을 분석하면서 경제사—그는 이 방면의 선구자이기도 하다—를 치밀하게 다루고 있다. 초기 산업주의로 말미암은 인간적 희생에 대한 통계 증거도 제시되어 있는데, 이 자료는 주로 영국 정부 주도로 구성된 위원회가 입수한 증거와 정부 측 공장감독관이 작성한 보고서에 기반을 둔 것이었다. 마르크스는 이 지점에서 산업사회의 공장 및 도시 생활 조건에 경악했던 디킨스·디즈레일리[19]·칼라일[20] 등의 빅토리아 시대 인사들과 합류한다. 《자본론》의 내용 중 이 주제를 다룬 부분에서 마르크스는 단순한 고발 차원에 머물지 않으려는 그의 의도에도 불구하고 분노한 모럴리스트의 모습을 드러낸다.

"직업·연령·성별이 각양각색인 노동자군—그들은 학살당한 영혼들이 율리시스의 주위로 몰려드는 것보다도 더욱 집요하게 우리 주위로 몰려오고 있으며, 그들이 옆구리에 끼고 있는 청서(靑書, 정부 간행물)를 보지 않더라도 첫눈에 우리는 그들의 과도한 노동을 충분히 짐작할 수 있다—중에서 부인복 제조공과 대장장이 이렇게 두 명의 인물을 골라내어보자. 이 두 인물 사이의 현격한 대조에도 불구하고 그들은 자본 앞에서는 모든 인간이 평등하다는 사실을 실증하고 있다."(마르크스, 《자본론》, 제3편 제10장에서)

마지막 부분에는 자본주의적 경쟁 및 생산 모델에서 연역된 예언이 있다. 이 예언은 파멸적 경제 위기의 불가피성과 대중의 궁극적 반란을 보여주기 위한 것이다. 《공산당선언》에서 마르크스는 이 같은 반란을 요청하고 그 성공을 예견한 바 있었다. 이제 《자본론》에서 그는 그것의 불가피성, 즉 내재적 모순 때문에 멸망할 수밖에 없는 자본주의의 자기 파멸적 성격을 입증했다고 생각했다.

"생산 수단의 집중과 노동의 사회화는 마침내 자본주의적 외피와 양립할 수 없는 점에 도달한다. 자본주의적 외피는 파열된다. 자본주의적 사적 소유의 조종(弔鐘)이 울린다. 수탈자가 수탈당한다."(마르크스, 《자본론》, 제8편 제32장에서)

마르크스는 자신이 내린 결론이 사회경제학의 평결이라고 생각했다. 그것은 우리에게 분노한 히브리 예언자의 얼굴과 음성으로 더욱 뚜렷하게 다가온다. 그는 황금 송아지 숭배를 꾸짖으며 '기계 몰록'[21]에 인신을 희생 제물로 바치는 행위를 질타했다. 그는 불의한 자들의 부주의한 귀에 진노의 나팔을 불었다. 자본은 '물신(物神)'이며 거짓 신이라고. 마르크스의 지적 편력은 온전히 한 바퀴를 돌았다. 경제이론가의 얼굴은 젊은 이상주의 철학자의 얼굴과 결합되었다. 그에게 궁극적인 악이란, 정신과 영혼이 잔인한 물질의 지배에 종속되는 것이었다.

■ 본문 깊이읽기

1 엥겔스(Friedrich Engels, 1820~1895)
독일의 사회주의자. 부유한 공장주의 8형제 중 장남으로 태어나 가업에 전념하기 위하여 김나지움을 중퇴하고 가업에 대한 수련을 쌓으면서, 틈틈이 평론·시 등을 써 F. 오스발트라는 필명으로 신문 등에 발표하였다. 이를 계기로 '자유'라는 청년 헤겔주의자 모임에 가입할 수 있었고, 이 모임에서 철학·종교 논쟁에 대한 무서운 선전가로 인정받았다. 제대 후 아버지가 관계하던 공장에 입사하기 위하여 맨체스터로 가던 도중 쾰른의 《라인 신문》 편집소에서 처음으로 K. 마르크스와 만나게 되었다. 영국에 체재하는 동안 사업에 종사하면서 자본주의 분석 연구에 관심을 가졌고, 1844년 마르크스와 A. 루게가 발간하는 《독일-프랑스 연보》에 〈국민경제학 비판대강(國民經濟學批判大綱)〉을 기고하였다. 이 논문에서 엥겔스는 과학적 사회주의의 초기 해석과 자유주의 경제 이론의 모순점을 제시하여 마르크스로부터 인정을 받았다. 마르크스와 공동으로 《독일 이데올로기》와 《공산당선언》을 발표하였고, 그 직후 2월혁명이 일어나자 마르크스와 함께 파리로 갔다가 다시 쾰른으로 옮겨 독일혁명을 지도하고 같은 해 6월 《신 라인 신문》을 발행하였다. 1849년 혁명이 실패로 돌아가자 런던으로 망명하였다가, 맨체스터에서 다시 사업에 종사하여 마르크스의 이론적·실천적 활동을 경제적으

로 지원하였다. 1869년 사업을 청산하고 다음해 런던
으로 이주, 제1인터내셔널의 총무위원이 되어 국제 노
동운동의 발전에 진력하고 마르크스주의의 보급에도
노력하였다. 1883년 마르크스가 사망하자 그의 유고
정리에 몰두하여 《자본론》 2, 3권을 편집하는 한편 제2
인터내셔널의 지도자로서 노동운동의 발전에 많은 영
향을 끼쳤다.

2 레닌(Vladimir Ilich Ulyanov Lenin, 1870~1924)

레닌은 제3인터내셔널
을 창설했으며 위대한
혁명사상가인 동시에
뛰어난 혁명지도자로
인정받고 있다.

러시아의 혁명가·정치가. 러시아 10월혁명의 중심 인
물로서 독일파 마르크스주의자 K. 카우츠키의 사회민
주주의에 대립하여 마르크스주의를 후진국 러시아에
적용함으로써 러시아파 마르크스주의를 발전시킨 혁명
이론가이자 사상가이다. 볼가 강변의 심비르스크에서
교육자의 아들로 태어나, 1887년 황제 알렉산드르 3세
의 암살 계획에 참여하여 처형된 맏형 알렉산드르의 영
향으로 혁명에 뜻을 두기 시작하였다. 카잔대학에서 법
학을 공부하는 한편, 1870년대에는 플레하노프에 의하
여 러시아에 도입된 마르크스주의를 연구하여 마르크
스주의자가 되었다. 이후 혁명운동에 투신하여 체포와
유형의 세월을 거친 뒤 1900년 국외로 망명, 1903년 브
뤼셀과 런던에서 열린 러시아 사회민주당 제2차 대회
에서 당원 자격 문제로 마르토프와 맞서 직업 혁명가주
의를 관철시킴으로써 볼셰비키(다수파)가 되었다.
1905년 제1차 러시아 혁명 직후 일단 귀국하였으나,
1907년 다시 망명하여 주로 스위스에 머물면서 연구와
저술에 종사하다가, 1917년 2월혁명 직후 독일이 제공

한 봉인열차(封印列車)로 귀국하였다. 같은 해 11월 7일 무장봉기로 과도정부를 전복하고 이른바 프롤레타리아 독재를 표방하는 혁명정권을 수립한 다음, 러시아의 공산정권을 지키기 위하여 1919년 제3인터내셔널인 공산주의자 인터내셔널(약칭 코민테른)을 결성하였다. 1922년 뇌일혈 발작으로 와병, 마지막 1년은 실어증(失語症)까지 겹쳐 병상에서 지내다가, 1924년 사망하였다.

3 베를리오즈(Hector Berlioz, 1803~1869)
프랑스의 로만주의 작곡가 · 음악비평가 · 지휘자. 〈환상 교향곡 Symphonie fantastique〉(1830), 합창이 있는 교향곡 〈로미오와 줄리엣 Romeo et Juliette〉(1839), 〈파우스트의 저주 La Damnation de Faust〉(1846)가 대표작이다. 말년에 그의 명성은 국외로 널리 퍼졌으며 고향에서도 환대를 받았다.

작품의 분위기를 창조하는 데 있어 베를리오즈는 우수 · 자기 성찰 · 사랑 · 명상 · 군중의 소동 등을 다루는 장면에 탁월했다.

4 프로메테우스(Prometheus)
그리스 신화에서 티탄족 출신의 최고 책략가이며 불의 신. 그의 지적인 면은 '미리 생각하는 사람'이라는 뜻의 이름에서 강조된다. 일반적으로 믿어지는 바에 따르면 그는 최고의 장인(匠人)이 되었고, 이러한 인연으로 불과 인간의 창조와 관계를 맺었다. 그리스의 시인 헤시오도스는 프로메테우스와 관련된 두 가지 주요 전설을 이야기했다. 첫 번째 이야기에서는 프로메테우스에게 속아서 고기 대신 뼈와 기름을 제물로 받은 주신 제우스가 인간이 사용하지 못하도록 불을 감추었다. 그러나 모로의 〈프로메테우스〉.

프로메테우스는 불을 훔쳐 다시 지상에 돌려주었다. 불을 훔친 대가와 인간에 대한 벌로 제우스는 판도라라는 여자를 만들어 에피메테우스('때늦은 지혜'라는 뜻)에게 내려 보냈고 에피메테우스는 프로메테우스가 경고를 했음에도 불구하고 판도라와 결혼했다. 판도라가 자신이 가져온 상자의 뚜껑을 열자 악과 고된 일과 병이 나와서 인간들 사이에 떠돌아 다녔고, 희망만이 그 안에 남게 되었다. 헤시오도스의 또 다른 이야기에서는 프로메테우스에 대한 복수로 제우스가 그를 카프카스의 바위에 사슬로 묶고 독수리를 보내서 영원한 생명을 가진 간을 쪼아 먹게 하는데 그 간은 끊임없이

다시 회복된다. 프로메테우스는 아이스킬로스의 《사슬에 묶인 프로메테우스 Prometheus Bound》에서 구체화되는데, 아이스킬로스는 프로메테우스를 인간에게 불과 문명을 가져다주었을 뿐만 아니라 생존 수단 이외의 모든 예술과 과학을 준, 불과 문명을 보호하는 존재로 표현했다.

5 파우스트(Faust)
서유럽의 민담과 문학에서 가장 오랫동안 전해 내려오는 전설 가운데 하나로 지식과 권력을 위해 악마에게 자신의 영혼을 판 독일의 마법사 또는 점성술사 이야기에 등장하는 주인공이다. 중세 말기 이래 많은 작가들이 파우스트를 주제로 다양한 버전의 작품을 썼다. 그 많은 파우스트들 중에서 오늘날 전 세계적으로 널리 알려진 것은 괴테의 《파우스트》이다.

6 플로베르(Gustave Flaubert, 1821~1880)
프랑스의 소설가. 프랑스 사실주의 문학의 창시자로 여겨지며, 걸작 《보바리 부인 Madame Bovary》(1857)으로 유명하다. 당대 부르주아 계층의 생활을 사실주의적으로 묘사한 이 소설은 사회 풍속을 해쳤다는 이유로 법정에 고발되기도 했다.

7 스콧(Walter Scott, 1771~1832)
스코틀랜드의 소설가 · 시인 · 역사가 · 전기작가. 역사소설의 창시자이자 가장 위대한 역사소설가로 꼽힌다. 스콧은 경제적인 어려움을 극복하고 자신이 만들어낸

스콧은 《웨이벌리》의 호평으로 걸작을 잇달아 발표했다.

역사소설에 대한 독자들의 요구를 충족시키기 위해 영국과 다른 곳의 역사에서 주제를 가져왔다. 그 결과 12세기 영국이 배경인 《아이반호 Ivanhoe》(1819)를 썼는데, 이 소설은 그의 작품 중에서 지금까지도 가장 인기 있는 작품이다. 스콧은 당시의 이질적인 소설 기법들을 한데 합쳐 스코틀랜드 역사에 대한 깊은 관심과 옛것에 대한 지식을 전달하는 수단으로 이용했다. 전지적인 서술 기법, 지방어, 지방색을 가진 배경, 정교한 인물 묘사, 사실적으로 다루어진 로만적 주제는 모두 그에 의해 새로운 문학 형식인 역사소설의 구성 요소가 되었다. 그는 유럽과 미국 소설가들에게 직접적인 영향을 끼쳤으며, 20세기에 들어와서는 그의 책에 대한 관심이 다소 줄어들긴 했지만 명성은 여전히 높다.

8 뒤마(Alexandre Dumas, 1802~1870)

프랑스의 작가로 별칭은 대(大)뒤마이다. 많은 작품을 썼으며 19세기 프랑스에서 매우 인기 있는 작가로 꼽혔다. 《몽테 크리스토 백작 Le Count de Monte Cristo》과 《삼총사 Les Trois Mousquetaires》를 써서 초기에는 극작가로, 후에는 역사소설가로 유명해졌다. 극작가이자 소설가인 소(小)뒤마의 아버지이다.

9 트리어(Trier)

독일 남서부 라인란트팔츠 주에 있는 도시. 모젤 강의 오른쪽 기슭을 따라 아이펠·훈스뤼크·모젤 산악지대의 작은 언덕으로 둘러싸여 있으며 룩셈부르크의 정동쪽에 자리 잡고 있다. 게르만 부족인 트레베리족의 성

당(B. C. 400년경) 유적이 남아 있다. 기원전 15년경에 아우구스투스 황제가 로마 도시로 건설했으며, 교차로에 있는 이 도시의 전략적인 위치는 무역과 행정 중심지로서의 빠른 성장에 도움이 되었다. 이곳은 서기 2세기에 로마가 다스리던 갈리아 지방의 일부인 벨기에 구역의 중심지였으며, 3세기에는 제국의 중심지였다가 후에는 갈리아 지방과 브리튼 섬을 다스린 황제의 거주지가 되었다. 4세기에 주교관구가 된 후 알프스 산맥 북부의 그리스도교 중심지였고, 이러한 상태는 5세기에 프랑크족이 이곳을 점령한 후에도 계속되었다. 815년에 대주교관구로 선정되었으며, 이곳의 대주교는 광대한 영도를 소유한 군주이자 12세기 후반에는 신성 로마 제국의 선제후가 되었다. 트리어는 17세기에 프랑스의 침략으로 쇠퇴하기 전까지 대학교(1473~1797)가 있는 상업·문화의 중심지로 번영했다. 1797년 프랑스에 점령되어 신제후의 영도에서 벗어난 1801년에 공식

트리어의 포르타 니그라. 아우렐리우스 아우구스티누스를 개종시키고 세례한 암브로시우스 역시 마르크스와 같이 트리어에서 태어났다.

적으로 프랑스에 양도되었다. 1815년 프로이센에 넘겨졌으며 1821년에 주교관구가 재설립되었다. 트리어는 다른 독일 도시들보다 로마의 사적을 많이 보존하고 있다. 기원전 4세기의 요새화된 도시 성문인 포르타 니그라와 공중 목욕탕, 100년경의 원형 경기장, 4세기에 만들어진 로마 황제 알현실과 핵심부가 남아 있는 바실리카 등이 있다. 포르타 니그라와 바실리카는 중세에 교회로 쓰이다가 복원되었다. 거대한 로마네스크 양식의 대성당은 550년경에 재건되었으며, 11~13세기에 확장되었다. 이 대성당에서 가장 잘 알려진 유물은 '트리어의 성의(Holy Coat of Trier)'로, 이것은 콘스탄티누스 대제의 어머니인 헬레나 왕비가 이 도시에 선사한 그리스도의 옷이라고 전해진다. 1818년 독일의 정치철학자이며 사회주의자인 카를 마르크스는 이곳에서 태어났다.

10 아르덴 숲(Ardennes)
벨기에의 뤽상부르·나무르·리에주 주의 대부분과 룩셈부르크의 일부 및 프랑스의 아르덴 주에 걸쳐 있다.

11 미스키에비치(Adam Mickiewicz, 1798~1855)
가장 위대한 폴란드의 시인이자 폴란드 독립에 삶을 바친 투사. 몰락한 귀족 가문 출신으로 1815~1819년 빌니우스대학에서 공부하던 중 1917년 비밀 애국학생 결사인 필로마치에 가담했다. 이 조직은 나중에 필라레치로 통합되었다. 1823년 폴란드 민족주의를 전파했다는 이유로 필라레치 단원들과 함께 체포당해 러시아로 추방되었다. 모스크바에서 글을 쓰면서 푸슈킨을 비롯한 러시아 최고 작가들의 도움을 받았으며, 1829년 건강이 나쁘다는 구실로 마침내 러시아를 떠날 수 있었다. 독일을 두루 여행하는 도중에 실패로 끝난 1830년의 폴란드 봉기가 일어났으나 거기에는 참여하지 못했다. 1832년 완성한 《선조의 전야제 III Dziady III》(1833)에서 폴란드 민족은 자기 희생을 통한 궁극적인 구원이라는 그리스도교적 주제를 구현하기 때문에, 서유럽 민족들 가운데 구세주 역할을 하고 있다고 보았다. 1832년 파리에 머무르는 동안 도덕이라는 관점에서 폴란드 국민의 역사를 해석한 《폴란드 국민과 폴란드인의 순례에 관한 책들 Ksiegi narodu polskiego i pielgrzymstwa polskiego》을 성서 문체로 썼다. 걸작으로 꼽히는 위대한 서정적 서사시 〈타데우슈 나리 Pan Tadeusz〉(1834)는 폴란드 두 귀족 가문의 반목을 통해 19세기 초 폴란드 귀족의 생활을 묘사하고 있다. 이 시는 기사도(騎士道)의 이상이 살아 있는 낡은 사회의 정신을 완벽하게 전달해주고 있으며, 나폴레옹 신화가 정직하고 소박한 사람들에게 영향을 주어 나폴레옹을 신이 보낸 사람으로 여기게 했다.

미스키에비치의 첫 시집 《발라드와 로만스》는 새로운 로만주의의 선구였으며, 《청춘에의 송시》는 자유와 박애와 진보를 향한 폴란드 청년들의 투쟁의 노래가 되었다.

그는 1839년 스위스 로잔대학의 라틴 문학 교수로 임명받았지만 이듬해 사임하고 콜레주 드 프랑스에서 슬라브 문학을 가르쳤다. 그러나 1848년 최면술사 안제이 토비아인스키의 신비적 교리를 가르쳤다는 이유로 자격 정지를 당했다. 1848년 초에는 로마에 가서 새 교황에게 폴란드의 독립운동을 지원해달라고 설득했다. 1849년 3~10월에는 급진적인 신문 《라 트리뷘 데 푀

플 *La Tribune des Peuples*》의 편집인으로 일했다. 1852년 나폴레옹 3세는 그를 콜레주 드 프랑스에서 해임시킨 대신 병기창의 사서(司書)로 임명했다. 1855년 9월에는 폴란드의 아담 차르토리스키 공(公)의 명령에 따라 크림 전쟁에서 동맹국 편에 서서 싸울 준비를 하고 있는 폴란드인들의 내분을 중재하는 임무를 띠고 투르크로 갔으나 여행 도중에 죽었다. 1890년 그의 유해는 폴란드 왕들이 안치되어 있는 크라코프의 바벨 성당 지하묘소로 이장되었다. 미츠키에비치는 폴란드 로만주의의 주요 시인으로서 간결하고도 정서와 의미가 충만한 연애시들을 남겼다. 그는 또한 시를 통해 그때까지 폴란드 시에서는 볼 수 없는 이상적인 수준으로 여성상을 끌어올렸다. 또한 숭고한 애국심과 신비적 정서를 갖추고 폴란드인의 삶에 나타난 긍정적인 면을 적극적으로 평가함으로써 조국의 다음 세대 작가들에게 폴란드 정신을 전달했다.

12 바쿠닌(Mikhail Aleksandrovich Bakunin, 1814~1876)

러시아의 작가·혁명가·무정부주의자. 19세기 유럽의 사회주의 운동은 그와 카를 마르크스 사이의 이념적 반목으로 수년 간 혼선을 빚게 되었다. 바쿠닌은 트베리(지금의 칼리닌) 지방 소지주의 맏아들로 태어났다. 그는 목가적인 전원 속에서 애정 넘치는 유년 시절을 보냈으며, 상트페테르부르크 포병학교를 졸업한 뒤 폴란드 국경에 배속되었으나 그의 반항적인 기질은 이 무렵 벌써 발휘되고 있었다. 1835년 바쿠닌은 직무를 유기

1848년 2월혁명의 모습.

한 채 소속부대를 이탈했으나 가까스로 체포만은 면했다. 5년 동안 바쿠닌은 고향 프레무히네에서 피히테와 헤겔의 철학을 연구하는 한편, 비평가 벨린스키·소설가 투르게네프·정치평론가 헤르젠 등으로 이루어진 모스크바의 문예 서클에 출입하기도 했다. 그의 정치적 견해가 아직 혼란 상태에 있던 1840년 그는 연구를 계속하기 위해 독일로 떠난다. 베를린에서 청년 헤겔학파에 매료된 그는 1842년 드레스덴의 급진주의 신문에 다음과 같은 경구로 끝맺는 최초의 혁명적 신조를 밝힌다. "파괴의 열정은 동시에 창조의 열정이기도 한 것이다." 러시아 정부의 귀환 명령을 거부한 바쿠닌은 여권을 회수당했고 스위스와 벨기에에 잠시 체류한 뒤 프랑스에 정착했다. 파리에서는 프루동, 마르크스 등 당대의 저명한 사회주의 사상가들과 교분을 쌓았으며 폴란드인 망명가들과 어울리기도 했는데, 이를 통해 사회주의 혁명과 슬라브 민족 해방운동의 연계를 구상하게 된다. 바쿠닌에게 1848년 2월혁명은 최초의 가두투쟁 경험이 되었다. 며칠 간 열렬히 시위에 동참했던 그는 동부 유럽의 혁명 기운을 진작시킬 목적으로 독일을 거쳐 폴란드를 방문한다. 바쿠닌은 1848년 6월 슬라브 민족 회의에 참석했으나 회의는 오스트리아 제국군의 프라하 포격으로 중단되었고 그 해 말 독일의 안할트쾨텐에 은신하면서 최초의 혁명강령선언인 〈슬라브 민족에 고함 Aufruf an die Slaven〉을 작성한다. 부르주아 계급을 소멸해가는 반혁명 세력으로 간주한 그는 합스부르크 제국(오스트리아-헝가리 제국)을 전복시켜 중부 유럽에 슬라브 민족의 자유연방을 결성할 것을 촉구했다. 바쿠닌은 농민 계층, 특히 무력 저항의 전통을 지닌 러시아의 농민 계층을 다가올 혁명의 중추 세력으로 받아들였다.

바쿠닌의 만년에 일어난 가장 중대한 사건은 마르크스와의 이념 대립이라고 할 수 있다. 제네바에 정착해 있던 그는 유럽 노동자당의 연합체인 제1인터내셔널(국제노동자협회)에 가입했다. 제1인터내셔널의 목적은 자본주의 사회를 범세계적인 사회주의 연방으로 통합하는 데 있었다. 바쿠닌은 추종자들을 규합해 비밀 혁명전위대인 '사회민주주의 동맹'을 결성함으로써 인터내셔널 내부에 세력을 구축했다. 인터내셔널은 바쿠닌과 마르크스라는 양립할 수 없는 두 거물을 포용할 수 없었고, 1872년 마르크스는 헤이그 대회에서 의견 차이라고는 믿기 어려운 일종의 음모를 통해 바쿠닌주의자들을 축출하는 데 성공했다. 양 세력 간의 불화는 향후 여러 해 동안 유럽의 혁명운동을 분열시켰다. 바쿠닌이 저술한 《압제의 제국 독일과 사회혁명 *L'Empire*

Knouto~germanique et la revolution sociale》(1871), 《무정부주의 사회 Staat en anarchie》(1873)는 마르크스와의 논쟁을 다룬 것들이다. 확고한 사회주의 혁명가로서 폭력을 통한 기존 질서의 파괴를 역설했던 바쿠닌은 정치적인 통제, 중앙집권주의, 권위에 대한 복종과 같은 마르크스의 원칙들을 거부하고(자신의 권위는 예외였지만) 독일 취향의 사상과 조직 구성에 반대한 뒤 러시아 농민 계층에 구현된 저항 의식을 내세웠다. 미하일 바쿠닌의 무정부주의는 마르크스의 공산주의에 대한 대립명제('반', 헤겔 변증법의 제2단계)로서 비로소 완성된 모습을 갖추게 되는 것이다.

현재 바쿠닌은 프루동과 함께 19세기 무정부주의의 주창자로 평가되고 있다. 논리적인 이론 체계가 마련된 것도 아니고 의욕에 찬 방대한 저술들은 미완성인 경우가 많았지만 바쿠닌의 명성과 매력은 유럽 곳곳에 숱한 추종 세력을 형성시켰다. 영국·스위스·독일에 적은 수이지만 무정부주의 조직이 구축되었고 프랑스에서는 비교적 프루동주의에 가까웠지만 아나르코-생디칼리스트들이 세력을 과시했다. 이탈리아와 에스파냐에서 바쿠닌주의적 무정부주의 운동은 계속 융성했으며 특히 1936년까지 스페인의 사회주의 혁명운동을 주도한 세력은 바쿠닌의 후예들이었다.

13 가리발디(Giuseppe Garibaldi, 1807~1882)
이탈리아 리소르지멘토(Risorgimento, 국가통일운동)를 위해 몸 바쳐 싸운 애국자·군인·공화주의자. 게릴라 부대 '붉은 셔츠대'를 이끌고 시칠리아와 나폴리를

19세기 이탈리아 통일 운동에 헌신한 군인·공화주의자로 오늘날까지 국민적 영웅으로 추앙받고 있다.

정복함으로써 이탈리아가 사보이 왕가를 중심으로 통일을 이룩하는 데 이바지했다. '리소르지멘토' 시기에 이탈리아가 거둔 군사적 승리의 대부분은 가리발디의 공로였다. 이것은 그가 게릴라전의 명수였기 때문만은 아니었다. 그는 선동가로서도 이탈리아의 통일에 많은 기여를 했다. 평민 출신인 가리발디는 애국심이라는 새로운 뜻으로 민중을 일깨우는 과업을 카보우르나 마치니보다 훨씬 잘 수행했다. 게다가 자신의 군사적·정치적 재능을 자유주의와 민족주의라는 대의(大義)에 이용한 것이 당시의 조류와 잘 맞아떨어져 그에게 커다란 갈채를 안겨주었다. 더불어 자신의 부귀영화에는 관심이 없는 정직한 인격으로 사람들의 지지를 얻었다. 이 올곧은 심성은 그의 정책에도 그대로 나타났다. 자신을 위한 권력 추구에는 관심이 없었으나 남아메리카의 경험을 통해 독재정치에 대한 신념을 가지게 되었고 의회제는 비효율적이고 부패한 정치 제도라고 불신했다. 실제로 그가 1860년 남부 이탈리아에서 독재를 폈을 때 많은 비판을 받았으나 그것은 그 뒤를 이은 이탈리아 왕국의 통치에 비하면 놀라울 정도로 훌륭한 것이었다. 가리발디에게는 지성적인 면이 거의 없었으나 그의 천진한 급진주의는 이탈리아 국민들 사이에 사상 처음으로 정치적 자각을 불러일으켰으며 민족성이 무엇을 의미하는지 일깨웠다. 뒤에 사회주의로 입장을 바꾸기는 했으나 원칙적으로는 민족주의자였다. 그러나 그의 민족주의가 목표로 했던 것은 언제나 민중의 해방이었지 과장된 애국심은 아니었다. 바로 이러한 목표를 구체화시켰기 때문에 가리발디는 이탈리아 역사에서 탁월한 위치를 차지하고 있다.

14 포크스(Fawkes)
'화약 음모 사건'으로 유명한 인물. 마르크스의 아들 구이도가 1849년 11월 5일에 태어났기 때문에 이런 별명이 붙여졌다. 그는 로마 가톨릭 억압에 대한 보복 조치로서, 제임스 1세와 주요 각료들이 만나고 있는 의사당 건물 폭파 계획에 참여했다. 포크스는 저명한 요크셔 가문 출신으로 로마 가톨릭으로 개종한 뒤 네덜란드로 건너가 에스파냐 군대에 들어갔다. 음모의 교사자인 로버트 케이츠비는 1604년 4월 네덜란드에 있는 그를 끌어들였고 포크스는 정확한 내용도 모르는 채 의사당 건물 밑 석탄저장소에 약 20배럴의 화약을 파묻었다. 그러나 계획은 발각되고 포크스는 체포되었다(1609. 11. 4). 고문 끝에 포크스는 공범들을 자백했고, 특별위원회에 기소된 뒤 유죄가 입증되어(1606. 1. 27) 처형당했다. 영국에서는 가이 포크스 기념일(11. 5)을 정해 불꽃놀이를 하고 음모자들을 상징하는 인형을 만들어 '가이들'의 화형식을 거행한다.

15 디킨스(Charles Dickens, 1812~1870)
영국의 소설가. 영국이 낳은 가장 위대한 소설가로 인정되며 생전에도 이전의 그 어떤 작가보다 폭넓은 인기를 누렸다. 그의 작품은 소박한 평민이나 교양 있는 사람들, 빈민이나 여왕을 막론하고 호소력을 가졌고, 작품성뿐만 아니라 당시 과학 기술의 진보가 그의 명성을 빠른 속도로 널리 알리는 데 기여했다. 그의 긴 작가 경

디킨스 사후 한 세기 동안 그의 작품은 각국 언어로 번역되어 셰익스피어 못지않은 명성을 누렸다.

력을 통해 발표된 작품들은 각기 판매 부수나 비평에서 큰 차이를 보이고 있지만 그 어떤 작품도 디킨스 특유의 경향에서 완전히 벗어나 있지는 않다. 현대에 와서는 그 관점과 전개의 탁월함으로 높은 평가를 받고 있는 작품도 당대에는 크게 주목을 받지 못한 적도 있으나 그는 지속적 인기를 누려왔고 문학사적 위치 또한 높다. 디킨스는 영국 작가들 중에서 가장 희극적인 작가인 동시에 출중한 예능인이었다. 당시 사회와 부조리에 대한 이해의 범주, 그가 지닌 연민과 명석한 두뇌는 그의 소설을 더욱 풍요롭게 했을 뿐 아니라 그를 19세기 문학의 위대한 힘이자 시대의 양심을 대변하는 영향력 있는 작가로 만들었다.

16 피크위크

디킨스의 《피크위크 클럽의 기록 *Pickwick Papers*》의 주인공으로, 얼굴이 붉고 뚱뚱하며 성실하고 소박하고 덤벙거리는 정정한 노인이다.

17 햄스테드 히스 공원(Hampstead Heath)

런던 북서부의 고지대 햄스테드에 있는 공원을 말한다.

18 호프만(E. T. A. Hoffmann, 1776~1822)

독일의 작가 · 작곡가 · 화가. 초자연적이며 불길한 등장 인물들이 인간의 생활을 넘나들며 반어적으로 인간 본성의 괴기스러운 측면들을 폭로하는 이야기들로 유명하다. 환상적인 동화로부터 무시무시하고 신통력을 지닌 사람들의 괴기스러운 이야기들에 이르기까지 그

가 구사한 상상력은 바그너·오펜바흐·
차이코프스키 등 여러 오페라 작곡가에게
영감을 주었다.

19 디즈레일리(Benjamin Disraeli, 1804
~1881)
영국의 정치가·소설가. 두 차례 총리를
지내면서(1868, 1874~1880) 보수당을 이
끌고 토리 민주주의(Tory Democracy)와
제국주의 정책을 폈다.

빅토리아 여왕과 보수
당 정권의 디즈레일리
총리.

20 칼라일(Thomas Carlyle, 1795~1881)
영국의 역사가·수필가. 괴테는 칼라일이 아직 문인으
로서 이름을 떨치기 전인 1827년에 이미 그 특유의 통
찰력으로 "칼라일이 대단히 중요한 도덕적 힘을 가지고
있다"고 간파한 바 있다. 바로 이 '도덕적 힘' 이야말로
칼라일의 강점이었으며 그가 빅토리아 시대에 그토록
큰 영향력을 행사할 수 있었던 비결도 바로 여기에 있
다. 칼라일은 벤담(Bentham)의 공리주의를 '돼지 철학
(pig philosophy)'이라고 질타했는가 하면, 산업사회에
서의 비정한 인간 관계를 일컬어 '금전 관계(cash
nexus)'라고 적절히 표현하기도 했다. 특히 이 '금전
관계'라는 말은 엥겔스를 비롯한 19세기 사회주의자들
이 즐겨 인용하는 문구가 되기도 했다. 루카치(Lukacs)
가 《소설의 이론》에서 칼라일을 '사회주의 비평의 선구
자'라고 자리매김한 것도 그의 이렇듯 예리한 사회적
통찰과 휴머니즘에 주목했기 때문이다.

웨스트민스터 사원이
그의 묘지로 제공되었
지만 칼라일은 자신의
소원대로 부모 옆에 묻
혔다.

²¹ 몰록(Moloh)
셈족이 섬기던 신으로 한때 이스라엘 민족도 이 신을 믿었다. 원래 바빌로니아 지방에서 명계의 왕으로 알려졌고 가나안에서는 태양과 천공의 신으로 알려졌다. 어린이를 제물로 바쳐 제사 지내는 인신공희를 많이 행했다.

영국의 제국주의자들

제임스 모리스(James Morris)

제국주의 시대는 사라졌다. 돌이켜보면 불과 반세기 만에 유럽 일부 열강이 태평양뿐 아니라 아프리카·아시아 대부분 지역의 지배권을 장악한 것은 믿기 힘든 일이다. 물론 그들이 그렇게 할 수 있었던 것은 선진 기술을 통해 저개발 지역 주민들이 도저히 대적할 수 없는 강력한 무기를 보유하고 있었기 때문이다. 이 시기는 승리와 정복의 소식으로 점철된 가슴 두근거리는 시기였다. 그러나 오늘날 세계는 제국주의의 사악함과 그 필연적 몰락을 설명하는 저술들로 넘쳐나고 있다. 유럽의 지배권은 소멸되었다. 두말할 나위 없이 제국주의에는 추악한 측면이 있다. 그러나 최근의 분석에 따르면, 그것은 저개발 지역을 인류 공동체에 진입시키기 위한 불가결한 준비 과정으로 볼 수도 있다. 영국은 제국주의 국가들 중에서도 단연 돋보였으며, 식민지 행정관으로서의 오류와 미덕을 동시에 지녔다. 저명한 영국 문제 평론가인 모리스는 다음 글에서 스탠리와 로즈에서 '재키' 피셔에 이르기까지 기라성 같은 제국 건설자들에 대해 고찰하고 있다. 이들에게는 인간적인 동정심이 결여되어 있었을지도 모른다. 그러나 대신 그들에게는 충만한 용기와 무칠한 신념, 그리고 권위주의적 기질—그것이 없었더라면 한 줌도 안 되는 사람들이 수백만 명을 통제할 수 없었을 것이다—이 있었다.

빅토리아 여왕 즉위 60주년 기념식

1897년 6월 22일, 이날은 영국의 빅토리아 여왕 즉위 60주년 경축일이었다. 여왕의 각료들은 영국을 둘러싼 세계 정세를 돌아보고 여왕 폐하의 역사적 위치를 심사숙고하면서, 이날을 제국의 축제일로 정했다.

그것은 제국의 유례 없는 성공적 통치를 상징하는 중대 행사였다. 물론 영국은 디즈레일리가 비판한 것처럼 아직 '두 개의 나라'로 나뉘어 있었다. 슬럼가에서는 악취가 풍겼고, 뒷골목에서는 폭력이 난무했으며, 산업도시들의 상태는 가히 악마적이었다. 그러나 영국은 동시에 대단히 쾌적한 분위기를 유지하고 있었다. 권력을 향유하고 있다는 기분에 도취되어 있었기 때문이다. 영제국은 역사상 가장 넓은 영토를 거느리고 있었다. 지구상에 있는 육지 면적의 약 4분의 1, 전 세계 인구의 약 4분의 1을 섬유하고 있었다. 산업혁명을 최초로 시작했으며, 탁월한 사회적·정치적 안정을 유지한 영국은 부와 힘

◀ 빅토리아 여왕이 인도 여황제가 되던 1876년에 속국의 군주가 바친 상아로 만든 왕좌에 앉아 있다.

그리고 혈통을 전 세계에 떨치고 있었다. 잃어버린 아메리카 식민지는 오래전에 다른 영토로 대치되었다. 아시아의 절반, 아프리카의 절반, 북아메리카의 절반, 오스트레일리아 전부, 전 세계에 산재된 섬과 숲과 급탄기지(給炭基地), 이 모든 곳은 지도에 붉은색으로 표시되었고, 영국을 초강대국으로 만들어주었다.

이런 현상이 일종의 역사적 부풀리기—오만에 도취한 나머지 실리 추구를 소홀히 한—라는 것을 간파한 현자들도 있었다. 영국은 이렇다 할 자연 자원 없이 영악하게 처신한 인구 과밀의 섬나라였다. 영국을 일류 국가로 만들어준 주변 환경은 결코 영속할 수 없는 것이었고 모든 상황은 언젠가는 필연적으로 정상 상태로 돌아가지 않을 수 없었다. 그러나 영국은 일시적이나마 세력의 절정에 도달했다. 신제국주의라는 종잡을 수 없는 신조—그 의미는 헤아릴 수 없을 정도이다—는 선거에서 보수당[1]의 압도적인 승리를 담보해주었고, 엘가[2]와 키플링 같은 사람들은 제국의 깃발에 환호했다.

영제국—고전적 취향의 애국자들은 팍스 브리타니카(Pax Britannica)라고 부르기를 좋아했다—은 거대한 눈덩이처럼 커져만 갔다. 일단 영국 여왕의 함대와 육군이 지구 먼 곳의 한 지역을 획득하게 되면, 그것은 다른 경제 시장, 다른 전략적 배후지, 다른 그리스도교 선교 지역 확보를 압박했고 필연적으로 또 다른 먼 지역의 획득으로 이어졌다. 이 무렵 낙원의 개념을 정의하라는 요청에 계관시인 오스틴[3]이 던진 답변은 영국 신민들의 견해를 정확히 대변하는 것으로 보인다. 오스틴에 의하면 "정원에 앉아 육지와 바다에서 영국군의 승전 소식을 듣는 것", 그것이 낙원이었다.

영국인의 정서 가운데에는 필연적으로 오만과 편협, 그리고 저열한 주전론이 있었지만, 그래도 영제국 역사에서 이 시기는 비교적 온건한 시점이었다. 제국의 성공이 영국인의 성격을 비뚤어지게 만들지 않은 상태였던 것이다. 그들의 허장성세의 배후에는 유머와 관

이집트 전쟁 중이던 1882년 영국 군대가 스핑크스 앞에서 포즈를 취했다.

60주년 기념식에 참석하기 위해 세인트폴 성당에 도착한 빅토리아 여왕.

용, 그리고 무엇보다도 공명정대 같은 온건한 국민성이 잠재해 있었다. 영국의 가장 위엄 있는 숙녀인 여왕 자신이 이러한 소박한 기질을 완벽하게 드러냈다. 즉위 60주년 기념식을 치르던 날 아침에 국수주의적인 나팔을 불어대지 않은 것, 신민의 허세에 영합하려 하지 않은 것은 눈여겨볼 만한 일이다. 여왕은 1천 3백만 평방마일에 달하는 영제국 영토에 거주하는 4억1천만 신민들에게 연설했다. 그러나 여왕이 한 말이라곤 이것뿐이었다.

"진심으로 나의 신민들에게 감사한다. 그들에게 하나님의 축복이 있기를."

같은 모습의 영국인들

키플링이 처음 인도를 떠나 동쪽으로 갔을 때, 그는 라호르[4]와 캘커타의 악취는 서로 비슷했던 데 반해 미얀마의 악취는 사뭇 달랐다고 말했다. 그는 중국인들의 어마어마한 에너지와 일본인들의 놀라운 활력에 충격을 받았으나, 동방의 제국 어느 곳을 가도 영국인들은 모두 똑같은 모습으로 보였다고 말했다. 그는 싱가포르의 식물원 바라크 건물에서 열렸던 파티를 두고 이렇게 빈정거렸다.

"그것은 바로 '우리 자신의 고귀한 자아(We Our Noble Selves)' 였다. 홀 가운데는 고혹적으로 예법을 따르는 아리따운 금발 아가씨, 모두에게 자신만만하게 말을 건네는 통통한 꼬마 아가씨, 본국에서 이제 막 도착한 노처녀, 그리고 밝은 색 코트에 폭스테리어를 동반한 당당하게 잘 차려입은 초급 장교가 있었다. 벤치에는 뚱뚱한 대령, 거구의 재판관, 기술자 부인, 상인들과 그 가족들이 직종별로 앉아 있었다. 나는 그 자리에 온 사람들을 만났다. (영국인은 모두가 같은 모습이라서) 낯설다는 느낌이 전혀 없었으므로 마치 오래된 친구들인 것처럼 인사를 했다."

물론 누구도 그처럼 전형적으로 행동하지는 않는다. 초급 장교는 아마 보들레르의 시에 대한 열정을 품고 있었을 것이고, 노처녀는 광둥어를 유창하게 구사했을 것이며, 상인들은 아마 제7안식일 재림파 신도였을 것이다. 그러나 포마드를 바르고 파라솔을 받쳐 든 전형적인 신사이건, 전선에 배치된 용감한 병사이건 간에, 낯선 사람이 볼 때 제국 내에서의 영국인은 매우 비슷한 모습이었다. 빅토리아조 후기의 영국인은 영국적 특징이 매우 강했고, 전 세계 모든 곳에서 사람들은 영국인을 쉽사리 알아볼 수 있었다.

대개 그들은 다른 유럽인에 비해 상대석으로 체격이 크고 건장했다. 19세기 영국의 번영은 빈민 계급마저 그렇게 만들었다. 수백 년간에 걸친 성공은 신사 계급을 튼실하게 살찌웠다. 영국 신사의 큰 키와 꼿꼿한 자세는 옛 군대 사진을 보면 쉽사리 확인할 수 있다. 솔즈베리(Earl of Salisbury, 1830~1903) 내각 구성원 중 다섯 명은 키가

6피트(183cm) 이상이었고, 솔즈베리 자신은 6피트 4인치(193cm)나 되었다. 지방자치위원회 의장인 채플린(Henry Chaplin, 1841~1923)은 체중이 250파운드(113kg)에 달했다. 1897년 영국 육군신병의 평균 신장은 5피트 7인치(170cm)였고 평균 가슴둘레는 34인치(86cm)였는데, 이것은 같은 시기 유럽 대륙 병사들보다 월등하게 높은 수치였다. '건전한 신체에 건전한 정신(mens sana in corpore sano)'이라는 사립학교의 교육 이상은 학교 울타리를 벗어나 대중 교육 차원으로 확산되었고, 유럽의 어느 나라 국민도 영국인처럼 운동에 열심이지는 못했다.

이러한 신체적 이점은 초탈한 몸가짐에 의해 더욱 강화되었다. 열광적인 신제국주의자들은 영국인이 남들한테 호감을 사지 못하는 사실을 자랑스러워했다. 분명 사랑받는다는 것은 영국인이 갖는 야심의 일부가 아니었다. 영국인은 지구상의 모든 민족 중에서 자신들이 가장 많은 증오를 받고 있지만, 그럼에도 자부심·의무·수줍음·소속감 등의 든든한 외피가 자신들을 보호해준다는 것을 알고 있었다. 스티븐스(G. W. Steevens)는 1897년 이집트 여행 중 전원 영국인으로 구성된 일단의 여행객들이 우편열차를 타고 브린디시[5]로 떠나는 모습을 이렇게 묘사했다.

"금발에 푸른 눈, 여윈 어깨와 턱, 주름진 이마와 꿰뚫어보는 듯한 단호한 눈을 지닌 그들은 분명 영제국의 건설자였다."

끼리끼리 모여 농담을 나누면서, 트위드 천으로 만든 옷에 담배와 라벤더 향내를 풍기며 모단[6]의 세관원에게 짐을 내보이는 구릿빛 얼굴의 열차 승객들이 떠오르지 않는가? 마치 격리된 상태에서 자신들만의 방식대로 쾌적하게 지내며 자신들만의 규칙을 따르는 것 같지 않은가? 외국인이나 영국인 모두 이런 괴리감을 느끼고 있었다.

그것은 팍스 브리타니카의 본질적인 특징이었으며 또한 그것은 거만한 제국이라기보다는 사적인 제국이었다.

제국의 귀족은 관료 계급과 지주 계급이었고, 국왕 식민지에서 두 계급은 통혼을 하곤 했다. 그들은 그다지 '귀족적인' 귀족 계급은 아니었다. 대개 총독은 귀족 출신이었고 그들의 부인은 미인이었다. 1830년대 실론 총독의 부인이었던 레이디 호턴(Lady Horton)은 바이런의 시 〈그녀는 밤하늘처럼 아름답게 걷는다〉[7]의 주인공이었다. 해외로 파견된 영국군에는 귀족 집안 젊은이들이 일정 정도 포함되어 있었다. 그러나 제국 군대의 대부분은, 식민지 군대의 장교단이 으레 그러하듯, 단연 상층 중간 계급 출신들이 점하고 있었다.

영제국의 윤리적 중심인 사립학교

그들은 독신 규율 · 고전적 충성심 · 독립심 · 단체 정신 · 책임감 · 크리스천의 의무 · 스토아적인 절제 등 영국 퍼블릭 스쿨[8]의 독특한 문화를 이어받고 있었다. 그들은 런던의 패딩턴 역에서 어머니에게 작별 인사를 할 때 눈물을 보이는 법이 없었다. 또한 대체로 지나치게 영리하거나 지나치게 열정적으로 보이지 않으려 했다. 퍼블릭 스쿨은 19세기 후반에 크게 늘어나 독자적인 행동강령에 헌신했으며 영제국의 윤리적 중심을 이루었다. 아마추어 테니스 세계 챔피언이었던 마일스(Eustace Miles)는 이렇게 썼다.

"만일 우리의 퍼블릭 스쿨 제도가 사라져버린다면, 또는 결국 마찬가지 말이 되겠지만—우리의 퍼블릭 스쿨 제도에서 체육과 운동경기가 사라져버린다면 우리에게 어떤 일이 생길 것인지 생각만 해도 끔찍하다."

마일즈가 볼 때 인도의 지배자로 적합한지를 판정하는 최고의 기준은 운동경기에서 주장을 해본 적이 있는가였다. 퍼블릭 스쿨 제도는 제국의 필요에 썩 잘 부응했으며 거친 생활을 견디고 책임을 두려워하지 않는 기백과 용기와 신념을 가진 인물을 배출했다. 그것이 설령 지적으로 편협하고 국수주의적인 제도라고 하더라도, 원래 영제국은 지배자들의 독립성과 자신들의 행동이 옳으며 그 밖의 모든 것은 부차적인 것일 뿐이라는 확신에 의해 살아남은 제국이었다. 퍼블릭 스쿨 출신은 대체로 다른 사람의 관점을 이해하는 능력이 있었다. 그 관점이 자신의 가치관, 즉 문명화된 가치관을 반영하기만 한다면 말이다. 그가 인도인·아프리카인·말레이인의 사고를 이해할 수 없다면, 그것은 그들의 사고방식과 생활 방식이 그릇되었다는—그것은 물론 그들 자신의 잘못은 아니다—명백한 사실 때문이었다. 최악의 경우 퍼블릭 스쿨 출신은 속물적인 운동선수였다. 그러나 최선의 경우 그는 그리스도인의 친절과 용기에 '권위'를 결합시켰다. 그의 가장 고귀한 미덕은 인간에 대한 동정이었고, 그의 가장 저열한 악덕은 비겁이었다.

적어도 '제국'이란 맥락에서 볼 때 졸업생 중에서 가장 밉살맞은 부류는 공부벌레였다. 영제국 관료들이 남긴 회고록을 보면 그 시대에는 의식적으로 청렴을 강조하는 분위기가 전반적으로 퍼져 있었다. 종종 환락과 치기 어린 허세가 드러나는 경우도 있기는 했지만 청렴한 분위기가 전적으로 결여된 적은 거의 없었다. 인도에 거주하는 한 영국인은 자신의 약혼녀에게 이렇게 말했다.

"어떻게 해서 이 하얀 얼굴을 한 유랑자들은 피부색과 언어, 종교가 다른 종족에게 동족의 지배자들도 줄 수 없었던 안정을 줄 수 있단 말인가? 사랑하는 그대여, 여기에는 도덕적 원인이 있으니 나는 굳이 그것을 지적할 필요를 느끼지 않는다."

제국 엘리트들의 성격

제국의 외교 의례는 엄격하고 포괄적이었다. (인도에서 위생감독관과 교도소 감찰관은 76개의 지위로 세분되어 있었다.) 오스트리아 여행가 휘브너(Baron von Hübner)에 의하면, 하인을 제외한 '하층 계급인'이 싱가포르에 모습을 나타내면 제국 정부는 그를 영국으로 돌려보냈다고 말한다. 백인의 특권은 유지되어야 했고, 카스트 제도는 제국에서 보편화되어 있었다.

상상력이 풍부한 사람들은 이런 공식적인 분위기를 혐오하곤 했다. 브라이스 경(Lord Bryce)은 인도의 영국인 관리들은 일반적으로 매우 따분하다고 생각했다. "상당한 정도의 획일성, (…) 현저하고도 두드러진 개성의 결핍 (…) 아니 도리어 상상력과 동정심의 결여 (…) 그들은 너무나도 인습적으로 영국적이다." 1896년에서 1897년까지 인도에 머물렀던 윈스턴 처칠[9]은 인도의 영국인 사회에 순응하려 하지 않았다. 그는 말한다.

"경마장에 나온 많은 인도 거주 영국 여성들은 불쾌감을 준다. 자기들이 대단한 미인이라고 생각하는 역겹고 속된 부류들이다. 나는 그 한심한 무리들이 두렵다. (…) 인도에는 괜찮은 사람이 극히 드물다. 사막의 오아시스와 같다고나 할까."

가련한 인도 거주 영국인들! 스물한 살의 영리한 처칠은 런던과 뉴욕의 후광으로 화려하게 빛나는 자신의 가문[10]을 잣대로 그들의 지방색 풍기는 행태를 빈정거린 것이나. 제국 판료 집단의 삶은 그에게 별 흥미를 주지 못했던 것으로 보인다. 그러나 그들의 생활은 본국의 한미한 젠트리 계급의 테니스 파티 관행처럼 차분하고 안락한 순서를 따르고 있었다. 인도에서는 매사에 규모가 터무니없이 부풀려지는 경우가 많았다. 결혼한 부부는 통상 25명가량의 하인을 두었고, 인도인들보다 더욱 엄격한 카스트 제도를 그들에게 부과했다. 짐꾼 · 유모 · 요리사 · 식사 시중 전담 하인 · 재단사 · 세탁부 · 물 긷는 사람 · 정원사 · 말구종 · 풀 베는 사람 등을 따로 두었다. 상급 관리가 아내와 함께 여행이라도 가게 되면 야영지 편성 인력은 보통 50명 이상이 되었다.

사실상 한 마을을 사적으로 소유하다시피 하면서 방대한 살림을 꾸려가다 보니 제국주의자들은 사생활을 가질 수 없었다. 하인들은 집안에서 일어나는 모든 시시콜콜한 일들을 자세히 알고 있었다. 생활 방식은 지극히 전통적이었다. 예컨대 실론 거주 영국인들은 통상 매주 한 번씩은 '본국'에 갈 수 있었다. 칸디[11]의 여왕 거처에서는 종종 댄스 파티가 열렸고, 누와라엘리야[12]에서는 주말이면 골프를 쳤다. 방갈로 건물들은 거드름을 피우듯 멋지게 솟아올라 있었으며 뜰에는 잔디가 깔려 있었다. 길 끝 교회당에는 영국인 목사가 있었다. 어디에서도 변화의 조짐은 찾아볼 수 없었고, 편리했으며 쾌적했다.

제국 관료들은 가족적 전통이 강했다. 서훈(敍勳) 명단과 교회 연대기에는 같은 성(姓)이 반복해서 나타난다. 자녀들은 아버지의 발자취를 충실하게 따랐다. 1897년 수단에서 키치너의 참모장을 지낸 헨리 런들(Henry Rundle)은 조셉 런들(Joseph Rundle)—1839년 아덴[13] 땅에 처음으로 영국 국기를 꽂은 인물—의 아들이었다. 리턴 스트레이치[14] 집안은 여러 대에 걸쳐 인도에서 봉사했다. 그리고 1803년 제임스 스키너(James Skinner) 중령이 '스키너 기병연대'를 창설한 이래, 벵골의 제1기병연대 복무자 중에서 언제나 스키너란 이름을 찾아볼 수 있었다.

정복자로서 이들 제국 엘리트들은 훌륭하게 처신했다. 그들의 가치관은 확고했고, 그들의 지배에는 분별이 있었다. 부패는 드물었다. 처칠이 말한 저속함이란 실은 관습과 전통에 대한 완강한 집착인 경우가 많았는데 사실 그런 집착이야말로 제국의 안정성을 보장해주는 것이었다. 정작 지배 계급의 죄악은 다른 데 있었다.

탐험가들 I : 최초의 아프리카 횡단 탐험가 스탠리

1897년에 이르러 위대한 탐험가의 시대는 끝났다. 그러나 영국에는 아직 한두 명의 거인이 생존해 있었다. 리빙스턴[15]의 구조자이자, 최초로 아프리카를 횡단하고 여러 호수에 이름을 붙이고 수많은 산을 발견한 헨리 스탠리 경(Sir Henry Morton Stanley, 1841~1904)은 자유통일당[16]의 이름 없는 초선 의원으로서 그의 선거강령은 '영제국의 유지, 확산, 존엄, 그리고 유용성'이었다. 그는 공격적인 말투와 팔자 콧수염, 큼직한 체격과 나쁜 시력을 가진 56세의 완고한 인물이었다. 영국인 가운데 스탠리보다 비범한 생애를 산 사람은 거의 없을 것이다. 북웨일스 덴비셔에서 존 롤랜즈(John Rowlands)와 엘리자베스 페리(Elizabeth Parry) 사이에 사생아로 태어난 그는 존 롤랜즈란 이름으로 입적되었다. 아버지의 죽음과 어머니의 무관심으로 그는 어린 시절 9년 동안이나 성 에이서프 구빈원(St. Asaph workhouse)에서 잔인한 구빈원장—그는 나중에 정신병자가 되었다—의 학대를 받으면서 자랐다.

구빈원의 교육을 받으면서 그는 종교적 신앙이 두터워졌고 질서와 청결을 존중하는 법을 배웠지만, 원생 시절에 경험한 굴욕감과 어머니의 계속된 무관심은 그의 가슴에 깊은 상처를 남겼다. 15세 때 그는 구빈원에서 도망쳐 나와 외가 친척들에게 의지하여 생활하는 불행한 나날을 보냈다. 그러던 중 선실 급사일을 얻어 리버풀을 출항했는데, 1859년 미국 남부의 항구도시 뉴올리언스(New Orleans)에 도착했을 때 비로소 그의 불행은 끝이 났다. 그곳에서 롤랜즈는 마음씨 좋은 면화 상인 헨리 모튼 스탠리(Henry Morton Stanley)를 만났다. 스탠리는 그에게 자신의 이름을 붙여주고 돌보아

콩고 지방을 탐험하여 콩고 자유국 건설의 기초를 닦았으며 아프리카 탐험 중 현지 반란에 휘말려 있던 에민 파샤를 구출했다.

주면서 그를 양자로 입적했다. 헨리 스탠리는 얼마 지나지 않아 외국에서 사망했고, 그는 또다시 세상에 홀로 남겨지고 말았다. 그러나 스탠리가 베푼 친절은 소년의 인생에 새로운 방향을 제시해 주었다. 그 후로 어린 스탠리는 적어도 한 사람만은 자신을 사랑하고 믿어주었다는 점을 가슴 깊이 간직했으며, 그 후 풍족한 중년 시절에 그 역시 아들 하나를 입양했다.

양부가 죽은 후 스탠리는 모험으로 가득찬 생활을 했다. 미국 남북전쟁 때에는 군인으로서 양측에 모두 가담했고, 서부에서 인디언 토벌에도 참가했으며, 상선과 미해군의 선원으로 복무하기도 했다. 또한 저널리스트로서도 활동했다. 1867년 그는 《뉴욕 헤럴드 The New York Herald》의 제임스 고든 베넷(James Gordon Bennett)에게 에티오피아의 테오드로스 2세[17]에 대항하기 위해 파견되는 영국 원정군의 특파원으로 일하겠다고 제의했고, 1868년 마그달라(Magdala) 함락 소식을 맨 처음 보도했다. 1869년 마드리드에서 《뉴욕 헤럴드》에 실을 에스파냐 내란 기사를 취재하고 있을 무렵, 베넷은 그를 파리로 소환해 '리빙스턴을 찾아내라'는 임무를 맡겼다.

리빙스턴은 1866년 중앙 아프리카의 호수들을 탐사하고 나일 강의 발원지를 확인할 목적으로 아프리카 오지에 들어간 후 소식이 끊겨 있었다. 그러나 많은 사람들은 그가 탕가니카 호 가까이에 있는 우지지 부근에 있을 것으로 추측했다. 베넷은 스탠리에게 수에즈 운하 개통 취재를 위해 이집트 · 시리아 · 팔레스타인을 거쳐 아프리카로 가라고 지시했고, 스탠리는 1871년 1월 6일이 되어서야 잔지바르에 도착할 수 있었다.

 그는 '특종'에 몰두한 나머지 잔지바르 당국은 물론 리빙스턴에게 물자를 보급하는 책임을 맡고 있던 영국 영사 존 커크 경(Sir John Kirk)에게까지 비밀을 지켰다. 3월 21일 완벽한 장비를 갖춘 대원들을 이끌고 아프리카 오지를 향해 출발한 그는, 전쟁과 질병으로 혼란에 빠진 지역을 통과하면서 강행군을 계속한 끝에 마침내 11월 우지지에 도착했다. 그곳에서 그는 앓고 있는 리빙스턴을 발견했다. 식량과 약품은 모두 바닥난 상태였다. 스탠리가 그에게 건넨 인사말 "리빙스턴 박사님이시지요?(Dr. Livingstone, I presume?)"는 단박에 유명해졌다. 스탠리의 생애에서 아프리카 탐험은 가장 놀라운 사건이었다. 그는 이 일로 부와 명예를 얻었고, 영국 사회의 존경을 받았다.

 1890년대 말에 이르러 그는 전투적인 삶을 접고 후덕한 인품을 지닌 명사가 되었다. 스탠리는 1890년 7월 12일 축복을 받으며 도로시 테넌트(Dorothy Tennant)와 결혼하고 덴질(Denzil)을 아들로 입양했다. 1885년 5월 15일 미국 시민이 되었던 그는 1892년에 다시 영국으로 귀화했고, 1895~1900년에는 북램버스의 자유통일당원으로서 의회에서 활동했다. 영제국은 아직 그의 봉사에 대해 기사 작위를 수여하지 않았지만 그는 명예 박사 학위를 받았고 빅토리아 여왕은 친히 그의 초상화를 그리도록 의뢰하여 윈저 성에 걸어두었다. 그가 여왕의 즉위 60주년 행사 때 무슨 일을 했는지는 알려져 있지 않다. 우리는 단지 그가 동료 의원들과 함께 여왕의 행렬을 지켜보았으리라고 짐작할 뿐이다. 그러나 그가 그곳에 있었다고 상상하는 것은 자못 흥미로운 일이다. 만일 그 자리에 있었다면 그는 구빈원 시절에서 명성을 얻기까지의 지난날들—아프리카 오지로의 어마어마한 모험, 전설이 되다시피 한 리빙스턴과의 만남, 독일 탐험가 에민 파샤[18]를 구출하기 위해 원정을 떠났다가 수단에서 이슬람 강림교도들(Mahdi)의 포위 공격을 받아 많은 생명이 희생된 일[19]—을 회고했을 것이다. 1870년대에 이루어진 스탠리의 아프리카 횡단은 곧 '아프리카 쟁탈전'으로 이어졌고, 그것은 신제국주의의 원천이 되었다. 그는 실로 당대 최고의 모험가였고, 그 자신은 제국의 기념비가 되었다.

탐험가들 II : 오스트레일리아의 모험가 에어

에어(Edward Eyre, 1815~1901)는 여왕 즉위 60주년 행사가 치러지던 1897년 아직 생존해 있었다. 그는 다른 의미에서 제국의 표본과도 같은 인물이었다. 오스트레일리아 남부 해안의 반도는 그의 이름을 따서 에어 반도[20]로 명명되었다. 에어는 요크셔 출신으로 17세 때 4백 파운드를 가지고 오스트레일리아로 이주했다. 그는 얼마 동안 농사를 지었고, 행정관이자 '오스트레일리아 원주민 보호자'로서 복무했다. 그는 목양업을 하면서 뉴사우스웨일스[21]에서 신흥 거주 지역인 사우스오스트레일리아[22]에 이르는 가축 이동 통로를 발견했다. 1841년 그는 가장 위험한 탐험 여행 중 하나로 꼽히는 여정을 떠났다. 애들레이드[23]를 출발하여 그레이트오스트레일리아 만[24]을 돌아 서남부 끝의 킹 조지 해협[25]에 이르는 대장정이었다. 한 명의 백인과 세 명의 원주민 소년이 그와 동행했다. 그러나 소년 중 두 명이 백인 감독을 살해한 후 보급품 대부분을 가지고 도망쳐버렸다.

에어는 원주민 소년 한 명과 단둘이 남는 신세가 되었다. 그들에게는 밀가루 40파운드와 약간의 차와 설탕만이 남아 있었다. 그들은 이미 물 없는 사막을 5백 마일이나 걸어왔지만, 앞으로 가야 할 길이 6백 마일이나 남아 있었다. 8주 동안 두 사람은 그 무시무시한 곳을 가로질러갔다. 스펀지에 아침 이슬을 받아 빨아먹어야 할 지경에 처한 적도 여러 번이었다. 시슬 만(Thistle Cove)에서 그들은 프랑스 포경선에 의해 구조되어 갑판에서 열흘 동안 쉬었다. 그러나 에어는 여행을 마치겠다고 고집했고, 5개월 후 마침내 킹 조지 만의 거주지에 비틀거리며 도달했다. 이 여행은 전혀 쓸모없는 것으로 판명이 되었다. 발견한 것도 없었고, 입증된 것도 없었다. 그러나 에어는 제국의 모험가들 중 가장 용감한 인물이라는 명성을 얻었다.

사우스오스트레일리아의 에어 호와 에어 반도는 그의 이름을 따서 명명되었고, 그 후 영국 식민성의 관리가 되었다.

불운하게도 1897년에 이르러 에어는 다른 이유로 영국에서 이름이 알려지게 되었다. 그는 1845년 오스트레일리아를 떠나 뉴질랜드 부총독(1846~1853)과 서인도제도 세인트빈센트 부총독(1854~1860)을 역임했다. 그 후 리워드 제도(Leeward Islands, 1860~1861)와 자메이카(Jamaica, 1861~1864)의 총독대리를 지낸 대가로 자메이카 종신 총독으로 임명되었다. 1865년 10월 11일 모란트 베이(Morant Bay)에서 흑인 폭동이 일어나자, 그 진압 과정에서 6백 명 이상이 살해되거나 처형되었고, 같은 수의 사람들이 채찍에 맞았으며, 1천여 채의 가옥이 불에 탔다. 1866년 1월 17일 에어는 자메이카 의회와 자메이카 헌법을 폐기했고, 자메이카는 영국의 직할식민지가 되고 말았다. 에어의 폭동 진압을 치하하는 소리와 지나친 보복 행위를 비난하는 소리가 한꺼번에 터져 나오자 영국 정부는 1866년 7월에 그를 소환했다.

에어의 행동은 영국의 저명한 지식인들 사이에 심각한 논쟁을 일으켰다. 밀(J. S. Mill), 스펜서, 헉슬리는 그를 살인자로 재판에 회부해야 한다고 주장했다. 반면에 칼라일, 러스킨(John Ruskin), 테니슨은 그를 옹호했다. 에어 변호위원회는 그가 '선량하고 인도적이며 용감한 인물'이라고 주장했다. 한편 에어 비판자들로 구성된 자메이카 위원회는 강력한 민간 조직―칼라일은 그들을 '검둥이 박애주의자'

라고 불렀다—의 지원을 받아 10년 동안 잔학 행위 혐의로 그를 추적했다.

런던 대배심은 1868년 6월 그를 살인죄로 기소할 수 없다는 판결을 내렸고, 그는 자메이카인이 제기한 민간 소송에서 무죄로 방면되었다. 그러나 에어는 그 후 다시는 직무를 맡지 못했다. 즉위 60주년 행사가 벌어지던 1897년, 그는 데본셔(Devonshire)의 장원 저택에서 기묘하고도 위엄을 갖춘 인물로서 은둔 생활을 하고 있었다. 이 모든 일들이 진행되는 와중에 그는 스스로를 변호하는 데 전혀 관심을 보이지 않았다. 마치 오스트레일리아 미개척 오지 모래땅의 침묵이 그의 영혼을 감싸기라도 한 듯이.

*

전사들 I : 올 써 가넷을 유행시킨 울즐리

성격적인 면에서 대중의 관심을 모은 영국 군인은 셋뿐이다. 군인이라고는 하지만 그들 중 누구도 대등한 군사력을 갖춘 적과 전투를 치르지 않았다. 여하튼 그들은 모두 흑인 및 황인종과의 전쟁에서 탁월한 기량을 발휘했고, 그 명성은 영국의 새로운 군사적 자부심에 의해 극적인 양상으로 치솟았다.

첫 번째 인물은 가넷 울즐리(Garnet Joseph Wolseley, 1833~1913)이다. 그는 영국 육군총사령관으로서 45년 간 국내외에서 많은 소규모 전쟁에 참전했다. 아일랜드에서 태어난 그는 승부 근성을 갖고 있었다. 언젠가 그는 이렇게 썼다.

"적진 한가운데로 진격하거나 수비가 잘된 진지를 공격할 때 지휘관이 느끼는 강렬하고도 미칠 듯한 즐거움, 그보다 더한 쾌감은 없다."

울즐리는 야심적인 청년 장교가 첫 번째로 해야 할 일은 자신을 희생하는 것이라고 생각했고, 이를 실천했다. 1852년 육군소위로 입대한 그는 바로 그 해 제2차 영국-미얀마 전쟁에 참가했고, 이어 크림 전쟁, 인도 폭동 등에 참전하여 용맹을 떨쳤다. 1860년 중국에서 전쟁을 치렀고, 미국에서 남북전쟁에 참전했으며, 1869년에는 캐나다 반란군을 진압했고, 1873년에는 아샨티 왕국과의 전투를 지휘하여 아샨티의 수도 쿠마시를

영국의 육군총사령관을 지낸 울즐리는 세계 각처에서 실전 경험을 쌓고 영국군의 현대화에 힘썼다.

파괴했다. 1879년 줄루족과 싸우던 영국군이 참변을 당하자 그는 남아프리카 군사령관에 임명되었다. 그는 줄루족 본거지에서 질서를 회복한 후 트란스발로 진격하여 보어인의 반란 기세를 꺾었다.

1882년 울즐리의 생애 최고의 순간이 왔다. 이집트에서 우라비 파샤의 지휘하에 민족주의의 봉기가 일어난 것이다. 그는 전격적으로 수에즈 운하를 탈취하고 하룻밤의 진격 끝에 탈알카비르(Tall al-Kabir)에서 우라비(Arabi)를 기습·격파함으로써(1882. 9. 13) 그의 생애에서 가장 혁혁한 전과를 올렸다. 영국 정부는 울즐리를 남작으로 봉하고 3만 파운드의 포상금을 지급했으며, 그는 국민적 영웅이 되었다. 극작가 길버트(Sir William Schwenk Gilbert, 1836~1911)와 작곡가 설리번(Sir Arthur Sullivan, 1842~1900)은 합작 오페레타 〈펜잔스의 해적 The Pirates of Penzance〉(1879년 뉴욕 초연, 1880년 런던 초연)에서 울즐리를 '당대 최고의 육군소장'으로 찬양했다. 그 무렵 유행어였던 '올 써 가넷(all Sir Garnet)'이란 말은 '좋았어!(all right!)'라는 뜻이었다. 1884년 울즐리는 수단의 하르툼[26]에서 적에게 포위된 친구 찰스 고든 장군을 구출하기 위해 나일 강 원정대를 조

직·지휘했다. 그러나 그의 군대는 하르툼이 함락되고 고든이 피살된 지 이틀 뒤인 1885년 1월 28일에야 당도했다. 구출 작전에 실패했지만 그의 대중적 인기는 시들지 않았다.

울즐리는 빅토리아 시대 말기의 뛰어난 군인이었다. 그는 자신의 전문 분야에서 개혁가이자 예언자였다. 그의 기질은 오만하고 속물적이었으며 둔감했다. 그는 질서와 규율을 추구했다. 뿐만 아니라 헌신적이고 깊은 신앙심을 갖고 있었다. 그는 군대 내에서 자신이 총애하는 측근들에게 의존했으며, 지난날의 전쟁에서 함께 싸운 장교들로 이루어진 '울즐리 패거리'를 거느렸다. 일부 군사비평가들은 그를 사기꾼이라고 생각했고, 다른 비평가들은 큰 전쟁이 있을 경우 말버러[27]나 웰링턴[28] 같은 탁월한 지휘관이 될 수 있는 당대 유일의 위대한 사령관이라고 믿었다. 1897년에 이르러 나이 64세의 울즐리는 환멸을 느끼고 있었다. 그는 하르툼에서의 실패로 자신의 운이 다했다고 생각했으며, 점점 쇠약해지는 자신을 예민하게 의식하고 있었다. 한때 그토록 힘차고 솔직했던 개혁 열망마저 그 예봉을 상실한 것처럼 보였다.

울즐리는 말을 타고 여왕 즉위 60주년 기념식 행렬을 따라갔다. 정치개혁가처럼 생긴 그의 길고 우울한 얼굴은 턱이 다소 늘어진 것처럼 보였다. 노년에 접어든 콧수염과 눈썹, 처진 눈매와 입매가 깃털 장식이 달린 육군원수의 모자 아래로 애처롭게 드러났다. 그는 영국 육군의 총사령관이었지만 한때 자신이 꿈꾸었던 하르툼 공(Duke of Khartoum)은 결코 아니었다.

전사들 II : 칸다하르의 영웅 로버츠

영제국의 두 번째 군인은 육군원수 로버츠 경(Frederick Sleigh Roberts, 1832~1914)이다. 그는 아일랜드 총사령관이었으며 영국 육군에서 가장 명성이 높았던 인물이다. 울즐리는 대중과 서먹했지만 로버츠는 대중의 사랑을 받았다. 울즐리는 변화와 효율을 위해 압력을 가했지만, 로버츠는 옛 전통을 견지했다. 울즐리의 직업적인 설득은 전문가들과 측근들 사이에서 호소력이 있었지만 로버츠는 누구보다도 병사들로부터 사랑을 받았다. 병사들은 그를 '밥스(Bobs)'라고 불렀다. 울즐리는 훤칠한 키에 오만했다. 그러나 로버츠는 작은 체구에 소박하고 다정한 성품이었다.

제2차 아프간 전쟁과 보어 전쟁의 탁월한 지휘관이며 마지막 영국군 총사령관이었다.

로버츠 역시 아일랜드계 영국인이었다. 그는 장군의 아들로서 이튼 칼리지와 샌드허스트[29] 왕립육군사관학교에서 교육받았고 평생 제국을 위해 복무했다. 그는 1895년 아일랜드에서 지휘권을 가질 때까지 유럽에서는 복무한 적이 없었다. (그것이 이 시기 영국군의 활동 영역이었다.) 1851년 19세의 나이로 동인도회사 벵골 포병대에 배속되었고, 인도 폭동(1857~1858) 때 처음 두각을 나타냈다. 1880년 칸다하르의 아프간군이 영국군 수비대를 습격하자 로버츠는 카불에서 1만 명의 병사를 이끌고 전설적인 구원 행군에 나섰다. 그는 1880년 9월 1일 칸다하르 부근에서 야유브 칸(Yakub Khan)이 이끄는 아프간군을 격파해 결정적인 승리를 거두었다.

울즐리가 탈알카비르 전투에서의 승리로 국민적 영웅이 되었듯이, 로버츠는 간다하르 행군을 통해 크나큰 명성을 얻었다. 그것은 대중의 상상력을 사로잡았다. 작은 체구의 로버츠가 아랍종의 백마 보노렐(Vonolel)에 올라탄 이미지—로버츠는 황량한 아프간 구릉지대를 배경으로 침착하게 미소를 지으며 1만 명의 병사들을 거느리고 있고, 그 건너편에는 갈색의 야만인 무리가 패배를 기다리고 있다—는 제국의 무

영국의 제국주의자들 525

용담 이곳저곳에 등장했다. 로버츠는 인도 방면군 총사령관이 되어 여러 해 동안 러시아인으로부터 제국을 지키는 업무에 헌신했다. 41년 간의 인도 복무를 마친 후 그는 영웅이 되어 고국에 돌아왔다. 독실한 신앙, 행복한 결혼, 승리, 그리고 절대 금주와 더불어.

전사들 III : 과대평가로 예리함을 잃은 위대한 이념 키치너

두 명의 연만한 육군원수 뒤에는 제국의 세 번째 군인이 서 있었다. 세 사람 중 가장 뛰어난 인물인 그의 이름은 키치너였다. 그 또한 아일랜드계 영국인으로서 장군의 아들이었지만, 그의 모습은 다른 두 육군원수와는 닮지 않았다. 울즐리의 음울하고 고아한 모습이나 로버츠의 다정하고 치밀한 모습과는 달리 키치너는 무서운 외모를 하고 있었다. 그는 1897년에 48세에 불과했다. 그러나 그에게서는 신비한 매력이 뿜어져 나오고 있었다. 그에게는 마법적인 매력이 있어서 다른 전사들과 구별되었고, 이로 인해 그는 새로운 제국의 대표자 중 한 사람으로 떠올랐다.

키치너는 맨발로 잰 키가 6피트 2인치(188cm)나 되었고 얼굴은 험상궂었다. 단호하고도 끊임없는 야심이 일생 동안 그에게 추진력을 공급했다. 여성에 대해 초연했으며, 동료나 부하 또는 일반 병사들이 자신을 좋아하건 싫어하건 별 관심을 갖지 않았다. 그는 일찍이 아랍인들과 함께한—처음에는 팔레스타인에서, 다음에는 수단에서—로만적이고 신비한 모험으로 명성을 얻은 바 있었다. 믿기 힘들지만 아랍인 행세를 하며 숱한 정보 업무를 멋지게 처리해냈던 것이다. 성공하지는 못했으나 1884년 울즐리의 지휘 아래 고든 장군 구출 작전에 투입되기도 했다. 1892년에 이집트군의 총사령관(sirdar)이 된 키치너는 여왕 즉위 60주년 기념식이 있던 해 느리지만 철두철미한 작전으로 나일 강을 거슬러 올라가 하르툼 함락을 위해 전진하고 있었다. 마침내 그는 1898년 9월 2일 처절했던 옴두르만 전투에서 수단의 정치·종교 분리주의자 세력인 알마디파를 격파하고 근처에 있는 하르툼 시를 점령, 이를 영국-이집트 정부의 수단 지배 중심 거점으로 삼았다.

키치너는 영국인에게 울즐리와 로버츠처럼 친숙한 인물이 아니었다. 그의 매력은 고매하고 불가해한 점에 있었으며, 냉정하고도 초연한 모습은 여러 여성들을 사로잡았지만 성공을 위한 무자

1차 세계대전 초기에 육군장관으로 있으면서 영국 역사상 유례없는 대규모의 육군을 조직해 승리를 향한 국민 의지의 상징이 되었다.

비하고 잔인한 결단은 수많은 동료들을 화나게 만들었다. 그는 탁월한 조직가였지만, 단조로운 그리고 때로는 우유부단한 장군이었다. 그러나 시대를 통찰하는 안목이 있었으므로, 다른 두 명의 육군원수를 능가하여 시대를 상징하는 인물이 되었다. 실제보다 더 커 보였던 키치너는 과대평가된 나머지 예리함을 잃어버린 위대한 이념과도 같다. 그는 평생 백인과의 전쟁은 해보지 못했다. 우스운 일이지만 그의 잔인한 눈빛, 화려한 콧수염, 훈장을 단 거대한 몸집, 유머감각 없는 제국주의는—그리고 차마 면전에서는 말할 수 없겠지만 키치너의 존재 자체도—여기에서 비롯된 것이었다.

영제국의 스타일을 보여준 해군제독 재키 피셔

영제국의 유일한 해군제독은 해군본부위원회의 제3군사위원 겸 해군감인 존 피셔(John Fisher, 1841~1920) 경이다. 그는 북아메리카 및 서인도제도 군항의 총사령관으로서 전함 리나운 호(Renown)의 깃발을 올리려 하고 있었다. 재기발랄한 피셔는 가장 많은 미움을

받는 동시에 가장 많은 사랑을 받는 군인으로서, 빅토리아 시대 말기 영국 해군을 이끌었던 수많은 걸출한 장교들 중에서도 가장 특이한 인물이었다.

재키는 괴팍한 성격의 열광적 개인주의자였다. 해군장교로서는 드물게 자신의 직무에 지적으로 접근했으며, 새로운 기술과 고급 전략에 대해, 그리고 군 조직 및 현실 정치에서의 군의 역할에 대해 깊은 관심을 가졌다. 피셔는 비상할 정도로 열정적인 개혁가이자 동시에 감상적 보수주의자였고, 그가 추앙한 인물은 넬슨이었다.

피셔의 전 생애는 제국과 떼려야 뗄 수 없는 것이었다. 그의 출생지는 실론이었다. 부친은 실론 경찰직에서 은퇴한 후 그곳에 소유하고 있던 작은 커피 재배지를 경영했다. 그의 노란 피부색과 중국인과 닮은 얼굴은 그의 모친이 신할리족[30] 왕녀라는 전설에 설득력을 부여한다. 그의 대모(代母)는 총독 부인—바이런이 그의 시에서 예찬했던 레이디 호턴—이었고 그의 대부는 주둔군사령관이었다. 형제 중 둘은 실론 관계(官界)에 진출했고, 다른 두 형제는 해군장교가 되었다. 41세가 되기 전까지 피셔는 지중해와 서인도제도에서, 그리고 해협 소함대(Channel Squadron)에서 근무했다. 중국 페이호(Peiho) 강의 타쿠(Taku) 요새 공격에 참여했으며, 1882년 알렉산드리아를 포격할 때 당대 최고의 전함이었던 인플렉서블 호(Inflexible)를 지휘했다.

피셔의 전 존재는 제국에 의해 형성되었고, 그로 인해 그는 영제국의 가장 강력한 인물 중 한 사람이 되었다. 그렇다고 그를 신제국주의자라고 부를 수는 없다. 그의 격정적인 성격은 다소 산만한 본국의 퍼블릭 스쿨 출신들에 비해 한층 엄격했다. 그는 영국을 본질적으로 유럽 세력—넬슨 시대에 그랬듯이, 언제나 해협 건너의 잠재적 적대국가와 맞선—으로 파악했다. 바다를 경비하고, 깃발을 휘날리며, 작은 나라 군주들을 위압하는 제국의 임무는 그를 흥분시키지 못했다. 팍스 브리타니카가 궁극적으로 도전받게 될 경우, 영국이 살아남을 수 있는 방법은 오직 현대적인 해군력뿐임을 잘 알고 있기 때문이었다. 피셔는 해군의 분산된 전력을 서너 개의 강력한 함대로 집중시키고자 했다. 그는 구축함[31]이란 명칭을 만들었으며 화약, 함정의 속도, 신형 증기기관, 그리고 잠수함과 비행기의 잠재력에 늘 관심을 기울였다. 또한 좋아하는 것과 싫어하는 것이 분명해서 추종자들에게는 헌신적이었지만 적에게는 무자비했으며 종종 언론을 뻔뻔스럽게 이용하기도 했다.

어디로 가든, 어떤 명령을 내리든 그는 관행을 무시하면서 나태와 무기력에 빠진 장교들을 뒤흔들어 깨웠다. 그가 순양함 노샘프턴 호(Northampton)를 지휘했을 때 부함장은 이렇게 불평을 늘어놓았다. "우리는 지난 열흘 동안 화이트헤드 어뢰[32] 훈련을 150회나 실시했다. 지난 한 해 동안 해군 전체가 실시한 훈련이 2백 회였을 뿐인데."

그러나 자신의 직업적 전문성을 집요하게 추구했던 이 불가사의한 인물은, 한 개인으로서 누구보다도 영제국의 스타일―기벽(奇癖), 오만, 선량한 마음씨 등이 혼란스럽게 뒤섞인―을 잘 대변했다. 피셔는 대단히 매력적인 성격을 가진 인물이었다. 춤에 대한 열정이 대단해서 자리에 여성이 없을 경우, 동료 장교를 끌어내 직접 휘파람으로 곡을 연주하면서 춤을 즐겼다. 또 설교 듣기를 좋아해서, 주둔지 교회의 맨 앞자리에 앉아 설교자의 눈을 민망할 정도로 빤히 쳐다보곤 했다.

피셔는 남들 앞에서 자랑하는 것을 좋아했다. 사령관용 대형 함재보트가 부두 쪽으로 역진하면서 일으키는 선미(船尾)의 요란한 거품, 새벽녘 몰타 섬으로 미끄러져 들어가는 영국 전함의 웅장한 모습 등을 자랑스럽게 뽐냈다. 가장 큰 것, 가장 빠른 것, 가장 새로운 것에 대해 말할 때 그의 얼굴에는 소년 같은 천진난만한 즐거움이 번졌다. 그는 "영국 해군은 항상 최고급으로 여행한다"고 말하곤 했

13세의 나이로 해군에 입대하여 크림 전쟁에 참가했고 결국 해군 제독이 되어 1차 세계대전 중 영국 해군이 제해권을 장악할 수 있는 기틀을 다졌다.

다. 피셔에게 영국 해군은 최고의 국가를 위해 봉사하는 세계 최고의 해군이었다. 그리고 그는 그것을 과시하는 것을 결코 부끄러워하지 않았다.

이러한 애국심은 너무나 투명했고 그 표현은 솔직했다. 피셔의 성격은 매력적이었으므로 외국인들에게 불쾌감을 주는 경우는 거의 없었다. 그는 영국 해군의 제독이었고, 그것으로 그만이었다. 얼굴에 스치는 표정, 자연스러운 몸짓, 저항할 수 없는 눈빛을 통해 그는 영국 해군의 모든 것을 세계를 향해 말하는 것처럼 보였다. 모로코의 술탄이 언젠가 피셔의 기함을 방문한 적이 있었다. 그는 무엇이 가장 인상적이었느냐는 질문을 받자 조금도 주저하지 않고 '제독의 얼굴'이라고 답했다. 피셔를 처음 만난 사람은 누구나 영제국은 확고부동하게 난공불락이라고 생각했다.

사진에 나타난 모습을 보면 작달막한 체격에, 가슴에는 훈장을 주렁주렁 매달고, 얼굴에는 냉소와 반항과 유머러스한 허세가 뒤섞여 있다. 그의 두터운 입술은 양끝이 아래로 처졌으며 조심스럽게 빗질한 머리는 이마를 가로질러 흘러내린다. 콧구멍은 황소처럼 벌어져 있고, 코에서 대각선으로 비스듬히 내려온 주름은 인생을 혐오하는 염세주의자처럼 보인다. 그러나 손으로 입 주변을 가리면 눈가에 생동감 있는 웃음이 머물러 있음을 볼 수 있다. 웃음 진 눈가의 잔주름, 넓고 시원한 이마는 명랑하고 태평스러워 보인다. 그의 표정을 가만히 들여다보노라면, 그의 시대와 우리 시대가 상당한 시간적 거리를 두고 있음에도 불구하고, 마치 피셔가 뱃전에 있으면 우리의 모든 일이 잘 풀릴 것만 같은 느낌을 갖게 된다.

식민지 총독들 I : 간접 통치 개념의 창시자 루가드

여왕 즉위 60주년 기념 행사가 있던 1897년 여름, 영제국의 식민지 총독들 중에서 두 사람은 각별히 기억될 만하다. 먼저 이집트 총독 에벌린 베어링 크로머(Evelyn Baring Cromer, 1841~1917)는 그 무렵 전성기를 구가하고 있었다. 한편 아프리카의 프레데릭 루가드 (Frederick Lugard, 1858~1945)는 더 큰 일을 기다리고 있었다. 한 사람은 금융 가문인 베어링 가의 인물이었고, 다른 한 사람은 마드라스[33]의 장로교회 목사의 아들이었다.

루가드는 39세였고 이미 이름이 널리 알려져 있었다. 마드라스의 세인트조지 요새(Fort St. George)에서 태어나 인도 문관 임용시험에 실패한 뒤 육군성 사무차관이던 삼촌 에드워드의 도움으로 육군에 입대했다. 그러나 그는 군인 생활에 적응하지 못했다. 작은 체구에 강단이 있고 신경질적이었던 그는 혼자서 하는 모험을 즐겼다. 훌륭한 사수로서 맹수 사냥을 즐겼고, 성인이 된 후 10년 동안 그다지 만족스럽지 않은 생활을 계속했다. 루가드는 로버츠의 부하로서 아프가니스탄에서 근무했으나 질병 때문에 전투는 거의 경험하지 못했다. 울즐리와 함께 수단에서 싸웠고, 미얀마의 마지막 왕 티바우[34]를 실각시키기 위한 원정에 참여했으며, 1887년 마사와(Massaua) 점유를 놓고 벌인 아비시니아인과의 전투에 이탈리아군을 끌어들이려 했으나 이루지 못했다. 1888년 돈도 떨어지고 건강도 나빠진 그는, 아프리카 호수회사(African Lakes Company)가 아랍인과 스와힐리 노예 상인의 습격으로부터 니아사 호수[35]의 이권을 보호하기 위해 설립한 군내에 초청되었다.

루가드는 이 일로 단번에 신념 있고 헌신적인 제국주의자가 되었다. 그는 그 후 다시는 육군에 돌아가지 않고 대신 영국 동아프리카회사에 들어가 32세의 나이에 영국령 우간다의 창설자가 되었다. 그는 노예 상인들을 쫓아내고, 해안에서 나일 강까지 수눈지들을 설치

오늘날 식민주의 비판자의 눈에는 루가드의 사상과 행동에 문제가 많은 것으로 보일지 모르지만, 아프리카의 문호를 열고 행정 체계를 확립한 점 등 광범위한 업적과 성과는 인정하지 않을 수 없을 것이다.

했다. 이슬람 교도와 기독교 교도 사이의 전쟁을 종식시키고 지방 족장들 사이에 협정을 체결토록 했으며, 마침내 영국 정부를 설득하여 우간다 전부를 맡았다. 그는 영국령 아프리카의 분쟁 해결사가 되었다. 나이지리아에서 그는 전격 행군을 통한 기습 공격으로 프랑스인의 기선을 제압하여 니키(Nikki)를 점령하고, 서부 나이지리아에 영국의 거점을 확보했다. 보츠와나[36]에서 그는 칼라할리 사막을 가로지르는 무시무시한 여행을 감행했다. 광산채굴권을 조사하기 위해, 우역(牛疫)으로 온통 황폐화된 지역을 7백 마일(1,120km)이나 가로질러간 것이다.

이 모든 대담무쌍한 행동을 통해 그는 제국 정부의 새로운 이론을 펼치고 있었다. 그 이론은 제국 당국이 현지의 사회적·정치적 제도를 파괴하기보다는 순화함으로써 토착민이 고유의 전통을 유지할 수 있게 하는 간접 통치 개념이었다. 그의 발상에 의해 간접 통치 개념은 다른 어느 곳보다도 나이지리아에서 치밀하고 정교하게 실행되었다. 루가드는 제국의 용병으로 출발했다. 그러나 그는 일찌감치 선구자의 자질, 즉 제국의 임무에 대한 헌신적 옹호자의 품성을 함양하고 있었다.

그가 견지한 입장은 토착사회의 발전—그 발전의 시간표는 현지인들이 정한 것이 아니지만, 적어도 그 기준만은 토착민들의 문화에 기초한—을 허용하는 온정적 제국주의였다. 그는 그렇게 함으로써 토착민 거주 지역의 재원이 세계 전체의 이익에 기여하도록 하고자 했다. 그는 다정하고 고독한 인물이었다. 책임을 분담하는 데는 서툴렀으나 그것을 홀로 짊어지는 데는 단연 앞섰다. 그는 영국의 보기 드문 제국주의 이론가였고, 그가 제시한 이론은 현장에서 실제 적용된, 희귀한 경우에 속했다.

식민지 총독들 II : 이집트의 알렉산드로스 대왕 크로머

카이로의 크로머가 살던 세계는 매우 달랐다. 그는 1897년 당시 56세로 이집트에서 영국 정부의 전권대리인 겸 총영사로 14년째 근무 중이었다. 크로머의 부친은 의회 의원이었고, 조부는 해군제독이었다. 그의 가문은 런던에서 가장 뛰어난 금융 가문이었고, 독일계 혈통이었는데 원래는 유대계였을 것으로 추측된다.

그는 혈색이 좋았고, 짧은 은발에 콧수염을 단정하게 길렀다. 금테 안경에 말쑥한 옷차림을 즐겼으며, 의사나 신뢰받는 고문 변호사 같은 인상을 풍겼다. 한마디로 진지하고 침착하고 균형 잡힌 인물이었다. 변화무쌍한 이집트 생활은 차분한 그의 성격을 더욱 두드러지게 만들었다. 1884년의 비극적인 하르툼 원정에서 글래드스턴[37]과 울즐리 경의 중간에 서 있었던 인물이 바로 크로머였다. 그리고 여왕 즉위 60주년 기념식이 있기 불과 한두 달 전, 나일 강에서 군사적으로 위험한 상황에 직면한 위대한 키치너가 긴급 전보를 쳐서 자신이 다음 단계에서 해야 할 일이 무엇인가를 물었던 상대도 크로머였다.

크로머는 군인으로 생애를 시작했다. 맨 처음에는 이오니아 제도[38]—그곳이 영국 보호령이었을 때—에서, 다음에는 몰타와 자메이카에서 근무했다. 군대 생활이 적성에 맞지 않는다는 것을 안 크로머는 1872년 인도 총독으로 갓 임명된 사촌 노스브룩 경(Lord Northbrook)이 개인비서로 초빙하자 이를 수락했다. 그는 영국 점령 전 이집트에서 여러 해를 보냈다. 그러다가 1883년 울즐리를 따라

영국 정부의 대리인 겸 총영사로서 24년 간 이집트를 통치하면서 이집트가 현대적인 국가로 발전하는 데 큰 영향을 끼쳤다.

카이로에 가서 이집트의 개혁과 재건이라는, 평생에 걸친 자신의 사업을 시작했다. 인도에서 그의 동료들은 그에게 '바이스 바이스로이[39]'와 '오버베어링[40]'이라는 별명을 붙였다. 이것은 지도자에게 꼭 필요한, 자신감 있는 통솔력과 효율성을 나타내는 별명들이었지만 호의적인 것만은 아니었다. 카이로에서는 '큰 곰(Le Grand Ours)'이란 별명을 얻었다. 당시 카이로에 머물던 윌프리드 블런트[41]는 크로머의 보고서가 '창세기 1장 스타일'로 쓰였다고 말했다. 크로머는 이루 말할 수 없는 우월감을 가지고 있었으며, 호가스[42]의 표현에 의하면 '환상과 광상, 그리고 모든 불안정한 열광'을 부정했다.

온갖 종류의 열광적 불안정이 풍토의 일부인 지역에서 살아야 하는 것이 그의 운명이었다. 이집트에 오래 머물수록 크로머는 더욱더 거만해졌다. 그는 이렇게 썼다.

"이집트인들은, '유럽인'의 입장에서 볼 때 바람직한 방식으로 자신들을 통치할 수 있도록 해야 한다."

여기서 크로머가 말한 유럽인이란 두말할 것도 없이 자기 자신이었다. 그에게 위임된 권력은 모호한 것이었다. 그러나 그는 그것을 교묘하게 활용했다. 그는 '간접적 보호정치'로 불리게 된 통치 제도를 실시하여, 인도에서 훈련을 쌓은 영국인 행정관들을 이집트 정부의 고문으로 요직에 배치하고 그들의 도움을 받아 이집트의 지배자들을 지배했다. 그는 1907년 사임할 때까지 사실상 이집트의 절대 권력자였다. 그의 통치 아래에서 민족주의적 열망은 거듭 움츠러들었다. 크로머에 의하면 관직을 민족주의 지도자에게 준다는 것은 '야만적인 홍인종 인디언 추장을 캐나다 총독에 임명하는 것만큼이나 터무니없는 일'이었다. 크로머는 이집트에게 무엇이 최선인지를 알고 있었다. 그리고 동시대인들로서는 매우 탐탁지 않은 일이었지만, 그것은 대체로 옳았다. 크로머의 지배 아래 이집트는 파산을 모면하고 실질적으로 잉여를 창출했다. 거대한 관개 프로젝트와 아스완 댐 건설이 시작되었다. 이집트 궁정은 개혁되었고, 고대로부터 이어온 강제 노동 관행은 철폐되었다. 철도가 재건되었고, 군대는 훈련을 받았다.[43]

가장 느슨하고 간접적인 방식으로 영국의 지배를 받았던 이집트에서, 영국의 제국주의가 고대 정복자들의 고전적인 방식과 가장 흡사했다는 것은 역설적인 일이다. 이는 그것이 사실상 한 개인에 의한 전제주의였기 때문이었다. 그의 전제주의는 부도덕한 백성들에게 새로운 질서를 강제하고, 거대한 토목 사업을 일으키는 식으로 펼쳐졌다. 오직 크로머만이 이집트에 이런 흔적을 남길 수 있었고, 그런 의미에서 그는 알렉산드로스 대왕과도 같은 존재였다. 처음부터 끝까지 그의 공식 직함은 영국 총영사였지만 영사관은 그의 궁전과 다를 바 없었다. 한번은 이집트 왕녀 나즐리 파질(Nazli Fazil)이 사촌인 이집트 총독(khedive)을 방문했는데, 마침 그때 저 멀리 거리에서 사람들이 외치는 소리와 바퀴가 덜컥거리는 소리가 들렸다. 총독은 안색이 창백해지며 겁에 질려 이렇게 말했다. "이 소리 좀 들어봐, 베어링의 마차 앞을 달리는 사자(使者)가 외치는 소리잖아. 그가 대체 내게 와서 무슨 말을 할지 누구 아는 사람 없어?"

세실 로즈의 야망

세실 로즈(Cecil Rhodes, 1853~1902)의 평판에는 비현실적인 면이 있다. 그는 거상[44]이라는 별명을 갖고 있었는데, 모든 신제국주의자들 중에서 그는 그 역할에 가장 잘 어울리는 인물이었다. 그의 얼굴은 로마풍이었으며, 냉소적인 큼직한 퉁방울눈을 하고 있었다. 마치 경찰이 몽타주로 그린 다이아몬드 백만장자나 제왕의 모습 같았다. 로즈에게는 책략가적인 구석이 있었는데 언제나 천문학적 단위—수백만 파운드, 수백만 평방마일, 수백만 명 따위—를 주물렀던 인물답게 그의 책략은 대대적이고 장중한 것이었다.

로즈는 여왕 즉위 60주년 기념식에서 비중 있는 인물은 아니었다. 1897년 여름에 이르러 그는 자신의 보좌역이자 친구인 제임슨[45]이 일으킨 이른바 '제임슨 습격 사건(Jameson Raid)'을 후원한 일로 평판이 추락해 있었다. 보어 전쟁의 예행 연습이라고도 할 수 있는 이 사건은 제임슨이 5백 명의 병력을 이끌고 트랜스발 정부를 장악하기 위한 원정길에 오른 것으로 시작되었다. 이 습격은 실패로 끝났고 제임슨은 포로가 되었다. 그러나 그는 다음과 같은 솔직한 진술로 영국민 상당수를 매혹시켰다.

"나는 실패했으므로 그에 따른 자연스러운 결과—비난과 질타—가 일어났음을 잘 알고 있다. 또한 만일 내가 성공했더라면 용서받을 수 있었으리라는 점도 잘 알고 있다."

신제국주의자들에게 그와 로즈는 여전히 영웅이었고, 이 습격 사건은 서투른 작전을 과도하게 밀어붙인 것으로 너그러이 넘겨졌다. 많은 영국인이 볼 때 그들 두 사람은 제국의 위대한 도약과 기만책 등을 제대로 보여준 인물들이었다.

로즈는 무엇보다도 축재가(蓄財家)였다. 35세가 되기 전에 이미

로디지아에서 마타벨레족이 반란을 일으키던 시기 전지(戰地)의 세실 로즈(1896).

백만장자였던 그는 5년 만에 옥스퍼드대학에서 졸업장[46]을 땄다. 킴벌리(Kimberly)에서 자신의 다이아몬드 이권을 관리 감독하는 데 많은 시간을 써야 했기 때문이었다. 영국의 한 교구 목사의 다섯째 아들로 태어난 그는 건강 때문에 대학에 가는 대신 17세 때 남아프리카로 떠나 나탈(Natal)에서 면화를 재배했다. 나탈의 기후가 그의 천식에 좋다고 판단했던 것이다. 그곳에는 먼저 건너간 형 허버트(Herbert)가 이미 기반을 잡고 있었다. 로즈가 제국에 대한 비전을 품게 된 것은 생애 후반의 일이었다. 그의 제국에 대한 비전은 어떤 점에서는 천진난만했고 어떤 면에서는 고결했다. 로즈의 비전은 모든 면에서 대단히 광대한 것이었다.

로즈에게 영제국은 인류 역사에 나타난 계시 중 하나였다. 그것은 '새 하늘과 새 땅'이었다. 그는 1877년 24세의 나이에 첫 번째 유언장을 작성했다. 유언장에는 전 세계에 영국의 지배권을 확대하기 위한 비밀 결사를 만드는 데 자신의 유산을 쓰겠다고 적혀 있었다. 그는 영국인들이 아프리카 전역, 성지 팔레스타인, 남아메리카 전역, 태평양의 섬들, 말레이 군도, 중국 해안 지방, 일본 등을 점유할 것이라고 내다보았다. 장차 미국은 회복되고, 제국 전체는 결속될 것이었다. 단일한 제국 의회가 전 인류를 대표하게 될 것이었다. 그리고 이 모든 제국의 구조는 '향후 더 이상의 전쟁이 불가능해지고 인류의 복리를 최고조로 증진할 수 있을 정도로 막강한 힘'을 구축할 것이었다.

로즈는 안타깝게도 이러한 원대한 목표를 달성하지 못했다. 그는 희망봉에서 카이로에 이르는 철도를 건설하지도 못했고, 남아프리카를 영국 국기 아래 통합하지도 못했다. 그의 거대한 정치적 창조물인 로디지아[47]는 이내 파멸적인 시대착오임이 판명되었다. 검은 대륙에 백인 국가를 세운다는 것은 실현 불가능한 일이었다. 1897년 44세였던 그는 최악의 상황에 처해 있었다. 소극적인 제국주의자들의 눈에 그는 자신의 불미스러운 행동을 다이아몬드 광산업계에서 정계로 확대시키면서 모든 것을 미사여구로 포장하는 수상한 투기꾼으로 비쳐졌다. 그러나 그의 원대한 이상은 살아남았다. 그는 진심으로 '제국'이 세계 평화의 도구라고 생각했다. 자신의 인생에 불어 닥친 수많은 변화와 굴곡에도 불구하고, 그는 로즈 장학금[48]을 위한 자신의 계획을 완성했다. 이 장학금은 영어 사용 국가에서 '세상의 싸움을 막을 수 있는 가장 탁월한 인물'을 선발하여 옥스퍼드 대학에 보내 영국의 문명을 습득케 하는 데 쓰일 것이었다. 그리고 그들은 '제국' 전역으로 흩어져 로즈 자신의 꿈을 성취시켜줄 것이었다. 로즈는 모든 신제국주의자들 중에서 진정으로 영감에 찬 인물이었다. 남아프리카 시인 윌리엄 블레인(William Blane)은 이 오해받기 쉬운 이 인물을 이렇게 묘사했다.

이기적이거나 탐욕스러운 야심에서가 아니다.
그가 꿈꾼 제국—그것은 대륙에서 생각해낸 것,
그의 꿈은 신비한 가르침에 부응한 것일지니,
그것은 우주의 위대한 맥박으로부터 포착한 것.

영제국의 만가(挽歌)

물론 그 무렵 영국에는 다른 뛰어난 제국주의자들도 있었다. 딜크[49]·로즈버리[50] 같은 정치인들, 커즌[51]·밀너[52] 같은 미래의 식민지 총독들, 나이저 강 유역의 세실 로즈라 할 수 있는 골디[53], 그리고 스웨트넘[54]·래플스[55] 등이 그들이다. 이 글에서 다루어진 명사들은 그들 모두를 대표하는, 제국의 별에 해당하는 인물들이다. 그러나 기이하고 휘황차란한 제국주의 실천가들의 너울거리는 깃털 장식과 무자비한 야심 위에는 제국을 대표하는 유일한 존재가 당당하게 앉아 있었다. 그는 바로 '여왕이자 황제(R. I., Regina et Imperatrix, Queen and Empress)'인 빅토리아(Victoria)였다.

여왕은 영제국의 다양한 경향을 드러내는 제국의 상징이자 정점이었다. 여왕은 위압적이면서도 오만한 성품이었지만 뜻밖에 따뜻하고 수수하며 때로 서민적이고 감상적인 마음씨를 가지고 있었다. 만년에는 아름답다기보다는 당당한 모습이었고, 소녀처럼 동양의 미스터리를 즐겼다. 토착민들에게는 모성적인 사려를 보였고 소유물에 대해서는 강한 집착을 보였다. 미사여구, 걸출한 인물들, 원대한 계획과 색채에 미혹되었다. 여왕은 작고 소심하고 소극적인 것을 참지 못했다.

실로 호락호락하지 않은 여성이었다. 하지만 이제는 많이 늙었고 긴 치마를 드리우고 있었다. 아덴이나 콜롬보(Colombo, 스리랑카의 수도), 킹스턴(Kingston, 자메이카의 수도), 멜버른(Melbourne, 오스트레일리아 남동부의 항구도시)의 정원에 놓인 왕좌에 앉은 그녀의 조각상은 사람이라기보다는 여신처럼 보였다. 그녀는 벵골 보리수나무 틈으로 흘긋 보이거나 바나나 숲 위로 우뚝 솟은 거대한 여신이었다. 그녀는 부와 관록과 권력의 여신이었다. 그녀의 치세는 너무나 길어서 그녀가 없다면 세계는 스스로를 기억할 수도 없었다. 이미 한 시대에 그녀의 이름이 붙어 있었다. 그녀는 팍스 브리타니카였다. 그리고 그녀의 이름은 전 세계 지명에 남겨졌다. 남아프리카, 라부안[56], 기아나[57], 그레나다[58], 온두라스[59], 뉴펀들랜드[60], 나이지리아[61], 밴쿠버 섬[62]에는 각기 빅토리아라는 이름의 도시가 지금도 있다. 퀘벡(Quebec)에는 빅토리아빌[63], 우간다에는 빅토리아나일(Victoria Nile), 오스트레일리아에는 빅토리아 주가 있다. 빅토리아라는 이름의 호수가 여섯 개, 빅토리아라는 곳이 두 곳 있다. 그 밖에도 빅토리아라는 이름의 산맥 · 만 · 해협 · 갑 · 공원 · 광산 · 산봉우리 · 해변 · 교량 · 군(郡) · 협곡 · 구릉 · 경지 · 사유지 · 폭포 · 협만 · 골짜기 · 항구 ·

섬·언덕 등이 곳곳에 산재해 있다. 한 제왕의 지배권이 이처럼 전 세계의 지도에 남겨진 것은 인류 역사상 처음 있는 일이었다.

즉위 60주년 기념식은 매우 성공적이었다. 여왕 자신도 "깊은 감명을 받았다"고 일기에 썼으며, 이 축제 전체를 "믿기 어려울 정도로 훌륭했다"고 평가했다.

사실이 그러했다. 그러나 이 거대한 환상은 곧 흐릿해졌다. 제국주의자들은 북방의 섬나라로 물러났고, 영국은 다시 원래의 크기로 돌아갔다. 2년 뒤 1899년 보어 전쟁이 터졌고 제국의 견고함에 균열이 일어났다. 그로부터 2년 뒤인 1901년 여왕이 죽었고, 그와 더불어 한 시대는 종언을 고했다. 그로부터 20년이 채 못 되어 국왕의 군대는 전설적인 파탄족[64]이나 줄루족[65]보다 한층 더 현실적인 적들에 의해 포위되었다. 세계를 제패하던 제국 군대는 프랑스의 진흙밭에서 난도질당하는 신세가 되었다. 여왕 사후 한 세기가 지난 오늘날에는 오직 제국의 흔적—몇 개의 섬, 한두 개의 요새, 책무의 유산 등—만이 남아 있을 뿐이다.

모든 위대한 영광은 사라졌고 갑옷은 벗겨졌다. 거창한 팡파르와 더불어 안치되었던 위대한 여왕의 조각상은 슬그머니—아덴에서는 1967년 어느 날 한밤중에—철거되었다. 제국주의는 사람들의 마음을 움직이는 힘을 잃고 말았다. 영국인은 아무런 유감없이 그 찬란한 빛을 마음에서 지웠다. 피스헬멧[66]과 야전욕조를 치우고 작은 세계로 되돌아간 것이다.

■ 본문 깊이읽기

1 보수당

정식 명칭은 'National Union of Conservative and Unionist Associations'이다. 영국 보수당은 17세기 혁명 시대에 태어난 토리당(Tory Party)의 후신이다. 그것이 '보수당'이라는 이름으로 불리게 된 것은 1830년 이후부터였고, 완전한 하나의 정당 조직을 가지게 된 것은 그보다 훨씬 뒤의 일이다. 즉 1867년 선거법 개정에 따라 유권자 수가 급증하자 반대당인 자유당(휘그당 Whig Party)이 먼저 버밍엄 지방 간부회(幹部會)를 결성한 것에 대항하여 토리도 조직을 만든 데서 비롯된다. 금세기에 들어와 노동당이 결성되어 그것이 전국적인 정당 조직을 전개하면서부터는 보수당도 자유당도 현재와 같은 본격적인 근대 정당으로서의 조직과 규율을 가지게 되었다. 보수당은 과거에 자유당과 정권을 다투었는데, 지금은 노동당과 더불어 2대 정당의 하나로서 정권을 교대로 담당하고 있다.

엘가의 작품은 후기 로만주의에 가깝다.

2 엘가(Edward Elgar, 1857~1934)

영국의 작곡가. 대담한 선율과 충격적인 음색, 대규모 형식이 특징으로 19세기 말 로만주의 관현악 어법으로 작곡된 그의 작품은 영국 음악의 부흥을 촉발했다. 행진곡 〈위풍당당한 진영 Pomp and Circumstance〉으로 유명하다. 헨리 퍼셀(1659~1695) 이후 국제적인 명성을 얻은 최초의 영국 작곡가이며 조국의 음악을 섬나라의 고립성으로부터 해방시켰다. 그는 젊은 작곡가들에게 후기 로만주의의 풍부한 화성 자원을 남겼으며 영국의 민족음악악파에 자극을 주었다. 그 자신의 음악 어법은 세계주의적인 것이었지만 오라토리는 영국 음악의 전통에 근거한 것이었다. 특히 영국에서 엘가는 20세기 영국 음악의 르네상스를 예고한 것으로 높이 평가받고 있다.

3 오스틴(Alfred Austin, 1835~1913)
영국의 시인. 테니슨 경의 뒤를 이어 계관시인이 되었다. 영국과 이탈리아의 전원을 찬양하는 소박한 시를 즐겨 썼으며 스스로 대중의 정서를 대변한다고 자부했으나, 그것을 진정한 의미의 시로 승화시키지는 못했다. 공직 생활을 시작하기 전에는 법률을 공부하여 변호사 자격을 얻었으며, 정계 진출을 시도하기도 했고, 언론계에 몸담기도 했다.

4 라호르(Lahore)
파키스탄에서 두 번째로 큰 도시로 펀자브 주의 주도. 인더스 강 지류인 라비 강을 따라 형성된 인더스 평원 북부에 있다.

라호르에 있는 성채.

5 브린디시(Brindisi)
이탈리아 남동부 풀리아 지방 브린디시 주의 주도. 바리 남동쪽으로 선박들이 드나드는 Y자 모양을 한 작은 만의 지류들 사이에서 아드리아 해와 맞닿아 있다.

6 모단(Modane)
프랑스 동부에 위치한 도시로 프랑스와 이탈리아의 경계가 된다.

7 〈그녀는 밤하늘처럼 아름답게 걷는다〉
이 시의 전문은 다음과 같다.

별이 총총한 구름 한 점 없는 밤하늘처럼
그녀는 아름답게 걷는다.
어둠과 빛의 순수는 모두
그녀의 얼굴과 눈 속에서 만나고
하늘이 찬연히 빛나는 낮에는 주지 않는
부드러운 빛으로 무르익는다.

그늘 한 점이 더하고 빛이 한줄기만 덜했어도
새까만 머리칼마다 물결치고
혹은 부드럽게 그녀의 얼굴을 밝혀주는
형언할 바 없는 그 우아함을 반은 해쳤으리라.

그녀의 얼굴에선 사념이 고요히 감미롭게 솟아나
그 보금자리, 그 얼굴이 얼마나 순결하고 사랑스러운가
를 말해주노라.

저 뺨과 이마 위에서
상냥하고 침착하나 힘차게……

사람의 마음을 사로잡는 미소, 환히 피어나는 얼굴빛은
말해준다. 착하게 보낸 지난날을
이 땅의 모든 것과 화목한 마음
순결한 사랑이 깃든 마음을.

8 퍼블릭 스쿨(public school)
민간인이 기금을 내고 운영하며, 학생들에게 대학 준비 교육을 시키는 영국의 사립중등학교를 말한다. 퍼블릭 스쿨이라는 말은 한 그래머 스쿨의 명성이 널리 알려지게 된 18세기에 생겨났다. 부모가 기숙사비를 낼 수 있는 학생들을 대상으로 시작되었고, 로컬 스쿨(local school)과 대비해서 퍼블릭 스쿨로 알려졌다. 전통적으로 고전 학습, 시민 의식, 엄격한 규율을 강조하며 입학 시험이 있었다. 교장이 운영하며 학생 수가 제한되었고 전통적으로 소년을 대상으로 하는 기숙학교였다. 고전 · 현대 · 전문 분야의 과목이 개설되어 있고 개별 지도도 이루어졌다. 상급 수준은 몇몇 다른 나라와 비교하면 중등 수준 이상에 해당했다. 햄프셔 지방의 윈체스터 칼리지는 윈체스터의 대법관 윌리엄 오브 위컴이 1382년에 설립하여 1394년에 개교했으며 옥스퍼드대학과 자매결연을 맺었다. 버킹엄 주의 이튼 칼리지는 헨리 6세가 1440년에 설립했으며 케임브리지대학에 진학하면 장학금을 수여한다. 런던 서부 해너스미스 주의 세인트폴 스쿨은 존 콜렛이 1512년에 설립하여 기부금을 냈다. 슈롭셔 주의 슈루즈버리 스쿨은 1552년 에드워드 6세에 의해 설립되었다. 세인트피터 스쿨이라고도 불리는, 런던 서부에 있는 웨스트민스터 스쿨은 대성당의 학교였으며, 엘리자베스 여왕이 1559년에 부흥시켰다. 런던에 있는 머천트테일러스 스쿨은 런던 머천트테일러스 사(社)에서 설립하고 기부금을 내서 관리했다. 1875년 카르투지오 수도회 건물로 이주했으며 옥스퍼드 장학금이 수여된다. 워릭 주에 있는 럭비 스쿨은 1567년 부유한 런던 상인인 로렌스 셰리프가 설립했으며, 미식 축구의 전신인 럭비가 시작(1832)된 곳이다. 이 학교에는 1차 세계대전에서 전사한 682명의 동문들을 기리는 추모 예배당이 있다. 런던 북서부 해로온더힐에 있는 해로 스쿨은 1571년에 설립되었다. 서리 주 고들밍에 있는 차터하우스 스쿨은 1371년 이래 원래 카르투지오회 수도원이었다. 이 학교는 토머스 서턴이 1611년에 설립했고, 1872년 런던에서 고들밍으로 이사했다. 이튼 칼리지와 해로 스쿨은 1차 세계대전 이후 수십 년 동안 많은 하원 보수당원과 각료들을 배출했다. 이튼 칼리지는 규칙을 강화하고 규율을 확립하기 위해 학생대표 선출제를 도입했다. 이들 9개 학교를 모델로 글로스터의 칠튼햄 스쿨, 브리스틀의 클리프턴 스쿨과 같은 많은 학교들이 설립되었다. 대부분 남녀공학이다.

9 처칠(Winston Churchill, 1874~1965)
영국의 정치가이자 노벨 문학상 수상자. 1895년 샌드허스트 육군사관학교를 졸업하고 인도로 배속되었는데 특별허가를 얻어 쿠바 반란 진압 작전에 참가하였다. 1898년 수단 원정, 1899년 보어 전쟁에 참가하여 종군기사를 신문에 발표하였다. 보어 전쟁에서는 포로가 되

1943년 처칠이 루스벨트와 회담을 하기 위해 퀘백에 도착해 환호를 받는 모습이다.

었으나 탈출에 성공하여 국민적 영웅이 되었다. 1900년 보수당의 후보로 하원 의원에 당선되었으나, 보수당의 보호관세 정책에 반대하여 1904년 당적을 자유당으로 옮겼다. 1920년대 초 자유당이 분열하여 쇠퇴하자 소련에 대한 강한 반감과 노동운동에 대한 의구심을 이유로 보수당에 복귀하였다. 1924년 보수당 S. 볼드윈 내각의 재무장관이 되어 자유무역주의를 주장하고, 영국의 파운드화(貨)를 금본위제로 복귀시켰다. 1926년 총파업 때에는 강경한 탄압 정책을 주장하여 노동운동가들의 지탄을 받았다. 1929년 내각 총사퇴 후 10년 간 보수당 주류파와 견해가 달랐던 탓에 입각하시 않고 각외에 머물렀다. 보수당 주류파는 독일과 이탈리아의 파시즘을 공산주의에 대한 방파제로 생각하여 유화 정책을 주장한 반면, 처칠은 나치스 독일의 군사력이 영국의 안전에 위협이 되므로 영국·프랑스·소련과 동맹

영국의 제국주의자들 547

을 맺어야 한다고 주장했다. 그의 주장은 2차 세계대전 직전에 이르러 그 정당성이 인정되기 시작하였으며, 1940년 노르웨이 작전 실패를 계기로 보수당은 총리 N. 체임벌린 대신에 그의 지도를 요망하게 되어 그 해 총리에 취임하였고, 전시 중에는 노동당과의 연립내각을 이끌고 루스벨트·스탈린과 더불어 전쟁의 최고 정책을 지도하였다. 1945년 총선거에 패한 후에는 야당 당수로서 집권한 노동당에 대한 공격을 늦추지 않았으며, 국제적으로는 동서 양극화 시대의 도래를 예견하고 반소 진영의 선두에 섰으며, '철의 장막(iron curtain)' 이라는 신조어를 만들어내기도 하였다. 1951년 다시 총리에 취임하였고, 그 해 '경(Sir)'의 칭호를 받았다. 1955년 당수 자리를 R. A. 이든에게 물려주고, 평의원으로 하원에 그대로 머물러 있었다.

그는 산문에도 뛰어나 《랜돌프 처칠 경 *Lord Randolph Churchill*》(1906), 《말버러 : 그 생애와 시대 *Marlborough: His Life and Times*》(4권, 1933~1938) 등의 저서를 남겼으며, 1953년 《2차 세계대전》으로 노벨문학상을 수상하였다. 또한 화가로서도 널리 알려져 있다.

10 처칠의 가문

처칠의 부친 랜돌프 처칠 경(1849~1895)은 뛰어난 영국 보수당 정치가로서 재무장관과 하원의 보수당 당수를 역임한 인물이다. 어머니 제니 제롬은 미국인으로서 뉴욕의 은행가이자 한때 《뉴욕 타임스 *New York Times*》의 대주주였고, 아메리칸 재킷클럽을 창립한 경마애호가 레너드 월터 제롬(1817~1891)의 딸이었다.

11 칸디(Kandy)
15세기 말 실론(스리랑카)의 중요한 독립국으로 식민지 권력에 마지막으로 항복한 실론 왕국이다. 칸디 왕국은 처음의 두 식민지 지배자들인 포르투갈인과 네덜란드인의 공격은 버텨냈지만 결국 1818년 마지막이며 세 번째 지배자인 영국에게 굴복하고 말았다. 다른 모든 실론 왕국들이 이미 1600년대 초에 포르투갈인에게 제압당한 반면 칸디는 17~18세기 동안에도 완강하게 살아남았는데 이는 주로 다음의 세 가지 요인 때문이었다. 즉 외교 정책을 현명하게 펴 나갔다는 것, 왕국의 자연 환경이 산맥과 울창한 숲으로 둘러싸여 있어서 침입하기 어려웠다는 것, 게릴라 전쟁을 능숙하게 잘했다는 것이다.

12 누와라엘리야(Nuwara Eliya)
스리랑카 중남부에 있는 도시. 해발 고도가 1,889m로 섬에서 가장 높은 곳인 피두루탈라갈라(2,524m) 바로 남쪽, 칸디에서 남동쪽으로 40km 되는 지점에 있다. 실론에 거주한 영국인 관리들은 1830년부터 이곳을 피서지를 겸한 주재지로 즐겨 이용했다. 높은 고도 때문에 온대성 식물이 자라며 유럽형 과일과 채소노 재배된다.

13 아덴(Aden)
예멘에 있는 도시. 중세에는 예멘인 · 에티오피아인 · 아랍인들의 통치 아래 계속해서 무역 중심지 역할을 했

아덴에 있는 상업항구.

는데, 16세기에는 투르크인들이 통치자로서 자리를 잡았다. 그 후 나폴레옹이 이집트를 정복하자, 이를 인도와의 교류에 대한 위협으로 여긴 영국이 전략기지로서 아덴에 관심을 보이기 시작해 1800년 무렵 수비대를 주둔시키고, 1802년에는 항구를 다스리던 라히지 술탄과 협약을 맺기에 이른다. 몇 년 뒤 기선 항해가 시작되면서 인도로 가는 길에 석탄을 공급할 홍해 연안의 항구가 필요하게 되자, 1839년에 술탄으로부터 영국으로 넘어간 아덴이 가장 적합한 지점으로 선정되었고, 그 이후 석탄을 배에 싣는 시설로 자주 이용되어 '동양의 석탄창고'라는 별명을 얻었다. 1868~1888년 본토 가운데 지역을 영국인들이 산 후 1937년 영국의 직할식민지가 되었다.

14 스트레이치(Lytton Strachey, 1880~1932)

최초로 현대적인 전쟁 간호 체제를 조직한 나이팅게일.

영국의 전기작가·비평가. 1차 세계대전이 끝날 무렵 전기 서술의 새 장을 열었다. 매닝 추기경, 나이팅게일, 토머스 아널드, 찰스 '차이니즈' 고든 장군을 간략히 소개한 《빅토리아 시대의 명사들 Eminent Victorians》로 가장 잘 알려져 있다. 그가 전기작가로서 지닌 결점은 주로 인생을 보는 한정된 시각에서 나온다. 정치는 음모이고, 종교는 어리석은 시대착오이며, 삶의 가장 중요한 측면은 인간 관계라고 보았다. 생전에도 사후에도 심한 비난을 받았지만 스트레이치는 여전히 영국 문단의 거장이자 출중한 유머 작가이며 재사(才士)로 기억된다.

15 리빙스턴(David Livingstone, 1813~1873)

스코틀랜드의 선교사 · 탐험가. 독특한 스코틀랜드 가정 환경 속에서 개인적 신앙심 · 가난 · 중노동 · 교육열 · 포교 정신 등을 체험하며 자랐다. 그의 선조는 스코틀랜드 서부 해안의 울바 섬에서 이주해온 사람들이었으며 어머니 로랜더는 장로회 투사의 집단인 콘베난터스 가문의 후예였다. 이들 두 사람은 모두 가난했기 때문에 리빙스턴은 클라이드 강변에 있는 면화공장 노동자 아파트의 맨 꼭대기 층 단칸방에서 일곱 명의 형제들과 함께 생활했다. 어려운 가계를 도와야 했기 때문에 열 살 때부터 면화공장에 나가 일했던 그는 첫 주 임금을 받아 라틴어 문법책을 샀다. 스코틀랜드 교회의 칼뱅주의 신앙 속에서 자란 그는 성년이 되자 그의 아버지처럼 독립 그리스도교 모임에 참여했다. 그때 이미 리빙스턴은 아프리카 생활에 적응할 수 있는 정신적 · 신체적 조건을 갖추었다.

리빙스턴은 아프리카에 대한 서구인들의 태도에 큰 변화를 가져왔다.

1834년 영국과 미국 교회는 중국에 공식 의료선교단 파견을 호소했는데, 리빙스턴은 이를 계기로 의료선교단이 되기로 결심했다. 그는 공장에서 시간제 근무를 계속하면서도 한편으로 선교 사업을 준비하기 위해 글래스고에서 2년 간 그리스어 · 신학 · 의학 등을 공부하여 마침내 1838년 런던 선교회의 인정을 받게 되었다.

1839~1842년의 아편전쟁으로 중국에 갈 꿈은 포기했으나 남아프리카에서 유명한 스코틀랜드 선교사 로버트 모펏을 만난 뒤 자신이 일할 곳은 아프리카라고 생각하게 되었다. 1840년 11월 20일 선교사로 임명된 리빙스턴은 그 해 마지막 날 배를 타고 남아프리카로 출발해 1841년 3월 14일 케이프타운에 도착했다.

1841년 7월 31일 케이프 경계의 쿠루만에 있는 모펏 선교구에 도착하자마자 다시 개종자를 찾기 위해 곧바로 북쪽으로 떠났다. 이곳에는 거주민이 보다 많은 것으로 알려져 있었는데, 이는 '원주민 중개자'를 이용해 복음을 전하고자 하는 그의 목적에 꼭 알맞는 조건이었다. 1842년 여름에는 백인의 출입이 어려운 칼라하리에서 가장 북쪽까지 진출했으며 지방어와 문화에도 익숙해졌다. 그의 기질은 1844년 극적인 시험을 받았다. 선교국을 건설하기 위해 마보차로 여행하는 중에 사자에게 상처를 입은 것이다. 이때 입은 왼팔의 상처는 또 다른 사건으로 더욱 악화되어 결국 다시는 왼손으로 총신을 받칠 수 없게 되었다.

1845년 1월 2일 리빙스턴은 모펏의 딸 메리와 결혼했다. 그는 많은 여행을 아내와 동행했지만 그녀의 건강이 나빠지고 가족의 안전과 교육 문제가 시급해지자 1852년 아내와 네 명의 아이들을 영국으로 보냈다. 가족과 처음으로 헤어질 무렵 그는 이미 어느 정도 명성을 얻고 있었다. 소규모 탐험대의 측량사이자 과학자였던 그는 1849년 8월 1일 응가미 호 발견을 도운 공로로 영국 왕립지리학회로부터 금메달과 상금을 받았다. 이를 계기로 그는 평생 이 학회와 관계를 가졌다. 학회는 줄곧 탐험가로서의 그의 야망을 격려했고 영국에 대해 관심을 갖고 활동하도록 지원했다.

가족이 안전하게 스코틀랜드에 있었기 때문에 리빙스턴은 마음 놓고 남아프리카의 경계를 넘어 내륙의 중심부까지 그리스도교와 상업과 문명을 전파하기 위한 준비를 갖추었다. 그는 이 세 가지 전파가 반드시 아프리카를 개발시킬 것이라고 믿었다. 1853년의 유명한 연설에는 그 목적이 명확히 드러나 있다. 그는 연설에서 "나는 내륙으로 가는 길을 개척할 것이다. 그렇지 않으면 죽는 길밖에 없다"고 선언했다. 1853년 11월 11일 그는 장비도 거의 갖추지 않고 단지 몇 명의 아프리카인만을 동반한 채 마콜롤로인들의 거주지를 향해 출발했다. 그의 목적은 대서양으로 가는 길을 찾는 것이었다. 이 길을 개척하여 합법적 상업만을 허가한다면 노예 무역이 근절될 것이며, 또 보어인의 영토를 지나는 길보다도 이 길이 마콜롤로에 도달하기에 더 적합했기 때문이었다. 이미 1852년 보어인들이 콜로벵에 있는 그의 집을 파괴하고 아프리카인 동료들을 공격한 적이 있었던 것이다. 나약한 인간이었다면 좌절했을 만큼 힘들고 긴 여정을 거쳐, 마침내 그들은 1854년 5월 31일 서부 해안 루안다에 도착했다. 리빙스턴은 동료 마콜롤로인을 고향에 데려다주고 잠베지 강에서의 계속적인 탐험을 위해 건강이 회복되자 곧 귀향 여행을 시작했다. 이때는 1854년 9월 20일이었으며 이로부터 1년 뒤인 1855년 9월 11일에는 린얀티에 도착했다. 다시 11월 3일 동쪽으로 계속 이동하면서 잠베지 강 유역을 탐험하고 1856년 5월 20일 모잠비크 켈리마네에 도착했다.

잠비아 쪽에서 바라본 잠베지 강의 빅토리아 폭포.

1855년 11월 17일 잠베지 강에 도착했을 때, 강에는 뇌성이 울리고 연기가 자욱했는데 이는 대탐험 중에 죽을 고비를 넘기면서 찾은 가장 볼 만한 장관이었다. 이곳에는 폭포가 있었는데, 애국심이 투철했던 리빙스턴은 이를 여왕의 이름을 따 빅토리아 폭포라고 명명했다. 1856년 12월 9일 그는 국가의 영웅으로 추대되어 영국으로 돌아왔다. 그가 돌아오기 전 3년 동안 그가 직접 전한 소식이나 그에 대해 들려오는 소식들은 전례없이 모든 지역 영어권 주민들의 상상을 자극했다.

리빙스턴은 자신이 이룩한 성과들을 겸손하게, 그러나 효과적으로 기록에 남겼다. 그 기록은 《남아프리카에서의 선교 여행과 조사 Missionary Travels and Researches in South Africa》(1857)라는 책으로 출간된 뒤 7만 부 이상 팔려 탐험과 선교 노력의 역사에서뿐만 아니라 출판 역사에서도 한자리를 차지했다. 또한 그에게는 명예가 잇따라 주어지고 수입도 많아졌다. 그의 가족은 영국으로 돌아온 뒤 줄곧 가난한 생활을 해왔는

데 이젠 필요한 것을 충분히 가질 수 있게 된 것이다. 또한 그는 런던 선교회에서도 독립할 수 있게 되었다. 책을 완성한 뒤에는 6개월 간 영국 곳곳을 다니며 강연을 했다. 리빙스턴은 1857년 12월 4일 케임브리지대학 이사회관에서 행한 연설을 통해, 자신은 아프리카에서의 임무를 완수하지 못할 것이라고 예견하고 젊은 대학생들에게 자신이 시작한 일을 계속해줄 것을 부탁했다. 《리빙스턴 박사의 케임브리지 강연 *Dr. Livingstone's Cambridge Lectures*》(1858)은 그의 다른 저서들만큼이나 흥미를 끌었다. 케임브리지 방문이 끝난 뒤인 1860년 대학선교단의 중앙 아프리카 파견 문제가 대두되자 그는 자신의 2차 아프리카 탐험 중의 희망에 대해 열변을 토했다.

리빙스턴은 1858년 3월 12일 다시 영국을 떠나 1864년 7월 23일까지 여행을 계속했다. 그는 켈리마네에 영국 영사로서 동부 해안 및 내륙의 독립구(獨立區)를 관할하고, 아프리카 동부와 중앙부를 탐험하는 탐험대의 지휘자로서 노예 무역을 폐지하기 위해 상업과 문명을 확산시키는 임무를 띠고 있었다. 이 탐험은 그가 행한 이전의 외로운 여행들보다 훨씬 더 조직적이었다. 외륜선을 갖추었으며 많은 물품들을 비축하고 있었다. 그리고 이번엔 열 명의 아프리카인과 여섯 명의 유럽인이 동행했는데 그 가운데에는 그의 동생 찰스와 에든버러의 의사 존 커크도 있었다. 그때까지 전설적이었던 리빙스턴의 지도력은 곧 한계를 드러냈다. 유럽인들 사이에 싸움이 일어나 몇 사람이 해고당한 것이다. 탐험대의 대원들을 비롯해, 중앙 아프리카까지 그들을 따라왔던 미성숙한 대학선교단원들 사이에서는 리빙스턴에 대한 환상이 깨지고 환멸감이 일어나기 시작했다. 한편, 배를 타고 잠베지 강을 순항하는 것은 불가능하다는 것이 밝혀졌고, 포르투갈 영역을 우회하는 로부마 강을 따라 니아사 호 주변 지역으로 가는 길 또한 찾을 수 없었다. 1859년 9월 17일 리빙스턴과 대원들은 식민화가 약속된 이 구역에 영국인으로서는 처음으로 도착했다. 많은 어려움 중에 리빙스턴은 아내를 잃었고 큰아들 로버트 또한 남북전쟁으로 잃었다.

영국 정부는 1863년에 탐험대를 소환했다. 당시 잠베지 지역의 경제적·정치적 발달에 대한 리빙스턴의 낙관은 성급한 판단이었으나 리빙스턴은 자신의 끈질긴 열정을 보여주었다. 그는 훈련되지 않은 선원들과 얼마 안 되는 연료만을 싣고 인도양으로 떠났다. 작은 배 '레이디 니아사'를 이끌고 약 400km가량의 위험한 항해를 감행한 뒤 봄베이에서 이 배마저 팔았고, 이후 30년 간 잠베지 강 탐험은 재난의 연속이었다. 그러나 그의 탐험은 귀중한 과학 지식을 축적했으며, 니아사 호 지역과 관련한 그의 명성과 그가 상상했던 식민화의 전망 등은 1893년 영국이 중앙 아프리카 보호령을 이루는 데 중요한 요인이 되었다. 1864년 영국으로 돌아온 뒤에는 동생 찰스와 함께 두 번째 책을 썼는데, 제목은 《잠베지 강과 그 지류 탐험에 대한 이야기 *Narrative of an Expedition to the Zambesi and Its Tributaries*》(1865)였다. 당시 그는 첫 번째 아프리카 여행 이후로 자신을 괴롭혔던 치질 때문에 외과 수술이 필요하다는 충고를 받았지만 거절했는데, 가장 규모가 컸던 3차 아프리카 여행을 마치면서 그가 죽은 것은 아마 출혈이 심했던 치질 때문으로 추정된다.

리빙스턴은 다시 한 번 봄베이에 잠시 들른 뒤, 1866년 1월 2일 공사 단체의 지지와 함께 영국 영사의 지위를 맡아 다시 아프리카로 돌아왔다. 그의 기본적인 목표는 복음을 확장하고 아프리카 동부 연안의 노예 무역을 폐지하는 것이었고, 새로운 목표는 중앙 아프리카 분수계(分水界)를 탐험하고 나일 강의 근원을 찾아내는 일이었다. 이번엔 유럽인 부하를 거느리지 않고 아프리카인과 아시아인들만 동행했다. 그러나 또다시 대원들 사이에 문제가 발생했고, 오랜 탐험의 역경으로 일찍 노쇠했던 그는 이에 대처하기가 힘들었다. 그들은 동부 연안 미킨다니에서는 힘차게 전진했지만 이번엔 응고니의 습격 때문에, 포르투갈 영토를 피하고 니아사 호 북부를 가로질러 탕가니카 호 주변으로 가려던 계획은 결국 포기해야 했다. 탐험대는 남쪽으로 향했고 9월에는 대원 몇 명이 그를 버리고 떠났다. 그 대원들은 잔지바르에 도착한 뒤 처벌이 두려워 리빙스턴이 응고니에게 살해당했다고 거짓 보고를 했다. 비록 다음해에 그가 살아 있다는 것이 증명되었지만, 탐험에 대한 소문은 더 부풀려진 채 해외까지 퍼졌다.

그가 니아사 호 남단에서 다시 북쪽으로 이동했을 때 소문은 극에 달했고, 1867년 초에는 한 도망자가 의료 상자까지 가져가버렸지만, 그는 계속 중앙 아프리카를 향해 길을 재촉했다. 1867년 11월 8일 므웨루 호를 발견하고, 1868년 7월 18일엔 방궤울루 호를 발견했으며, 마침내 1869년 2월 아랍 무역상의 도움으로 탕가니카 호에 도착했다. 그는 몸이 점점 약해지는 것에도 아랑곳없이 계속 전진해 1871년 3월 29일 북서부의 마지막 목표 지점 니앙궤에 도달했다. 니앙궤의 위치는 콩고 강으로 들어가는 루알라바 강 유역이었다. 결국 그들은 아프리카에 간 유럽인들 가운데 가장 서쪽으로 깊숙이 들어간 것이었다.

1871년 10월 23일 탕가니카 호 동쪽 기슭 우지지에 이르렀을 때 리빙스턴은 병들고 말았다. 이때 그를 찾기 위해 파견된 《뉴욕 헤럴드》의 특파원 헨리 스탠리가 도착해 당시 절박하게 필요했던 식량과 의약품을 전해주었다. 리빙스턴은 탕가니카 호 북부 유역을 탐험하기에 충분할 만큼 강해졌다고 느껴 동쪽으로 320km 떨어진 우니아니엠베까지 스탠리와 함께 동행했다. 스탠리는 그에게 아프리카를 함께 떠나자고 간청했지만 거절당하자 1872년 3월 14일 데이비드 리빙스턴에 대한 무용담을 쓰기 위해 기자의 열정을 갖고 영국으로 떠났다.

스탠리가 공급해준 물품들로 새롭게 준비를 갖춘 리빙스턴은 다시 남쪽으로 이동하기 시작했으나 병마로 1873년 5월 현재 잠비아에 해당하는 일랄라 지역 치탐보에서 죽은 채로 발견됐다. 아프리카 하인이 그를 찾아냈을 때 그는 침대 곁에서 기도하는 것처럼 무릎을 꿇은 채 죽어 있었다. 그의 시체를 썩지 않게 보존하기 위해 심장과 내장을 제거한 뒤 아프리카 땅에 묻었다. 그 뒤 사람들은 9개월의 힘든 여행 끝에 그의 시체를 해안까지 운반해 영국으로 옮겨가서 성대한 빅토리아풍의 장례식을 치르고 웨스트민스터 사원에 묻었다.

30년 간 남부 · 중앙 · 동부 아프리카에서 펼친 그의 여행과 그리스도교 선교 활동은 아프리카에 대한 서구의 태도에 전례 없이 큰 영향을 주었다. 그가 탐험한 지역은 유럽인의 발길이 한 번도 닿지 않은 곳도 있었다. 그의 지리적·기술적·의학적·사회적 발견은 다양한 지식을 제공해 아직도 그에 대한 많은 연구가 이루어지고 있다. 그는 가족주의와 빅토리아조풍의 편견을 가지고 있었음에도 불구하고, 진정으로 아프리카가 근대 사회로 발전할 능력을 가지고 있음을 믿고 있었다. 그런 의미에서 리빙스턴은 아프리카에서의 유럽 제국주의뿐만 아니라 아프리카 민족주의에서도 선구자였다.

16 자유통일당(Liberal Unionist Party)
1886년 영국 자유당 내각의 총리 W. E. 글래드스턴의 아일랜드 자치법안에 반대하여 지방자치장관 J. 체임벌린을 지도자로 하는 1백여 명의 자유당 의원이 당을 탈퇴하여 결성했다. 이들은 아일랜드의 정치적 독립을 반대하고 영국과 아일랜드와의 통일 유지를 주장하였다. 점차 영국 보수당과의 유대가 깊어지면서 1895년 영국 보수당과 영국 자유통일당은 합당하여 제국주의를 추진해 나갔으며, 이후 양당을 합하여 통일당(Unionist)이라 부르게 되었다. 그러나 20세기 초에 당이 분열되고 1906년 선거에서는 25명을 당선시키는 데 그치는 등 당세가 급속히 약화되나가 결국에는 1912년 보수당에 흡수되고 말았다.

17 테오드로스 2세(Tewodros II, 1818?~1868)
에티오피아의 황제로 최초의 근대적 통치자라고 일컬

어진다. 여러 에티오피아 왕국을 하나의 제국으로 통일시켰을 뿐만 아니라 국민의 충성심을 정부로 돌리고 교회를 국왕의 통제 아래 두려고 했다. 또한 봉건 제도를 없애고 왕에게만 복종하는 신흥귀족을 만들고자 했다. 이러한 계획은 달성되지 못했지만 후대의 왕들은 테오드로스 2세의 정책을 본보기로 삼았다.

18 에민 파샤(Emin Pasha, 1840~1892)
독일의 의사이자 탐험가로 본명은 슈니처(Eduard Schnitzer)이다. 이집트령 수단의 에콰토리아(지금의 수단 남동부) 총독을 지냈으며, 아프리카의 지리자연사·인류학·언어학 등의 분야에 많은 업적을 남겼다. 에민은 1865년 투르크군의 군의관이 되어 남는 시간을 아랍어·페르시아어 등을 배우는 데 이용했다. 알바니아 북부에서 오스만투르크의 총독 밑에서 일하는 동안(1870~1874) 생활 방식과 이름을 모두 투르크식으로 바꿨고, 1876년에는 영국의 수단 총독인 찰스 고든 장군과 함께 하르툼에서 군의관으로서 일하게 되었다. 군의관으로 일하는 동안 그는 에민 에펜디라는 이름으로 알려졌고, 여러 차례 행정적인 업무를 처리하거나 우간다를 비롯한 여러 곳을 돌며 외교적 임무를 수행했다. 1878년 고든 장군은 그를 에콰토리아 총독으로 임명했다. 에민은 라도에 거주하면서 개화된 방식으로 훌륭히 행정 업무를 수행하는 한편 에콰토리아 지역 전체를 여행한 뒤 방대한 분량의 매우 가치 있는 보고서를 남겼으며, 또한 이 지역의 노예제를 철폐했다. 1884년 이집트 정부가 수단을 포기했음에도 불구하고 마디파의 반란이 일어났다. 당시 파샤(pasha)의 지위에 있던 그는 고립되어 있었으나 안전하다고 생각해, 유명한 탐험가인 스탠리가 1888년 그를 구하러 왔을 때도 처음에는 같이 가지 않으려 했다. 아마도 스탠리 일행에 대해 자신의 병사들이 품은 적개심을 무마시켜야 했던 것으로 보인다. 결국 1889년 4월 10일 그와 스탠리는 약 1천 5백 명가량의 사람들과 함께 이곳을 빠져나와 동아프리카 해안선으로 갔고, 1889년 12월 4일 오늘날 탄자니아의 바가모요에 도착했다.

독일 정부는 그에게 빅토리아 호와 앨버트 호 사이의 지역에서 독일의 지배권을 확보할 수 있도록 적도 아프리카를 탐험해달라고 요청했다. 그러나 탐험을 시작한 지 얼마 안 되어 영국과 독일은 조약을 맺고(1890. 7. 1) 앨버트 호를 독일의 세력권에서 제외하기로 결정했다. 탕가니카에서 독일 당국과 지내기가 불편해진 에민은 콩고 자유국으로 건너가(1891. 5) 서아프리카 해안을 여행하던 중 예전부터 그를 미워했던 아랍인 노예 사냥꾼들에게 피살당했다.

19 에민 파샤 구출 원정

아프리카에서 이루어진 스탠리의 마지막 원정은 이집트 적도 지방의 총독인 메흐메드 에민 파샤를 구조하기 위한 것이었다. 에민은 1882년에 발생한 이슬람 깅림교도들의 반란으로 앨버트 호 근처에 고립되어 있었다. 브리티시인디아 기선항해회사의 회장 윌리엄 매키넌 경은 구조 자금을 모금한 다음 스탠리에게 구조대를 지휘해줄 것을 요청했다. 스탠리는 자신이 잘 알고 있었던 콩고 경유 노선을 선택하고 짐꾼 조달을 티푸 티브에게 맡겼다. 1887년 1월 영국을 떠나 잔지바르에서 대원을 모집하기 위해 잠시 머물렀다가, 3월에 콩고 강어귀에 도착했고, 6월에는 배가 통행할 수 있는 강의 최상류에 이르렀다. 그곳 얌부야에서 스탠리는 최후방 종대에게 티푸 티브의 짐꾼들을 기다리고 있다가 만약 그들이 도착하지 못하면 나중에 자신을 뒤따라오라고 이른 다음 길을 떠났다. 스탠리와 네 명의 동료들은 6월 28일 선발대를 이끌고 캠프를 떠나 5개월 간의 지독한 행군으로 울창한 밀림을 힘겹게 통과해 앨버트 호에 다다랐다. 그들은 1888년 4월에 드디어 에민과 접촉했으나, 놀랍게도 에민은 자신의 구역을 떠나고 싶어하지 않았다. 스탠리는 결국 에민에게 자신의 군대를 소집하도록 맡기고, 행방이 묘연한 최후방 종대를 찾기 위해 되돌아갔다. 8월 17일 그는 얌부야에 조금 못 미치는 바날리아에 도착해 물자도 떨어지고 사기도 저하되어 있는 후발대를 발견했다. 티푸 티브는 짐꾼들을 보내지 않았고, 스탠리의 장교들은 모두 죽어 있었는데 한 사람은 살해당하고 다른 한 사람도 곧 열병으로 죽었다. 스탠리는 이 참화를 죽은 장교들의 탓으로 돌렸으나, 영국으로 돌아가는 길에 후발대의 악운에 대해 논란이 일어났다. 이는 스탠리의 명예를 크게 훼손시킨 언쟁들 가운데 가장 적의에 찬 것이었다.

1889년 1월 앨버트 호로 되돌아간 스탠리는 에민이 불만을 품은 군대에 억류되어 있다는 소식을 들었다. 결국 부대는 재편성되었고 1889년 4월 10일 1천 5백여 명이 출발하여 12월 4일 동쪽 해안 바가모요에 도착했다.

스탠리는 이 탐사에서 몇 가지 다른 지리학적 논점들을 명백하게 밝혀냈다. 먼저 1864년 처음으로 앨버트 호가 발견되었을 때에는 모습을 드러내지 않았고 1876년 스탠리 자신도 주목하지 않고 지나쳤던 안개에 덮인 루웬조리 산맥은 '프톨레마이오스의 달의 산맥'으로 확인되었다. 앨버트 호의 크기가 정확하게 측정되었고 그 호수의 지류인 세믈리키 강은 남쪽으로 흘러, 당시 스탠리가 앨버트 에드워드라 이름 지었고 지금은 에드워드 호라고 불리는 호수로 이어지고 있음이 밝혀졌다. 《암흑의 아프리카에서 In Darkest Africa》(1890)는 스탠리가 힘겹고 불운했던 탐사에 대해 남긴 기록이다. 이 원정으로 그는 왕립지리학회가 수여하는 특별 황금메달을 받았다.

20 에어 반도(Eyre Peninsula)
오스트레일리아의 사우스오스트레일리아 주에 있는 커다란 갑(岬). 인도양으로 돌출해 있는 에어 반도는 밑변이 넓은 삼각형 모양이며, 측면의 길이는 각각 320km 정도이다. 이 반도는 골러 산맥을 따라서 서쪽으로 그레이트오스트레일리아 만과 동쪽으로 스펜서 만 사이에 놓여 있다. 모래와 암석이 많으며, 들쭉날쭉한 해안선을 이루다가 골러 산맥의 누케이 절벽에서 최고 472m까지 솟아 있다. 북부 지역은 매우 무더운 반면 남부는 연중 대부분이 온화한 날씨이다. 1802년 영국의 탐험가 매슈 플린더스가 발견한 뒤, 1838~1841년에 이 지역을 탐험했던 에드워드 에어의 이름을 따서 명명되었다.

오페라하우스는 덴마크의 건축가 요른 우촌의 설계로 1959년에 착공, 14년 간의 공사를 거쳐 완성되었다. 현재는 세계에서 가장 아름답고 독특한 건물로 평가받고 있다.

21 뉴사우스웨일스(New South Wales)

오스트레일리아 남동부의 주. 해안 산맥과 내륙 고원의 일부를 차지하고 있다. 원래 뉴사우스웨일스라는 이름은 1770년 영국의 탐험가 제임스 쿡 선장이 오스트레일리아를 영국령으로 선포할 당시 동쪽 해안 전체를 가리키는 뜻으로 쓰였다. 그러나 태즈메이니아·사우스오스트레일리아·빅토리아·퀸즐랜드(모두 19세기에 주가 됨)·오스트레일리아 수도준주(首都準州)가 떨어져 나감에 따라 현재의 지역으로 줄어들었다. 이 주는 동쪽으로는 태평양, 남쪽으로는 빅토리아 주, 서쪽으로는 사우스오스트레일리아 주, 북쪽으로는 퀸즐랜드 주와 경계를 이루고 있다. 주도인 시드니에는 시드니 오페라하우스(1973년 개관)에 본부를 둔, 이 나라에서 가장 유서 깊은 오스트레일리아 교향악단이 있는데, 시 상공에 우뚝 솟아 있어 마치 바람에 부푼 돛들을 연상시키는 이 오페라하우스 건물은 시드니 최고의 명소이기도 하다.

22 사우스오스트레일리아(South Australia)

오스트레일리아 중남부에 있는 주이다. 오세아니아 대륙에서 가장 건조한 불모지대에 속한다. 서쪽으로 웨스턴오스트레일리아 주, 북쪽으로는 노던 준주(準州), 북쪽과 동쪽으로는 퀸즐랜드 주, 동쪽으로는 뉴사우스웨일스 주 및 빅토리아 주와 경계를 이루고 있다. 남쪽으로는 인도양의 그레이트오스트레일리아 만을 마주하고 있다. 넓은 내륙지대의 2/3는 사람과 동물의 생존에 필요한 만큼의 비가 오지 않는 지역들이다. 그러나 이 주의 북동부는 세계에서 가장 큰 자연천(自然泉) 지역인 대찬정분지(大鑽井盆地)에 속한다. 토지의 4/5 이상이 해발 300m 이하이다. 해안 쪽으로는 항해할 수 있는 두 개의 큰 만이 만입해 있는데, 하나는 길이가 160km이고 주도인 애들레이드를 동쪽 해안에 두고 있는 세인트빈센트 만이며 다른 하나는 길이가 세인트빈센트 만의 두 배이며 북쪽 가장자리 부근에 포트피리와 포트오거스타, 화이앨라와 같은 공업도시가 있는 스펜서 만이다. 모래와 자갈로 뒤덮여 있는 넓은 사막지대에는 식물이 전혀 자라지 않으며 북쪽과 서쪽의 건조한 지역에서는 키가 작은 초목과 관목들만 자란다. 플린더스 산맥에는 유카리나무와 이 지방 고유의 소나무가 곳곳에서 자라고 있다. 애들레이드 부근에 있는 마운트로프티 산맥에는 숲이 보다 울창하게 들어서 있는데, 주로 유카리나무가 많다. 사우스오스트레일리아 주 남동부에는 19세기 말부터 주로 침엽수로 이루어진 인공림이 수천 에이커에 걸쳐 조성되어 산림 보호 구역으로 지정되어 있다.

²³ 애들레이드(Adelaide)
오스트레일리아 사우스오스트레일리아 주의 주도.

²⁴ 그레이트오스트레일리아 만(Great Australian Bight)
오스트레일리아의 남쪽 해안이 움푹 들어가서 생긴 인도양의 넓은 만이다. 국제 수로국이 내린 정의에 따르면 이 만은 웨스턴오스트레일리아 주의 웨스트케이프에서 동쪽으로 태즈메이니아 주의 사우스웨스트케이프까지 뻗어 있다. 그러나 웨스턴오스트레일리아 주 케이프파슬리부터 사우스오스트레일리아 주 케이프카노트까지의 1,159km가 경계선으로 보다 널리 인정받고 있다. 만두(灣頭)는 불모의 널러버 평원과 접하며, 60~120m 사이에서 아주 고른 높이로 이어지는 해안 절벽으로 둘러싸여 있다. 연안의 이스라엘라이트 만과 유클라 사이에 누이즐랜드 보호 구역과 케이프에리드 국립공원이 있다. 웨스턴오스트레일리아 주와 사우스오스트레일리아 주의 경계선 부근에 있는 유클라 서쪽 낭떠러지들은 해안 모래사장과 경계를 이룬다. 겨울철에는 서풍의 영향권에 있어 폭풍과 거친 파도로 유명하다. 러셰시 연안 군도와 누이츠 군도, 인베스티게이터, 위드비 제도가 있다.

²⁵ 킹 조지 해협(King George Sound)
오스트레일리아 웨스턴오스트레일리아 주 남부 해안에서 가장 훌륭한 천연 항만의 하나이다. 인도양에 있는 작은 만으로서 표면적은 91km²이며, 입구의 너비는

8km이다. 남서쪽으로 볼드 곶, 북동쪽으로 밴쿠버 곶에 접하며, 해안은 대체로 가파르고 바위가 많다. 브레익시 섬과 마이클머스 섬이 해협 내에 있는 북쪽으로 오이스터 항만까지, 서쪽으로 올버니 시의 항구가 있는 프린세스로열 항만까지 뻗어 있는 연장 부분을 포함한다. 조지 밴쿠버가 이 지역의 해도를 작성하고 당대의 영국 왕 이름을 따서 명명했으며, 1801년 무렵부터 포경기지로 이용되었다. 올버니의 전신이 된 같은 이름의 거주지는 1826년에 세워졌다. 2차 세계대전 동안에는 미국의 해군기지로 이용되었다.

26 하르툼(Khartoum)
수단의 수도이며 하르툼 주의 주도이다. 청나일 강과 백나일 강의 합류점 바로 아래에 있다. 하르툼은 다리로 연결된 자매 마을 북하르툼 및 옴두르만과 함께 수단 최대의 대도시권을 형성하고 있다. 원래 이집트군의 야영지(1821)였으며, 이후 군대 주둔지로 발전했다. 1885년에는 민족주의자 알 마디를 추종하는 마디스트 반란군들이 이곳을 포위 공격, 당시 수단 총독이었던 영국인 소장 찰스 조지 고든을 살해하고 마을을 파괴했다. 1898년 영국군에 의해 재탈환된 이곳은 키치너 총독에 의해 재건, 1956년 독립된 수단 공화국의 수도가 될 때까지 영국-이집트가 공동 통치하는 수단 정부의 중심지 역할을 했다.

27 말버러(1st Duke of Marlborough, 1650~1722)
영국의 유명한 장군. 프랑스 루이 14세와의 전쟁에서

영국군과 그 동맹군을 지휘하여 승리로 이끌었다. 특히 블렌하임 전투(1704), 라미예 전투(1706), 오우데나르데 전투(1708) 등이 유명하다.

28 웰링턴(1st duke of Wellington, 1769~1852)
나폴레옹 전쟁 때 활약한 영국군 총사령관. 후에 영국의 총리(1828~1830)가 되었다. 워털루에서 나폴레옹을 무찔러 세계의 정복자를 정복한 사람이 되었다. 워털루 전투 이후 그는 억압적인 정부에 가담했고, 나중에는 총리로서 헌법 개정 압력에 저항했다. 그러나 그릇된 자존심 때문에 전쟁터에서나 의회에서 물러서지 않고 버티는 일은 없었으며 나라를 위해서는 개인적으로 찬성하지 않는 정책이라도 지지했다. 노년에는 비할데 없는 대중의 공복(대공)으로 추앙받았다. 이에 대한 반발은 그가 죽은 뒤에 일어났다. 그는 우유부단한 장군으로 평가되었고, 한때는 19세기의 영국 총리 가운데 가장 무능한 인물이라는 평가를 받았다. 그러나 오늘날에는 군사적인 면에서 그의 천재성이 널리 인정되고 있으며, 인격에 대해서도 엄청난 특권을 누리면서도 타락하지 않은 정직하고 사심 없는 정치가로 평가받고 있다.

웰링턴은 워털루 전쟁 이후 군인보다 오히려 정치가로서 활동했다.

29 샌드허스트(Sandhurst)
샌드허스트는 영국 버크셔 주 브라크넬 행정구에 있는 도시로 군사기지가 있는 도시인 올더숏 북쪽에 있으며 부근의 왕립육군사관학교로 유명하다. 영국 육군에서 복무할 정규 장교들은 대부분 보통 샌드허스트라고 불리는 이곳 사관학교에서 장교 후보생으로서 일반 교육과 군사 교육을 받는다. 윈스턴 처칠 총리와 버너드 로 몽고메리 장군도 이곳에서 훈련받았다.

30 신할리족(Sinhalese)

스리랑카의 최대 민족. 1980년에 이들의 수는 1,080만 명 정도로 스리랑카 인구의 73퍼센트를 차지하고 있었다. 조상은 기원전 5세기경 북인도에서 건너온 것으로 추정되고 있다. 이들이 쓰는 언어는 인도유럽어족에 속한다.

31 구축함(destroyer)

19세기 말부터 각종 기능을 수행해온 쾌속 해군함정. 구축함이라는 용어는 어뢰정으로부터 함을 보호하기 위해 1890년대에 만들어진 250톤급 함정에서 유래한다. 어뢰정을 물리친다는 뜻에서 구축함이라고 불리게 된 이 함정은 그 자체가 초대형 어뢰정이 되었다. 1차 세계대전까지 구축함은 보통 전투함대의 전방에 배치

요즘 시대의 구축함. 전투함대를 호송하며 작전을 수행하는 전투함으로 전쟁시 적의 잠수함으로부터 선단을 방어할 임무를 띤다.

되어, 적함대를 정찰하고 적함대의 구축함을 대포로 격퇴시키며 적의 전함과 순양함에 어뢰를 발사하는 임무를 맡았다.

32 어뢰

어뢰를 뜻하는 영어 단어 '토피도(torpedo)'는 원래 오늘날 기뢰라고 부르는 무기를 포함하여 모든 형태의 폭발물을 가리키는 말이었다. 나폴레옹 전쟁 때 미국의 발명가 로버트 풀턴은 해군용 기뢰를 시험하면서 그것을 토피도라고 불렀는데, 이것은 전기를 방출하여 적을 무력하게 만드는 물고기(전기메기)에서 유래한 명칭이었다. 19세기에 일부 해군함정은 돛대 어뢰를 사용했지만, 이것은 적함의 선체에 닿으면 터지도록 기다란 장대나 돛대 끝에 폭발물을 매단 것에 불과했다.

근대적인 어뢰는 영국의 공학자 로버트 화이트헤드가 개발했다. 1864년에 오스트리아 해군은 폭발물을 싣고 스스로의 힘으로 나아가는 작은 배를 만들고 그 배의 키 자루와 연결된 기다란 밧줄로 배의 방향을 조종할

어뢰에 격침되는 루시타니아 호.

수 있는 장치를 만들어달라고 화이트헤드에게 부탁했다. 화이트헤드는 이 의뢰에 따라 모형을 만들어본 후 실현 가능성이 없는 계획이라고 판단하여 거절하고, 자신이 고안한 장치를 만들기 시작하여 1866년에 성공했다. 화이트헤드가 만든 무기는 길이가 약 4m, 지름은 36cm이며 앞부분에 채운 8kg의 다이너마이트를 포함하여 무게가 약 135kg인 어뢰였는데, 압축공기 엔진이 하나의 프로펠러를 돌려 앞으로 나아가도록 되어 있었다. 물속 깊이는 유체역학의 원리를 이용한 밸브 장치가 수평 꼬리 표면에 부착된 키를 움직여 조종하도록 되어 있었고, 옆으로 갈 수 있는 장치는 전혀 없었다. 속도는 6km(시속 11.2km)였고, 사정거리는 180~640m였다. 1895년에 자이로스코프가 어뢰의 방향 조종장치로 쓰이게 되어 어뢰가 정해진 진로에서 조금이라도 벗어나면 자이로스코프가 수직 키의 방향을 수정했다. 이런 형태의 어뢰를 더 개량한 결과, 어뢰의 진로 각도(최고 90도)를 미리 설정해놓으면 그 다음에는 방향 조종키가 어뢰를 완전히 통제하는 장치가 도입되었다. 이 장치 덕분에 목표물과 정면으로 맞서지 않아도 어뢰를 발사할 수 있게 되어 어뢰 전술의 영역이 매우 넓어졌다.

33 마드라스(Madras)
인노 반노 남동쪽 끝에 사리 잡고 있는 타밀나두 주의 주도이다.

34 티바우(Thibaw, 1858~1916)
미얀마의 마지막 왕(1878~1885년 재위). 영국이 상

(上)미얀마를 합병함으로써 짧은 치세 기간을 끝내고 폐위되었다.

35 니아사 호수(Nyasa)
동아프리카에 있는 동아프리카 지구대(地溝帶)의 호수들 가운데 남쪽 끝에 있는 것으로 세 번째로 큰 호수. 호수의 중앙선과 북동쪽 연안선이 말라위와 탄자니아, 말라위와 모잠비크 경계선의 상당 부분을 이룬다.

36 보츠와나(Botswana)
남부 아프리카의 내륙국으로 수도는 가보로네. 국토의 대부분이 칼라하리 사막이다. 남쪽과 남동쪽은 남아프리카 공화국, 서쪽과 북서쪽은 나미비아, 북동쪽과 동쪽은 짐바브웨와 접해 있다.

37 글래드스턴(William Gladstone, 1809~1898)

윌리엄 글래드스턴

네 차례(1868~1874, 1880~1885, 1886, 1892~1894)에 걸쳐 영국 총리를 지냈다. 수단의 하르툼에 고든 장군을 파견했다가 그를 구출하지 못하고 죽게 내버려두자 인기가 크게 떨어졌다. 아프가니스탄 국경 문제를 둘러싼 러시아와의 분쟁에서 단호한 태도를 취함으로써 어느 정도 위신을 세웠으나 1885년 6월 예산안에서 패배하자 기꺼이 사임했다.

38 이오니아 제도(Ionian Islands)
그리스 서쪽 연안에 있는 섬들. 알바니아 해안에서 펠로폰네소스 반도 남단까지 남쪽으로 펼쳐 있으며, 헵타

네소스(일곱 개의 섬들)라고도 하는 이 제도는 코르푸(케르키라)·케팔로니아(케팔리니아)·자킨토스(자킨투스, 잔테)·레브카스(레우카스)·이타카(이타키)·키티라(키테라)·팍소스(팍소이) 등의 섬들과 이들의 작은 속령들로 이루어져 있다. 중세 후반 베네치아의 지배를 받다가 1797년 베네치아 공화국의 멸망으로 프랑스로 넘어갔으나 곧 러시아-투르크 연합군(1798~1799)에 점령당했다. 1807년 또다시 프랑스로 넘어가 나폴레옹 치하 프랑스 제국의 주요 영토가 되었으나 파리 조약(1815)에 따라 영국의 단독 보호령이 되었다.

39 바이스 바이스로이(Vice-Viceroy)
'부총독'이라는 뜻이지만 발음상 '악랄하고 악랄한 녀석' 즉 'Vice-ViceRoy'로 들린다.

40 오버베어링(Over-Baring)
'지나친 베어링'이라는 뜻이지만 발음상 '건방진 녀석' 즉 'overbearing'으로 들린다.

41 블런트(Wilfrid Blunt, 1840~1922)
영국의 시인. 압제에 시달리는 약소국들에 대한 동정심에서 비롯된 반제국주의를 표현한 시로 가장 잘 알려져 있다. 1858년 외교관으로 일하기 시작했으나 1869년에 귀족인 앤 노엘과 결혼하면서 그 일을 그만두었다. 나중에는 아랍 말을 번식시키기 위해 유명한 종마 사육장을 세웠으며, 말을 찾아서 아내와 함께 북아프리카·소아시아·아랍 등지를 자주 여행했다. 이슬람 교도의 열망에 열렬히 동조하는 사람으로 이름이 알려지게 되었으며,《이슬람의 미래 The Future of Islam》(1882)에서는 범이슬람주의와 마디즘(이슬람교에서 구세주의 강림을 믿는 신앙) 운동을 일으킨 세력에 관심을 기울였다. 수단에서 영국이 편 정책에 강력히 반대했으며, 이집트의 민족 정당을 지지했다.《인도에 대한 생각 Ideas About India》(1885)은 인도를 두 차례 방문한 뒤 식민주의가 착취라는 신념을 굳힌 데서 태어난 작품이다.

42 호가스(David George Hogarth, 1862~1927)
영국의 고고학자. 옥스퍼드의 애슈몰린 박물관 관장(1909~1927)을 지냈고 외교관으로서 몇몇 중요한 고고학 유적 발굴에 관계했다. 1900년경 아서 에번스 경이 실시한 크레타 섬의 크노소스 발굴에 참가했고, 1904~1905년 지금의 터키에 있는 고대 에페소스의 아르테미스 신전 유적의 발굴을 지휘했다. 1911년 지금의 시리아에 있는 히타이트 문화의 수도 카르케미시의 제2차 대발굴을 시작했고, 1914년 자신의 발견에 대한 보고서를 작성했다. 투르크 지배에 대항한 아랍 반란

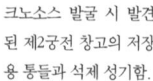
크노소스 발굴 시 발견된 제2궁전 창고의 저장용 통들과 석제 성기함.

(1915)의 조직화를 돕기 위해 영국 정부에 의해 카이로에 파견되어 로렌스('아라비아의 로렌스')와 친교를 맺게 되었고, 1919년에는 파리 평화회의 중동위원회 영국 대표로 활약했다.

43 통치 제도 개혁
이러한 통치 제도는 심약한 타우피크 파샤 총독이 모든 책임을 영국인에게 양도했던 초기 10년 간은 잘 운영되어 1887년에 이르자 이집트의 재정은 안정되었다. 영국 정부의 압력을 받은 이집트 정부가 수단에 대한 재정복을 포기한 후 이집트는 지난 10년 간의 혼란에서 벗어나 평화와 안정을 되찾았다(이집트는 마디의 종교 반란에 의해 수단에 대한 지배권을 빼앗긴 상태였다). 크로머는 공공지출을 억제하고 공공관개 사업과 농업 진흥 계획을 장려함으로써 이집트를 발전시켰다. 1892년 이집트의 새로운 통치자 아바스 힐미 2세는 '간접적인 보호정치'의 굴레에서 벗어날 결심으로 초기의 민족주의 운동을 장려했다. 그러나 남작으로 봉해진 크로머는 젊은 총독을 매우 단호하게 상대하여 그의 기를 꺾는 데 성공했다.

44 거상(巨像, the Colossus)
로도스 섬에 있는 헬리오스 정농상을 가르킨다. 세계 7대 불가사의 중 하나로, 로도스가 데메트리우스 폴리오르케테스의 오랜 포위(B. C. 305~304)에서 풀린 것을 기념해 만들어졌다고 한다. 항구에 세워졌던 이 동상은 높이가 30m가 넘으며, 한쪽 다리는 땅 위에 다른 다리

거상은 그리스어 콜로소스에서 유래한다. 헤로도토스가 이집트 기자의 스핑크스 등을 보고 나서 칭한 말이 그 기원이 되었다고 한다.

는 방파제 위에 올리고 있어서 그 사이를 거대한 함선이 지나다녔다고 하는데, 현대 학자들은 두 다리 사이로 배가 지나다니려면 거상의 높이가 최소한 120m는 돼야 한다고 지적한다. 이 동상을 건조하는 데 12년이 걸렸으나(B. C. 292~280?), 기원전 225년경 지진으로 붕괴되었다. 653년까지 그 자리에 남아 있다가 그 해 로도스를 기습한 아랍인의 손에 파괴되어 조각으로 팔려 나갔다. 그 분량이 낙타 9백 마리에 실을 수 있는 양보다 많았다고 한다.

45 제임슨(Leander Starr Jameson, 1853~1917)
남아프리카의 정치가. 세실 로즈의 친구이며 협력자로서 1895년 폴 크뤼거의 보어인 정부를 타도하기 위해 트란스발을 공격했다가 실패한 것으로 잘 알려져 있다. 트란스발 공화국의 보어인 정부는 남아프리카 전역을 영국 치하의 연방으로 재편하려던 로즈의 구상에 가장 큰 장애물이었다. 그래서 로즈는 제임슨 및 트란스발의 '오이틀란데르(아프리칸스어로 '영국인'이라는 뜻)' 지도자들과 함께 보어인 정부를 타도할 음모를 꾸몄다. 제임슨은 병력을 모으고 요하네스버그를 상대로 오이틀란데르 봉기를 지원하는 역할을 맡았다. 오이틀란데르 사이의 내분으로 로즈는 행동을 연기했으나 신속한 공격을 원한 제임슨은 계획을 강행하기로 결정하고 1895년 12월 29일 5백 명의 기마 병력을 이끌고 트란스발을 침공했으나, 이 공격은 대실패로 끝났다. 제임슨과 그 부하들은 패배하여 포로가 되었고 로즈의 정치 생명은 큰 타격을 받았다. 제임슨은 영국으로 송환되어 15개월의 금고형을 선고받았으나 건강이 크게 악화되어 몇 달 후에 석방되었다.

46 졸업장(pass degree)
영국의 대학에서 수여하는, 우등이 아닌 보통 졸업 학위를 말한다.

47 로디지아(Rhodesia)
'로디지아'는 세실 로즈의 이름에서 따온 것으로, 그 후 독립하여 잠비아와 짐바브웨가 되었다.

48 로즈 장학금(Rhodes Scholarships)
로즈의 유언에 따라 1902년 옥스퍼드대학에 로즈 장학회가 설립되었다.

49 딜크(Charles Wentworth 2nd Baronet Dilke, 1843~1911)

영국의 급진주의 정치가. 글래드스턴의 2차 내각에 입각했으나 공동 피고로 이혼 법정에 소환됨으로써 정치적 파멸을 맞았다. 케임브리지대학을 졸업하고 세계일주를 마친 뒤 1868년 하원에 진출했으며 군주제에 반대하는 일련의 극좌적인 연설로 주목을 끌었다. 1874년부터는 자유당 지도자들과 교분을 쌓았고 글래드스턴의 2차 임기가 시작되자 1882년 지방자치부 장관으로 입각했다. 딜크는 조지프 체임벌린과 함께 자유당 정부 내 급진주의자로서 명성을 얻었다. 그의 열정은 수차례 사직서를 제출하게 했으나 이는 오히려 정치가로서의 입지에 도움이 되었다. 1885년 6월 글래드스턴의 임기가 끝나갈 무렵에는 1879년 딜크의 총리 취임 가능성을 내다보았던 벤저민 디즈레일리의 예상이 적중하는 듯이 보였다. 그로부터 1개월 후 존 딜크는 가능성을 시험해볼 기회도 갖지 못한 채 이혼 법정에 소환되는 충격을 맛보게 된다. 22세인 스코틀랜드 변호사의 아내 버지니아 크로포드가 1882년 이래 그의 정부 노릇을 해왔다고 밝혔던 것이다. 딜크는 줄기차게 그녀의 진술을 부인했고 1886년 2월의 심리에서는 증거 불충분으로 풀려났지만 이미 크로포드 변호사는 부인과 이혼 절차를 밟고 있었다. 딜크는《폴 몰 가제트 *Pall Mall Gazette*》가 선봉이 된 언론의 선동으로 자신의 승리가 희석되기 시작하자 국왕 대소인(代訴人)을 통하여 공판을 재개했고 1886년 7월 제2차 심리가 개시되었다. 공판의 재개는 딜크에게 재앙을 안겨주었다. 그는 버지니아 크로포드의 주장을 논박하는 데는 성공했지만 버지니아의 어머니와 관계를 가졌다는 사실을 시인할 수밖에 없었다. 6년 후 딜크는 서민원(하원)에 복귀했고 사망시까지 의석을 지켰다. 의회 내 군사전문가이자 진보적인 노동입법가로서 왕성한 활동을 벌였으나 많은 시간들이 과거의 오명을 씻기 위한 증거 수립에 할애되었다. 딜크의 자료에 근거할 때 버지니아의 진술은 대부분 날조된 것이 분명하지만 사건의 진상이 완전히 밝혀졌다고는 할 수 없다.

50 로즈버리(Archibald Philip Primrose, 5th earl of Rosebery, 1847~1929)

영국의 총리(1894~1895). 재임 기간에 상원과의 대립 및 내각 분열로 인해 별로 업적을 남기지 못했다. 로즈버리 백작 4세의 아들인 아버지 아치볼드 프림로즈는 그가 네 살이 되기 전에 죽었다. 백작위 상속자였기 때문에 그는 이튼의 댈머니 경(卿)이라는 명칭을 받았다. 옥스퍼드의 크라이스트처치에서 공부했으나 학위는 받지 못했으며 1868년에 백작위를 계승했고, 스코틀랜드의 큰 영지를 물려받았다. 일찍이 자유주의 성향을 나타냈으며 정치에 관심을 가졌으나 하원에는 진출하지 못했다. 로즈버리의 제안과 도움으로 윌리엄 유어트 글래드스턴은 미들로시언 선서운동(1879. 11, 1880. 3)을 벌였고 이에 힘입어 자유당은 1880년 선거에서 결정적인 승리를 거두었다. 로즈버리는 글래드스턴의 두 번째 내각에서 스코틀랜드 관련 업무에 특별 책임을 지닌 내무부 차관을 지냈으며(1881. 8~1883. 6), 국새상서(國

로즈버리는 아일랜드 자치론자인 동시에 자유당 내의 제국주의파 지도자였다.

璽尙書)를 역임했고(1885. 3~6), 런던의 진보주의자들과 연합해 런던 주의회의 초대 의장이 되었다(1889). 글래드스턴의 마지막 내각에서는 1886년 2월부터 7월까지, 그리고 1892년 8월부터 1894년 3월까지 외무장관을 지냈다. 러시아와 프랑스를 불신했던 로즈버리는 삼국동맹(독일·오스트리아-헝가리·이탈리아)과 비밀스럽게 협력했던 솔즈베리 경의 정책을 유지했다. 그의 자유주의적 제국주의는 글래드스턴의 견해와 자주 충돌을 일으켰는데, 글래드스턴은 우간다에서 모든 영국 세력의 철수를 원했으나 그는 1894년 이곳에 보호령을 설치했다. 국내적으로는 석탄 광부들의 중대한 파업 때 협상안을 내놓았던(1893. 11. 17) 위원회를 이끌었다.

해군 예산을 늘리는 안건을 놓고 글래드스턴과 논쟁을 벌인 결과, 이에 반대하던 글래드스턴이 물러나고 전투함대를 강화하려는 로즈버리가 총리직에 올랐다. 그러나 그는 자유당 내의 분쟁을 해결할 수 없었고 상원의 보수당은 자유당이 낸 입법안 가운데 예산안을 제외하고는 모두 단호히 거부했다. 사소한 사안에서 하원의 지지를 얻지 못하자 로즈버리는 기꺼이 사임했고 1896년 10월 8일에는 자유당 당수직에서도 물러났다. 남아프리카 전쟁(1899~1902) 동안 열광적으로 대영 제국의 제국주의를 옹호해 대부분의 자유당 사람들과 불화를 빚었으며 1905년 말 자유당이 다시 정권을 장악하기 몇 주 전에 아일랜드 자치운동에 반대한다고 선언함으로써 그들과 완전히 갈라섰다. 그 뒤로는 중요한 공직을 한 번도 맡지 않았다.

51 커즌(George Nathaniel Curzon, 1859~1925)
영국의 정치가. 보수당원으로 정계에 투신하여 하원 의원, 외무차관, 인도 총독을 역임하였다. 1차 세계대전 때는 국새상서·상원의장으로서 전쟁에 참여했다. 1919년 파리 회의에 참석했고 그 해 10월 외무장관이 되어 1924년까지 대전 후의 영국 외교를 지휘하였다.

52 밀너(Alfred Milner, 1854~1925)
영국의 행정가. 독일과 영국 혈통을 가진 우수한 학생으로 옥스퍼드대학에서 많은 장학금을 받았고, 1872년 뉴칼리지 특별 연구원이 되었다. 1881년 변호사 개업을 했으나 언론계로 방향을 돌려 《펠 멜 가제트 *Pall Mall Gazette*》에서 일했다. 의회에 진출하기 위해 자유당 후보로 나섰으나 패배한 뒤(1885), 재무장관 조지 고셴의 개인비서가 되었다. 행정가로서 이집트에서 뛰어난 능력을 발휘했으며(1889~1892) 내국세 세무국장을 지냈다(1892~1897). 1892년 《영국과 이집트 *England and Egypt*》를 썼고 1895년에는 기사 작위를 받았으며 열렬한 제국주의자로서 1897년 남부 아프리카 지역의 고위 관리이자 케이프 식민지 총독이 되었다. 영국과 트란스발이 국경 분쟁을 일으키자 그는 영제국 안에서 이 문제에 대해 가장 비판적인 입장을 취했다. 트란스발의 대통령 폴 크뤼거는 보어 영토에까지 미친 제임슨의 습격(1895. 12. 29)이 좌절된 뒤 크게 불신임을 받았다. 1898년 2월에 크뤼거가 재선되자 그는 "트란스발에서 개혁이 이루어지거나 전쟁이 일어나지 않는 한 남아프리카의 정치 문제를 해결할 방법은 없다"고 결론지었다. 개혁에 대한 그의 생각은 5년 뒤 외국인(트란스발에 거주하는 영국인)의 완전한 시민권을 요구하여 그들의 권리를 확보하는 데 있었다. 블룸폰테인 회담에서 의미 없는 협상이 진행되는 동안(1899. 5~6) 크뤼거는 양보할 준비가 되어 있었으나 그는 그렇지 않았다. 최후 통첩을 한 뒤 두 개의 보어 공화국인 오렌지 자유국과 트란스발은 전쟁을 선포했다(1899. 10. 11).

1901년 오렌지 자유국과 트란스발의 병합으로 밀너는 케이프의 총독직을 사임하고 두 개의 보어 영토를 다스리는 위정자의 자리를 차지했다. 남아프리카에서 이룬 공적으로 밀너는 1901년 남작 작위, 1902년에 자작 작위를 받았다.

그는 1905년 공직 생활에서 은퇴할 생각으로 영국으로 돌아와 《민족과 제국 *The Nation and the Empire*》(1913)을 쓰기 시작했다. 그러나 그는 다시 정치에 적극 참여하는 상원 의원이 되었고 로이드 조지가 이끄는 1차 세계대전 내각에도 참여했다. 1918년 3월에는 프랑스 포슈 원수가 이끄는 단일 연합군이 창설되는 데 결정적인 역할을 하기도 했다. 전쟁이 끝날 무렵에는 식민지 총독으로 임명받아 평화회담에 참석했다. 이집트에 변형된 형태의 독립을 부여해야 한다는 자신의 제안을 내각이 거부하자 1921년 사임했다.

53 골디(George Goldie, 1846~1925)

영국의 식민지 행정관. 1886년 나이저 강 유역에 특허 회사를 설립해 영국 통치권을 확립했고, 뒤에 독립 나이지리아의 중심지가 된 북나이지리아를 질서 있고 번창한 영국 보호령으로 발전시키는 데 큰 몫을 했다. 서아프리카에서 그가 차지하는 위치는 남아프리카의 세실 로즈와 맞먹는 것이었지만 그는 로즈와는 달리 세상에 알려지는 것을 원하지 않아 자기 서류들을 없앴고, 자식들 중 어느 누구라도 그가 죽은 뒤 그에 대한 글을 쓰면 저주받을 것이라고 공언했다.

울리치의 영국 육군사관학교를 다닌 뒤 잠시 영국 육군 공병대에서 복무했다(1865~1867). 몇 년 동안 이집트와 수단을 여행한 끝에 1876년 중앙 아프리카 무역회사를 세웠고 이듬해 서아프리카를 처음 방문했다. 그는 곧 나이저 강에서 서로 경쟁하고 있던 영국의 여러 무역회사를 하나로 합쳐 단일 특허회사를 세워 그 지역을 식민지로 만들 생각을 품게 되었다. 골디는 1879년 나이저 지역의 모든 영국 상업체들을 합병해 유나이티드 아프리카 사를 설립했지만, 그 지역에서 영국이 최고 우위를 갖고 있지 않다는 이유로 그 특허는 1881년 본국에서 거부당했다. 그러나 이 회사가 프랑스 경쟁회사에게서 이권을 전부 사들이게 되자, 영국은 베를린의 서아프리카 회의(1884~1885)에서 나이저 강 하류 지방은 여러 나라가 통치하기보다는 주도권을 잡은 영국이 통치해야 한다고 주장해 이를 관철시켰다. 그리하여 1886년에 골디의 회사는 영국 나이저 사(Royal Niger Company)로 특허장을 받았고, 그는 1895년에 이 회사의 총독이 되었으며 1887년에는 기사 작위를 받았다.

이 회사는 나이저 강, 베누에 강 유역과 내륙 지역 관할 특권을 얻었고, 골디는 이 지역에 대한 영국 통치를 굳건히 하는 데 큰 공을 세웠다. 그는 1897년에 회사 군대를 이끌고 노예 사냥단을 파견하고 있던 누페 국(國), 일로린 국과 싸워서 승리를 거두었다. 또한 프랑스 · 독일 정부와 협상해 영국의 세력 범위를 확정했다. 그러나 영국 정부는 개인회사가 국제 문제를 다루면 반드시 손해를 본다고 생각하여 나이저 사 특허를 취소하고 1900년 1월에 직접 이 회사의 관할 영토를 관리하기 시작했으며 이 지역과 여기에 접한 나이저 해안 보호령을 북나이지리아와 남나이지리아 두 개 지역으로 분할했다.

이즈음 골디는 서아프리카에 흥미를 잃은 대신 영국 제국주의의 무대인 중국에 매료되어 1900년 중국을 방문했으나 의화단 사건이 일어나자 영국으로 돌아왔다. 1904년에 그는 로디지아를 통치하고 있던 영국 서아프리카사의 총독직을 사임했다. 1902~1903, 1905~1906년에는 보어 전쟁 뒤의 직책인 왕실대표로 일했고, 1908~1919년에는 런던 시의회의 참사회원과 재정위원장직을 맡았다.

54 스웨트넘(Frank Swettenham, 1850~1946)

말레이 반도 주재 영국의 식민지 관리. 말레이 반도에서 영국의 통치 구조와 정책을 형성하는 데 큰 영향을 미쳤다. 1871년 동남 아시아에 있는 옛 영국령 해협 식민지(싱가포르 · 말라카 · 피낭 섬)의 행정 사무 견습생으로 싱가포르에 파견되었다. 말레이어를 배워 1870년대 말레이 반도 국가들에 대한 영국의 개입을 둘러싸고 일어난 여러 사건을 중재했다. 1882년 말레이 셀랑고르 주재 사무관(자문관)으로 임명되어 커피 · 담배농장을 개발했으며 셀랑고르의 수도 콸라룸푸르에서 켈랑 항구까지 철도를 건설함으로써 주석(朱錫) 수입을 늘리는 데도 이바지했다. 페라크의 사무관으로 근무하면서 1895년 페라크, 셀랑고르, 네그리 셈빌란, 파항 등으로부터 연방제 동의를 끌어내 총사무관의 이름으로 연방의 수장이 되었다. 1897년 기사 작위를 받았으며 은퇴하기 3년 전인 1901년 말레이 국가들의 고등판무관 겸 해협식민지 총독이 되었다. 영국 외무부가 시암인(人)에게 말레이 북부 지역의 국가에 대한 통치권을 허용한 정책을 철회한 것은 스웨트넘의 노력에 기인한 것이었다. 그가 토착지배자의 실정(失政)을 보고했고 경쟁 유럽 국가의 개입 가능성을 경고했기 때문에, 영국은 1900년대 초기에 말레이 국가에 진출할 수 있었다.

55 래플스(Stamford Raffles, 1781~1826)

영국령 동인도 행정관. 싱가포르를 세운(1819) 인물이다. 정규 교육은 받지 못했지만 틈틈히 공부하여 23세 때 페낭 정부의 사무관보가 되었다. 말라카 해협으로 들어가는 북쪽 입구에 있는 페낭은 당시 잘 알려지지 않았던 섬으로 영국이 새로 정부를 세운 곳이었다. 네덜란드가 장악하고 있던 동인도에 침투할 영국의 발판인 페낭에서 래플스는 동인도제도에 흩어져 있는 여러 말레이 민족들의 언어·역사·문화를 열심히 연구했다. 이런 특이한 모습은 인도 총독인 민토 경의 주의를 끌었다. 그 무렵 나폴레옹은 자바를 기지 삼아, 중국으로 향하는 느리고 둔한 영국 교역선들을 공격하고 있었다. 이런 어려운 때에 민토 경은 프랑스 세력을 자바

래플스는 영국의 극동 제국 건설에 큰 역할을 했으며 1816년 기사 작위를 받았다.

에서 몰아낼 결심을 하고 프랑스 해군 공격 작전에서 래플스를 자신의 부관으로 임명했다.
페낭에서 질투를 받을 만큼 독자적인 권력을 가지게 된 래플스는 말라카에 자신의 본부를 세웠다. 뛰어난 활약을 보인 그는 민토의 참모로 임명되어 민토와 함께 원정군을 이끌고 자바로 향했다. 그들은 1811년 8월 6일 무사히 목적지에 상륙해 프랑스-네덜란드 연합군과 짧고 치열한 전투를 벌인 끝에 자바를 점령했다. 래플스는 민토로부터 대단한 신임을 얻게 되었다. 일찍이 래플스를 '매우 명석하고 능력 있으며 활동적이고 사려 깊은 사람'이라고 말했던 민토는 이제 그의 지적·행정적 능력과 훌륭한 인간성, 그리고 자바에 대한 관심까지 인정해 9월 11일 그를 자바의 부총독으로 공표했다. 민토가 캘커타로 떠난 뒤 자바에 남은 래플스는 30세의 나이로 자바뿐만 아니라 수백만 명의 동인도제도 주민을 다스리게 되었다.

그는 네덜란드의 식민 체계를 바꾸고 원주민의 생활 여건을 개선하는 개혁 조치를 펴기 시작했다. 그러나 이윤 창출이 목적인 동인도회사로서는 이 개혁이 대단한 손해였기 때문에 얼마 가지 못했다. 건강이 점점 나빠지고 아내의 죽음으로 상심한 그는 결국 4년 반 만에 소환되었다. 민토가 죽은 뒤 래플스는 사람들의 공격을 피할 수 없었고, 동인도회사의 운영자들로부터 철저히 버림받은 상태에서 1816년 3월 25일 영국으로 향했다. 런던에 돌아와서 왕립학회 회원이 되고 기사 작위도 받는 등 사교계와 학계에서 두각을 나타냈지만 그는 다시 동방의 업무를 보기 시작했다. 그러나 수마트라 연안에

런던의 동인도회사.

있는 황폐하고 한산한 후추항인 벵쿨루 항의 부총독이라는 전보다 낮은 지위와 권한을 맡았을 뿐이었다. 그곳에서 네덜란드가 동인도제도를 다시 차지해 완전한 상업 독점 정책을 밀고 나가는 것을 본 래플스는 아시아 남동부에서 영국의 영향력을 확대하기 위한 행동을 개시했다.

배가 거의 부서진 상태에서 캘커타에 도착한 그는 동방에 대한 폭넓은 지식과 뛰어난 설득력을 이용해 영국 무역을 보호하기 위한 신속하고 강력한 행동이 필요하다는 것을 인도 총독 헤이스팅스 경에게 납득시켰다. 1818년 12월 7일 헤이스팅스에게서 말라카 해협의 동쪽에 중국해(中國海)로 나가는 관문이 될 거점을 세우는 전권을 위임받고 캘커타를 떠났다. 1819년 1월 29일 아침에 그는 말레이 반도의 남쪽 끝, 사람이 별로 살지 않는 섬의 해안에 상륙한 뒤 네덜란드인들과 곧 충돌할 위험을 무릅쓰고 그곳의 싱가포르 항을 영국 식민지로 삼았다. 그 뒤 3년 동안 다시 벵쿨루 부총독직을 지내다가 1822년 10월 싱가포르로 가 여러 행정 부서를 개편했다. 1823년 그가 만든 법규에 따르면 "싱가포르는 자유항이며 이곳의 무역은 모든 나라의 선박에 대해서 동일하고 동등하게 개방된다."
1824년 3월 17일의 조약으로 네덜란드는 싱가포르에 대한 모든 요구를 포기했다. 그러나 이 시기에 래플스는 건강이 급속히 나빠져 심한 두통에 시달리다가 결국 싱가포르를 떠나 1824년 8월 22일 영국에 도착했다. 런던에서 그는 박물학과 관련된 방대한 수집품과 말레이시아에 대한 폭넓은 지식으로 동양학자로 인정받게 되었고, 런던 동물원 설립에 조력했으며, 그곳의 초대 원장으로 선출되었다. 1826년 7월 뇌종양으로 죽었다.

56 라부안(Labuan)
말레이시아 동부 사바 주에 있는 섬으로 남중국해 보르네오 섬 북서쪽 앞바다 10km 지점에 있다.

57 기아나(Guiana)
남아메리카 대륙의 중북부 해안 지방. 독립국인 가이아나, 수리남과 프랑스 해외 주인 프랑스령 기아나가 이 지역에 속한다.

58 그레나다(Grenada)
서인도제도의 윈드워드 제도에서 가장 남쪽에 있는 섬나라. 카리브 해 동부에 있는 베네수엘라 해안에서 약 160km 북쪽 지점에 있다.

59 온두라스(Honduras)
중앙 아메리카에서 두 번째로 큰 나라. 수도는 테구시

갈파이다. 북쪽으로 카리브 해, 남쪽과 동쪽으로 니카라과와 경계를 이루고 있으며, 남쪽은 72km의 태평양 쪽 해안선이 폰세카 만을 이루고 있다. 서쪽으로는 과테말라와 엘살바도르에 접한다.

60 뉴펀들랜드(Newfoundland)
북아메리카 대륙의 극동부를 이루며 북대서양으로 뻗어 있는 캐나다의 주.

온두라스에 남아 있는 유적.

61 나이지리아(Nigeria)
서아프리카 남쪽 해안에 있는 국가. 서아프리카 연안 국가 가운데 가장 큰 나라이며, 아프리카 국가 가운데 인구가 가장 많다.

62 밴쿠버 섬(Vancouver Island)
캐나다 브리티시컬럼비아 주 남서부의 섬. 북아메리카 대륙의 태평양 연안에서 가장 큰 섬(31,285km^2)이다.

63 빅토리아빌(Victoriaville)
빅토리아 호수 최북단에서 발원하는 나일 강의 상류.

64 파탄족(Pathans)
인도와 그 서북 국경에 사는 아프가니스탄 사람.

65 줄루족(Zulus)
남아프리카 나탈 주 일대의 용맹한 종족.

줄루 전쟁 기록화. 줄루 전사 여럿이 영국군 병사에게 무기를 겨누고 있는 상황이다.

66 피스헬멧(pith helmet)
열대 지방에서 직사 광선을 막기 위해 쓰던 모자.

사라예보의 총성으로 폭력의 시대가 열리다

에드먼드 스틸먼(Edmund Stillman)

1914년 6월 사라예보에서 오스트리아 대공 프란츠 페르디난트가 암살될 당시의 상황은 여전히 불투명하며, 세르비아 정부가 이 음모에 은밀히 관여했는지 여부에 대해서도 만족할 만한 답변은 나오지 않고 있다. 하지만 이 글을 쓴 스틸먼은 발칸 반도 및 중동 문제 전문가로서, 이러한 사실 관계 구명에 집중하기보다는 이 사건 이후 발발한 가공할 문제들에 더욱 큰 관심을 기울인다.

그는 과학·문학·예술 면에서 많은 중요한 변화가 있었고 민중의 생활 수준도 지속적으로 향상되고 있던 전쟁 직전 유럽인들의 장밋빛 전망과 기대를 회상한다. 그리고 전쟁 기간에 행해진 대학살이 물질뿐 아니라 정신적 가치도 파괴해버렸다고 설득력 있게 주장한다. 4년 동안 행해진 대학살의 결과, 우리 시대가 당면하고 있는 수많은 문제들뿐 아니라 1차 세계대전* 이후의 시기를 특징짓는 진인힌 폭력성이 등장했다는 것이다.

1차 세계대전의 원인

그 사건은 1914년 6월 28일 일요일 사라예보에서 터졌다. 오전 11시 정각이 되기 불과 몇 분 전, 프린치프(Gabrilo Princip, 1894~1918)라는 청년은 오스트리아-헝가리 제국의 상속자인 프란츠 페르디난트 대공(Archduke Franz Ferdinand)과 그의 아내를 암살함으로써 세계를 충격에 휩싸이게 했다.

수십 년의 세월이 흘렀고 많은 아픔이 있었지만 사라예보는 여행할 만한 가치가 있다. 그러나 그곳을 방문한다는 것은 실망스럽고 다소 불안한 경험이다. 어둡고 황량한 구릉지대에 둘러싸인 이 회색의 발칸 도시는 엄청난 비극의 무대로는 어울리지 않는다. 물론 유혈과 고통은 오래전부터 발칸 반도에 있었다. 그러나 어째서 지극히 초라하고 가난한 도시인 사라예보에서 한 시대가 죽음을 맞이해야만 했단 말인가? 그다지 두드러진 인물도 아닌 페르디난드 대공과 평민 출신 부인의 암살이 어떻게 세계대전을 촉발했는가? 그 사건

◀ 1914년 6월 28일 사라예보를 친선 방문한 프란츠 페르디난트 대공 부부가 도착하고 있다. 몇 시간 후 그들은 암살자에게 저격되었다.

이 있기 전 사반세기 동안, 그보다 더 비중이 큰 수많은 전쟁의 계기와 빌미가 제공—또는 간과—되지 않았던가? 오늘날 어느 누구도 그 사건을 명료하게 기억하지 못한다. 사실 그 사건의 세부적인 내막은 그 사건으로 촉발된 전쟁—1차 세계대전—이 시작된 지 6개월이 지나자 망각의 늪에 잠겨버리고 말았다.

오늘날의 여행자들은 사라예보를 방문하고서도 프린치프가 그날 아침 서 있던 그 장소를 거의 찾지 않는다. 사건이 벌어진 강둑 옆에는 어둡고 작은 박물관 하나가, 자유를 위한 거사를 도모했던 소년 일곱 명(프린치프는 그들 중 한 명이었을 뿐이다)의 삶과 열정을 기념하고 있다. 박물관 안에는 색 바랜 사진 몇 장, 음모자들의 초라한 유물 몇 점, 그리고 파리똥 묻은 방명록이 펼쳐져 있다. 초라한 차림의 안내원은 전시된 기념물들 때문에 행여 정치적 열기가 야기되지나 않을까 경계하고 있는데, 그런 태도는 오늘날과 같은 냉소적인 시대에는 고지식하게 보인다. 비명(碑銘)에는 "여기 이 역사적 장소에서 가브릴로 프린치프는 자유를 출발시켰다. 1914년 6월 28일 성 비투스[1]의 날"이라고 써 있다. 그것이 전부이다. 그리고 오늘날 사라예보 방문객 중 그것을 읽어보는 사람은 거의 없다.

밝혀지지 않은 것들이 너무나 많다. 물론 사실 관계는 제법 알려져 있다. 쇠락하고 있던 합스부르크 가문은 모험을 즐기는 취향 때문에 투르크로부터 보스니아와 헤르체코비나를 탈취하여 오스트리아-헝가리 제국의 인종 불균형을 악화시켰다. 제국 내의 남슬라브족은 핍박을 느끼고 점차 자유를 요구하고 있었다. 구릉지대에 자리잡은 야심적인 소왕국 세르비아는 발칸 지역의 헤게모니를 노리고 있었다. 그리고 거의 붕괴 직전 단계의 제정 러시아는 피보호국인 세르비아와 함께 오스트리아-헝가리 남부를 전복할 모의를 꾸미고 있었다.

그러나 설명되어야 할 것은 여전히 많이 남아 있다. 연로한 황제

프란츠 요제프의 조카인 프란츠 페르디난트는 어떻게 해서 계승자가 되었는가? 황태자였던 루돌프 대공(Rudolf, Archduke and Crown Prince of Austria, 1858~1889)은 1889년 1월 30일 마이얼링에서 17세 소녀와 함께 권총 자살을 했다.[2] 프란츠 페르디난트의 삼촌으로서 나폴레옹 3세의 볼모였던 막시밀리안은 잠시 멕시코 황제 자리에 있다가 혁명군에게 총살당했다.[3] 그리고 프란츠 페르디난트의 부친 카를 루트비히(Karl Ludwig) 대공은 성지 순례를 떠났다가 요르단 강에서 물을 잘못 먹고 죽었다는데 이는 믿기 힘든 이야기이다. 새로운 계승자 프란츠 페르디난트—완고하고 독재적이며 접근하기 어려운 성격의 소유자이면서도, 뜻밖에 평민 출신 조피 코테크(Sophie Chotek)를 아내로 맞아들이는 융화적인 행동을 취하기도 했다—는 어떻게 제국에 닥친 위험을 감지했으며, 어떻게 그의 신민이 될 슬라브족의 요구 사항 대부분을 허용하는 정책을 제시했는가? 세르비아 민족주의자들은 어떻게 공황 상태에 빠졌으며, '검은 손(Black Hand)'이라 불리는 맹목적 애국주의자들의 비밀 결사는 어떻게 프란츠 페르디난트의 암살을 모의했는가? 이 거사에 어떻게 일곱 명의 소년들이 동원되었으며, 왜 가브릴리오 프린치프가 뽑혀 1914년 6월 28일 오전 프란츠 페르디난트와 조피 코테크를 저격하게 되었는가? 그 후 어째서 어리석게도 전쟁이 터졌는가? 적개심이 분출되자 서투른 외교와 무모한 계획은 어떻게 재난을 불가피한 것으로 만들었는가?

이 모든 일의 전개 과정은 대단히 기이하다. 이렇다 할 적절한 원인 없이 무시무시한 결과가 나타난 것이다. 1914~1918년의 지옥 같은 전쟁이 마침내 끝나사, 비탄에 잠긴 생존자들은 다음과 같은 질문을 던지면서 이 가공할 사태를 이해하고자 했다. 아무런 대의명분도 없이 지옥 같은 전쟁을 겪었다는 것—그처럼 무섭고도 광범한 전쟁이 단지 맹목적이고 부주의한 광기 때문임을 인정한다는 것—은 참을 수 없는 일이었다. 역사에 대한 섬뜩하고 엄청난 희롱이라기보다는

1차 세계대전의 원인인 페르디난드 황태자의 암살 장면.

암살자 프린키프가 페르디난트 대공을 죽인 뒤 경찰에 체포되고 있다.

차라리 비열하거나 사악한 동기에 의해 일어난 전쟁이라고 생각하는 것이 더 편했다. 전쟁이 끝난 후 처칠은 이렇게 술회했다.

"이상한 분위기가 감돌고 있었다. 물질적 번영에 만족하지 못한 각국은 끊임없이 안팎에서 투쟁으로 치닫고 있었다. 마치 온 세계가 고통받기를 원하는 것이 아닌가 생각될 정도였다."

하지만 만일 이 견해가 그대로 받아들여진다면, 이 전쟁은 끔찍한 인간 본성에 대한 하나의 심판이 되고 만다. 그러므로 전쟁에 대한 새로운 신화가 형성되었다. 군수품 제조업자들이 전쟁 음모를 꾸몄다, 마키아벨리즘적·제국주의적 외교 때문이다, 점점 치열해진 군비 경쟁 때문이다(영국과 독일의 해군력 경쟁이 1914년에 이르러 사실상 소강 상태에 접어들었음에도 불구하고) 등의 신화가 여기에 포함된다.

그러나 어떠한 단일한 원인 또는 복합적이고 다양한 원인들도 1차 세계대전을 설명하지 못한다. 독일·오스트리아·러시아·프랑스·이탈리아·영국, 그 어느 나라도 원대한 야망—유럽 정복이나 세계 정복, 또는 이데올로기의 확산—을 실현하기 위해 전쟁에 뛰어들지는 않았다. 그들은 전쟁을 통한 경제적 지배를 추구하지도 않았다. 수백 년 동안 큰 전쟁 없이 사회혁명과 기술 혁신—즉 진보—에 몰입하던 서양의 문명이 역설적이게도 대량 학살로 치달았다는 것, 우울하지만 그것이 이 전쟁의 진실이다.

참혹한 전쟁

밝혀진 범위 안에서 판단하자면 전쟁 당사자인 양측의 실제 목적은 너무나 사소한 것이었다. 오스트리아-헝가리 제국은 고작해야

네덜란드 풍자만화가 라마케르스(Louis Raemaekers, 1869~1956)는 1914년의 플랑드르 대학살에 대해 이렇게 언급했다. "수확물이 다 익었다."

세르비아를 굴복시키기 위해, 그리고 애도하는 사람도 거의 없는 한 개인의 '죽음'을 보복하기 위해 향후 7백만 명의 희생을 치르고 국가 조직을 파멸로 이끌 전쟁을 시작했다. 러시아 제국은 노쇠한 오스트리아-헝가리가 가난에 찌든 서부 발칸 지역에서 불안정한 (필연적으로 오래가지 못할) 이익을 얻지 못하도록 하기 위해 무려 9백만 이상의 전사자·부상자·포로를 냈다. 독일은 동맹국을 지원하기 위해, 이미 공포된 동원령을 철회한다는 공공연한 굴욕과 우려를 피하기 위해 2백만 명에 달하는 전사자를 냈으며 알자스로렌, 폴란드 영토의 3분의 1, 그리고 중부 유럽과 중동에서의 점증하던 영향력을 상실했다. 영국은 벨기에에 대한 약속을 지키기 위해 8백만 명을 전쟁터에 보내 1백만 명 가까운 전사자를 냈다. 프랑스는 적국인 독일에 반격을 가하고 1870년에 받아들였던 강화조약에 보복한다는 명분 아래 전체 인구의 15퍼센트를 잃었고, 그 후 상당 기간 정치적 쇠퇴를 겪었다.

▼ 서부전선에서 사상자와 포로들을 운반하고 있다.

이것이 1차 세계대전으로 치른 희생이었다. 두 발의 총성이 사라예보에서 울렸다. 그로부터 4년이 지난 후 세계의 절반이 피를 흘렸다. 적어도 1천만 명의 병사들이 죽었고, 2천만 명이 부상당하거나 포로가 되었다. 그러나 그런 수치가 전쟁의 전부는 아니다. 전쟁이 남겨준 진정한 유산은 절망 · 혼돈 · 정치적 야만주의 등 '무형적'인 것이었다.

1914년 여름 유럽 각국의 군대는 장식 단추를 단 저고리와 붉은색 주아브(Zouave) 바지를 걸치고 도금한 헬멧을 쓴 채 아마겟돈[4]을 향해 진군했다. 5개월 후 그들은 진흙밭에 쭈그리고 앉아, 이에 물리고 굶주린 채 추위에 떨며 처참한 비인간적 상황에 몸서리쳤다. 프랑스 작가 셀린[5]은 훗날 이 전쟁을 이렇게 묘사했다.

"2백만 광인들 한가운데로 휩쓸려 들어간 그들 모두는 영웅이었다. 그들은 뚜렷한 목적도 없이 빈틈없는 무장을 했다! 그들은 저격 · 제도(製圖) · 비행 · 포복 · 참호 파기 · 은폐 · 차량 수송 · 폭파 작업 등을 하면서 정신병원 같은 토굴에서 생활했다. 그들은

독일과 프랑스, 전 세계의 모든 것, 모든 숨 쉬는 존재를 파멸시키려 했다. 그들은 미친 개보다도 더 잔인했고 자신들의 광기를 숭배했다. (어떤 개도 그렇게 하지 않는다.) 1천 마리의 개보다도 백 배 천 배 더 흉포했고 끝없이 사악했다! (…) 나는 마치 내가 십자군에라도 나선 것만 같았다. (…) 그것은 묵시록을 방불케 하는 것이었다."

전쟁은 야만적이었고 군지휘관의 무능은 다반사였다. 장군들은 속사포, 기관총, 참호 구축 작업, 철도 및 자동차 수송 등에 전혀 대비하지 못했다. 그들은 과거 고립된 전장에서 치러졌던 전투와는 전혀 다른 양상으로 전개된, 끝없는 전선에서 총구를 겨누고 대치하는 새로운 방식의 전투에 대한 준비가 전혀 되어 있지 않았다. 그들은 지극히 방대하고 비인간적이며 기술 의존적이고 격렬하기만 한 전투 방식을 이해할 수 없었고, 그 앞에서 무력했다. 우리는 그들의 지적인 결함과는 별개로, 그들의 정서적 둔감성에 경악하게 된다. 오직 끝없이 적을 죽이는 것만이 그들의 모토였다. 어느 지휘관도 유혈을 주저하지 않았던 것으로 보인다. 힘을 힘으로 밀어붙이는 전투 방식—압도적으로 우월한 일방의 사기가 종국적인 승리를 이끌어낸다는 원리에 입각하여 적의 예봉(銳鋒)을 공격하는 전투 방식—은 기기묘묘한 각종 전략전술을 산출했다. 1916년의 베르됭 전투[6]로 프랑스군은 35만 명이 희생되었고 독일군도 비슷한 수의 희생자를 냈다. 독일군은 3개월 남짓한 동안에 겨우 5마일(8km)을 뚫고 들어갔다. 제1차 솜 강 전투[7]에서 연합군은 60만 명 이상의 사상자를 냈고, 독일군은 50만 명 가까운 희생자를 냈다. 공격자인 연합군은 4개월 반 동안 가로 30마일(48km), 세로 7마일(11km)의 작전 구역을 얻어냈을 뿐이었다.

생명을 마구 허비하는 미치광이 짓이라는 것을 전투원들은 일찍부터 알고 있었다. 그러나 누구도 어찌할 바를 몰랐다. 명예, 사랑, 용기, 그리고 사심 없는 헌신을 헛되이 낭비하는 것은 그 중에서도 가장 잔인한 일이었다. 한 영국 역사가는 전쟁 초기에 치러진 제1차 이프르 전투[8]에서 나이 어린 독일 학도지원병들이 "마치 귀신 들린 사람처럼 진격했다"고 기록했다. 그들은 영국 정규군 대대에 맞서기 위해 전쟁터에 내던져졌다. 명사수로 유명한 영국군은 이프르 언덕에서 독일 소년병들을 향해 일제히 발포했다. 이 사건은 독일 역사에 '이프르 강의 어린이 살해(Kindermord von Ypren)'로 기록되어 있다. 아마 이보다 더 적절한 표현을 찾기는 힘들 것이다.

진보의 시대 19세기

1914년 여름, 낯선 한 세계가 사망했다. 프랑스 혁명 전쟁과 나폴레옹 전쟁이 끝난 후 99년 동안 유럽에는 평화가 정착되어 있었다. (물론 크림 전쟁[9]처럼 18개월 동안 국지적인 소규모 전쟁이 치러진 경우도 있었지만 그것은 예외적인 일이다.) 사람들은 평화야말로 인간의 정상적인 상태라고 믿었다. 설령 평화가 일시적으로 깨질 경우라도, 전쟁은 이해 가능한 건전한 일로 그리고 다윈의 적자 생존 이론이 말하듯이 궁극적으로 유익한 일로 간주되었다. 겨자탄 · 참호전[10] · 부헨발트[11] · 런던 대공습[12] · 코번트리[13] · 히로시마 원폭 투하 등의 대규모 학살 사건을 경험한 우리가 볼 때, 이런 인식은 믿기 힘들 정도로 순진한 것이다. 그러나 우리가 야만적인 대규모 살상에 환멸을 느끼고, 지금 우리가 갖고 있는 인식 수준으로 각성하게 된 계기는 다름 아닌 1914~1918년의 사건들이었다.

19세기는 진보—그것도 필연적인 진보—에 대한 믿음이 팽배해 있었다. 미국의 인류학자 모건[14]은 1877년 '온전한 시대(entire age)'에 대한 확신에 찬 희망을 이렇게 피력했다. "정부의 민주주의 · 공동체의 형제애 · 정의와 권리의 평등 · 보통 교육 등은 사회의 좀 더 높은 단계를 예시해주고 있다. 경험 · 지성 · 지식은 그 단계를 향해 끊임없이(steadily) 상승하고 있다." 여기에서 그가 강조한 문구는 '끊임없이'이다. 그 어느 것도 인류의 진보를 멈출 수 없다는 것이다.

이 진보는 대단히 실질적인 것이었다. 1914년에 종언을 고한 그 시대는 찬란한 시대였다. 그 시대의 지적 · 심미적 재능은 너무나 엄청난 것이어서 우리 시대로서는 그 실재성을 믿기 어려울 정도이다. 그 시대는 안락한 시대였다. 적어도 무시할 수 없는 소수의 사람들에게는 그러했다. 그러나 그 시대의 안락함은 빈(Wien)의 숲 속 일요일 산책, 시골 별장 생활, 또는 고급 여송연 정도에 머무는 것이 아니었다. 그 시대는 과학과 예술, 심지어 정부 형태 면에서도 괄목할 만한 시대였다. 1914년 여름까지 1백 년 동안 사람들은 수많은 일을 해냈으며 계속해서 발전했다. 1815년 나폴레옹의 몰락부터 1914년 전쟁 발발까지 시대의 추세는 그야말로 상승 일로였다.

"프랑스에서는 신처럼 행복하다." 심지어 독일인들도 이렇게 말했다. 프랑스인에게 이 시대는 '좋은 시대(la belle époque)'였다. 전 세계의 예술가들이 배우기 위해 이 나라로 왔다. 에스파냐 출신의 피카소[15]와 그리스[16], 러시아 출신의 샤갈[17]과 아키펭코[18], 네덜란드 출신의 몬드리안[19], 루마니아 출신의 브랑쿠시[20], 미국 출신의 레이와 웨버[21], 이탈리아 출신의 모딜리아니[22] 등이 그들이다. 이들 모두는 '파리파(派)'를 이루었는데, 그 호칭은 전전(戰前)의 파리가 전 세계 예술가들의 조국이었음을 의미한다.

"파리는 세계의 재능을 삼켰다." 아폴리네르[23]는 이렇게 썼다. 드뷔시[24], 라벨[25], 스트라빈스키[26] 등이 그곳에서 음악을 작곡했다. 니진스키[27], 디아길레프[28]는 현대 발레의 화려함과 창조성을 드높이 끌어올렸다. 섀턱(Roger Shattuck)이 《향연의 세월》에서 말했듯이, 1913년은 프랑스 문학에서 경이(驚異)의 해(annus mirabilis)였다. 프루스트[29]의《스완네 집 쪽으로 *Du côté de chez Swann*》, 아폴리네르의《알코올 *Alcools*》, 마르탱 뒤 가르[30]의《장 바루아 *Jean Barois*》, 라르보[31]의《A. O. 바나부스 *A. O. Barnabooth*》, 페기[32]의《돈 *L'Argent*》, 바레스[33]의《영감의 언덕 *La Colline inspirée*》, 콜레트[34]의《뮤직홀의 이면 *L'Envers du music-hall*》등이 이 해에 출간되었다. '이렇듯 높은 수준으로는 도저히 계속 유지될 수 없었던 엑스트라버갠자(extravaganza, 19세기 미국의 화려한 뮤지컬 쇼)의 막을 내리기 위해서라도 전쟁이 터져야 할 것만 같은 분위기'가 파리의 분위기였다.

빈은 파리와 마찬가지로 세계의 재능을 빨아들인 또 하나의 거대한 잡종 도시였다. 빈은 오스트리아인 · 마자르인 · 체코인 · 슬로바키아인 · 폴란드인 · 슬로베니아인 · 크로아티아인 · 세르비아인 · 유대인 · 투르크인 · 트란실바니아인 · 집시 등의 재능을 빨아들였다. 일요일 아침이면 신사들은 매춘부들에게 추파를 던지면서 프라터[35]를 산책한다. 그들은 붉은색의 대형 회전 유람차를 타고 궁전과 도시의 공원들을 굽어보기도 하고, 커피하우스에서 무의미하고 지루한 담화를 즐기며 아침을 보낸다. 빈은 쾌락을 사랑하는 도시였지만 동시에 지적인 도시이기도 했다. 전쟁 직전까지만 해도 빈의 거리에는 이름만 들어도 알 만한 일급 저명 인사들이 거닐고 있었다. 말러[36], 프로이트[37], 페렌치[38], 마흐[39], 바르토크[40], 릴케[41], 카프카[42], 무질[43], 슈니츨러[44], 호프만스탈[45], 슈트라우스[46], 츠바이크[47] 등은 그 명단의 시작에 불과하다. 이 명단에는 불길한 몇몇 이름들도 보인다. 히틀러(Adolf Hitler, 1889~1945)는 1909~1913년까지 빈에서 실직자이자 초라한 숙박자—남의 침대를 낮 시간에 빌려 쓰는 사람—신세로 살았다. 그는 이 무렵 빈 사회에 충만해 있던 악의에 찬 반(反)유대주의를 받아들였다. 트로츠키도 마찬가지였다. 그는 빈의 카페에서 사회민주주의 정치인들의 논쟁을 경멸적인 태도로 지켜보면서 저녁 시간을 보내고 있었다.

영국은 아직 에드워드 시대[48]의 잔광(殘光)이 빛을 발하고 있었다. 영제국은 두 다리를 벌리고 선 채 지구의 4분의 1 이상을 지배하고 있었다. 산업의 구조가 변화하기 시작했고, 공업과 해군력이 미국 및 호엔촐레른[49] 독일에 의해 점점 더 큰 도전을 받고 있었지만, 영국의 광대한 해외 투자는 그러한 진실을 감추고 있었다. 영국은 또한 지적인 광휘도 갖고 있었다. 이 시대는 하디[50], 키플링, 웰스[51], 로렌스[52], 루이스[53], 베넷[54], 머리[55], 하우스먼[56], 먼로[57], 브룩[58], 그레이브스[59], 서순[60], 오언[61]의 시대였다.

황제가 지배하던 독일의 경우를 보자. 빌헬름 2세[62]가 잠자코 때를 기다리기만 했으면—5년이든 10년이든, 혹은 20년이든—독일이 모든 것을 얻을 수 있었으리라고 가정해보는 것은 우울한 일이다. 그러나 빌헬름은 성정이 교활하고 믿을 수 없고 신경질적이었으며, 기질적으로 모성결핍증에다 으스대기 좋아하는 구제 불능의 골목대장이었다. 그는 마치 거인의 장화를 신고 발 구르기 춤을 춰야만 하는 난쟁이라도 된 것처럼, 대화를 할 때면 신경질적으로 고함을 지르는 버릇이 있었다. 빌헬름 2세는 평생 동안 '위대한 황제'인 할아버지 빌헬름 1세—그는 뛰어난 재상인 비스마르크[63]의 도움으로 통일 독일을 이룩했다—의 그늘에서 살았다.[64] 그는 세계가 자신을 두려워하기를 원했지만, 어떻게 해야 그렇게 할 수 있는지를 몰랐다.

그에게 인내심이 있었다면 좋았을 것이다. 오스트리아-헝가리는 실질적으로 독일의 위성국이었다. 발칸 반도와 중동은 베를린으로 기울어 있었다. 유럽 대륙에서 독일의 공업 주도권은 확고했으며, 곧 영국을 물리치고 세계 교역에서 주도적 지위를 차지할 수 있는 상황이었다. 1914년에 이르러 14명의 독일인이 과학 분야에서 노벨상을 받았다. (경쟁 관계에 있던 프랑스에서는 9명이 수상했을 뿐이다.)

그러나 역사의 교훈은 인내심에 대한 진부한 설교를 능가하는 것이다. 빌헬름 개인의 불안 증세는 세계 속에서 독일의 지위에 대한 독일인들의 우려를 압축해서 표현한 것이었다. 호엔촐레른 시대의 둔감한 번영 근저에는 야릇한 무엇—평화에 대한 식상(食傷)함, 폭력에 대한 갈망, 죽음에 대한 믿음, 전쟁의 불길하고도 신비한 마력 등—이 도사리고 있었다. 독일 육군참모총장 헬무트 몰트케[65]는 1880년에 이렇게 선언했다. "전쟁이 없으면 세계는 급속히 유물주의에 빠져들고 말 것이다." 헬무트 몰트케와 그의 조카인 몰트케[66], 그리고 그들이 대표하고 있던 프로이센 군국주의 집단은 세계를 그와 같은 저급한 운명에서 구할 수 있으리라고 믿었다. 그러나 전쟁에 대한 이런 믿음은 '우익'만의 독점물이 아니었다. 독일 휴머니즘의 대변자인 토마스 만(Thomas Mann, 1875~1955)조차도 1914년에 "전쟁이란 정화요, 해방이요, 거대한 희망이 아닌가?"라고 말했다. 그는 이 말 뒤에 자못 득의만면하여 이렇게 덧붙였다. "평화란 문명사회를 타락시키는 요인이 아닌가?"

초조한 유럽인

세계에는 평화가 너무 오래 지속되었다. 하우스 대령[67]은 윌슨 대통령[68]에게 이런 편지를 썼다. "독일 전역은 열광으로 가득 차 있습니다. 모두가 신경이 곤두서 있습니다. 이 모든 것을 폭발시켜버리려면 불꽃 한 점만 있으면 됩니다." 사람들은 이렇게 말했다. "끝없는 공포보다는 무시무시한 종말이 더 낫다(Better a horrible ending than a horror without end)." 독일은 이렇듯 폭력적이고 혼미한 정신을 단지 조금 더 앞서 표현했을 뿐이었다. 그것은 유럽인 모두의 초조함을 표현해주는 것이었다.

그 초조함은 모든 곳에서 분명히 나타났다. 그것은 새롭게 대두한 정치적 폭력에 대한 숭배에서 나타났고, 무의식과 불합리를 강조하고 부르주아 계급의 가치관과 관습의 그릇된 허식을 폭로한 프로이트 · 니체 · 파레토[69] 같은 인물들의 새로운 철학에서도 표명되었으며, 전전의 전위예술가들 사이에 팽배했던 종말 의식에서도 드러났다. 이러한 반란 정신을 전형적으로 보여준 것은 1910년 이탈리아 미래파[70] 화가들의 선언이었다. 이 선언은 이렇게 언명했다.

"모든 형태의 모방은 경멸당해야 하고, 모든 형태의 독창성은 찬양받아야 한다. 우리는 '조화'와 '품위' 같은 언어의 전제(專制)에 반란을 일으켜야 한다. 현대 생활—그것은 강철 · 자부심 · 열광 · 속도의 생활이다—의 급박한 소용돌이를 표현하기 위해서는 모든 진부하고 케케묵은 주제를 일소해야 한다."

독일과 이탈리아에서와 마찬가지로, 영국과 프랑스에서도 암울한 긴장이 만연한 채 밖으로 분출될 때만을 기다리고 있었다. 전쟁이 발발하자 영국 시인 브룩은 기뻐하며 다음과 같이 읊조렸다.

"우리를 당신의 시간과 겨루도록 해주신 신께 감사 드릴지어다."

열병은 1914년 봄과 여름 사이에 파리에서도 번졌다. 프랑스의 시인이자 철학자 샤를 페기—드레퓌스 옹호자이자 사회주의자로서 선의와 이성을 갖추었고, 그가 속한 지적인 세대에게는 '순수파'로 알려졌다—는 이 암울한 정신을 포착했다. 그 해 봄 그는 이렇게 썼다.

"큰 전투에서 사망하는 자는 행복할지니,
그는 신의 얼굴 앞에서 대지에 누울 것이다"

페기는 그 해 9월 전투 중 사망했다.

악몽에서 깨어난 세계

물론 우리는 결코 그것을 완전히 이해할 수는 없을 것이다. 1차 세계대전에 관한 가장 분명한 사실은 이 전쟁이 파멸적이었다는 점이다. 엄청난 인명 희생, 어마어마한 물자 낭비와 파괴, 4년 간의 고통, 이 모든 것이 우리에게 그 사실을 잘 말해준다. 그 무익하고 무모한 유혈의 모험 이후 이 세상에 좋아진 것이 없다는 것을 우리는 잘 알고 있다. 정치적 민주주의, 공동체의 형제애, 권리와 특권의 평등, 보통 교육—인류의 경험·지성·지식이 '끊임없이' 지향하는 더 높은 사회적 단계를 보여주는 모든 증거물들—은 대규모 징집, 중앙 통제부에 의한 전쟁 지휘, 참호 진지의 익명성, 계획적인 거짓 선동으로 대치되었다. 간단히 말해 1914년에서 1918년 사이의 유럽은 현대 전체주의 국가들이 지닌 잔인한 모습을 유감없이 드러낸 것이다.

그리고 1차 세계대전의 마지막 총성이 울린 지 21년 만에 두 번째 세계대전이 발발했다. 그것은 더 큰 잔인성과 도덕적 타락, 그리고 계획적 살육을 수반한 전쟁이었다. 그러나 그것은 사반세기 전의 맹목적인 싸움과는 달리 특정 쟁점들을 놓고 격돌했다. 여기에는 치명적인 인과응보가 작용했다. 2차 세계대전은 1차 세계대전이 초래한 정신적 황폐화의 직접적 결과물이었던 것이다.

윌슨은 휴전협정을 환영하면서, 미국 국민에게 그들이 싸웠던 모든 '목표(!)'가 달성되었다고 선포했다. 그는 "전 세계에 올바른 민주주의를 확립하기 위해 건전하고 우호적인 조언과 물질적 지원을 솔선하여 베푸는 것은 미국인의 축복받은 의무"라고 주장했다.

그러나 우리는 로버트 그레이브스의 시에서 1918년에 비로소 악몽에서 깨어난 세계의 진실한 모습을 볼 수 있다.

"휴전 소식을 듣고 나는 홀로 루들란 늪의 제방을 걸었다. 저주하면서, 흐느끼면서, 그리고 죽은 이들을 생각하면서."

■ 본문 깊이읽기

*1차 세계대전
2차 세계대전 발발로 1차, 2차 등의 숫자가 붙여지기 전에는 1차 세계대전을 뭐라고 불렀을까? 대체로 서구인은 이 전쟁을 '4년 전쟁(Four Years' War, 1914~1918)'이라고 불렀던 것으로 보인다.

1 성 비투스(Saint Vitus)
3세기경 로마 황제에게 박해받은 순교자로, 무도병 환자의 수호 성인. 무도병이란 신체 여러 부분의 근육군이 불규칙적·불수의적(不隨意的)·무목적적인 운동을 하는 것이 특징인 신경계 질환을 말한다.

2 루돌프 대공의 자살
루돌프 대공은 개혁주의와 자유주의 사상에 매료되었으나 보수적인 아버지의 억압에 못 이겨 자살로 생을 마쳤다. 그는 프란츠 요제프 황제와 엘리자베트 황후의 외아들로 여러 분야의 교육을 두루 받았고 많은 곳을 여행했다. 합스부르크 군주국이 여러 민족으로 이루어졌기 때문에 발생하는 문제를 극복하려는 정치적 열망을 품었고 러시아 제국주의에 대한 반감과 자유주의적이고 반교권주의적인 견해를 갖고 있었기 때문에, 아버지뿐 아니라 총리 에두아르트 타페 백작과도 사이가 멀어졌다. 황제는 그가 국정에 개입하지 못하게 했고, 벨기에 국왕 레오폴 2세의 딸인 스테파니와 결혼시켰다 (1881. 5. 10). 스테파니가 낳은 딸 엘리자베트 마리는 여자라는 이유로 왕위 계승 서열에 들지 못했다. 루돌프는 모리츠 세프스라는 언론인의 영향을 받게 되었으며, 1881년 10월에 그의 급진적 신문인 《노이에스 비너 타크블라트 Neues Wiener Tagblatt》에 익명으로 기사를 실었다. 또한 두 권의 여행기를 출판했고, 오스트리아-헝가리 제국에 대한 중요한 입문서인 《말과 그림으로 보는 오스트리아-헝가리 Osterreich-Ungarn in Wort und Bild》라는 책의 출판을 지원했다. 한편 스스로 헝가리 왕위에 오르고 폴란드 왕국을 되살리려는 계획도 세웠다. 이 계획이 실패로 끝나고 결혼 생활도 행복하지 않자 완전히 절망에 빠져 있던 차에 1887년 10월 마리아 베체라라는 17세 소녀와 관계를 맺게 되었다. 이 소녀는 함께 자살하자는 그의 제의를 받아들여 1889년 1월 30일 아침, 그와 마리아는 마이얼링에 있는 사냥용 별장에서 총에 맞아 죽은 시체로 발견되었다. 황제와 그의 측근들은 진상을 감추려 애썼으나 방법이 너무 서툴렀기 때문에 오히려 수많은 유언비어를 낳았다. 합스부르크 왕가의 적들은 이 사건에 그릇된 해석을 덧붙였고, 낭만적인 작가들은 소문을 멋대로 부풀렸다. 루돌프가 정신적 혼란을 겪고 있었다는 사실을 제외하면, 그가 자살한 가장 그럴 듯한 이유는 합스부르크 왕가에 반대하는 헝가리인들과의 관계가 폭로되는 것을 두려워했기 때문이라는 것이다. 왕위 계승자라는 그의 지위는 사촌 프란

마리아 베체라. 남작의 딸로 태어나 열일곱 살에 죽음을 선택한다.

츠 페르드난트가 물려받았다.

3 막시밀리안의 죽음

막시밀리안(Maximilian, 1832~1867)은 국제적 음모를 통해 제위에 앉았으며 멕시코에서 벌어진 격렬한 싸움에 휘말려 생명을 잃었으나 그는 이러한 사건들에 전혀 걸맞지 않는 소박한 자유주의자였다. 오스트리아 황제 프란츠 요제프 1세의 동생으로 오스트리아 해군소장으로 복무했고 롬바르디아-베네치아 왕국의 총독을 지냈다. 1863년 멕시코 사람들이 자신을 왕으로 추대했다고 잘못 생각하고 멕시코 왕위 제안을 받아들였다. 그러나 사실 그 제안은 베니토 후아레스 대통령의 자유주의 정부를 무너뜨리려던 멕시코 보수파와 멕시코에 빌려준 돈을 받고 자신의 제국주의적 야심을 멕시코에까지 펼쳐보려던 프랑스 황제 나폴레옹 3세가 합작으로 만들어낸 계획에 의한 것이었다. 프랑스군의 지지를 약속받은 막시밀리안은 벨기에의 왕 레오폴트 1세의 딸인 그의 아내 카를로타와 함께 멕시코로 건너갔다. 1864년 6월 10일 황제의 자리에 오른 막시밀리안은 인디언 농민들의 보호자로 자처하면서 가부장적인 온정주의로 자애롭게 통치하려고 했으나, 후아레스의 혁신적 개혁들을 지지해 대토지 소유자들의 분노를 샀으며 후아레스가 몰수했던 엄청난 교회 영지를 돌려주는 것을 거부함으로써 로마 가톨릭의 성직자 집단과 대립했다. 국고가 완전히 바닥나 있었으므로 일상적인 비용을 자신이 물려받은 수입으로 메워야 했으며 자유주의적인 계획들은 결국 좌절되었다. 1865년 남북전쟁을 막

마네의 작품 〈막시밀리안의 처형〉

끝낸 미국은 먼로주의 원칙에 위배된다는 이유로 프랑스 군대의 철수를 요청했다. 카를로타는 서둘러 유럽으로 달려가 나폴레옹 3세와 교황 피우스 9세에게 남편에 대한 지원을 요청했으나 실패했고 오히려 감정만 크게 상했을 뿐이었다. 프랑스 군대는 1867년 3월 철수했고 후아레스는 군대를 이끌고 멕시코 시로 되돌아왔다. 막시밀리안은 '그의 국민'을 내버릴 수 없다고 느껴 퇴위를 거부하고 제국군의 총사령관이 되었다. 막시밀리안이 거느린 소규모 군대는 케레타로에서 포위를 당해 굶주림에 지친 끝에 마침내 항복했다(1867. 5. 15). 빅토르 위고와 가리발디, 그리고 유럽의 많은 군주들이 막시밀리안의 목숨을 구하기 위해 후아레스에게 탄원했으나 그는 다음달 케레타로 교외의 한 언덕에서 처형낭했다.

4 아마겟돈(Armageddon)
《신약성서》〈요한계시록〉에 나오는 용어로서 세계 역사

의 마지막 날에 마귀 휘하에 있는 동쪽 왕들이 하나님의 세력과 전쟁을 벌일 장소를 말한다.

5 셀린(Louis-Ferdinand Céline, 1894~1961)
프랑스의 작가 · 의사. 1924년에 의사가 되어 국제연맹에서 의료 사명을 띠고 여러 곳을 여행했다. 1928년 파리 근교에서 개업했고, 시간이 나면 글을 썼다. 1932년에 나온 첫 소설 《밤의 끝으로의 여행 Voyage au bout de la nuit》으로 유명해졌다. 고통과 절망 속에서 생의 의미를 찾아 헤매는 인간의 이야기를 격렬하고 자유로운 문체로 쓴 이 소설 덕에 그는 20세기 프랑스 문단에서 중요한 혁신적 인물로 주목받았다.

6 베르됭 전투(Battle of Verdun)
1차 세계대전 때 벌어진 매우 치열했던 전투(1916. 2. 21~ 1916. 7). 이 전투에서 프랑스는 독일의 대규모 공격을 물리쳤다. 독일의 에리히 폰 팔켄하인 장군은 소모전 전술을 과신해 '프랑스가 마지막 병사까지 투입하지 않을 수 없는 지구전을 위한' 공격 지점을 선택함으로써 프랑스군을 피 흘려 죽게 해야 한다고 주장했다. 독일군은 그 지점으로 베르됭 요새와 그 주변 뫼즈 고원의 요새들을 선정하고 대규모 군대와 대포를 동원했다. 프랑스군은 독일군이 공격해올 것을 알았으나 공격 지점이 베르됭이 아닌 다른 곳일 것이라고 생각했다. 따라서 베르됭은 아무 준비도 없이 1차 세계대전 중 가장 극심한 포격 가운데 하나로 꼽히는 엄청난 포격을 당했다. 독일군은 4일 동안 별다른 저항을 받지 않고 진군해 두오몽 요새를 점령했다. 이때 프랑스 증원군이 도착했고 그들을 지휘하던 프랑스의 앙리 페탱 장군은 역습을 명령했다. 그 뒤 프랑스군은 4일 동안 격렬한 전투를 벌여 독일군의 진격을 막았다. 소강 상태가 지난 뒤 전투는 계속되어 3월과 4월 뫼즈 강 동서쪽 언덕과 능선에서는 포격·공격·반격·점령·탈환이 이어졌다. 5월 말 전쟁은 세 번째 국면으로 접어들었다. 이때 독일군은 뫼즈 고원을 재공격했으나 우세를 유지하지 못했다. 7월이 되자 독일군은 베르됭을 장악하고 프랑스의 저항 의지를 약화시킨다는 자기들의 계획이 양측에 엄청난 인명 손실(프랑스의 인명 피해 30만 명과 그에 맞먹는 독일 측 손실)과 물자 손실을 내며 실패로 끝났다는 사실을 깨달았다. 8월부터 그 해 말까지 프랑스군은 공격을 재개해 잃었던 요새와 영토를 탈환했다.

7 제1차 솜 강 전투(First Battle of the Somme)

1차 세계대전 때 많은 피해를 입고 실패로 끝난 연합군의 공세(1916. 7. 1~1916. 11. 13). 영국군과 프랑스군이 솜 강 북쪽 34km 전방을 정면 공격하기 시작했을 때 독일군은 안정된 참호 속에서 전략적인 주둔을 하고 있었다. 영국군과 프랑스군은 보병의 '고지 점령'에 앞서 대규모 포격과 공중 폭격을 가했지만 사실상 난공불락인 독일군의 거점에 막혀 빠른 속도로 진격할 수 없었다. 공격 첫날 영국군은 6만 명의 부상자와 2만 명의 전사자를 내는 피해를 입었다. 7월 중순의 영국 기병대 공격도 독일군의 기관총에 의해 무산되었다. 9월이 되자 영국군은 신무기인 탱크를 투입했으나 위협적이지 만 믿을 만한 무기는 아니었다. 이 싸움에서는 탱크보 다 전투기와 정찰기가 효과적이었고 대공포(對空包)가 처음으로 사용되었다. 10월에는 폭우가 내려 사람이 걸 어 다닐 수 없는 진흙바다로 변했기 때문에 연합군은 11 월 중순까지 8km밖에 전진하지 못했다. 인명 피해 숫자 는 독일군 65만 명, 프랑스군 19만5천 명, 영국군 42만 명으로 추산된다. 그러나 연합군은 이 공격을 통해 베 르됭에 가해지는 독일군의 압력에서 벗어나고 독일군 주력 부대를 서부전선에 묶어놓는 데에는 성공했다.

8 제1차 이프르 전투(First Battle of the Ypres)
이프르는 벨기에 서부 서플랑드르 주의 자치체로서, 1 차 세계대전 때 서부전선 쪽으로 영국군이 진을 친 중 요한 돌출부 내의 주요 도시였으며, 이 전선 돌출부에 서 세 차례 주요 전투가 벌어졌다. 그 중 두 번째 전투 때 독일군이 독가스를 처음 무기로 사용했다. 25만 명 이상의 영국군과 다른 연합군 군사들이 이프르의 연이 은 전투에서 생명을 잃었고, 그 중 5만5천 명은 무덤조 차 알려져 있지 않다. 이프르도 이때 완전히 파괴되었 으나 그 후 원래 모습으로 재건되었다.

9 크림 전쟁(crimeam war)
크림 반도를 중심으로 러시아가 영국 · 프랑스 · 오스만 제국과 벌인 전쟁(1853. 10~1856. 2). 1855년 1월부터 는 사르데냐피에몬테 왕국이 연합군으로 참전했다. 이 전쟁은 중동을 둘러싼 열강들의 분쟁에서 비롯된 것이

크림 전쟁 모습. 오스만 제국이 러시아에 선전포고를 함으로써 전쟁이 시작되었다.

나, 러시아가 투르크 제국 내 정교회 교도들에 대한 보호권을 주장한 것이 직접적인 요인이 되어 일어났다. 한편 팔레스타인의 성지에 대한 러시아 정교회와 로마 가톨릭의 권한을 놓고 러시아와 프랑스 사이에 벌어진 분쟁 또한 주요 요인으로 작용했다. 1853년 7월 러시아가 투르크 제국과의 경계에 있는 도나우 강 연안의 공국들(지금의 루마니아)을 점령하자 투르크 제국은 영국의 지원을 받아 강경하게 맞섰다. 1853년 9월 23일 영국 함대가 콘스탄티노플(지금의 이스탄불)로 향했다. 10월 4일 투르크는 러시아에 전쟁을 선포하고 같은 달 도나우 강 연안의 공국에 주둔한 러시아군을 공격하기 시작했다. 러시아의 흑해함대가 투르크 쪽 흑해 해안에 있는 시노페 앞바다에서 투르크 함대를 격파하자 영국과 프랑스 함대는 1854년 1월 3일 투르크의 수송 선단을 보호하기 위해 흑해로 들어왔다. 3월 28일 영국과 프랑스도 러시아에 선전포고를 했다. 러시아는 오스트리아를 만족시켜 참전하지 않도록 하기 위해 도나우 강 연안의 공국에서 철수했지만 1854년 8월 오스트리아가 이곳을 점령했다. 1854년 9월 연합군이 흑해의 북쪽 해안에 있는 러시아의 크림 반도에 상륙해 1년에 걸친 세바스토폴 포위가 시작되었다. 주요 전투는 9월 20일 알마 강에서, 10월 25일 발라클라바에서, 11월 5일 인케르만에서 벌어졌다. 1855년 1월 26일 사르데냐피에몬테 왕국도 전쟁에 가담해 1만 명의 병력을 파견했다. 프랑스군이 러시아의 주요 거점인 말라호프를 공격한 지 3일이 지난 1855년 9월 11일 러시아군은 요새를 폭파하고 함선들을 침몰시킨 뒤 마침내 세바스토폴에서 철수했다. 전쟁의 제2단계는 카프카스와 발트 해에서 전개되었다.

오스트리아가 연합군에 가담하겠다고 위협하자 러시아는 1856년 2월 1일 예비 강화조약을 받아들였다. 파리 강화회의는 2월 25일부터 3월 30일에 걸쳐 최종 타결안을 내놓았다. 크림 전쟁에서는 교전국 모두가 제대로 준비를 갖추지 않은데다 지휘 체계가 형편없었다. 또한 질병으로 양측을 합해 약 25만 명이나 되는 엄청난 병력이 죽었다. 크림 전쟁은 동유럽에서 열강들의 이해관계를 해결하지 못했다. 새로 러시아 황제가 된 알렉산드르 2세(1855년 3월 니콜라이 1세를 계승함)는 이 전쟁을 통해 러시아가 유럽 강국들과의 경쟁에서 이기기 위해서는 후진성을 탈피해야 한다는 것을 깨닫게 되었다. 이 전쟁의 또 다른 결과는 오스트리아가 영국과 프랑스 편에 가담함으로써 중부 유럽 문제에 대해 러시아의 지지를 잃은 점이다. 오스트리아는 영국과 프랑스에 의지하게 되었으나, 이들의 지원을 받지 못해 1859, 1866년의 전쟁에서 패배했고 오스트리아에 승리한 이탈리아와 독일은 각각 통일을 이룩할 수 있었다.

참호전 모습.

10 참호전(trench warfare)

대치하는 군대들이 땅을 파서 구축한 반영구적인 참호망에 의지하여 공격·반격·수비를 하는 전투 행위를 말한다. 대치하는 참호망은 보통 서로 가까운 거리에 있다. 참호전을 벌이는 것은 수비군의 화력이 워낙 우세하여 공격군이 기동성을 포기하고 대대적으로 '파고 들어가지 않을 수 없을 때'이다. 한 개에 한 명의 군인이 안전하게 서 있을 만큼 구덩이를 파서 만든 개인용 참호들이 얕은 포복용 참호들로 연결된다. 참호를 만들 때 구덩이에서 파낸 흙은 그 참호의 앞뒤 양쪽으로 흙벽을 쌓는 데 이용된다. 참호 안에는 사격 발판으로 불리는 돋우어진 발판에 따라 사격 위치들이 있으며, 흔히 진창인 바닥에는 디딜 판자들이 깔린다. 전술상 현대 참호전의 원조는 17세기에 프랑스의 군사기술자 세바스티앵 르 프레스트르 드 보방이 요새 공격을 위해 개발한 전법으로, 참호를 점진적으로 확장하는 방식이었다. 참호는 공성술의 일부로만 그 기능이 유지되다가 소화기와 대포의 화력이 점차 증대함에 따라 미국 남북전쟁(1861~1865) 때는 양쪽 진영이 다 같이 참호를 이용하게 되었다. 남북전쟁 종전까지 몇 개월에 걸쳐 계속된 피터즈버그-리치먼드 작전지구의 참호선(線)들은 19세기에 있어서 가장 발전된 참호전의 양상이었다.

참호전은 1차 세계대전 중 서부전선에서 최고조에 달했다. 벨기에 해안으로부터 프랑스의 북동부를 가로질러 스위스까지 뻗은 일련의 참호들 속에서 수백 만 병력의 군대들이 대치한 것이다. 이때의 전형적인 참호망은 2~4개 또는 그 이상의 참호선이 평행으로 이어지는 체계로 되어 있었으며, 그 길이는 최소 1.6km나 되었다. 참호들은 각각 Z자형으로 패어 있어서, 어떠한 적도 그 한쪽 끝에 서서 참호를 따라 2~3야드 이상 사격할 수 없었다. 참호의 본선(本線)들은 일련의 연락참호들에 의해 연결되었으며, 연락참호들은 본선에 거의 직각이 되도록 파였다. 식량 · 탄약 · 보충부대 · 우편물 · 명령 등이 이 연락참호들을 통해 전달되었고, 지휘소 · 전방보급창 · 응급치료소 · 주방 · 변소 등이 그 안에 설치되었다. 1차 세계대전이 진행되면서 양 진영은 적군이 어느 한 지점도 통과할 수 없도록 참호망을 더욱 견고하게 구축했는데, 그 점에서는 독일군이 한층 더했다. 독일군은 토치카, 즉 콘크리트로 만든 기관총 엄호들을 이용하여 극도로 정교한 방어망을 엮어 나갔다.

토치카들 뒤에는 철조망, 참호, 포병대의 포격에 견딜 수 있도록 보강된 방공호들이 있었다. 1918년까지 독일군이 구축한 참호망 가운데 몇 개는 길이가 22km나 되었다. 1차 세계대전 대부분의 기간에 걸쳐 서부전선에서 대치한 양군은 적의 참호망을 돌파하려고 계속 시도했다. 이 돌격은 대부분 실패로 끝났는데, 그것은 예비 포격이 수비군에게 돌격이 임박했다는 경보가 되어 반격 태세를 갖출 시간적 여유를 주었고, 대치하는 양 진영 사이의 '임자 없는 땅'이 포격으로 인해 험한 지형으로 바뀌어 돌격군의 진격 속도를 떨어뜨렸기 때문이었다. 그러다가 1918년 연합군이 빈번히 전차를 이용하게 되면서 참호전은 종말을 고하기 시작했다. 전차는 참호의 궁극적인 방어 수단인 기관총과 소총 사격에 끄떡없었기 때문이다. 예외적으로 태평양 전역에서 일본군은 미국의 압도적인 포병대와 공군력에 부딪쳐 그들이 주둔한 많은 섬에 깊이 판 굴과 벙커를 연쇄적으로 요새화했다. 비슷한 전술이 한국전쟁에서 미국의 공군력에 대한 대책으로 북한군과 중국군에 의해 구사되었다. 이란-이라크 전쟁(1980~1988)에서는 전통적인 참호전이 재등장했다. 그것은 전차나 공군기와 같은 기동성 있는 무기들이 부족하여 이 전쟁이 기본적으로 정적인 전쟁이 되었기 때문이었다.

11 부헨발트(Buchenwald)
독일의 나치스 집단수용소. 최초이자 최대의 수용소로, 당시 독일 튀링겐에 있던 바이마르 북서쪽에서 7km가량 떨어진 숲 언덕에 있었다. 1937년 세워져 북쪽으로

부헨발트 수용소의 유대인들.

는 작센하우젠, 남쪽으로는 다하우에 있던 집단수용소를 보완하는 역할을 했다. 2차 세계대전 때 2만여 명을 수용했고, 그들 대부분은 근처 공장에서 교대로 12시간씩 쉬지 않고 노예처럼 일했다. 가스실은 없었지만 달마다 수백 명이 질병·영양실조·과로·구타·처형 등으로 죽어갔다. 무장 나치스 친위대(SS) 위생학연구소의 한 부서인 티푸스와 바이러스 연구부가 여기에 있어 수용자들을 대상으로 바이러스 감염과 백신 효과에 대한 생체실험을 했다. 엄격한 규율로 운영되었으며, 1939~1945년에 '부헨발트의 마녀'로 알려진, SS의 사령관 카를 코흐의 아내 일자 코흐가 잔인한 새디즘으로 악명을 떨쳤다.

12 런던 대공습(Bitz)
1940~1941년의 런던 대공습을 말한다. 공중 폭격으로 3만 명 이상이 사망하고 5만 명 이상이 중상을 입었다.

대부분의 공공건물과 런던과 스테프니 지역의 가로망이 모두 파괴되었다. 웨스트민스터 대성당과 국회의사당도 폭격을 받았으나 가까스로 대규모 파괴는 면했고, 세인트폴 성당과 시청 또한 마찬가지였다. 그러나 일반 주택과 템스 강 항만 시설들은 폭격으로 철저히 파괴되었다.

13 코번트리(Coventry)

영국 웨스트미들랜드에 있는 도시. 2차 세계대전으로 크게 파괴되었으며, 1940년 11월과 1941년 4월의 공습으로 세인트미카엘 대성당의 뾰족탑과 그레이프라이어스 교회를 제외한 도시의 대부분이 파괴되었다.

14 모건(Lewis Morgan, 1818~1881)

과학적인 인류학의 주창자로서 특히 친족 관계 연구와 포괄적인 진화 이론을 정립했다. 1844~1862년 로체스터에서 변호사로 일했으며, 뉴욕 주의회 의원(1861~1868)과 상원 의원(1868~1869)을 지냈다. 1840년대 초 아메리카 인디언에 관심을 갖게 되면서 평생 인디언들의 권익을 옹호하기 위해 투쟁했다. 이로쿼이 인디언의 역사·사회 조직·물질 문화를 연구하는 동안 특별히 관심을 가졌던 세네카족의 양자가 되었으며(1846), 연구 결과를 토대로 《이로쿼이 연맹 The League of the Ho-deno-sau-nee, or Iroquois》(1851)이라는 저서를 썼다. 모건은 1856년경 세네카족의 친족 명칭에 관심을 갖게 되었는데, 세네카족의 관습은 영국이나 미국의 관습과 크게 달랐다. 미시간 북부에 사는 오지브와족도 사실상 같은 명칭을 쓴다는 사실을 발견한 뒤, 아시아에서도 동일한 친족 명칭 체계를 찾아낸다면 아메리카 인디언의 발상지가 아시아라는 사실을 입증할 수 있을 것이라고 추측하게 되었다. 그 뒤 곧 여러 문화권의 친족 명칭에 대해 폭넓은 조사를 시작해서, 친족에 관한 선구적인 연구 업적으로,《인간의 혈연 관계와 인척 관계의 제도 Systems of Consanguinity and Affinity of the Human Family》(1871)를 썼다. 이 저서는 전(前) 도시사회에서 기본적인 사회 조직 원리가 되었던 친족 제도에 대한 현대 인류학 연구의 출발점이 되었다.

모건의 주저인 《고대 사회 Ancient Society, or Researches in the Lines of Human Progress from Savegery through Barbarism to Civilization》(1877)에는 친족 연구를 통해 정립한 그의 문화 발전 이론이 잘 나타나 있다. 이 이론은 여러 문화의 발전 단계에 대한 훌륭한 설명일 뿐 아니라 문명의 기원과 발전에 대한 최초의 중요한 과학적 이론이었다. 모건의 가정에 따르면 사회의 발전은 주로 식량 생산의 변화로 일어났다. 그는 사회가 수렵·채집 단계(야만 상태)에서 정착·농경 단계(미개 상태)로, 그 다음 농경사회를 포함한 도시사회(문명)로 발전했다고 보았다. 문화와 사회 발전에서 기술의 변화와 물질적인 요소의 중요성을 강조한 모건의 이론은 마르크스와 엥겔스의 주목을 받았고 그의 저서 《고대 사회》는 마르크스주의의 고전이 되었다. 그러나 모건 자신은 중산 계급의 존재와 그들의 경제적 역할을 높이 평가했다.

15 피카소(Pablo Picasso, 1881~1973)

프랑스의 입체파 화가. 1881년 10월 25일 에스파냐 말라가에서 출생했다. 1897년 마드리드의 왕립미술학교에 들어가 바르셀로나에서 최초의 개인전을 열었고 1900년 처음으로 파리를 방문, 다음해 재차 방문하여 몽마르트르를 중심으로 자유로운 제작 활동을 하고 있던 젊은 보헤미안 무리에 투신하였다. 당시의 그의 작품에는 위에 열거한 화가들 외에 고갱·고흐 등의 영향도 많이 반영되었으나, 점차 청색이 주조를 이루는 이른바 '청색 시대(青色時代)'로 돌입했으며, 테마는 하층 계급 생활의 참상과 고독감이었다. 그러나 1904년 몽마르트르에 정주하면서부터는 색조가 청색에서 도색(桃色)으로 바뀌는 동시에(도색 시대) 포름으로는 과거의 에스파냐 예술, 카탈루냐 지방의 중세 조각, 그레코·고야 등이 지닌 독특한 단순화와 엄격성이 가미되어갔다.

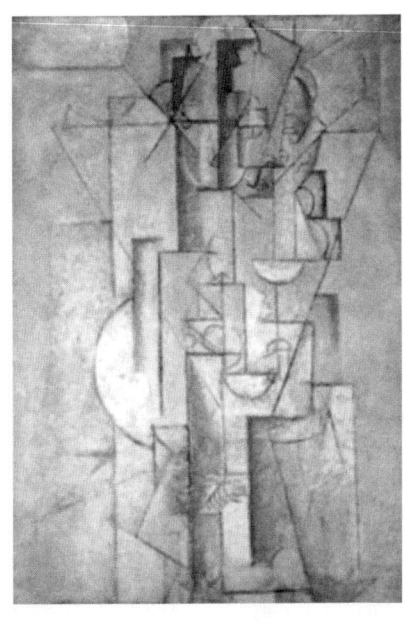

피카소의 작품 〈누드, 나는 에바를 사랑해〉.

16 그리스(Juan Gris, 1887~1927)

에스파냐의 화가. 그가 그린 어두운 색의 정물화는 종합적 입체파(Synthetic Cubism)라는 회화 기법의 선구적인 역할을 하여 1차 세계대전 직후 프랑스에서 등장한 아방가르드 미술(avant-garde art) 발전에 커다란

브라크의 작품 〈바이올린과 주전자〉.

영향을 미쳤다. 동료 입체파 화가인 피카소나 브라크보다 이론에 충실했던 그는 그들이 발견해낸 것들을 체계화하고 입체파의 직관을 이해하기 쉽게 만들어 결국 입체파 양식을 널리 보급시켰다. 미술을 공부하기 전에 과학을 공부했고, 1906년 파리로 옮겨 감각적인 곡선미가 특징인 아르누보 양식의 신문 삽화를 그렸다. 그는 몽마르트르에 있는 화가들의 거주지 바토 라부아에 자리를 잡았는데, 에스파냐 출신인 동료 피카소도 이곳에 머물고 있어 입체파와 관계를 맺게 되었다. 1913~1914년 그는 개성적이고 원숙한 종합적 입체파 양식에 도달했으며 무엇보다도 종이 콜라주(papier colle)를 중요시했다. 그는 모든 그림의 기본을 '평면에 채색한 건축의 일종'으로 보았고, 순수한 회화 요소를 이용하여 현실의 이미지를 종합적으로 창조해냈다. 지적이고 수학적인 계산을 직관과 감각과 조화시킨 것이 그의 탁월한 장점이다. 그의 입체파 양식은 브라크나 피카소보다 훨씬 엄격하고 고전주의적이었으나 자발적이고 직관적인 면은 다소 뒤떨어진다. 1921~1927년 그리스는 자신의 종합적 입체파 화풍을 자유롭고 서정적인 화풍으로 바꾸어 나갔다.

17 샤갈(Marc Chagall, 1887~1985)

표현주의를 대표하는 에콜 드 파리 최대의 화가. 러시아 비테프스크 출생으로 유대인 집안에서 태어나 1907년 페테르부르크에 가서 미술학교에 다닌 후, 1910년 파리로 나와 모딜리아니와 레제 등을 배출한 아틀리에 '라 뤼슈'에서 그림 공부를 하며 큐비즘 기법을 익혔다. 1911년 앙데팡당전(展)에 첫 출품, 괴이하고 환상적이며 특이한 화풍으로 전위파 화가와 시인들을 놀라게 하였다. 1911년 베를린에서 첫 개인전을 열어 성공한 후 그 해 결혼을 위해 일시 귀국하였으나 마침 1차 세계대전이 일어나고, 잇달아 1917년 러시아 혁명이 일어나자, 모국에 머물면서 미술 단체의 요직을 맡았다. 고향

샤갈의 작품 〈나와 마을〉.

에 미술학교를 열고, 1919년 모스크바의 국립유대극장의 벽화 장식을 담당하기도 하였으나 사회주의 리얼리즘과 맞지 않아 1922년에는 베를린, 1923년에는 파리로 돌아왔다. 이때부터는 유화 외에도 화상(畵商) 폴라즈의 의뢰에 따라 많은 판화를 제작하여 에콜 드 파리의 유력한 작가로 주목받게 되었다. 그리고 환상적인 작풍은 초현실주의 미술에 큰 영향을 끼쳤다. 그러나 나치스의 유대인 박해가 점차 격화되자 1941년 도미, 2차 세계대전 중에는 미국에서 지냈다. 1947년 다시 파리로 돌아와 1950년부터는 남프랑스의 방스에 터전을 잡았다.

18 아키펭코(Alexander Archipenko, 1887~1964)
러시아 태생 미국의 조각가·화가. 인물 묘사를 공간과 입체의 형식적인 구도에 종속시키는 새로운 양식을 창안했다. 키예프에서 공부한 뒤 파리의 에콜 드 보자르(미술학교)에 들어갔으며(1908), 거기에서 입체파 운동에 적극 참가했다. 베를린에서 한동안 미술을 가르치다가(1921~1923) 뉴욕으로 이주했으며, 시카고에 있던 뉴바우하우스와 잠시(1937~1939) 접촉했던 것을 빼고는 뉴욕에서 계속 미술을 가르쳤다(1923~1964).

19 몬드리안(Piet Mondrian, 1872~1944)
네덜란드의 화가. 칸딘스키와 더불어 추상화의 선구자로 1894년 암스테르담 미술학교를 졸업했다. 자연주의 화풍에 철저히 따랐으며 쓸쓸한 겨울 풍경과 정물 등을 그렸는데, 뭉크의 영향을 받아 섬세하면서도 어딘지 병

몬드리안의 작품 〈생강 단지가 있는 정물〉.

적이었다. 그 후 신비주의 화가 얀 투로프를 알게 되어, 《나무》의 연작(連作)을 권유받아 차차 추상으로 바뀌었다. 칸딘스키의 우발적인 비대상(非對象)의 추상과 비교하면, 그의 경우는 문자 그대로 물체의 핵의 추상으로서 추상화가 탄생한다. 1910년 파리에서 포브의 감화를 받았으나, 1917년 도스부르크 등과 '데 스틸 운동'을 일으켰으며, 끝내는 수평과 수직의 순수 추상으로 향하였다. 1938년 런던을 거쳐, 1940년 뉴욕으로 망명하였다.

20 브랑쿠시(Constantin Brancusi, 1876~1957)
루마니아 출신의 조각가. 11세 때부터 방랑 생활을 하다가 1898~1902년까지 부쿠레슈티의 미술학교에서 조각을 배웠다. 1902년에 고국을 떠나 뮌헨·쥐리히·바젤을 거쳐 1904년에는 파리로 가서 에콜 드 보자르에 들어갔으나 로댕의 영향을 받고 2년 뒤인 1906년에 중퇴하였다. 이 무렵 전국미술협회에 출품하여 로댕의 눈길을 끌어 입문(入門)을 권유받았으나 거절하고 몽마르트르의 전위예술가들과 사귀었으며, 최초의 개인전을 열었다(1906). 이때부터 독자적으로 상징적 추상 조각을 밀고 나가 〈입맞춤〉(1908), 〈잠자는 뮤즈〉(1909) 등의 작품을 만들었다. 재질을 살리고 형태를 단순화·추상화시킴으로써 표현력을 높여 고유의 생명을 발휘시키는 방법으로 일관하여, 그의 작풍과 생활은 더욱 단순하고 소박해졌다. 작품도 한층 원형화(原形化)되었으며, 배자(胚子)·난형(卵形)으로 변해서 〈신생〉(1915)에서는 완전한 추상의 형태로 변화되었다. 20여 년에 걸쳐 (1919~1940) 손질을 한 〈공간 속의 새〉(브론즈), 대리석으로 만든 거대한 알 모양의 〈세계의 시초〉(1924), 목조로 시작하였다가 나중에 황금색으로 착색한 철(鐵)로 만든 〈끝없는 기둥〉(1937) 등이 유명하다.

21 웨버(Max Weber, 1881~1961)
러시아 태생의 미국 화가·판화가·조각가. 초기의 추상 작품을 통해 야수파·입체파 같은 유럽의 현대 미술을 미국에 소개하는 데 이바지했다. 1891년 러시아 비아우이스토크에서 미국 뉴욕 시로 이주하여 브루클린의 프랫 미술학교에서 공부했다(1898~1900). 1905~1908년에 프랑스 파리에서 지내면서 쥘리앙 아카데미에서 공부했고 앙리 마티스에게 사사했다.

22 모딜리아니(Amedeo Modigliani, 1884~1920)
이탈리아의 화가·조각가. 비대칭 구도와 길쭉하게 잡아 늘인 인물과 단순하면서도 대담한 윤곽선이 특징인 그의 초상화와 누드화는 20세기의 가장 중요한 작품에 속한다. 또한 이 작품들은 지극히 개인적인 분위기를 띠고 있는 것으로 인기를 끌었다. 화가와 모델 사이의 말 없는 공감이 보는 사람을 끌어들인다. 모딜리아니는 소매상을 하는 유대인 집안에서 태어났다. 그는 1895년과 1898년에 늑막염과 티푸스를 앓은 뒤 통상적인 교육을 포기할 수밖에 없었고, 그 뒤 그림을 공부하기 시작했다. 1902년 피렌체에 잠시 머문 뒤 베네치아로 가서 1906년 겨울까지 미술 공부를 계속하다가 파리로 갔다.

모딜리아니의 작품 〈몽마르트르의 젊은 여자〉.

23 아폴리네르(Guillaume Apollinaire, 1880~1918)

프랑스의 시인. 20세기 초에 프랑스 문단과 예술계에서 번창한 모든 아방가르드 운동에 참가하고 시를 새로운 분야로 안내한 뒤, 짧은 생애를 마쳤다. 폴란드 망명자인 어머니와 이탈리아 장교인 아버지 사이에서 태어난 그는 자신의 혈통을 비밀에 붙였다. 비교적 자유롭게 자란 그는 20세 때 파리로 가서 자유분방한 생활을 즐겼다. 1901년 독일에서 보낸 몇 개월은 그에게 깊은 영향을 끼쳤고, 이때의 경험은 자신의 시적 재능을 깨닫는 데 도움을 주었다. 특히 라인 지방의 매력은 언제나 그의

앙리 루소의 그림 〈시인에게 영감을 주는 뮤즈〉에서의 아폴리네르와 로랑생.

추억에 남아 있었고, 이 지방의 숲과 전설에 깃든 아름다움은 나중에 그의 시에서 되살아났다. 그러나 그보다 더 중요한 것은 영국 아가씨 애니 플레이든을 사랑하게 된 사건이다. 그는 런던까지 이 여인을 따라갔지만, 끝내 사랑을 얻지 못했다. 이 낭만적인 실연에서 영감을 얻어 유명한 시 〈사랑받지 못한 애인의 노래 Chanson du malaimé〉를 썼다. 파리로 돌아온 뒤, 아폴리네르는 문필가들이 자주 드나드는 카페의 단골 손님이자 작가로 널리 알려지게 되었다. 그는 또한 나중에 유명해진 몇몇 젊은 화가들, 즉 블라맹크·드랭·뒤피·피카소 등과 친구가 되었다. 그는 앙리 루소의 그림과 아프리카 조각을 동시대인에게 소개했으며, 피카소와 함께 그림뿐만 아니라 문학에서도 입체파 미학의 근본 원리를 밝히려고 애썼다. 그는 1913년에 《입체파 화가들 Peintures cubistes》을 발표했다. 그의 처녀작 《타락한 마술사 L'Enchanteur pourrissant》(1909)는 마술사 메를랭과 요정 비비안이 나누는 이상 야릇한 대화를 시적 산문으로 표현한 것이다. 그의 대표작은 《알코올 Alcools》(1913, 영어판 1964)이다. 이 시집에서 아폴리네르는 자신의 모든 경험을 상상 속에서 다시 체험하면서 때로는 12음절 보격을 가진 정상적인 연으로, 때로는 짧은 무운 시행으로 그 경험을 표현했고, 구두점은 전혀 찍지 않았다. 1차 세계대전이 발발하자 입대하여 (1914) 보병소위가 되었고, 1916년에 머리를 다쳤다. 전쟁터에서 입은 상처로 쇠약해진 그는 유행성 독감에 걸려 죽었다. 아폴리네르는 언어의 색다른 조합으로 놀라움이나 경악의 효과를 내고자 했고, 이 때문에 그를 초현실주의의 선구자라고도 부른다.

24 드뷔시(Debussy, 1862~1918)
20세기 음악의 기초를 확립한 프랑스의 작곡가. 고도로 독창적인 화성 체계와 구조를 발전시켰으며, 당대의 인상주의 미술과 상징주의 문학 이념을 음악으로 표현했다

25 라벨(Maurice Ravel, 1875~1937)
프랑스의 작곡가. 〈볼레로 *Boléro*〉(1928), 〈죽은 왕녀를 위한 파반 *Pavane pour une infante défunte*〉(1899), 〈스페인 광시곡 *Rapsodie espangnole*〉(1907), 발레곡 〈다프니스와 클로에 *Daphnis et Chloé*〉(1912년 초연), 오페라 〈어린이와 마술 *L'Enfant et les sortilèges*〉(1925) 등의 작품에서 형식과 양식의 완성미와 장인 정신을 잘 나타냈다. 죽기 전 마지막 5년 간은 실어증에 시달려 언어력을 상실했으며, 단 한 줄의 음악도 더 이상 작곡하지 못하게 되었을 뿐만 아니라 이름조차 서명할 수 없었다. 그러나 그에게 있어 진짜 비극은 그러한 상황에서도 그의 음악적 상상력이 다른 어느 때보다 활발했다는 사실에 있을 것이다. 뇌로 통하는 혈관의 폐색(閉塞) 제거 수술은 성공하지 못했고, 스트라빈스키 외에 다른 음악가들과 작곡가들이 지켜보는 가운데 그가 살았던 파리 교외의 르발루아 공동 묘지에 묻혔다.

라벨의 〈죽은 왕녀를 위한 파반〉은 벨라스케스의 그림 〈왕녀 마가레타의 초상〉을 보고 영감을 얻어 작곡한 것이다.

26 스트라빈스키(Stravinsky, 1882~1971)
러시아 태생의 미국 작곡가. 〈불새 The Firebird〉(1910 초연), 〈페트루슈카 Petrushka〉(1911), 〈봄의 제전 The Rite of Spring〉(1913), 〈오르페우스 Orpheus〉(1947) 등의 발레 음악으로 유명하다.

27 니진스키(Vaslav Nijinsky, 1890~1950)
러시아 태생의 발레가. 놀라운 도약력과 섬세한 해석력으로 관객을 매료해 전설적인 명성을 누렸다.

28 디아길레프(Diaghilev, 1872~1929)
러시아의 예술 진흥에 크게 공헌한 인물로서 음악·회화·연극과 같은 각기 다른 예술 형태의 이상과 춤의 이상을 결합시켜 발레를 부흥시켰다. 1906년부터 파리에 살았으며 1909년 발레 뤼스를 창단했다. 이후 발레 뤼스를 이끌고 유럽·미국을 순회했고 이고라 스트라빈스키의 발레 명작 〈불새〉, 〈페트루슈카〉, 〈봄의 제전〉을 무대에 올렸다.

29 프루스트(Marcel Proust, 1871~1922)
프랑스의 소설가. 자신의 삶을 '의식의 흐름' 기법을 통해 심리적·비유적으로 그린 작품 《잃어버린 시간을 찾아서 À la recherche du temps perdu》로 널리 알려졌다.

30 가르(Roger Martin du Gard, 1881~1958)
프랑스의 소설가·극작가. 1937년 노벨 문학상을 수상했다. 원래 고문서학자와 기록보관자가 되기 위한 교육을 받은 그는 작품에서 객관성을 중시하고 세부적인 묘사에 세심한 주의를 기울이는 경향을 보여주었다. 그는 문헌 조사에 관심이 많았고 개인의 발전과 사회 현실의 관계를 면밀히 조사했다는 점에서 19세기의 사실주의 및 자연주의 전통과 맥을 같이하는 작가로 간주된다.

가르는 19년 동안 11권에 달하는 대작 《티보가의 사람들》을 썼고, 그 중 제 8·9권 〈1914년 여름〉으로 노벨 문학상을 수상했다.

31 라르보(Valéry-Nicolas Larbaud, 1881~1957)
프랑스의 소설가·비평가. 박식한 세계주의자로서 프랑스와 유럽, 특히 영국과 에스파냐어 사용국 사이의 문학적 중개자 역할을 했다. 그의 소설은 대부분 자신의 경험을 소재로 하고 있다. 사춘기를 주제로 한 장편소설 《페르미나 마르케스 Fermina Marquez》(1911)에서는 한 아리따운 남아메리카 소녀가 남학교를 방문하여 벌어지는 사건들을 다루고 있으며, 《A. O. 바나부스》(1913)는 남아메리카의 한 백만장자가 쓴 일기와 시를 엮은 것이다. 주인공은 침대차를 타고 해외 여행을 하고 고급 호텔에 드나들면서 행락을 즐기는 교양 있고 감각적인 모험가로, 작가 자신의 분신으로 보인다.

32 페기(Charles Péguy, 1873~1914)
프랑스의 시인·철학자. 그리스도교·사회주의·애국주의 등을 결합하여 마음속 깊이 개인적 신앙으로 삼고 실천했다. 가난한 집안에서 태어나 어렸을 때 아버지를 잃고 홀어머니가 의자 수선을 하며 생계를 꾸렸다. 오를레앙에서 장학생으로 고등학교를 졸업하고 철학 교수가 될 생각으로 고등사범학교에 입학했다. 1895년 사회주의가 현대 세계의 빈곤과 결핍을 극복하는 유일한 수단이라고 확신하여 사회주의에 심취했다. 또 죽을 때까지 깊은 신앙심만은 버리지 않았으나 로마 가톨릭 교회의 전통 의식은 거부했다. 이 무렵 그는 인상적인 3부작《잔 다르크 Jeanne d'Arc》(1897)의 초판을 써 종교적이면서도 사회주의적인 자신의 원칙을 선언했다. 당시 드레퓌스 사건이 터지자 주저 없이 드레퓌스의 무죄 석방을 위한 싸움에 뛰어들어 동료 사회주의자들을 같은 편으로 끌어들이는 데 힘썼다. 페기는 1차 세계대전 전에 몇 권의 수필집을 냈지만, 그의 완숙성이 잘 드러난 중요한 작품들은 시였다. 대표적인 시로는 〈잔 다르크의 희생의 전설 Le Mystere de la charite de Jeanne d'Arc〉(1910), 〈성스러운 순결의 신비 Mystere des Saints Innocents〉(1912), 〈이브 Eve〉(1913) 등이 있다.

33 바레스(Maurice Barrès, 1862~1923)
프랑스의 작가 · 정치가. 개인주의와 극단적인 국가주의를 주장해 같은 세대에 강한 영향을 미쳤다. 그는 대표작《영감의 언덕》에서 가톨릭 신앙과 국가주의의 통합을 주창했다. 1차 세계대전 이전에 일어난 유명한 사건에서 격렬한 보수주의 입장을 취했는데, 예컨대 드레퓌스 사건 때에는 반드레퓌스파의 선봉이었다.

34 콜레트(Camilla Colette, 1873~1954)
20세기 전반 프랑스 문단에서 두각을 나타냈던 여류 작가. 그녀의 소설들은 대부분 사랑의 기쁨과 괴로움에 대한 이야기로 소리·냄새·맛·감촉·색깔 등의 감각을 생생히 부각시킨 것이 특징이다. 부르고뉴의 한 마을에서 성장한 그녀는 친절하고 현명한 어머니 덕분에 '싹 트고 꽃 피고 날아다니는' 모든 것에 대한 경이로움에 눈을 떴고, 세상을 있는 그대로 받아들였다. 순진함과 명민함을 동시에 보여주는 날카로운 관찰력으로 사랑과 자연에 대한 글을 써서 반세기에 걸쳐 독자들의 사랑을 받았다. 여러 차례 스캔들에 휘말렸지만, 벨기에 왕립아카데미(1935)와 프랑스 공쿠르아카데미(1945)의 일원이 되었고 여성에게는 거의 수여되지 않는 레지옹도뇌르 훈장을 받기도 했다. 주요 저서에 《지사의 딸》, 《긴 밤》 등이 있다.

콜레트는 중편소설을 주로 썼으며 육감적인 쾌락과 직관적인 통찰력이 미묘하게 융합되어 있는 문체를 구사했다.

35 프라터(Prater)
빈에서 가장 유명한 놀이공원으로 도나우 운하와 도나우 강 사이의 드넓은 녹지대에 자리 잡고 있다. 합스부르크 가에서 1780년대까지 사냥터와 위락 장소로 사용하다가 황제 요제프 2세가 1766년 시민들을 위해 개방했다. 19세기에 프라터의 서쪽 지역에 빈 시민들의 여가를 위해 각종 노점·서커스단·주점 등으로 가득 찬 유원지가 형성되었다. 이 프라터에서 가장 유명한 것은 영화 〈제3의 사나이〉로 유명해진 대형 회전 유람차이다.

36 말러(Gustav Mahler, 1860~1911)
유대계 오스트리아의 작곡가·지휘자. 여러 로만주의

말러는 생전에 작곡가보다는 지휘자로 인정받았다.

적 요소들이 집약된 열 곡의 교향곡과 관현악 반주에 의한 다양한 가곡들로 유명하다. 비록 그가 죽은 50년 후에야 그의 음악이 인정받았지만 이후 20세기 작곡 기법에 있어 중요한 선구자로 인식되었으며 쇤베르크 · 쇼스타코비치 · 브리튼 등과 같은 작곡가들에게 영향을 끼쳤다.

37 프로이트(Sigmund Freud, 1856~1939)

오스트리아의 신경학자 · 정신분석학의 창시자. 프로이트는 당대 최고의 지적 영향력을 가진 사람으로 그의 정신분석학은 인간의 정신 및 정신병 치료에 관한 이론인 동시에 문화와 사회를 해석하는 시각을 제공하는 이론이다. 반복되는 비판과 논박, 수정에도 불구하고 프로이트의 연구는 그의 사후에도 유력한 분야로 계속 남아 있다.

20세기의 사상가로 프로이트만큼 큰 영향을 끼친 인물은 없다.

38 페렌치(Sandor Ferenczi, 1873~1933)

헝가리의 정신분석학자. 기본적인 정신분석 이론과 심리 치료 기법에 대한 실험 연구에 공헌한 것으로 유명하다. 빈대학에서 1894년 의사 자격을 받은 후 군의관이 되어 신경학과 신경병리학 전문의로 일했고 최면술을 익혔다. 1908년 처음으로 프로이트를 만나 프로이트의 '친밀한 서클'인 빈 정신분석학회의 일원이 되었다. 이런 계기로 프로이트와의 길고 친밀한 우정을 맺게 되었고 공동 연구도 수행했다. 프로이트는 매사추세츠 주 우스터에 위치한 클라크대학 방문(1909)을 포함한 많은 여행에 그를 동반했다.

39 마흐(Ernst Mach, 1838~1916)
오스트리아의 물리학자·철학자. 광학·역학·파동동역학의 중요한 원리들을 세웠으며, 모든 지식은 감각 경험과 관찰을 개념적으로 조직한 것이라고 주장했다. 14세까지 집에서 교육을 받다가 잠시 김나지움을 다닌 뒤 17세에 빈대학에 들어갔다. 1860년 물리학 박사 학위를 받고 1864년까지 빈에서 역학과 물리학을 가르치다가 그라츠대학으로 옮겨 수학 교수가 되었다. 스스로를 물리학자라고 칭하고 그의 생애를 통해 물리 연구를 계속 지도해왔지만 그는 예전부터 감각의 심리학과 생리학에 많은 관심을 갖고 있었다. 1860년대에는, 밝기가 확연히 다르게 조명된 두 곳을 볼 때 그 경계 부위에서 밝거나 어두운 띠가 보이는 생리적인 현상을 발견했는데 나중에 이 띠는 '마흐의 띠'라고 불렸다.

40 바르토크(Béla Bartók, 1881~1945)
헝가리의 작곡가·피아니스트·민족음악학자·음악교육자. 대표작으로 헝가리의 정취가 풍기는 관현악 작품, 현악 4중주, 피아노 독주곡, 무대음악, 성악과 피아노를 위한 민요 편곡 등이 있다.

바로토크는 민족의 독립운동에 자극받아 헝가리의 국민적 영웅을 소재로 한 교향시 〈코수트〉를 작곡하여 성공하였다.

41 릴케(Rainer Maria Rilke, 1875~1926)
오스트리아 태생 독일의 시인. 《두이노의 비가 Duineser Elegie》, 《오르페우스에게 바치는 소네트 Sonnette an Orpheus》 같은 작품으로 국제적인 명성을

청년 시절 릴케의 모습.

얻었다. 그의 시는 시를 그 자체로서 존중하려는 하나의 주장으로서 스스로를 나타내고 있다.

42 카프카(Franz Kafka, 1883~1924)

체코 출신의 독일 작가. 환상적인 작품 세계를 보이며, 사후 출판된 소설 가운데 특히 《심판 Der Prozess》(1925), 《성 Das Schloss》(1926) 등은 20세기 인간의 불안과 소외를 그린 작품이다.

43 무질(Robert Musil, 1880~1942)

독일의 작가. 대표작은 《특성 없는 사나이 Der Mann Ohne Eige nschaft》(1930~1943)이다.

슈니츨러는 호프만스탈과 어깨를 겨루는 '젊은 빈파'의 대표적 작가이다.

44 슈니츨러(Arthur Schnitzler, 1862~1931)

오스트리아의 극작가·소설가. 20세기 전환기의 빈 부르주아 계층의 삶을 해부한 심리극으로 알려져 있다. 유명한 유대인 내과의사의 아들로 태어나 의학 학위를 받고 생애 대부분을 개업의로 병원에서 지냈으며, 특히 정신의학에 깊은 관심을 가졌다. 《아나톨 Anatol》(1893)을 발표하면서 작가로 유명해졌는데, 이 작품은 젊고 부유한 건달의 일상적인 연애 사건들을 경쾌하게 다룬 일곱 편의 연속 단막극이다. 이 희곡들은 후기 작품들보다 치밀한 맛은 덜하지만 인물 묘사가 뛰어나고 극의 분위기를 창출하는 능력이 보이며, 초연하면서도 다소 우울한 유머가 있다.

45 호프만스탈(Hugo von Hofmannsthal, 1874~1929)

오스트리아의 시인·극작가·수필가. 서정시와 희곡 분야에서 두각을 나타냈으며, 독일의 오페라 작곡가 리하르트 슈트라우스와의 공동 작업으로 세계적인 명성을 떨쳤다.

46 슈트라우스(Richard Strauss, 1864~1949)

20세기 초 대표적인 독일의 작곡가. 교향시들과 〈살로메 Salome〉(1905), 〈엘렉트라 Elektra〉(1909), 〈장미의 기사 Der Rosenkavalier〉(1911) 같은 오페라로 특히 유명하다.

슈트라우스는 뮌헨대학에서 철학과 미학을 공부하고, 쇼펜하우어에 심취했다.

47 츠바이크(Stefan Zweig, 1881~1942)

독일의 작가. 시·평론·단편소설·드라마 등 여러 장르에서 특히 가공 인물과 역사적 인물들의 해석에 뛰어난 능력을 보였다. 오스트리아·프랑스·독일에서 공부하고 1913년 잘츠부르크에 정착했지만, 1934년 나치스에 쫓겨 망명하여 영국으로 이주했다가 1940년 브라질로 갔다. 새로운 환경에 점점 더 외로움과 환멸감을 느껴 두 번째 부인과 함께 자살했다.

48 에드워드 시대(1901~1910)

에드워드 7세의 재위 기간을 말한다. 에드워드 7세는 빅토리아 여왕의 둘째 아들로 온화한 성품으로 사교계를 주름잡았다. 육군장관 홀데인의 대대적인 군사 개혁과 해군장관 피셔의 해군 개혁을 지원하여 1차 세계대

에드워드 7세의 통치는 빅토리아 여왕의 오랜 미망인 생활로 다소 가라앉았던 왕실의 분위기에 새로운 활력을 북어넣었다.

전이 발발했을 때 영국이 효과적으로 대응하는 데 큰 도움을 주었다.

49 호엔촐레른 왕조(Hohenzollern dynasty)

프리드리히 2세가 지은 상수시 궁전.

브란덴부르크 선거후(選擧侯)·프로이센 왕·독일 황제의 가계. 슈바벤의 귀족 출신으로, 1191년 뉘른베르크 성백(城伯)이 되었고, 1227년 슈바벤계와 프랑켄계로 양분되었다. 전자의 지족(支族) 지크마링겐 가는 1623년 제국 직속의 후(侯)가 되었으나, 1849년 그 영토를 종가(宗家)인 프로이센 왕에게 양보하였다. 후자의 프랑켄계는 안스바하·바이로이트의 소령을 획득하여, 1415년 브란덴부르크 선제후가 되어 호엔촐레른의 종가가 되었다. 1701년 프리드리히 1세 때 프로이센 왕이 되고, 그 뒤 프리드리히 2세 (프리드리히 대왕)와 같은 유능한 군주가 배출되어 번영하였으며, 1871년 빌헬름 1세 때 독일 제국의 창립과 더불어 독일 황제가 되어 프로이센 왕을 겸하였다. 그 손자 빌헬름 2세는 1차 세계대전의 패배로 1918년 독일 황제와 프로이센 왕의 지위를 잃고 네덜란드로 망명하였다.

50 하디(Thomas Hardy, 1840~1928)

영국의 시인·지방주의 소설가. 그의 대부분의 작품들은 영국 남서부 지역의 가상 시골 '웨식스'를 배경으로 쓰여졌다. 이런 작품으로는 《귀향 The Return of the Native》(1878), 《캐스터브리지의 시장 The Mayor of

Casterbridge》(1886),《테스 Tess of the D'Urbervilles》
(1891),《미천한 사람 주드 Jude the Obscure》(1895)
등이 있다.

51 웰스(H. G. Wells, 1866~1946)
영국의 소설가 · 언론인 · 사회학자 · 역사학자. 특히
《타임머신 The Time Machine》(1895),《투명인간 The
Invisible Man》(1897),《우주전쟁 The War of the
Worlds》(1898) 같은 공상과학소설과 대중을 위한 역사
서《세계문화사 대계 The Outline of History》(1920, 개
정판 1931)로 이름을 떨쳤다.

웰스는 교사를 거쳐 문
필 생활에 뜻을 두고 일
생 동안 1백 권이 넘는
책을 썼다.

52 로렌스(D. H. Lawrence, 1885~1930)
영국의 소설가 · 단편작가 · 시인 · 수필가. 20세기 영국
의 주요 작가로 당대에 떠들썩한 논쟁을 불러일으켰다.
주요 작품으로는《아들과 연인 Sons and Lovers》
(1913),《사랑하는 여인들 Women in Love》(1920),
《날개 달린 뱀 The Plumed Serpent》(1926)과 여러 나
라에서 외설 시비로 인해 발매 금지된《채털리 부인의
사랑 Lady Chatterley's Lover》(1928) 등이 있다.

53 루이스(Wyndham Lewis, 1882~1957)
영국의 화가 · 작가. 1차 세계대전 전에 미술과 문학에
서 예술과 산업 과정의 관계 규명을 위해 노력한 추상
적인 소용돌이파(Vorticist) 운동을 주창했다.

54 베넷(Arnold Bennett, 1867~1931)

영국의 소설가·극작가·비평가·평론가. 주요 작품은 영국 소설과 유럽 사실주의 문학의 주류를 잇는 중요한 역할을 했다. 도기 제조 중심지로서 고향 스태퍼드셔와 도시 스토크어펀트렌트가 한데 합쳐진 이래 '다섯 마을'을 다룬, 세부 묘사가 치밀한 소설로 유명하다. 그의 대표작《다섯 마을의 애나 *Anna of the five town*》,《클레이행어 *Clayhanger*》등은 모두 이곳을 배경으로 하고 있다.

55 머리(Gilbert Murray, 1866~1957)

영국의 고전학자. 고대 그리스 극작의 대가인 아이스킬로스·소포클레스·에우리피데스·아리스토파네스 등의 작품을 번역하고 무대에 올려 고전극의 인기를 부활시켰다.

56 하우스먼(A. E. Housman, 1859~1936)

영국의 학자·시인. 절제되고 소박한 문체로 낭만적 염세주의를 표현한 서정시를 써서 유명해졌다. 대표적인 시집으로《슈롭셔 젊은이 *A Shropshire Lad*》,《마지막 시 *Last Poems*》등이 있다.

57 먼로(H. H. Munro, 필명은 Saki, 1870~1916)

스코틀랜드의 작가. 소설에서 에드워드 시대의 사회를 묘사했으며 재기 발랄한 기지와 환상적 기법을 사용해 당시 사회의 위선과 몰인정, 어리석음을 풍자하거나 공포 분위기를 자아냈다. 1차 세계대전 중 전사했다. 그의 소설 《참을 수 없는 베싱턴 The Unbearable Bassington》은 환경에 적응하지 못하는 주인공의 모험을 그렸으며 이 소설 작업은 훗날 이블린 워의 초기 작법의 바탕이 되었다.

58 브룩(Rupert Brooke, 1887~1915)
영국의 시인. 이름 있는 가문에서 태어난 재능 있고 잘생긴 젊은이였으나 1차 세계대전의 와중에 요절하여, 이 시기 사람들 사이에서 이상적인 모습으로 기억되었다. 가장 잘 알려진 작품은 소네트 연작 《1914년》(1915)이다.

59 그레이브스(Robert Graves, 1895~1985)
영국의 시인 · 소설가 · 비평가 · 고전학자. 당시 새로운 문학성을 시도하려는 풍토 속에서도 영국 시의 전통 형식을 고수했다. 120권이 넘는 저서에는 유명한 역사소설 《나, 클라우디우스 I, Claudius》(1934), 1차 세계대전에 관한 자서전적 고전 《모든 것과의 이별 Good-Bye to All That》(1929, 개정판 1957), 해박하나 논란의 여지가 있는 신화학 연구서 등이 있다.

그레이브스의 서정시는 20세기 영국 시단에서 예이츠와 더불어 가장 훌륭한 시로 꼽힌다.

60 서순(Siegfried Sassoon, 1886~1967)
영국의 시인 · 소설가. 1차 세계대전에 잠전해 프랑스에서 장교로 복무하던 중 두 번이나 심한 부상을 당했다. 〈늙은 사냥꾼 The Old Hunter〉, 〈반격 Counterattack〉 같은 반전시뿐 아니라 영국의 전원 생활을 환기시켜 찬사를 받은 자전적 소설 《조지 셔스턴 회고록 The

Memoirs of George Sherston》으로 유명하다.

61 오언(Wilfred Owen, 1893~1918)

영국의 시인. 전쟁의 잔혹성과 파괴에 대한 분노, 그 희생자들에 대한 동정을 표현한 시로 잘 알려져 있다. 모운(母韻)으로 시적 기교를 실험한 점에서 중요한 위치를 차지하며, 이 실험은 1930년대에 특별한 영향을 미쳤다.

독일의 마지막 황제 빌헬름 2세와 그의 자식들.

62 빌헬름 2세(Wilhelm Ⅱ, 1859~1941, 1888~1918년 재위)

프리드리히 황태자(나중에 황제 프리드리히 3세가 됨)와 영국 빅토리아 여왕의 장녀 빅토리아의 맏아들로 태어났다. 왼팔이 선천적 기형(발육 부진)이었는데, 일부 역사가들은 이러한 신체 장애에서 그의 행동의 단서를 찾기도 한다. 그러나 그의 성격에 더 큰 영향을 미친 것은 부모였다. 아버지는 훌륭하고 지적이며 사려 깊으나 통치에 필요한 의지나 정력을 갖추지 못한 사람이었다. 그러나 어머니는 그렇지 않았다. 아버지(빅토리아 여왕의 남편)에게서는 진지한 목적 의식, 어머니에게서는 정서와 끈기를 배운 빅토리아는 좋고 싫음을 신속히 결정하고 지성보다는 감정이 훨씬 앞서는 사람이었다. 그녀는 아들에게 19세기 영국 자유주의자의 풍모를 강요하여 영국 신사로 만들려고 했다. 그러나 이러한 교육 방식은 오히려 빌헬름이 프로이센 국민의 이상적 지배자상(신념·용기·검약·정의·남자다움·자기 희생·자기 확신을 갖춘 인물)을 추구하게 하는 결과를 낳았다. 어머니와의 관계는 나빴지만 어머니는 그에게 큰 영향을 주었다. 그는 양육 과정에서 자연스럽게 밴 자유주의적 가치와 생활 습관에 대한 존경심을 결코 떨쳐버릴 수 없었다. 강인하고 무사다운 왕이 되는 일은 그에게 자연스럽지 않았지만 반드시 좇아야 할 길이라고 느꼈기 때문에 결국 그는 한계를 넘어가고 말았다. 그 자신의 성향과 칼뱅주의자 교사에게서 배운 의무감은 서로 대립을 일으키며 번갈아 좌절을 맛보게 했다. 이러한 정신적 긴장 상태와 더불어 신체 장애 때문에 결국 엄격하고 조급하며 결단력 없는 성품을 지니게 되었다. 1881년 슐레스비히-홀슈타인-존더부르크-아우구스텐부르크의 아우구스타 빅토리아 공녀와 결혼했다.

63 비스마르크(Otto Eduard Leopold von Bismarck, 1815~1898)
독일의 정치가. 독일 제국의 초대 총리로 독일 통일과 국가 발전에 공적이 있었다. 괴팅겐과 베를린 두 대학에서 공부한 후 프로이센의 관리가 되었다(1836~1839). 베를린의 3월혁명(1848) 때는 반혁명파로 활약했고 보수당 창립 멤버의 한 사람이었다. 혁명 후 프랑크푸르트에서 열린 독일연방의회에 프로이센 대표(1851~1859)로 임명되어 프랑크푸르트에 부임하였다. 그는 독일의 통일 방식에 있어 오스트리아와의 협조를 주장했지만 결국 오스트리아가 프로이센을 동등하게 취급하지 않는다는 판단을 갖게 되어 오스트리아와 자주 대립하였다. 그는 러시아 주재대사(1859), 프

비스마르크는 섬세한 지성과 표현력을 갖추고 있었기 때문에 어떤 이들은 그를 독일 제일의 저술가로 꼽기도 한다.

랑스 주재대사(1862)를 거치며 안목이 넓어졌고, 1862년 국왕 빌헬름 1세가 군비 확장 문제로 의회와 충돌했을 때 프로이센 총리로 임명되었다. 취임 첫 연설에서 이른바 '철혈 정책'을 내세워 군비 확장을 강행했다. 결국 1864년, 1866년 전쟁에서 승리하여 북독일연방을 결성하였고, 나아가 1870~1871년 전쟁에서 승리함으로써 독일 통일을 이룩하였다. 1871년 독일 제국 총리가 되어 1890년까지 이 지위를 독점하였다. 경제 면에서는 보호관세 정책을 써서 독일의 자본주의 발전을 도왔으나, 정치 면에서는 융커와 군부에 의한 전제적 제도를 그대로 남겨놓았다. 통일 후 유럽의 평화 유지에 진력했으며, 숙적 프랑스의 고립화를 꾀하고 독일의 지위를 튼튼하게 쌓았다. 그리고 러시아-투르크 전쟁(1877) 후에는, 베를린 회의를 주재하여 '공정한 중재자'의 역할도 하였다. 그는 원래 현상유지론자였음에도 불구하고 식민지를 확장했다. 그의 집권 아래 독일의 공업은 유럽에서 가장 발전하였으므로, 비스마르크 시대 말기에는 그의 평화 정책에 반대하는 제국주의자가 늘어갔다. 1888년 빌헬름 2세가 즉위하자 비스마르크는 곧 그와 충돌, 1890년에 사직하였다. 그의 《회상록 Gedanken und Erinnerungen》(3권, 1898~1919)은 귀중한 사료(史料)가 되고 있다.

64 빌헬름 1세의 보호

빌헬름 2세의 부친인 프리드리히 3세(1831~1888)는 선왕(빌헬름 1세)이 죽기 전부터 병상에 있었고, 1888

년 독일 황제로 즉위했으나 즉위한 지 99일 만에 후두암으로 죽었다.

65 몰트케(Helmuth von Moltke, 1800~1891)
독일의 군인. 1858~1888년 프로이센(후에는 독일)의 육군참모총장으로 재임하면서 덴마크(1864) · 오스트리아(1866) · 프랑스(1871)와의 전쟁을 승리로 이끌었다. 호리호리한 체구에 그을린 얼굴의 몰트케는 언제나 엄숙하고 진지한 표정을 잃지 않았다. 그의 탁월한 지성은 자타가 공인하는 예리함이 빛났고 여러 개 국어(적어도 독일어 · 덴마크어 · 프랑스어 · 영어 · 이탈리아어 · 투르크어를 구사했으며 슬라브어와 이베리아어 가운데 한 가지를 이해할 수 있었음)에 능통했음에도 불구하고 좀처럼 입을 열지 않았던 까닭에 '7개 국어로 침묵하는 사나이'라는 별명을 얻기도 했다.

66 몰트케(Helmuth Johannes Ludwig von Moltke, 1848~1916)
1차 세계대전 당시 제2제국군참모총장을 지냈으나 서부 작전 계획을 수정하고 우군(右軍)에 대한 통제권을 상실함으로써 1914년 9월의 '마른 전투'에서 패배했다. 1887년 빠른 진급을 계속해왔던 몰트케는 육군참모총장으로 재임하고 있던 숙부 헬무트 몰트케의 부관이 되었다. 빌헬름 황제의 총애와 가문의 이름 덕분에 몰트케는 충분한 자격을 갖추지 못했음에도 불구하고 군부의 요직에 임용되었다. 1903년 그는 병참감에 올랐고 3년 뒤에는 알프레트 폰 슐리펜의 후임으로 참모총장에 취임, 전임 참모총장의 전쟁 수행 계획을 계승하게 되었다. 이른바 '슐리펜 계획'의 핵심은 서부의 프랑스군을 괴멸시킬 때까지 소수의 병력으로 러시아군의 공세를 막아낸다는 것이었는데, 구체적으로 대 프랑스 전투에서는 남부의 좌군(左軍)이 알자스-로렌을 방어하는 가운데 북부의 주력 우군이 벨기에와 북프랑스로 진격, 프랑스군의 측면을 공략함으로써 마침내 파리를 함락시킨다는 전략이었다. 신임 참모총장의 제1과제는 새로운 상황에 적합하도록 슐리펜 계획을 수정하는 일이었지만, 1914년 8월 대전이 발발할 때까지 몰트케는 어떠한 조치도 취하지 못하고 있었다. 참모총장은 좌군의 지휘관들에게 남부의 방어 임무 대신 프랑스군에 대한 전면 공격을 허용했으며 이를 지원하기 위하여 우군 병력을 이동시키는 한편, 동프로이센으로 진격해오는 러시아군을 저지할 목적으로 동부전선에 상당수의 주력 사단을 투입했다. 그 결과 깊숙이 적진에 진입한 우군 부대는 고립되었고 최고 사령부는 연락 두절의 상황에서 작전통제권을 상실했다. 측면 공격에 실패한 우군은 프랑스 및 영국군의 역공세에 휘말려 심각한 타격을 입었으며 1914년 9월 6일부터 12일까지 계속된 마른 전투에서 독일 제2제국군의 총공세는 저지되고 말았다. 자포자기한 몰트케는 더 이상 직무를 수행할 수 없었고, 9월 14일 빌헬름 2세는 그의 사퇴 의사를 받아들였지만 연말까지는 명목상으로 직무를 계속했다. 교착 상태에 빠진 전장은 3년 이상을 비참한 참호전으로 일관했고, 절망감에 사로잡힌 몰트케는 2년이 채 지나기도 전에 사망했다.

67 하우스(Edward Mandell House, 1858~1938)

미국의 외교관. 윌슨 대통령의 신뢰받는 참모로서 1차 세계대전을 종결 짓기 위한 평화 조건들을 조성하는 데 핵심적인 역할을 했다. 혼자 힘으로 상당한 부를 축적한 하우스는 사업에서 정치로 방향을 바꾸어 1892~1904년 텍사스 주 주지사들의 고문관으로 일했는데, 그 중 어떤 주지사는 그에게 명예 '대령' 칭호를 수여했고 그 후 하우스 대령으로 알려졌다. 1912년 대통령 선거에서 민주당 후보인 윌슨의 선거운동을 정력적으로 지원했고, 윌슨이 당선된 이후에는 가장 신뢰받는 참모가 되었다. 그는 의회지도자들과 긴밀한 관계를 형성했으며, 입법안이 의회에서 통과되는 데 중요한 역할을 수행했다.

1914년 유럽에서 전쟁이 발발하자 그는 영국·프랑스·독일 정부를 상대하는 대통령의 특사가 되어 1915년 이 나라들을 방문했고, 1916년 미국의 중재 여부를 검토하기 위해 다시 이 나라들을 방문했다. 그러나 그는 각국의 지도자들이 공격적이고 비협조적이라는 것을 알게 되었다. 1917년 4월 6일 미국이 독일에 선전포고를 하자 하우스는 연합국의 대표들과 함께 인력·재정·군수·수송 등의 제반 분야에서 협력을 조정하는 책임을 맡았다. 그는 또한 대통령의 전시 연설 준비도 도왔는데 그 중에는 윌슨이 정전(停戰) 후 평화를 위한 기반으로 제안한 '14개 평화 조항'에 관한 것도 포함되어 있었다. 1918년 10월 독일이 정전회담을 요청해오자 그는 연합국 회의에 미국 대표로 참석해 연합국 지도자들에게 평화조약의 기초로 윌슨의 14개 평화 조항을 받아들일 것을 요청했다.

그는 1919년에 개최된 파리 평화회의에 미국 대표단의 일원으로 참가했으며, 국제연맹 조항들을 초안하는 데 있어 윌슨과 매우 긴밀히 협력했다. 그러나 교섭이 진행됨에 따라 현실주의자로서 타협을 존중했던 하우스는 타협을 매우 혐오스러운 것으로 생각했던 이상주의자 윌슨으로부터 점차 신뢰를 상실하기 시작했다. 두 사람 사이의 골은 점점 깊어져 베르사유 조약이 조인된 1919년 6월 28일 이후 다시는 만나지 않았다.

68 윌슨(Thomas Woodrow Wilson, 1856~1924)
미국의 정치가. 프린스턴대학 · 버지니아대학에 이어 존스홉킨스대 대학원에서 법학 · 정치학을 공부하고, 1886년 박사 학위를 받았다. 프린스턴대학의 교수가 되었고 총장으로 선출된 후에는 대학 개혁에 힘썼다. 1910년 민주당의 추천으로 1911년 당선, 정계에 발을 들여놓았다. 1912년 민주당 대통령 후보로 추대되어 신자유주의 정책을 내걸고 출마하여 당선되었다. 윌슨의 정책은 대자본에 반대하는 대중의 지지를 받았고, 특히 언더우드 세법안(관세를 인하시킨 조치) · 연방준비법안(개인 금융기관의 횡포를 방지하기 위한 대규모 통화개혁법안) · 클레이턴 반(反)트러스트 법안 등을 통과시킨 것은 임기 중에 거둔 특기할 만한 실적이다. 1차 세계대전이 발발하자 중립주의를 내세웠고, 1916년 대통령 선거에서 미국이 참전하지 않을 것을 약속하고 재선되었다. 대전 개시와 함께 미국 자본주의는 전쟁에서 이익을 추구하게 되었다. 그러나 1917년 독일이 무제한 잠수함 공격을 감행하면서 상선과 여객선이 침몰당하고 멕시코가 애리조나와 텍사스를 되찾으려 한다는 소문이 돌자 독일의 무제한 잠수함 공격에 대항한다는 이유로 연합국 측에 가담하여 참전하였다. '전쟁을 끝내게 하는 전쟁' '민주주의를 위한 전쟁'이라는 슬로건으로 전쟁에 이데올로기성을 부여했고, 1918년 1월 비밀외교의 폐지와 민족자결주의를 제창, 14개조 평화원칙을 발표하였다. 그리고 파리 평화회의에서는 지도적인 지위에 서서 국제연맹 창설을 위하여 노력하였다. 그러나 미국 상원은 국제연맹 규약을 포함한 베르사유 조약의 비준을 거부하였고, 윌슨 자신은 이 무렵 건강이 나빠져서 1921년 3월 임기를 마치고 은퇴하였다. 1919년 노벨 평화상을 받았다.

69 파레토(Pareto, 1848~1923)

이탈리아의 경제학자·사회학자. 경제 분석에 대한 수학적 방법의 적용과 함께 대중과 엘리트 간의 상호 작용에 관한 이론으로 알려져 있다. 그는 능력이 우월한 사람들이 자신의 사회적 위치를 강화하기 위해 적극적으로 노력하기 때문에 사회 계급이 생기는 것이라고 주장했다. 하층 계급의 특권층이 상층 엘리트로 상승하려는 과정에서 스스로의 능력을 개발하게 되는 반면에, 엘리트 내부에서는 정반내의 경향이 나타닌다. 그 결과 하층 계급에서 가장 유능한 사람들이 상층 엘리트의 지위에 도전하면, '엘리트의 순환'이 발생하게 된다. 파레토는 엘리트 우위론으로 인해 종종 파시즘과 연관하여 언급되기도 한다.

미래파 선언을 기고한 마리네티의 작품 〈산+계곡+거리+조프르〉.

70 미래파(Futurist)

20세기 초 이탈리아를 중심으로 일어난 예술운동. 역동성과 혁명성을 강조한 이 운동의 가장 중요하고 뚜렷한 결과는 시각예술 분야에서 이루어졌으나 문학·연극·음악에서도 표현되었다. 1909년 이탈리아 시인이며 잡지 편집인인 필리포 톰마소 마리네티가 프랑스 파리의 신문 《피가로 Le Figaro》에 미래파 선언을 기고한 데에서 시작되었는데, 그가 만들어낸 미래파라는 용어는 미래와 예술의 새로운 발상에 대한 그의 관심을 반영한 것이었다. 이 선언에는 일부 건설적인 발상도 들어 있지만 "우리는 박물관·도서관을 파괴할 것이며 도덕주의·여성다움·모든 공리주의적 비겁함에 대항해서 싸울 것"이라는 등의 선언으로 과거를 부정해 대중을 크게 경악케 했다. 정치 분야에서 미래파는 사회적 불의가 없어지기를 바라기는 했으나 "우리는 세계의 유일하고도 진정한 건강법인 전쟁을 찬양할 것"이라고 선언하면서 초기 파시즘과 제휴했다.

아동의 역사

J. H. 플럼(J. H. Plumb)

인류학자들은 미개인의 가족 구성과 사회적 행동에 대해 상세한 분석과 보고를 해왔다. 그러나 이상하게도 우리는 정작 유럽 가족 제도 발전의 다양한 국면들에 대해서는 아직도 제대로 알지 못하고 있다. 플럼은 이 글에서 아동의 지위 변화에 대한 우리의 지식이 매우 빈약하다고 강조한다. 그는 수백 년 간에 걸쳐 아동을 성인 세계에서 소외시켜온 다양한 요인들을 열거하고 있다. 그는 가정의 울타리 안에서 아동들에게 가해진 잔인한 처우—찰스 디킨스가 특히 잘 표현했다—를 강조한다. 아동의 심각한 소외 현상은 산업화 및 공장제와 더불어 나타난 것으로 보인다. 이로 인해 낮 시간에는 가족 가운데 먼저 아버지가, 다음으로는 어머니마저 빈번히 가정에서 떠나 있게 되었던 것이다. 문제는 사뭇 복잡하다.

플럼은 이 문제의 다양한 국면들을 탁월하게 분석하고 있는데, 이 분야에 대해서는 차후 좀 더 많은 조사와 연구가 기대된다.

아동에 대한 전통적 태도

가족 집단 안에서 부모와 자녀를 묶어주는 애정은 너무나 자연스러운 것이어서 우리는 이러한 관계를 인간성의 일부분으로 간주한다. 분명 일부 국면에서는 그런 점이 있다. 어머니는 자녀를 보호하고 돌보고 먹인다. 동물이나 새의 경우에도 모성애의 생물학적 본능이 작동하는 것을 볼 수 있다. 그러나 일단 이 생물학적 사실에서 눈을 돌리면 우리는 변화의 세계, 지극히 다양한 사회적 태도의 세계로 들어가게 된다.

분명 오늘날 자녀들에 대한 우리의 태도는 우리의 부모나 조부모 세대와 크게 다르며, 19세기 초 이전 시대로 돌아가면 그 차이는 더욱 벌어진다. 우리가 아이들에게 적합하다고 생각하는 세계—동화, 놀이, 장난감, 아동 학습 도서, 심지어 유년기에 대한 관념마저도—는 지난 4백 년 동안 유럽에서 고안된 것이다. 어린 사내아이를 가리키는 호칭인 '소년'—boy(영어), garçon(프랑스어), Knabe(독일어)—이란 말은 17세기까지는 종속적 지위에 있는 남성에게 널리 사용되던 말

◀ 비교적 최근까지 아동들은 '작은 어른'으로 간주되었고 옷도 어른과 같은 것을 입었다.

이었고, 따라서 30대 · 40대 · 50대의 남자에게도 쓸 수 있는 말이었다. 7~16세에 이르는 어린 남자 아이를 일컫는 별도의 호칭은 없었다. '아이(child)'라는 말도 나이가 아니라 단순히 친족 관계를 가리키는 것으로서 연령에 관계없이 '자식'을 일컫는 호칭이었다.

고대 세계는 아동에 대해 어떤 태도를 취했는지에 대해서도 우리는 아는 것이 거의 없다. 물론 그리스, 특히 스파르타의 아동 교육에 대해서는 좀 더 많은 것을 알고 있지만 말이다. 고대 중국에 대해서도 상황은 마찬가지이다. 부모, 특히 아버지에 대한 효도가 강조되었지만 아동에 대한 생각이 어떠했는지에 대해서는 알려진 것이 거의 없다. 아동에 대한 미개인들의 공통된 태도—이 태도는 가장 진보한 사회에서도 그 흔적을 발견할 수 있다—는 다음과 같다. 그들은 대개 7세까지는 유아로 간주되었다. 남자 아이와 여자 아이의 성별 구분은 거의 이루어지지 않았다. 대개 옷도 같이 입혔다. 7세가 되면 유아 시절은 지나가고 남자 아이는 가축 사육, 먹이 사냥, 농장 노동 등 남자 어른의 활동을 따라했다. 대체로 그들은 두 가지 중요한 국면—성행위와 전쟁 참여—에서만 어른 취급을 받지 못했다.

성인으로 인정받는 데는 관습상 복잡한 의식—대부분 고통스러운—을 치러야 했다. 스파르타 소년들은 심한 채찍질을 당했다. 아랍 소년들은 마취 없이 할례를 받았다. 누에르족[1] 소년들은 뼈가 보이도록 이마를 쨌는데, 이 시술을 함께 받은 소년 집단은 종족 내에서 같은 연령대로 취급되었다. 따라서 실제 나이는 4~5세 정도 차이가 나더라도 나머지 생애를 '동급생(classmate)'으로 살았다. 그러나 그들 대부분은 자신들의 정확한 나이를 알지 못했을 것이다. 이런 사정은 중세 유럽인도 마찬가지였다.

근대 초기 이전, 즉 르네상스 시대 이전에는 아동을 아동으로 묘사하는 경우도 극히 드물었다. 중세 필사본에서와 마찬가지로, 중국 회화에서도 아동들은 대개 어른 남자 옷이나 어른 여자 옷을 걸친

스코틀랜드 여왕 메리 1세와 아들. 아기(미래의 제임스 1세)가 착용한 모자와 주름 칼라가 어른과 같다는 점이 눈에 띈다.

'작은 어른'으로 묘사되었다. 고대 그리스인은 아동을 특별한 존재로 대하지 않았다. 그리스에서 만들어진 조상(彫像) 가운데 아동을 표현한 것은 하나도 남아 있지 않다. 로마 제국 말기에는 변화의 조짐이 있었다. 10세 또는 12세가량 된 소년들의 얼굴이 사실감 있게 그려진 개인 초상화가 몇 점 남아 있는 것이다. 이들 대부분은 장례 의식용 기념물로 보이며 성장기 아동들의 나이에 따른 특징을 비범한 감각으로 잡아내고 있다. 하지만 그런 감각은 서양 미술사에서 르네상스 시대에 이를 때까지 두 번 다시 나타나지 않았다.

프레스코 벽화 등에서 날개 달린 모습으로 등장하는 에로스[2]는, 헬레니즘 시대에 조각 작품으로 많이 만들어졌다. 에로스는 벌거벗은 푸토[3]의 조상 격으로서, 15세기부터 19세기에 이르기까지 수많은 유럽 화가들의 그림에서 장난기 많고 건방지고 감상적인 아이로 그려졌다. 그러나 에로스는 아동이라기보다는 하나의 '양식화(樣式化)된 상징'이었다. 중세 말기의 필사본 삽화에도 노래하고 악기를 연주하는 천사들이 등장한다. 이 천사들은 유아도 성인도 아닌 명백한 아동이었다. 그러나 그들 역시 에로스와 마찬가지로 '특정한 기능'을 수행하는 존재였다.

엘리자베스 시대 영국의 교회 기념물을 보면, 그 시대 사람들이 아동기를 결코 별개의 독자적인 영역으로 생각하지 않았음을 잘 볼 수 있다. 아버지 뒤로는 서너 명의 '작은 남자들'이 줄지어 있는데, 그들은 모두 아버지와 마찬가지로 그 시대를 대표하는 의상을 걸치고 있고, 부인 뒤에는 '작은 소녀들'이 성인 여성의 복장을 한 채 무릎을 꿇고 있다. 유아들만이 다른 옷을 입고 있다. 유아들은 '7세가 될 때까지' 포대기를 둘둘 감고 있거나 남녀 아이가 공용으로 입는 긴 겉옷을 입은 모습으로 등장한다.

아동 세계의 발전

다행히 우리에게는 충분한 자료가 전해 내려오고 있어서, 그림과 조각상에 나타난 현상들이 사회적 태도를 반영하고 있음을 확신할 수 있으며 지난 4백 년 동안 진행된 아동에 대한 근대적 개념의 완만한 발전 과정을 추적할 수 있다. 아동들만의 독자적인 세계가 발전해온 과정은 비록 느리긴 했지만 실로 대단한 것이었다. 이 점은 너무나 분명한 것이어서 달리 해석할 여지가 없다.

첫째 우리는 유아들이 살아남는 경우보다는 죽는 경우가 더 많았다는 점을 유념해야 한다. "내 아이들은 모두 죽는다." 여섯 명의 딸 중 다섯을 어린 나이에 잃은 몽테뉴는 마치 정원사가 양배추를 놓고 말하듯이 입버릇처럼 중얼거리곤 했다.[4] 아이들은 유아기가 끝날 무렵인 5~7세가 될 때까지는 수에 넣지도 않았다. 몰리에르[5]의 작품에 나오는 한 등장 인물은 아이들에 대해 이렇게 말하곤 한다. "나는 작은 아이는 셈에 넣지도 않아." 16~17세기 유럽인들은 스파르타인·로마인·중국인의 아동 유기(遺棄) 행위를 대수롭지 않게 생각했다. 르네상스 시대 유럽의 빈민들도 원치 않는 영아들을 잔인하게 취급한 것으로 보인다. 삶의 조건이 너무나도 가혹해서 살아남을 가능성이 희박한 영아에 대해서까지 걱정할 겨를이 없었던 것이다. 그 당시 유럽인의 그러한 태도는 동물의 본능에 가까운 것이었다. 즉 살아 있는 동안에는 영아를 먹이고 보호하는 데 지대한 관심을 쏟지만 막상 죽거나 죽음이 예상될 경우에는 무관심해지는 것이다.

유아 사망에 대한 동정심이 새롭게 솟은 것은 16세기 말경의 일이다. 이 무렵부터 죽은 아동들의 모습이 부모의 묘비에 표현되기 시작한 것이다. 그들이 세상을 떠난 아동들이라는 사실이 냉혹할 정도로 선명하게 표현되었다. 그들은 해골을 손에 잡고 있거나 무릎으로 깔고 앉거나 또는 머리 위에 얹고 있다. 묘비에는 포대기에 싸인 아주 작은 영아들이 묘사되기도 했는데, 그것은 그들이 2세 이하였음을 시사해준다. 영아를 포함하여 아동들은 이제 더 이상 익명의 존재가 아니었다. 그러나 이것은 아직 시작일 뿐이었으며 아동에 대한 새로운 태도의 여명에 불과했다. 새로운 태도가 하나의 대세로 자리 잡게 되는 것은 아직 먼 미래의 일이었다.

루이 13세의 아동 시절

물론 아이들만의 독립된 세계란 존재하지 않았다. 아동들은 어른들과 함께 놀이를 했고, 같은 장난감을 가지고 놀았으며, 같은 동화를 들으며 자랐다. 아동과 어른은 함께 생활했으며, 결코 따로 떨어져 살지 않았다. 브뢰헬[6]의 그림에 묘사된 조야한 마을 축제에는, 정신없이 술에 취한 남녀가 욕정을 채우기 위해 탐닉하는 모습 옆에 어른들과 함께 먹고 마시는 아동들이 그려져 있다. 결혼식 잔치를 묘사한 건전한 그림에서도 아동들은 어른들이 하는 놀이를 함께 즐긴다. 반드시 그림 자료가 있어야만 이 시대의 아동 세계를 설명할 수 있는 것은 아니다. 우리에게는 루이 13세[7]의 아동 시절에 관한 놀랄 만큼 자세한 기록이 있다. 왕실주치의가 어린 왕세자의 일상 생활을 일기에 자세하게 기록해둔 것이다. 이 기록을 통해 우리는 왕세자의 부친인 앙리 4세[8]와 궁정사람들이 그를 어떻게 대했는지 알 수 있으며, 귀족 계급과 중간 계급의 아동에 대한 태도를 엿볼 수 있다. 이 기록은 풍부한 사례를 제공하지는 못하지만 확실한 전거이며, 어른들이 아동을 대하는 태도에 중대한 변화가 나타나기 직전의 상황을 보여준다.

브뢰헬의 그림에 등장하는 농민 아동들과 마찬가지로 어린 왕세자는 어른들과 함께 섞여 살았다. 루이는 4세 때 어른들의 무용극에 참여했는데, 한번은 큐피드처럼 발가벗은 채 출연했다. 5세 때는 간통을 다룬 익살극을 매우 즐겼다. 7세 때는 극장에 자주 출입하기

브뢰헬의 〈춤추는 농부〉는 어른들의 술잔치에 끼어 함께 즐기는 아동들을 보여주고 있다.

시작했다. 그 무렵 도박을 하기 시작했고, 또한 승마·사격·사냥을 배웠다. 그는 다양한 연령층의 정신(廷臣)들과 함께 동화뿐 아니라 외설스런 이야기도 즐겼다. 동화는 아동만의 것이 아니었다. 정신들 중 특히 숙녀들이 동화를 좋아했다. 그는 동년배 친구들뿐만 아니라 어른이나 청소년들과도 놀이—숨바꼭질, 난센스 놀이, 장님 놀이—를 함께했다.

어른 세계와 아동 세계는 서로 긴밀하게 뒤섞여 있었지만, 그래도 7세 이전에는 두 세계 사이에 차이가 있었다. 왕세자는 아주 어릴 적에는 인형 놀이, 장난감 말 타기, 바람개비 돌리며 궁정 뛰어다니기 등의 놀이를 했다. 이런 놀이는 각별히 유아들이 즐기는 것이었다. 그는 사내아이용 짧은 바지를 입기 전에는 종종 여자 아이 옷을 입었다. 놀라운 점은 상당한 정도로 성적 개방이 허용되었다는 사실이다. 왕세자와 그 누이들은 왕의 침대에서 벌거벗은 채로 지냈고, 아이들이 함께 성적인 놀이를 할 때 앙리 4세와 궁정사람들은 이 광경을 곁에서 지켜보며 몹시 재미있어했다. 경건하고 엄숙하기까지 한 왕비는 정신들 앞에서 예사로 왕세자의 성기를 손으로 움켜쥐곤 했다. 왕세자는 종종 성기를 드러내어 근엄한 여자 가정교사를 즐겁게 해주었다. 그는 말을 배우자마자 성에 관한 지식을 얻었다.

그러나 7세가 되면 모든 것이 변했다. 그는 또래 여자 아이들과 성적인 놀이를 하면 호되게 야단을 맞았다. 정숙해야 한다는 압박이 끊임없이 가해졌다. 왕세자의 주치의—그는 자신이 관찰하고 기록한 이 모든 내용이 별스럽다고 생각하지 않았다—가 남긴 이 상세한 증거 자료는 아동의 세계와 어른의 세계가 깊이 결부되어 있음을 강조하고 있다. 심지어 유아 시절에조차 아동은 특별한 환경, 독특한 놀이, 전용 복장이 필요하다고 여겨지지 않았다. 어른들의 복잡다단하고 음란한 생활 환경에서 아동들을 격리시켜야 할 필요성도 느끼지 못했다. 그러나 약간의 구별은 있었으니, 어린 아동들에게 허용되고 또 익살로 받아들여지기도 했던 행동들은 유아기를 벗어나 청년기에 진입하자마자 중단되어야만 했다.

독자적인 아동 세계의 등장

어떤 의미에서 궁정은 시대에 뒤처져 있었다. 1600년에는 이미 아동에 대한 새로운 개념이 성장하고 있었기 때문이다. 이 개념은 15세기의 스콜라 신학자들이 개발했고 르네상스 시대의 교육학자들, 특히 에라스무스[9], 비베스[10] 등이 채택하여 적용했다. 그것은 예수회의 사업 도구가 되었는데, 이 교단은 17세기 유럽의 귀족 계급과 부유한 중간 계급의 교육을 주도하고 있었다. 이러한 새로운 태도는 아동들이 순진무구하며, 이 순수성을 지켜주는 것이 어른의 의무라는 개념에 기초한 것이었다. 분명 아동은 열정과 불합리에 휩쓸리기 쉬운 존재였다. 그러나 순수성이 보존될 수 있는 것처럼 열정 또한 억제될 수 있었다. 제대로 보호된 아동은 부단한 노력에 의해 이성적인 행동의 세계로 인도될 수 있었고, 순수성은 성년(成年)의 도덕성으로 변형될 수 있었다. 왕세자가 벌거벗은 누이들과 함께 장난을 치면서 궁정의 음란한 오락거리가 되었던 것과 달리 예수회는 학교 교과서에서 외설적인 요소를 제거했으며, 포르투아얄[11]의 종교가들은 테렌티우스[12]의 작품을 편집하여 학교에서 읽도록 했다. 많은 교육기관에서 규율이 지극히 엄격해졌고 아동에 대한 성적 위협 요인이 차단되었다. 소년들은 더 이상 두세 명이 한 침대에 들지 않게 되었고, 성과 연령에 따른 분리가 점차 확고하게 시행되었다.

그와 더불어 아기 예수에 대한 숭배가 활발해졌는데, 그것은 아동기의 순수성을 강조하는 상징적 효과를 가져왔다. 17세기의 가장 흔한 종교 판화 중 하나는 그리스도가 무릎에 아동들을 불러 모으는 장면을 그린 것이었다. 점차 아동은 존중의 대상, 어른들과는 다른 본성과 욕구를 지닌 특별한 존재, 어른들의 세계로부터 분리와 보호가 필요한 존재로 여겨졌다. 1700년에 이르러 중간 계급 가정에서 아동을 공공연히 음란에 노출시키는 것은 커다란 충격으로 받아들여졌고, 6세의 아동에게 돈벌이를 위한 도박을 허용하는 것은 언어도단의 일로 비쳐졌다. 그 무렵이 되면 아동은 자신들만의 문학을 가졌다. 아동 도서에서는 어른들의 서적에 나오는 복잡한 부분이나 노골적인 유머가 조심스럽게 삭제되었다. 뿐만 아니라 어린 영혼만을 위한 책이 특별히 집필되기도 했다. 7세에서 청소년기 사이의 시기가 하나의 독자적인 세계가 된 것이다.

18세기에는 아동에 대한 이러한 새로운 관점이 유복한 계층에서 보편적인 사회적 태도가 되었다. 그러나 빈민들 사이에서는 기존의 태도가 계속되었다. 가난 때문에 어른과 아동은 함께 섞여 살았고, 그 결과 어른과 아동은 같은 세계를 공유하지 않으면 안 되었다. 시골 마을과 빈민가에서는 여전히 아동들이 어른들과 함께 놀이를 했고, 같은 이야기에 귀를 기울였다. 그들은 긴밀한 관계 속에서 함께 생활했으며, 어른과 아동의 삶은 서로 분리되지 않았다.

아동 교육의 변화: 중세에서 근대로

1600년에서 1800년 사이 아동들의 삶에 일어난 변화는 예절과 도덕성의 영역에만 국한된 것이 아니었다. 이 시기는 아동 교육에 대한 태도에 혁명적 변화가 있었던 때이기도 했다. 우리가 인간 본성 자체에 부합하는 것으로 여기는 가설 중 많은 것들이 이 시기에 형성되었다. 예를 들면 이 시기에 사람들은 읽기와 쓰기 교육이 아동의 성장 단계에 맞춰 진행되어야 한다고 생각했다. 읽기는 4~5세에 시작해야 하고, 뒤이어 쓰기 교육을 해야 하며, 아동이 점차 성장하면서 좀 더 어려운 과목이 덧붙여지고 더 복잡한 내용이 교육되어야 한다는 것이다. 오늘날의 교육 내용은 아동의 연령에 따라 거의 획일화되어 있다. 적어도 유럽과 미국의 경우만을 놓고 보자면, 현대 세계에서는 어느 학교에서든 같은 학급에 속한 아동들은 나이가 거의 같다. 몇 개월 정도 차이는 있을지 모르나 1년 이상 차이가 나는 경우는 거의 없다.

예절과 도덕성에서도 그랬듯이, 교육에도 오랫동안 두 개의 세계가 있었다. 하나는 본질적으로 중세적인 세계로서, 오랜 기간 낙후 지역 주민들 사이에서 지속되었다. 다른 하나는 근본적으로 우리 자신에 속한 세계로서, 그 최종적인 조직과 정의(定義)를 만들어내는 데는 수백 년의 시일이 걸렸다. 중세의 아동은 보통 지역의 사제나 인근 수도원의 수도사에게 글을 배웠다. 드물게 성당에 부속된 음악학교에서 배우기도 했다. 그러나 초등 교육이 시작되는 나이는 개인적 환경에 의해 좌우되었다. 10대에 이르도록, 때로는 20세가 넘도록 경제 여건 때문에 라틴어 공부를 시작하지 못하는 소년들도 많이 있었다. (라틴어 교육을 받지 못하면 대부분의 초등 교육이 불가능했다.) 17세기 프랑스 조각가 지라르동[13]은 16세까지 집안일을 돌보다가 뒤늦게 부친이 재산을 모으자 학업을 시작할 수 있었다. 이런 관행은 지라르동 시대에는 드물지 않은 일이었다.

15세기에는 이런 경우가 아주 흔한 일이어서, 늙은이 · 젊은이 · 청소년 · 아동이 같은 교실에 앉아 같은 수업을 듣는 것이 보통이었다. 그들은 잠깐 교실에 머물렀고, 누구도 그들 삶의 다음 단계에 대해 관심을 갖지 않았다. 16세기 초의 학창 시절에 대해 플라터[14]가 남긴 기록을 보면 20대 초반 청년에서 10세 소년에 이르는 일군의 학생이 프랑스와 독일을 전전하면서 공부하는 경우도 있었다. 어린 소년은 나이 많은 소년을 따라다니면서 그를 위해 구걸을 하고, 그에게 매를 맞기도 했으며, 때로는 가르침을 받기도 했다. 그러나 어린 소년은 어떤 경우든 늘 부양과 보호를 받을 수 있었다. 그들은 이

중세의 초등 교육 광고이다. 12세기 오스트리아 필사본에 나오는 그림으로 학생이 무릎을 꿇고 "선생님 저는 공부하고 싶어요"라고 말하고 있다.

중세의 초등 교육 광고이다. 문법학교 교육 광고로 알파벳을 의인화한 여인이 소년을 인도하여 배움의 궁전으로 들어가게 하는 장면이다.

따금 돈벌이를 해서 수업에 참여할 수 있었다. 그러나 대개의 경우 구걸을 했다. 교육은 이따금 우발적으로 진행되었다. 그들은 구걸하고 훔치고 싸움질을 하면서 마치 히피처럼 생활하고 집시처럼 방랑했다. 그러나 그들은 언제나 책에 굶주렸고 배움을 갈망했다. 배움만이 직업을 얻을 수 있게 해주었기 때문이다. 플라터는 19세가 되어서야 거침없이 책을 읽을 수 있었다. 그러나 배움에 대한 갈증으로 불과 3년 만에 라틴어, 그리스어, 히브리어에 정통할 수 있었다. 마침내 그는 바젤에서 가장 유명한 학교의 교장이 되었다.

플라터의 시대에도 추세는 변화하고 있었다. 중세 말기에는 옥스퍼드대학과 케임브리지대학, 그리고 파리대학의 칼리지[15] 수가 크게 늘어나고 있었다. 학생들은 어린 나이에 대학에 입학했다. 보통은 15세에, 때로는 12세의 어린 나이에도 입학했다. 물론 어른도 얼마든지 입학할 수 있었다. 칼리지 생활은 그들을 한 장소에 붙박이로 살도록 했다. 그리고 부모들은 자식들이 규제를 받고 강의에 규칙적으로 출석하며 지나친 음주, 간음의 유혹, 도박의 위험 등으로부터 보호를 받으리라고 안심할 수 있었다. 칼리지의 규칙은 매우 엄했다. 복종이 강조되었으며 규율을 어기는 학생에게는 종종 채찍질이 가해졌다. 어른들의 세계에서 철저히 분리되었을 뿐더러 주도면밀하게 보호받는 냉혹한 배움의 세계가 창조된 것이다. 16~17세기에 이른 칼리지[16] 학생들은 전교생이 하나의 대형 교실에서 함께 교육을 받았다. 소년들은 각자의 학업 진도에 따라 여러 그룹으로 나뉘었으며, 교사와 보조교사가 이 그룹 저 그룹을 옮겨 다니며 지도했다. 이 시기 그래머 스쿨 중에는 교사와 보조교사를 각기 한 명 이상씩 둔 학교가 거의 없었다.

그러나 이 제도는 18세기 말부터 변하기 시작하여 19세기 초반에는 새로운 제도가 확립되었다. 교실이 여러 개로 분리되거나 추가되었고, 같은 연령대의 소년들은 같은 학급에 배정되었다. 그리고 학생 수가 많아지면서 수업료가 많이 걷혔고 이에 따라 교사의 수도 늘어났다. 그러나 영국에서 점차 대중화되던 기숙학교에는 어른들의 세계가 상당 부분 그대로 남아 있었다. 우리는 이튼 칼리지, 해로 스쿨[17], 럭비 스쿨[18] 등의 퍼블릭 스쿨에서 음주, 흡연, 지역 소년들과의 싸움, 대규모의 도박, 은밀하지만 대대적으로 행해진 유곽 출입 등이 있었음을 알고 있다. 그러나 아동과 청소년만의 독립된 세계를 창조하기 위해 과감한 개혁이 시행되기도 했다. 심지어 학생들의 레저와 오락마저도 차별화되었다. 그때그때의 개인운동 대신 조직적인 단체경기가 행해졌다. 순결이 강조되었고 그에 대한 설교가 계속되었다. 성인 세계로 진입하기 전의 성관계는 사회적 죄악으로 간주되었다. 문학은 한층 면밀하게 검열되었다. 19세기 중반 해로 스쿨의 교장은 학생 독자들을 타락시킬까 우려해 어떤 종류의 소설도 읽지 못하도록 조치했다. 당연히 도박과 음주도 금지되었다.

음식마저 차별화되었다. 성인들의 음식보다 훨씬 간소한 우유와 쇠기름 푸딩 일색인 음식이었는데, 그것은 나이 든 영국인들이 '탁아소 음식'이라며 질색하는 것이었다. 그리고 학생들의 복장도 바뀌었다. 17세기의 아동복은 양 어깨 위에 리본 두 개가 있는 것을 제외하고는 어른 옷과 다를 바가 없었다. 18세기의 아동들은 세일러 복, 스코틀랜드 고지인들이 입는 킬트(kilt)와 보닛(bonnet), 특별한 날에 입는 반다이크(Vandyke)풍 의상 등 다소 장식적이고 화려한 옷을 입었다. 마치 사회 전체가 아동복의 차별성을 추구하는 듯했다. 아동들에게는 더 많은 자유가 허용되었고, 어른들보다 훨씬 앞선 시대부터 바지를 입는 것이 허용되었다.[19] 그러다가 점차 근본적으로 상이한 복식 형태가 발전되기에 이르렀다. 20세기 초에 유아와 사춘기 사이의 소년들은 짧은 반바지를 입었는데, 그 옷은 성인의 의상보다 색상이 단조로워서 회색·푸른색·검정색 등에 국한되었다. 학교에 다니는 아동들은 마치 병사나 죄수들처럼 사회적으로 구분되는 유니폼을 착용해야만 했다.

19세기 유럽의 상류 계급 아동들은 가정에서도 어른들과 격리되었다. 아동은 집 안 대부분의 장소에 출입이 금지되었으며, 밤이나 낮이나 '아동방'에서 유모나 가정교사와 함께 생활했다. 집 안의 다른 곳에 머물거나 부모를 만나는 시간은 매우 짧았다. 16세기 아동과 19세기 말 아동의 삶은 너무나도 차이가 커서 어리둥절할 정도이다. 3백 년 동안에 아동들만을 위한 세계가 창출된 것이다.

이 새로운 태도는 중간 계급에서 처음 발전되었지만, 시간이 지나면서 사회 전반으로 확산되었다. 빅토리아 시대 런던이나 파리의 노동 계급 아동을 그린 그림을 보면 아동들은 여전히 어른들이 입는 옷, 그것도 대개 부모가 입던 헌 옷이나 그것을 줄여 만든 옷을 입고 있다. 우리는 그들이 어른들과 생활의 모든 국면을 함께했음을 알고 있다. 그들은 그러한 삶에서 벗어날 수 없었다. 그러나 사회 전반의 번영과 더불어 노동 계급 역시 대중 교육 체제 속에 편입되었다. 노동 계급 아동들도 이제 독자적인 아동들만의 세계에서 살아야만 했다. 사회 입법도 개입했다. 19~20세기에는 아동들의 술집 출입이 금지되었고, 도박이나 담배 구입도 허용되지 않았다. 그들의 성생활은 '승인 연령(결혼 등이 법적으로 인정되는 나이)' 개념에 의해 규제되었다. 타락한 사회가 성을 강요하지 않는 한, 아동들은 순결하며 또한 순결한 상태를 선호한다고 추정했기 때문이다. 1차 세계대전 시기에 이르러 대체로 세 개의 연령층이 구분되었다. 유아기는 4~5세까지로 단축되었다. 아동기는 유아기가 끝난 후부터 사춘기 말기까지(하층 계급의 경우), 또는 성년기 초기까지(나머지 계급의 경우)를 지칭했다. 그리고 마지막으로 성년기가 있었다. 바야흐로 서양 세계 어느 곳에서도 아동은 어른들의 기호·욕구·사회 생활을 함께 누릴 수 없었다.

20세기의 혁명적 변화

그러고 나서 혁명적인 변화가 도래했다. 중세에서 근대로의 변화는 3백 년 이상이 걸렸다. 그러나 현대 세계를 경악시킨 이 혁명은 불과 10년밖에 걸리지 않았다. 이것을 이해하기 위해서는 어째서 아동들이 성인 세계에서 점차 분리되었으며 그들의 삶과 교육이 그토록 치밀하게 규제되었는지를 알아야만 한다.

간단하게 답하자면, 그것은 사회적 필요 때문이었다. 1500년 이후 서양 세계는 점점 더 복잡해졌고, 각종 직업에는 좀 더 숙달되고 훈련된 인력이 필요했다. 이런 활동을 하기 위해서는 소녀보다는 소년이 더 필요했고 유독 남자 아동에 대한 태도가 바뀐 원인도 바로 여기에서 찾을 수 있다. 또한 거대 제국들―프랑스·영국·에스파냐·네덜란드 등―은 권위적 기질을 가진 남성을 필요로 했다. 제국의 총독에게는 신사의 이미지가 각인되어야 했고, 그들은 특권뿐만 아니라 의무도 인식해야만 했다. 정규 학교 교육에서 가장 강조되는 '절제'는 식민지를 관리하는 업무 수행에 가장 필요한 자질임이 입증되었다.

그러나 사회는 정지되어 있는 것이 아니므로 아동에 대한 새로운 태도가 등장하자 사회 구조 내부에서 반동이 일어났고, 그것은 한층 심원한 변화를 초래했다. 과학과 기술은 경제 및 사회 생활에 더욱 깊숙이 침투하여 1880년 이후 점차 강력하게 서양 사회를 지배했다. 과학과 기술의 진보는 한층 긴 교육 기간을 필요로 했다. 1차 세계대전 이전에는 미국이나 유럽에서 중간 계급 아동들이 16~17세에 학교 공부를 마치는 것이 일반적이었다. 그러나 2차 세계대선 이후로는 남성과 여성을 막론하고 인구의 상당수가 21세까지 또는 그 후에도 학교에 남아 있게 되었고, 그 수는 해마다 늘어났다. 이와 같은 거대한 사회 변화는 필연적으로 아동과 청소년에 대한 태도 변화를 초래했다.

그 밖의 다른 복합적인 사회적 요인도 작용했다. 유럽의 강대국들은 제국을 상실했고 이에 따라 '절제'를 덕목으로 한 중간 계급의 교육 방식을 고집할 필요성이 줄어들었다. 미국은 인구가 늘어나고 도시화되었다. 그와 동시에 청소년에 대한 기존의 사회적 이미지는 불분명해지고 혼란스러워졌다. 교육의 전반적인 목적이 무엇인지를 둘러싸고 격렬한 논쟁이 이어졌다. (물론 수공업과 기능 교육 영역은 예외였다.) 여기에 더하여 아동의 순결성이라는 빅토리아적 개념에 대한 정신분석학적인 공격까지 가해졌으니, 아동을 다루는 방법에 대한 사회 전반의 혼란이 얼마나 심각했는지를 이해하기란 어렵지 않다.

다른 혼란스러운 요인들도 있었다. 중간 계급은 점점 더 부유해졌고, 경제적·사회적 목적을 위해 자녀들에게 가하던 압력은 누그러들었다. 그들은 크리스천 신사가 되어야 한다는 강요도, 앨저[20] 같은 영웅이 되어야 한다는 압박도 받지 않았다. 그러나 아동에 대한 태도가 변해야 할 필요가 있다는 무수한 경고의 징후가 있었음에도 불구하고, 과거 소박한 시절부터 통용되던 아동에 대한 태도는 여전히 강력한 힘을 유지하고 있었다. 아동에게는 음주가 허용되지 않았고, 부모와 교육자들은 권위에 대한 구시대적인 맹목적 존경을 강조했다. 행실·복장·두발은 낡은 기준에 맞춰야 했다. 청소년 도서는 여전히 검열되었다. 성생활은 어른 세계에서만 가능한 것으로 간주되었고, 학생들은 해서는 안 될 일이었다. 억압·복종·규율·배제 등은 최근까지만 해도 대부분의 교육학자와 부모가 과거로부터 이어받은 유산이었다.

어른 세계로부터 격리된 사춘기 청소년들은 자연히 그들만의 세계를 만들었다. 그것은 그들만의 음악, 그들만의 도덕, 그들만의 복

▶ 반항하는 젊음: 반전 시위 장면이다.

장, 그들만의 문학 등이 합쳐진 세계였다. 그리고 그 세계는 자연스럽게 아동들의 마음과 상상력을 사로잡기 시작했다. 아동들은 나이는 어렸지만 청소년들과 근본적으로 동일한 교육 영역에서 함께 생활했던 것이다. 그 결과 유아기에서 사춘기로 넘어가는 기간은 크게 단축되었고, 앞으로는 그 기간이 더욱 단축될 것이다.

성인 세계의 사회적 활동과 긴장은 정치적으로 조정이 가능하다. 그러나 사춘기 청소년과 아동들은 '자신들의 세계'와 '배타적 성인 세계' 사이의 갈등을 조정할 수 있는 메커니즘을 가지고 있지 않다. 그 결과는 필연적으로 반란이라는 형태로 나타난다. 그러나 1960년대의 반란은 그 이전의 몇 해 동안 있었던 실책이나 난관에 기인한 것이 아니었다. 이 문제의 근원을 가까운 과거에서만 찾으려 해서는 안 된다. 청년들이 일으킨 혁명은, 과거 수십 년 동안 성장하는 아동들에게 억압적이고 인위적인 세계를 강요함으로써 누적되었던 압력이 더 이상 견디지 못하고 폭발한 것이다. 그들에게 강요된 세계는 실로 감옥이었다. 그 감옥은 서양 역사 4백 년의 최종적 산물이었으며, 성장기 아동들을 성인 세계에서 배제한 결과물이었다. 오늘날 우리는 중세 말기의 세계를 동경하는 마음으로 돌아볼 수 있다. 그 세계는 조야하고 소박했지만 남자와 여자, 그리고 아동이 함께 삶을 영위한 세계였다. 그것은 어른과 아동이 같은 놀이와 같은 도덕성을, 그리고 동일한 엄격성과 동일한 부절제를 공유했던 세계였다. 본질적으로 1960년대의 청년들은 지난 4백 년에 걸친 억압과 착취에 대해 반란을 일으킨 것이다.

■ 본문 깊이읽기

1 누에르족(Nuer)

수단 남부 지역 나일 강 양쪽 기슭의 소택지와 사바나 지역에 사는 종족. 나일사하라어족 샤리나일어군에 속하는 동(東)수단어를 쓴다. 소를 사육하는 목축민으로 우유와 고기를 주식으로 하지만 식량이 모자라면 귀리를 재배하거나 작살로 물고기를 잡아서 충당한다. 1년 중 한동안은 홍수가 나고 나머지 기간은 가뭄으로 말라붙는 기후 조건 때문에 우기에는 높은 지대에 세운 상설 부락에서 보내고 건기에는 강가에서 야영 생활을 한다. 정치적으로 누에르족 사회는 수많은 자치 공동체를 중심으로 구성되어 있으나 공동체 내부에서 화합하는 경우가 드물고 분쟁이 잦다. 자주 혈수(血讐)가 일어나지만 사제의 중재를 통해 소를 배상금으로 지불함으로써 해결한다. 기본이 되는 사회 집단은 부계 씨족이다. 어느 정도 특권적인 지위를 누리는 씨족 집단도 있으나 전체적으로 소수에 불과하다. 이들을 제외한 주민들 대다수는 다른 씨족에 속하거나 누에르족에게 정복·흡수된 이웃인 딩카족의 후손이다. 각 공동체마다 남자들은 여섯 개의 연령 집단으로 나누어신다. 결혼 관습은 일부다처제로서, 신랑 친척들이 신부 친척들에게 소를 선물하고 약혼식과 결혼식을 함으로써 결혼이 성립된다. 남자들에게는 적어도 한 명의 남자 상속인이 있어야 한다고 생각하기 때문에 남자가 결혼하지 못하고 죽는 경우, 친척 한 사람이 죽은 남자의 이름으로 아내를 얻어 자손을 보는 것이 관습이다. 누에르족은 기도와 제물을 바치는 신은 하늘에 있는 영(靈)으로서 공기처럼 어디에나 있다고 여긴다. 주민들은 이 신을 인류 전체를 주관하는 유일한 창조신으로 생각한다. 그러나 씨족 집단이나 특정 연령층 집단 등 사회 집단과 관련해서는 신은 구체적인 형태, 즉 동물이나 식물로 상징화되곤 한다.

2 에로스(Eros)

에로스와 프시케의 조각상.

사랑의 신. 라틴 시에서는 아모르라고 한다. 신화에 따르면 에로스는 신들의 사자(使者)인 날개 달린 헤르메스와 사랑의 여신 아프로디테 사이에서 태어났다. 에로스는 보통 활과 화살통을 갖고 다니는 날개 돋친 어린 아이로 나타나며 이 화살에 맞으면 사랑과 열정에 빠지게 된다. 때로는 전쟁의 신 아레스와 같이 갑옷을 입은 모습으로 그려지기도 하는데 아마도 전쟁과 사랑 사이의 반어적 비교를 암시하거나 정복이 불가능한 사랑을 상징하기 위함인 듯하다. 어떤 문학 작품들은 에로스를 냉정하고 타인에게 무관심한 것으로 그리기도 하지만, 일반적으로는 인간이나 신의 연인들에게 행복을 나누어주므로 자비로운 신으로 여겨진다. 그의 나쁜 짓이란 기껏해야 짓궂게 짝을 짓는 정도인데, 이러한 짓궂은 장난은 종종 에로스의 어머니인 아프로디테가 지시한다. 아프로디테의 책략이 역효과를 낸 경우도 있는데,

아프로디테가 인간 프시케에게 복수하려고 에로스를 끌어들였다가 오히려 에로스가 프시케를 사랑하게 되어 아내로 삼았다.

3 푸토(putto)

토실토실하게 살진 발가벗은 어린아이의 상(像)을 말한다. 르네상스와 바로크 시대의 신화적 또는 종교적인 회화·조각에 자주 등장하며 대개 날개가 달린 모습으로 나타난다. 그리스·로마 미술에서 표현된 사랑의 화신인 에로스 상에서 비롯되었으며, 15세기의 이탈리아 회화, 특히 성모자상을 그린 그림에서 천동(天童)으로 묘사되었다. 15세기 후반에 고전적이고 신화적인 주제들이 되살아나면서 어린 에로스 신은 보통 푸토 상으로 묘사되었는데 그 밖의 많은 푸토들은 대개 신이나 불멸의 존재를 시중드는 모습으로 표현되었다.

프랑스 화가 카바넬이 그린 〈비너스의 탄생〉. 귀여운 아기 푸토들이 비너스의 탄생을 축하하고 있다.

4 몽테뉴의 자식들

몽테뉴는 1565년 9월 23일 보르도 고등법원 재판장의 딸 프랑수아 드 라 샤세뉴와 결혼했다. (신부 나이는 21세였다.) 그 후 둘 사이에 딸 여섯이 태어났으나 한 명을 제외하고는 모두 일찍 죽었다.

5 몰리에르(Molière, 1622~1673)
프랑스의 위대한 희극작가 · 배우. 17세기 프랑스의 교회 및 세속 당국은 그를 적대시했지만, 몰리에르의 희극적 천재성은 마침내 그에게 프랑스가 낳은 가장 위대한 작가라는 명성을 안겨주었다.

6 브뢰헬(Bruegel, 1525?~1569)
16세기 플랑드르의 대표적 화가. 농민 생활을 활달하고 재치 있게 그린 그림과 풍경화로 유명하다. 그는 대부분의 작품에 서명과 연대를 적었기 때문에 16세기 플랑드르의 풍경화 전통과 유사성을 보여주는 초기의 풍경화에서 이탈리아 양식에 영향을 받은 말기의 작품들에 이르기까지 그의 예술적 발전을 추적하기란 그리 어렵지 않다. 북해 연안 저지대국가의 회화에 큰 영향을 끼쳤으며, 각각 '벨벳의 브뢰헬'과 '지옥의 브뢰헬'로 알려진 그의 두 아들 얀과 피테르를 거쳐 18세기까지 있었던 화가 가문의 선조가 되었다

루이 13세의 초상이 새겨진 에퀴 은화.

7 루이 13세(Louis XIII, 1601~1643)
프랑스의 왕(1610~1643년 재위). 앙리 4세와 마리 드 메디시스 사이의 맏아들로 태어났으며 1610년 5월 부왕이 암살당한 후 왕위를 계승했다. 총리 리슐리외 추기경과 긴밀히 협력하면서 프랑스를 유럽의

강대국으로 키워 나갔다.

8 앙리 4세(Henri IV, 1553~1610)
프랑스의 왕(1589~1610년 재위). 나바라 왕(엔리케 3세, 1572~1589년 재위)이기도 했으며 부르봉가 출신으로는 최초로 프랑스 왕이 되었다. 원래는 프로테스탄트였으나 종교전쟁이 끝난 뒤 파리를 얻고 프랑스를 재통일하기 위하여 가톨릭으로 개종했다(1593). 그는 쉴리 공작 같은 신하들의 도움을 받아 프랑스에 새로운 번영을 가져왔다.

9 에라스무스(Desiderius Erasmus, 1469~1536)
네덜란드 출신의 인문주의자. 북유럽 르네상스의 가장 위대한 학자로 《신약성서》를 최초로 편집했고, 교부학과 고전문학에서도 중요한 인물이다. 에라스무스는 이탈리아 인문주의자들이 개척한 문헌학적 방법을 이용하여, 특히 그리스어 《신약성서》와 교부들에 대한 연구에서 과거에 대한 역사적·비판적 연구의 토대를 이루어놓았다. 그의 교육에 관한 저술은 형식에 치우친 과거의 교과 과정을 지양하고 인간성을 중시하는 고전문학을 새롭게 강조하는 방향으로 나아가는 데 이바지했다. 그는 교회의 악폐를 비판하고 먼 옛날의 좋았던 시절을 강조함으로써, 점증하는 개혁 욕구를 더욱 부추겼다. 이 욕구는 프로테스탄트의 종교개혁뿐 아니라 가톨릭의 반종교개혁에도 나타났다. 마지막으로 그는 신

에라스무스는 유럽 문화의 자유주의 전통을 형성하는 데 이바지했다.

앙고백을 통한 격렬한 논쟁의 시대에 어느 쪽에도 속하지 않는 독자적인 태도(그는 마르틴 루터의 예정설도 받아들이지 않았고, 교황이 주장하는 권력도 인정하지 않았다)를 유지했기 때문에 양쪽의 충성스러운 지지자들에게는 의혹의 대상이 되었고, 신앙의 정통성보다 자유를 더 높이 평가하는 사람들에게는 어둠을 비추는 횃불이 되었다. 1529년에 출판한 《소년 교육론 De pueris instituendis》은 교육의 힘에 대한 확신을 가장 분명하게 주장한 글이다. 그는 열심히 노력하면 하찮은 욕망을 억제하고, 평화를 사랑하고, 사교적인 기질을 북돋는 방향으로 인간의 본성 자체를 바꿀 수 있다고 믿었다. 에라스무스는 글 자체가 그 사람이라고 간주했다. 따라서 고전 시대와 초기 그리스도교 시대의 '인문학'은 인간 정신에 유익한 영향을 주는 반면, 형식에 치우친 이론의 나열은 논쟁적인 기질을 유발하고 '어리석고 폭군적인 아서 왕의 우화' 등과 같은 기사문학은 젊은 귀족들에게 복수심과 방탕함을 가르친다고 믿었다.

10 비베스(Juan Luis Vives, 1492~1540)
에스파냐의 인문주의자. 에라스무스의 제자로서 교육학·철학·심리학에서 뛰어난 능력을 발휘했다. 스콜라주의를 강력히 비판했으며 탐구 방법으로 귀납을 강조했다. 종교재판을 피하기 위해 17세에 에스파냐를 떠났고 파리에서 공부(1509~1512)를 마친 뒤 루뱅에서 인문학 교수가 되었다(1519). 성 아우구스티누스의 《신국 De civitate Dei》에 대한 주석(1522)을 영국의 헨리 8세에게 헌정한 뒤, 1523년 영국으로 건너가 웨일스 공녀(公女) 메리의 교사로 일하면서 옥스퍼드대학에서 철학을 강의했다. 1527년 헨리 8세가 아라곤의 카탈리나와 이혼하는 것에 반대하다가 왕의 신임을 잃고 6주 동안 감옥에 갇혔으며, 풀려나온 뒤 저술에 전념하기 위해서 영국을 떠나 네덜란드로 갔다. 비베스는 교육학 분야에서 《아동 교육의 올바른 방법 De ratione studii puerilis》(1523)과 《교육에 관한 20권의 책 De disciplinis libri XX》(1531) 등의 저서를 통하여 명성을 얻었다. 이 책에서 그는 학교에서 모국어를 쓰자고 주장하고 대학을 세울 것을 역설했으며 여성에 대한 교육을 지지했다. 에라스무스가 성서와 언어 연구에 사용하자고 주장한 개인적 탐구와 경험을 바탕으로 하는 귀납의 원리를 아동의 자연 연구에 적용하자고 제안한 것은 그의 가장 위대한 혁신으로 꼽힌다.

11 포르루아얄(Port-Royal)
정식 명칭은 'Port-Royal des Champs'이다. 시토 수도회의 유명한 대수녀원으로서 17세기 프랑스의 문예 활동과 얀센주의의 중심지였다. 1204년경 마틸드 드 가를랑드가 베르사유 남쪽에 있는 슈브뢰즈 계곡의 저습지에 베네딕투스회 수도원으로 설립했다. 그곳에 있는 교회는 1230년에 세워졌다. 1609년 젊은 대수녀원장 자클린 마리 앙젤리크 아르놀은 절실히 요청되던 개혁을 시작했다. 1625~1626년 그곳의 비위생적인 공기 때문에 앙젤리크는 파리에 공동체를 세우고 바로크 양식의 교회를 비롯한 새 건물을 여러 채 지었다. 1638년 은수자들이 그 버려진 건물에 자리잡았는데, 그들은 코르넬리우스 얀센의 친구이자 생시랑의 대수도원장인 장 뒤베르지에 드 오란의 영적 지도 아래 맹세나 특별한 규율 없이 지내는 신앙심이 깊은 평신도들과 세속 사제들이었다. 이들 중에는 아르놀 가문의 사람들도 있었다. 그들은 몇몇 소년을 가르치면서 작은 학교를 설립했는데, 이 학교의 교육 방식은 여러 가지 면에서 예수회의 교육 방식과 달랐다. 1648년 일단의 수녀들이 이 건물을 찾아 돌아오자 은수자들은 근처의 언덕에 있는 레그랑주로 옮겨갔다. 이 학교는 1660년까지 존속했다.

12 테렌티우스(Publius Terentius Afer, B. C. 186/185 ~159?)
플라우투스 이후 가장 위대한 로마의 희극작가. 그가 쓴 여섯 편의 운문희극은 오랫동안 순수 라틴어의 귀감이었으며, 근대 풍속희극의 토대를 이루었다. 테렌티우스는 로마 원로원 의원 테렌티우스 루카누스의 노예로서 로마에 왔으며, 그의 재능에 감동한 주인 덕분에 교육을 받고 자유의 몸으로 풀려났다고 한다. 이 원로원 의원에 대해서는 더 이상 알려진 바가 없다. 테렌티우스는 로마의 교육과 후세의 유럽 연극에 큰 영향을 미쳤다. 그의 언어는 순수 라틴어의 귀감으로 받아들여졌고, 그의 작품은 고대가 끝날 때까지 줄곧 연구와 토론의 대상이 되었다.

13 지라르동(François Girardon, 1628~1715)
프랑스의 조각가. 루이 14세 당시 베르사유를 장식하는

지라르동의 작품 〈님프들에 둘러싸인 아폴론〉.

대규모 조각 사업에서 크게 활약했다. 지라르동은 대법관인 피에르 세지에의 주목을 끌어 그의 소개로 파리에 가서 프랑수아 앙지에게 조각을 배운 뒤 로마에 갔다. 1650년경 프랑스로 돌아왔으며 1657년 왕립회화조각아카데미의 회원이 되었다. 볼르비콩트에서 니콜라 푸케를 위해 일했는데 그가 실각한 뒤에는 왕궁을 장식하는 일을 더욱 많이 맡게 되었다. 1663년 루브르 궁의 아폴론 실에서 샤를 르 브룅 밑에서 일했고 1666년에는 베르사유에 있는 테티스의 동굴 장식을 의뢰받아 그의 가장 유명한 작품인 〈님프들에 둘러싸인 아폴론 Apollo Tended by the Nymphs〉을 소삭했나. 이 회화직인 조각(뒤에 자리를 옮겨 배치가 바뀜)은 부분적으로는 헬레니즘 시대의 조각(특히 〈벨베데레의 아폴론 Apollo Belvedere〉에서, 또 일부는 니콜라 푸생의 그림에서 착상을 끌어낸 것 같다. 그 밖에 베르사유에서 만든 작품들 중 가장 뛰어난 것은 장 구종의 〈이노상트 분수〉에서 영향을 받은 것으로 보이는 부조 〈목욕하는 님프들 Bath of the Nymphs〉(1668~1670)과 당시 그 스스로 잠볼로냐의 〈사비니 여인들의 약탈 Rape of the Sabines〉에 견줄 만한 것이라고 주장한 〈페르세포네의 약탈 The Rape of Persephone〉(1677~1679, 받침대는 1699년 완성)이다. 〈페르세포네의 약탈〉은 현재의 위치, 즉 베르사유에 있는 열주의 중앙으로 옮겨지면서 그 효과가 줄어들었는데, 이는 원래의 의도대로 일정한 각도에서 볼 수 있게 되어 있지 않고 모든 각도에서 볼 수 있게 바뀌었기 때문이다. 지라르동은 표면적으로는 바로크 양식의 미술가였지만, 베르사유 밖에 있는 차분하고 진지한 두 점의 주요 작품에서는 뿌리 깊은 고전적 성향도 엿보인다. 그 작품들은 방돔 광장에 세워져 있다가 1792년 프랑스 혁명 중에 파괴된 루이 14세의 기마상(1683~1692)과 1675년 제작한, 소르본 대교회에 있는 리슐리외의 묘비이다. 그의 작품은 베르니니를 비롯한 로마 바로크 미술가들의 영향을 받았지만 대부분의 바로크 조각보다 차분하고 절제되어 있다.

14 플라터(Thomas Platter, 1499~1582)
스위스의 작가·인문주의자. 특히 자서전으로 유명하다. 알프스에서 양치기, 독일에서 학자 조수 등을 하며 어려운 시절을 보낸 후, 취리히에서 츠빙글리의 가르침을 통해서 그리스·로마·히브리 문화의 세계에 처음 눈뜨게 되었다. 바젤로 이사한 후 처음에는 밧줄 제작으로 생계를 꾸려 나갔으나 곧 이어 히브리어를 가르치고, 인쇄업자 안드레아스 크라탄더의 동업자로 일하면서 '바젤'이라는 거대한 인문주의 학문의 중심지가 가진 명성을 더욱 빛내는 데 기여했다. 1541년 이후에는 바젤 그래머 스쿨을 개혁하기도 했다. 1576년 완성된 자서전은 당대의 중요한 기록으로, 평생 동안 독학을 하면서 역경과 싸워 나간 자신의 이야기를 쓰고 있다.

15 칼리지(college)
흔히 단과대학을 지칭하는 용어로 쓰이고 있으나 그 밖에도 다양한 의미로 사용된다. 로마법에서 콜레기움(collegium)이라는 말은 공동 활동을 하는 사람들의 집단을 지칭했다. 이 용어는 길드, 신성 로마 제국의 황제를 선출하는 위원회 등 중세의 여러 단체를 가리키는 말로 사용되었다. 칼리지는 때로 중등학교를 칭하기도 한다. 14세기에 설립된 영국의 윈체스터와 이튼 칼리지가 대표적인 예이다. 중세 볼로냐대학에서는 교수진을 콜레기움이라 칭했고, 학생 단체를 우니베르시타스(universitas)라 했다. 그러나 중세 후기 대부분의 대학교에서 콜레기움은 학생들, 특히 학사·석사·박사 학위를 지망하는 학생들에게 제공된 거주 장소를 의미했다. 칼리지가 가장 발달한 곳은 파리대학·옥스퍼드대학·케임브리지대학이었다. 이들 대학의 유명한 칼리지는 파리대학의 소르본, 옥스퍼드대학의 머틴, 케임브리지대학의 피터하우스 등이었다.

16 이튼 칼리지(Eton College)
영국 버크셔 주 이튼에 있는 최대 규모의 퍼블릭 스쿨

이튼 칼리지 전경.

로 명성이 높은 학교이다. 1440~1441년 헨리 6세가 70명의 뛰어난 학생들을 위해 설립했다. 헨리 6세는 케임브리지대학에 킹스 칼리지를 설립하여 이튼 칼리지의 졸업생을 진학시켰다. 지금도 이튼 칼리지 졸업생 가운데 24명이 장학금을 받고 킹스 칼리지에 진학하는 제도가 남아 있다. 이튼에서는 오늘날까지 12~14세의 소년들을 대상으로 경쟁률이 높은 시험을 실시하여 왕실장학기금의 장학생(King's Scholar)으로 70명을 선발하였으나 최근에는 장학생들도 수업료를 내도록 제도가 바뀌었다. 장학생들은 학교 안의 특별 구역 기숙사에 들어가게 된다. 그 밖의 학생들은 교외학생(Oppidan)이라고 부르며, 지금은 1천 명이 넘는다. 이들은 사감의 지도 아래 기숙사에서 생활한다. 교외학생들은 영국에서 부유하고 명망 높은 가문 출신들이며, 그들 중 상당수가 귀족 출신이다. 소년들은 약 13세에 이튼 칼리지에 입학하여 대학에 들어갈 준비가 될 때까지 공부하게 된다.

17 해로 스쿨(Harrow School)
영국의 퍼블릭 스쿨 가운데 하나. 이 학교의 창시자인 J. 라이언은 이웃 프리스턴의 소지주였는데 해로의 빈민 아동들을 교육시키기 위해 학교를 세웠다. 1571년 엘리자베스 1세로부터 인가장을 받고 1590년에 설립 법안을 공표했으나 최초의 건물은 1611년에 건설되었다. 1660년경에는 교장이 수업료를 낼 수 있는 다른 교회구 소년들을 받아들이기 시작했다. 학교 관리는 원래 여섯 명의 저명한 교회구민이 했으나 1868년부터는 퍼블릭 스쿨 법령에 따라 대법관과 옥스퍼드대학 · 케임브리지대학 · 런던대학 · 왕립협회 및 해로 스쿨의 교감들이 각각 선출하는 여섯 명의 이사회에서 맡게 되었다. 지금의 주요 건물들은 19세기에 세워진 것이지만 오래된 제4학급 교실은 1611년에 세워졌다. 이 교실 벽면에는 유명한 졸업생 명단이 새겨져 있는데 로버트 필, 헨리 존 템플(파머스턴 경), 리처드 브린즐리 셰리든, 바이런, 헨리 카디널 매닝 등이 있다. 그 밖에 로드니, 존 골즈워디, 앤소니 트롤로프, 샤프츠버리, 윈스턴 처칠도 이 학교를 졸업했다. 유명한 C. J. 본 교장(1844~1859)의 이름을 따서 지은 중앙 도서관과 조지 길버트 스콧이 지은 부속 예배당이 있다. 전쟁기념관도 스콧의 작품이다. 교가, 학교 운동장에서의 출석, 축구, 해로 밀짚모자 등이 이 학교의 특색을 이룬다.

18 럭비 스쿨(Rugby School)

럭비는 영국 워릭셔 주의 행정구이자 도시이다. 19세기에 철도가 생기기 전까지는 별로 중요하지 않은 지역이

럭비 스쿨은 럭비 경기가 생겨난 곳이다.

었다. 철도의 교차점이 되면서 많은 공장이 들어섰다. 1567년 이 지역 주민인 로렌스 쉐리프는 소년들을 위해 납부금이 없는 퍼블릭 스쿨인 유명한 럭비 스쿨을 세우고, 자신의 집을 포함한 몇 가지 재산을 기증했다. 이 학교는 토머스 아놀드가 교장으로 있을 때인 1828~1842년에 크게 발전하여, 영국 퍼블릭 스쿨의 모범이 되었다. 토머스 휴가 쓴 《톰 브라운의 학창 시절 Tom Brown's School Days》(1857)의 무대이며, 럭비 경기가 생겨난 곳이기도 하다.

19 남성들의 바지 착용
오늘날 우리에게 알려진 바지를 남자들이 보편적으로 입게 된 것은 1820년경부터의 일이다.

20 앨저(Horatio Alger, 1832~1899)
미국의 아동문학가. 1870~1900년에 미국에서 최고의 인기를 누린 작가이자 사회적 영향력이 가장 컸던 작가로 꼽힌다. 유니테리언파 목사인 호레이셔 앨저 1세의 아들로 태어나 6세 때부터 아버지에게 읽기 교육을 받았는데, 어려서부터 이미 글쓰기에 상당한 관심을 보였다. 하버드대학 재학 시절 고전문학에서 두각을 나타냈고, 1852년 파이 베타 카파 우등생으로 졸업했다. 하버드대 졸업 후 교사로 일하면서 잡지에 글을 기고했다. 1857년 하버드신학교에 등록해 1860년 학위를 받은 뒤 7개월 간 유럽 대륙을 여행하다가 남북전쟁이 발발하자 곧 귀국했다. 전쟁 중 군대에 지원했으나 불합격 판정을 받았다. 1864년 매사추세츠 주 브루스터에 있는 교회의 목사로 임명되었으나, 그곳 소년들과 성행위를 했다는 뜬소문 때문에 1866년 성직에서 쫓겨나 뉴욕으로 갔다. 그곳에서 《누더기를 입은 딕: 구두닦이들과 함께 보낸 뉴욕 거리 생활 Ragged Dick ; or, Street Life in New York With the Bootblacks》(1867년 잡지 연재, 1868년 출판)이라는 소설을 출판해 선풍적인 인기를 끌었다. 가난한 구두닦이 소년이 부자가 된다는 줄거리를 지닌 이 소설이 뜻밖에 성공하자 문학이 자신의 천직임을 발견하게 되었다. 그는 이후 30여 년 간 1백여 권이 넘는 책에서 《누더기를 입은 딕》과 비슷한 이야기를 반복해서 다루었다. 이 책들은 작가로서의 명성을 안겨주었을 뿐 아니라 미국인의 어휘에 '앨저 영웅'이라는 새로운 단어를 첨가시켰다. 등장 인물들의 이름만 빼고는 내용이 거의 똑같은 책들을 잇달아 발표하면서 그가 강조한 주제는, 가난하지만 정직하고 희망을 잃지 않는 근면한 소년은 언젠가는 비록 우연한 행운에 의한 것일망정 정당한 보상을 받게 된다는 것이다. 앨저의 소설이 엄청난 대중적 인기를 누린 것은 미국에 산업사회가 싹트면서 개인적으로 재산을 모은 부호들이 생겨났고, 출세의 기회가 무궁무진해 보였던 당시의 시대적 분위기 때문이었다.

신화가 된 혁명가
레온 트로츠키

에드먼드 테일러(Edmond Taylor)

혁명이 일어난 지 반세기가 지나도록 소련 역사학자들이 역사상 가장 중요한 혁명 중 하나인, 자신들이 이룩한 1917년 혁명에 대해 만족할 만한 설명을 하지 못한 것은 아이러니이다. 이것은 상당 부분 레닌 사후 휘몰아친 정치투쟁에서 스탈린이 트로츠키에게 승리를 거둔 후, 레닌 다음으로 중요한 혁명가였고 내전 이후 혁명의 구세주 역할을 한 트로츠키의 이름을 언급하는 것이 금기시되었기 때문이다.

나(윌리엄 L. 랭어)는 트로츠키가 암살되던 그 해 멕시코에 망명해 있던 그와 함께 이틀 간의 오후를 지낼 수 있는 특전을 누렸다. 나는 아직도 역동적이면서 카리스마가 넘쳤던 한 인물에 대한 생생한 느낌을 간직하고 있다. 오늘날 세계에서 트로츠키의 정신이 아직 살아 있고 여전히 영향력을 갖고 있다면, 그것은 그가 세계 혁명의 헌신적인 옹호자였으며, '실용적인' 인물들과의 타협을 거부했다는 점 때문이다.

노련한 외신 기자이자 러시아 연구가인 에드먼드 테일러는 20세기의 가장 화려한 지도자 중 한 사람인 트로츠키의 생애와 사상에 대해 유려한 필치로 서술하고 있다.

트로츠키주의의 부활

얼마 전 영국에서 출간된 현대 혁명 사상 선집은 이렇게 선언했다.

"최근 들어 하나의 유령, 즉 레온 트로츠키(Leon Trotsky, 1879~1940)가 유럽 공산당을 배회하기 시작했다. 트로츠키를 살해한 곡괭이는 그의 육신을 죽이긴 했지만 그의 사상을 죽이는 데는 성공하지 못했다. 많은 사람들은 스탈린[1]을 가장 강력하고도 일관되게 반대했던 정적이 주창한 이론―트로츠키주의―을 부활시키는 것이 스탈린주의에 대한 마르크스주의적 대안이라고 여긴다."

이 글은 언뜻 보기에 주제(主題)도 수사(修辭)도 그다지 독창적으로 보이지는 않는다. 망명한 볼셰비키 지도자 트로츠키가 1940년에 암살된 후 그의 충성스러운 제자들―한 줌밖에 남지 않았지만―은 순교한 자기들의 예언자가 주창한 혁명적 이론이 조만간 승리를 거

◀ 트로츠키. 1924년 레닌이 죽던 해의 모습이다. 그 후 이어진 권력투쟁에서 트로츠키(그는 레닌의 명백한 후계자였다)는 스탈린에게 패하고 말았다.

둘 것이라고 예견했으며, 트로츠키주의자들이 쓴 글 가운데는 《공산당선언》의 유명한 첫 문장을 각색한 위의 인용문 같은 문장이 심심치 않게 등장했다. 그러나 순수한 이데올로기적인 의미에서 볼 때 '패배 속의 승리'—이제는 고전이 된 도이처[2]의 트로츠키 전기 마지막 장 제목이기도 하다—라는 트로츠키주의의 신비스런 비법은 오래전부터 어느 정도 합리적 기반을 가지고 있었다.

도이처 자신도 언급했듯이, 트로츠키주의의 이론적 토대 중 일부분은—트로츠키주의 자체와 동일한 형태는 아니지만—흐루시초프[3], 마오쩌둥[4], 티토[5], 카스트로[6] 등 스탈린 사후에 등장한 탁월한 공산주의자들의 혁명적 리더십과 가르침에서도 찾아볼 수 있다.[7] 예를 들면 마오쩌둥과 카스트로 두 사람은 자본주의와 제국주의에 대한 전 세계적 규모의 중단 없는 혁명적 투쟁을 촉구하는 이론을 설파했는데, 그것은 원래 트로츠키의 '영구혁명론'의 기반으로서 트로츠키주의의 핵심 요소이기도 하다. (물론 두 사람 모두 저개발 세계에 관심을 기울였으므로 트로츠키의 고전적 마르크스주의인 국제주의로부터는 벗어나 있었다.) 반면 흐루시초프가 강조한 자본주의 국가와 공산주의 국가 간 평화 공존 원칙, 그리고 유고슬라비아에서 표출된 티토의 민족주의적 부르주아 성향에서는 트로츠키주의를 찾아보기가 쉽지 않다. 그럼에도 불구하고 모든 '수정주의적' 공산주의 지도자들은 스탈린 전제주의를 비판하면서 '배반당한 혁명(Revolution Betrayed)'—이 또한 트로츠키주의의 기본 이론이다—이라는 트로츠키의 명제에 한결같이 공감을 표시했다.

트로츠키는 혁명의 사도이자 그릇된 혁명에 대한 비판자로서, 그리고 프롤레타리아 독재의 옹호자이자 동시에 프롤레타리아의 이름으로 수립된 전체주의적 관료제의 감시자로서 정열과 확신을 가지고 저술 작업에 매진했다. 그러므로 다양한 유형의 마르크스주의 혁명가들, 그리고 마르크스주의자보다 더욱 혁명주의적인 일부 인사들이 그의 방대한—때론 모순되는—저작에서 영감을 구하려 했던 것은 지극히 자연스러운 일이었다.

또 한 가지 진정으로 새롭게 떠오른 발전 양상은, 상당수 젊은 층의 점증하는 지지와 더불어 트로츠키주의가 실질적인 혁명운동으로 부활했다는 점이다. 비록 소수파 혁명주의자들 중에서도 소수파에 불과했지만, 트로츠키주의자들은 탁월하고 역동적인 수많은 신좌파 지도자들을 우군으로 끌어들였다.[8] 이 새로운 경향—그것은 부르주아적 법 질서를 옹호하는 이들보다 공산주의 체제 지도자들이 우려한 현상이었다—의 대표자는 알랭 크리빈(Alain Krivine, 1941년 출생)이었다. 트로츠키 청년공산주의 혁명당의 뛰어난 지도자인 그는 1968년 5월 프랑스 학생혁명[9]에서 핵심적인 역할을 했다. 이듬해에 치러진 프랑스 대통령 선거에서 당시 군복무 중이던 크리빈은 새로운 트로츠키주의 조직인 '공산주의 동맹'의 후보로 뛰었다. 자신의 입후보는 단지 부르주아 체제를 혼란에 빠뜨리기 위한 혁명적 속임수의 일종이라고 조심스럽게 설명했음에도 불구하고, 그는 무려 23만 6천 표 이상을 획득했다.

청년들의 상상력을 사로잡은 트로츠키주의

트로츠키주의 그룹들은 오늘날 유럽 · 캐나다 · 미국 · 동남 아시아(특히 스리랑카와 미얀마) · 아프리카 여러 국가들 · 라틴 아메리카 등지에서 활동하고 있으며, 그 중 일부는 강력한 세력을 형성하고 있다. 트로츠키주의 '정통 그룹들'—편의상 이렇게 부르기로 한다—은 스탈린에 의해 완전히 장악되고 있던 제2인터내셔널과 제3인터내셔널 양자에 반발하여 1938년 창설된 제4인터내셔널[10]과 제휴했다.

상당수 트로츠키주의 그룹들은 초창기부터 제4인터내셔널 각국 지부와의 통합을 거부했다. 인터내셔널 지도자들과의 개인적인 불화가 있었거나, 새로운 인터내셔널의 이념 전반을 현존 세계 질서의 맥락에서 비현실적인 것으로 간주했기 때문이었다. 다른 그룹들은 평화 공존, 탈스탈린화 정책, 중·소 분쟁, 쿠바의 카스트로 체제 지원 문제, 소련의 체코슬로바키아 점령 문제 등과 관련하여 인터내셔널 지도부가 요구한 엄격한 당 노선을 따르려 하지 않았기 때문에 이탈하거나 축출되었다. 그 결과 20세기 후반에는 소련과 중국 이외의 대부분의 나라들에서 서로 입장을 달리하거나 독자 노선을 추구하는 공산주의 조직들이 대거 등장하게 되었다. 그들이 앞다투어 제기한 주장—자신들이야말로 트로츠키주의의 참된 원칙과 정신을 대변한다는 주장—은 국외자로서는 평가하기 어려운 부분이다.

대부분의 지역에서 트로츠키주의의 전반적인 부활을 자극하고 지도한 인물은 대학생 트로츠키주의자들이었다. (그들은 기성 트로츠키주의자들보다 이론투쟁에 대한 관심이 적었다.) 이 과정에서 그들은 또한 대다수 서유럽 국가들을 괴롭혔던 학생 소요에 실질적인 기여를 했다. 프랑크(Pierre Frank, 1906~1984)는 제4인터내셔널(그는 이 조직의 서기국 직원이기도 했다)을 논한 글에서 이렇게 주장했다.

"트로츠키주의 전사들은 서유럽에서 일어난 베트남 전쟁 반대 시위의 효시였다. 그들은 버클리대학을 비롯한 미국의 모든 반전 운동에서 최선봉에 섰다."

영국의 좌파 정치가이자 자유주의자인 비덤(Brian Beedham)은 자신의 저서 《공산주의의 위기 The Crisis of Communism》에서 다소 대범해 보이는 이러한 주장을 지지했다.

"지난 수년 간 파리·베를린·런던·뉴욕에서 있었던 학생 반란은 기이한 부류의 사람들—마오쩌둥주의자·무정부주의자·좌익 파시스트라고 표현할 수밖에 없는 사람들—에 의해 주도되었다. 그러나 그 중에서 가장 중요한 비중을 점한 것은 트로츠키 추종자들이었다."

우리는 수많은 트로츠키주의 그룹들이 혁명의 광야에서 방황하던 시절 좀 더 규모가 큰 좌익 조직 내에서 활동하면서, 그리고 숙주 조직의 업적을 트로츠키주의의 승리라고 주장하면서 메시아적 신앙을 부추기는 습성을 갖게 되었다는 사실을 염두에 두어야 할 것이다. 트로츠키주의 운동에 대한 음모론적 시각에 터무니없는 중요성을 부여함으로써 트로츠키 자신이 말한 '경찰 역사 이론'을 덧씌우는 일이 없도록 하기 위해서다. 경찰과 정보기관들은 이 같은 '제휴에 의한 명예 쟁취 수법'을 빈번히 액면 그대로 받아들이곤 했다. 더욱이 젊은 트로츠키주의자들은 정치적 언동이 급진적이며 국제주의적이기만 하면 마르크스주의자로 보기 힘든 인물에 대해서도 이데올로기적 형제라고 찬양하는 경향이 있었다. 일부 트로츠키주의자들은 마오쩌둥을 트로츠키주의자로 간주하기도 했다. 중국의 마오쩌둥 자신이 분연히 그 호칭을 거부했는데도 불구하고 말이다. 체 게바라[11]는 젊은 트로츠키주의자들에게 영웅—그것도 진정한 트로츠키주의의 영웅—이었다. (그는 지금도 모든 급진주의 청년들의 영웅으로 남아 있다.) 게바라가 청년들의 눈에 그렇게 비친 것은 그의 투쟁 정신과 혁명 열정 때문일 것이다.

만일 트로츠키가 살아 있었다면 게바라 같은 로맨틱한 마르크스주의자를 자신의 이념적 제자로 인정할지, 그리고 현대의 트로츠키 추종자들이 제기하는 주장을 트로츠키주의의 승리로 받아들였을지 의심스럽다. 하지만 사실 그것은 별로 중요하지 않다. 현대 젊은이들의 상상력을 사로잡은 것은 분명 트로츠키 이론의 경전 자체는 아니었다. 트로츠키주의자로 자처하는 대학생들 중에서 트로츠키의 주요 이론서들을 읽은 사람은 극소수에 불과할 것이다.

그렇다면 최근의 전 세계적인 트로츠키주의 부활 현상은 어떻게 설명해야 하는가? 대학생과 호전적 노동자들은 트로츠키의 모습 그대로를 찬양하는가 아니면 그의 한계에도 불구하고 찬양하는 것인가? 그들이 트로츠키를 찬양하는 것은 그가 옹호한 이념 때문인가 아니면 그가 천명했다고 그들이 '상상한' 이념 때문인가?

20세기 최고의 만능 인간

이 질문들 중 어떤 것에 대해서는 비교적 쉽게 답할 수 있다. 트로츠키는 그가 이룩한 역사적 업적만으로도 혁명주의자임을 고백하는 사람들의 찬양을 받기에 충분하다. 오늘날의 가장 객관적인 역사가들은 그를 1917년 러시아 혁명의 주역으로 평가하고 있다. 그는 또한 적군[12]을 창설했는데, 그 군대가 없었다면 소비에트 실험은 틀림없이 파탄으로 끝나고 말았을 것이다. 의심할 나위 없이 트로츠키는 현대사의 '거인' 중 한 사람이다.

몇몇 거인들과는 달리 그는 용기 · 성실 · 인내 · 지적 정직성 · 동정심 · 기사도 정신 등 각별한 인간적 매력을 지니고 있었지만, 또한 허영심 · 지적 오만 · 호전성 등 인간적 약점도 많았다. 훌륭한 저술가이자 탁월한 웅변가였으며, 위대한 혁명가였으며, 처칠과 마찬가지로 특유의 심원한 스타일—즉 정열적이고, 지적이며, 다소 현란한 스타일—로 역사를 만들기도 하고 서술하기도 했다. 정치가 · 학자 · 행정가 · 책략가 · 저술가 · 역사가 · 사회철학자 · 뛰어난 문학비평가 · 화려한 논객 등의 자질을 모두 겸비한 트로츠키는 20세기가 배출한 최고의 만능인이었다. (그의 가장 큰 지적 약점은—사랑스러울 정도로 순진하게—자신의 한계를 인식하지 못했다는 것이다.) 그의 정신은 격렬하고도 창조적이었다. 내면에서는 독창적 아이디어가 끊임없이

1915년 프랑스에 머물 때 딸 나나오시와 함께. 부드러운 표정과는 달리 트로츠키는 권위주의적이고 전제적인 무정한 아버지였다.

분출했으며 에너지가 부글부글 끓어올랐다. 그는 자신의 모순에 대해 당당하고 대범했다.

한편 트로츠키의 복잡한 성격과 다채로운 세계관의 또 다른 국면들은 20세기 산업사회에 저항하는 젊은 반란자들의 열렬한 호응을 이끌어낼 수 있을 것 같지 않다. 트로츠키는 자신에게도 타인에게도 엄격히 절제할 줄 알았다. 지극히 헌신적이고 충실한 남편—적어도 그의 두 번째 아내인 세도바(Natalya Sedova)에게는—이었지만 자식들에게는 권위주의적이고 전제적인, 무정한 아버지였다. 그는 천성적으로 반역자였고, 이론적으로는 인간 해방의 열렬한 옹호자였지만, 일단 혁명의 성공에 방해가 될 경우에는 어떤 탄압을 가하더라도 양심의 가책을 느끼지 않았다. 트로츠키는 1921년 크론슈타트[13] 해군기지의 무정부주의자 선원들을 무자비하게 살해했다. 스탈린의 개인 독재를 통렬하게 비난했으면서도, 프롤레타리아 독재 및 볼셰비키 독재의 정당성을 스탈린만큼이나 확고하게 믿었던 것이다.

트로츠키는 노골적인 호전주의자요, 엄격한 관료이자 산업화의 미덕에 대한 광적인 신봉자였으며, 서구 문화 전통의 충실한 지지자였다. 그는 깨끗한 외관, 청렴한 생활, 단정한 언어 등 혁명의 미덕을 설교하고 이를 실천했다. 그는 이렇게 쓴 적이 있다.

"오물과 해충에 대한 싸움이 신체 위생의 조건인 것처럼, 천박한 언어에 대한 투쟁은 정신 위생의 핵심 조건이다."

일부 젊은 트로츠키주의자들은 자기들이 추종하는 예언자의 가르침 속에 포함된 '고지식하고 권위주의적인 요소들'에 대해 '다행히도' 무지할지 모른다. 하지만 상당수 젊은이들은 트로츠키의 바로 이러한 점 때문에 강하게 끌렸고, 그 결과 그들은 무의식 중에 서구 사회의 가상의 '억압성'보다는 도리어 서구 사회가 보여준 '관용성'

에 대해 반란을 일으킨 것이라고 말해도 지나치지 않다. 트로츠키의 삶과 성격에서 나타난 전도된 로만주의가 일부 젊은 반란자들에게 호소력을 발휘했다고 생각할 만한 사례는 그 밖에도 많다. 트로츠키는 종종 로만주의적 마르크스주의자라는 비난을 받았다. 그가 죽는 날까지 마르크스주의적 로만주의자로 남았다는 사실에는 의심의 여지가 없다.

유복한 성장기

혁명주의자들은 대개 심하게 착취당하거나 지나친 특권을 지닌 가문에서 태어난다. 그리고 로만주의자는 사회 상류층보다는 쇠락하거나 박탈당한 엘리트 출신들 가운데서 등장한다. 그러나 트로츠키―본명은 레프 다비도비치 브론슈테인(Lev Davidovich Bronstein)―는 남부 우크라이나의 농장에서 자수성가한 농부의 아들로 태어났다. 그의 부모는 유대인이었지만 토지를 소유한 농민으로서 독립적인 생활을 했으며―그것은 당시 러시아 유대인 중에는 드문 경우에 해당한다―유대인 사회가 강요하는 관습의 속박, 차르 정부가 러시아 농민에게 부과한 규제와 고통으로부터 자유로웠다.

레온이 태어난 1879년 브론슈테인 가족의 생활은, 같은 시기 캔자스나 네브래스카 농민 가족의 생활과 크게 다르지 않았다. 집 안에는 바닥이 진흙인 방 두 개가 있었고, 집 앞에는 부모가 소유한 수백 에이커의 기름진 밀밭과 탁 트인 지평선이 펼쳐져 있었다. 트로츠키의 아버지 다비도비치 브론슈테인은 일꾼을 무리듯이 혹독하게 자신과 가족들을 부렸다. 그는 마침내 농사와 겸하여 방앗간을 세워 성공적으로 운영했고, 고객인 농민들에게서는 정직하고 검소하다는 평판과 더불어 존경을 받았다. 어머니 안나는 교육받은 중산 계급 출신이었다.

레온은 9세가 되자 오데사(Odessa)에 있는 초등학교에 다니면서 자유주의 사상을 가진 지식인이었던 외사촌 가족과 함께 8년을 보냈다. 외사촌 가족은 교양 있고 온건한 자유주의적 유대인들로서, 처음부터 트로츠키의 뛰어난 재능을 알아보고 이를 키우기 위해 체계적인 도움을 주었다. 그는 늘 학급에서 가장 우수한 학생이었다. 그러나 학교 규율을 따르지 않고 교사에게 버릇없이 구는 등 여러 차례 말썽을 일으켰다.

브론슈테인은 17세 되던 1896년 흑해 연안의 항구 니콜라예프(Nikolayev)에 가서 중학교를 다녔다. 그가 학생혁명운동에 처음 빠져든 곳이 바로 여기다. 트로츠키가 혁명운동에 가담한 이유는 불분명하다. 왜냐하면 훗날 그를 사로잡은 열정 중 하나인 사회적 약자에 대한 동정은 그 무렵 간헐적으로만 나타났기 때문이다. 그가 전 생애에 걸쳐 일관되게 표출했던 권위에 대한 뿌리 깊은 거부감은, 그 당시 러시아 학생 서클 전반에 팽배해 있던 반역적 분위기—니콜라스 2세 치세 초기를 특징짓는 전제주의에 대한 격렬한 반동이었다—에 의해 본격화됐을 것으로 추정된다.

혁명주의자의 탄생

최초의 동기가 무엇이었든 간에 혁명주의자 브론슈테인의 경력은 대체로 로만주의적 후원 속에서 시작되었다. 그는 학교 친구들에게서 체코 정원사 슈비고프스키(Franz Shvigovsky)—독학으로 공부한 지식인이었다—가 주도하는 급진적 토론 그룹을 소개받았다. 이 그룹이 벌인 '파괴 활동'은 고작해야 '차 마시기'와 '토론'에 국한되어 있었다. 그러나 슈비고프스키는 러시아 경찰이 위험 인물로 주목하고 있었으므로, 학생들의 눈에는 대단한 권위를 지닌 인물로 비쳐졌다.

1888년 여덟 살의 레온 트로츠키. 그는 아홉 살에 집을 떠나 외사촌 집에 머물면서 교육을 받았다.

1897년에 친구들과 함께 찍은 사진. 가운데 보이는 여성이 그의 첫 번째 부인 알렉산드라 소콜로프스카야이다.

이 그룹의 회원 중에는 알렉산드라 소콜로프스카야(Alexandra Sokolovskaya)라는, 브론슈테인보다 몇 살 연상인 젊은 여성이 있었다. 알렉산드라—나중에 브론슈테인의 첫 번째 부인—는 마르크스주의자였다. 브론슈테인은 스승 슈비고프스키와 마찬가지로 자신을 나로드니크[14]—시대에 뒤진 이상주의적이고 온정주의적인 러시아의 대중적 사회주의자—로 간주했다. "모든 마르크스주의자들에게 저주를, 그리고 모든 삶의 관계에 냉정함과 난해함을 초래하려는 모든 이들에게 저주를." 그는 반항적인 신년모임에서 건배를 하면서 사춘기다운 촌스러움으로 알렉산드라를 향해 이렇게 외쳤다. 그녀는 방에서 걸어 나갔다. 그러고 나서 몇 달 후 브론슈테인은 마르크스주의자가 되었다.

이 작은 사건은 트로츠키의 근본적인 이중성을 보여준다. 후에 성숙한 혁명주의자가 되었을 때도, 열성적인 마르크스주의자이자 공

청년 브론슈테인은 이 위조 여권에서 처음으로 트로츠키라는 이름을 썼다. 그는 이 위조 여권 덕분에 시베리아에서 탈출할 수 있었다.

허한 이론가인 트로츠키는 상식은 물론이고 본연의 인간성마저도 망각한 듯한 행동을 보인 경우가 몇 번 있었다. (1919년 트로츠키는 러시아 사회주의 경제의 토대를 마련하기 위해 노동자 징발을 제안했다. 그리고 몇 년 후 그는 강제 노동이 언제나 비생산적이라고 주장한 자들의 '비열하고 가련한 자유주의적 편견'을 공공연히 비난했는데, 이는 스탈린주의적 냉소주의의 전형적 사례로 판단된다.) 트로츠키의 마르크스주의는 그의 다소 산만한 열정을 한데 모아 초점을 맞춰주는 돋보기 역할을 했던 것으로 보인다. 그것은 그의 미덕과 결점을 강렬하게 확대시켰고, 궁극적으로 그를 20세기 혁명 신화의 주역이 될 수 있도록 했다.

청년 브론슈테인은 18세 생일을 맞은 지 몇 달 후 혁명을 선동했다는 혐의로 난생 처음 감옥에 들어가게 되었다. (그는 잠깐 동안 오데사대학에 다닌 적이 있는데, 교수들은 그가 순수 수학자로서 장래가 촉망된다고 전망했다. 그러나 그는 대학을 중퇴하고 지하선동가로서 니콜라예프에 돌아왔다.) 2년 동안 이곳저곳의 감옥을 전전하다가 시베리아 유형을 선고받았고, 그로부터 2년 후 위조 여권—그는 이 여권에서 처음으로 '트로츠키'란 이름을 사용했다—을 사용해, 아내와 어린 두 딸을 남겨둔 채 시베리아를 탈출했다. (그는 감옥에서 미성년자 신분으로 알렉산드라 소콜로프스카야와 결혼했다.)

시베리아 사회민주당 지하 조직의 대리인으로서 출국한 23세의 트로츠키는 런던에서 레닌 주변의 망명가 서클에 가담하여, 레닌이 간행하던 혁명 신문 《이스크라》[15]에 글을 싣기 시작했다. 당시 마르크스주의 혁명주의자들의 일차적 목표는 청년층이 자유주의자와 온건파를 불신하도록 만드는 것이었다. 트로츠키는 젊은 기백과 오만, 천부적인 풍자, 그리고 천재적인 욕설로 이 방면에 탁월한 기량을 보였다. 특히 그가 수많은 사회민주당 집회에서 했던 웅변은 단연 일품이었다.

그러나 젊은 우상파괴자는 이내 그의 예리한 혀와 펜을 레닌에게로 돌렸다. 트로츠키는 중앙 통제적인 혁명 정당을 신봉했고, 경우에 따라 음모적 수법의 필요성을 인정했다. 그러나 레닌이 자기 수중에 너무 많은 통제권을 집중시키고, 전문가들의 비밀 모의를 대중 활동으로 대치하는 것에 대해 비판을 가했다. 두 사람의 관계는 양면적이었다. 두 사람은 서로 존중하면서도 상대를 견제했다. 이런 상태는 트로츠키가 혁명지도자로서 레닌의 우월함을 받아들인 1917년까지 계속되었다. 1903년 이후 러시아 사회민주당을 분열시킨 볼셰비키와 멘셰비키 사이의 다툼에서, 트로츠키는 멘셰비키보다는 급진적이지만 볼셰비키보다는 민주적인 태도를 취하면서 대개의 경우 독자적인 노선을 견지했다.

트로츠키는 1905년 혁명이 시작되자 러시아로 은밀히 귀국했다. 그때 겨우 26세였던 그는 이 혁명을 통해 혁명운동권 내부에서는 유명 인사가 되었다. 어떤 마르크스주의 망명자도, 어떤 지하활동가로, 심지어 레닌마저도 상황을 그토록 신속하고 정확하게 판단하지 못했으며, 그 상황을 이용함에 있어서 그처럼 풍부한 '혁명적 직관'—트로츠키의 용어를 빌자면—을 발휘하지도 못했다. 상트페테르부르크 노동자 소비에트 대표로 선출된 트로츠키는 거의 순식간에 지도적 인물로 떠올랐다. 그는 상트페테르부르크 노동자 대중 사이에서 민중을 선동하는 발코니 연설가로 명성을 떨치게 되었다. 그는 러시아판(版) 바스티유 함락 가능성에 현혹되거나 바리케이드 앞의 영웅적 죽음을 꿈꾸는 소비에트 내의 과격분자들을 엄격히 제지했다.

러시아 경찰이 마침내 소비에트를 덮쳤을 때, 마침 소비에트 마지막 회의에서 의장직을 수행하던 트로츠키는 동료 의원들에게 각자 소지하고 있던 권총의 공이치기를 부수라고 지시한 다음 경찰 지휘관에게 발언권을 주어 체포영장을 읽도록 했다. 그런 다음 그는 어리둥절해 있는 경찰들에게 의사 일정을 모두 마무리 지을 때까지 정숙하라고 지시했다. 이 퍼포먼스는 순전히 트로츠키의 작품으로서 실로 놀라운 혁명 연극이었다.

영구혁명론과 일국사회주의

감옥에서 재판을 기다리는 동안(그는 이때 다시 한 번 시베리아에 유배되었다가 얼마 후 또다시 국외로 탈출한다), 트로츠키는 마르크스 이론에 대한 급진적이면서도 다소 이단적 혁신이 가미된 팸플릿을 한 편 작성했다.[16] 이른바 영구혁명론으로서, 그것은 트로츠키주의의 토대가 되었다. 간단히 요약하자면 이 이론은 다음 내용을 규정하고 있었다. ① 러시아의 공업적 후진성에도 불구하고 국내의 소수 프롤레타리아 계급은 차르 전제정치에 저항하는 혁명에서 다수 농민에 대한 리더십을 가질 수 있으며 또 가져야 한다. ② 프롤레타리아 계급의 지배적 역할을 통해, 이 혁명은 정통 마르크스주의가 예견한 부르주아 민주주의 단계를 과감하게 단축 또는 생략하면서 궁극적으로 사회주의 혁명으로 변화할 것이다. ③ 러시아 프롤레타리아 계급은 유럽 프롤레타리아 계급의 대대적 지원을 얻지 못한다면, 그리고 유럽 혁명이 뒤따르지 않는다면 장기간 권력을 장악할 수 없을 것이다. ④ 러시아 노동자들은 스스로 본보기가 됨으로써, 그리고 러시아의 '막강한' 힘을 국외에서의 계급투쟁 단계로 확산시킴으로써 전 세계적인 사회주의 혁명 또는 일련의 연속적인 혁명을 성공적으로 시동할 수 있다.

영구혁명론은 전 세계적 차원에서 보자면 미심쩍은 구석이 있지만 오늘날에도 매우 타당성이 있는 것으로 보인다. 그것이 중국, 쿠바, 그리고 제3세계의 혁명적 리더십에 영향을 주었다는 것은 너무나 분명하다. 그러나 1906년 유럽 마르크스주의자들을 경악시키고 충격을 주었던 것은, 러시아에서 노동 계급에 의해 주도된 혁명이 가능하며 바람직하다는 생각이었다. 트로츠키의 팸플릿은 마르크스주의 역사에서뿐만 아니라, 세계 지성사에서 실로 획기적인 것이었다. 그것은 사회민주주의자가 전통적 마르크스주의 신조—노동자들이 국내에서 다수파가 되었을 때에만 권력 장악을 추구해야 한다고 하는—에 대해 가한 (최초는 아니지만) 가장 솔직한 반박이었다. 레닌도 그 정도까지는 생각하지 못하고 있었다.

볼셰비키가 승리한 후 영구혁명론은 트로츠키와 스탈린 사이에 빚어진 불화의 이데올로기적인 배경이 되었다. 영구혁명론은 처음에는 개인적 차원의 반목과 좀 더 긴박한 정책 문제에 대한 이견으로 말미암아 가려져 있었다. 하지만 결국 스탈린의 눈에 그것은 정적의 이단적 주장으로 비치게 되었다. 아마 이 문제는 그와 트로츠키 사이에 벌어진—냉소적 성격의 그루지야인[17]이 철저한 확신을 갖고 제기한—유일한 이론적 논쟁이었을 것이다.

트로츠키는 혁명 계획을 수정할 필요성을 인정하긴 했지만, 전 세계적 사회주의 혁명의 장기적 추진은 소비에트 정책의 근간으로 남아 있어야 한다고 보았다. 진정한 사회주의는 전 세계의 사회주의화가 이루어지기 전까지는 러시아에 자리 잡을 수 없었다. 세계 혁명을 마음에서 지워버리고 일국사회주의 건설에 집중한다는 것은 불가피하게 '관료적 기형(奇形)'을 산출할 것이고, 그것은 곧 마르크스의 이상에 대한 배신이었다.

1차 세계대전 이후 독일과 중국의 혁명 붕괴와 더불어 일국사회주의의 일급 옹호자이자 이론가로 나선 스탈린이 트로츠키의 관점을 용납할 수 없었던 것은 당연한 일이었다. 둘 사이의 불화가 깊어지자, 스탈린은 트로츠키를 혁명파괴자로 몰아가는 한편, 트로즈키가 본래 '멘셰비즘'[18]에 경도되어 있었다고 호도하면서 트로츠키주의를 반혁명적 결과물로 묘사하는 등 정교한 마녀 사냥 음모를 획책했다.

트로츠키의 영구혁명론은 점차 소비에트 국가 관료제에 대한 비판, 그리고 공산당 내부에서의 민주주의 질식에 대한 저항과 결합되었다. 이 둘은 '배반당한 혁명'이라는 그의 또 다른 형이상학적 이론의 토대가 되었다. 그가 본 바로는, 스탈린주의는 개인적 일탈이 아니라 일국사회주의가 영구혁명론에 대해 승리할 때 불가피하게 초래되는 '관료적 기형'의 전형이었다. 물론 트로츠키는 그가 1906년 영구혁명론을 체계화할 무렵에는 스탈린주의의 등장을 내다볼 수 없었다. 만일 그것을 예견했다면 이제 막 노동 계급을 산출하기 시작한 국가에서 프롤레타리아 독재를 확립하려는 시도가 얼마나 바람직한지를 좀 더 정교하게 이론화했을 것이다. (그는 어떤 종류의 독재 권력도 조만간 일인 독재로 타락하고 마는 경향이 있다는 것까지는 생각하지 못했던 것으로 보인다.)

러시아 혁명

1917년 2월혁명으로 차르 체제가 전복되었을 때 트로츠키는 뉴욕에 망명 중이었다. 그는 급히 귀국하여 마지막 투쟁을 위해 러시아를 비롯한 전 세계의 프롤레타리아 계급을 동원하기 시작했다. 트로츠키는 페트로그라드[19]에서 레닌을 만났는데, 레닌은 이 무렵 영구혁명론에 기울어 있었다. 두 사람은 15년 묵은 불화에 종지부를 찍었다. 몇 주 후 트로츠키는 볼셰비키 당에 가입했고, 레닌의 혁명 프로그램—정치적·군사적 전략은 대체로 트로츠키의 구상이었던 것으로 보이지만—을 집행하는 책임을 맡았다. 그 해 9월 페트로그라드 소비에트 의장에 선출된 트로츠키는 자신의 지위를 놀랍도록 훌륭하게 활용했다. 한편으로는 혁명적 웅변—그것은 케렌스키[20] 정부와 수많은 동료 사회주의자들의 마음을 사로잡았다—으로 연막을 치면서 배후에서는 볼셰비키 무장봉기를 조직했던 것이다.

10월혁명에서 트로츠키가 수행한 역할에 대한 가장 생생하고 자세한 설명은 그가 쓴 《나의 생애 My Life》(1930)와 《러시아 혁명사 The History of the Russian Revolution》(1931)에 잘 나와 있다. 그는 두 책에서 자신이 상당 기간 역사 무대의 중심에 있었던 것으로 묘사한다. 실제로 모든 입수 가능한 증거 자료에 입각할 때 그는 그 자리에 있을 만한 충분한 자격을 갖추고 있었다. 그는 솔직하게, 때로는 냉소적으로 볼셰비키 쿠데타 이면의 기만과 은밀한 조작을 폭로하고 있다. ("(…) 봉기가 (…) 진전될수록, 그것은 자기 방어처럼 비쳤다.")

그러나 트로츠키의 글에 묘사된 봉기는 단순한 '폭동(Putsch)'은 아니었다. 그것은 사전에 모의되어야 했지만, 단순한 음모에 그치지 않았다. 그것은 군사 쿠데타였지만, 그 임무를 수행한 페트로그라드 수비대 병사들은 일찌감치 '프롤레타리아 전위대' 편이 되어 있었다. 트로츠키가 말하고자 하는 것은, 볼셰비키 선동자들이 혁명적 선전 활동을 통해 수비대의 충성심을 조직적으로 파괴했다는 것이다. 트로츠키 자신이 당의 으뜸가는 선동가였다. 그는 화산과도 같은 웅변으로 청중—민간인이건 군인이건—을 문자 그대로 홀딱 반하게 만들었다.

케렌스키한테서 성공적으로 권력을 빼앗은 트로츠키는 자신과 레닌 단둘이 혁명을 완수했다고는 생각하지 않았다. 그는 자신들이 역사의 산파(産婆) 역할을 함으로써 혁명의 탄생을 도왔을 뿐이라고 주장했다. 그들의 도움을 통해 역사가 산출한 것은 비단 러시아 혁명에 그치는 것이 아니었다. 그것은 인간 조건을 단숨에 뒤바꿀 운명을 지닌 '세계 혁명'의 러시아판 서곡일 뿐이었다. 영구혁명론은 1906년에는 이론에 불과했다. 그러나 1917년 10월에 이르러 그것은 메시아적 처방이 되었다.

혁명 전설의 탄생

트로츠키는 자신을 이 혁명적 처방의 예언자로—특히 레닌 사후에는 그 계시를 해석할 자격을 지닌 유일한 예언자로—간주했다. 특히 극단적인 위기의 순간에, 이성적 분석과 '혁명적 통찰'이 개입할 시간적 여유가 없을 경우에 그는 상상 속에 그리던 혁명적·서사적 신화의 영웅과 자신을 동일시한 것으로 보인다. 트로츠키는 엄청난 에너지를 가졌다. 눈에 보이지 않는 전기 스파크가 멋진 콧수염과 반항적이고 악마적인 염소수염에서, 그리고 헝클어진 머리에서 '파팍' 소리를 내며 끊임없이 튕겨 나오는 것만 같았다.

그의 태도는 연극적이었을 뿐만 아니라 어떤 전형적인 특징을 갖고 있었다. 행동에는 실용적 차원뿐 아니라 모범적이고 의식적(儀式的)인 차원도 있었다. 그가 어떤 극적인 기회를 맞이하여 말문을 열면 그의 목소리는 혁명 그 자체가 되었다. 트로츠키가 소비에트 의회에서 볼셰비키 봉기에 항의하고 떠나는 늙은 멘셰비키 지도자 단(Theodore Dan)에게 소리 높여 외친 말은, 늙고 지치고 소심한 '어제'를 꾸짖어 물리친 젊고 열정적이고 단호한 '오늘'의 모습이었다.

"그대는 그대의 역할을 모두 끝냈다. 이제 그대가 속한 곳으로 가라. 그곳은 역사의 쓰레기통이다!"

트로츠키의 생애에 내재하는 영웅적 신화의 요소는 러시아 내전[21] 기간에도 잘 나타났다. 이 시기에 그는 소비에트 육군인민위원으로서 2년 넘도록 저 유명한 '장갑열차(기관차 부분에만 장갑이 되어 있었다)'에서 생활하면서 위험한 전선을 누비고 다녔다. 그가 적군 창설과 수많은 전투에서의 승리에 기여한 바는 실로 지대했다. 그러나 '혁명 전설'에 대한 그의 기여는 더욱 큰 것이었다.

트로츠키의 특별 군용열차는 모스크바의 소비에트 정부와 전선

(戰線) 사이를 잇는, 달리는 연락 사무소였다. 그것은 또한 수송본부이자 비상용 군수품저장소였으며 심리전부대이기도 했다. 10월 혁명과 대독전쟁 패배에 뒤이어, 내전 발발 후 러시아 전역에 만연된 경제적 파국과 총체적 혼란 속에서 트로츠키의 열차는 훌륭한 임시행정부였다. 그러나 트로츠키의 역할은 야전육군장관이라는 순수한 행정관의 역할에 그치지 않았다. 트로츠키가 특이한 놋쇠기장으로 장식된 가죽 재킷을 입은 경호원들을 거느리고 전선과 전방부대를 끊임없이 방문하는 장면은 거물급 인사가 군대의 사기 진작을 위해 행하는 통상적인 순방 이상의 극적 효과를 자아냈다.

차르 군대의 유데니치 장군[22]이 페트로그라드를 공격하여 도시를 거의 함락할 뻔했던 위기일발의 순간에, 적군의 연대사령관이 그만 백군의 기세에 밀린 나머지 분별없는 철수 명령을 내려 인근에 있는 부대를 위험에 빠뜨린 적이 있었다. 마침 그 구역을 방문했던 트로츠키는 즉각 위험을 감지했다. 그는 근방에 있던 군마(軍馬)에 올라타고 앞으로 달려 나가면서 후퇴 명령을 취소하고 달아나던 병사들을 불러 모아 병력을 적의 포화 앞으로 원위치시켰다.

《나의 생애》에 서술된 내전에 관한 내용은, 그 승리가 순전히 영웅주의와 의지력에 의해 달성된 듯한 인상을 풍긴다. 여기에서 트로츠키는 '혁명적 프로메테우스'로서 적군 병사들에게 모든 '나약한 역사적 숙명론'—마르크스주의자의 글치고는 야릇한 구절이다—을 거부하라고 독려하는 인물로 등장한다. 군사(軍史)저술가로서의 트로츠키는 지나친 주관주의에 물든 나머지 때로 혁명전략가로서 판단을 그르치곤 했다. 사기와 심리적 영향에 과도하게 집착함으로써(트로츠키는 당대의 일급 선동가였다), 그는 '승리는 대군의 것'이라는 나폴레옹의 경구를 소홀히 하는 경향이 있었다. 브레스트-리토프스크 조약[23]의 소비에트 측 협상자로서 그는 독일이 내건 무리한 평화 조건을 거부하고 '평화도 아니고 전쟁도 아닌' 정책을 채택하고자 했다. 그것은 훌륭한 혁명 선동이었다. 하지만 레닌이 간파했듯이, 트로츠키의 정책은 소비에트 체제 대신 독일 군사정부가 들어서는 결과를 가져올 수도 있는 것이었다.

신화가 된 혁명가

트로츠키의 '지나친 자신감'—레닌이 한 말이다—또한 그를 때때로 경솔한 행동에 휩쓸리도록 유혹했다. 그러나 스탈린주의에 경도된 비평가들의 주장처럼 무책임하거나 성미가 불같은 사람은 아니었다. 그는 레닌보다도 신중하고 현실적이었다. 예를 들면 그는 1920년 폴란드와의 전쟁에서 바르샤바 진군을 반대했다. 영구혁명론에 집착했음에도 불구하고, 트로츠키는 폴란드 대중이 침략자를 환영하지 않을 것이며 지역의 정치적 지원이 없는 상태에서 폴란드를 군사적으로 정복한다는 것은 무모한 모험이라고 주장했다. 그 후의 파멸적인 결과는 그의 선견이 옳았음을 확증해주었다.

트로츠키는 혁명 이론에 매몰되어 대립 관계에 있는 이념적 적대자와의 유리한 전술적 동맹 체결을 거부하는 경우가 거의 없었다. 그는 베르사유 연합국 열강에 맞서 독일 민족주의 세력과의 제휴를 목적으로 한 라팔로 조약[24] 체결을 지지한 소비에트의 대표적 인물이었다. 압도적 군사력을 지닌 적 앞에서 그가 보인 통상적 반응은, 고달픈 전쟁이 계속되고 적과의 대립에서 심리적 소모가 큰 상황이라면 참담한 보복 위험을 무릅쓰는 자멸적 대결은 삼가자는 것이었다. (그와 같은 전략적 패턴은 20세기 후반 트로츠키주의자들이 부르주아 사회에 맞서 치른 영구혁명에서도 볼 수 있다. 지금까지의 결과는 그다지 화려한 것은 아니었다. 물론 투쟁 그 자체를 보상으로 여기는 트로츠키의 정신적 후예들에게는 그렇지 않겠지만.)

혁명 이후 소련에서 관료 또는 정치인으로서 정상적인 삶을 살았

러시아 내전에 관한 포스터. 레온 트로츠키가 반동적인 용을 죽이는 장면이다.

더라면 트로츠키의 이름을 둘러싸고 있는 혁명적 '아우라'는 빛을 잃고 말았을 것이다. 스탈린은 1924년 레닌 사후 볼셰비키당 내부의 권력투쟁에서 승리함으로써, 그리고 궁극적으로 그를 소련에서 추방함으로써 트로츠키를 이런 운명에서 구해주었다. 또한 스탈린이 확립한 개인 독재는 트로츠키에게 부수적인 신화— '배반당한 혁명'의 신화—를 제공해주었다. 그것은 세계 혁명이라는 트로츠키의 신화를 억지 주장이 아닌 역사적 실재로 격상시켰다. 끝으로 1940년 멕시코에 암살자를 보내 추방당한 정적을 쓰러뜨림으로써, 스탈린은 본의 아니게 트로츠키의 제자들과 그의 미래의 제자들의 정신 속에 비극적 운명을 지닌 신화적 영웅의 이미지를 각인하는 데 필요한 마지막 조치를 취했다.

  트로츠키 생애의 로만주의적이고 신화적인 요소들, 그리고 그의 이론에 내포된 신비한 요소들만으로 전 세계 젊은이들 사이에 불고 있는 트로츠키주의 부활 현상을 충분히 설명할 수 있다고 말한다면, 그것은 현대사를 왜곡하는 일일 것이다. (물론 트로츠키주의의 국제주의는 그의 이론이 갖는 설득력의 중요한 일부분이다.) 젊은 트로츠키주의자들을 비롯한 반란자들에게는 물론 혁명의 대의에 대한 의식적인 애착이 있었을 것이다. 하지만 그들에게는 그 이상으로 무의식 중에 영웅 숭배가 필요했을 것이다. 그것은 보는 관점에 따라 불온한 생각일 수도 있고 올바른 생각일 수도 있다.

■ 본문 깊이읽기

1 스탈린(Joseph Stalin, 1879~1953)
1922~1953년 소련 공산당 서기장과 1941~1953년 소련 국가평의회 주석을 지냈다. 사반세기 동안 소련을 독재적으로 통치하면서 세계 주요 강대국으로 변모시켰다. 스탈린은 소련을 공업화하고, 농업을 강제로 집단화했으며, 철저한 경찰 테러로 자신의 지위를 확고히 했다. 1941~1945년에 독일을 패배시키는 데 일조했으며, 동유럽의 여러 나라로 지배권을 확대했다. 소비에트 전체주의의 최고 설계자이며, 능숙하기는 하지만 가공할 정도로 무자비한 조직가였던 스탈린은 그때까지 남아 있던 개인의 자유를 완전히 말살하고 생활 수준을 궁핍하게 만든 반면 강력한 군산복합체(軍産複合體)를 이룩해 소련을 핵 시대로 이끌었다. 스탈린의 일대기는 거짓말을 능사로 하는 소비에트식의 '전설'로 인해 오랫동안 은폐되었다. 그 전설은 영웅적인 볼셰비키 혁명의 모의자이자 소련의 건국자인 레닌의 충실한 추종자로서 그의 위대성을 과장하고 있다. 전성기에 스탈린은 '만능의 천재' '빛나는 태양' '삶의 지주' '위대한 선생이며 친구'로서 찬양을 받았고, 힌때는 러시아 정교회의 부주교가 공공연히 '우리의 아버지'로 칭하기까지 했다. 자기 자신의 흉상·동상·초상들을 많이 건립해 개인 숭배를 강요함으로써 전대미문의 광신적인 예배의 대상이 되었다.

스탈린은 '강철의 사나이'라는 의미이다.

² 도이처(Isaac Deutscher, 1907~1967)
폴란드 출신 소련 연구가. 크라코프에서 태어나 크라코프대학에서 문학과 역사를 공부하고, 1926년 폴란드 공산당에 입당하여 당 기관지의 편집을 맡았다. 스탈린의 노선에 반대하는 트로츠키파로 1932년 당에서 제명된 뒤 런던으로 건너가 폴란드계 유대인 신문의 기자로 활동하며 《이코노미스트》(1942~1949) 및 《업저버》의 편집에도 참여했다. 이후 저작 활동에 전념하여 《스탈린전》(1949)을 출판하고 트로츠키 전기 3부작 《무장한 예언자》(1954), 《무장하지 않은 예언자》(1959), 《추방된 예언자》(1963)를 완성했다. 이들 저작은 많은 자료를 포함해 공산당원으로서의 경험을 녹여낸 수준 높은 저술로서, 러시아 혁명사나 소련사 연구에 준(準)고전이라는 지위를 얻었다. 이 일련의 연구는 레닌전의 완성으로 완결할 예정이었으나 이루지 못했다. 도이처는 만년에 영국 · 캐나다 · 미국에서 시사 문제를 정력적으로 논평하고 또 베트남 전쟁에 반대하여 반전 대회에 적극적으로 참가하였다.

호루시초프는 소련과 전 세계 공산주의 운동에 있어서 정치적 · 사회적 변화를 촉발시킨 위대한 인물이었다.

³ 흐루시초프(Nikita Khrushchov, 1894~1971)
소련의 정치가. 소련 공산당의 제1서기(1953~1964)와 소비에트 정부의 총리(1958~1964)를 지냈다. 탈스탈린 정책을 추구하여 공산주의 세계에 폭넓은 반향을 불러일으켰고 외교적으로는 '평화 공존' 정책을 추구했다.

⁴ 마오쩌둥(毛澤東, 1893~1976)
중국의 공산주의 이론가 · 군인 · 정치가. 1931년 이래

중국 공산당의 지도자였으며 1949~1959년 중화인민공화국의 국가주석을 지냈다. 국가주석을 사퇴한 이후에도 사망할 때까지 당주석을 역임했다.

5 티토(Josip Broz Tito, 1892~1980)
유고슬라비아의 정치가. 1943년부터 유고슬라비아를 효과적으로 이끌었으며, 1953년 선거로 대통령이 되어 1980년까지 재직했다. 1948년 공산주의 지도자로서는 최초로 민족주의적 공산주의, 즉 티토주의를 창시하여 소련에 도전했다.

6 카스트로(Fidel Castro, 1926/27~)
쿠바의 혁명지도자. 1959년부터 쿠바를 통치했으며 중남미 공산주의 혁명의 상징이다. 또한 세계 여러 지역, 특히 아프리카의 혁명을 촉진시키는 데 기여했다. 쿠바의 총리를 지내다가 1976년에 쿠바 국가평의회와 각료회의의 의장이 되었다.

카스트로는 동구권의 민주화에도 불구하고 여전히 공산주의 정책을 추진해 나아가고 있다.

7 트로츠키주의
레온 트로츠키의 영구혁명론을 근간으로 형성된 마르크스주의적 이데올로기. 1920~1930년대 러시아 공산주의자 집단들 사이에 퍼져 있던 스탈린주의를 견제하기 위해 제창되었다. 볼셰비키낭의 이톤가이사 혁뱅시도자인 트로츠키가 주장한 영구혁명론에 따르면 역사적으로 경제 체제는 일국의 경제로서가 아니라 세계 체제의 관점에서 파악되어야 한다. 각국의 경제 발전 속도는 그 나라의 위치 · 인구 · 이용 가능한 자원 · 주변

국가들로부터의 압력 등에 영향을 받지만, 궁극적으로 모든 국가의 경제 발전은 세계 시장의 법칙에 의해 결정된다. 따라서 러시아 혁명이 영구적으로 성공하려면 다른 국가, 특히 서유럽 국가들의 혁명에 의지해야 한다. 또한 트로츠키주의는 산업이나 기타 발전된 경제 부문에서 노동 계급이 전략적으로 중요한 위치를 차지하고 있기 때문에 노동 계급이 다른 계급에 대한 혁명적 헤게모니를 장악해야 한다고 주장한다. 이러한 트로츠키주의는 1924년 스탈린이 제시한 일국사회주의 이론을 반박하기 위한 것이었다. 일국사회주의 이론은 소련의 자부심과 자민족 중심주의를 내포했다. 즉 세계 경제 체제는 각국 경제의 결합이며, 따라서 사회주의는 다른 국가의 혁명에 의존하지 않고도 단일 국가에서 건설될 수 있다는 것이다.

소련에서 생산력을 통제한 공산당은 1920년대부터 점차 관료화하기 시작했다. 1924년 트로츠키는 이른바 구(舊)볼셰비키 경비대라고 불리던 관료제를 맹렬히 비난했다. 그는 당 안팎으로 좀 더 민주적인 요소가 도입되어야 한다고 주장했는데, 이것은 공장과 당의 세포에 하층 노동자들이 더 많이 참여해야 하고 의견도 더 많이 반영되어야 한다는 의미였다. 또한 획일적인 당의 개념에 반대하면서 일반적인 당 정책을 지지하는 모든 당원에게는 자유롭게 자신의 의사를 발표할 수 있는 자유가 주어져야 한다고 주장했다.

1929년 스탈린은 자신의 권력이 공고해지자 트로츠키와 다른 반대자들을 추방했다. 이후 트로츠키주의자들은 소련의 관료주의를 일인 독재에 그 기반을 두고 있

멕시코에 있는 트로츠키의 묘. 스탈린은 멕시코에 암살자를 보내 추방당한 정적을 쓰러뜨림으로써, 본의 아니게 트로츠키에게 신화적 영웅의 이미지를 각인시켰다.

는 지배, 즉 '보나파르트적' 지배라고 맹렬히 비난했다. 그들은 '타락해가는 노동자들의 국가'라는 개념을 발전시켰는데, 이러한 국가의 경우 생산 수단은 국유화되어 있지만 지배 양식은 관료주의적 경향을 띤다고 주장했다. 독일에서는 1930년대 초 파시즘이 등장했고, 스탈린은 제3인터내셔널(코민테른)을 장악했다. 이에 트로츠키주의자들은 파시즘에 대항하기 위해 노동조합과의 '연합전선'을 지지했다. 또한 그들은 제4인터내셔널을 창설하여 제3인터내셔널과 대립했다. 1940년 멕시코에서 스탈린의 대리인 라몬 메르카데르가 트로츠키를 살해한 이후 트로츠키주의적 운동은 소규모로 이어져왔다. 트로츠키주의는 다양한 종류의 혁명적 교의에 대해 느슨한 기반을 제공했으며 그 공통점은 부르주아적 소비에트 형식을 띤 공산주의자의 지배에 반대한다는 것이다.

8 현대의 학생운동

기본적으로 마르크스의 이론에 영향을 받았으나 정치적·사회적·문화적·경제적 차이에 따라서 다양한 모습으로 나타나므로 선진 자본주의 국가, 개발도상국, 사회주의 국가 등에서 나타나는 학생운동의 양상은 다를 수 있다. 선진 자본주의 국가에서는 베트남 전쟁 반대, 인종 차별 반대, 대학 제도 개혁 등과 같은 문제와 고도 산업사회에서 나타나는 인간 소외의 제문제 등이 주요 이슈가 되며 프랑크푸르트학파와 같은 후기 마르크스주의 노선을 따른다. 이러한 선진국에서의 학생운동을 스튜던트 파워(student power), 신좌파운동(new left movement)이라고 하며, 1960~1970년대에 활발하게 벌어졌다.

9 프랑스 학생혁명

표면적으로는 드골 정권에 반대하는 이른바 좌파 학생 집단과 지식인들이 주축이지만, 내부적인 통일성은 존재하지 않았다. 전통적인 마르크스-레닌주의자를 비롯하여 트로츠키주의에서 마오주의, 체 게바라주의나 카스트로주의, 아나키스트들과 상황주의자들까지 다양한 세력과 이념들을 포괄하는 이른바 용광로와도 같은 이데올로기의 융합 작용이 일어난 것으로 해석할 수 있다. 이러한 이데올로기적인 운동은 비제도권의 운동이었기 때문에 자연히 매우 급진적이고 이상주의적인 면모를 띠었다. 당시의 프랑스 공산당(PCF)조차도 이들을 극좌적 모험주의자들로 비판하는 실정이었다. 이러한 제도권에 대한 비제도권의 저항운동인 1968년 5월 운동에서 핵심적인 역할을 한 인물들이 대부분 좌파 성향의 급진주의자들이었다는 사실은 자연스러운 일이다. '3월22일운동'의 주역 콘벤디트를 비롯하여 '공산주의 혁명청년연합(JCR)'의 알랭 크리빈, '고등교원노조(SNE-sup)'의 알랭 제스마르(A. Geismar) 외에 '프랑스 학생연합'의 부회장이자 대변인이었던 자크 소바쥐(J. Sauvageot)나 '프랑스 노동총동맹'의 대표 조르주 세귀(J. Séguy) 등 일일이 열거하기 힘든 다수의 주역들이 있었다.

10 제4인터내셔널

트로츠키파 조직들로 구성된 다국적 기구. 처음 이 기구는 스탈린이 장악한 제3인터내셔널, 즉 코민테른의 정책에 대항하기 위해 결성되었다. 제4인터내셔널의 창설 계획은 1920년대 말 레온 트로츠키의 추종자들을 필두로 한 스탈린 반대파들에 의해 추진되었다. 트로츠키는 비록 한계는 있더라도 코민테른에 가입한 정당들이 노동 계급의 '전위'를 대표한다고 생각했기 때문에 제4인터내셔널의 창설에 반대했다. 그러나 1933년 7월 독일에서 나치즘이 득세하자 트로츠키는 노동 계급의 전위를 재교육할 필요를 느꼈고 코민테른이 파시즘을 묵인하는 데 반대하여 제4인터내셔널 창설 계획에 찬동했다. 그러나 새로운 인터내셔널의 구성을 위한 준비 작업은 어려운 일이었다. 공산주의에 동조적인 노동 계급 정당들을 코민테른으로부터 떼어놓아야 했으나 이 정당들은 코민테른을 1917년 10월 러시아 혁명의 이상을 간직한 보고로 여겼던 것이다. 또한 1934~1938년에 스탈린의 비밀 경찰이 다수의 잠재적인 트로츠키주의자들을 살해함으로써 트로츠키주의를 실천할 운동층이 얇아졌다.

창립회의는 1938년 9월 3일 프랑스의 페리니에서 열려 제4인터내셔널의 창립이 선언되었고, 트로츠키의 과도적 프로그램이 제1차 전략 문서로 채택되었다. 이 프로그램은 임금 인상, 근로 조건의 개선과 같은 최소의 개혁 목표와 자본주의 타도와 사회주의로의 이행과 같은 최대 목표 사이에 중간적인 성격의 프로그램을 목표로 설정했다. 트로츠키에 의하면 제4인터내셔널의 임무는 지배 계급의 토대를 침식하고 혁명을 위한 대중 동원을 준비하는 것이었다. 이러한 과정에서 임금 수준의 변동, 사유 은행의 몰수, 노동자의 자위대 결성, 농부를 위한 별도의 프로그램 작성 등 전술적 요구들을 추진해 갈 수 있다는 것이었다.

1940년 트로츠키의 사망을 전후로 제4인터내셔널에 적극적이었던 조직은 미국의 군소 정당인 사회주의 노동자당(SWP)뿐이었다. 2차 세계대전 후 제4인터내셔널의 지도력은 벨기에의 트로츠키파인 미셸 파블로와 에르네스트 제르맹에게 넘어갔다. 1949년 파블로가 '향후 수세기에 걸친 노동자들의 퇴화'를 예언하면서 인터내셔널 해산을 요구했다. 그 결과 1953년 파벌 싸움은 절정에 이르렀으며, 제4인터내셔널은 미국의 노동자연맹과 영국의 사회주의 노동연맹으로 구성된 인터내셔널 위원회와 파블로를 지지하는 인터내셔널 사무국으로 양분되었다. 제4인터내셔널의 가장 큰 의의는 산하 단체들에 가입한 많은 극좌적 집단들에게 정보를 보급한 것이었다.

11 체 게바라(Che Guevara, 1928~1967)

게릴라전의 이론가 · 전술가. 쿠바 혁명(1956~1959)에서 이름을 떨친 공산주의자로 후에 남아메리카의 게릴라 지도자가 되었다. 좌익 성향이 있는 스페인-아일랜드 혈통의 중류 가정에서 5남매 중 맏아들로 태어났다. 천식을 앓았으나 운동선수와 학자로서의 재능이 뛰어났으며 1953년 의과대학을 졸업했다. 그는 여가가 생기면 라틴 아메리카 여러 곳을 다니며 서민들의 가난한 생활을 체험했고, 그 결과 빈곤에서 벗어날 방법은 폭력 혁명밖에 없다는 확신을 갖게 되었다. 게바라는 라틴 아메리카를 각각 독립된 여러 국가의 집합체로 보지 않고 하나의 문화적 · 경제적 실체로 보았고, 라틴 아메리카 해방을 위해 전 대륙적 전략이 필요하다고 생각했다.

카스트로가 정권을 잡자 체 게바라는 쿠바의 시민이 되어 국립은행 총재, 공업장관 등을 역임하여 '쿠바의 두뇌'라 불렸다.

1953년 그는 과테말라로 갔다. 그곳에서는 하코보 아르벤스가 진보적인 정권을 이끌고 사회주의 혁명을 시도하고 있었다(이때 게바라에게 '체'라는 별칭이 붙었는데 그것은 아르헨티나인들이 말할 때 흔히 붙이는 감탄사의 하나이다). 1954년 미국 중앙정보국(CIA)이 후원한 쿠데타로 아르벤스 정권이 무너지자 그는 미국이 진보적인 좌익 정부에 반대한다는 확신을 갖게 되었다. 그리고 이러한 확신은 전 세계적인 혁명을 통해 사회주의를 건설하려는 그의 계획의 밑바탕이 되었다.

게바라는 과테말라를 떠나 멕시코로 갔고, 그곳에서 카스트로 형제(피델·라울)를 만났다. 카스트로 형제는 그때 정치적 망명 생활을 하며 쿠바의 풀겐시오 바티스타 독재정권을 전복할 준비를 하고 있었다. 그는 카스트로의 군대에 합류해 1956년 11월 말에 쿠바의 오리엔테 주에 상륙했다. 그 군대는 상륙 즉시 바티스타 정부군에게 발각되어 거의 전멸했다. 그러나 부상당한 게바라를 포함한 몇몇 생존자들은 마에스트라 산맥에 이르렀는데, 그 후 그곳이 게릴라군의 중심지가 되었다. 반란군은 바티스타 정부군으로부터 무기를 빼앗고, 주민들의 지지 속에 신병을 모집해 차츰 세력을 키워 나갔다. 그는 카스트로가 가장 신임하는 보좌관이 되었고 바티스타 정권을 전복하는 싸움에 2년이나 참여했는데, 《쿠바 혁명 전쟁 회고록 Pasajes de la guerra revolucionaria》(1963)에 그 이야기가 기록되어 있다.

1959년 1월 2일, 승리한 카스트로 군대는 수도 아바나에 들어가 마르크스주의 정부를 세웠다. 게바라는 혁명군에 가담했을 때와 마찬가지로 새로운 정부에서도 유능한 인사였으며 쿠바 산업대표단을 이끌고 해외에도 나갔다. 또한 모든 종류의 제국주의, 식민지주의, 미국의 외교 정책에 반대하는 인물로 서방 세계에 알려지게 되었으며 국가농업개혁연구소의 산업부장, 쿠바 국립은행 총재, 공업장관을 역임했다.

1960년대 초반 쿠바의 정책과 자신의 의견을 밝히는 많은 연설과 저술을 했는데, 그때의 저술 가운데 특히 유명한 것은 쿠바식의 공산주의를 논한《쿠바에서의 인간과 사회주의 El socialismo y el hombre en Cuba》(1965)와 게릴라전의 교본으로 큰 영향을 끼친《게릴라전 La guerra de guerrillas》(1960)이다. 1965년 4월 이후 공적인 생활에서 자취를 감추었고, 그 후 2년 간 그의 활동과 거처는 비밀에 붙여졌다. 나중에 밝혀진 바로는 쿠바의 전사들과 함께 콩고로 가서 내전에 참전 중인 파트리스 루뭄바 부대를 도왔다고 한다. 1966년 가을 그는 볼리비아로 잠입해 산타크루스 지역에서 게릴라 부대를 조직·통솔했다. 1967년 10월 8일 이 부대는 볼리비아 육군특별파견대에 의하여 전멸했고, 그는 부상을 입고 사로잡혀 총살당했다.

12 적군(Red Army)

1917년 볼셰비키 혁명 이후 공산당 정부가 만든 소련군. 적군이라는 이름은 1946년에 없어졌다. 러시아 제국의 육군과 해군은 제정 러시아의 다른 조직들과 함께 1917년 혁명이 일어난 뒤 해체되었다. 1918년 1월 28일 법령에 의해 인민위원회는 노동자와 농민 지원자를 바탕으로 적군을 만들었다. 혁명의 열정에 불타는 최초의 적군부대는 1918년 2월 23일 나르바와 프스코프에서 독일군과 싸워 두각을 나타냈으며 이날은 소련 국군의 날이 되었다. 1918년 4월 22일 소련 정부는 다른 사람을 고용하지 않는 노동자와 농민들은 반드시 군사 훈련을 받도록 하는 법령을 공포했는데 이것이 적군의 공식 출범이었다. 적군을 창설한 사람은 1918년 3월부터 1924년 11월 해임될 때까지 국방인민위원을 지낸 레온 트로츠키였다.

13 크론슈타트(Kronshtadt)

상트페테르부르크 앞바다에 위치한 섬에 있는 군항. 2만 명의 수병이 주둔하고 있었다. 1921년 3월 그 수병들(수병 대다수는 농민의 아들이었다)은 부모들이 당한 알곡 도난에 대해 항의하고 또 노동자의 자유를 위한다는 명분으로 봉기하였다. 트로츠키의 명령을 받아, 백색 제복으로 위장한 적군은 빙판 위를 횡단하여 해군 기지를 함락한 후 수병들을 학살하였다.

상트페테르부르크 정경.

14 나로드니크(Narodnik)

복수형은 나로드니키(Narodniki). 러시아어로 '인민주의자'라는 뜻으로, 19세기 러시아에서 사회주의 운동을 추진했던 세력이다. 정치선전으로 농민들의 각성을 불러일으켜서 차르 정권을 타도하고자 했다. 농업국가였던 러시아는 농민들이 인민(narod)의 대다수를 차지하고 있었으므로 그들의 운동은 '나로드니체스트보(narodnichestvo)', 즉 인민주의로 불렸다.

나로드니키 운동은 1860년대에 러시아 지식인들 사이에서 일어나 1870년대에 절정기를 맞았다. 이 운동은 농노해방령에 대한 불만으로 확대되었으며, 그 사상 속에는 공동 소유·공동 생산·사기업에 대한 혐오 등 마르크스의 공산주의 이념이 상당 부분 반영되어 있었다. 그러나 이들은 마르크스가 제시한 두 가지 주요 원칙을 수정했다. 첫째 농업공산주의를 신뢰하여 극소수에 불과했던 산업 프롤레타리아 계급을 도외시했고, 둘째 인간 사회는 불가피하게 원시공산주의에서 산업자본주의로, 그리고 프롤레타리아 독재로 진보한다는 마르크스의 역사 발전 이론을 러시아의 상황에 맞게 개조했다. 나로드니키는 마르크스주의를 전통적 토지 공동체인 미르(mir)가 농민 생활의 근간을 이루고 있는 러시아 현실에 그대로 적용하는 것은 무리이며, 정치 체제가 성공적으로 개혁된다면 자본수의라는 중간 단계를 뛰어넘어 원시공산주의에서 곧장 근대 사회주의로 옮아갈 수 있다고 생각했다. 그들은 미르와 아르텔(artel: 원시적 촌락 생산 공동체)이 사회 공동체에 유익한 생산·분배 체제로 발전될 것이라고 내다보았다. 나로드니키의 활동은 1860년대 말부터 1870년대 초까지 유행했던 '호주데니예 브 나로드(인민 속으로)' 운동을 통해 전개되었다. 젊은 지식인들은 농민들의 옷을 입고 농촌 지역을 누비며 반체제봉기를 선동했다. 이에 따라 나로드니키는 경찰의 숱한 박해를 받았으며 정치재판에 회부되기도 했는데, 그 가운데 가장 유명한 것은 1878년의 '193인 재판'이었다. 무지한 농민들은 기대했던 반응을 보이지 않았고 가끔은 헌신적인 지식인들을 경찰에 밀고하는 경우도 발생했다.

1870년대 중반, 농민들의 무관심과 정부의 박해에 직면한 나로드니키는 보다 급진적인 강령을 세우고 엄격하게 조직을 재편성했다. 이러한 상황에서 최초의 실질적인 나로드니키 조직이며 혁명 세력인 '토지와 자유당'이 탄생했다. 이들은 처음에는 농민들 속에서 활동했으나 경찰의 박해가 계속되자 테러 활동을 시작했다. 1879년 토지와 자유당은 '인민의 의지'와 '흑토 재분배'의 두 파벌로 나뉘었다. 인민의 의지파는 1881년 알렉산드르 2세를 암살한 뒤 해체되었고, 흑토 재분배파는 농민층을 기반으로 활동하다가 1880년대에 도시 프롤레타리아 계급으로 관심을 돌렸다. 나로드니키의 인민주의 사상은 20세기에 러시아 사회혁명당으로 이어졌다.

15 《이스크라 Iskra》

1900년 1월 레닌이 뮌헨에서 플레하노프와 마르토프 등의 편집인들과 회동하여 창간한 마르크스주의 최초의 정치신문으로, 이스크라는 '불꽃'이라는 뜻이다. 이 신문은 러시아의 지식인들을 포섭하고 마르크스주의 세력을 규합하여 사회민주당을 형성하는 데 목적이 있었다.

16 〈결과와 전망 Results and Prospects〉을 말한다.

17 스탈린의 출생지
스탈린은 당시 러시아의 한 식민지였던 그루지야(Gruziya) 공화국의 고리 시에서 가난한 신기료 장수의 아들로 태어났다.

18 멘셰비즘(Menshevism)
멘셰비키(Mensheviki)는 러시아 사회민주노동당의 비(非)레닌주의 당파를 말하며 후에 독립된 조직으로 발전했다. 단수형은 'Menshevik'로 '소수파'라는 뜻이다. 멘셰비키와 볼셰비키의 대립은 1903년 사회민주당 대회에서 당원의 자격 문제를 둘러싼 논쟁으로부터 시작되었다. L. 마르토프가 이끈 집단은 당원 자격을 직업적인 혁명가들로 엄격히 제한해야 한다는 레닌의 계획에 반대하고 서유럽의 여러 사회민주당처럼 대중적인 정당이 되어야 한다고 주장했다. 레닌의 지지자들이 한때 중앙위원회와 《이스크라》 신문의 편집국에서 다수 의석을 차지하고 스스로를 볼셰비키(다수파)라 부르자, 마르토프와 그의 추종자들은 멘셰비키가 되었다. 1903년 당 대회 뒤부터 두 당파 사이의 의견 차이는 점점 커졌다. 멘셰비키는 고도로 중앙집권화한 당의 독재적 역할을 강조하는 레닌의 의견에 동의하지 않았으며,

인민들이 차르의 겨울 궁전을 공격하는 모습을 그린 그림.

더욱이 프롤레타리아는 부르주아 혁명을 지도할 수 없고 해서도 안 된다고 주장했다. 그러므로 멘셰비키는 자유주의적인 자본주의 체제를 건설하기 위해서 기꺼이 부르주아 좌파와 함께 나아가고자 했다.

한편 볼셰비키는 급진적 무장봉기에 의한 혁명의 완수를 주장하고 나섰다. 이러한 주장을 특히 강력하게 제기한 사람은 레닌이었다. 레닌은 러일 전쟁의 패전 책임을 둘러싸고 논란이 일어났을 때 그러한 분위기를 혁명과 연결시키자고 주장했다. 그의 기본적 입장은 프롤레타리아의 혁명적 · 민주적 독재가 이루어지는 임시정부의 수립이었다.

볼셰비키와는 반대로 멘셰비키는 점진적인 혁명 달성을 주장했다. 멘셰비키는 자유주의적인 자본주의 체제가 사회주의 사회를 건설하는 데 필요한 전제라고 생각했다. 그들은 1905년 혁명 때 특히 상트페테르부르크의 소비에트에서 활발히 활동했으나, 그 뒤로는 볼셰비키와 마찬가지로 자신들이 성공한다면 민주주의 정부 수립에 한 걸음 다가설 것이라고 믿으며 두마(의회)에 참여했다. 1912년 사회민주당은 레닌에 의해 완전히 분열되었다. 1914년에는 멘셰비키 자신들도 1차 세계대전에 대한 태도 문제로 분열했다. 멘셰비키는 1917년 2월혁명 뒤에 구성된 소비에트와 임시정부에서 지도적인 역할을 맡고 8월에는 공식적으로 자신들의 당을 만들었지만, 1917년의 정치 흐름에서 지배적 위치를 지켜 나가기에 충분할 만큼 통일되어 있지는 않았다. 그들은 10월의 볼셰비키 혁명 뒤에도 합법적인 야당을 구성하고자 했으나 1922년 계속된 탄압으로 많은 멘셰비키가 망명했다.

19 페트로그라드(Petrograd)
원래 이름은 상트페테르부르크였으나 1914년 페트로그라드로 개칭되었다.

20 케렌스키(Aleksandr Fyodorovich Kerensky, 1881~1970)
러시아의 온건한 사회주의 혁명가. 1917년 7~10월 러시아 임시정부의 수반을 지냈다. 상트페테르부르크대학에서 법학을 공부하던 중 나로드니키 운동에 매력을 느낀 그는 졸업 후 1905년경에 사회주의 혁명당에 가입하여 정치범으로 고발당한 혁명가들을 변론하는 뛰어난 변호사가 되었다. 1912년에는 볼스크(사라토프 지방에 있음)의 노동자 단체 대표로 제4대 러시아 의회 의원으로 선출되었다. 그 후 몇 년이 지나자 활동적이고 언변이 능란한 온건좌파 정치인으로 명성을 얻었다. 일부 급진적 사회주의자들과는 달리 그는 러시아의 1차 세계대전 참전을 지지했다. 그러나 갈수록 황제의 전쟁 수행 방식에 실망을 느껴 1917년 2월혁명이 발발하자 군주제 철폐를 요구했다. 케렌스키는 러시아 의회가 구성한 임시정부의 법무장관직과 페트로그라드 노동자·병사 대표 소비에트의 부의장직을 기꺼이 수락했다. 그는 임시정부와 소비에트 양쪽에 모두 직위를 가진 유일한 사람으로서 쌍방 사이의 교섭 책임을 맡았다. 러시아 전역에 시민의 기본적 자유(언론·출판·결사·종교의 자유, 보통선거권, 여성의 동등권)를 제도화했으며, 혁명지도자들 중에서 가장 인기 있고 널리 알려진 사람들 중의 한 사람이 되었다.

5월에 발표된 러시아의 전쟁 목표 성명서(케렌스키가 승인함)가 국민들 사이에 불평을 야기하고 그로 인해 몇몇 장관들이 사임할 수밖에 없게 되자, 케렌스키는 육군장관 겸 해군장관이 되어 새로운 정부에서 가장 큰 권력을 가진 인물이 되었다. 그는 새로운 공격안을 계획하고 전방을 시찰하면서, 사기가 떨어져 있는 군인들에게 전쟁 수행 노력과 혁명 수호에 필요한 의욕들을 불어넣기 위해 감동 어린 연설을 했다. 그러나 그의 달변도 전쟁의 지겨움과 군기 해이를 보충해주지는 못했다. 케렌스키의 '6월 공세'는 완전한 실패로 끝났다. 그러나 7월에 임시정부의 조직이 재편될 때, 완고한 정치적 도그마에 빠지지 않고 극적인 연설로 광범위한 민중의 지지를 받은 케렌스키는 또다시 총리로 선출되었다. 모든 정치 파벌들을 통합하려고 노력했음에도 불구하고 라브르 G. 코르닐로프 총사령관을 해고하고 9월에 자신이 그 직위를 차지하자, 온건파 및 장교단과의 사이가 멀어졌다. 좌익의 신임도 상실했는데, 이는 좌익의 급진적인 사회·경제 계획안을 거부하고, 또 독재권력을 행사하고자 하는 것처럼 보였기 때문이다. 마침내 1917년 10월혁명으로 볼셰비키가 권력을 장악하자 케렌스키는 전선으로 피신했다. 그러나 그의 정부를 방어할 군대를 모을 수는 없었다. 1918년 5월까지 러시아에서 숨어 지내다가 서유럽으로 망명하여 혁명에 대한 책을 쓰고, 망명자 신문과 잡지 편찬에 헌신했다. 그는 1940년 미국으로 이주해 여러 대학에서 강의를 하며 자신의 혁명 경험을 계속 책으로 펴냈다.

21 러시아 내전(Russian Civil War)
10월혁명 직후 러시아에서 일어난 전쟁(1918~1920). '적군'은 러시아 국내외 반볼셰비키 군대의 공세로부터 갓 출범한 소비에트 정부를 수호했다.

22 유데니치(Nikolay Nikolayevich Yudenich, 1862~1933)
러시아 내전 당시 북서부 백군(白軍)사령관. 1879년 제국 군대에 입대하여 1887년 참모학교를 졸업했다. 1887~1902년 총참모부에서 근무하다가 연대장에 임명되었다. 러일 전쟁에 참전한 뒤 장군으로 승진했으며

(1905), 카프카스 군관구의 참모장에 임명되어(1913) 1차 세계대전 동안 카프카스에 있는 모든 러시아 군대를 지휘했다. 볼셰비키가 권력을 장악하자 핀란드로 물러갔다가 나중에 에스토니아의 탈린으로 갔다. 1919년 5월 페트로그라드에 대한 공격을 감행했으나 그의 의용군은 에스토니아로 퇴각해야 했다. 7월 알렉산드르 콜차크 제독(시베리아에 있는 백군, 즉 반볼셰비키 정부의 수반)에 의해 북서부 백군총사령관에 임명되었다. 그는 발트 해 지역에 분산된 백군을 규합하여 1만2천 명의 군대를 조직했다. 그러나 에스토니아 정부의 민족주의에 공감하지 못했고 영국 고문관과 마찰을 일으켜 정치적 영향력이 약화되었다. 남부에서 모스크바를 공격하는 백군과 합동으로 1919년 10월 공격을 재개했으나 페트로그라드 교외에 있는 풀코보에서 적군에게 저지당했으며 에스토니아까지 밀려나면서 지리멸렬하게 되었다(1920. 1). 유데니치는 프랑스로 피신해 망명 생활 중 죽었다.

23 브레스트-리토프스크 조약(Treaties of Brest-Litovsk)

벨로루시 브레스트-리토프스크에서 동맹국들이 우크라이나 공화국(1918. 2. 9)과 소비에트 러시아(1918. 3. 3)를 상대로 체결한 평화조약. 이 조약으로 1차 세계대전 동안 이들 양 진영 사이의 적대 관계가 끝났다. 소비에트 정부가 1917년 11월 8일 요구했던 평화협상은 12월 22일 시작되었다. 소비에트 대표가 협상 진행을 늦추면서 이를 선전 기회로 이용하는 동안 협상은 몇 차례의 회의를 거듭했고 독일도 점점 참을 수 없는 지경이 되었다. 1918년 1월 18일까지 협상에 실질적인 진전이 없자 독일 장군 막스 호프만은 우크라이나와 이전 러시아 제국이 다스렸던 폴란드, 발트 해 지역에 독립국이 세워져야 한다는 독일의 요구를 분명히 했다. 그 해 1월 9일 소비에트 대표의 책임자가 된 레온 트로츠키는 휴회(1918. 1. 18~30)를 요청하고 페트로그라드로 돌아와 '러시아는 전쟁을 중단하지만 어떤 평화조약도 맺지 않는다(전쟁도 아니고 평화도 아닌)'는 정책을 꺼려하는 볼셰비키들(레닌을 포함)을 설득했다. 다시 협상을 시작했을 때 소비에트 대표가 또 시간을 끌려고 하자 동맹국은 2월 9일 우크라이나 민족주의자 대표들과 따로 평화조약을 맺었다. 이에 트로츠키는 소비에트의 새 정책을 발표했고 협상은 2월 10일 중단되었다. 그러나 2월 18일 독일이 다시 군사 공격을 시작하자 다급해진 러시아는 곧 협상 재개를 요구했다. 2월 23일 독일은 협상 기간을 이틀로 하고, 그 후 사흘 안에 협상을 끝내겠다는 최후 통첩을 보냈다. 전쟁을 계속하기에는 신생 소비에트 국가가 너무 약한 상태임을 깨달은 레닌은 독일의 요구 조건을 받아들이지 않을 경우 사임하겠다고 위협했다. 3월 3일 소비에트 정부가 조약을 받아들임으로써 러시아는 우크라이나와 폴란드, 발트 해 지역과 핀란드를 잃었다. (우크라이나는 그 후 러시아 내전 중인 1919년 되찾았다.) 이 조약은 3월 15일 소비에트 회의에서 비준되었다. 우크라이나와 러시아가 각각 맺은 이 두 조약은 1918년 11월 11일 동맹군의 패배를 뜻하는 휴전이 체결되자 폐지되었다.

24 라팔로 조약(Treaty of Rapallo)

제네바 세계경제회의 중 독일과 소련이 제네바 근교 라팔로에서 맺은 조약. 이 조약에서 ① 독일은 소련을 국제법상으로 정식 승인할 것, ② 제정 러시아 시대의 독일에 대한 채무를 면제할 것, ③ 소련은 독일에 대한 배상 요구를 중지할 것, ④ 양국의 경제 제휴 등을 규정했다. 원래 제네바 경제회의는 영국 및 프랑스에 대한 제정 러시아의 채무를 소련에 대한 독일의 배상금으로 지불하려는 것이었는데, 이 조약에 의해 제정 러시아의 채무와 독일의 대소(對蘇) 배상이 상쇄되었으므로 영국과 프랑스의 계획은 수포로 돌아갔다. 독일과 소련의 이 제휴는 서유럽 열국에 큰 충격을 주었다. 당시 국제연맹 밖에 고립되어 있던 독일과 소련이 제휴함으로써 양국의 서유럽에 대한 발언권이 크게 증대했으며, 이 조약 이후 영국은 소련 정부의 정식 승인을 고려하게 되었다.

조지 오웰의 디스토피아

로렌스 멀킨(Lawrence Malkin)

서양 역사에서 비평가·모럴리스트·예언자가 없는 사회는 존재하지 않았을 것이다. 그러나 특히 지난 두 세기 동안 그들은 숫자도 많았고 소리도 요란했다. 이 시기에 이루어진 급격한 인구 증가와 산업화는 인간의 삶의 조건을 현저하게 변화시켰다. 사람들은 농촌을 떠나 인구 과잉인 도시로 거주지를 옮겼다. 노동력은 상당 부분 기계화되었는데, 그것은 더 많은 규제와 통제를 의미하는 것이었다.

조지 오웰의 《1984년》은 현대 사회의 발전 과정에 대한 경고의 외침이다. 그는 우익과 좌익 양 진영에서 행해지는 집단주의의 위험성과 개인의 자유에 가해지는 위협을 강력하게 경고했다. 이 글의 필자인 멀킨은 오웰이 그도록 불길하게 바라보았던 현대 사회의 추세와 동향을 검토한다.

만일 오웰 사후 그가 예언한 최악의 상황이 나타나지 않았다면, 그것은 적어도 부분적으로 그를 비롯한 비평가들이 이 문제에 대해 주목했기 때문이라고 보아야 할 것이다.

권력 추구의 비합리적 충동

나는 책 제목으로서든 연도로서든 '1984년'에 대해 생각할 때마다 다소 섬뜩한 느낌이 든다. 이는 단순히 나 자신의 개인적인 성격 탓이 아니다. 조지 오웰(George Orwell, 1903~1950)은 사실과 허구를 나란히 제시함으로써 충격을 주고, 현대 논객의 뛰어난 문체와 고전적 모럴리스트의 냉소적인 초연함을 결합시켰다. 미래에 대한 부정적 전망을 단번에 요약하기 위해서 자기 작품이 완성된 해인 '48'을 '84'로 뒤집어 제목으로 정했다. 원래 그는 소설 제목을 《유럽 최후의 인간 The Last Man in Europe》이라고 지을 생각이었다. 이 제목은 그가 궁극적으로 선택한 《1984년》 같은 날카로움은 없지만 대신 그의 휴머니즘적 열망을 이해하는 설득력 있는 단초를 제공한다.

그에게 선동적인 면이 덜했더라면—오웰은 모든 예술가는 자기 인생관의 선동가라고 말한 바 있다—나는 이 글을 쓰지 않았을 것이다. 이 진기하고 거북할 정도로 정직한, 그리고 애처로울 만큼 기품 있

◀ 1943년의 조지 오웰.

는 작가는 무엇보다도 정치적 목적을 위해 독자들에게 다가서기를 원했다. 생애 말년에 접어들어 이 작가는 독자들이 심미적 판단은 하지 않고, 오로지 정치적 판단만을 한다고 믿기에 이르렀다. 그는 자신의 독자적인 세계관을 포기하지 않고 고스란히 간직한 채 대중적인 작가가 되기를 원했다. 그는 이 모든 바람을 이루었다. 2차 세계대전 이후 영어권과 서양 세계에서, 픽션이건 논픽션이건 간에 어떤 정치적 저술도—오웰이 성공한 핵심 요인은 누구도 《1984년》이 픽션인지 논픽션인지 자신 있게 구분할 수 없었다는 점에 있었다—오웰의 음울한 걸작 이상으로 대중의 의식을 꿰뚫고 들어가지 못했다.

이 짤막하고 예언적인 소책자(오웰은 그것을 '소설 형태의 유토피아'라고 표현했다)에 표출된 다방면의 통찰은 놀라울 정도로 다양한 개인과 집단들을 포괄하고 있다. 《라이프》지는 1949년에 딘(Abner Dean)의 만화 삽화와 함께 최초로 이 작품을 발췌 게재했다. 독자들은 이를 통해 "1984년에 이르면 좌익 전체주의가 세계를 지배한다"는 메시지를 접했다. 해링턴(Michael Harrington)에 의하면, 오웰은 풍요의 원천인 과학 기술이 빈곤과 인종주의의 희생자들한테서 선거권을 빼앗아 그들이 영원히 천민으로 살도록 만들 것임을 예견한 인물이었다. 웨스트체스터(Westchester) 소재의 우익 반공 단체 존 버치 협회[1]는 《1984년》의 판매에 팔을 걷어붙였고, 협회의 워싱턴 지부는 전화번호를 1984번으로 정했다. 부다페스트의 페퇴피 클럽[2]은 1956년 헝가리 봉기가 있기 전에 《1984년》을 읽었다. BBC 해외 방송은 이 책이 동유럽에서 꾸준히 인기를 얻고 있다고 보도했다. 수많은 의회 의원들은 도청(盜聽)·정부 주도의 인성 검사·전산화된 중앙 데이터 뱅크 계획을 반대하면서, 빅 브라더(Big Brother)의 이미지를 원용했다. 자유주의 비평가 로젠버그(Harold Rosenberg)는 《1984년》이 조직 속의 인간을 '비인간화된 집단주의의 희생자'라고 최초로 묘사함으로써 전후 상상력의 색채를 결정했다고 말했다.

1956년 마이클 앤더슨 감독이 영화로 제작한 〈1984〉.

수많은 비평가들이 《1984년》에서 단골로 끄집어내는 메시지는 지극히 명료한 것이었다. 즉 좌익이건 우익이건 간에 전체주의는 개인의 자유를 위협한다는 것이다. 이렇게 공공의 지적 통화(通貨)가 되다시피 한 작품은—특히 그것이 오웰과 같이 비판적이고 비체계적인 지성에 의해 주조된 것일 경우—가치 하락의 위험 부담을 안게 마련이다. 그러나 비평가들 사이에 그토록 커다란 반향을 불러일으킬 수 있는 작품이라면 그것은 또한 그들 모두가 살아가고 있는 세계에 관해 무엇인가를 말해주는 것임이 분명하다.

오웰 숭배자들이 받아들일 수 없었던 것은 전후의 정치 사상에 나타난 가장 두드러진 양상—자유주의적 합리주의의 파산—에 대한 그의 서술이다. 우리 모두는 사회 제도가 공평하고 균형감 있게 실행되기만 하면 사람들이 결국은 예의 바르게 합리적으로 행동하리라는, 자못 위안이 되는 개량주의적 믿음을 갖도록 교육받았다. 우리는 이념과 사상이 좀 더 완벽한 사회를 만들 수 있다고 믿고 있다. 하지만 오웰은 이것은 전혀 진실이 아니며, 아무리 좋게 봐준다 해도 실현 불가능한 것이라고 말한다. 우리는 인간의 개별성에 가해지는 전체주의의 약탈에 대한 최선의 방어책이 이성적으로 완성 가능한 제도를 중심으로 구축되어야 한다고 배워왔다. 그러나 오웰은 그런 방어책이 아무 소용없다고 주장한다. 그는 사실상 이성주의적 진보 정신이야말로 그것이 제지하려는 목표를 향해 나아가는 첫걸음이라고 경고한다. 왜냐하면 그것은 나의 사상을 타인에게 강요할 수 있는 힘이 내게 주어진다는 것을 의미하기 때문이다.

오웰이 생각한 시간표는 다음과 같다. '1984년'에 이르면 정치지도자들이 원할 경우 몇 마디 명령만으로 인류의 문제를 해결할 수 있는, 사회적·정치적 통제기관이 만들어질 수 있다. 그러나 권력을 장악한 자들은 그것을 단호히 거부한다. 오웰은 '질서 잡힌 세계 정부'의 꿈을 일축하면서 이렇게 말했다.

"분별 있는 사람에게는 아무런 힘이 없다. 세계를 실제로 형성하는 에너지는 감정—인종적 오만·지도자 숭배·종교적 신념·전쟁 찬양 등—에서 나오지만 자유주의적 지식인들은 그런 감정을 부적절한 시대착오로 간주한다."

오웰은 1941년에 웰스(H. G. Wells)의 유토피아주의에 대한 공격의 일환으로 이 글을 썼다. 나는 그가 좀 더 오래 살아서 쟁쟁한 학자들과 교수들을 거느린 미국의 정치인 가문들의 홍기와 (이따금 발생한) 비극적 종말을 목격했더라도 그렇게 결론을 맺었을까 하는 궁금증이 생긴다. 물론 누구도 케네디(John F. Kennedy, 1961~1963년 재임) 마피아나 존슨(Lyndon B. Johnson, 1963~1969년 재임)의 텍사스 팀이 인종·리더십·종교·전쟁 등의 문제를 소홀히 다루었다고 비난할 수는 없을 것이다. 그러나 뭐니 뭐니 해도 그들의 최우선 관심사는 '정치 권력 그 자체'의 추구였으며, 분별력과 판단력을 희생시키면서까지 그 목표를 추구했다. 오웰이 발견한 것 중 가장 중요한 것은 우리 사회의 운영자들이 분별력을 갖추기는커녕 자신의 동료들과 더불어 비합리적 충동을 공유하고 있으며 그 충동에는 권력에 대한 욕구가 포함되어 있다는 것이다. 실로 이 대목에서 우리는 우리가 상상했던 자유주의가 전체주의의 악몽으로 바뀌는 것을 목격하면서 경악하게 된다.

자유 대 권력

소설로서 《1984년》은 특별히 훌륭한 것은 아니다. 그것은 소설보다는 우화에 가깝고, 우화보다는 오히려 판타지에 가깝다. 빅 브라더는 작품에 나오는 모든 사람이 다 알고 있는 유일한 등장 인물이며, 그는 아마 존재하지 않을지도 모른다. 이런 설정은 매우 적절하다. 빅 브라더는 당이라 불리는, 모든 것을 포괄하는 자기 영속적 국가 기구의 상징이자 정점이다. 당은 내부 당(결정권자)과 외부 당(중간관리자)으로 나뉜다. 노동자라고 불리는 일반 시민들은 정치 조직에 참여할 수 없다. 그들의 삶은 노동과 빈곤에 허덕이지만 그래도 감정은 아직 자유롭다.

《1984년》의 플롯은 윈스턴 스미스(Winston Smith)의 삶에 집중되어 있다. 그는 외부 당의 일원으로서 당의 지령에 따라 자신에게 주어진, 과거를 고쳐 쓰는 임무를 견딜 수 없어서 혼자 지내기를 원한다. 물론 이러한 '사생활에 대한 욕구'는 범죄이다. 모든 당원들의 집에는 양방향 텔레스크린이 있어서 각자의 행동과 사상을 규제한다. 윈스턴 스미스는 《버마의 나날 Burmese Days》(1935)의 주인공 플로리(Flory)—그는 "할 수 있는 데까지 타락해보라. 그 모든 것은 유토피아의 도래를 지연시킨다"라고 말한다—에서 시작된 일련의 반(反)영웅 계보의 마지막 인물에 해당한다.

윈스턴의 '타락'은 먼저 자신의 개인적인 생각을 '일기에 기록'한 것이고, 다음으로는 '애정 행각'을 벌인 것이다. 《1984년》에서 증오는 일반적인 감정이다. 당의 적에 대한 '2분 간 증오'는 그것이 실제든 상상이든 일상적 의식이다. 그럼에도 청년반성동맹(靑年反性同盟)의 회원이면서 이단적 생각을 갖고 있는 여성 줄리아(Julia)는 윈스턴과 은밀한 접촉을 갖고, 둘은 사랑에 빠진다. 그러나 이 모든 것은 사상경찰에 의해 감시된다. 범법 행위를 저지른 두 남녀는 오브라이언(O'Brien)의 속임수에 넘어가 국가 모독 음모를 꾸민다. 오브라이언은 내부 당의 당원으로서 지극히 이성적인 관념론자이다. 그는 윈스턴을 고문해 줄리아를 배신하도록 하며, 소설 말미에서 궁극적으로 그녀 대신 빅 브라더를 사랑하게 만든다.

윈스턴이 저지른 사적 영역으로의 가련한 은둔, 사려 깊지 못한 연애 사건, 멜로드라마 같은 탄로, 고문, 당 기구에 의한 창백한 개

영화 〈1984〉의 한 장면. 주인공 윈스턴 스미스는 자신의 생각을 일기에 기록하고, 애정 행각을 벌이는 '타락'에 빠져든다.

인의 절멸 따위는 사실 이류 공상과학소설에도 미치지 못한다. 그러나 전 세계 수많은 사람들은 여전히 이 책을 읽는다. 문학적으로 《1984년》에 필적할 만한 작품을 영국 소설에서 찾으려면 로만주의적 인간관을 그린 19세기 소설을 거슬러 올라가 (삶은 인간보다 거대하고 세계는 사악한 장소로 그려진) 18세기 소설로 향해가야 한다. 윈스턴은 낯선 땅의 얼굴 없는 여행자인 걸리버의 후예인 것이다.

《1984년》은 현대인보다는 현대인의 삶의 질에 대해 훨씬 더 많은 것을 우리에게 말해준다. 이데올로기적인 환상과 너절한 리얼리즘의 혼합물인 오웰의 문체는 그의 신념에서 자연스럽게 자라났다. 그는 사물의 조야한 단면을 이념과 마주서게 했다. 언젠가는 셰익스피어에 대해 "그는 세상의 겉모습과 생명의 과정을 사랑했다"고 말하기도 했다. 그는 자기 자신에 관한 글을 쓸 수 있었다. 1984년에 이르러 인간의 삶은 단조로운 획일성으로 간소화되었고, 군데군데 균열이 드러난 세상의 겉껍질에는 덧칠이 되어 있었다.

사람들은 전도된 가치관과 사상 속에서 암호로 전락했다. 국가는 전쟁을 위해 조직화되었다. 그러나 '전쟁은 평화'였다. 커뮤니케이션 체계가 놀랍도록 발전되었지만('구술기록기'도 있다), 당은 그것을 당의 이념을 선전하는 데만 활용한다. 그러므로 '무지는 힘'이었다. 사회는 불변의 계급 제도로 조직되어, 개개인은 그 조직 안에서 자신의 지위에 대해 생각할 필요조차 없다. 그러므로 '자유는 예속'이었다. 이것이 초대국[3] 오세아니아(Oceania)의 슬로건이었다. 사람들은 아무 생각 없이 단조롭고 고된 일을 하면서 살아간다. 합성 음식에는 그럴듯한 이름('승리 커피')이 붙어 있다. 옷에는 아무런 유행도 없다. 주택들은 무너져가고, 사람들은 그 안에 몰려 산다. 가장 중요한 것은 사상 통제 정책의 일환으로 과거가 체계적으로 말살되고 있다는 점이다. 그러므로 인간적인 경험 없이도 사상이 진공 속에 존재할 수 있다. 사생활·개성·역사·비극 등은 소멸되었다. 윈스턴은 다음과 같은 사실을 깨닫는다.

당이 행하는 무서운 짓은, 물질적인 세계를 지배하는 인간의 힘을 모두 빼앗아가는 한편 단순한 충동이나 감정은 아무 쓸모가 없다고 억지로 인식시키는 것이다. 일단 당의 손아귀에 들어가기만 하면 느끼는 것과 느끼지 못하는 것, 행동하는 것과 행동하지 못하는 것이 그야말로 아무런 차이가 없게 된다. 개인에게 일어난 모든 일은 물론 그 존재와 행적까지도 영원히 사라져버린다. 요컨대 역사로부터 깨끗이 지워져버리는 것이다. 그러나 두 세대 전의 사람들은 역사를 바꾸려 하지 않았고 그래서 이런 일은 그리 중요하지도 않았다. 그들은 개인적인 성실성을 가지고 삶을 살았고, 아무도 그것을 문제 삼지 않았다. 중요한 것은 개인적인 인간 관계였으며, 죽어가는 사람을 포옹하고 눈물을 흘리고 한마디 위로의 말을 건네주는 등의 무력한 행위에서도 어떤 가치를 찾을 수 있었다. 문득 노동자들이 아직 이런 상황 속에서 살고 있다는 생각이 윈스턴의 뇌리를 스쳤다. 그들은 당이나 이념 따위에 충성을 바치지 않고 그들 자신에게 충실했다. 그는 비로소 노동자들을 경멸하지 않게 되었다. 경멸하기는커녕 그들이야말로 어느 날인가 생명을 되찾아서 세계를 재건할 수 있는 잠재된 힘이라고 생각하기에 이르렀다. 노동자들이야말로 인간이다.

이것은 예정된 계획표대로 순응할 것을 명령하는 사람들의 입장에서는 별 도움이 안 되는 사회관이다. 현대의 시식인들이 그런 인간적 자질을 '그 자체로서' 중요하다고 간주하고 널리 받아들인 경우는 결코 없었다. 그러나 오웰에게는 그러한 자질이 삶의 주요 전제였다. 현대 사회공학에서 인간의 '감정'이란 국민총생산 계획에 합치시켜야만 하는 불행한 변수에 해당한다. (그것은 《1984년》에서 생활 수준이 향상되었다고 떠드는 확성기의 거짓 통계와 점점 닮아가고 있다.) 인간의 감정은 세계의 어느 궁벽한 귀퉁이에서 치러지는 이데올로기 전쟁을 위한 정치적 · 심리적 필요조건이 되어야만 한다. (《1984년》에서 텔레스크린은 말라바 전선에서의 섬뜩한 살육 장면, 그리고 결코 평화를 가져다주는 법이 없는 승전 소식을 보여준다.) 그리고 인간 감정은 공동 생산 · 공동 거주 · 공동 행동을 하기 위해 조직된 거대한 구조에 싫든 좋든 순응해야만 한다. (독자는 《1984년》에서처럼 '표정죄'라는 범죄를 저지를지도 모른다.)

오웰은 20세기에 가장 큰 진보를 이룬 사회과학의 두 주요 분야인 경제학과 심리학을 의도적으로 무시했다. 그는 《위건 피어로 가는 길 The Road to Wigan Pier》(1937)에서 이렇게 썼다. "경제적 불공평은 우리가 그것을 멈추고자 하는 순간 멈출 것이다. 그리고 우리가 그것을 진정으로 멈추고자 한다면, 어떤 방법을 택하든 아무런 문제가 안 된다." 20년 지기인 리스(Richard Rees)는 오웰이 프로이트 · 융 · 카프카 · 도스토예프스키 등을 언급하는 것을 한 번도 들어본 적이 없다고 말한다. 오웰은 현대인이 아니었으며, 체계적 사고를 몹시 싫어했다. (비판적 사고는 싫어하지 않았지만.) 스스로도 털어놓았듯이 그는 정원 손질과 치즈, 그리고 영국 음식을 좋아했다. 또한 영국 노동 계급을 특징짓는 둔감성과 불경스러움을 좋아했다. (비록 그들을 편안하게 생각하지는 않았지만.)

그는 절반은 이튼 출신의 에릭 블레어[4]이자 영제국 미얀바(옛 이름은 버마) 경찰이었고,[5] 나머지 절반은 조지 오웰이란 이름의 영락한 룸펜 사회주의자 · 문학적 선동가 · 묵시적 우화작가였다. 친구들은 그의 본명을 불렀으며, 그는 항상 자기 이름을 법적으로 바꾸고 싶어 했으나 뜻을 이루지 못했다.[6] 마찬가지로 그는 자신의 정체성을 진정으로 결정짓지 못했다. (물론 좌파적 성향을 가졌던 것은 분명하지만.) 인간적 정직성—그것은 현대 문학에서 독특한 현상이다—때문에 빚어지는 이 끊임없는 가치의 대립은 작가 오웰을 있게 한 주요인이다.

《1984년》은 전후의 노동당 정부가 기진맥진해 있던 시기에 출간되었기 때문에, 그리고 이 작품에 그려진 사회가 '영사(英社, Ingsoc)'라는 이름의 정부 체제 아래 있기 때문에 종종 환멸을 느낀 사회주의자의 상처 입은 저항으로 해석되곤 했다. 분명 전후 런던의 모습—식량 배급과 물자 부족, 그리고 영국 역사상 최초로 등장한 이데올로기 정부의 끊임없는 권고와 훈계—은 이 책의 많은 부분에서 배경이 되었다. 그러나 오웰은 그보다 훨씬 복잡한 인물이었다. 그는 친구인 시먼스(Julian Symons)에게 이렇게 말한 적이 있다. "나는 진정한 소설가가 아니라네. 내가 도저히 해결하지 못한 한 가지 어려움은, 간절히 쓰고 싶은 경험이 많이 있는데 (…) 그것을 소설로 가장하지 않고서는 소진할 방법이 없다는 것이라네."

오웰은 BBC에서 전시 선전방송을 맡아보면서 《1984년》을 구상했다. 그는 BBC 관료제 내부의 분규와 왜곡, 아이디어의 탕진을 목격하고 경악했으며 그곳을 '매음굴과 정신병원의 혼합체'라고 표현했다. 1943년 오웰은 그곳을 떠나 정치해설가로서 자유를 되찾았다. 그만두기 직전 그는 친구에게 이렇게 썼다. "현재 나의 처지는 더러운 장화에 짓밟힌 오렌지와 같다네."(《1984년》에서 오브라이언은 이렇게 말한다. "만일 미래의 모습이 보고 싶으면 인간의 얼굴을—영구히—짓밟고 있는 가죽장화를 한번 상상해보게.") 지하에 위치한 창문 없는 BBC의 매점은 《1984년》에 등장하는 진리부(선전부) 식당의 모델이었다. 전시에 오웰의 동료였던 한 사람은 내게 이런 이야기를 들려준 적이 있다. 즉 오웰이 작품을 쓸 때 혼란스러운 자유주의자들 대신 스탈린이 BBC를 운영할 경우를 상정하고 상상력을 발휘했다는 것이다.

《1984년》을 쓸 당시 오웰은 결핵으로 죽어가고 있었다. 그는 《1984년》을 출간하고 7개월 후인 1950년 1월에 이 병으로 죽었다.

친구이자 문학적 동료이기도 했던 두 사람, 머거리지(Malcolm Muggeridge)와 파이블(Tosco Fyvel)이 BBC에 출연하여 그 작품을 평론했다. 쥐들이 얼굴을 뜯어먹는 소름 끼치는 고문 앞에 윈스턴이 무너지면서 줄리아를 배신하는 결정적 순간에 대해 의견을 교환하면서, 두 평론가는 그 상황을 불 꺼진 캄캄한 밤중에 서로를 놀래키려 한 두 명의 예비학교 소년들에 비교했다. 오웰은 병원 침상에서 라디오를 듣고 있다가 큰 소리로 웃음을 터뜨렸다. 그러나 오웰은 또 다른 친구인 쾨슬러(Arthur Koestler)의 주장, 즉 오웰의 정치적 개혁주의가 사춘기적 노이로제에서 비롯된 것이라는 명제는 받아들이지 않았다. 오웰의 강점은, 정치가 개인의 외부에 존재하는 도덕적 기초에 바탕을 두고 있으며 진리는 개인이 구축할 수 있는 시스템 바깥에서 얻는 경험에 기초한다는 그의 주장에 있다. 정치적 삶에 있어서 한 개인의 진리 추구는 순수한 '지성'의 기능이 아니라 낡은 이름을 지닌 '다른 무엇'의 기능이었다. 영국인들은 그것을 '품성(character)'이라고 불렀다.

정치평론가이자 건실한 리얼리즘 소설가로서 경력을 쌓던 오웰이 갑자기 《동물농장》과 《1984년》 같은 '우화'로 옮겨간 것은 우연이 아니다. 그것은 이상과 현실 사이의 갈등을 강조하는 데 가장 적합한 문학 형식이었다. 오웰에게 그것은 20세기 전반기의 주요 지적(知的) 사건—러시아 등지에서의 실패한 유토피아—을 설명하는 도구가 되었다. 그 재료는 1930년대 좌익 내부에서의 분파 싸움이었는데, 오웰은 그것을 《카탈루냐 찬가》[7]에서 화려한 호박색으로 영구히 결정(結晶)시켰다. 그러나 거기에서 다루어진 이슈—자유 대 권력—는 여전히 실재한다. 개인이 사회 변동기의 변화에 적응하는 데는 얼마만큼의 자유가 허용될 수 있는가? 그리고 어느 수준으로 적응해야 하는가? 자신의 수준으로? 아니면 그들 수준으로? 전체주의는 개인의 필요를 무시하고 변화의 속도를 통제할 것을 강요한다. 그리

1942년 BBC 방송국에서 일하는 모습. 오웰은 전시 선전방송을 맡아보면서 《1984년》을 구상했다.

고 궁극적으로 개인의 필요를 예정된 유토피아에 합치시킬 것을 요구한다.

유토피아와 디스토피아

윈스턴은 그의 반역적인 노트에서 유토피아를 배척하고 자신의 감각적 본능—"돌은 단단하고 물은 축축하다"—에 따르라고 주장한다. 그리고 이런 결론에 도달한다. "자유란 2 더하기 2가 4라고 말할 수 있는 것이다. 만일 그것이 허용된다면 다른 모든 것도 허용된다." 그러나 그 캐치프레이즈는 상식을 벗어나, 당에 대한 굴종의 상징으로 왜곡·변질된다. 오브라이언은 그에게 당이 명할 경우 '2 더하기 2는 5'임을 인정하라고 강요한다. 이 비수학적 슬로건에는 의미심장한 유래가 있다. 라이언스(Eugene Lyons)는《유토피아의 숙제 Assignment in Utopia》—오웰은 소련에서 숙청 재판이 절정에 이른 1937년에 이 책이 출간되자 즉시 구해 읽었다—에서 모스크바의 빌딩들에 '2+2=5'라는 슬로건을 적은 전광판들이 걸려 있었다고 보고한 바 있다. 그것은 열심히 일해서 5개년 계획을 4년 안에 완수하라는 권유였다.

오웰은 이런 글을 쓴 적이 있다. "진정한 답변은 사회주의를 유토피아주의로부터 분리하는 것이다." 서양 문화에서 유토피아 신화는 에덴 동산만큼이나 깊이 내재되어 있다. 그러나 그것은 16세기에 토머스 모어[8]가 리얼리즘을 부여할 때까지는 정치적으로 활성화되지 않았다. 초기 휴머니스트로서 모어는 유토피아가 내세에서 현세로 옮겨질 수 있는지 여부를 놓고 문제를 제기했다. 그는 가톨릭 교도로서, 아담과 이브의 타락 이후부터 최후의 날의 구원이 완성되기 전까지는 그것이 불가능하다는 것을 알고 있었다. 인간 본성과 기독교적 경험에 비추어볼 때, 행복하고 권태로운 유토피아는 세상 어느 곳에도 존재하지 않는다.[9] 그러나 《1984년》에 이르러 합리적 이상주의는 경험을 뿌리째 뽑아버렸다.

바울의 그리스도교에서 볼셰비즘과 '위대한 사회'[10]에 이르기까지, 모든 이데올로기는 어느 정도 유토피아적이다. 이들 이데올로기는 합리적이고 계획적인 만큼 권력 그 자체 때문에 환멸에 빠지고 타락해버린다. 마치 물이 축축하지 않을 수 없는 것처럼 그것은 필연적인 현상이다. 모어의 《유토피아》는 오웰의 《1984년》의 출현을 예시하는 것 이상의 무엇인가를 함축하고 있었다. 한 구절을 인용해 보기로 하자.

"무엇을 하든 당신은 항상 일을 해야 한다. 게으름에 대해서는 변명의 여지가 없다. 선술집, 대폿집, 갈봇집도 없다. 유혹의 기회도, 비밀 집회소도 없다. 모든 사람들이 당신을 주시하고 있으므로 당신은 맡은 일을 실천해 나아가고, 여가 시간을 적절히 사용하지 않으면 안 된다."

모어는 마침내 이렇게 결론짓는다.

"흡족한 마음으로 바라볼 하층 계급이 존재하지 않는다면, 오만은 낙원에 발을 들여놓지 못할 것이다."

모어는 그리스도교적인 가치를 견지하려 한 휴머니스트였고, 오웰은 사유주의적 가치를 유지하려 한 사회주의자였다. 후대의 유토피아주의자들, 특히 기술이 내포한 기만적인 인간 해방의 잠재력에 현혹된 후기 빅토리아 시대 사람들은 그다지 현명하지 못했다. 그들은 인간의 경험과 철학적 완전성이 양립 불가능하다는 것을 알지 못했다. 그러나 오웰은 그것을 알고 있었으며, 유토피아를 '디스토피아'[11]로 바꿨다. 근대적 삶을 다룬 괴팍한 우화작가 캐럴[12]과 마찬가지로, 오웰은 거울을 뚫고 들어가 이성주의적 신념을 그 논리적 귀결까지 밀고 나가면서 패러디했다. 《1984년》에서 기술—특히 커뮤니케이션과 통제의 새로운 기술—은 인간을 해방시키는 힘이 아닌 전제적 힘이 된다.

자유를 상실한 디스토피아

오웰이 차용한 유토피아 개념은 자먀틴[13]의 《우리들》과 가장 흡사하다. 러시아 소설가인 자먀틴은 1906년에는 차르 경찰에 의해, 1922년에는 볼셰비키에 의해—그것도 같은 감옥, 같은 복도에—투옥되는 경험을 했다. 그러나 그는 늘 무정부주의의 아버지 바쿠닌을 생각했던 것으로 보인다. 바쿠닌은 "나는 '나'로서 존재하기를 원치 않는다. 나는 '우리'이고 싶다"고 말했다. 이 말은 무정부주의자가 중앙집권적 국가 권력에 맞서기 위한 방어 수단으로서 갖는 공동체 의식을 암시하는 것이다.

자먀틴은 그 공동체마저도 국가 안에서 붕괴하고 말리라고 예견했다. 그의 소설은 1923년에 집필되었으며, 서기 2600년을 시대 배경으로 설정했다. 사람들은 이름 대신 번호를 갖고 있었으며, '은인(The Benefactor)'이 '연합국가(United State)'를 지배했다. 해설자인 D-503은 최초의 우주선을 설계한 수학자로서, 이 우주선은 머지않아 '연합국가 만세, 번호 만세, 은인 만세'라는 메시지를 싣고 발사될 예정이었다. 질서 잡힌 이 나라에서 D-503이 가진 유일한 문제는, 풍부한 상상력 때문에 심각한 질병을 앓고 있다는 것이었다. 그는 마침내 젊고 아름다운 I-330과 사랑에 빠지고, 그녀와 함께 연합국가의 '이성'에 반역죄를 저지른 후, 상상력을 관장하는 두뇌 핵심부를 제거하는 X레이 치료를 강제로 받는다. 그런 다음 그는 I-330

을 배신한다. 징벌을 받은 D-503은 그 후 이렇게 쓴다.

"더 이상 정신착란도, 터무니없는 비유도, 감정도 없다. 오직 사실만 있을 뿐이다. 나는 건강하다. 완벽하게 절대로 건강하다. ······나는 웃는다."

마침내 D-503은 법 질서와 운명을 함께한다.

"나는 우리가 승리하리라 확신한다. 이성은 이겨야만 하기 때문이다."

오웰은 자먀틴의 작품을 1945년에 처음 읽었다. 당시 그는 이미 《1984년》의 줄거리를 구상하고 있었다. 오웰은 그 책에 대한 감상을 이렇게 썼다. "자먀틴이 겨냥한 것은 특정 국가가 아니라 산업문명이라는 포괄적인 목표물이었다. (···) 그것은 사실상 기계―아무 생각 없이 병 밖에 내놓았다가 다시 집어넣을 수 없게 된 진니[14]―에 대한 연구이다." 헉슬리[15] 역시 《멋진 신세계》를 쓸 때 《우리들》의 영향을 받았던 것으로 보인다. 자먀틴, 헉슬리, 오웰의 작품들은 모두 기술 유토피아에 대해 비슷한 가정을 하고 있다. 즉 그런 세계는 결국 가능할 것이지만, 그것은 또한 집단주의적·엘리트주의적인 사회가 될 것이며 자유의 이념과는 양립이 불가능하리라는 것이다.

이 디스토피아들에서도 물리적 힘은 효과적인 통제 수단이 아니다. 물론 물리력은 궁극적 위협이긴 하지만―그것은 진정한 민수주의 국가에서조차도 마찬가지이다―결코 주요 수단은 아니다. 자먀틴과 헉슬리의 디스토피아에서 시민들은 일종의 인위적 행복감에 의해―즉 물질적 복지를 통해 강화된 만족의 신화에 의해―통제된다. 그들은 그 대가로 자유를 포기한다. 그러나 《1984년》에 이르면 오세아니아의 시민들은 자유를 상실할 뿐만 아니라 그 대가로 행복감을 얻지도 못한다. 자유를 회복하려는 자들은 굴욕과 신분 상실, 그리고 최종적으로는 고통을 당하게 된다. 오브라이언은 윈스턴이 반역자임을 스스로 드러내도록 속임수를 쓰며 이렇게 말한다. "우리는 어둠이 없는 곳에서 만나게 될 걸세." 이렇게 약속된 유토피아는 결국 '애정부(愛情部)'의 '창문 없는 고문실'로 판명되고 만다.

통제 수단으로서의 언어

오웰의 디스토피아에서 가장 중요한 통제 수단은 언어이다. 자유와 평화의 신화는 의미를 완전히 상실한 공허한 언어에 의해 생명을 유지한다. 가장 현란하고 문화적으로 통렬한 오웰의 창조물인 '신어(新語, Newspeaks)'는 언어의 본질적 요소를 모두 잃어버린다. 일상의 경험을 반영하는 미묘함과 아이러니가 모조리 배제되어 그야말로 '객관적'인 것이 된다. 신어는 오그던[16]이 개발한 기초 영어[17]를 희화화한 것이다. 오그던은 '기초 영어'에서 영어를 850단어로 압축하고자 했다. 그 자신의 표현을 빌자면, 오웰은 대부분의 정치적 저술이 이렉터 세트[18]처럼 조립된 문구들로 이루어지던 시기에, 관료적 완곡 어법에 대한 교정책이자 하나의 언어 정화 수단으로서 그것에 관심을 갖게 되었다. 그러나 그는 영국 정부가 기초 영어의 세계 판권을 구매하자 그 불길한 가능성을 깨닫는다. 《1984년》에서 신어 사전 편찬자인 사임(Syme)—그는 지나치게 영리하게 굴다가 급기야 '증발'하고 만다—은 사태를 정확히 파악하고 있다. 그가 속한 팀은 날마다 수백 개의 단어를 없앤다.

"자네는 신어를 만든 목적이 사고의 폭을 좁히는 데 있다는 것을 모르나? 결국 우리는 사상죄를 범하는 것마저도 철저히 불가능해지고 말 걸세. 사상에 관련된 말 자체를 없애버리면 되니까. 앞으로 필요한 모든 개념은 정확히 한 낱말로 표현될 것이고, 그 뜻은 엄격하게 제한되며 다른 보조적인 뜻은 제거되어 잊혀질 걸세. (…) 세월이 흐를수록 낱말 수는 줄어들고, 그에 따라 의식의 폭도 좁아지는 거지."

오웰이 《1984년》의 부록에서 설명했듯이 신어는 언어를 사고에서 분리함으로써 이 목적을 달성했다. 잔존하는 단어들은 용납할 수 있는 사상은 표현하지만, 용납할 수 없는 사상은 즉각 배제해버린다. 오웰의 작품에서는 '1984년'에 이르러서도 그 과정이 아직 끝나지 않은 채 여전히 진행 중이다. 필자는 '베트남 미군 지원본부'의 1970년도 발표문을 소장하고 있는데, 이는 매달 이루어진 부대 활동에 관해 서술하고 있다. 이 발표문을 읽어보면 적은 종종 '도발'을 감행하지만 '자유 세계'의 군대는 결코 그런 행동을 하지 않으며, '수색과 토벌' 임무를 수행한다. 자못 흥미로운 표현이 아닐 수 없다. 보통 '쑥밭을 만들다' 같은 통속적 동의어는 살벌해 보이지만 강력하고 정확한 의미를 전달한다. 나는 평이한 언어 구사를 중시한 오웰이라면 오히려 이런 표현을 즐겼으리라고 생각한다.

버넘과 오웰

오웰의 작품에서 '1984년'은 모든 것이 통제되고 명령되고 관리되는 때이다. 그러나 누가 수비대를 지킬 것인가? 늘 그랬듯이 '1984년'에는 아무도 없다. 내부 당 개념의 근원은 플라톤에게까지 거슬러 올라갈 수 있지만, 오웰이 가장 직접적으로 영향받은 것은 미국의 철학자이자 비평가인 버넘[19]의 《관리직 사회 The Managerial Society》(1941)였다. 그것은 어떤 초대국에서건 예외 없이 새로운 관리자 계급이 등장하리라고 예견함으로써, 오웰의 《1984년》 집필에 이데올로기적 은신마[20] 구실을 해주었다. (드질라스[21]는 관리자 계급이 공산주의 세계의 '신계급'에 해당한다고 지적한다.) 버넘은 세계가 유럽 · 아시아 · 아프리카 등의 세력 블록으로 나뉠 것이라고 내다보았는데 오웰은 이 개념도 받아들였다. 이 관리자들에 대해서는 《1984년》의 이론적 핵심부 — '영사'의 원리에 대해 설명한 '책 속의 책' — 에 서술되어 있다. 당연히 '책 속의 책'은 모든 진실한 책이 그러하듯 읽는 것이 금지되어 있다. '책 속의 책'은 이들 관리자 계급에 대해 이렇게 설명한다.

"새로운 귀족 계급은 대부분 관리 · 과학자 · 기술자 · 노동운동가 · 광고전문가 · 사회학자 · 교사 · 언론인 · 전문 정치인들이었다. 독점산업과 중앙집권으로 세상이 살벌해지자 중간 계급 봉급생활자와 지도자급 노동자 출신이 모여서 나름대로의 세력을 형성한 것이다. 이들은 과거의 권력자들과 비교하여 덜 탐욕스럽고 덜 사치스러운 반면, 권력에 대한 순수한 갈망은 더 컸다. 그리고 이들은 무엇보다 자신들이 하고 있는 일을 제대로 인식하는 가운데 반대 세력을 타도하는 데 열중했다."

이 20세기형 범죄자 명단에 이름이 올려지는 것은 불쾌한 일일 것이다. 나는 일간신문을 뒤적이는 무심한 대학생이라 할지라도 그들 중 누군가를 명단에 올릴 필요성을 느끼지는 않으리라고 본다. 오웰과 버넘 사이에 나타난 이견의 본질은, 그리고 오웰이 두 편의 글을 통해 상세하게 설명한 내용은, 버넘의 서술이 부정확하다는 것이 아니라 버넘이 논의를 개진하던 중 관리자 계급에 매료된 나머지 그 계급을 불가피하고도 바람직한 것으로 받아들였다는 것이다. 오웰은, 일종의 정치적 예언으로 여기에 '리얼리즘'이라는 꼬리표를 붙였다. 버넘은 한동안 나치즘을 (그것이 실패하기 시작할 무렵까지) 생명력 있는 사회 질서라고 평가했다. 그리고 오웰은 영국에서 중간계급 관리자들이 소련 체제가 전체주의로 변한 '후'에도 그 체제를 계속 용인하는 것을 보았다. 오웰은 이렇게 말한다.

"영국의 친러시아적 지식인들은 부인하겠지만 버넘은 사실상 그들의 은밀한 소망을 대변하고 있다. 낡은 평등주의적 사회주의를 분쇄하고 마침내 지식인들이 손에 채찍을 들고 나설 수 있는 그런 계급사회가 도래했으면 하는 소망 말이다."

《동물농장》

오웰이 마침내 작가로서 성공을 거두었을 때, 그 성공이 이 사회비평가에게 감미롭게 느껴지기는커녕 낯설기만 했다는 것은 놀라운 일이 아니다. 1945년 아내가 갑자기 죽은 후 그는 입양한 아이와 함께 《1984년》을 집필하기 위해 황량하고 원시적인 헤브리디스[22]로 떠났다. 그는 런던의 자유주의 지식인 사회의 따뜻한 온실이 아니라 간소하고 황량한 환경 속에서 《1984년》을 집필했다. 그러나 이 은둔 생활은 그의 건강을 크게 해쳤다.

그는 자신의 견해를 감추려 하지 않았다. 오히려 스스로 상처를 입을 정도로 자기 생각을 과장해서 표현했다. 젊은 예술가 에어턴(Michael Ayrton)은 그 무렵 오웰이 낡은 레인코트와 스카프를 걸치고 시골 술집에 나타나면 젊은이들은 '우울한 조지'를 동성하곤 했다고 회상한다. 그는 자택에서 친구들과 어울려 영국식 잼과 피클을 곁들인 하이 티[23]를 즐겼다. 뜻밖에 《동물농장 *Animal Farm*》(1946)으로 손에 돈을 쥐게 되자 그는 출판업자에게 이렇게 말했다. "마침내 자네를 불러내 점심을 살 수 있게 되었군." 죽기 직전 이 헌신적 사회주의자는 영국의 높은 소득세를 피하기 위해 유한책임회사를 설립하던 중이었다.

《동물농장》은 반스탈린적 풍자소설로서, 오웰이 처음으로 예술적 목적과 정치적 목적을 결합하려 했던 작품이다. 그러나 이 원고를 맡아줄 출판사를 구하기 위해서는 '지옥 같은 시간'을 거쳐야 했다. 양차 대전 중간 시기 영국의 대표적인 좌익 지식인이었던 골랑즈[24]는 오웰과 이미 계약 중이었음에도 불구하고 출간을 거절했다. 몇 해 후 골랑즈는 이렇게 말했다. "당시로서는 그 책을 출판할 수 없었다. 그들(소련 인민)은 우리를 위해 싸우고 있었고 스탈린그라드에서 우리의 목숨을 구해주기도 했다." 엘리엇(T. S. Eliot)은 이 원고를 페이버 출판사에 넘겼지만, 오웰의 풍자를 무력하게 만든다는 조건이 꼬리표처럼 붙어 있었다. 정보부에서 파견된 요원 또는 출판업자 케이프(Jonathan Cape)가ㅡ오웰은 누구였는지 정확히 몰랐다ㅡ볼셰비키를 상징하는 표현물로 '돼지'를 쓰는 데 반대했던 것이다. 아이러니하게도 워버그(Frederic Warburg)ㅡ그는 골랑즈와 마찬가지로 중간 계급에 속한 옥스퍼드 출신 유대계 자유주의 지식인이었다ㅡ가《동물농장》의 출판을 맡아주었다.

미국에서 오웰의 후기 작품들은 처음부터 오해에 부딪혔고 그것은 그 후로도 계속되었다. 다이얼 출판사는 오웰에게 보낸 서한에서 '미국 내에서는 동물 이야기를 다룬 책을 판매하는 것이 불가능'하므로《동물농장》은 미국 시장에서 별 호응을 얻지 못할 것이라고 썼다. 그러나 1년 후 하커트브레이스 출판사가 이 책의 출판을 결정하고 난 후 다이얼 출판사 측은 오웰에게 회신을 보내 출판사 내부에서 누군가가 중대한 실수를 저질렀다고 해명했다.

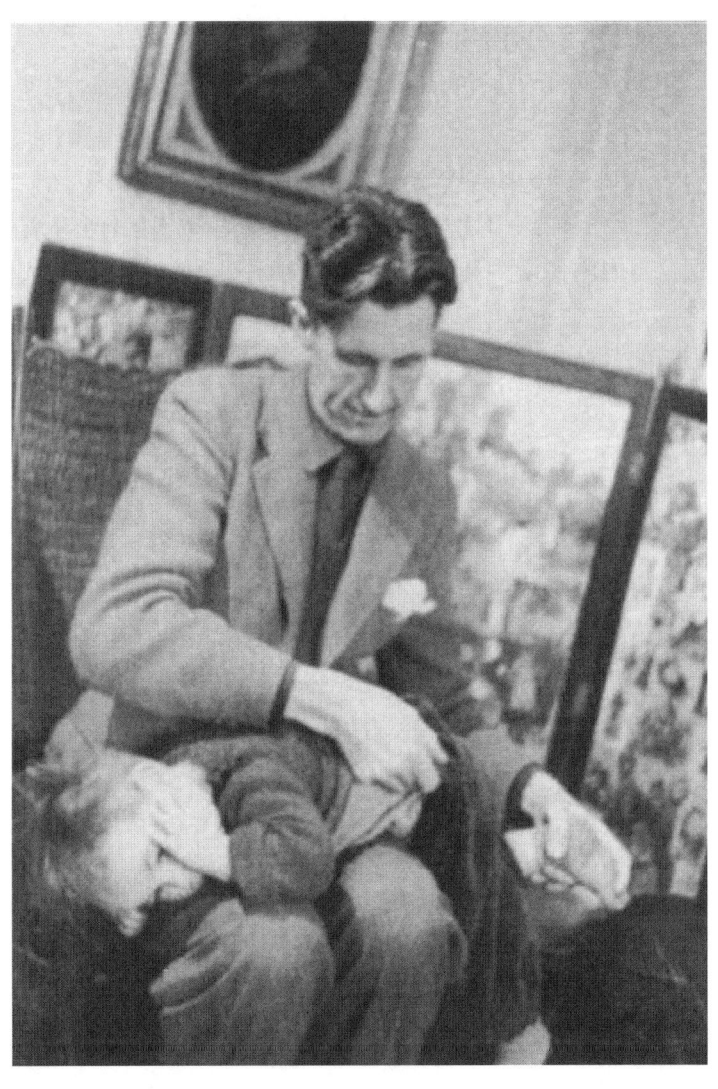

오웰과 그의 아들 리처드. 오웰은 아내가 죽은 후 입양한 아이와 함께 헤브리디스로 거처를 옮겼고 그곳에서 《1984년》을 집필했다.

오웰은 반공 이데올로그다?

《1984년》에 대한 초기 비평들은 트로츠키주의 역사가 도이처의 진술을 정당화하는 것으로 보인다. 그는 "이 소설이 냉전 체제 아래서 일종의 이데올로기적인 초강력 무기 역할을 했다"고 말했다. 수많은 미국 신문들은 리뷰를 통해 이 작품이 '섬뜩한 사회주의'의 위협을 경고했다고 찬사를 보냈다. 좀 더 자유주의적인 대도시 신문들은 좌익 독재 이외의 독재도 포함될 수 있다고 마지못해 인정했다. 신문 비평 중 가장 개탄스러웠던 것은 《뉴리퍼블릭 New Republic》의 서평이었다. 해치(Robert Hatch)는 이렇게 썼다. "단 한 가지 우리가 유의할 점은 그것을 너무 진지하게 생각해서는 안 된다는 것이다." 동시대에 히틀러의 가스실 학살이 자행되었음에도 불구하고 해치는 인간이 이성을 통해 스스로의 문제를 해결할 수 없는 심연까지 침몰할 수 있다는 것을 믿지 않았다.

한편 영국의 비평가들은 그처럼 히스테리하게 반응하지는 않았다. 그들은 사려 깊게 의문을 제기하면서 이 책의 인간적 가치에 접근해갔다. 그들의 태도는 프리체트(V. S. Pritchett)의 언급에 잘 요약되어 있다.

"오웰 작품의 첫 장을 펼치노라면 마음은 침몰하지만 정신은 저항하게 된다."

나는 오웰이 그러한 어마어마한 오해에 대해 놀랐으리라고는 추호도 생각하지 않는다. (워버그는 "그는 세계를 사악한 곳으로 간주했다"고 말했다.) 오웰은 그 소설이 그의 다른 작품들과 마찬가지로 정치의 영역으로 들어가 호되게 두들겨 맞으리라고 예상했다. 병원 침상에 누워 그는 최선을 다해 저항했다. 오웰은 친구에게 이런 편지를 썼다.

"미국 공화당 측이 《1984년》을 노동당 반대를 위한 선동 도구로 사용할까봐 우려하고 있다네. 하지만 나는 이에 대한 공식 부인서를 써두었고 조만간 출판할 생각이라네."

1949년 6월 15일 워버그는 오웰의 승인을 얻은 진술이 포함된 메모를 기자들에게 받아쓰도록 했다. 그 메모는 《1984년》이 어디까지나 '패러디'라는 점을 언급하는 것으로 시작한다. 오웰은 소설 속의 일들이 서양 세계에서 실현될 거라고 믿지 않았다. 단지 "유사한 일이 일어날 수도 있다"는 것이었다. 오웰은 이렇게 말한다.

"이것이 오늘날 세계가 나아가고 있는 방향이다. 그 추세는 현대 세계의 정치적·사회적·경제적 기초에 깊숙이 뿌리내리고 있다. 그 위험은 특히 소련과의 전면전·대량 살상 무기 등으로 말미암아 사회주의와 자본주의 체제에 강요되고 있는 사회 구조 속에 내재해 있다. 그러나 그 위험은 또한 모든 지식인들이 전체주의적 견해를 받아들이고 있는 현실 속에도 내재해 있다. 이 악몽과도 같은 상황에서 이끌어내야 할 모럴은 간단하다. '그것이 당신에게는 일어나지 않도록 하라. 그것은 당신에게 달렸다'는 것이다."

이 메모는 이어서 초대국들의 위험성을 열거하면서 이렇게 덧붙인다.

"초대국들은 당연히 서로 반목하거나 실제보다 더 적대적인 것처럼 가장할 것이다. 영미인들은 적의 명칭을 갖지 않으려 할 것이며 역사의 무대에서 '공산주의자'라는 배역을 맡지도 않을 것이다. 《1984년》에 등장하는 명칭은 물론 '영사'이다. 그러나 실제로는 폭넓은 선택의 여지가 열려 있다. 미국 같은 경우에는 '아메리카니즘' 또는 '완벽한 아메리카니즘'이 잘 어울린다. 그 단어를 한정하는 형용사는 누구나 원할 만큼 전체주의적이다."

구체적 사건의 예언자로서 오웰은 완전하지 못했다. 하지만 그를 '반공 이데올로그'로 변질시키고자 했던 사람들만이 그 점에 대해 불평을 할 수 있다. 오웰은 오래전부터 공산주의 실험을 참혹한 실패로 무가치하게 보았다. 그는 심원한 개인적 가치의 보존에 좀 더 직접적인 관심을 갖고 있었다. 적어도 현재까지는 '영사'가 영어 사용권 세계를 지배하지 않고 있으며, 우리는 오늘날 집단주의 사고의 담요로 질식당하고 있지도 않다. 공산주의 세계에서도 개인주의의 초목들은 계속 꽃을 피워냈다. 비통하게도 피어나기만 하면 잘려 나갔지만 말이다. 그러므로 어떤 사회에서나 오웰의 메시지는 적절성을 갖는다. 《1984년》이 실현되는가 여부는 여전히 '당신에게 달렸다.' 나는 여주인공 줄리아야말로 이 시대 사람들의 가슴에 불을 붙일 슬로건— "사랑하라, 전쟁하지 말라"—을 외친 선구자라고 생각한다.

초월적 가치에 뿌리내린 오웰의 사회주의

나는 오웰이 기계만능주의의 공격에 저항하는 유럽 문화의 힘을 과소평가했다고 생각한다. 《1984년》에서 당이 완전히 파괴해버린 것으로 묘사되는 '공동의 경험'은 아직도 건재하다. 오웰의 조국인 영국은 유럽 또는 세계에서 가장 건전하고 친절하며 가장 문명화한 사람들을 포함하고 있다. 그들의 성숙한 자기 인식은, 개인을 찬양

▶ 에스파냐 화가 후앙 헤노베스(Juan Genoves, 1930~)의 〈경계를 넘어서〉.

하고 개인의 괴팍한 기행을 기꺼이 관용하는 그들의 문화 속에 잘 표현되고 있다. 양차 대전의 침식 작용에도 불구하고 그들은 개인의 발전을 고무하고 격려하는 계서제적(階序制的) 사회 질서를 견지했다. 그러나 그 사회 질서는 실질적인 승리의 목전에서 게임 규칙의 적용이 중단된다는 것을 모든 사람이 인식하는, 익숙한 범주 안에서만 유지되었다.

그러나 《1984년》의 위협은 마치 나무 위에 둥지를 튼 독수리와도 같이 미국인의 의식 속에 깃들어 있다. 경쟁 사회의 신화는 인간의 경험이라는 거친 칼날 앞에 직면해 있다. 문화 그 자체는 피로와 긴장으로 전율하고 있다. 번지르르한 관리자들, 환경의 지배를 통한 업적 성취에 최우선 가치를 두는 능률 위주의 인간들은 오웰이 예견한 대로 비인간화되어 있다. 일에 의해 강제되는 가치는 인간적 유대와 접촉에서 자연스럽게 자라나는 가치를 능가하며 때로는 그것을 말살하기도 한다. 사회는 누군가가 '되는' 것보다는 무엇인가를 '하는'—일하고, 놀고, 잠자는—장소가 되었다. 텔레스크린을 통한 인위적 인간 관계는 일상 생활에서 더욱 현실적인 것이 되었다.

문학적 디스토피아의 문제점은 그것이 본질적으로 부정적이라는 데 있다. 오웰은 "희망은 노동자들에게 있다"—희망은 인간적 경험에 있다—고 말한다. 그러나 그것은 긴 세월을 필요로 한다. 좀 더 구체적인 방안을 찾으려면 오웰 작품의 다른 면을 살펴보아야 한다. 오웰을 반공적인 예언자나 일종의 신보수주의자로 치부하는 것은 쓸데없는 일이다. 그는 좌익이든 우익이든 동침을 거부했다. 1937년 에스파냐를 떠나기 직전 그는 코널리[25]에게 이렇게 썼다.

"나는 놀라운 것들을 보았네. 그리고 마침내 진정으로 사회주의를 믿고 있다네. 전에는 결코 그렇지 않았지."

만일 이 말에 무슨 의미가 있다면 오웰은 죽는 날까지 사회주의자로 남았다고 할 수 있다. 그러나 그에게 사회주의란 특정의 사회적·경제적 변화를 정강 정책으로 표방하는 '이데올로기'가 아니었다. 오웰의 사회주의는 정의, 자유, 평등, 그리고 (물질적 가치·인간적 가치와 나란히 그 역할을 다하는) 정서적 공동체 등 초월적 가치에 깊숙이 뿌리내린 것이었다. 그가 말한 사회주의의 일차적 동기는 분명 이성주의적인 것도, 공공적인 것도 아니었다. 인간의 삶이란 가족과 공동체, 그리고 (문화를 구성하는) 공유된 가치관과 경험에 의해 결속되는 것이다. 오웰은 생애의 남은 기간 동안 자신이 믿는 사회주의의 인간적·개인적 성격을 강조했다. 비평가들은 고전적 스토아 철학으로 복귀하여 진보를 포기했다는 이유로 오웰을 음울한 작가로 간주한다. 그러나 인간사를 조직화하는 이데올로기의 상대주의가 없다면 남는 것은 오직 순수한 절대적 인간성이다. 오웰이 《1984년》에서 우리에게 말하고자 한 것은 바로 그것이었다. 순수한 절대적 인간성, 그것이 가장 중요하다는 것이다.

■ 본문 깊이읽기

1 존 버치 협회(John Birch Society)
1958년 12월 9일 미국의 로버트 웰치 2세(Robert H. W. Welch, Jr., 1899~1985)가 설립한 사조직. 웰치는 보스턴의 사탕 제조업자로서 은퇴 후 공산주의 세력과 투쟁하고 극단적인 보수주의적 주장을 확산시키기 위해 이 협회를 결성했다. 협회의 명칭은 미국의 침례교 선교사이자 육군장교로서 1945년 8월 25일 중국 공산주의자들에 의해 살해당한 존 버치의 이름을 따서 만든 것으로, 그 이유는 존 버치를 냉전 최초의 영웅으로 추대하기 위해서였다. 잡지 《미국의 주장 *American Opinion*》과 회원들을 위한 월간지 《게시판 *Bulletin*》을 발간하며, 협회의 목적과 성격을 밝힌 저서로 웰치의 《사업 보고서 *The Blue Book*》가 있다. 본부는 매사추세츠 벨몬트에 있다.

2 페퇴피 클럽(Petöfi Club)
페퇴피(Sándor Petöfi, 1823~1849)는 헝가리인들의 자유에 대한 열망을 상징하는 인물로서 가장 위대한 헝가리 시인이자 혁명가이다. 파란만장한 젊은 시절을 보낸 그는 학교를 여덟 군데나 옮겨 다녔으며, 유랑극단에 몸을 담기도 했다. 사병이 된 적도 있었으나 건강이 나빠 곧 군에서 제적당했다. 학창 시절에는 연극과 문학에 큰 관심을 보였으며, 1842년 첫 번째 시를 출판했다. 1844년 당시 대표적인 헝가리 시인이었던 미하이 뵈뢰슈모르티의 추천을 받아 문학지 《페슈티 디바틀로프 Pesti Divatlap》의 부편집장이 되었다. 같은 해에 나온 첫 시집 《베르셰크 Versek》는 그 문체 때문에 많은 사람들을 아연실색케 했으나 곧바로 유명해졌고, 1847년 최고의 연애시를 쓸 수 있는 영감을 준 율리아 셴드레이와 결혼했다.

페퇴피는 1848년 헝가리 혁명 직전의 문학계에서 주도적인 역할을 했으며, 모르 요코이와 함께 《엘렛케페크 Életképek》를 편집했다. 프랑스 혁명을 열렬히 지지했던 그는 귀족의 특권과 군주제를 공격하며 헝가리의 사회 상황을 힐책했다. 정치적으로는 극단적인 급진론자이자 대중을 고무하는 선동가였지만 경험 부족으로 의회 의원은 되지 못했다. 그의 시는 정치적인 열정으로 타오르며, 특히 혁명 전야에 쓴 《일어나라, 헝가리인이여 Talpra magyar》는 혁명가(革命歌)가 되었다. 혁명 중에는 당시 트란실바니아군의 사령관 요제프 벰 장군의 부관으로 일했다. 벰 장군은 군인다운 면은 다소 부족해도 열정적인 시인인 그에게 대단한 호감을 가졌다. 페퇴피는 1849년 7월 31일 세게슈바르 전투에서 행방불명되었다. 사람들은 그의 죽음을 믿지 않으려 했으며 그 후 수십 년 동안 그가 돌아오리라고 기대했다.

3 초대국(superstate)

《1984년》에는 오세아니아·유라시아·동아시아 이렇게 세 개의 초대국이 있다.

4 블레어(Eric Blair)
오웰의 본명이다.

5 오웰의 미얀마 생활
오웰은 1922년 이튼 칼리지를 졸업하고 이후 5년 간 미얀마에서 경찰로 근무했으나 영국 제국주의에 대한 반감으로 사직했다. 이때의 경험을 토대로 쓴 소설이 《버마의 나날》이다.

6 오웰의 필명
그는 본명을 버리지 않았지만, 처녀작《파리와 런던의 밑바닥 생활 Down and Out in Paris and London》(1933)에서 이스트앵글리아의 아름다운 오웰 강에서 따온 '조지 오웰'이라는 필명을 썼다. 이 필명은 그에게 매우 잘 어울려서 친척 이외에는 본명이 블레어라는 사실을 모를 정도였다. 그는 이름의 변화로 인해 일상 생

1937년 5월 에스파냐를 떠나기 직전 동료들과 함께 있는 모습. 가장 키가 큰 사람이 오웰이다.

활에서도 큰 변화가 생겼는데 이를테면 영국 제국주의의 충복에서 문학적·정치적 반항아로 바뀌었다.

7 《카탈루냐 찬가 Homage to Catalonia》
오웰은 에스파냐에서 정치적 반대파들을 억압하는 공산주의자들에 대항해 싸웠으며, 1937년 5월 생명의 위협을 느껴 에스파냐를 떠나야만 했다. 이 경험으로 일생 동안 공산주의를 두려워하게 되었는데, 에스파냐의 경험을 생생하게 보고한 그의 첫 작품 《카탈루냐 찬가》(1938)는 수작으로 알려져 있다.

8 모어(Thomas More, 1477~1535)
영국의 인문주의자·정치가·대법관. 헨리 8세가 영국 국교회의 수장이 되는 것에 반대하여 참수형에 처해졌으나 1935년 로마 가톨릭 교회의 성인 반열에 올랐다. 라틴어로 씌어진 그의 대표작 《유토피아 Utopia》의 정식 명칭은 《국가의 최선 정체(政體)와 새로운 섬 유토피아에 관하여 Libellus …… de optimo reipublicae statu, deque nova insula Utopia》(1516)이다.

로마 교황은 무어에게 '성인'의 칭호를 주었다.

가공의 인물 휴트로에우스가 신세계에서 보고 들은 가공의 나라들, 특히 유토피아(어느 곳에도 없는 곳이라는 뜻)에 대해 모어와 이야기를 주고받는 형식으로 되어 있다. 당대 유럽 사회를 비판한 1권과 이상적인 사회인 유토피아를 묘사한 2권으로 되어 있다. 당시 유럽 군주들은 자신의 재산이나 영토를 늘리는 데에만 전념하는 한편, 민중은 '인클로저'에 의해 땅을 빼앗기고 심한 노동을 강요당하고 있었다. 국가나 법률도 가난한 사람들을 착취하기 위한 '부자들의 공모'에 의한 사물(私物)에 지나지 않았다. 반면 유토피아에서는 시민을 평등하게 대하고, 화폐도 없으며, 공유재산제가 시행된다. 이 작품은 유쾌한 이야기 형식을 빌어 당시의 부패한 그리스도교 사회의 개혁과 재생을 정치가와 지식인에게 호소하고, 참된 공공성과 정의란 무엇인가를 묻는 그리스도교 인문주의자의 손에 의해 만들어진 것이다. 그 후 유토피아는 일반적으로 '이상향(理想鄕)'의 대명사가 되었고, 유토피아 문학의 장르를 창시하는 데 큰 영향을 미쳤다.

9 유토피아의 의미
유토피아는 그리스어 '아니다(ou)'와 '장소(topos)'를 합성해 만든 것으로 '아무 데도 없는(nowhere)'이라는 의미다.

10 위대한 사회(Great Society)
미국 대통령 존슨의 국내 사회 복지 정책을 말한다.

11 디스토피아(Dystopia)
유토피아에 반대되는 개념으로 반유토피아향(鄕), 암흑향, 지옥향 등으로 번역된다.

12 캐럴(Lewis Carroll, 1832~1898)
영국의 논리학자·수학자·사진작가·소설가.《이상한 나라의 앨리스 *Alice's Adventures in Wonderland*》(1865)와 그 속편《거울 속 여행 *Through the Looking-*

Glass》(1871)이 특히 유명하다.

13 자먀틴(Yevgeny Ivanovich Zamyatin, 1884~1937)

러시아의 소설가·극작가·풍자작가. 혁명 이후 세대 가운데 가장 재능이 뛰어나고 교양 있는 인물로 널리 알려졌으며, 특히 근대 문학 장르인 반유토피아 소설을 창시했다. 실험적 문장가이자 유럽 지성의 세계주의적 휴머니즘을 대표하는 사람으로서 러시아 문학에서 가장 창조적인 시기에 큰 영향력을 끼쳤다. 1908년 상트페테르부르크대학을 졸업하고 조선기사로 일하는 틈틈이 글을 써 나갔다. 초기 작품으로는 시골 생활을 날카롭게 풍자한 《시골 이야기 Uyezdnoye》(1913)와 군대 생활을 공격한 《세계의 끝에서 Na kulichkakh》(1914)가 있다. 《세계의 끝에서》가 차르의 검열관들에게 비난을 받아 재판에 회부되었는데, 방면되긴 했지만 얼마 동안은 글을 전혀 쓰지 않았다. 1차 세계대전 동안에는 영국에서 러시아 쇄빙선 건조를 감독하면서 인색하고 감정이 억제된 영국식 생활을 풍자한 《섬 사람들 Ostrovityane》(1918)을 썼으며, 1917년에 러시아로 돌아왔다. 그는 지독한 반체제 인사로 혁명 전에는 볼셰비키였으나 혁명 뒤에는 볼셰비키와의 관계를 끊었다. 문학 정책에 대해서 풍자적인 비평을 가해 당국의 호의를 얻지 못했으나 어떤 주의도 표방하지 않겠다는 신조를 가진 재능 있는 젊은 세대 작가들인 '세라피온 형제'의 스승으로서 큰 영향을 미쳤다. 수필 《나는 두렵다 Ya boyus》(1921)에서는 혁명 이후 문학이 처한 상황을 간략하게 요약해 "러시아 문학에서 가능한 단 하나의 미래가 바로 러시아 문학의 과거라는 것이 두렵다"라는 예언적인 선언을 했다. 이 기간에 그는 뛰어난 단편소설들을 썼다. 최대의 야심작인 장편소설 《우리들 We》(1924)은 필사본으로 유포되었으며 러시아에서는 출판하지 못했다. (1924년 영역본이 미국에서 출판되었고 1927년 러시아어 원본이 프라하에서 출판되었다.) 이 작품은 이름 대신 번호로 불리는 노동자들이 유리로 지은 집에 살며 똑같은 제복을 입고 화학 음식을 먹고 배급식 성생활을 즐기는 '유일 국가'의 생활을 묘사하고 있다. 노동자들은 만장일치로 영원히 재선출되는 '은인'의 통치를 받는다. 이 작품은 올더스 헉슬리의 《멋진 신세계 Brave New World》(1932)와 조지 오웰의 《1984년》과 같은 작품의 효시이다. 자먀틴은 1923년부터 희곡을 쓰기 시작했고 작품 몇 편이 성공적으로 상연되었다. 그러나 《우리들》이 국외에서 출판되고, 그가 예술의 정통성을 계속 조롱하자 그의 작품은 출판이 금지되는 등 박해를 받았다. 1931년 고리키의 중재로 스탈린의 허락을 받고 러시아를 떠나 파리에서 여생을 보냈다.

14 진니(Jinni)
아랍 신화에서 천사와 악마보다 아래 수준인 초자연적인 정령. 영어로는 지니(genie)라고 부른다. 불꽃이나 공기로 존재하는 진니는 인간이나 동물의 모습을 취할 수 있고 돌·나무·폐허 등 모든 물체에 살고 있으며 지하·공중·불 속에 있다고 한다. 그들은 인간의 몸을 갖추려는 욕구를 지니고 있으며 심지어 죽을 수도 있지만, 모든 신체적 제약으로부터 자유롭다. 진니는 고의든 고의가 아니든 자기들에게 해를 입히는 인간들에게 벌주는 것을 좋아한다. 사람들은 많은 질병과 사고가 그들 때문에 생긴다고 하지만 적절한 마술적 수단을 아는 사람은 진니의 피해를 입지 않을 수도 있다. 진니의 존재에 대한 믿음이 널리 퍼져 있던 초기 아라비아에서는 그들이 시인과 예언자에게 영감을 준다고 생각했다. 마호메트조차 처음에는 그의 계시가 진니의 짓이 아닌가 두려워했다고 한다. 진니의 존재는 공식적인 이슬람교에서도 인정되었는데, 이 역시 마찬가지로 궁극적인 구원이나 저주를 받는 것으로 상정되었다. 특별히 마술과 관련해 북아프리카·이집트·시리아·페르시아·터키 등의 민담에 자주 등장했으며 대중문학에서 중요한 위치를 차지했다. 그 대표적인 예가 《아라비안 나이트》이다.

15 헉슬리(Aldous Huxley, 1894~1963)
영국의 소설가·비평가. 다방면에 해박한 지식과 번뜩이는 재치, 우아한 문체, 신랄한 풍자로 유명하다. 헉슬리는 유명한 생물학자인 T. H. 헉슬리의 손자이자 전기 작가이며 문인인 레너드 헉슬리의 셋째 아들이다. 이튼 칼리지에서 공부했으며 그때 각막염을 앓아 거의 실명 직전에 이르렀다. 글을 읽을 정도의 시력을 회복해서 1916년 옥스퍼드대학 베일리얼 칼리지를 졸업했다. 20세기의 정치와 과학 기술에 대한 헉슬리의 깊은 불신감은 《멋진 신세계 *Brave New World*》(1932)에 잘 드러

헉슬리는 근대 과학의 맹목적인 신뢰를 배경으로 하는 19세기의 안정된 모럴에 반대했다.

나 있는데 이 작품에는 과학문명에 대한 맹목적인 신뢰에 바탕을 둔, 변하지 않는 신분 제도를 지닌 악몽 같은 미래 사회의 모습이 표현되어 있다. 소설 《가자에서 눈이 멀어 Eyeless in Gazza》(1936)에서도 당시 사회의 공허함과 무목적성을 신랄하게 비판하고 있으나 이 작품에서는 살아남기 위한 방편으로 선택한 힌두 철학과 신비주의에 대한 그의 관심을 보여준다. 특히 《영원의 철학 Perennial Philosophy》(1946)을 비롯한 대부분의 그의 작품들이 이러한 경향을 드러내고 있다.

16 오그던(C. K. Ogden, 1889~1957)
영국의 작가 · 언어학자. 영어를 통일되고 표준화된 국제 의사 전달 수단으로 사용하기 위해 그 체계를 단순화한 기초 영어의 창시자이다. 1912년 오그던은 지식인을 위한 주간지 《케임브리지 매거진 Cambridge Magazine》을 창간하여 토머스 하디, 조지 버나드 쇼,

H. G. 웰스를 비롯한 유명 작가들의 글을 실었다. 1919년 그는 이 주간지를 계간지로 바꾸어 출판했고 문학자 I. A. 리처즈와 함께 《의미의 의미 *The Meaning of Meaning*》(1923)라는 언어 이론서의 초고를 발표하기 시작했다. 이 저서에서 그는 낱말의 의미라는 언어학적 문제를 다루는 데 근대 심리학 연구 업적을 이용하여 고찰했다. 언어의 정의를 다룬 부분에는 기초 영어의 기본 개념이 들어 있고, 이것이 계속 발전하여 1928년 기초 영어의 최종 형태가 만들어졌다. 그는 《기초 어휘 *Basic Vocabulary*》(1930), 《기초 영어 *Basic English*》(1930)에 이어 《기초 영어의 체계 *The System of Basic English*》(1934)를 발표했다. 처음에는 기초 영어에 대한 일반의 관심이 적었으나, 1943년 윈스턴 처칠이 프랭클린 D. 루스벨트의 지지를 얻어 기초 영어 사용 확대법을 연구하기 위한 위원회를 설립하자 기초 영어에 대한 관심이 높아지기 시작했다. 오그던의 노력은 언어학습 개념을 낳았고, 이 개념은 아직도 유용하게 사용되고 있다.

17 기초 영어(Basic English)

1926~1930년에 오그던이 개발한 약식화된 형태의 영어. 10년 이상 유행했던 기초 영어는 원래 제2국제어로 쓰기 위해 만들었지만 관심을 끌지 못해 그 후로 거의 쓰이지 않는다. 기초 영어는 영어에서 어휘와 문법을 빌려왔지만 그 수는 대폭 감소시켰다. 850개의 기본 어휘 항목 중 6백 개는 명사이고 150개는 형용사이다. 나머지 1백 개는 can, do, across, after, to, the, all, if, not, very 같은 기능어들이다. 동사는 18개뿐이며 표준 영어에서와 같이 동사 변화가 일어난다. 그런데 이 18개의 동사는 동사가 아닌 어휘와 결합하여 약 4천 개의 표준 영어 동사를 대신한다. (예를 들면 put together가 assemble이나 combine을 대신하고, make up이 invent를 대신하며, take picture가 photograph를 대신한다.) 동사를 활용하는 법칙 외에는 복수형 만드는 법과 형용사의 비교급을 만드는 법과 un∼과 ∼er, ∼ing, ∼ed, ∼ly 같은 접두사와 접미사 사용에 대한 몇 가지 법칙이 있을 뿐이다.

18 이렉터 세트(erector set)
금속(플라스틱) 부품으로 구성된 장난감 조립 세트의 상표명.

19 버넘(James Burnham, 1905-1987)
미국의 정치·경제평론가. 프린스턴대학 졸업 후 영국에 유학, 옥스퍼드대학을 졸업했고 1932∼1954년 뉴욕대학 철학 교수를 지냈다. 그는 '관리의 혁명'이라는 이론을 내놓았다. 그의 이론에 따르면 관료제의 발달, 대규모 경제 발전, 기술적 진보는 낡은 자본가 계급으로부터 생산 수단의 통제권을 빼앗았다. 경제와 정치 권력에 대한 효과적인 통제는 관리자들, 곧 생산 부문의 경영진과 정부 관료들에게 넘어갔다. 버넘은 여기서 더 발전하게 되면 개인의 소유는 사라지고 관료들이 국가를 통해 생산 수단을 공동으로 유용할 것으로 내다보았다. 그렇게 되면 세계 어디서나 관리자들은 새로운 형태의 과두정치 질서를 형성하게 될 것이었다.

20 은신마(隱身馬)
사냥꾼이 몸을 숨기고 사냥감에 다가가기 위한 말 또는 말 모양의 것을 말한다.

21 드질라스(Milovan Djilas, 1911~1995)
유고슬라비아의 정치가·작가. 공산당 간부를 지냈으나 공산주의에 환멸을 느꼈다. 1933년 베오그라드대학에서 법학을 공부하고 독재왕정에 항거하는 정치 활동을 벌이다가 3년 동안 투옥되었다. 8년 뒤인 1937년에 대통령이 된 유고슬라비아 공산당 서기장 티토를 만나 다음해에 공산당 중앙위원회 위원이 되었으며 2년 뒤에는 유고슬라비아 공산당 정치국 임원이 되었다. 2차 세계대전 때 독일에 대항하여 유격대로 활약했고, 1945년 전쟁이 끝나자 티토 내각에서 중요한 자리를 맡았다. 또한 1948년에 유고슬라비아가 소련에서 독립해야 한다는 티토의 주장에 깊이 관여했다. 1953년 1월 네 명의 유고슬라비아 부통령 중 한 사람으로 뽑혔고 12월에 연방인민위원회 의장으로 선출되었다. 선출된 뒤 한 달 동안 공산당을 비판하면서 더 많은 자유가 허용되는 정치 체제를 요구하자 모든 공직을 박탈당했고 1954년 4월에는 스스로 탈당했다. 외국 언론을 통해 공산당 제제를 비판했다는 이유로 18개월 간 자격을 정지당했으며, 1956년 12월 미국 잡지에 그 해 일어난 헝가리 혁명을 지지하는 기사를 실은 것을 이유로 투옥되었다. 1957년 여름에 서유럽으로 밀반출된 원고 《신계급 New

Class》이 출판되었다. 그는 이 중요한 저서에서 전형적인 소수 공산당 독재정치 집단을—그들 스스로가 몰아냈던 자본주의자들이나 지주들과 크게 다를 것이 없었다—기생충처럼 착취하고 특권을 누리는 신계급으로 묘사했다. 이 책이 출판된 뒤 다시 체포되어 1961년에 석방되었으나 이듬해에 소련 지도자를 비판하는 《스탈린과의 대화 Conversation with Stalin》(1962)가 서유럽에서 출판되자 다시 투옥되었다.

22 헤브리디스(Hebrides)
영국 스코틀랜드 대서양 연안에 있는 제도. 오웰은 《동물농장》의 인세로 사둔 헤브리디스 제도 주라 섬의 외딴집에서 《1984년》을 완성했다.

차를 마시면서 담소를 나누고 있는 오웰의 모습.

23 하이 티(high tea)
영국인이 오후 4~5시경에 고기 요리를 곁들여 하는 가벼운 식사를 말한다.

24 골랑즈(Victor Gollancz, 1893~1967)
영국의 출판업자·작가. 출판업으로 큰 성공을 거두었으며 사회주의와 평화주의 등을 옹호한 인도주의자였다. 폴란드계의 정통 유대인 가문에서 태어나 세인트폴 스쿨과 옥스퍼드 뉴 칼리지를 다녔고 학창 시절에는 그리스도교 윤리에 강한 영향을 받아 독자적인 종교관을 세웠다. 1차 세계대전이 터지자 학위도 받지 않은 채 옥스퍼드를 그만두고 장교로 임관, 유명한 렙턴공립학교에서 장교 훈련 과정을 감독했다(1916~1918). 1920~28년 벤브라더스 출판사에서 일한 뒤 1928년 자신의 회사인 빅터골랑즈 출판사를 세웠다. 골랑즈는 베스트셀러뿐만 아니라 자신이 지지하는 이념을 뒷받침해주는 책도 출판해 출판업자로서 개성 있는 활동을 벌였다. 골랑즈가 발간한 책의 저자 가운데 유명한 인물로는 해럴드 라스키, 존 스트레이치, A. J. 크로닌, 도로시 세이어스, 존 르 카레 등이 있다. 골랑즈는 사회 복지·평화주의·사형 제도 폐지 등을 위해 만든 여러 위원회와 단체를 직접 이끌거나 후원했다. 1936년 '레프트북 클럽'을 만들어 파시즘과의 싸움에 지식인과 대중을 결집시켰고, 2차 세계대전 뒤에는 '세이브 유럽 나우(Save Europe Now: 지금 유럽을 구하자)' 운동을 통해 유럽, 특히 독일 구호에 앞장섰다. 출판업자 개인으로서나 공인으로서 골랑즈가 해낸 일들은 전쟁이 끝난 뒤 노동당 정부가 출현하고 영국이 근대적인 사회 복지 국가로 성장하는 데 토대가 된 것으로 인정받고 있다.

25 코널리(Cyril Connolly, 1903~1974)
영국의 비평가·소설가·문필가. 1939~1950년 사이 영국에서 큰 영향력을 발휘한 문학잡지 《호라이즌 Horizon》을 창간·편집했다. 체계적이기보다 개인적이며 절충적인 비평 태도를 보였으나, 통찰력이 뛰어난 독창적 견해를 재치 있고 세련된 문장으로 표현했다.

■ 찾아보기

ㄱ

가르 605, 634
가리발디 473, 499~500, 613
갈릴레오 15, 19~22, 66, 422, 424, 428
게르치노 195, 213~214
고든 11, 135
골디 539, 582~584
골랑즈 764, 784~785
구치 392, 402~403
굼플로비츠 440, 460~461
그레이, 애사 438, 457
그레이브즈 606, 609, 645
그레이트웨스턴 철도회사 381, 387, 390, 394
그로닝겐 66, 82
그로티우스 56, 68, 96~97
그리스 604, 625~626
그림 229, 242, 256~258
글래드스턴 533, 559, 572, 578~580
기번 161, 163, 172, 184, 191, 192, 201, 296
길버트, 윌리엄 523

ㄴ

나로드니크 706, 731
나리슈키나 111, 132
나일 강 해전 333, 360~364, 375
나폴레옹 277, 333, 335, 336, 344~346, 348, 350~355, 360~369, 372~375, 470, 477, 495, 550, 568, 573, 585, 604, 715
네르 71, 72
넬슨, 호레이쇼 195, 216, 336, 341~345, 348, 350, 352~355, 358~360, 362~364, 375, 528
노바야젬랴 59, 92~94
노스브룩 533
뉴스타트 조약 122
뉴암스테르담 60
뉴턴 15~44, 49~51, 161, 171, 224, 268, 421, 422, 425, 428, 442, 448
니진스키 604, 634
니체 163, 275, 608
니콜라이 1세 105, 618

ㄷ

다비드 274, 286, 287
다윈, 이래즈머스 217, 429, 449, 430, 446
다윈, 찰스 217, 419~442, 446, 447, 449, 452~455, 457~459, 462, 483, 603
단 714
단치히 120, 135
달랑베르 229, 256
당통 225, 253~255
대륙회의 302, 330
대사절단 114, 116, 117
던 69, 98
데생 180
데이비스 306
데카르트 20~22, 24~26, 33, 34, 45, 49, 66, 68
데팡 부인 188, 206, 207
도이처 696, 720
독일노동자교육협회 483
독일인 구역 108, 112, 113
돌턴 442, 465
뒤마 471, 492
뒤보스 162
드라이든 223, 247
드레이크 91, 341, 368
드뷔시 604, 633
드질라스 762, 783

들라크루아 274, 288
디드로 162, 172
디아길레프 604, 634
디즈레일리 484, 503
디킨스 481, 501
딘 744
딜크 539, 578

ㄹ

라르보 605, 635
라마르크 429, 449
라마르틴 270, 284
라벨 604, 633
라이언스 756
라이엘 427, 447
라파엘로 193, 210
라팔로 조약 716, 740
래플스 539, 585
랭런드 266, 278
러셀 402
러스킨 521
러시아 내전 714, 737
럭비 스쿨 671, 689
런들, 조셉 516
런들, 헨리 516
레날 223, 248
레니 195, 213
레닌 469, 488
레발 107, 127

레벤후크 67
레싱 164, 172
레오폴트 115
레이놀즈 194, 212
레이디 호턴 513
레이스터 71
레포르 114
렘브란트 56, 84
로렌스 606, 643
로마노프 왕가 110
로버츠 524~526
로버트슨 161
로베스피에르 225, 256
로이스달 71
로젠버그 744
로즈 536~539
로즈 장학금 539, 577
로즈버리 539, 579
로크 43, 171
롤랑 부인 225, 254
롤랜즈 517
롤리 59
롱기 186
루가드 531~532
루돌프 대공 595, 610
루소 219~246
루스벨트 440, 463
루이 13세 662, 680
루이 14세 122, 178, 179, 686
루이스 606, 643

루트비히 대공 595
룩셈부르크 원수 239
뤼벡 107
류리크 가문 109, 129
르봐쇠르 229
리보니아 107, 127
리빙스턴 517, 551
리스 752
리처드슨 224, 250
릴케 605, 639
링컨 322, 475

ㅁ

마라 225, 252
마르크스 467~486
마오쩌둥 696, 720
마우리츠 공 58, 88
마일스 513
마흐 605, 639
막시밀리안 595, 612
만 607
말러 605, 637
말버러 524, 548, 567
맘루크 351, 354, 369
매콜리 305, 331
맬서스 158, 168
맹트농 부인 122
머거리지 754
머리 606, 644

머콜리 114
머핸 제독 336, 366
먼로 606, 644
메클렌부르크 120, 142
멘델 442, 464
멘셰비즘 711, 733
멩스 188
모건 603, 623
모딜리아니 604, 630
모리슨 192
모어 756, 775
모이데르스로트 69
모이데르크링 70, 99
몬드리안 604, 628
몰리에르 101, 281, 661, 680
몰트케, 헬무트 604, 649
몰트케, 헬무트 요하네스 604, 649
몽테뉴 607, 649
몽테스키외 161
무질 605, 640
뮌스터 강화조약 58
미래파 608, 654
미스키에비치 473, 494
밀 521
밀니 539, 581
밀턴 69, 86

ㅂ

바랑 남작 부인 227, 243, 256

바레스 605, 636
바렌츠 59, 92
바르토크 605, 639
바우베르만 71
바이런 263, 276
바이레스 192
바쿠닌 473, 496
바타비아 60
바토니 186
반비텔리 195, 215
배반당한 혁명 696, 712
배젓 440, 460
버넘 761, 782
버니 296, 315
버크 296, 299~305, 309, 316
버클루 공작 179
베넷, 아놀드 606
베넷, 제임스 고든 396, 518
베로네세 194, 212
베르누이 124, 149
베르니니 195, 215
베르됭 전투 602, 614
베르메르 78, 102
베를리오즈 288, 470, 489
베링 124, 146
베스트팔렌, 에니 480
베이컨 19, 22, 46
베카리아 160, 172
벡퍼드 182, 200
벤 71

보시우스 70
보즈웰 191, 207
보티첼리 195, 214
본델 56, 85
볼테르 125, 160, 171
부랑자처리법 338
부샤르동 181, 200
부시리 188
부알로 266, 280
브라이스 경 515
브랑쿠시 604, 629
브레다 58, 84, 88
브레스트-리토프스크 조약 715, 738
브뢰헬 662, 680
브루넬 377~403
브룩 606, 608, 645
브뤼에스 제독 354, 355, 358, 359, 363
블런트 534, 573
블레어 752, 774
블레인 539
비글 호 427, 428, 438, 447
비덤 698
비베스 665, 682
비서, 마리아 70
비서, 안나 70
비스마르크 606, 647
빅 브라더 744
빅토리 호 336~338, 341, 342, 364
빅토리아 여왕 412, 507, 519, 641, 646
빌란트 160, 169

빌렘, 침묵공 57, 58, 63, 66
빌헬름 2세 606, 642, 646

ㅅ

산타야나 156, 167
삼무 라마트 112, 134
상트페테르부르크 119, 141
새커리 298, 326
샤갈 604, 627
샤르댕 441, 463
샤토브리앙 265, 276
샤프츠버리 224, 251
섀턱 604
서순 606, 645
설리번 523
섬너 440, 462
성 요한네스 구호기사단 352, 372
성의회 119
세기의 재앙 265
세도바 702
세들리 298
세인트 빈센트 백작 350, 362
셀린 601, 614
셰리든 296, 302, 304, 305, 309, 316, 320
셸리 270, 272, 284
소로 238, 258
소콜로프스카야 706, 708
소피아 112~114, 133, 136, 138

쇼펜하우어 275
쉴리 108, 128
슈니츨러 605, 640
슈르만 70
슈비고프스키 704, 706
슈트라우스 605, 641
스레일 부인 267, 281
스미스 157, 161, 179
스왐메르담 67
스웨트넘 539, 584
스콧 471, 491
스키너 516
스탈린 695~698, 702, 711, 719
스탠리 517~520
스턴 224, 250
스텐 72, 78, 101
스트라빈스키 604, 634
스트래퍼드 백작 296, 315
스트레이치 516, 550
스트렐치 117, 133, 136, 137
스티븐스 512
스티븐슨, 로버트 388, 410
스티븐슨, 조지 388, 408
스펜서, 에드문트 266, 279
스펜서, 허버트 433, 451
스호우텐 60
시드니 176, 197
시든스 296, 315
시먼스 753
시크니스 188

ㅇ

아가시 438, 458
아돌푸스 108
아버캄프 71
아우구스투스 시대 178, 195, 266, 272, 281
아이스킬로스 483, 491, 644
아조프 114, 118, 136
아키펭코 604, 628
아폴리네르 604, 605, 631, 632
안트웨르펜 57, 62, 83, 97
알렉산드르 3세 488
알렉세이 122, 142
알바 공 57, 87
알토나 120, 142
앙리 4세 108, 128, 662, 681
애덤스 157, 167
애디슨 184, 202
앨버트 공 394
앨저 674, 690
앵그르 274, 287
얀센주의자 267, 283
어셔 424, 445
에라스무스 665, 681
에머슨 275, 289
에베르 225, 252
에블린 74
에어 520~522
에어 반도 520, 563

에어턴 763
에우클레이데스 157, 167
에피네 부인 229, 257
엘가 508, 542
엘리엇 764
엘리자베스 1세 108, 112, 282, 368, 443, 688
엥겔스 469, 487
예수회 267, 282
오라녜 공 56
오스틴 508, 543
오언, 리처드 438, 456
오언, 윌프레드 606, 646
오웰 741~771
오일러 124, 149
우드토 부인 239, 240
울즈소프 22, 23, 32, 36
울즐리 522~524
워버그 764, 766, 767
워즈워스 272, 285
월리스 433, 452
월폴, 로버트 169, 175
월폴, 호레이스 159, 169, 182, 191, 196
웨버 604, 630
웨지우드 195, 216
웰링턴 524, 568
웰스 606, 643
위고 272, 285
위트레흐트 66, 191
윌버포스 주교 436, 454, 455

윌슨 607, 652
유데니치 715, 737
이반 112, 133
이튼 칼리지 525, 545, 546, 670, 687
일국사회주의 711, 712, 722

ㅈ

자먀틴 758, 759, 777
자연신학 425, 435
적군 700, 714, 729
전열함 336~338, 344, 365
제1차 솜 강 전투 602, 615
제1차 이프르 전투 603, 616
제리코 274, 287
제임슨 습격 사건 536
제퍼슨 155, 225
젱킨즈 192
존 버치 협회 744, 772
존슨, 새뮤얼 181, 199
존슨, 린던 747
존슨, 앤드루 297, 321
존즈 189
지기스문트 107
지라르동 667, 684
질풍노도운동 170, 269

ㅊ

채텀 경 325, 344

채플린 512
처칠 515, 546
청교도 267, 282
체 게바라 699, 727
초서 266, 278
최고 존재 34, 235
츠바이크 605, 641
치체로네 192, 209
7년전쟁 123, 139, 146

ㅋ

카날레토 194, 212
카네기 440, 463
카라바조 194, 213
카라치 가문 195
카람진 125, 150
카를 12세 118, 140, 141
카리에라 186
카사노바 244, 259
카스트로 696, 721
카츠 69, 98
카포디몬테 자기 188, 204
카프카 605, 640
간드 155, 156, 162, 165, 251
칼라일 451, 484, 503
캐럴 758, 776
커즌 539, 581
커즌즈 182, 201
컨스터블 274, 289

케네디 747
케렌스키 712, 735
케이프, 조너선 764
케플러 19~22, 38
코널리 770, 785
코닝크 71
코스터 70
코이프 71
코테크 595
코페르니쿠스 19, 20
콕스 179, 180
콜레트 605, 636
콜리지 272, 285
콩도르세 157, 167
크로머 531, 533~535, 575
크로포트킨 440, 461
크리빈 697, 725
클라이브 298, 299, 306, 323
클로디온 181, 199
키르케고르 270, 275, 283
키예프 대공국 109
키츠 270, 272, 284
키치너 526~527
키플링 508, 510, 606

ㅌ

타스만 56, 60, 86
태즈메이니아 60, 86, 94
터널링 실드 383, 405

테넌트 519
테니슨 430, 450
테렌티우스 665, 684
테르보르흐 72, 78, 99
테일러, 제러미 290
테일러, 토머스 189
텐 263, 276
텔퍼드 387, 407
트로츠키 693~718
트롬프, 마르텐 61, 96
트롬프, 코넬리스 56, 87
티바우 531, 571
티치아노 194, 212
티토 696, 721
틴토레토 195, 214

ㅍ

파레토 608, 653
파로스 등대 353, 373
파스 182
파이블 754
파질 535
파커 192
팍스 브리타니카 508, 513, 529, 540
팔라디오 186
팡글로스 박사 235
패러데이 442, 465
패치 194
퍼거슨 161

폐기 605, 608, 635
페렌치 605, 638
페르디난트 대공 593
페리 517
페퇴피 클럽 744, 772
페트로브나 123, 144
펜 108, 129
펠러커 182, 200
펠리페 2세 57, 107, 198
포르모사 60, 96
포르타 니그라 472, 494
포테르 71
포틀랜드 꽃병 192, 210
포프 235, 258
폭스 296, 302, 304, 309, 318
폴타바 전투 118, 120, 138, 140
폼페이 184, 188, 195, 203, 204
표도르 112, 132
표트르 대제 105~126
푸생 192, 210
풀케리아 112, 134
프로이트 163, 605, 638
프루스트 605, 634
프리깃함 118, 139
프리데릭슈타트 120
프리체트 766
프린치프 593~595
플라시 전투 299, 329
플라터 667, 686
플로베르 471, 491

플로이드 180
피셔 527~530
피츠로이 427, 447
피카소 288, 604, 625
피티 가문 188, 207

ㅎ

하디 606, 642
하르데르웨이크 66
하를렘 64, 71, 85, 100
하비 66
하우스 대령 607, 651
하우스먼 606, 644
하워드 박사 184
하인 56, 61
할스 56, 64, 71, 85, 101, 103
해로 스쿨 671, 688
해링턴 744
해밀턴 168, 195, 216, 354
해치 766
핼리 37, 50
허버트 경 180
헉슬리, 올더스 759, 779
헉슬리, 토머스 436, 454
헤르젠 470, 497
헤르쿨라네움 184, 203
헤이스팅스 293~309
헤일 64, 96
헨드리크 56, 58, 81, 82~84, 89

허드슨, 헨리 89, 91
헨슬로 427
호가스 534, 574
호른 60
호슬리 380, 404
호우트만 형제 60, 95
호이겐스, 콘스탄타인 69, 97
호이겐스, 크리스티안 29, 33, 41, 49
호이엔 71
호킨스 경 337
호프만 481, 502, 739
호프만스탈 605, 641
호프트 69, 99
호호 72, 78, 100
혼 곶 60, 94
후드 제독 344
후커 429, 433, 434, 454
훅 29, 30, 37, 48, 49~51
휘브너 515
휘트먼 275, 290
흄 160~164, 170, 191, 224, 241
흐루시초프 696, 720
히틀러 441, 605, 766

뉴턴에서 조지오웰까지

- ⊙ 2004년 9월 15일 초판 1쇄 발행
- ⊙ 2016년 2월 26일 초판 7쇄 발행
- ⊙ 엮은이　　　윌리엄 L. 랭어
- ⊙ 옮긴이　　　박상익
- ⊙ 펴낸이　　　박혜숙
- ⊙ 펴낸곳　도서출판 푸른역사
  우) 03044 서울시 종로구 자하문로8길 13
  전화: 02)720-8921(편집부) 02)720-8920(영업부)
  팩스: 02)720-9887
  전자우편: 2013history@naver.com
  등록: 1997년 2월 14일 제13-483호

ⓒ 푸른역사, 2016

ISBN 89-87787-90-7　03900

· 잘못 만들어진 책은 교환해드립니다.